# International Financial Markets

# 국제금융시장

이 효 구

범한서적

나의 아내에게

# 머리말

모든 일에는 다 때가 있다. 세상에서 일어나는 일마다 알맞은 때가 있다.

(전도서 3:1)

오늘 우리는 문자 그대로 글로벌 금융의 시대를 살아 가고 있다. 환율, 금리, 주가 등 국제금융시장에 관한 뉴스는 거의 하루도 빠짐없이 신문과 방송에 등장한다. 따라서 국제금융시장에 관한 기초적인 지식의 중요성은 새삼 강조할 필요는 없을 것이다. 그러나 국제금융시장에 관한 좋은 입문서는 찾아보기 힘들다. 영어나 일어로 된 원서의 경우도 마찬가지이다. 책은 많지만, 좋은 책은 정말 드물다.

저자가 30년 가까이 서강대학교에서 국제금융시장을 가르치면서 가장 어려웠던 점도 좋은 교과서가 없는 것이었다. 1986년에 출간된 Grabbe의 *International Financial Markets*은 저자가 가장 좋아한 교과서인데, 1996년에 나온 제3판을 끝으로 절판되었다. 1998년에 출간된 Levich의 *International Financial Markets*도 좋은 교과서인데, 2001년에 개정판이 나온 이후, 10년이 넘도록 다음 개정판이 나오지 않고 있다.

오늘날 세계외환시장, 국제자본시장, 금융파생상품시장 등 국제금융시장은 그 규모가 실로 방대할 뿐만 아니라 변화의 속도가 매우 빠르다. 따라서 급변하는 시장을 따라가면서, 다른 경제학 교과서처럼 3, 4년에 한 번씩 개정판을 낸다는 것은 매우 어려운 일이다. 그 때마다 아마 적어도 책의 1/3 가량을 다시 써야 할 것이기 때문이다. 시장의 변화에 뒤떨어지지 않은 국제금융시장 책을 찾아보기 어려운 것은 이 때문일 것이다.

따라서 저자는 직접 국제금융시장 교재를 만들어 가면서 가르치는 수밖에 없었다. 지금은 인터넷의 발달로 거의 모든 논문과 자료를 실시간으로 구해 볼 수 있다. 그리고 *Financial Times*는 매일 아침에, *Economist*는 매주 토요일 아침에 집문 밖으로 배달되고 있다. 또 새로 나온 책도 급하면 아마존을 통해 일주일 정도면 받아볼 수 있다. 그러나 10여 년 전만 하더라도 논문과 자료는 한국은행 등에서 빌려다 보아야 했고, 홍콩에서 항공편으로 배달되는 *Financial Times*와 *Economist*는 발간일보다 4, 5일 늦게 받아보았다. 그리고 새 책을 구하려면 보통 3, 4개월은 기다려야 했다.

이 책은 저자가 서강대학교에서 매년 개정하면서 사용해 온 교재를 정리한 국제금융시장의 입문서이다. 이 책의 내용은 목차를 한번 훑어보면 짐작할 수 있을 것이다. 원래 정년퇴임하면서 출간하려고 했으나, 2007년-2009년 글로벌 금융위기로 4년 늦게 햇빛을 보게 되었다. 글로벌 금융위기에 대해 쏟아져 나오는 책과 논문을 읽고 또 공부한 것을 이 책 수준에 맞게 쓰는 데 많은 시간이 걸렸다. 이 책의 약 1/3은 글로벌 금융위기가 국제금융시장에 미친 영향을 설명하기 위해 지난 1년간 다시 쓴 것이다.

지난 30여 년간 미국을 비롯한 주요국의 금융시장과 국제금융시장은 금융규제의 완화, 정보통신의 기술혁신, 자산유동화 등 각종 금융혁신, 그리고 금융기관 간의 경쟁 격화로 크게 변화하였다. 이 책에서 배우는 바와 같이 2007년-2009년 글로벌 금융위기는 이와 같은 금융시장의 환경 변화가 가져온 결과였다고 할 수 있다. 2010년에 들어 진정되어 가던 글로벌 금융위기는 5월 그리스에서 시작된 유럽 존의 재정위기로 아직도 진행 중이다. 이 책은 2010년까지의 국제금융시장 동향을 설명하고 있으므로, 유럽 존의 위기는 다루지 못한다.

국제금융시장과 2007년-2008년 글로벌 금융위기의 관계를 자세하게 설명한 것 이외에 이 책의 주요 특징에 대해서는 뒤표지에 정리하여 놓았다. 이 책이 대학과 대학원에서 경제학과 경영학을 전공하는 학생, MBA 학생, 그리고 금융기관과 기업에서 국제금융 관련 업무에 종사하는 분들에게 국제금융시장을 이해하는 데 조금이라도 도움이 된다면, 저자로서 그보다 더한 기쁨은 없을 것이다. 그러나 이 책은 국제금융시장이라는 거대한 숲을 조망하는 입문서일 뿐이다. 그 숲 안에서 자라고 있는 크고 작은 수많은 나무들에 대해 더 공부하는 것은 여러분 각자의 몫이다.

이 책이 나오기까지 많은 사람들의 도움을 받았다. 이들의 도움이 없었다면, 이 책의 출간은 불가능하였을 것이다. 범한서적의 김영상 사장님은 출판을 쾌히 허락하고, 책이 나올 때까지 모든 과정에서 세심한 배려를 아끼지 않아 주셨다. 편집실의 김은신 실장과 위성숙 대리는 저자의 까다로운 주문을 조금도 싫은 내색 없이 모두 들어주었다. 좋은 책을 만들기 위해 열과 성을 다해 주신 세 분께 깊은 감사의 말씀을 드린다.

서강대학교의 정재식 교수와 숭실대학교의 이인구 교수, 그리고 한국은행의 조석방, 정철오, 김선진 과장은 이 책의 원고를 처음부터 끝까지 다 읽고 좋은 조언을 많이 해 주었다. 그리고 서강대학교 경제학과 김태영 조교와 학부생 한승엽, 김교정, 길유정, 김동환, 노혜민, 이철우, 허우영은 자료 정리와 교정을 열심히 도와주었다. 이들 모두와 저자가 서강대학교에서 국제금융시장을 가르칠 때 조교로 수고해 준 여러 제자들에게 이 자리를 빌어 정말 고맙다는 말을 전한다.

*Financial Times*의 수석 논설위원인 Martin Wolf는 *Fixing Global Finance*(2008)의 서문에서 "*my wife encouraged me to keep going when I was convinced I should abandon the job of writing on so fast-changing a subject.*" 라고 쓰면서 부인에게 감사하고 있다. 저자도 급변하는 국제금융시장을 따라가기가 힘들어, 중도에 이 책 쓰기를 포기하려고 한 적이 한 두 번이 아니다. 그때마다 아내의 격려가 없었다면, 이 책을 끝마칠 수 없었을 것이다. 아내가 참 고맙다.

2012년 추수감사절에,

이 효 구

# 짧은 목차

머리말 ..... v

**제1장 국제금융의 전개** ..... 1

1.1 변동환율제도 ..... 3
1.2 국제자본이동 ..... 14
1.3 금융파생상품 ..... 28
1.4 글로벌 금융위기 ..... 34

**제2장 세계의 외환시장** ..... 65

2.1 외환시장의 이해 ..... 66
2.2 외환거래의 형태 ..... 84
2.3 외환거래의 방법 ..... 98
2.4 한국의 외환시장 ..... 104

**제3장 외환시장과 환율** ..... 115

3.1 환율의 표시방법 ..... 115
3.2 시장환율의 종류 ..... 126
3.3 전통적 환율이론 ..... 137
3.4 자산시장 접근방법 ..... 148

**제4장 외환시장의 이용** ..... 161

4.1 금리차익거래 ..... 162

4.2 헤지거래 170
4.3 투기거래 180
4.4 외환스왑 188

제5장 국제은행시장 205

5.1 국제은행시장의 이해 206
5.2 유로커런시시장 223
5.3 리보와 리보 스프레드 238
5.4 글로벌 투자은행업 250

제6장 국제본드시장 265

6.1 국제본드시장의 이해 266
6.2 본드의 가격결정 284
6.3 국제본드의 발행 299
6.4 자산유동화 310

제7장 국제주식시장 327

7.1 국제주식시장의 이해 328
7.2 주식의 가치평가 347
7.3 주식의 국제투자 357
7.4 대안투자펀드 370

제8장 금융선물시장 385

8.1 선물시장의 이해 386
8.2 통화선물시장 404
8.3 선물금리계약(FRA) 416
8.4 유로달러선물 423

제9장 금융옵션시장 ........ 435

9.1 옵션시장의 이해 ........ 435

9.2 통화옵션시장 ........ 447

9.3 금리옵션시장 ........ 474

9.4 옵션의 이항모델 ........ 490

제10장 금융스왑시장 ........ 499

10.1 금리스왑시장 ........ 500

10.2 통화스왑시장 ........ 516

10.3 스왑의 가격결정 ........ 530

10.4 신용부도스왑(CDS) ........ 540

연습문제 ........ 555

찾아보기 ........ 569

# 목 차

머리말 ..... v

제1장 국제금융의 전개 ..... 1

1.1 변동환율제도 ..... 3

1. 외환시장의 균형 3
2. 균형환율의 변동 6
3. 외환시장 개입 7
4. 환율변동의 실제 10

1.2 국제자본이동 ..... 14

1. 자본이동의 형태 15
   (1) 직접투자 15
   (2) 증권투자 16
   (3) 은행대출 16
   (4) 외환보유액의 변동 17
2. 자본이동의 측정 17
   (1) 자본유입과 자본유출 17
   (2) 자본수출과 자본수입 19
3. 자본이동의 실제 20
   (1) 자본유입의 규모 20
   (2) 자본유입의 구성 21
4. 금융의 세계화 22
   (1) 국제투자자산 23
   (2) 금융개방도 23

5. 자본유입의 문제 26

1.3 금융파생상품 ........ 28

1. 금융파생상품시장의 성장 29
2. 금융파생상품의 종류 30
3. 거래소 금융파생상품 32
4. 장외 금융파생상품 33

1.4 글로벌 금융위기 ........ 34

1. 서브프라임 위기 35
2. 섀도우 뱅킹의 확산 40
3. 글로벌 신용경색 45
4. 글로벌 금융규제 53
(1) 자기자본 규제 55
(2) 유동성 규제 57
(3) SIFI 규제 58
(4) 섀도우 뱅킹 규제 60

참고문헌 62

제2장 세계의 외환시장 ........ 65

2.1 외환시장의 이해 ........ 66

1. 외환시장의 특징 66
2. 외환시장의 성장 68
3. 주요 외환시장 72
4. 외환거래의 상대방 75
(1) 외환시장의 참여자 75
(2) 은행간 거래 77
(3) 대기관 거래 79
(4) 대고객 거래 79
5. 외환거래의 통화구성 80

2.2 외환거래의 형태 ........ 84

1. 현물환 86
2. 선물환 88
   (1) 선물환의 결제일 88
   (2) 비인도 선물환(NDF) 89
3. 외환스왑 91
4. 통화스왑 93
5. 통화옵션 95
6. 거래잔고 97

2.3 외환거래의 방법 ........ 98

1. 전통적 외환거래 방법 99
2. 전자브로킹 시스템 100
3. 전자거래 시스템 102
4. 2010년 조사 결과 102

2.4 한국의 외환시장 ........ 104

1. 외환시장의 구조 106
2. 외환거래의 형태 106
3. 외환거래의 상대방 108
4. 외환거래의 통화구성 111

참고문헌 113

제3장 외환시장과 환율 ........ 115

3.1 환율의 표시방법 ........ 115

1. 유럽식 방법과 미국식 방법 116
2. 방화표시방법과 외화표시방법 118
3. 환율의 절상과 절하 118
4. 명목환율, 실질환율, 실효환율 120

(1) 명목환율과 명목실효환율 120
(2) 실질환율과 실질실효환율 122

**3.2** 시장환율의 종류 ........ 126

1. 기준환율과 크로스 레이트 126
2. 매입환율과 매도환율 128
3. 현물환율과 선물환율 131
(1) 아웃라이트 선물환율 131
(2) 스왑 포인트 133
(3) 연율 표시법 134
4. 은행간 환율과 대고객 환율 136

**3.3** 전통적 환율이론 ........ 137

1. 일물일가의 법칙 137
2. 절대적 PPP 141
3. 상대적 PPP 142
4. 경상수지 접근방법 144

**3.4** 자산시장 접근방법 ........ 148

1. 국제투자의 조건 148
(1) 국내자산에 투자 149
(2) 해외자산에 투자 151
2. 커버하지 않은 금리평가(UIP) 153
3. 이자율과 환율결정 154
4. 환율예상과 환율결정 157

참고문헌 159

**제 4 장** 외환시장의 이용 ........ 161

**4.1** 금리차익거래 ........ 162

1. 금리차익거래의 이해 162

(1) 국내자산에 투자 162
(2) 해외자산에 투자 164
2. 선물환율의 결정 166
3. 커버한 금리평가(CIP) 167
4. CIP의 실제 168

**4.2** 헤지거래 ........ 170
1. 롱 포지션과 숏 포지션 170
2. 롱 포지션의 헤지 172
(1) 선물환 헤지 172
(2) 금융시장 헤지 173
3. 숏 포지션의 헤지 174
(1) 선물환 헤지 174
(2) 금융시장 헤지 175
4. 헤지의 실제 176

**4.3** 투기거래 ........ 180
1. 선물환 투기 180
(1) 선물환 매입 투기 180
(2) 선물환 매도 투기 181
2. 현물환 투기 181
(1) 현물환 매입 투기 182
(2) 현물환 매도 투기 183
3. 캐리거래 185
4. 투기의 실제 186

**4.4** 외환스왑 ........ 188
1. 외환스왑의 특징 188
2. 외환스왑의 비용 191
3. 금리차익거래 193
4. 외화자금의 조달 198

참고문헌 203

**제5장** 국제은행시장 ........ 205

**5.1** 국제은행시장의 이해 ........ 206

1. 국제은행시장의 분류 208
   (1) 전통적 국제은행시장 209
   (2) 유로커런시시장 210
2. 국제은행시장의 구조 211
   (1) 대외부채와 대외자산 211
   (2) 국제은행시장의 통화구성 214
   (3) 국제은행시장의 주요 센터 214
   (4) 국제은행의 국적 구성 215
   (5) 글로벌 뱅킹의 대두 216
3. 유럽 은행과 달러부족 사태 218
4. 한국과 국제은행시장 221

**5.2** 유로커런시시장 ........ 223

1. 유로커런시의 탄생 223
   (1) 유로달러의 수요와 공급 224
   (2) 역내시장과 역외시장 226
2. 유로커런시의 특징 228
   (1) 유로커런시 예금과 대출 228
   (2) 유로커런시의 통화구성 228
   (3) 유로커런시의 주요 센터 229
   (4) IBF와 JOM 230
3. 신디케이트 론 231
   (1) 신디케이트 론 시장의 발전 231
   (2) 신디케이트 론의 구조 234
   (3) 올 인 코스트 235
4. 유로기업어음(ECP) 236

**5.3** 리보와 리보 스프레드 ........ 238

1. BBA 리보 239

2. 리보의 이용 241
3. TED 스프레드 243
4. 리보-OIS 스프레드 245

5.4 글로벌 투자은행업 250
1. 투자은행업의 겸업 250
2. 투자은행의 업무 251
3. 투자은행의 특징 255
4. 섀도우 뱅크 런 258

참고문헌 262

제6장 국제본드시장 265

6.1 국제본드시장의 이해 266
1. 세계의 본드시장 266
(1) 본드시장의 특징 267
(2) 세계본드시장의 성장 268
(3) 세계본드시장의 특징 270
(4) 본드시장의 세계화 272
2. 외국본드와 유로본드 273
(1) 국내본드, 외국본드, 유로본드 273
(2) 외국본드 274
(3) 유로본드 274
(4) 글로벌본드 276
3. 국제본드시장의 구조 276
(1) 국제본드시장의 성장 276
(2) 국제본드의 통화구성 277
(3) 국제본드의 형태 277
(4) 국제본드시장의 차입국 278
4. 한국과 국제본드시장 280

6.2 본드의 가격결정 ........................................................ 284

1. 본드가격과 이자율 284
2. 본드투자와 금리위험 287
3. 수익률곡선 290
4. 신용 스프레드 292
(1) 신용평가와 신용등급 292
(2) 미국의 신용 스프레드 294
(3) 유로 존의 신용 스프레드 296
(4) EMBI 스프레드 296
(5) 한국 외평채 스프레드 297

6.3 국제본드의 발행 ........................................................ 299

1. 양키본드의 발행 299
(1) 양키본드의 공모발행 299
(2) Rule 415와 중기노트(MTN) 300
(3) Rule 144A와 사모발행 301
2. 유로본드의 발행 301
(1) 유로본드시장의 특징 302
(2) 유로본드의 발행과정 303
(3) 유로본드시장의 변화 303
(4) 유로중기노트(EMTN) 304
3. 국제본드의 발행조건 306
(1) 발행수익률의 결정 306
(2) 액면이자율의 결정 307
(3) 올 인 코스트 308
4. 한국의 외평채 발행 308

6.4 자산유동화 ........................................................ 310

1. 자산유동화 과정 310
2. 자산유동화 증권 313
(1) 모기지담보증권(MBS) 313
(2) 자산담보증권(ABS) 314

(3) 부채담보증권(CDO) 316
3. 자산유동화 시장 317
4. 자산유동화 문제 319
참고문헌 325

## 제7장 국제주식시장 ........ 327

### 7.1 국제주식시장의 이해 ........ 328

1. 세계의 주식시장 328
(1) 주식시장의 특징 328
(2) 세계주식시장의 성장 329
(3) 세계주식시장의 구성 331
(4) 세계 주요 주식거래소 332
(5) 자본이동의 주식화 334
2. 주요 주가지수 335
(1) 주가지수의 산정방법 335
(2) 세계 주요 주가지수 336
(3) 미국의 주가지수 337
(4) MSCI 지수와 FTSE 지수 341
3. 국제주식의 발행 342
(1) 국제주식시장 342
(2) 주식예탁증서(DR) 343
4. 한국과 국제주식시장 345

### 7.2 주식의 가치평가 ........ 347

1. 배당할인모델 348
(1) 단일기간 배당할인모델 348
(2) 일반화된 배당할인모델 349
2. 고든의 성장모델 350
(1) 고든 성장모델의 도출 350

(2) 성장기회와 주식가격 351
3. 주식 프리미엄 353
4. 주식시장의 효율성 355

7.3 주식의 국제투자 ........ 357

1. 국제주식투자 357
(1) 직접투자와 간접투자 357
(2) 국제투자와 환위험 358
2. 국제분산투자 359
(1) 국제분산투자의 이득 360
(2) 주식 홈 바이어스 362
3. 뮤추얼펀드의 혁신 364
(1) 뮤추얼펀드의 개념 364
(2) 뮤추얼펀드의 성장 366
(3) 국제 뮤추얼펀드 367
4. 세계의 뮤추얼펀드 368
(1) 전 세계 투자펀드 368
(2) 한국의 투자펀드 369

7.4 대안투자펀드 ........ 370

1. 전통적 투자펀드 370
2. 헤지펀드 372
3. 사모투식펀드(PEF) 377
4. 국부펀드(SWF) 380

참고문헌 383

제8장 금융선물시장 ........ 385

8.1 선물시장의 이해 ........ 386

1. 장외선물과 상장선물 387
(1) 장외선물 387

(2) 상장선물 387
2. 선물시장의 특징 388
(1) 표준화된 계약 389
(2) 선물거래의 손익 390
(3) 증거금과 일일정산 391
(4) 선물가격의 수렴 393
(5) 선물계약의 청산 394
(6) 거래량과 미결제약정 395
3. 선물가격의 결정 395
(1) 현물매입-선물매도 차익거래 396
(2) 현물매도-선물매입 차익거래 397
4. 세계의 선물시장 398
(1) 파생상품 거래소 398
(2) 상품선물시장 400
(3) 금융선물시장 400
(4) 한국의 파생상품시장 403

8.2 통화선물시장 ........ 404

1. 통화선물의 특징 405
(1) 선물환과 통화선물 405
(2) 통화선물 거래소 406
(3) CME의 통화선물 406
(4) KRX의 통화선물 408
2. 통화선물의 가격 409
3. 통화선물과 헤지 410
(1) 롱 헤지와 숏 헤지 410
(2) 통화선물과 롱 헤지 411
(3) 통화선물과 숏 헤지 412
(4) 베이시스 리스크 413
4. 통화선물의 전략 414
(1) 단순투기거래 414
(2) 스프레드거래 415

8.3 선물금리계약(FRA) ........ 416

1. FRA의 이해 417

2. 선물금리의 결정 420

3. FRA의 이용 422

4. FRA시장의 특징 422

8.4 유로달러선물 ........ 423

1. 금리선물의 종류 423

2. 유로달러선물 계약 425

3. 유로달러선물의 이용 429

4. 스트립 헤지와 스텍 헤지 430

참고문헌 432

제9장 금융옵션시장 ........ 435

9.1 옵션시장의 이해 ........ 435

1. 옵션의 기본 용어 436

2. 콜옵션과 풋옵션 437

(1) 콜옵션의 손익 437

(2) 풋옵션의 손익 439

3. 옵션 프리미엄 442

(1) 옵션의 내재가치 442

(2) 내가격, 등가격, 외가격 옵션 443

(3) 옵션의 시간가치 444

(4) 행사가격과 옵션 프리미엄 445

4. 세계의 옵션시장 446

(1) 거래소 옵션시장 446

(2) 장외옵션시장 447

9.2 통화옵션시장 ........ 447

1. 통화옵션시장의 종류 447

(1) 거래소 통화옵션 448
(2) 장외통화옵션 450
2. 통화옵션의 이용 450
(1) 롱 포지션과 풋옵션 매입 450
(2) 롱 포지션과 제로-코스트 옵션 452
(3) 숏 포지션과 콜옵션 매입 454
(4) 숏 포지션과 제로-코스트 옵션 455
(5) 베리어 옵션과 키코(KIKO) 457
3. 통화옵션의 전략 460
(1) 불 스프레드 460
(2) 베어 스프레드 462
(3) 롱 스트레들 463
(4) 숏 스트레들 465
4. 통화옵션의 프리미엄 466
(1) 통화옵션의 BSGK 모델 466
(2) 환율의 변동성 468
(3) 통화옵션의 가격표 470
(4) 풋-콜 패리티 471

**9.3 금리옵션시장** ........ 474

1. 금리옵션시장의 종류 474
(1) 거래소 금리옵션시장 475
(2) 장외 금리옵션시장 476
2. 장외금리옵션 477
(1) 리보 콜옵션: 차입자옵션 478
(2) 리보 풋옵션: 대출자옵션 480
(3) 금리 캡과 금리 플로어 482
(4) 제로-코스트 금리 칼러 485
3. 유로달러 선물옵션 486
(1) 유로달러선물 콜옵션 487
(2) 유로달러선물 풋옵션 488
4. 금리옵션의 프리미엄 490

9.4 옵션의 이항모델 ........ 490
1. 단일기간 이항모델 491
2. 여러 기간 이항모델 494
참고문헌 496

제10장 금융스왑시장 ........ 499

10.1 금리스왑시장 ........ 500
1. 금리스왑의 기초 501
2. 금리스왑의 실제 503
(1) 비교우위와 금리스왑 503
(2) 금리스왑과 스왑 이익 505
(3) 스왑 딜러와 금리스왑 506
(4) 부채스왑과 자산스왑 508
3. 금리스왑의 특징 509
(1) 스왑 레이트, 스왑 스프레드, 스왑 커브 509
(2) 금리스왑과 본드시장 511
(3) FRA와 금리스왑 511
(4) 변형 스왑과 스왑션 512
4. 금리스왑의 이용 512
(1) 차입비용의 절감 513
(2) 금리위험의 헤지 513
(3) 스왑 스프레드 거래 514
(4) 금리예상과 금리스왑 515

10.2 통화스왑시장 ........ 516
1. 통화스왑의 기초 517
2. 통화스왑의 실제 518
3. 통화스왑의 특징 521
(1) 통화스왑의 기원 521

(2) 외환스왑과 통화스왑 522
4. 통화스왑의 이용 523
(1) 환위험의 헤지 523
(2) 금리차익거래 525
(3) 외화자금의 조달 526
(4) 스왑 베이시스 거래 528

10.3 스왑의 가격결정 ........ 530
1. 금리스왑의 가격결정 530
2. 금리스왑의 가치평가 534
3. 통화스왑의 가격결정 536
4. 통화스왑의 가치평가 539

10.4 신용부도스왑(CDS) ........ 540
1. 신용파생상품시장 541
2. CDS의 이해 543
(1) CDS의 구조 543
(2) CDS 프리미엄 545
3. CDS 지수상품 546
(1) CDX와 iTraxx 547
(2) CDS 지수상품 548
4. CDS 시장의 특징 549
참고문헌 552

연습문제 ........ 555

찾아보기 ........ 569

Chapter 1

# 국제금융의 전개

**1.1 변동환율제도 / 1.2 국제자본이동 /**
**1.3 금융파생상품 / 1.4 글로벌 금융위기**

국제금융이란 국경을 넘어 자금을 조달하고 운용하는 것을 말한다. 미국은 달러(dollar), 일본은 엔(yen), 한국은 원(won) 등 각국은 자국의 고유한 국민통화를 사용하고 있다. 따라서 국경을 넘어 자금을 조달하거나 운용하려면, 한 나라 통화를 다른 나라 통화로 교환하지 않으면 안 된다. 이때 두 통화의 교환비율인 환율(exchange rate)은 매일 변동한다. 또 미국 달러, 일본 엔, 한국 원 등 각국 통화의 이자율(interest rate)도 매일 변동한다. 따라서 국경을 넘어 자금을 조달하고 운용하면, 환율과 이자율의 변동으로 손실을 볼지도 모르는 환위험과 금리위험에 노출된다.

그러므로 오늘날 광의의 국제금융시장(international financial markets)은 통화와 통화의 교환이 이루어지는 세계외환시장(foreign exchange markets), 국경을 넘어 자금을 조달하고 운용하는 국제자본시장(global capital markets), 그리고 환위험과 금리위험 등을 관리하는 금융파생상품시장(financial derivatives markets)으로 나누어 설명할 수 있다. 앞으로 이 책의 제2장부터 제4장까지 세계외환시장을, 제5장부터 제7장까지 국제자본시장을, 그리고 제8장부터 제10장까지 금융파생상품시장을 공부할 것이다.

통화와 통화의 교환이 이루어지는 전통적인 외환시장은 (1) 현물환시장, (2) 선물환시장, (3) 외환스왑시장으로 나눌 수 있다. 한편 국경을 넘어 자금의 조달과 운용이 이루어지는 국제자본시장은 (1) 국제은행시장, (2) 국제본드시장,

그림 1-1 국제금융시장의 구조

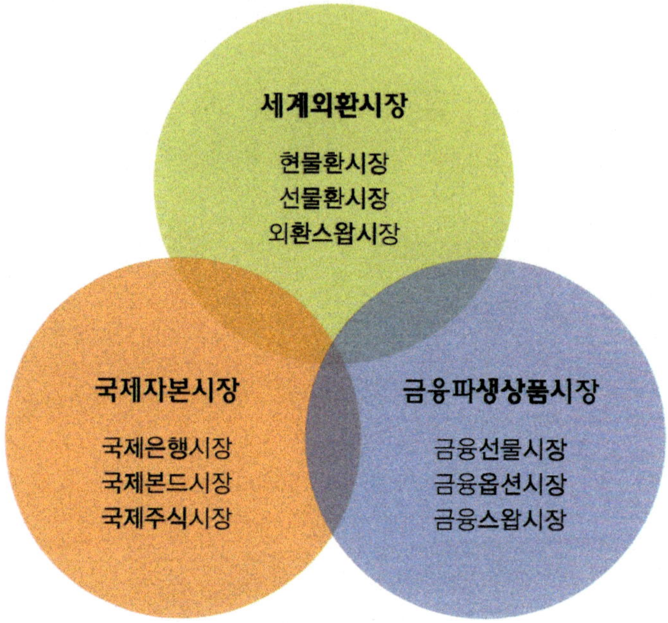


(3) 국제주식시장으로 나눌 수 있다. 마지막으로 환위험과 금리위험을 관리하는 금융파생상품시장은 (1) 통화선물과 금리선물 등의 금융선물시장, (2) 통화옵션과 금리옵션 등의 금융옵션시장, (3) 통화스왑과 금리스왑 등의 금융스왑시장으로 나눌 수 있다. [그림 1-1]에서 보는 바와 같이, 세계외환시장, 국제자본시장, 그리고 금융파생상품시장은 서로 매우 밀접하게 연관되어 있다.

지난 30여 년간 국제금융시장을 둘러싼 환경은 큰 변화를 겪어왔다. 이와 같은 변화는 1970년대 초반 변동환율제도의 도입으로 시작되었으며, 1980년대에 이루어진 자본이동의 자유화, 금융의 규제완화, 정보통신의 기술혁신, 그리고 환율과 이자율의 변동성 확대에 따라 본격적으로 이루어졌다. 이 장에서는 먼저 지난 30여 년간 이루어진 국제금융시장의 환경 변화를 변동환율제도, 국제자본이동, 그리고 금융파생상품을 중심으로 살펴본 다음, 2007년-2009년의 글로벌 금융위기(global financial crisis)에 대해 설명하여 보기로 한다.

# 1.1 변동환율제도

지난 30여 년간에 일어난 국제금융시장의 환경 변화는 브레튼우드 체제(1945년-1971년)의 고정환율제도가 붕괴하고 변동환율제도로 이행하면서 시작되었다. 오늘날 선진국은 대부분 변동환율제도를 채택하고 있지만, 개도국은 고정환율제도를 운용하는 나라가 많다.[1]

이 절에서는 먼저 환율이 외환의 수요와 공급에 의해 결정되는 원리를 공부한 다음, 중앙은행이 외환시장에 개입하여 어떻게 환율을 고정시키는지 설명하기로 한다. 그리고 미국 달러에 대한 유로, 일본 엔, 한국 원, 중국 위안의 환율이 최근 어떻게 변동하여 왔는지 살펴보기로 한다.

## 1. 외환시장의 균형

변동환율제도하에서 두 통화의 교환비율인 환율(exchange rate)은 외환에 대한 수요와 공급에 의해 결정된다. 외환(foreign exchange)이란 국제거래의 결제에 자유롭게 사용할 수 있는 지급수단을 말하는데, 일반적으로 외국통화(foreign currencies)를 가리킨다고 보면 된다. 그러면 외환의 수요와 공급을 가져오는 요인은 무엇인가? 외환의 수요와 공급을 유발하는 국제거래는 크게 경상거래와 자본거래로 나눌 수 있다.

경상거래란 거주자(한국의 가계, 기업, 금융기관, 정부)가 비거주자(외국의 가계, 기업, 금융기관, 정부)와 상품(goods)과 서비스(services)를 매매하는 것을 말한다. 거주자가 비거주자에게 상품과 서비스를 매도하는 것을 수출(exports), 그리고 거주자가 비거주자로부터 상품과 서비스를 매입하는 것을 수입

[1] 선진국, 개도국, 그리고 신흥국을 분류하는 일반적인 기준은 없다. 우리나라를 국제통화기금(IMF)은 선진국(advanced countries), 세계은행(IBRD)은 고소득국(high-income countries)으로 분류하고 있으나, 국제결제은행(BIS)은 아직 개도국(developing countries)에 포함시키고 있다. 2011년 8월 4일 자 *Economist*는 미국, 캐나다, 일본, 호주, 뉴질랜드 5개국과 유럽 18개국 등 23개국을 선진국으로 분류한 바 있는데, 이 밖에 한국, 대만, 홍콩, 싱가포르, 이스라엘을 선진국에 포함시키는 기관도 많다. 한편 개도국 가운데 중국, 브라질, 러시아, 인도의 브릭스(BRICs) 4개국과 멕시코, 터키, 인도네시아, 체코, 폴란드, 슬로바키아, 사우디아라비아, 아르헨티나, 남아공, 태국, 베네수엘라, 말레이시아 등 20 내지 30여 국을 신흥시장국(emerging market economies) 또는 그냥 신흥국이라 부르기도 한다.

(imports)이라 부른다. 따라서 수출은 외환의 공급을 가져오고, 수입은 외환의 수요를 유발한다.

자본거래란 거주자가 비거주자와 주식, 채권, 예금 등의 금융자산(financial assets)이나 토지, 건물, 공장 등의 실물자산(physical assets)을 매매하는 것을 말한다. 거주자가 비거주자에게 자산을 매도하는 것을 자본유입(capital inflow), 그리고 거주자가 비거주자로부터 자산을 매입하는 것을 자본유출(capital outflow)이라 부른다. 따라서 자본유입은 외환의 공급을 가져오고, 자본유출은 외환의 수요를 유발한다.

이와 같이 외환은 수출과 자본유입에 의해 공급되고, 수입과 자본유출을 위해 수요된다. 이제 수출과 수입을 $X$와 $M$, 자본유입과 자본유출은 $\triangle L$와 $\triangle A$로 표시하면, 외환의 공급은 $[X + \triangle L]$, 그리고 외환의 수요는 $[M + \triangle A]$로 나타낼 수 있다.

$$\text{외환의 공급} = \text{수출} + \text{자본유입} = X + \triangle L$$
$$\text{외환의 수요} = \text{수입} + \text{자본유출} = M + \triangle A$$

따라서 환율은 다음과 같이 외환의 수요와 공급이 일치하는 수준에서 결정될 것이다.

$$[X + \triangle L] - [M + \triangle A] = 0 \tag{1}$$

[그림 1-2]는 외환의 수요곡선과 공급곡선을 보여주고 있는데, 종축은 환율($E$) 그리고 횡축은 외환($)의 수요량과 공급량을 나타낸다. 일반적인 수요곡선과 공급곡선과 마찬가지로, 외환의 수요곡선은 우하향하고, 공급곡선은 우상향하는 모양을 갖는다. 이와 같은 모양은 환율이 한국과 외국의 상품가격과 자산가격에 미치는 영향으로 설명할 수 있다.[2]

환율이 상승하면 한국인에게 외국상품(foreign goods)과 외국자산(foreign assets)의 가격은 비싸진다. 예를 들어, 환율이 1,000원에서 1,200원으로 상승하면, 20달러인 외국상품의 가격은 20,000원에서 24,000원으로 상승한다. 또 50달러인 외국주식의 가격은 50,000원에서 60,000원으로 상승한다. 이때 한국

[2] 외환의 수요곡선과 공급곡선의 도출과 환율결정이론에 대해서는 제3장 3절에서 자세하게 설명할 것이다.

**그림 1-2** **외환시장의 균형**

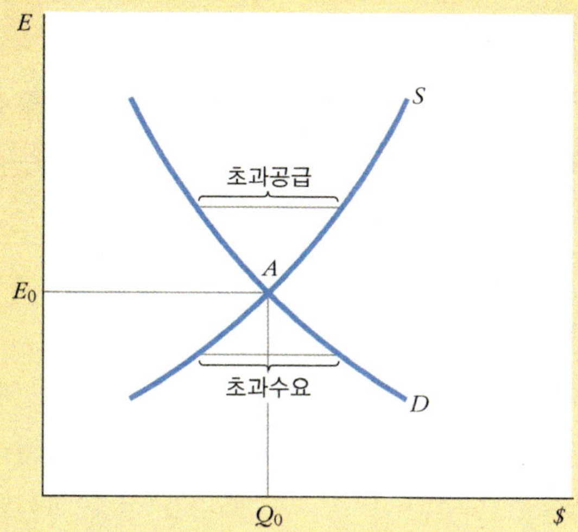


인은 외국상품과 외국자산을 덜 살 것이므로 외환의 수요량은 감소한다. 환율이 상승할 때 외환의 수요량이 감소하면, 외환의 수요곡선은 우하향하는 모양을 갖는다.

한편 환율이 상승하면 외국인에게 한국상품(domestic goods)과 한국자산(domestic assets)의 가격은 싸진다. 예를 들어, 환율이 1,000원에서 1,200원으로 상승하면, 12,000원인 한국상품의 가격은 12달러에서 10달러로 하락한다. 또 48,000원인 한국주식의 가격은 48달러에서 40달러로 하락한다. 이때 외국인은 한국상품과 한국자산을 더 살 것이므로 외환의 공급량은 증가한다. 환율이 상승할 때 외환의 공급량이 증가하면, 외환의 공급곡선은 우상향하는 모양을 갖는다.

외환의 수요곡선과 공급곡선이 만나는 점에서 외환시장은 균형을 이룬다. [그림 1-2]에서 $A$점이 외환시장의 균형을 나타내는데, $E_0$를 균형환율(equilibrium exchange rate)이라 부른다. 만약 환율이 $E_0$보다 높으면 외환의 공급량이 수요량보다 많다. 이와 같이 외환의 초과공급(excess supply)이 발생하면, 환율은 하락한다. 한편 환율이 $E_0$보다 낮다면 외환의 수요량이 공급량보다 많다. 이와 같이 외환의 초과수요(excess demand)가 발생하면, 환율은 상승한다.

## 2. 균형환율의 변동

외환의 수요곡선이나 공급곡선이 이동하면 환율은 변동한다. [그림 1-3]의 (a)에서 보는 바와 같이, 외환의 수요곡선이 우측으로 이동하면 환율은 $E_0$로부터 $E_1$으로 상승한다. 반대로 외환의 수요곡선이 좌측으로 이동하면 환율은 하락할 것이다. 한편 [그림 1-3]의 (b)에서 보는 바와 같이, 외환의 공급곡선이 우측으로 이동하면 환율은 $E_0$로부터 $E_2$로 하락한다. 반대로 외환의 공급곡선이 좌측으로 이동하면 환율은 상승할 것이다. 그러면 외환의 수요곡선과 공급곡선은 언제 이동하는가?

먼저 경상거래, 즉 수출과 수입이 환율에 미치는 영향을 설명하여 보자. 외국의 소득이 증가하거나 또는 한국상품의 가격이 하락하면, 외국인은 한국상품을 더 살 것이다. 즉 수출이 증가할 것이다. 이때 외환의 공급곡선이 우측으로 이동하므로 환율은 하락할 것이다. 반대로 외국의 소득이 감소하거나 또는 한국상품의 가격이 상승하면, 외국인은 한국상품을 덜 살 것이다. 즉 수출이 감소할 것이다. 이때에는 외환의 공급곡선이 우측으로 이동하므로 환율은 상승할 것이다.

한편 한국의 소득이 증가하거나 또는 외국상품의 가격이 하락하면, 한국인은

**그림 1-3 외환시장과 환율결정**

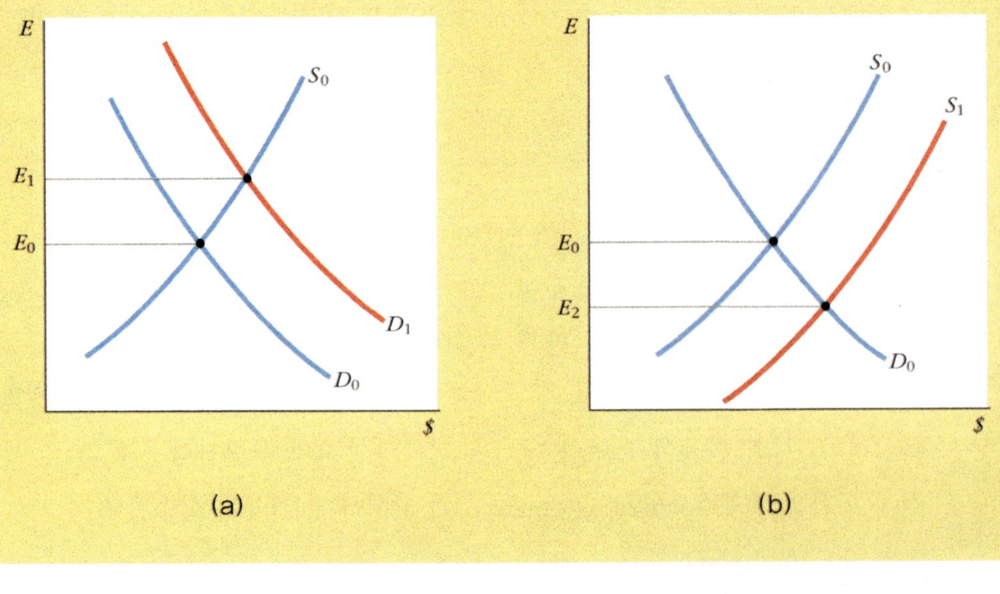

외국상품을 더 살 것이다. 즉 수입이 증가할 것이다. 이때 외환의 수요곡선이 우측으로 이동하므로 환율은 상승할 것이다. 반대로 한국의 소득이 감소하거나 또는 외국상품의 가격이 상승하면, 한국인은 외국상품을 덜 살 것이다. 즉 수입이 감소할 것이다. 이때에는 외환의 수요곡선이 좌측으로 이동하므로, 환율은 하락할 것이다.

다음에 자본거래, 즉 자본유입과 자본유출의 변화가 환율에 미치는 영향을 설명하여 보자. 한국의 이자율이 상승하면, 외국인은 한국자산을 더 살 것이다. 즉 자본유입이 증가할 것이다. 이때 외환의 공급곡선이 우측으로 이동하므로 환율은 하락할 것이다. 한편 외국의 이자율이 상승하면, 한국인은 외국자산을 더 살 것이다. 즉 자본유출이 증가할 것이다. 이때에는 외환의 수요곡선이 우측으로 이동하므로 환율은 상승할 것이다.

지금까지 경상거래와 자본거래가 환율에 미치는 영향을 설명하였다. 이제 외환시장의 균형을 나타내는 식 (1)은 다음과 같이 고쳐 쓸 수 있다. 여기서 $[X - M]$을 경상수지(current account), 그리고 $[\triangle L - \triangle A]$를 자본수지(capital account)라 부른다.

$$[X - M] + [\triangle L - \triangle A] = 0 \tag{2}$$

따라서 경상수지나 자본수지가 변화하면 환율은 변동한다는 것을 알 수 있다. 수출이 수입보다 많아 경상수지가 흑자가 되면 환율은 하락할 것이다. 반대로 수입이 수출보다 많아 경상수지가 적자가 되면 환율은 상승할 것이다. 다음에 자본유입이 자본유출보다 커서 자본수지가 흑자가 되면 환율은 하락할 것이다. 반대로 자본유출이 자본유입보다 커서 자본수지가 적자가 되면 환율은 상승할 것이다.[3] 이와 같이 환율이 자유롭게 결정되도록 허용하는 환율제도를 변동환율제도(floating exchange rate system)라고 한다.

## 3. 외환시장 개입

개방경제하에서 환율은 경제에 미치는 영향이 매우 크다. 환율이 변동하면 수출과 수입, 자본유입과 자본유출 등 국제거래뿐만 아니라 물가, 경기, 고용 등

[3] 제3장 4절에서 배우는 바와 같이 자본이동이 자유화된 오늘날 환율은 경상거래보다는 주로 자본거래에 의해 변동하고 있다.

거시경제의 중요 변수가 모두 영향을 받는다. 따라서 많은 나라에서 정부는 자본이동에 대한 규제(capital controls)나 외환시장 개입(foreign exchange intervention)을 통해 환율결정에 영향을 미치고 있다.

자본이동에 대한 규제는 외환의 수요곡선과 공급곡선을 이동시켜 환율에 영향을 미치려는 정책을 말한다. 자본유입을 규제하면 외환의 공급곡선이 좌측으로 이동하여 환율이 하락하는 것을 막을 수 있다. 한편 자본유출을 규제하면 수요곡선이 좌측으로 이동하여 환율이 상승하는 것을 막을 수 있다. 1970년대까지 선진국들도 자본이동을 규제하여 왔지만, 1980년대를 통해 대부분 규제를 철폐하였다. 그러나 개도국들은 아직도 다양한 방법으로 자본유출과 자본유입을 규제하고 있다.

외환시장 개입은 중앙은행이 외환시장에서 직접 외환을 매입하거나 또는 매도하여 환율을 안정시키는 정책을 말한다. [그림 1-4]에서 중앙은행이 목표로 하는 환율이 $E_0$라고 하자. 이때 (a)에서와 같이 외환의 공급곡선이 우측으로 이동하면, 중앙은행은 $AB$의 외환을 매입하여 환율을 $E_0$로 안정시킨다. 한편 (b)에서와 같이 외환의 수요곡선이 우측으로 이동하면, 중앙은행은 $AC$의 외환을 매도하여 환율을 $E_0$로 안정시킨다.

이와 같이 중앙은행의 외환시장 개입으로 환율을 안정시키는 환율제도를 고

**그림 1-4 중앙은행의 외환시장 개입**

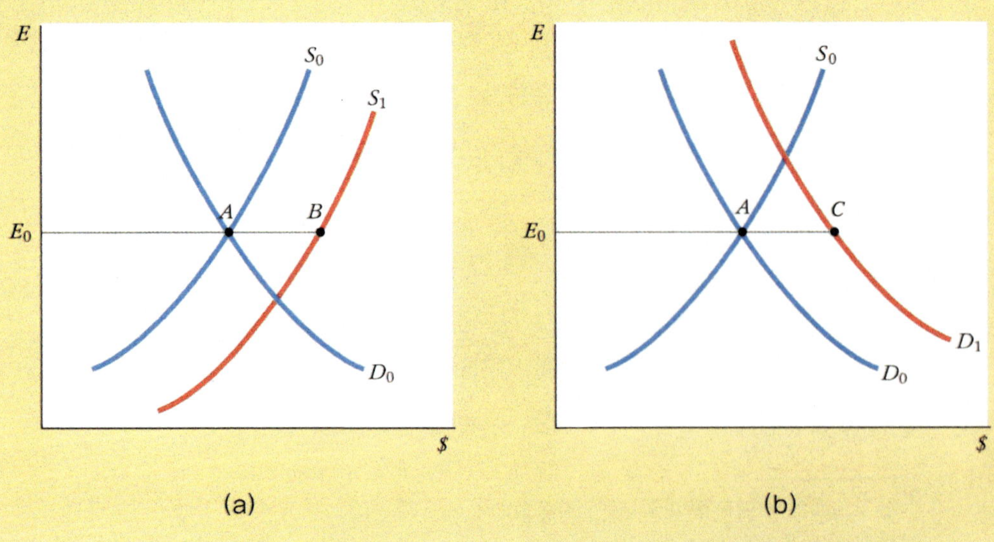

그림 1-5 **세계 외환보유액**

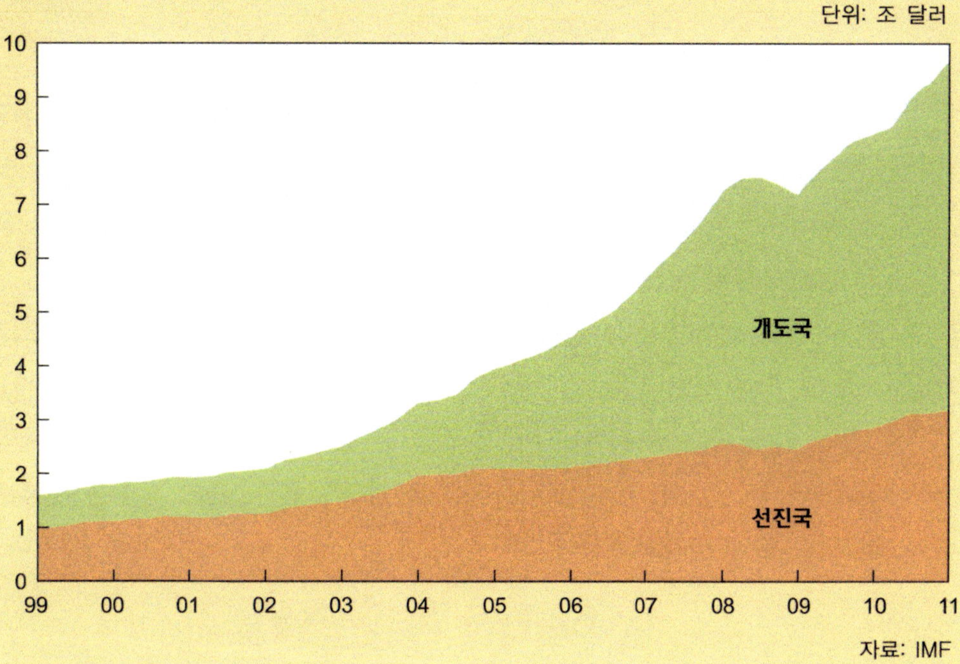


정환율제도(fixed exchange rate system)라 부른다. 브레튼우드 체제(1945년-1971년)의 환율제도는 전형적인 고정환율제도였다. 고정환율제도하에서 중앙은행은 외환시장 개입을 위한 준비자산(reserve assets)으로 외환보유액(foreign exchange reserves)을 보유한다.[4] 2011년 5월 말 세계 각국이 보유하고 있는 외환보유액은 9.8조 달러에 이르고 있는데, 이는 2001년 말의 약 2조 달러에서 거의 4배가 증가한 것이다.[5]

중앙은행이 외환시장에 개입하면 외환시장의 균형을 보여주는 식 (1)은 다음

[4] 중앙은행은 외환보유액을 주로 미국 등 주요국이 발행한 유가증권(단기국채, 장기국채, 자산유동화 증권 등)과 국제은행의 예금 등으로 보유한다. 2011년 5월 말 우리나라 외환보유액 3,051억 달러는 (1) 주요국의 국채, 기관채, 금융채, 자산유동화 증권(MBS와 ABS), 금융채, 국제기구채 등 유가증권이 89.5%(2,731억 달러), (2) 국제은행 예금 약 8.7%(265억 달러), 그리고 (3) 기타(IMF 포지션, SDR, 금) 1.8%(56억)로 구성되어 있다.

[5] 2011년 5월 말 외환보유액을 가장 많이 보유한 나라는 중국(3.05조 달러)이고, 그다음으로는 일본(1.14조 달러), 러시아(0.52조 달러), 대만(0.4조 달러), 브라질(0.33조 달러), 인도(0.32조 달러), 그리고 한국(0.31조 달러)의 순이다.

식 (3)과 같이 된다. 여기서 $R$은 중앙은행이 보유하는 외환보유액이고, $\triangle R$은 외환보유액의 증감을 나타낸다.

$$[X + \triangle L] - [M + \triangle A] = \triangle R \tag{3}$$

만약 [그림 1-4]의 (a)와 같이 목표환율 $E_0$에서 외환의 공급이 수요보다 많아 중앙은행이 매입개입을 행하면, 외환보유액은 증가한다($\triangle R > 0$). 한편 (b)와 같이 목표환율 $E_0$에서 외환의 수요가 공급보다 많아 중앙은행이 매도개입을 행하면, 외환보유액은 감소한다($\triangle R < 0$).

중앙은행이 외환시장에 개입하면 외환의 수요와 공급을 유발하는 국제거래는 경상거래, 자본거래, 그리고 준비자산(외환보유액) 증감으로 구성된다. 따라서 식 (3)은 이제 아래 식 (4)와 같이 정리할 수 있는데, 이를 흔히 국제수지의 기본관계식이라 부른다. 여기서 $[X - M]$은 경상수지, $[\triangle L - \triangle A]$은 자본수지, 그리고 $\triangle R$은 준비자산증감이다.[6]

$$[X - M] + [\triangle L - \triangle A] - \triangle R = 0 \tag{4}$$

## 4. 환율변동의 실제

환율제도는 크게 변동환율제도와 고정환율제도로 나눌 수 있다. 변동환율제도란 외환의 수요와 공급에 따라 환율이 자유롭게 결정되도록 허용하는 제도를 말하고, 고정환율제도란 중앙은행이 외환시장에 개입하여 환율을 안정시키는 제도를 말한다. IMF는 2010년 4월 말 189개 가맹국 가운데 68개국이 변동환율제도를 채택하고 있으며, 121개국이 고정환율제도를 채택하고 있는 것으로 분류하고 있다.[7]

---

[6] 국제수지표(balance of payments)란 식 (4)의 기본관계식에 따라 1년간 거주자와 비거주자 사이에 일어난 모든 경상거래, 자본거래, 그리고 준비자산증감을 세부 항목별로 체계적으로 기록한 것을 말한다. 한국은행은 IMF의 새로운 국제수지통계 매뉴얼(BPM6)에 따라 2012년 말까지 우리나라 국제수지표의 편제를 개편하는 작업을 진행하고 있다. 새 편제에서는 자본수지(또는 자본계정)와 준비자산증감을 합해 자본·금융계정이라 부르는데, 이 책에서는 과거의 편제대로 자본수지와 준비자산증감이라 부르기로 한다.

[7] IMF의 환율제도 분류에 대해서는 R. Feenstra and A. Taylor, *Essentials of International Economics*, Second Edition, Worth, (2012)의 제10장을 참조하면 좋다.

오늘날 일본, 영국, 스위스, 캐나다, 호주, 뉴질랜드, 스웨덴 등과 유로를 단일통화를 채택하고 있는 유로 존(Euro zone) 17개국은 변동환율제도를 운용하고 있는데, 이들 선진국의 중앙은행도 때때로 외환시장에 개입하고 있다.[8] 그리고 우리나라를 비롯한 30여 신흥국도 변동환율제도를 채택하고 있으나, 중앙은행이 외환시장에 자주 개입하는 관리된 변동환율제도를 운용하고 있다. 한편 중국을 비롯한 120여 개도국은 중앙은행이 외환시장에 적극 개입하는 다양한 고정환율제도를 운용하고 있다.

이제 미국 달러(USD)에 대한 유로(EUR), 일본 엔(JPY), 한국 원(KRW), 그리고 중국 위안(CNY)의 환율이 최근 어떻게 변동하여 왔는지 간략하게 살펴보기로 하자.

유로(Euro)는 1999년 1월 1.17달러의 환율로 출범하였는데, 2000년 10월 말 0.83 달러까지 하락하였다. 2002년 1월 0.86달러에서 2005년 1월 1.36달러까지 크게 상승하였다가, 2006년 1월에는 1.20달러로 하락하였다. 2006년 봄부터 2008년 4월 말 1.60달러에 이를 때까지 2년간 강세를 지속하였으나, 2008년 11월 말에는 1.25달러로 다시 하락하였다. 2009년-2010년간 유로의 환율은 1.25달러와 1.45달러 사이에서 변동하였다.

일본 엔(yen)의 환율은 제2차 대전 이후 1971년 봄까지 360엔으로 고정되어 왔다. 변동환율제도로의 이행으로 1981년 초에 200엔까지 하락하였다가, 1982년 말에 280엔까지 상승하였다. 그러나 이후 1995년 4월 80엔에 이를 때까지 약 12년간 강세를 지속하였다. 1998년 8월에 150엔으로 오르기도 하였으나, 2007년 여름까지 100엔과 130엔 사이에서 변동하였다. 2008년-2010년간에는 100엔과 82엔 사이에서 변동하였다.

한국 원(won)의 환율은 1982년부터 1995년 말까지 670원과 900원 사이에서 변동하였다. 외환위기가 발생한 1998년 1월에는 1,800원까지 상승하였으나, 1999년 말에는 1,130원으로 안정되었다. 글로벌 금융위기로 2008년 11월 1,513원까지 상승하였다가, 연말에는 1,260원으로 하락하였다. 2009년 3월에

---

[8] 2011년 말 유럽연합(European Union: EU)에 가입한 27개국 가운데 유로를 단일 통화로 채택하고 있는 유로 존(Euro zone) 17개국은 독일, 프랑스, 이탈리아, 네덜란드, 벨기에, 룩셈부르크, 아일랜드, 포르투갈, 스페인, 그리스, 오스트리아, 핀란드, 몰타, 슬로베니아, 사이프러스, 슬로바키아, 그리고 에스토니아이다. 한편 유로 존에 가입하지 않은 유럽연합 주요국은 영국, 스웨덴, 덴마크, 노르웨이이고, 나머지는 폴란드와 체코 등 동구권 국가들이다.

그림 1-6 **유로(EUR)의 환율**

단위: 미국 달러

자료: Bloomberg

그림 1-7 **일본 엔(JPY)의 환율**

단위: 일본 엔

자료: Bloomberg

그림 1-8 **한국 원(KRW)의 환율**

단위: 한국 원

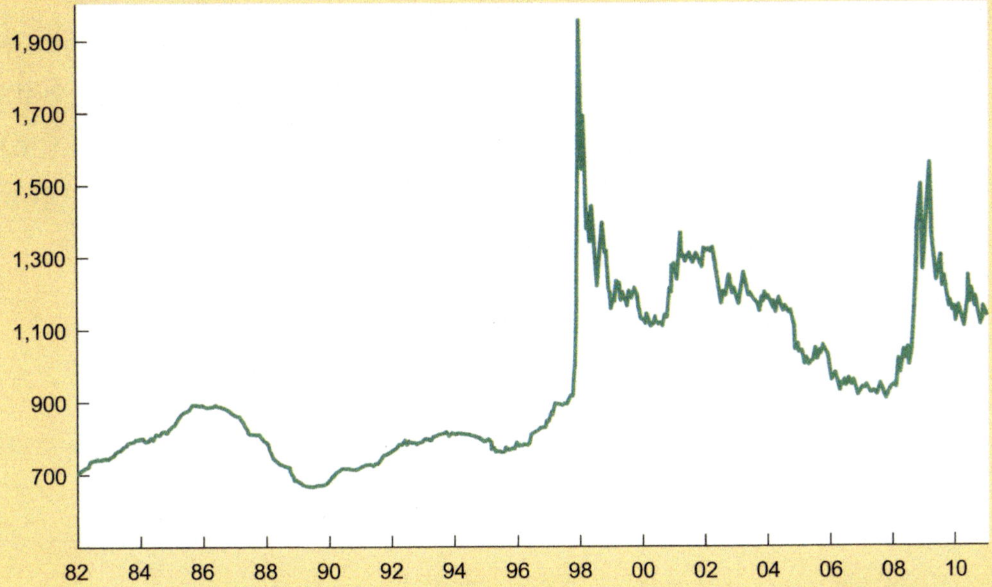


자료: Bloomberg

그림 1-9 **중국 위안(CNY)의 환율**

단위: 중국 위안

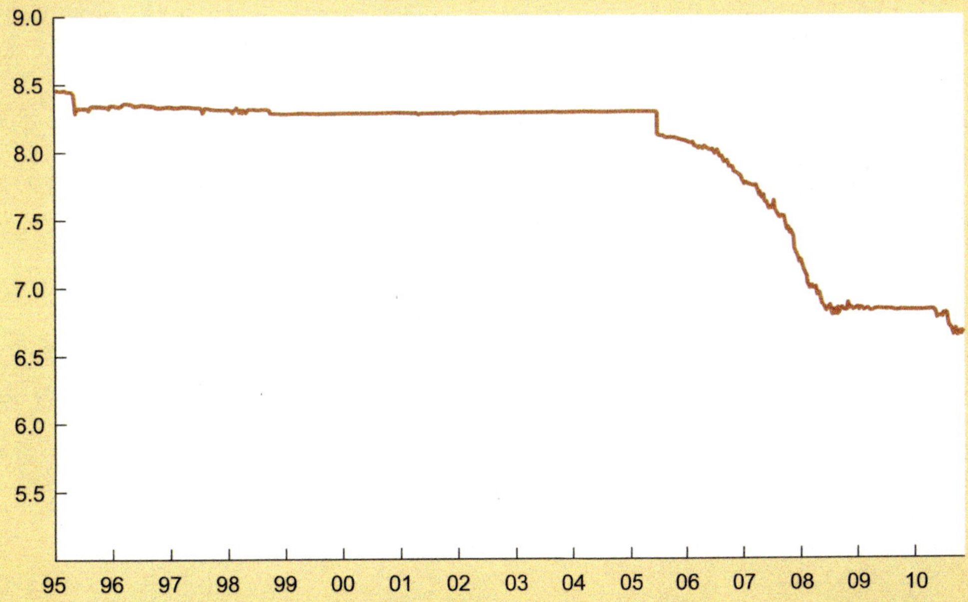


자료: Bloomberg

다시 1,610원까지 오르기도 하였으나, 연말에는 1,165원으로 하락하였다. 2010년에는 1,100원과 1,135원 사이에서 변동하였다.

중국은 위안(yuan) 환율을 1994년부터 약 10년간 8.28위안으로 고정시켜 왔다. 2005년 7월 23일 2% 절상하면서, 환율 변동을 허용하기 시작하였다. 이후 2008년 9월까지 3년 동안 점진적으로 약 15%의 추가적인 절상이 이루어졌다. 그러나 글로벌 금융위기의 발발로 2008년 9월부터 약 2년간 환율을 다시 6.83위안으로 고정시켰다. 2010년 6월에 다시 환율 변동을 허용하였는데, 2010년 말까지 6.60위안으로 절상되었다.

## 1.2 국제자본이동

변동환율제도의 도입으로 시작된 국제금융시장의 환경 변화는 1980년대에 선진국들이 자본이동에 대한 규제(capital controls)를 철폐하면서 본격적으로 진전되었다. 자본이동이 자유로우면 환율을 안정시키기가 어렵다. 따라서 브레튼우드 체제(1945년-1971년)의 고정환율제도하에서 선진국들도 자본이동을 규제하여 왔다. 그러나 1970년대 초반 변동환율제도로 이행한 이후, 1980년대를 통해 선진국들은 자본이동에 대한 규제를 대부분 철폐하였다. 이에 따라 국가간 자본이동은 매우 빠르게 증가하였다.

지난 30여 년간에 이루어진 자본이동성(capital mobility)의 급격한 증가는 금본위제도 시기(1880년-1914년)에 이은 두 번째 현상이다.[9] [그림 1-10]에서 보는 바와 같이, 자본이동성은 금본위제도 때 가장 높았는데, 그 후 두 번의 세계대전과 대공황을 겪으면서 급격히 하락하였다. 제2차 세계대전 이후 1980년대 초반까지 선진국들도 자본이동을 규제하였으므로, 자본이동성의 수준은 매우 낮았다. 자본이동성이 금본위제도가 붕괴한 1914년의 수준을 회복한 것은 아주 최근에 이르러서이다.

[9] M. Obstfeld and A. Taylor, *Global Capital Markets*, Cambridge University Press, (2004), p.28.

그림 1-10 **자본이동성의 변화**

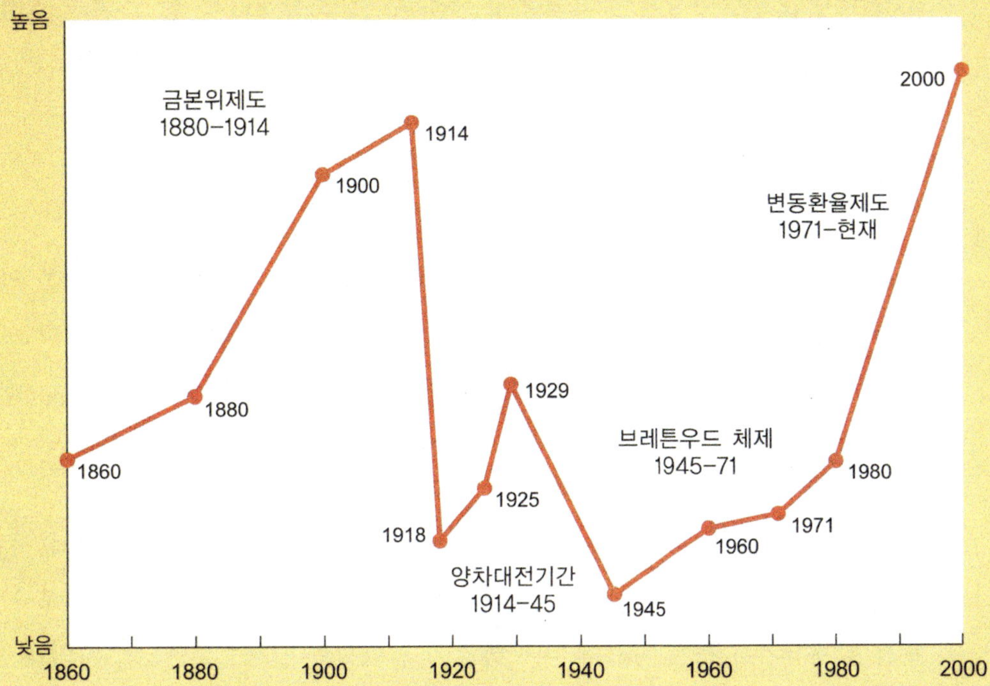


자료: Obstfeld and Taylor (2004)

## 1. 자본이동의 형태

오늘날 국경을 넘어 거주자(내국인)와 비거주자(외국인)가 각종 자산을 매매하는 자본이동의 형태는 크게 (1) 직접투자, (2) 증권투자, (3) 은행대출, 그리고 (4) 외환보유액의 변동으로 분류할 수 있다.

### (1) 직접투자

직접투자(direct investments)란 일국의 기업이 외국 기업의 경영에 직접 참여하여 영업이익을 획득할 목적으로 외국 기업 주식의 10% 이상을 매입하는 것을 말한다. 외국 기업(비거주자)이 국내 기업에 직접투자하는 것을 외국인 직접투자(foreign direct investment), 그리고 국내 기업(거주자)이 외국 기업에 직접투자하는 것을 해외직접투자(overseas direct investment)라 부른다.

직접투자는 (1) 새로운 기업의 창업에 의해 신주를 인수하는 공장설립형 방식

(greenfield investment)이나 (2) 인수나 합병(mergers and acquisitions)에 의해 기존 기업의 구주를 매입하는 방식으로 이루어진다. 한편 기존 직접투자 기업에 대한 5년 이상의 장기대출도 직접투자에 포함시키고 있다. 최근 직접투자의 절반 이상은 국제 M&A에 의해 이루어지고 있는데, 이는 판로 확보와 근로자 확보 등의 면에서 창업에 의한 직접투자보다 유리하기 때문이다.

### (2) 증권투자

증권투자(portfolio investments)란 경영 참여 없이 이자, 배당 및 자본 이득을 목적으로 외국의 주식이나 본드 등 금융상품에 투자하는 거래를 말하는데, (1) 특정 기업 주식의 10% 미만을 매입하는 주식투자(portfolio equity investments)와 (2) 각종 부채증권(debt securities)을 매입하는 본드투자(bond investments)로 나눌 수 있다.

주식투자에 따른 자본이동은 (1) 외국인이 국내 주식시장에서 유통되고 있는 주식을 매매하는 외국인 주식투자와 (2) 국내 기업이 외국의 주식시장에서 신주를 발행하거나 또는 구주를 매도하는 국제주식의 발행으로 나눌 수 있다. 국제주식의 발행은 흔히 주식예탁증서(depository receipt: DR)의 형태로 이루어진다.

본드투자에 따른 자본이동도 (1) 외국인이 국내 본드시장에서 유통되고 있는 본드를 매매하는 외국인 본드투자와 (2) 국내 기업이 외국의 본드시장에서 본드를 발행하는 국제본드의 발행으로 나눌 수 있다. 본드투자의 대상은 (1) 중장기채(만기 1년 이상의 고정금리채, 변동금리채,전환사채 등)와 (2) 단기채(만기 1년 이하의 양도성예금증서, 재무성 단기증권, 기업어음(CP), 은행인수어음 등)로 나눌 수 있다.

### (3) 은행대출

국경을 넘어 이루어지는 은행대출(bank loan)은 기업에 대한 대고객대출과 은행 간에 이루어지는 은행간 대출로 나눌 수 있다. 은행간 대출은 대부분 만기 6개월 이하의 단기대출이다. 한편 대고객 대출은 만기 1년 이하의 단기대출과 만기 1년 이상 10년 미만의 중기대출이 각각 절반씩을 차지한다. 중기대출은 대부분 여러 은행이 신디케이트를 구성하여 변동금리로 대출하는 신디케이트론(syndicate loan)의 형태로 이루어지고 있다.

지금까지 본 직접투자, 증권투자, 은행대출에 포함되지 않는 모든 차입과 대출은 기타 차입과 기타 투자에 포함된다. 가장 중요한 것은 무역신용(연불수입), 연불수출, 수출선수금 등과 같이 무역과 관련된 신용(trade-related credits)에 따른 자금의 수취와 상환이다.

### (4) 외환보유액의 변동

중앙은행은 외환시장 개입을 위한 준비자산으로 미국 등 주요국이 발행한 본드(단기국채, 장기국채, 자산유동화 증권 등)와 국제은행 예금 등으로 외환보유액을 보유하고 있다. 외환보유액이 증가하면, 중앙은행의 미국 국채 등 해외본드 투자나 국제은행 예금이 증가한다. 반대로 외환보유액이 감소하면, 중앙은행의 미국 국채 등 해외본드 투자나 국제은행 예금이 감소한다.

직접투자, 주식투자와 본드투자 등의 증권투자, 그리고 은행대출은 모두 민간부분에 의해 이루어지는 자본이동, 즉 민간자본이동(private capital flow)이다. 이에 대해 외환보유액 변동에 따라 이루어지는 자본이동을 공적자본이동(official capital flow)이라 부른다.

## 2. 자본이동의 측정

국경을 넘어 각종 자산을 매매하는 형태로 일어나는 자본이동은 (1) 외국인의 국내자산(domestic asset) 매입, (2) 외국인의 국내자산 매도, (3) 내국인의 해외자산(foreign asset) 매입, 그리고 (4) 내국인의 해외자산 매도로 분류할 수 있다.

### (1) 자본유입과 자본유출

자본이동이 일어나면 한 나라의 대외부채(external liability)와 대외자산(external asset)이 변화한다. 외국인이 국내자산을 매입하면 대외부채(외국인의 국내자산에 대한 소유권)가 증가하고($L\uparrow$), 국내자산을 매도하면 대외부채가 감소한다($L\downarrow$). 한편 내국인이 해외자산을 매입하면 대외자산(내국인의 해외자산에 대한 소유권)이 증가하고($A\uparrow$), 해외자산을 매도하면 대외자산이 감소한다($A\downarrow$).

그러나 이와 같은 자본거래의 네 가지 형태에 대한 자료를 모두 구하기가 어렵다. 따라서 자본이동에 대한 통계는 대부분 자본유입과 자본유출의 두 형태로 작성된다. 자본유입(capital inflow)이란 일정기간 동안 외국인이 매입한 국내자산에서 매도한 국내자산을 뺀 외국인 국내투자를 말하고, 자본유출(capital outflow)은 일정기간 동안 내국인이 매입한 해외자산에서 매도한 해외자산을 뺀 내국인 해외투자를 말한다. 즉

$$\text{자본유입} = \text{외국인 국내투자} = [(L\uparrow) - (L\downarrow)] = \triangle L \quad (1)$$

$$\text{자본유출} = \text{내국인 해외투자} = [(A\uparrow) - (A\downarrow)] = \triangle A \quad (2)$$

미국을 예로 들어 설명하여 보자. 1년 동안 외국투자자가 미국증권을 1,900억 달러 매입하고 1,750억 달러 매도하면, 미국의 자본유입은 150억 달러이다. 그러나 실제로 외국투자자가 미국증권을 매입하고 매도한 거래의 합은 3,650억 달러로, 자본유입의 20배가 넘는다. 한편 1년 동안 미국투자자가 외국증권을 800억 달러 매입하고 730억 달러 매도하였다면, 미국의 자본유출은 70억 달러이다. 이때에도 실제로 미국투자자가 외국증권을 매입하고 매도한 거래의 합은 1,530억 달러로, 자본유출의 20배가 넘는다.[10]

그림 1-11 **미국의 자본유입과 자본유출**

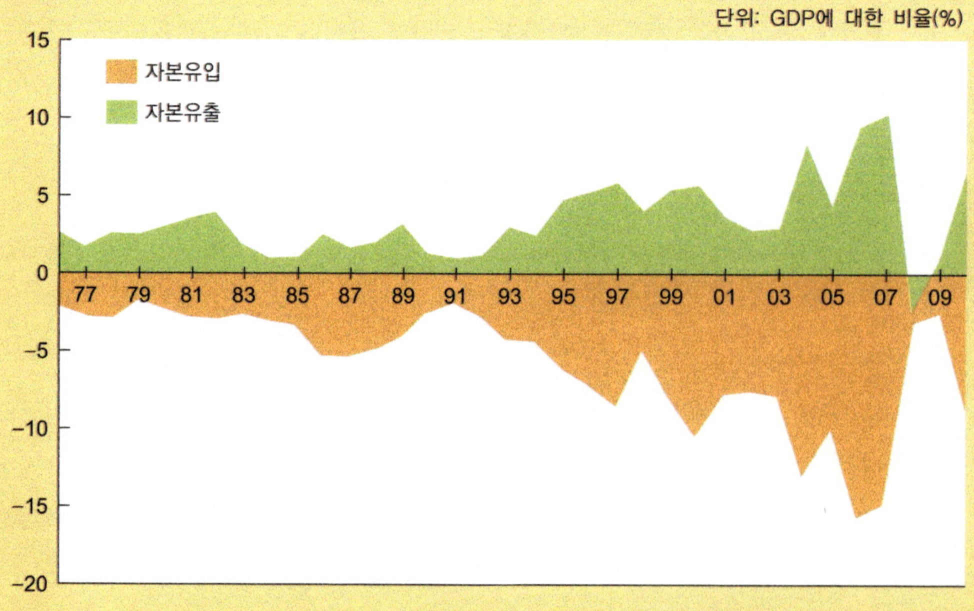


자료: US Federal Reserve

### (2) 자본수출과 자본수입

앞의 식 (1)과 (2)에서 본 자본유입($\triangle L$)과 자본유출($\triangle A$)에는 민간부분(개인,

그림 1-12 **자본수출국과 자본수입국: 2010년**

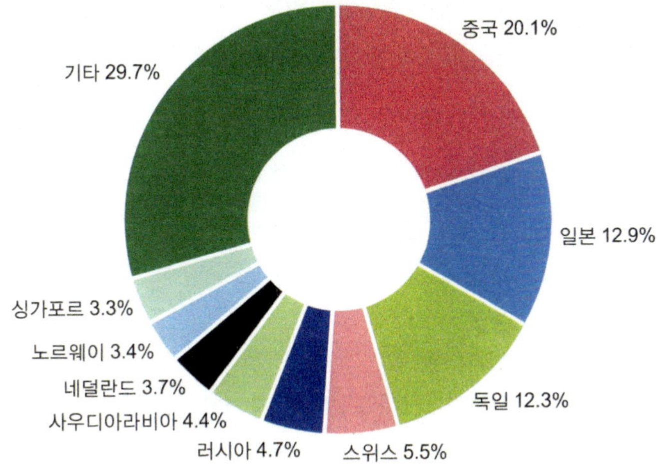


(a) 자본수출국

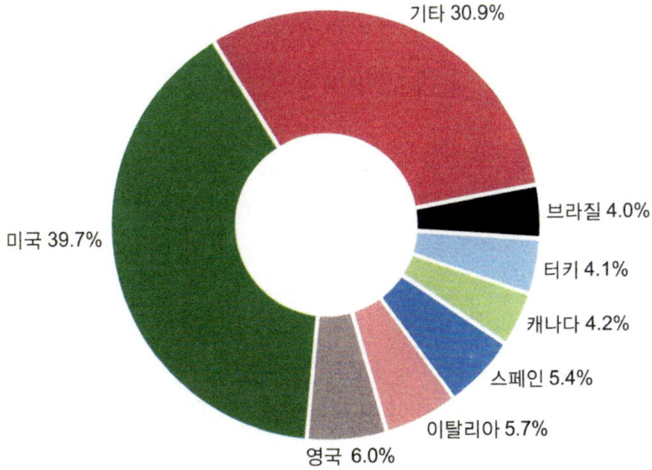


(b) 자본수입국

자료: IMF

[10] 오늘날 모든 나라는 자본이동을 자본유입($\triangle L$)과 자본유출($\triangle A$)로 측정하여 발표하고 있다. 그러나 자본유입과 자본유출은 매입에서 매도를 뺀 순(net) 개념으로, 실제로 국경을 넘어 이루어지는 총(gross) 자본거래는 이보다 수십 배가 많다.

기업, 금융기관)이 보유하고 있는 대외자산과 대외부채의 변화만 포함되어 있다. 다시 말하면, 자본유입과 자본유출은 민간부문에 의한 자본이동, 즉 민간자본이동(private capital flow)만을 측정한다.

중앙은행이 보유하는 외환보유액($R$)이 증가하면, 대외자산이 증가하므로, 자본이 유출된다. 한편 외환보유액의 감소하면, 대외자산이 감소하므로, 자본이 유입된다. 이와 같이 외환보유액의 증감($\triangle R$)에 따라 대외자산이 변동하는 것을 공적자본이동(official capital flow)이라 부른다.

민간자본이동과 공적자본이동을 합해 자본이 유출되는 것을 자본수출(capital export), 그리고 자본이 유입되는 것을 자본수입(capital import)이라고 한다. 자본수출은 민간자본유출($\triangle A$)과 공적자본유출($\triangle R$)의 합에서 민간자본유입($\triangle L$)을 빼서 구한다. 한편 자본수입은 민간자본유입($\triangle L$)에서 민간자본유출($\triangle A$)과 공적자본유출($\triangle R$)의 합을 빼서 구한다. 즉

$$\text{자본수출} = [\triangle A + \triangle R] - \triangle L \tag{3}$$

$$\text{자본수입} = \triangle L - [\triangle A + \triangle R] \tag{4}$$

자본수출이 플러스인 나라를 자본수출국(capital exporter) 그리고 자본수입이 플러스인 나라를 자본수입국(capital importer)이라고 한다. 경상수지 흑자국은 자본수출국이고, 경상수지 적자국은 자본수입국이다. 이는 앞 절에서 본 국제수지의 기본관계식 (4)를 정리하면 알 수 있다. 즉

$$[X - M] = [\triangle A - \triangle L] + \triangle R = [\triangle A + \triangle R] - \triangle L \tag{5}$$

$$[M - X] = [\triangle L - \triangle A] - \triangle R = \triangle L - [\triangle A + \triangle R] \tag{6}$$

## 3. 자본이동의 실제

지금까지 자본이동의 네 가지 형태와 자본이동을 측정하는 방법을 설명하였다. 이제부터 지난 30여 년간 자본이 어떻게 이동하였는지 알아보기로 한다.

### (1) 자본유입의 규모

자본이동은 선진국들이 자본이동에 대한 규제를 철폐한 1980년대 이후에 빠르게 증가하기 시작하였다. MGI에 따르면, 전 세계 자본유입(global capital inflow)은 1980년 0.4조 달러에서, 1990년에는 0.9조 달러, 2000년에는 4.7조

그림 1-13 **전 세계 자본유입**

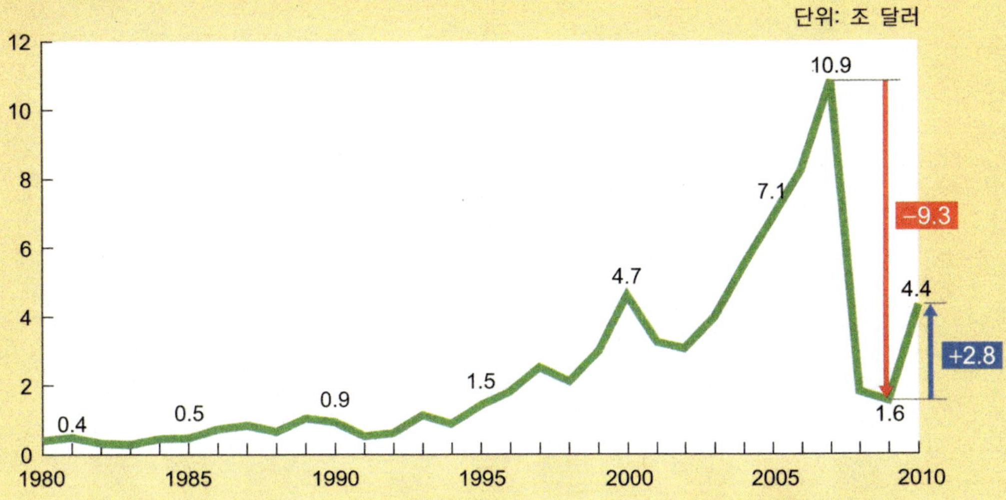


자료: McKinsey Global Institute

달러, 그리고 2007년에는 10.9조 달러로 증가하였다.[11] 그러나 글로벌 금융위기로 2008년에 1.9조 달러 그리고 2009년에 1.6조 달러로 대폭 하락하였다가, 2010년에는 4.4조 달러로 회복되었다.

세계 GDP에 대한 전 세계 자본유입의 비율은 2007년에 20%까지 증가하였으나, 2009년에 2%까지 하락하였다가, 2010년에 7%로 증가하였다. 전 세계 자본유입은 1990년-1991년과 2000년-2001년의 미국을 비롯한 선진국의 경기침체 그리고 1997년-1998년의 아시아 외환위기와 러시아 부도 등 세 차례에 걸쳐 감소한 적이 있다. 전 세계 자본유입에서 신흥국이 차지하는 비율은 2000년 7%에서 2007년에 17%까지 증가하였다.

### (2) 자본유입의 구성

지난 30여 년간 자본유입의 변동성(volatility)은 점점 증가하여 왔는데, 변동성이 가장 높은 자본이동의 형태는 은행대출 및 기타 차입이다. [그림 1-14]는 지난 30년간 선진국, 신흥국, 그리고 개도국에서 자본유입의 구성이 어떻게 변

[11] McKinsey Global Institute의 *Mapping Global Capital Market: Fourth Annual Report*, (January 2008)와 *Global Capital Markets: Entering a New Era*, (September 2009), 그리고 *Mapping Global Capital Markets 2011*, (August 2011).

그림 1-14 **자본이동의 구성**

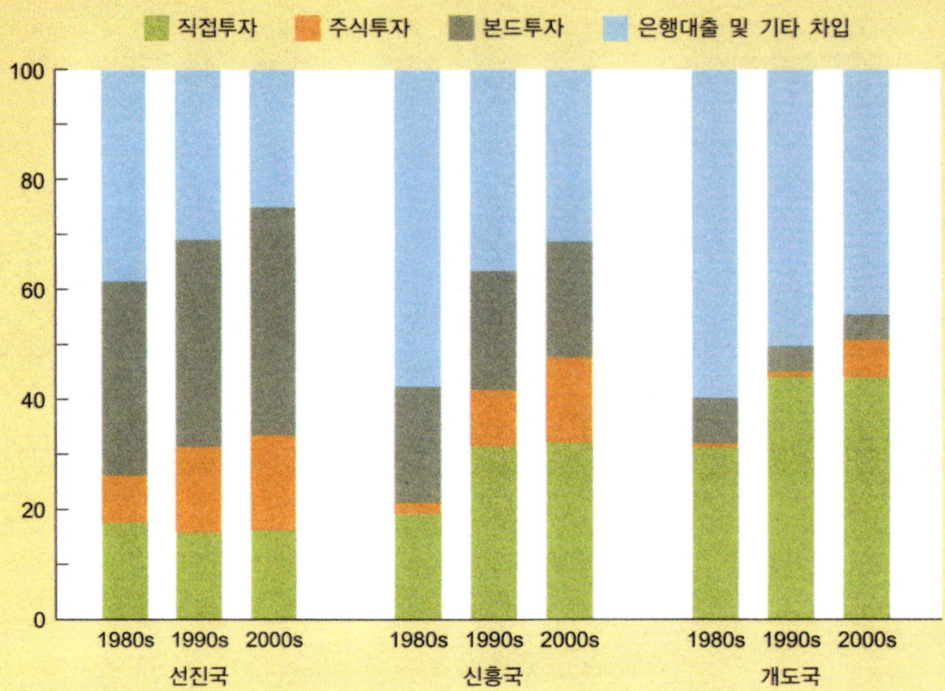


자료: IMF

화하여 왔는지를 보여주고 있다. 2000년대 선진국, 신흥국, 개도국의 자본유입의 특징을 보면 다음과 같다.

(1) 선진국에서는 주식투자와 본드투자 등 증권투자가 약 60%, 은행대출 및 기타 차입이 약 25%, 그리고 직접투자가 약 15%를 차지하고 있다.

(2) 신흥국에서는 주식투자와 본드투자 등 증권투자, 직접투자, 그리고 은행대출과 기타 차입이 각각 약 1/3%씩을 차지하고 있다.

(3) 개도국에서는 직접투자와 은행대출 및 기타 차입이 각각 약 45%를 차지하고, 주식투자와 본드투자 등 증권투자는 약 10%만을 차지하고 있다.

## 4. 금융의 세계화

지난 30여 년간 자본이동이 증가함에 따라 주요국의 금융시장이 밀접하게 연결되는 국제금융통합(international financial integration)이 매우 빠르게 진전

그림 1-15 **국제투자자산의 증가**

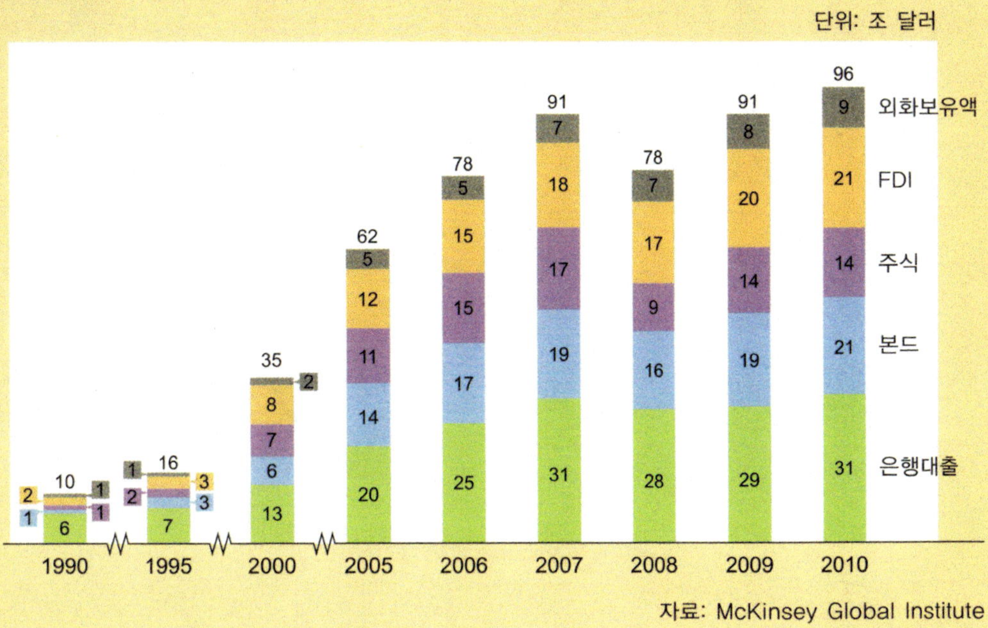


되어 왔는데, 이를 금융의 세계화(financial globalization)라 부른다.

### (1) 국제투자자산

MGI에 따르면, 세계 각국이 해외에 투자한 자산, 즉 국제투자자산(global foreign investment assets)은 1990년 말 10조 달러에서 2010년 말에 96조 달러로 20년간 거의 10배 증가하였다. 이에 따라 지난 20여 년간 주요국 금융자산에서 해외투자자가 차지하는 비율은 주식은 9%에서 27%로, 국채는 11%에서 32%로, 그리고 회사채는 7%에서 21%로 증가하였다. 또 세계 GDP에 대한 국제투자자산의 비율은 1990년 55%로부터, 2000년에는 100%를 넘어섰고, 2010년에는 160%로 증가하였다.

### (2) 금융개방도

금융세계화의 정도는 어떻게 측정할 수 있을까? 자본이동이 자유화되면, 자본유입과 자본유출이 모두 증가하고, 이에 따라 일국이 보유하는 대외자산($A$)과 대외부채($L$)도 함께 증가한다. 따라서 금융세계화의 정도를 흔히 GDP에 대

그림 1-16 선진국과 신흥국의 금융개방도

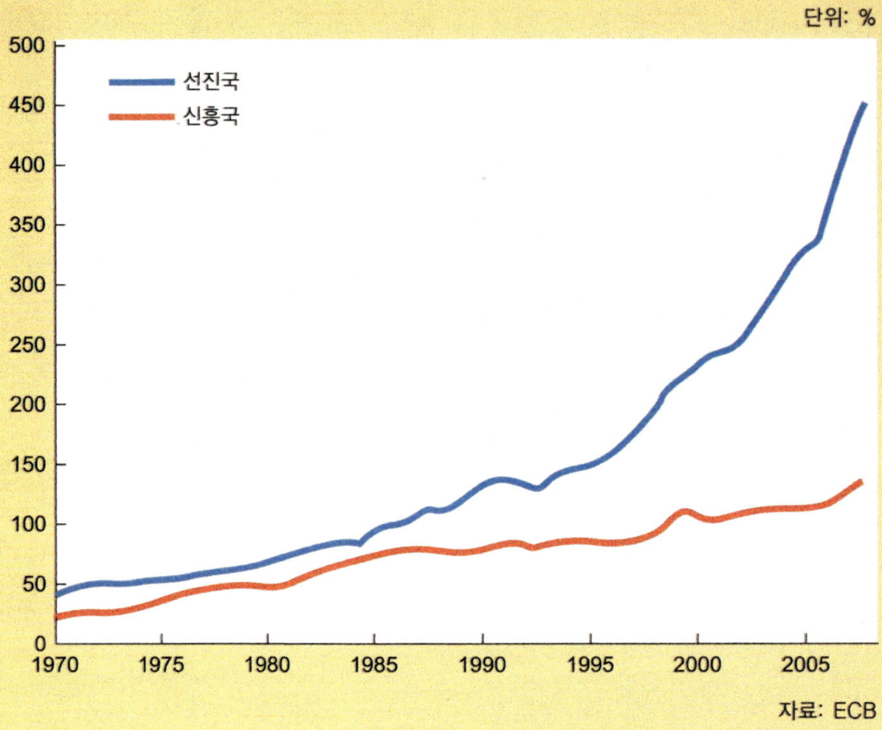


한 대외부채와 대외자산의 합의 비율로 측정하고 있는데, 이를 금융개방도(financial openness measure)라 부른다.

$$\text{금융개방도} = \frac{\text{대외자산}+\text{대외부채}}{\text{GDP}}$$

지난 30여 년간 금융개방도는 매우 빠르게 증가하여 왔다. [그림 1-16]에서 보는 바와 같이, 선진국의 금융개방도는 1970년 초반 약 50%에서 최근에는 450% 수준으로 매우 빠르게 증가하였다. 한편 신흥국의 금융개방도는 1970년대 초반 약 40% 수준에서 최근에는 140% 수준으로 상승하였다. 이와 같이 볼 때 금융세계화는 아직까지 주로 선진국에 국한된 현상이라는 것을 알 수 있다.

금융개방도는 선진국 간에도 큰 차이를 나타내고 있다. 1983년-2007년간 영국의 금융개방도는 290%에서 930%로 대폭 증가하였지만, 미국은 54%에서 280%로 밖에 증가하지 않았다. 한편 2007년 네덜란드, 프랑스, 독일, 이탈리아, 호주의 금융개방도는 각각 약 970%, 580%, 410%, 280%, 그리고 260%를 나타내고 있다.

대외자산이 대외부채보다 큰 나라를 순채권국(net foreign creditors) 그리고

**그림 1-17 세계 10대 순채무국과 10대 순채권국: 2010년 말**

단위: 10억 달러

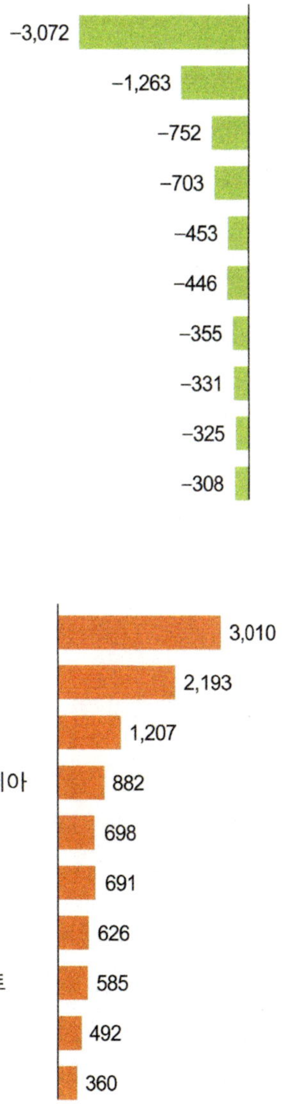

**(a) 순채무국**

| 국가 | 순대외자산 | 자산 | 부채 |
|---|---|---|---|
| 미국 | −3,072 | 15,284 | 18,356 |
| 스페인 | −1,263 | 1,673 | 2,936 |
| 호주 | −752 | 1,044 | 1,796 |
| 브라질 | −703 | 587 | 1,290 |
| 이탈리아 | −453 | 2,734 | 3,187 |
| 영국 | −446 | 10,943 | 11,390 |
| 멕시코 | −355 | 259 | 613 |
| 그리스 | −331 | 315 | 646 |
| 프랑스 | −325 | 6,622 | 6,947 |
| 폴란드 | −308 | 162 | 470 |

**(b) 순채권국**

| 국가 | 순대외자산 | 자산 | 부채 |
|---|---|---|---|
| 일본 | 3,010 | 6,759 | 3,748 |
| 중국 | 2,193 | 3,892 | 1,699 |
| 독일 | 1,207 | 7,323 | 6,116 |
| 사우디 아라비아 | 882 | 1,084 | 202 |
| 스위스 | 698 | 3,047 | 2,348 |
| 홍콩 | 691 | 2,723 | 2,032 |
| 대만 | 626 | 1,015 | 389 |
| 아랍 에미리트 | 585 | 783 | 198 |
| 싱가포르 | 492 | 1,376 | 884 |
| 노르웨이 | 360 | 1,122 | 762 |

자료: McKinsey Global Institute

대외부채가 대외자산보다 큰 나라를 순채무국(net foreign debtors)이라고 한다. [그림 1-17]에서 보는 바와 같이, 2010년 말 세계 최대의 순채무국은 미국이고, 세계 최대의 순채권국은 일본이다.

## 5. 자본유입의 문제

자본이동은 국가 간에 자원을 효율적으로 배분시킨다. 특히 개도국의 경우 자본유입은 부족한 자본을 확충시켜 경제성장을 촉진시키고, 금융시장 발전에도 기여한다. 그러나 자본유입의 급격한 증가(surge)는 물가 상승과 자산가격 거품을 발생시키며 환율을 절상시키는 등 부작용이 따른다. 또 자본유입이 갑자기 중단되거나(sudden stop) 또는 마이너스로 돌아서면(reversal), 외환위기가 발생하고 심각한 경기침체에 빠질 수 있다. 이를 자본유입의 문제(capital inflow problem)라고 한다.

지난 20여 년간 개도국의 자본유입은 증가(boom)와 감소(bust)를 반복하여 왔다. 1980년대에 미미하던 개도국의 자본유입은 1990년-1996년간 GDP의 0.5%에서 2%까지 크게 증가하였다. 그러나 아시아 위기(Asian crisis)로 1997년과 1998년 연속 감소하였고, 2002년까지 GDP의 1%를 조금 넘는 수준에 머물렀다. 개도국의 자본유입은 2003년-2007년간에 다시 GDP의 2% 수준에서 8%까지 매우 빠르게 증가하였으나, 글로벌 금융위기로 2008년과 2009년에는 GDP의 4% 밑으로 감소하였다.

[그림 1-18]에서 보는 바와 같이, 우리나라 자본유입의 변동성은 매우 높다. 1995년 1월부터 1997년 11월까지 780억 달러의 자본이 유입되었으나, 외환위기가 발생하면서 1997년 12월부터 1998년 4월까지 불과 5개월간 자본유입은 -210억 달러로 역전되었다.[12] 또 1998년 5월부터 2008년 8월까지 10년간 2,200억 달러의 자본이 유입되었으나, 글로벌 금융위기가 발생하면서 2008년 9월부터 12월까지 불과 4개월간 자본유입은 -700억 달러로 역전되었다. 이에 따라 환율은 1998년 1월에는 1,800원까지, 그리고 2009년 3월에는 1,610원까

[12] 자본유입($\Delta L$)은 1년간 외국인이 매입한 국내자산($L\uparrow$)에서 외국인이 매도한 국내자산($L\downarrow$)을 뺀 것을 말한다. 따라서 자본유입이 마이너스(-)가 되면, 그해에 외국인이 매입한 국내자산보다 매도한 국내자산이 더 많다는 것을 말한다.

그림 1-18 **한국의 자본유입**

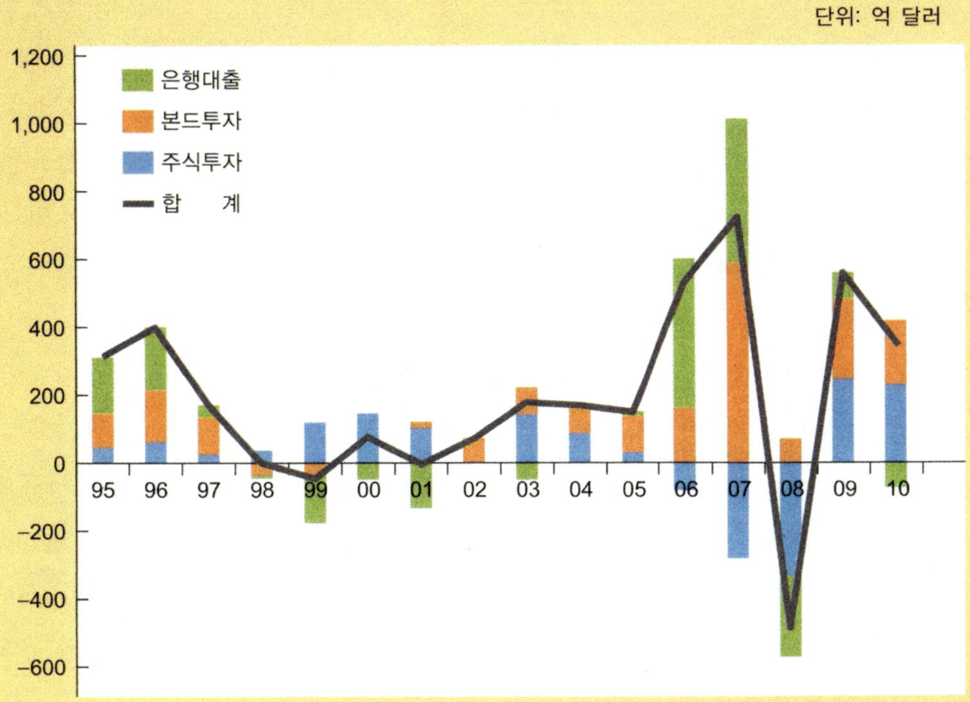


자료: 한국은행

지 상승하였다.

정부는 우리나라가 그동안 경험한 금융위기의 근본적인 원인이 이와 같은 자본유입의 과도한 변동성에 있다고 보고, 2010년 6월 자본유입 변동성 완화방안을 발표하였다. 이 방안에 따라 (1) 2010년 7월부터 선물환포지션한도제를 도입하였고, (2) 2011년 1월부터 외국인채권투자에 대한 비과세 제도를 폐지하였으며, (3) 2011년 11월부터 거시건전성부담금제도를 도입하는 등 자본유입 규제 조치를 실시하였다.[13] 그동안 자본거래 자유화를 권장해 오던 IMF도 2007년-2009년 글로벌 금융위기 이후에는 신흥국의 자본유입 규제의 필요성을 인정하고 있다.

---

[13] 이들 조치에 대해서는 기획재정부, 한국은행, 금융위원회, 금융감독원, “자본유출입 변동 완화방안,” (2010년 6월 14일)을 참조하면 좋다.

## 1.3 금융파생상품

지난 30여 년간 일어난 국제금융시장 환경 변화의 하나로 환율과 이자율의 변동성(volatility)이 매우 높아졌다는 사실을 들 수 있다. [그림 1-6]부터 [그림 1-8]에서 본 바와 같이, 오늘날 유로, 일본 엔, 그리고 한국 원 등의 환율은 매우 큰 폭으로 변동하고 있다. 한편 아래 [그림 1-19]는 지난 30여 년간 미국 단기국채(T-bill)와 장기국채( T-bond)의 이자율도 매우 큰 폭으로 변동하여 왔음을 보여주고 있다.

환율과 이자율의 변동성이 높아짐에 따라 지난 30여 년간 환율과 이자율의 변동으로부터 손실을 볼지도 모르는 위험, 즉 환위험과 금리위험을 관리하는 금융선물(financial futures), 금융옵션(financial options), 그리고 금융스왑(financial swaps) 등 금융파생상품(financial derivatives)의 이용이 비약적으로 증가하였다. 이들 금융파생상품에 대해서는 앞으로 제 8장부터 제 10장에서 자세하게 공부할 것이다. 이 절에서는 금융파생상품의 종류와 시장의 규모에 대해 간략하게 개관해 보기로 한다.[14]

그림 1-19 미국 이자율의 변동

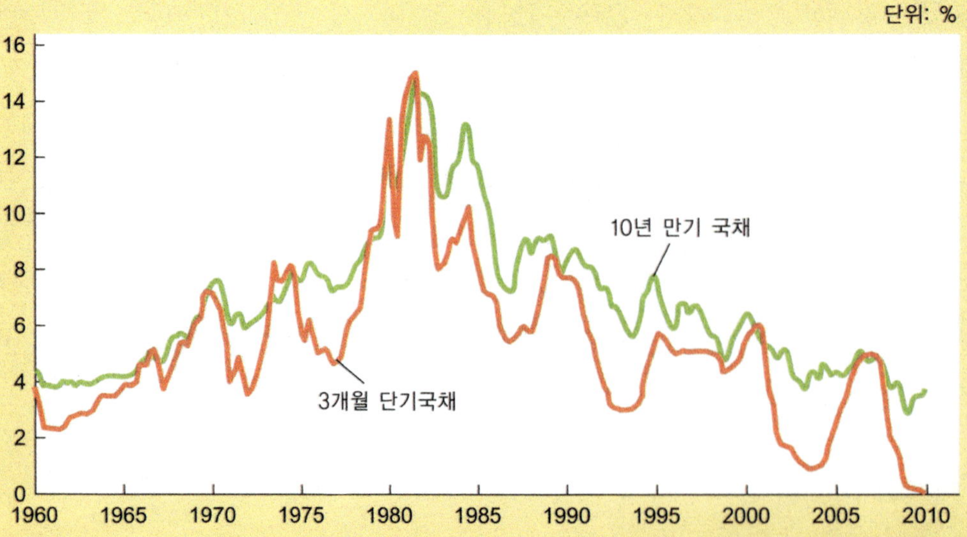


자료: US Federal Reserve

## 1. 금융파생상품시장의 성장

선물, 옵션, 스왑 등 파생상품이란 가격이 다른 자산, 즉 기초자산의 가격으로부터 파생되는 상품을 말한다. 파생상품 가운데 특히 기초자산이 외환, 금리, 주식과 같이 금융상품인 것을 금융파생상품이라 부른다. 금융파생상품은 대부분 1980년대 초반에 도입되었으나, 그 이용이 크게 증가한 것은 1990년대 후반에 이르러서이다. 명목원금(notional principal)으로 본 금융파생상품시장의 규모는 1980년 말 1조 달러에서, 1990년 말 6조 달러, 2000년 말 110조 달러, 그리고 2010년 말 670조 달러로 매우 빠르게 증가하여 왔다.

지난 30여년간 금융파생상품시장이 이와 같이 실로 기하급수적으로 증가한 것은 다음과 같은 세 가지 요인 때문이라고 말할 수 있다. 첫째, 1970년대 이후 환율과 이자율의 변동성(volatility)이 크게 증가하여 환위험과 금리위험을 관리할 필요성이 증대하였다. 둘째 1980년대에 주요국에서 이루어진 자본이동의 자

그림 1-20 **금융파생상품시장의 성장**

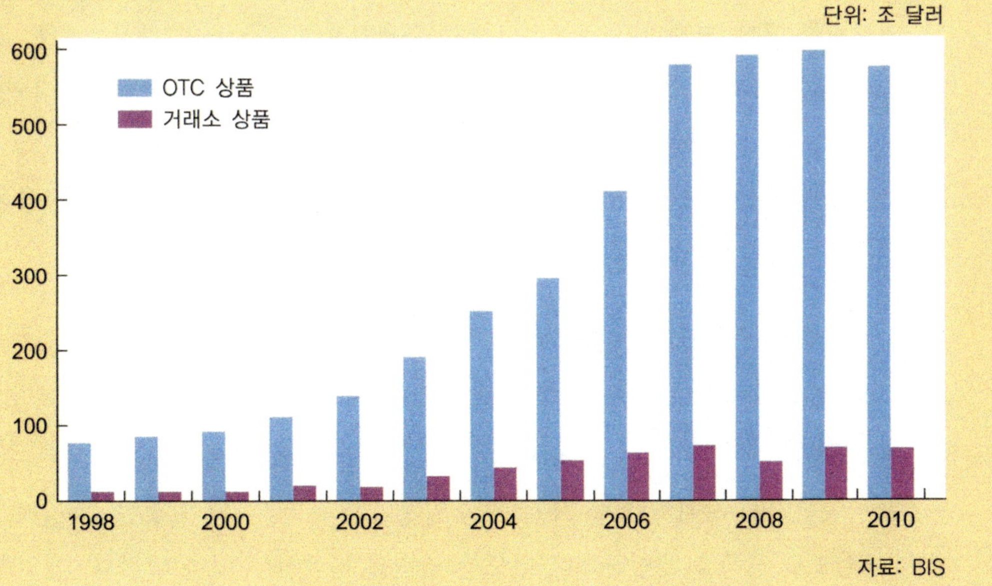


[14]이 절은 지금은 생략하고, 제8장부터 제10장까지 금융파생상품시장을 공부하기 전에 읽어도 무방하다.

유화로 국제금융거래가 크게 확대되었다. 마지막으로 정보통신의 기술혁신으로 금융파생상품의 거래비용이 대폭 하락하였다.

실제로 정보통신의 기술혁신에 따른 거래비용의 대폭적인 하락이 없었다면, 지난 30여 년간에 이루어진 금융파생상품시장의 비약적인 성장은 불가능하였을 것이다. 예를 들어, 2000년 가격으로, 뉴욕과 런던 간의 3분간 국제통화요금은 1960년의 60.42달러에서 2000년에는 0.4달러로 하락하였고, 또 동일한 정보처리능력을 갖는 컴퓨터의 가격은 1960년 190만 달러에서 2000년에는 1,000달러 수준으로 대폭 하락하였다. 이와 같은 정보통신 비용의 하락은 2000년 이후에도 지속되고 있다.

## 2. 금융파생상품의 종류

금융파생상품은 (1) 시장(market)의 특성, (2) 계약(contract)의 형태, 그리고 (3) 기초자산(underlying)에 따라 다음과 같이 분류할 수 있다.

먼저 금융파생상품은 거래되는 시장의 특성에 따라 거래소(exchange-traded) 상품과 장외(over-the-counter: OTC) 상품으로 나누어진다. 거래소상품은 상품의 가격, 품질, 수량, 만기 등의 거래조건을 표준화하여 조직화된 거래소를 통해 거래하는 상품을 말하고, 장외상품은 상품의 가격, 품질, 수량, 만기 등의 거래조건을 두 당사자의 합의에 따라 신축적으로 결정하여 장외에서 거래하는 상품을 말한다.

다음에 금융파생상품은 계약(contract)의 형태에 따라 금융선물, 금융옵션, 그리고 금융스왑 세 종류로 나눌 수 있다.

**1.** 금융선물은 장래 일정한 시기에 미리 약정한 가격(선물가격)으로 상품을 매매하는 것을 말한다. 금융선물에는 거래소를 통해 거래되는 상장선물(futures)과 장외에서 거래되는 장외선물(forward)이 있다.

**2.** 금융옵션은 장래 일정한 시기 또는 일정기간 동안, 미리 약정한 가격(행사가격)으로 상품을 매입하거나 매도할 권리를 매매하는 것을 말한다. 매입할 권리를 콜 옵션(call option), 매도할 권리를 풋 옵션(put option)이라 부른다. 금융옵션에는 거래소 옵션과 장외옵션이 있다.

**3.** 금융스왑은 장래 일정한 기간 동안 주기적으로 두 현금흐름을 교환하는 것을

말한다. 금융스왑은 주로 장외에서만 거래되고 있는데, 동일통화의 이자지급만을 교환하는 금리스왑(interest rate swap)과 이종통화의 원금과 이자지급을 교환하는 통화스왑(currency swap)이 있다.

마지막으로, 금융파생상품은 기초자산의 종류에 따라 외환파생상품, 금리파생상품, 그리고 주식파생상품 등으로 분류할 수 있다. [표 1-1]과 [표 1-2]는 국제결제은행(BIS)이 조사하는 주요 외환파생상품과 금리파생상품의 2010년 4월의

**표 1-1 외환파생상품**

단위: 10억 달러

| | 1일 거래액 (2010년 4월) | 명목원금 (2010년 말) |
|---|---|---|
| OTC 상품 | 2,490 | 57,796 |
| 선물환/외환스왑 | 2,240 | 28,433 |
| 통화스왑 | 43 | 19,271 |
| 통화옵션 | 207 | 10,092 |
| 거래소 상품 | 168 | 314 |
| 통화선물 | | 170 |
| 통화옵션 | | 144 |

자료: BIS

**표 1-2 금리파생상품**

단위: 10억 달러

| | 1일 거래액 (2010년 4월) | 명목원금 (2010년 말) |
|---|---|---|
| OTC 상품 | 2,057 | 465,260 |
| 금리선물계약 | 600 | 51,587 |
| 금리스왑 | 1,275 | 346,377 |
| 금리옵션 | 182 | 49,295 |
| 거래소 상품 | 8,142 | 61,916 |
| 금리선물 | | 21,013 |
| 금리옵션 | | 40,903 |

자료: BIS

1일 거래액(daily turnover)과 2010년 말 명목원금(notional principal)을 보여주고 있다. 이들 상품에 대해서는 앞으로 제 8장부터 제 10장까지 상세하게 공부할 것이다.[15]

## 3. 거래소 금융파생상품

선물과 옵션 등 파생상품이 거래되는 파생상품 거래소(derivatives exchange)에는 미국의 CME나 유럽의 Eurex와 같이 파생상품만 거래하는 거래소와 미국의 NYSE-Euronext나 한국거래소(KRX)와 같이 주식과 함께 파생상품이 거래되는 거래소가 있다.[16]

국제결제은행(BIS)은 거래소 금융파생상품을 (1) 외환파생상품인 통화선물과

그림 1-21 거래소 금융파생상품시장의 성장

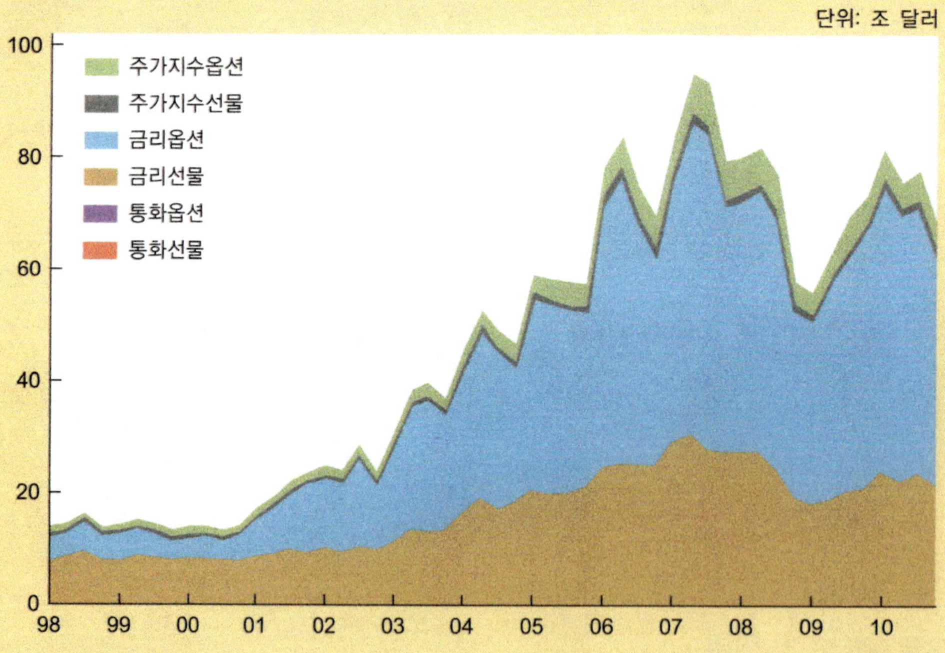


자료: BIS

[15] 거래소 금융파생상품 통계는 매일 각 거래소가 발표하고 있다. 한편 장외금융파생상품 통계는 국제결제은행(BIS)이 조사하고 있는데, 명목원금은 1998년부터 6개월마다, 그리고 1일 거래액은 1995년부터 매 3년마다 조사하고 있다.

통화옵션, (2) 금리파생상품인 금리선물과 금리옵션, 그리고 (3) 주식파생상품인 주가지수선물과 주가지수옵션으로 분류하고 있다. 명목원금(notional principal)으로 본 거래소 금융파생상품시장의 규모는 1998년 말 18조 달러에서 2010년 말에는 70조 달러로 증가하였다.

## 4. 장외 금융파생상품

국제결제은행(BIS)은 장외 금융파생상품을 (1) 선물환/외환스왑, 통화스왑, 통화옵션 등의 외환파생상품, (2) 금리선물계약(FRA), 금리스왑, 금리옵션 등의 금리파생상품, (3) 주식파생상품, (4) 상품파생상품, (5) 신용부도스왑(credit default swaps), 그리고 (6) 미상으로 분류하고 있다. 명목원금으로 본 장외 금융파생상품의 규모는 1998년 말 약 80조 달러에서 2010년 말 약 600조 달러로

그림 1-22 장외 금융파생상품시장의 성장

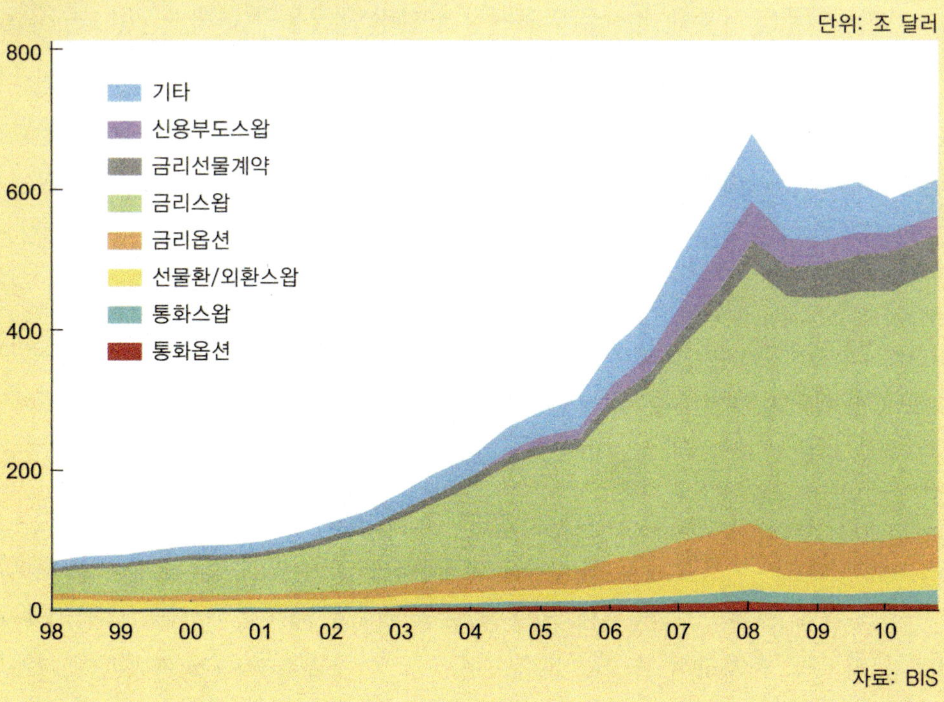


16 CME, CBOT, NYSE, Liffe, Euronext, Eurex 등 세계 주요 파생상품 거래소에 대해서는 제 7장 1절을 참조하기 바란다.

증가하였다.

지난 10여 년간 장외 금융파생상품시장의 중요한 특징으로, 1997년에 처음 거래되기 시작한 신용부도스왑(credit default swap: CDS)의 이용이 폭발적으로 증가하고 있다는 사실을 들 수 있다. 신용파생상품의 명목원금은 1997년 말 0.2조 달러에서, 2007말년에는 60조 달러까지 증가하였다가, 글로벌 금융위기 이후 2010년 말에는 30조 달러로 감소하였다. 신용파생상품에 대해서는 제10장 4절에서 자세하게 공부할 것이다.

## 1.4 글로벌 금융위기

지금까지 지난 30여 년간 일어난 국제금융시장의 환경 변화를 변동환율제도, 국제자본이동, 그리고 금융파생상품을 중심으로 살펴보았다. 한편 지난 30여 년간 미국을 비롯한 선진국 금융시장의 환경도 금융의 규제완화(deregulation), 자산유동화 등 각종 금융혁신(financial innovation), 그리고 은행과 비은행 금융기관간의 경쟁(competition) 격화로 크게 변화하였다. 2007년-2009년 글로벌 금융위기(global financial crisis)는 이와 같은 선진국 금융시장의 환경 변화가 가져온 결과라고 할 수 있다.[17]

1980년대 이전에는 선진국들도 금융시장을 매우 엄격하게 규제하고 있었다. 미국은 준칙(Regulation) Q에 따라 요구불예금에 대한 이자지급을 금지하고, 정기예금에 대해서도 이자상한제를 적용하였다. 또 대공황 이후 1933년에 제정된 그래스-스티겔 법(Glass-Stegall Act)에 따라 일반은행업(commercial banking)과 투자은행업(investment banking)의 겸업을 금지하여 왔고, 1960년대에는 이자평형세와 해외대출 억제제도를 도입하여 자본유출을 제한하였다.

그러나 미국은 1980년대 이후에 금융규제를 대부분 철폐하였다. 1984년에 준칙 Q를 폐지하여 금리를 자유화하였고, 이자평형세와 해외대출 억제제도 등

[17] 이 절은 조금 어렵다. 그러나 제5장과 제6장을 공부한 다음에 다시 읽으면 이해하기가 쉬울 것이다.

자본이동에 대한 규제도 모두 철폐하였다. 그리고 1999년에는 금융서비스현대화법(Financial Services Modernization Act)을 제정하여 일반은행업과 투자은행업의 겸업을 허용하였다. 다른 선진국들도 미국의 뒤를 따라 금융규제를 대부분 철폐하고 일반은행의 투자은행업 겸업을 허용하였다.

금융의 규제완화와 함께 1980년대 이후에 진행된 정보통신의 기술혁신으로 각종 금융혁신이 일어나 새롭고 복잡한 금융상품이 잇달아 도입되었다. 모기지담보증권(MBS), 자산담보증권(ABS), 부채담보증권(CDO) 등 자산유동화(securitization) 증권과 앞 절에서 본 금융선물, 금융옵션, 금융스왑 등 금융파생상품이 대표적인 예이다. 그리고 머니마켓펀드(MMF), 리포(repo), 자산담보기업어음(ABCP) 등의 도매자금시장(wholesale funding market)이 매우 빠르게 성장하였다.

금융의 규제완화와 금융혁신은 은행(banks)과 비은행(non-banks) 금융기관간의 경쟁을 격화시켰다. 이에 따라 은행을 통해 금융중개가 이루어지는 전통적 뱅킹(traditional banking)은 쇠퇴하고, 은행을 통하지 않고 금융중개가 이루어지는 섀도우 뱅킹(shadow banking)이 확산되었다. 그리고 금융중개에서 뮤추얼펀드, 연금기금, 보험회사 등 기관투자자(institutional investor)가 차지하는 비중이 크게 높아졌고, 월 스트리트의 자본시장에서 활약하는 투자은행(investment bank)의 역할이 매우 커졌다.

2007년-2009년 글로벌 금융위기(global financial crisis)는 미국의 서브프라임 위기(subprime crisis)로부터 발단되었다. 따라서 이 절에서는 먼저 미국의 서브프라임 위기에 대해 알아보기로 한다. 다음에 지난 30여 년간 미국에서 일어난 섀도우 뱅킹의 확산에 대해 설명하기로 한다. 그리고 서브프라임 위기가 어떻게 섀도우 뱅크 런(shadow bank run)을 일으켜 글로벌 금융위기로 증폭되었는지 살펴보기로 한다. 마지막으로 글로벌 금융위기 이후 현재 G20 주도로 진행되고 있는 글로벌 금융규제(global financial regulation)의 개혁에 대해 설명하기로 한다.

## 1. 서브프라임 위기

1990년대에 미국 주택가격의 연간 상승률은 3% 수준이었다. 그러나 2000년-2006년간에는 10%로 증가하였고, 특히 2004년과 2005년에는 15%로 상승하였다. 이에 따라 2000년–2006년간 미국의 주택가격은 2배 이상 상승하였다. 이와 같이 주택 버블(housing bubble)이 발생한 것은 주택담보대출인 모기지의 금리가 크게 낮아졌고 모기지의 자산유동화(securitization)로 주택시장에 풍부한 자금이 공급되었기 때문이다.[18]

미국의 모기지 금리는 2000년 8%에서 2005년–2006년에는 6% 이하로 하락하였다. 미국의 전형적인 모기지는 주택 가격의 20% 정도를 다운 페이멘트로 지급하고 나머지는 30년 만기의 고정금리로 대출받는데, 원리금은 매월 균등 상환한다. 예를 들어, 만기 30년, 대출금액 20만 달러인 모기지 금리가 8%에서 6%로 하락하면, 월 모기지 지급액은 1,467달러에서 1,199달러로 18% 감소한

그림 1-23 **미국의 주택가격**

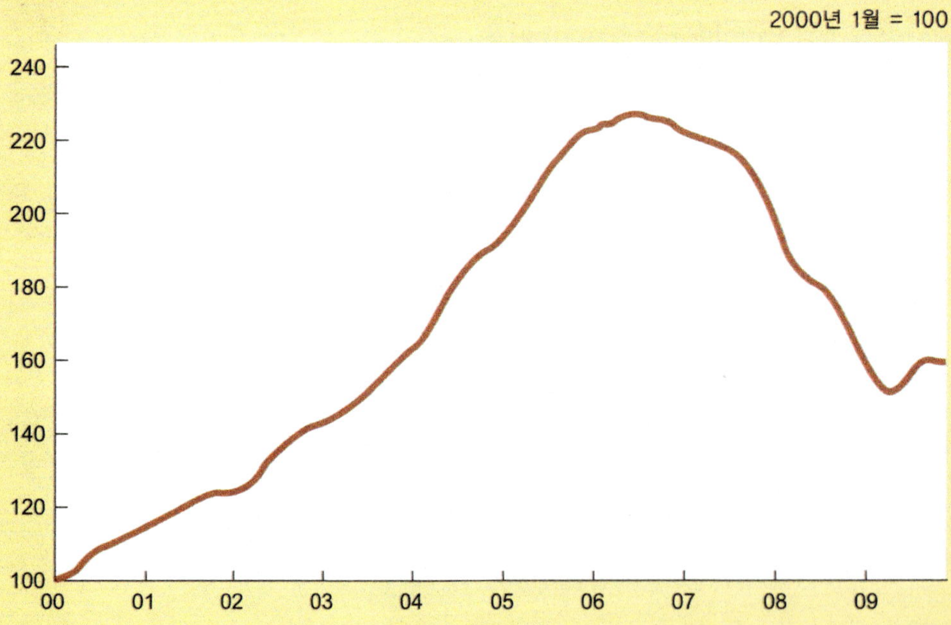


자료: O. Blanchard (2012)

[18] 미국에서는 부동산 담보대출을 가리켜 모기지(mortgage)라 부른다. 모기지에는 주거용 주택을 담보로 하는 주택 모기지(residential mortgage)와 빌딩, 다가구주택, 쇼핑센터, 창고, 산업시설, 호텔, 리조트 등을 담보로 하는 상업용 모기지(commercial mortgage)가 있다. 주택 모기지가 전체 모기지의 90% 이상을 차지하고 있으므로, 흔히 모기지라고 하면 주택 모기지를 가리키는 경우가 일반적이다.

다. 이와 같이 모기지 상환부담이 낮아지면, 주택수요가 증가하여 주택가격이 상승한다.

과거에 미국의 모기지 대출자금은 고객의 은행예금으로 조달되었다. 즉 은행은 고객이 예금한 자금을 주택구입자에게 대출하고 만기까지 모기지를 보유하고 있었다. 그러나 오늘날 미국의 모기지 대출기관은 모기지의 절반 이상을 모기지담보증권(mortgage-backed security: MBS) 발행자에게 매각하고 있다. 한편 MBS 발행자는 매입한 모기지 풀(pool)을 담보로 MBS를 발행하여 투자자에게 판매한다. 따라서 모기지 대출자금은 MBS 투자자로부터 직접 조달되고 있다.

이와 같이 은행대출인 모기지가 자본시장에서 자유롭게 유통되는 증권으로 변환되는 것을 자산유동화(securitization)라고 한다. 미국의 MBS는 패니메이(Fannie Mae)와 프래디맥(Freddie Mac) 등 정부지원기관(GSE)이 발행하는 기관(agency) MBS와 주로 월 스트리트의 투자은행이 발행하는 민간(private label) MBS로 나누어진다.[19] 모기지담보증권(MBS) 이외에 자산유동화 증권으로는 자산담보증권(ABS)과 부채담보증권(CDO) 등이 있다.[20]

모기지의 자산유동화로 주택시장에 풍부한 자금이 공급되었다. 이에 따라 과거에는 신용불량으로 대출을 받지 못하던 저소득-저신용 가계도 모기지를 대출받을 수 있게 되었는데, 이를 서브프라임 모기지(subprime mortgage)라 부른다. 미국의 서브프라임 모기지 연간 대출액은 2000년 1,000억 달러에서 2004년-2006년간에는 5,000억 달러 이상으로 증가하였다. 이에 따라 미국 모기지 대출에서 서브프라임 모기지가 차지하는 비중은 2002년 7%에서 2006년에 24%까지 증가하였고, 모기지 발행잔액에서 서브프라임 모기지가 차지하는 비중도 2002년 3%에서 2006년에 14%까지 증가하였다.

미국의 서브프라임 모기지는 대부분 모기지만을 전문으로 대출하는 모기지회사(mortgage lender)에 의해 이루어졌는데, 이들은 대출조건을 크게 완화한

---

[19] 미국 연방법에 의해 설립된 패니메이와 프래디맥은 유동성 위기 때 정부의 긴급대출을 받을 수 있어, 정부지원기관(Government Sponsored Enterprise)이라 부른다. 이들은 원래 모기지 대출기관으로부터 모기지를 매입하여 보유하는 것이 주요 업무였으나, 1980년대에 들어와 매입한 모기지 풀을 담보로 적극적으로 MBS를 발행하기 시작하였다. 패니메이와 프래디맥은 글로벌 금융위기로 대규모의 손실을 보아, 2008년 9월 리먼 브러더스가 파산한 직후에 국유화되었다.

[20] 모기지담보증권(MBS), 자산담보증권(ABS), 그리고 부채담보증권(CDO) 등 자산유동화 증권과 자산유동화와 글로벌 금융위기의 관계에 대해서는 제6장 4절에서 자세하게 설명할 것이다.

그림 1-24 미국의 서브프라임 모기지 대출액

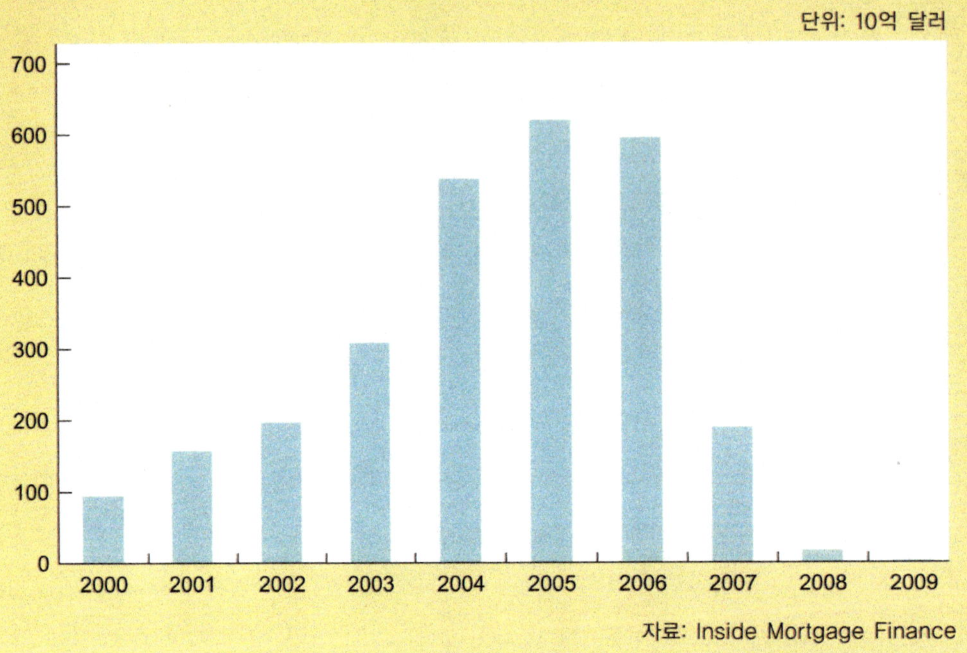


변형 모기지를 개발하여 경쟁하였다. 예를 들면, 다운 페이멘트 없는 대출, 증빙자료 없는(no doc) 대출, 원금 상환 없이 이자만(interest only) 지불하는 대출, 그리고 처음 2년간 매우 낮은 미끼 고정금리(teaser rate)를 적용하고 나머지 28년간은 높은 변동금리를 적용하는 혼합형 변동금리(hybrid ARM) 대출인 이른바 "2-28" 등이다.

모기지 회사들은 서브프라임 모기지를 대출하자마자 곧바로 월 스트리트의 투자은행에게 매각하였다. 이와 같이 대출 리스크를 이전할 수 있었으므로, 모기지 회사는 부도 위험이 높은 서브프라임 모기지에 대해 굳이 엄격한 대출기준을 적용할 필요가 없었다. 이에 따라 모기지 회사의 무분별한 서브프라임 모기지 대출이 크게 증가하였다. 서브프라임 모기지를 매입한 투자은행은 모기지 담보증권(MBS) 등 각종 모기지 관련 증권(mortgage-related securities)을 발행하여 막대한 이윤을 얻었다.

미국에서는 주택가격이 상승하면 높아진 주택 지분을 담보로 다시 대출(home equity loan)을 받을 수 있다. 따라서 주택가격이 상승하기만 하면 모기지를 대출받는 가계의 상환능력은 큰 문제가 되지 않았다. 그러나 미국의 주택가격은 2006년 여름부터 하락하기 시작하였다. (1) 주택 가격이 하락하면서 서브프라임 모기지의 연체율과 부도율이 크게 증가하였다. (2) 이에 따라 MBS 등 모기지 관련 증권의 가격이 대폭 하락하였다. (3) 그리고 모기지 관련 증권에 대거 투자한 금융기관들의 손실이 눈덩이처럼 불어났다.

이와 같이 미국의 주택 버블이 붕괴하면서 2007년 여름 서브프라임 위기(subprime crisis)가 발생하였다. IMF는 서브프라임 위기로 2007년-2010년간 세계 각국의 금융기관이 보게 될 손실을 미국 1조 달러와 유럽 1.6조 달러 등 모두 2.8조 달러로 추산하였다.[21] 한편 글로벌 금융위기는 실물경제로 파급되어, 2000년대 평균 5%로 성장하던 세계 GDP는 2007년 하반기부터 하락하기 시작하였다. 특히 2008년 4분기와 2009년 1분기에 선진국 GDP 성장률은 -7.8%와 -7.9%로, 그리고 신흥국 GDP 성장률은 -2.5%와 -4.0%로 대폭 하락하였는데, 이를 대경기침체(Great Recession)라 부른다.

그림 1-25 **세계 GDP 성장률: 대경기침체**

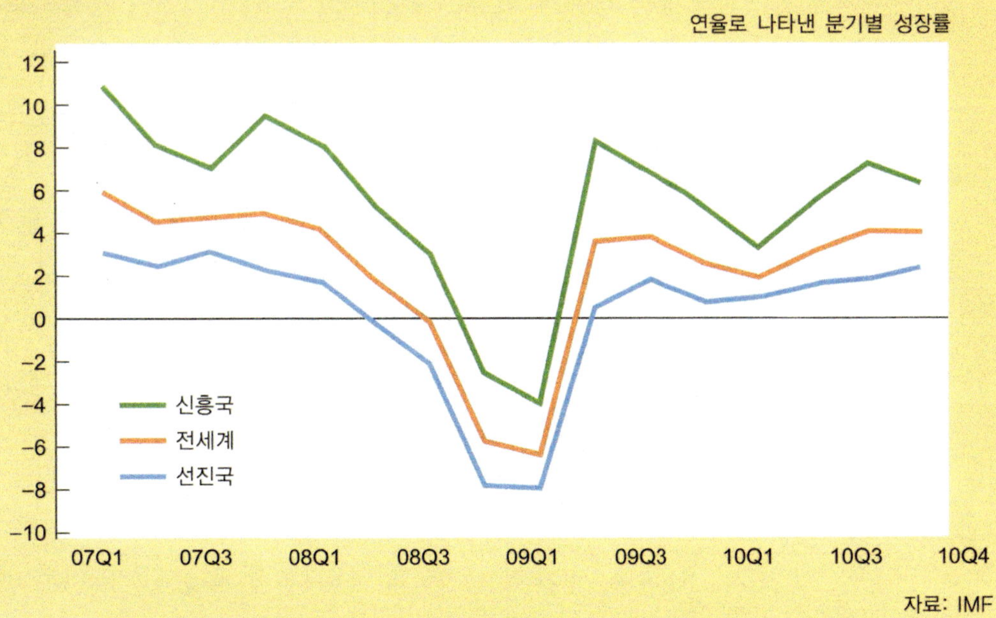


자료: IMF

[21] International Monetary Fund, *Global Financial Stability Report*, (October 2009). IMF는 2010년 10월 전 세계 은행이 글로벌 금융위기로 2010년 말까지 보게 될 손실을 2.8조 달러에서 2.2조 달러로 하향 수정하였다.

2007년 미국 금융시장의 규모는 약 60조 달러였고, 서브프라임 모기지는 1.4조 달러 정도를 차지하고 있었다. 즉 미국 금융시장에서 서브프라임 모기지가 차지하는 비중은 2%를 조금 넘었다. 한편 서브프라임 모지지 가운데 약 4,000억 달러 정도가 부실대출로 추산되었다. 이와 같이 미국의 한 작은(minor) 금융시장에서 발생한 쇼크가 어떻게 1930년대 대공황(Great Depression) 이후 가장 심각한 대경기침체로 증폭되었는가? 이제 섀도우 뱅킹과 금융위기의 증폭 메카니즘(amplification mechanism)을 설명하여 보기로 보자.

## 2. 섀도우 뱅킹의 확산

가계, 기업, 정부는 자금에 여유가 있을 때도 있고, 자금이 부족할 때도 있다. 이때 자금의 여유가 있는 저축자로부터 자금이 부족한 차입자에게 자금이 이전되는 것을 금융중개(financial intermediation)라고 한다.

전통적으로 금융중개에서 가장 중요한 역할을 해 온 것은 예금과 대출을 고유업무로 하는 일반은행(commercial bank)이었는데, 이제부터 일반은행을 통해 이루어지는 자금중개를 전통적 뱅킹(traditional banking)이라 부르기로 하자.[22] 한편 지난 30여 년간 미국 금융시장의 환경 변화로 은행을 통하지 않고 금융중개가 이루어지는 새로운 금융제도가 탄생하였는데, 이를 흔히 섀도우 뱅킹(shadow banking)이라 부른다.

전통적 뱅킹에서 은행은 저축자로부터 주로 단기 예금을 받아 차입자에게 장기로 대출한다. 이와 같이 단기부채를 장기자산으로 전환시키는 만기전환(maturity transformation)이 뱅킹의 가장 중요한 특징이다.[23] 그러나 만기전환은 은행을 파산 위험에 빠뜨리기도 한다. 즉 예금자들이 한꺼번에 예금을 인출하는 뱅크 런(bank run)이 일어나면, 은행은 유동성 부족으로 파산 위기에 몰린다.

---

[22] 앞으로 이 책에서 시중은행, 지방은행, 저축은행, 신용조합 등 모든 예금기관(depository institution)을 일반은행(commercial bank)이라 부르기로 한다.

[23] 저축자로부터 차입자로의 금융중개는 은행뿐만 아니라 연금기금, 보험회사, 뮤추얼펀드 등의 기관투자자(institutional investor)를 통해 이루어지기도 하고, 저축자가 직접 주식이나 본드에 투자하는 자본시장(capital markets)을 통해 이루어지기도 한다. 그러나 기관투자자와 자본시장을 통한 금융중개에서는 장기저축이 대부분 장기투자로 이어지므로, 만기전환이 거의 일어나지 않는다. 따라서 기관투자자와 자본시장을 통한 금융중개는 뱅킹이라 부르지 않는다.

과거 미국에서 뱅크 런으로 인한 은행 파산은 다반사였다. 실제로 1929년-1934년 대공황 당시 미국 은행의 40%인 9,000여 은행이 파산하였다. 그러나 1934년에 예금보험(deposit insurance) 제도를 도입한 이후 미국에서 뱅크 런은 한 번도 일어나지 않았다. 그리고 은행이 유동성 위기에 처하면, 미국의 중앙은행인 연방준비은행(Federal Reserve Board)은 최종대출자(lender of last resort)로서 은행에게 충분한 자금을 공급한다.

이와 같이 전통적 뱅킹은 정부의 예금보험과 중앙은행의 긴급 유동성 지원 등 공적 안정망(public safety net)의 보호를 받는다. 그러나 공적 안정망의 보호를 받는 대신, 전통적 뱅킹은 정부의 엄격한 규제와 감독을 받는다. 예를 들어, 지불준비제도(reserve requirement)에 따라 예금의 일정 비율을 중앙은행에 예치해야 하고, 또 자기자본 규제제도(capital requirement)에 따라 자산의 일정 비율을 자기자본으로 보유해야 한다.

앞으로 보는 바와 같이, 섀도우 뱅킹에서는 도매자금시장(wholesale funding market)에서 단기차입으로 자금을 조달하여 이를 모기지담보증권(MBS) 등 자산유동화(securitization) 증권에 장기로 투자한다. 따라서 전통적 뱅킹과 마찬가지로 섀도우 뱅킹에서도 만기변환이 일어난다. 그러므로 단기차입의 만기를 연장하지(rollover) 못하면 섀도우 뱅크는 런(run), 즉 대규모 자금인출사태의 위험에 빠질 수 있다.

섀도우 뱅킹에서는 은행제도 밖에서(outside regular banking system) 금융중개가 일어난다. 따라서 전통적 뱅킹과 같이 정부의 예금보험과 중앙은행의 긴급 유동성 지원 등 공적 안전망의 보호를 받지 못한다. 그러나 공적 안전망의 보호를 받지 못하는 대신, 섀도우 뱅킹에 대한 정부의 규제와 감독은 느슨하다. 따라서 섀도우 뱅킹을 흔히 정부의 규제를 받지 않는(unregulated) 금융제도라고 말하기도 한다.

섀도우 뱅킹은 매우 복잡한 과정을 통해 이루어진다. 여기서는 모기지를 예로 들어, 섀도우 뱅킹을 간략하게 설명하여 보기로 하자. 앞에서 본 바와 같이 오늘날 미국 모기지의 절반 이상은 모기지담보증권(MBS) 등으로 유동화되어 자본시장에서 자유롭게 유통되고 있다. 자산유동화(securitization)가 이루어지면, 모기지의 대출자금은 고객의 은행 예금이 아니라 자본시장에서 MBS 등 모기지 관련 증권을 매입한 투자자로부터 직접 조달된다.

그러면 모기지 관련 증권의 투자자는 누구이고, 이들은 어떻게 투자자금을 조

달하였는가? MBS의 대표적인 투자자로는 베어 스턴스나 리먼 브러더스 등 투자은행(investment banks)과 시티뱅크나 뱅크 오브 아메리카(BOA) 등 일반은행(commercial banks)이 설립한 투자기구인 SIV를 들 수 있다.[24] 투자은행은 주로 리포(repo) 차입, 그리고 SIV는 주로 자산담보기업어음(ABCP) 발행으로 모기지 관련 증권의 투자자금을 조달하였다.

미국의 투자은행(investment bank)은 원래 증권 인수와 기업의 인수합병(M&A) 자문을 고유 업무로 하는 금융기관을 말한다. 그러나 1990년대 들어오면서 단기차익을 얻기 위해 자기계정으로 각종 상품을 매매하는 프롭 트레이딩(proprietary trading)과 수익성이 높은 증권과 부동산 등에 장기로 투자하는 자기자본투자(principal investment)가 투자은행의 주요 업무가 되었다.[25] 이에 따라 투자은행의 모기지 관련 증권에 대한 투자가 크게 증가하였다.

투자은행은 모기지 관련 증권의 투자자금을 주로 기관투자자(연금기금, 보험회사, 뮤추얼펀드)로부터 리포(repo)로 조달하였다. 리포란 기업과 금융기관간 또는 금융기관간에 증권을 담보로 이루어지는 대출을 말한다. 리포의 만기는 대부분 1일(overnight)인데, 리포 차입은 만기를 매일 연장하는(rollover) 방식으로 이루어진다. 글로벌 금융위기 직전 일부 투자은행은 차입의 절반 이상을 리포로 조달하였다고 알려져 있다.

지난 30여 년간 미국에서 연금기금, 보험회사, 뮤추얼펀드 등 기관투자자(institutional investor)의 운용자산이 대폭 증가하였다.[26] 이들은 자산을 대부분 장기투자로 운용하지만, 유동성 관리를 위해 일부는 단기 안전자산(safe assets)에 투자한다. 리포는 증권을 담보로 한 대출(secured lending)이므로, 보험에 한도(10만 달러)가 있는 은행예금보다 안전하다. 따라서 기관투자자는 단기자금을 대부분 리포로 운용하고 있다.

이제 리포(repo)로 조달한 자금을 모기지담보증권(MBS) 등에 투자하는 투자

---

[24] 이 밖에 유럽의 은행들(European banks)도 모기지 관련 증권에 대거 투자하였는데, 이에 대해서는 제 5장 1절에서 자세하게 설명할 것이다.

[25] 투자은행의 업무, 리포, 레버리지, 그리고 투자은행과 섀도우 뱅킹의 관계에 대해서는 제5장 4절에서 자세하게 설명할 것이다.

[26] 연금기금, 보험회사, 뮤추얼펀드 등 전통적 투자펀드에 대해서는 제7장 4절에서 자세하게 설명할 것이다. 2010년 말 미국 기관투자자의 운용자산은 35조 달러로 전통적 뱅킹의 자산보다 약 3배가량 크다.

은행의 섀도우 뱅킹은 다음과 같이 정리할 수 있다. (1) 저축자가 기관투자자의 장기저축상품에 투자한다. (2) 기관투자자는 투자은행에게 리포 대출을 한다. (3) 투자은행은 MBS에 투자한다. (4) MBS 발행자는 차입자(주택구입자)에게 모기지 자금을 공급한다.

SIV란 일반은행이 부외에(off-balance-sheet) 설립한 특수투자기구(structural investment vehicle)를 말한다. 일반은행은 자기자본 규제제도에 따라 자산의 일정 비율, 예를 들어 8%를 자기자본으로 보유해야 한다. 그러나 SIV는 은행이 아니므로 이 규제의 적용을 받지 않는다. 따라서 일반은행은 규제자본(regulatory capital)을 절약하기 위해 SIV를 설립하여 모기지 관련 증권에 투자하였다. 이와 같이 SIV는 일반은행이 규제차익거래(regulatory arbitrage)를 위해 설립한 서류상의 투자기구이다.

SIV는 모기지 관련 증권의 투자자금을 주로 기업어음(commercial paper)을 발행하여 조달하였다. 과거에 미국의 기업과 금융기관은 단기 운용자금을 주로 은행대출로 조달하여 왔다. 그러나 1960년대 후반부터 우량기업과 금융기관은 단기 약속어음인 기업어음(CP)을 발행하여 단기자금을 조달하기 시작하였다. 지난 30여 년간 미국 기업어음 시장이 빠르게 성장한 것은 기업어음의 이자율이 은행의 대출금리보다 낮았기 때문이다.[27]

미국의 기업어음(CP)은 원래 무담보(unsecured)로 발행되었다. 그러나 2000년대에 들어와 투자은행과 SIV 등이 MBS 등 증권을 담보로 기업어음을 발행하기 시작하였는데, 이를 자산담보기업어음(asset-backed commercial paper: ABCP)이라 부른다.[28] ABCP는 일종의 담보대출(secured lending)이므로 무담보 CP보다 이자율이 낮다. ABCP의 평균만기는 30일이지만, 절반 이상은 1일-4일 만기로 차환(rollover)되었다.

SIV가 발행한 자산담보기업어음(ABCP)은 대부분 머니마켓펀드가 매입하였다. 1971년에 처음 도입된 머니마켓펀드(money market fund)는 단기국채(T-bill)나 기업어음(CP) 등 만기 1년 미만의 단기금융상품(money market instruments)에만 투자하는 미국의 뮤추얼펀드(mutual fund), 즉 개방형 투

---

[27] 미국의 기업어음(CP)에 대해서는 제5장 2절에서 자세하게 설명할 것이다.

[28] SIV와 같이 주로 ABCP 발행으로 자금을 조달하는 투자기구를 ABCP 콘듀이트(conduit)라 부른다.

자펀드의 한 종류를 말한다.[29] MMF는 연방준비은행의 준칙 Q에 따른 이자율 규제를 회피하기 위해 탄생한 금융혁신이다.

미국은 준칙 Q에 따라 은행 정기예금에 대한 금리를 규제하였는데, 1960년대 중반까지는 단기 이자율이 준칙 Q의 상한 금리보다 낮았다. 그러나 1960년대 후반에 들어와 단기 이자율이 빠르게 상승하기 시작하여, 준칙 Q의 상한 금리(5.5%)보다 단기국채의 이자율(T-bill rate)이 높은 상태가 거의 20년 동안 지속되었다. 이에 따라 저축자들은 단기저축을 이자율 상한규제를 받지 않는 MMF로 옮겨 운용하기 시작하였다.

이제 머니마켓펀드(MMF)에 자산담보기업어음(ABCP)을 발행하여 조달한 자금을 모기지담보증권(MBS) 등에 투자하는 SIV의 섀도우 뱅킹은 다음과 같이 정리할 수 있다. (1) 저축자가 단기저축을 MMF에 투자한다. (2) MMF는 SIV가 발행한 ABCP에 투자한다. (3) SIV는 MBS에 투자한다. (4) MBS 발행자는 차입자(주택구입자)에게 모기지 자금을 공급한다.

머니마켓펀드(MMF), 리포(repo), 그리고 자산담보기업어음(ABCP) 등 거액의 단기자금이 주로 금융기관간에 융통되는 시장을 도매자금시장(wholesale funding markets)이라 부른다. 섀도우 뱅킹에서는 주로 도매자금시장에서 단기로 차입한 자금을 모기지담보증권(MBS) 등 자산유동화(securitization) 증권에 장기로 투자한다. 따라서 섀도우 뱅킹이란 도매자금시장과 자산유동화 시장이 연결되어 형성된 제도라는 것을 알 수 있다.

지금까지 섀도우 뱅킹에 대해 설명하였다. 그러면 섀도우 뱅크(shadow bank)란 무엇을 말하는가? 섀도우 뱅킹은 도매자금시장과 자산유동화 시장이 연결되어 형성된 제도이므로, 도매자금시장과 자산유동화 시장에 참여하는 금융기관은 모두 섀도우 뱅크라고 할 수 있다. 예를 들어, SIV와 투자은행은 모두 중요한 섀도우 뱅크이다. 그러나 SIV는 섀도우 뱅킹만을 위해 설립된 투자기구이지만, 투자은행은 투자은행의 고유 업무와 함께 섀도우 뱅킹에도 참여한다. 따라서 투자은행은 섀도우 뱅킹에 참여하는 범위 내에서만 섀도우 뱅크라고 부를 수 있을 것이다.

---

[29] 미국의 개방형 투자펀드인 뮤추얼펀드(mutual fund)에 대해서는 제7장 3절에서 자세하게 설명할 것이다. 2010년 말 미국의 머니마켓펀드는 전체 뮤추얼펀드의 자산 11.8조 달러의 24%인 2.8조 달러를 차지하고 있다.

**그림 1-26 섀도우 뱅킹의 성장**

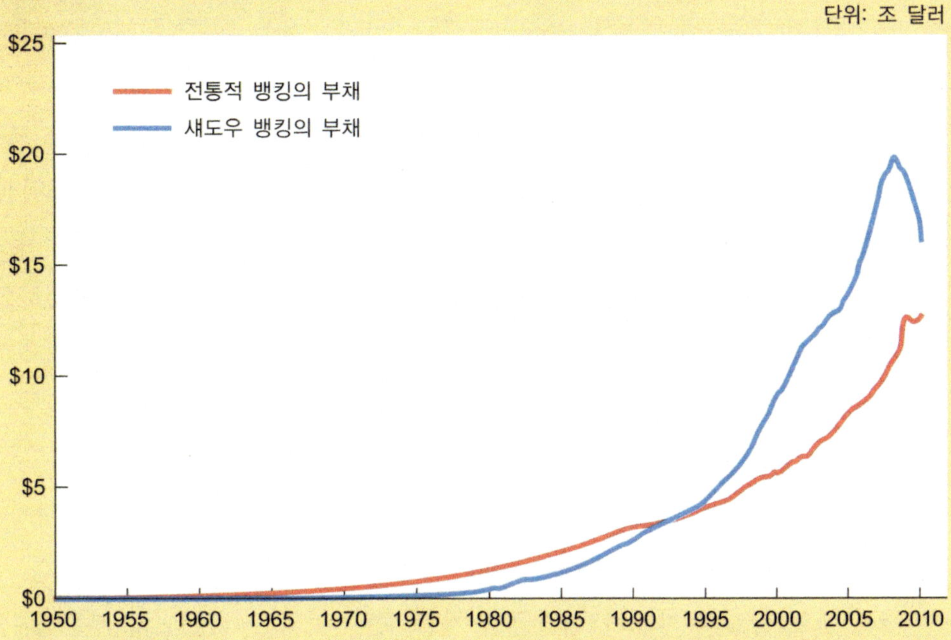


자료: Z. Pozsar et al. (2010)

섀도우 뱅크는 정의하기가 매우 어렵다. 따라서 섀도우 뱅킹에 대한 공식적인 통계도 없다. 뉴욕 연방준비은행(FRBNY)의 한 연구에 따르면, 섀도우 뱅킹의 규모는 1990년도 초반에 이미 전통적 뱅킹의 규모를 능가하였다.[30] 섀도우 뱅킹의 규모는 2008년에 20조 달러로 피크에 도달한 이후, 2010년에는 16조 달러로 감소하였다. 한편 전통적 뱅킹의 규모는 2008년 11조 달러에서 2010년에는 13조 달러로 증가하였다.

## 3. 글로벌 신용경색

섀도우 뱅크는 단기 도매자금시장에서 자금을 조달하여 모기지 관련 증권 등에 장기로 투자한다. 따라서 섀도우 뱅킹에서도 전통적 뱅킹과 마찬가지로 만기변환이 일어난다. 그러나 섀도우 뱅킹은 전통적 뱅킹과 달리 정부의 예금보

[30] Z. Pozsar, T. Adrian, A. Ashcraft and H. Boesky, "Shadow Banking," FRBNY, *Staff Reports*, (July 2010), pp. 4-5.

험과 중앙은행의 유동성 지원 등 공적 안정망의 보호를 받지 못한다. 따라서 섀도우 뱅크는 런(run), 즉 대규모 자금인출사태의 위험에 노출되어 있다. 실제로 2007년-2009년 글로벌 금융위기 때 ABCP, 리포, 그리고 MMF 시장에서 모두 섀도우 뱅크 런이 발생하였다.

섀도우 뱅크 런은 2007년 7월 ABCP 시장에서 시작되었다. ABCP 시장은 2003년부터 2007년 7월까지 거의 두 배로 성장하였다. 그러나 서브프라임 위기로 모기지 관련 증권의 가격이 폭락하자, 2007년 7월 1.2조 달러에서 불과 6개월 사이에 절반인 0.6조 달러의 자금이 인출되는 대규모 런이 발생하였다. 이에 따라 ABCP의 만기를 연장할 수 없게 된 SIV는 부채 상환을 위해 모기지 관련 증권 등을 헐값에 급매(fire sale)하여 막대한 손실을 보았다. ABCP 런으로 SIV는 2008년 말까지 모두 파산하거나 또는 설립 은행에 흡수되었다.

섀도우 뱅크 런은 2008년에 리포 런(run on repo)으로 이어졌다. 투자은행은 주로 리포로 자금을 조달하여 MBS 등 모기지 관련 증권에 투자하였다. 리포에서 담보 증권의 가격과 대출금의 차를 헤어 컷(hair cut)이라 부른다. 예를 들어, 헤어 컷이 5%라면, 100만 달러의 증권을 담보로 제공한 투자은행은 95

**그림 1-27 미국 ABCP 시장의 성장**

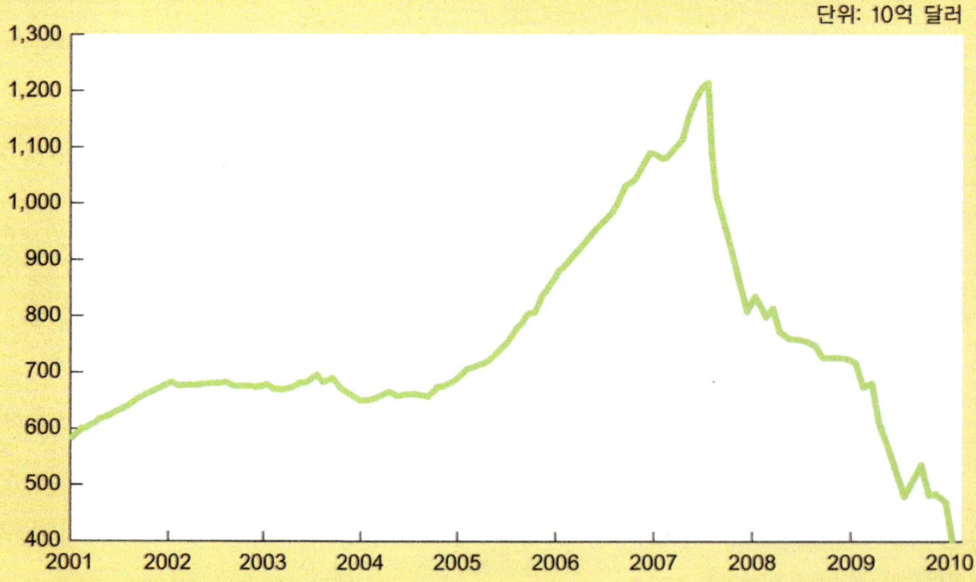


자료: US Federal Reserve

만 달러를 대출받을 수 있다. 이때 헤어 컷이 5%에서 50%로 오르면, 투자은행은 45만 달러의 대출을 상환해야 한다. 따라서 투자은행은 대출 상환을 위해 자산을 헐값에 급매할 수밖에 없어, 손실이 눈덩이처럼 불어난다.

글로벌 금융위기 이전에 헤어 컷은 0%에 가까웠으나, 2008년 하반기에는 50%까지 상승하였다. 이와 같은 헤어 컷의 대폭적인 상승은 전통적 뱅킹의 뱅크 런(bank run)과 유사하여 리포 런(run on repo)이라 부른다. 실제로 2008년 3월과 9월에 일어난 리포 런으로 막대한 손실을 본 월 스트리트의 투자은행 3개가 몰락하였다. 즉 3월 15일에 베어 스턴스가 JP 모건 체이스에 인수되었고, 9월 15일에는 리먼 브러더스가 파산하였으며, 그 다음 날 메릴 린치는 뱅크 오브 아메리카(BOA)에 인수되었다.

리먼 브러더스의 파산은 MMF 런으로 이어졌다. MMF는 만기 1년 미만의 단기 안전자산에만 투자하므로 원금 손실이 발생한 적이 없었다. 그러나 2008년 9월 15일 리먼 브러더스가 파산한 다음 날, 리먼 브러더스의 기업어음을 대량 보유하고 있던 한 펀드(Reserve Primary Fund)의 1주당 순가치(NAV)가 1 달러 이하로(broke the Buck) 떨어져 원금 손실이 발생하였다. 이에 따라 기관투자자가 투자하는 MMF 운용자산은, 9월 15일 1.36조 달러에서 10월 말 0.97조 달러로, 불과 한 달 반 사이에 30%나 감소하는 런이 발생하였다.

이와 같이 섀도우 뱅크 런으로 일어난 금융시장의 혼란(disruption)은 곧바로 전통적 뱅킹으로 옮겨갔다. 오늘날 전통적 뱅킹의 자금경색(credit crunch)을 나타내는 지표로 TED 스프레드가 널리 이용되고 있다.[31] 전통적 뱅킹에서 은행간 대출은 무담보로 이루어지는데, TED 스프레드는 은행간 무담보 대출의 이자율인 리보(Libor)와 단기국채 이자율(T-bill rate)의 차를 말한다. 예를 들어, 미국 달러 3개월 리보가 5.40%, 미국의 3개월 단기국채 이자율이 5.10%이면, TED 스프레드는 30bp이 된다.

단기국채의 이자율을 흔히 무위험(risk-free) 이자율이라고 한다. 한편 은행간 무담보 대출의 이자율인 리보에는 대체로 신용등급 AA인 은행의 부도 위험(default risk)이 반영되어 있다. 2007년 6월 이전에 미국의 TED 스프레드는 0.4% 내외에서 변동하였다. 그러나 2007년 8월과 2007년 말, 그리고 베어 스턴스가 몰락한 2008년 3월에 TED 스프레드는 2% 이상으로 상승하였다. 한편

[31] TED 스프레드와 리보-OIS 스프레드에 대해서는 제5장 3절에서 자세하게 설명할 것이다.

리먼 브러더스가 파산한 2008년 9월 중순에 TED 스프레드는 사상 최고 수준으로 4%를 넘어섰다.

이와 같이 TED 스프레드가 증가한 것은 은행들이 판단하는 다른 은행의 부도위험, 즉 거래상대방 위험(counterparty risk)이 그만큼 높아졌다는 것을 말한다. 실제로 은행들은 거래상대방 은행이 모기지 관련 증권 투자로 얼마의 손실을 보고 있는지 알 수 없었으므로, 초단기자금을 제외하고는 다른 은행에 대한 대출은 기피하기 시작하였다. 그리고 은행들은 또 장래의 불확실성에 대비한 예비적 동기로 유동성을 비축해(hoard) 둘 필요가 있었다. 이에 따라 전통적 뱅킹의 은행간 대출은 사실상 중단되었다.

섀도우 뱅크 런으로 일어난 금융시장의 혼란(disruption)은 또 본드시장(bond market)으로 이어졌다. 일반적으로 금융위기가 발생하면, 부도위험이 없는 국채로 수요가 몰려, 국채의 가격은 상승하고 이자율은 하락한다. 그리고 회사채의 수요는 감소하여, 회사채 가격은 하락하고 이자율은 상승한다. 따라서 국채와 회사채간의 이자율의 차, 즉 신용 스프레드(credit spread)가 크게 벌어지는데, 이와 같은 현상을 안전자산 선호현상(flight to quality)이라고 한다.

**그림 1-28 미국과 독일의 TED 스프레드**

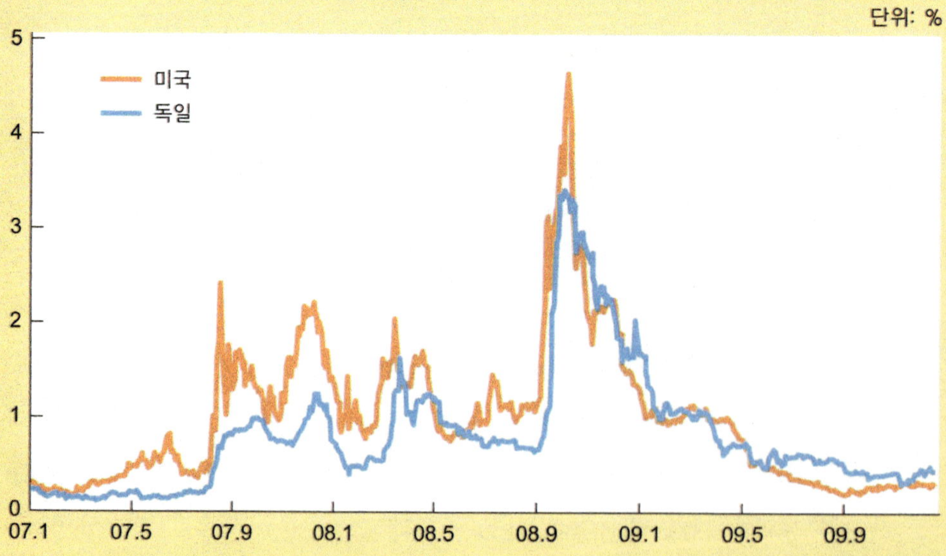


자료: O. Blanchard (2012)

2007년 초 미국의 10년 만기 장기국채의 이자율은 4.7%였고, 10년 만기 투자등급(BBB) 회사채의 이자율은 6%였다. 따라서 국채에 대한 BBB 회사채의 신용 스프레드는 1.3%였는데, 이는 사상 가장 낮은 수준이었다. 그러나 리먼 브러더스가 파산한 이후 2009년 초에 미국 장기국채의 이자율은 2.5%로 떨어졌고, 투자등급(BBB) 회사채의 이자율은 9% 가까이 상승하였다. 따라서 국채에 대한 BBB 회사채의 신용 스프레드는 6% 이상 벌어졌다. 즉 안전자산 선호 현상이 두드러지게 나타난 것이다.

글로벌 금융위기로 선진국과 신흥국의 주가는 폭락하였다. [그림 1-30]은 2007년 1월을 100으로 한 선진국과 신흥국의 주가지수를 보여주고 있다. 먼저 선진국의 주가지수는 2007년 10월에 110까지 상승하였다가, 2009년 3월에는 피크의 절반 이하인 50으로 하락하였다. 한편 신흥국의 주가지수는 2007년 10월 140까지 상승하였다가, 2009년 1월에는 피크의 절반인 70까지 하락하였다. 실제로 2007년 10월부터 2009년 초까지 세계주식시장의 시가총액은 25조 달러나 감소하였다.

지금까지 미국의 한 작은(minor) 서브프라임 모기지 시장에서 발생한 쇼크가

**그림 1-29 미국 본드시장의 이자율**

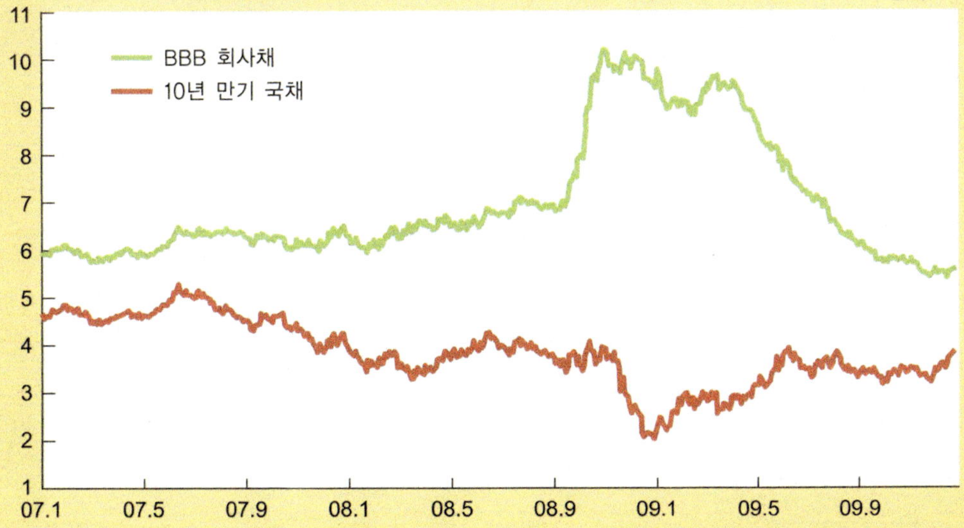


자료: O. Blanchard (2012)

어떻게 섀도우 뱅크 런을 일으키고 또 전통적 뱅킹과 자본시장에 금융경색을 가져왔는지 살펴보았다. 브루너마이어(Markus Brunnermeier)는 이와 같이 금융시장의 작은 쇼크가 본격적인 금융위기로 증폭되는 메카니즘(amplification mechnism)을 유동성 악순환(liquidity spiral)으로 설명하고 있다.[32] 유동성 악순환을 이해하기 위해서는 먼저 조달유동성과 시장유동성을 구분할 필요가 있다.

조달유동성(funding liquidity)이란 금융기관이 자금을 쉽게 조달할 수 있는 특성을 말한다. 자금조달이 쉬우면, 유동성이 높다거나 또는 풍부하다고 말한다. 그러나 자금조달이 어려우면 유동성이 고갈되었다거나 또는 악화하였다고 말한다. 예를 들어, 리포의 헤어 컷이 오르거나 또는 ABCP의 만기를 연장할 수 없으면, 유동성이 악화한 것이다. 조달유동성의 악화로 자금조달 비용이 크

**그림 1-30 선진국과 신흥국의 주가지수**

자료: O. Blanchard (2012)

---

[32] M. Brunnermeier, "Deciphering the Liquidity and Credit Crunch 2007-2008," *Journal of Economic Perspectives*, (Winter 2009).

게 증가하는 위험을 조달유동성 리스크(funding liquidity risk)라고 한다.

시장유동성(market liquidity)이란 가격의 큰 변동 없이 자산을 쉽게 매각할 수 있는 특성을 말한다. 거래량이 많으면 자산을 매각할 때, 자산 가격은 크게 하락하지 않아 큰 손실을 보지 않는다. 이때 유동성이 높다고 말한다. 그러나 거래량이 적으면 자산을 매각할 때, 자산 가격이 큰 폭으로 하락하여 큰 손실을 본다. 이때 유동성이 낮다고 말한다. 시장유동성이 낮아 자산을 적정한 가격에 매각하지 못하여 손실을 보게 되는 위험을 시장유동성 리스크(market liquidity risk)라고 한다.

유동성 악순환(liquidity spiral)이란 시장유동성의 악화가 조달유동성을 악화시키고, 조달유동성의 악화가 다시 시장유동성을 악화시키는 상호작용이 반복되어, 금융위기가 증폭되는 메카니즘을 말한다. 이제 [그림 1-31]을 보면서 유동성 악순환을 설명하여 보자. 지금 금융기관(투자은행)이 리포(repo)로 단기자금을 조달하여 장기자산(모기지 관련 증권)에 투자하였는데, 서브프라임 위

그림 1-31 유동성 악순환

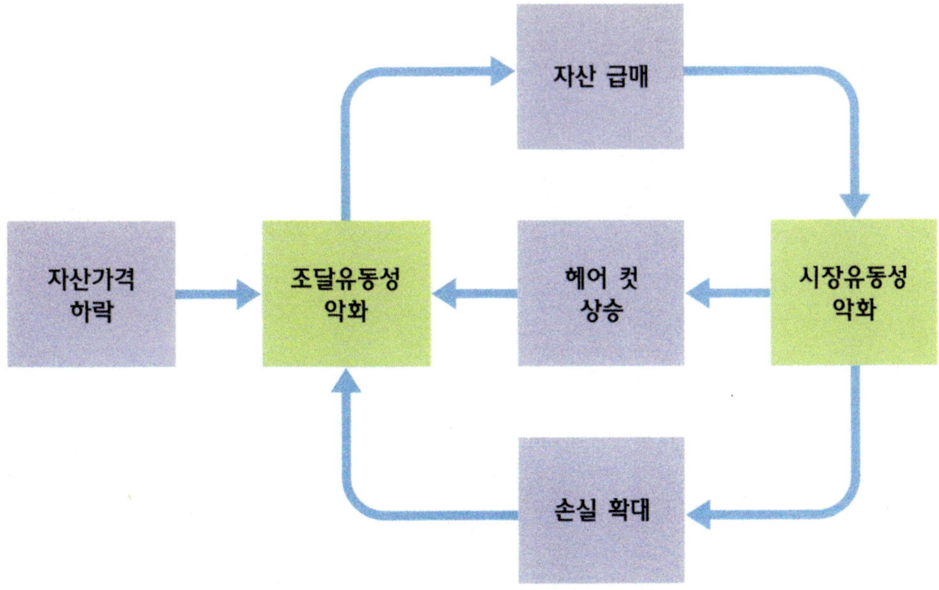


자료: M. Brunnermeier (2009)

기로 자산 가격이 폭락하였다고 하자.

먼저 (1) 자산 가격이 폭락하면, 시장유동성이 악화한다. (2) 시장유동성의 악화로 리포의 헤어 컷이 상승하여, 조달유동성이 악화된다. (3) 조달유동성의 악화로 단기차입의 만기를 연장하지 못한 금융기관은 부채 상환(deleveraging)을 위해 자산 급매(fire sale)에 나선다. (4) 자산 급매로 자산 가격은 더욱 하락하고, 시장유동성은 악화한다. (5) 시장유동성의 악화로 헤어 컷이 상승하고, 손실이 확대된다. 이에 따라 (2)-(5)의 과정이 반복된다.

이제 2007년-2009년 글로벌 금융위기의 발전단계는 다음과 같이 설명할 수 있다. (1) 서브프라임 위기로 모기지 관련 증권 가격이 폭락하였다. (2) ABCP, 리포, MMF 시장 등에 섀도우 뱅크 런(shadow bank run)이 일어났다. (3) 유동성 악순환(liquidity spiral)이 발생하여 금융경색(credit crunch)이 금융 시스템 전반으로 확산되었다. (4) 금융의 중개기능 약화가 실물경제로 파급되어, [그림 1-25]에서 본 바와 같이, 대경기침체(Great Recession)가 일어났다.

글로벌 금융위기가 발생하자 미국을 비롯한 선진국과 신흥국의 정부는 각종 전

**그림 1-32 미국 연방준비은행의 자산**

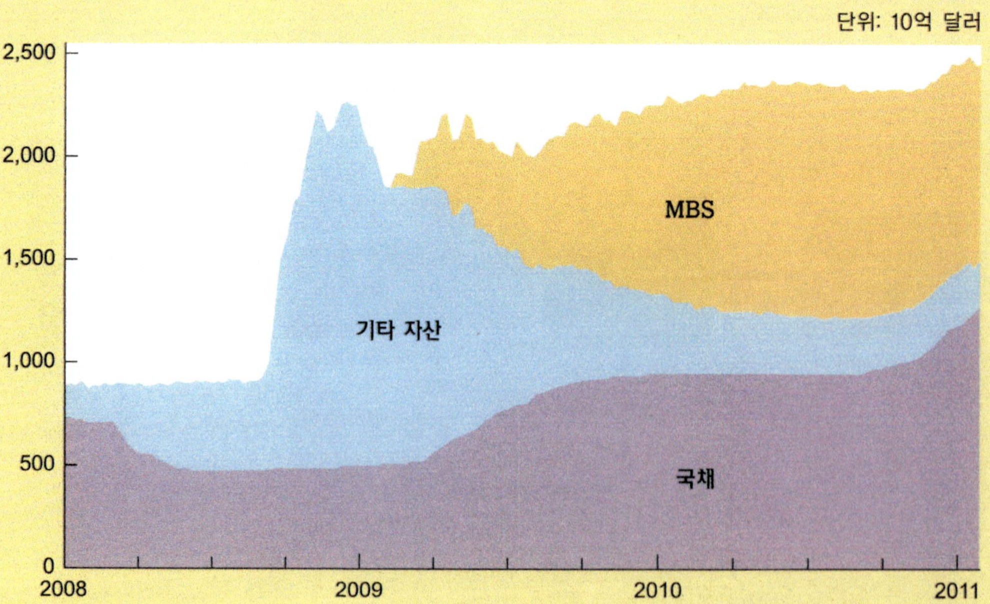


자료: R. Gordon (2012)

통적(conventional) 및 비전통적(unconventional) 정책수단을 동원하여 금융경색과 경기침체에 대응하였다. 이제 미국의 대응에 대해 간략하게 살펴보기로 한다. 미국의 중앙은행인 연방준비은행은 먼저 2007년 여름부터 2008년 12월까지 가장 중요한 금융정책 수단인 페더럴 펀드(federal fund) 목표금리를 열 차례에 걸쳐 5.25%에서 0%-0.25%의 제로 바운드(zero-bound)까지 인하하였다.[33]

그러나 미국 경제는 이미 0%의 이자율로도 경기가 부양되지 않는 유동성 함정(liquidity trap)에 빠져 있었다. 따라서 연방준비은행은 지금까지 사용한 적이 없는 비정통적 금융정책 수단을 동원하였다. 첫째, 연방준비은행은 각종 새로운 대출제도(lending facilities)를 도입하여, 일반은행뿐만 아니라 투자은행을 포함한 모든 금융기관에 대해 풍부한 유동성을 공급하였다. 둘째, 연방준비은행은 금융기관으로부터 직접 모기지 관련 증권 등 자산을 대거 매입하였다.

금융기관에 대한 유동성 공급(liquidity provision)과 금융기관으로부터의 자산 매입(asset purchase)을 흔히 양적 완화(quantitative easing) 정책이라 부른다. 양적 완화 정책으로 연방준비제도의 자산은 2008년 1월 9,300억 달러에서 2010년 8월에는 2.33조 달러로 2년 반 사이에 2.5배나 증가하였다. 특히 2008년 11월부터 2010년 3월까지 연방준비제도는 1.2조 달러의 모기지담보증권(MBS)을 매입하였다. 이에 따라 MBS는 2010년 8월 연방준비은행 자산의 절반을 차지하였다.

미국 연방준비은행은 양적 완화 정책과 함께 미국 정부는 확대적인 재정정책을 실시하였다. 이에 따라 미국의 GDP 성장률은 2009년 -3.5%에서 2010년에는 3.0%로 회복되었다. 그리고 미국과 함께 선진국과 신흥국이 모두 부양정책을 공조함에 따라, 선진국과 신흥국의 GDP 성장률도 2009년 -3.7%와 2.8%에서 2010년에는 3.2%와 7.6%로 회복하였다. 그러나 2010년 여름 그리스로부터 불거진 유럽 재정 위기로 2011년 선진국과 신흥국의 GDP 성장율은 1.6%와 6.2%로 둔화되었다.

## 4. 글로벌 금융규제

2007년-2009년 글로벌 금융위기 이후 금융안정(financial stability)을 강화

---

[33] 페더럴 펀드 목표금리에 대해서는 제5장 3절에서 자세하게 설명할 것이다.

하기 위한 금융규제 개혁 논의가 미국, 영국, EU 등 선진국에서 뿐만 아니라 국제적으로도 활발하게 진행되어 왔다. 오늘날 글로벌 금융규제(global financial regulation)의 개혁에 대한 국제적인 정책 공조는 G20을 중심으로 이루어지고 있는데, 이 소절에서는 지금까지 G20 주도로 합의된 글로벌 금융규제의 개혁 방안을 설명하기로 한다.

G20은 미국, 일본, 독일, 영국, 프랑스, 이탈리아, 캐나다의 G7국과 한국을 포함한 신흥국 및 주요국 12개국, 그리고 EU 의장국으로 구성되어 있다. 1999년에 시작된 G20는 원래 재무장관회의였으나, 2008년부터 정상회의로 격상되었다. 2008년 미국 워싱톤 회의부터 2011년 프랑스 칸 회의까지 모두 여섯 번 정상회의가 개최되었다. G20는 오늘날 세계 GDP의 85%와 세계 교역량의 80%를 차지하고 있다.

G20은 2009년 영국 런던의 제2차 정상회의에서 G7이 1998년 국제금융 시스템 개선 및 감독기관간의 협력 강화를 위해 설립한 금융안정화포럼(Financial Stability Forum)의 기능을 확대하여 금융안정위원회(Financial Stability Board: FSB)로 개편하기로 합의하였다. 이에 따라 24개국과 12개 국제기구 대표로 구성된 FSB는 현재 글로벌 금융규제에 관한 모든 국제기준을 제정하는 작업을 총괄하는 국제기구로 활동하고 있다.

G20은 2010년 한국 서울의 제5차 정상회의에서 국제적으로 활발하게 영업하는 은행(internationally active banks)에 대한 규제 제도로 바젤 Ⅲ를 도입하기로 합의하였다. 바젤 Ⅲ는 스위스 바젤(Basel)에 사무국을 둔 바젤위원회(Basel Committee on Bank Supervision)가 G20의 요청에 따라 확정한 것으로, BCBS가 1988년에 확정한 바젤 I과 2004년에 바젤 I을 개정하여 확정한 바젤 Ⅱ에 이은 국제은행 규제 제도이다.[34]

바젤 Ⅲ는 지금까지 FSB 주도로 합의한 글로벌 금융규제 개혁 방안 가운데 가장 중요한 성과이다. 따라서 먼저 바젤 Ⅲ의 자기자본 규제와 유동성 규제를 간략하게 설명하여 보기로 한다. 다음에 현재 FSB가 추진하고 있는 여러 글로벌 금융규제 개혁 과제 가운데 대형 금융기관(SIVI)에 대한 규제와 새도우 뱅킹에

[34] 현재 한국을 포함하여 27개국 중앙은행과 감독기관으로 구성된 바젤위원회는 국제은행 감독 관련 국제표준을 제정하는 국제기구이다. 바젤 I은 1992년부터, 그리고 바젤 Ⅱ는 2006년부터 시행되었다. FSB와 BCBS가 2010년에 확정한 바젤 Ⅲ는 바젤 Ⅱ의 내용을 대폭 강화하였을 뿐만 아니라, 바젤 Ⅱ에는 포함되지 않았던 여러 가지 새로운 규제를 도입하였다.

대한 규제를 소개하기로 한다.[35]

### (1) 자기자본 규제

섀도우 뱅크 런으로 투자은행과 SIV가 갑작스럽게 몰락한 것은 레버리지(leverage)가 매우 높았기 때문이다. 레버리지란 자산(asset)을 자기자본(capital)으로 나눈 비율을 말한다. 예를 들어, 일반은행 A의 자산이 1,000, 부채가 900, 그리고 자기자본이 100이라면, 레버리지는 10이 된다. 한편 투자은행 B의 자산이 1,000, 부채가 970, 그리고 자기자본이 30이라면, 레버리지는 약 33이 된다. 실제로 글로벌 금융위기 직전 미국 일반은행의 레버리지는 10을 조금 넘었고, 투자은행의 레버리지는 대부분 30을 넘었다. 그리고 SIV의 레버리지는 투자은행보다 훨씬 더 높았다.

레버리지가 높으면 이익이 발생할 때 자기자본 수익률이 높아진다. 예를 들어, 자산 가격 상승으로 일반은행 A와 투자은행 B가 모두 50의 이익을 보았다고 하자. 이때 자기자본 수익률은 일반은행 A는 50%이지만, 투자은행 B는 약 167%가 된다. 그러나 레버리지가 높으면 손실이 발생할 때 파산의 위험도 커진다. 예를 들어, 자산 가격 하락으로 일반은행 A와 투자은행 B가 모두 50의 손실을 보았다고 하자. 이때 자기자본은 일반은행 A는 50으로 감소하지만, 투자은행 B는 −20이 된다. 즉 투자은행 B는 자본이 완전히 잠식되어, 파산상태(bankrupt)가 된다.

일반은행 A처럼 레버리지가 10으로 낮으면, 자산의 5% 손실은 자기자본 감소로 흡수할 수 있다. 그러나 투자은행 B처럼 레버리지가 33으로 높으면, 자산의 5% 손실로도 파산상태가 된다. 바젤 Ⅲ의 자기자본 규제는 은행으로 하여금 적정한 자기자본(adequate capital)을 보유하게 함으로써 은행의 손실흡수(loss absorption) 능력을 높이려는 규제 수단이다. 자기자본을 자산으로 나눈 자기자본 비율(capital ratio)은 자산을 자기자본으로 나눈 레버리지 비율의 역수이다. 따라서 최저 자기자본 비율을 규제하는 것은 레버리지 비율의 상한을 규제하는 것과 같다.

바젤 Ⅲ가 실제로 규제하는 자기자본 비율은 단순하게 대차대조표상의 자기자

---

[35] 바젤 Ⅲ의 내용은 매우 방대하다. 그리고 바젤 Ⅲ를 잘 이해하기 위해서는 은행 회계에 대한 전문적인 지식이 필요하다. 정신동, 「바젤 Ⅲ와 글로벌 금융규제의 개혁」, 도서출판 선, (2011) 또는 이장영, 「바젤 Ⅲ와 리스크 관리」, 박영사, (2011)을 참조하면 좋다.

본을 자산으로 나눈 것이 아니라, 규제자본(regulatory capital)을 위험가중자산(risk-adjusted assets)으로 나눈 비율을 말한다. 즉

$$\text{자기자본 비율} = \frac{\text{규제자본}}{\text{위험가중자산}}$$

은행이 보유하는 자산은 종류도 많고 부도 위험, 즉 신용 리스크(credit risk)도 모두 다르다. 위험가중자산은 자산의 명목원금을 신용 리스크에 따라 정한 위험 가중치(risk weight)로 조정한 후 합계한 것을 말한다. 위험가중자산은 난내(on-balance sheet) 자산, 즉 대차대조표에 기록된 자산과 난외(off-balance sheet) 항목, 즉 대차대조표에 기록되지 않지만 은행의 손익에 영향을 미치는 거래로 구분하여 구한다.[36]

한편 은행이 보유하는 자본에도 여러 종류가 있고 자본의 질(quality), 즉 손실흡수 능력도 각각 다르다. 바젤 Ⅲ는 규제자본을 자본의 질에 따라 보통주자본(common stock tier 1), 기타 기본자본(other tier 1 capital), 그리고 보완자본(tier 2 capital)으로 구분하고, 기본자본과 보완자본을 합친 것을 총자본(total capital)이라 부른다.[37] 즉

$$\begin{aligned}\text{총자본} &= \text{기본자본} + \text{보완자본}\\ &= [\text{보통주자본} + \text{기타 기본자본}] + \text{보완자본}\end{aligned}$$

바젤 Ⅲ는 위험가중자산에 대한 최저 자기자본 비율(minimum capital ratio)을 보통주자본은 4.5%, 기본자본은 6%, 그리고 총자본은 8%로 결정하였다. 다시 말하면, 은행은 위험가중자산의 8% 이상을 기본자본과 보완자본으로 보유해야 하는데, 이 가운데 4.5% 이상은 손실흡수 능력이 가장 높은 보통주자본으로 보유해야 한다. 그리고 1.5% 이상은 손실흡수 능력이 중간인 기타 기본자본으로 보유해야 한다. 그리고 손실흡수 능력이 가장 낮은 보완자본은 최대 2%까지만 규제자본에 포함될 수 있다.

---

36 난외 항목의 위험가중자산은 명목원금에 신용환산계수(credit conversion factor)를 곱하여 리스크 노출액을 구하고, 여기에 다시 위험가중치를 곱하여 구한다.

37 보통주자본이란 납입자본금과 이익잉여금 등에서 자본공제항목을 뺀 것을 말한다. 한편 기타 기본자본으로는 우선주와 신종자본증권 등이 있고, 보완자본으로는 장기 후순위채 등이 있다.

바젤 Ⅲ는 최저 자기자본 규제에 추가하여 완충자본(capital buffer) 제도를 도입하였다. 완충자본이란 위기 때 은행이 손실을 흡수하고 신용공급 기능을 지속하면서 최저 자기자본 비율을 유지하기에 충분한 자본을 말한다. 바젤 Ⅲ가 도입한 완충자본에는 (1) 손실흡수를 목적으로 하는 자본보전 완충자본과 (2) 신용의 지속적 공급을 목적으로 하는 경기대응 완충자본의 두 종류가 있다.

자본보전 완충자본(capital conservation buffer)이란 경기상황과 상관없이 2.5%의 보통주자본을 추가로 적립하는 고정형 완충자본이다. 이 제도는 결과적으로 최저 자기자본을 상향 조정하는 것과 같지만, 손실 발생 때 이 자본을 사용할 수 있다는 점에서 다르다. 또 최저 자기자본이 부족할 때는 감독기관의 적기시정조치가 따르지만, 자본보전 완충자본이 부족할 때는 배당과 임직원 보너스 등 재량적 지출이 제한될 뿐이다.

경기대응 완충자본(countercyclical capital buffer)은 은행이 경기호황 때에는 공격적으로 대출을 증가시켜 경기를 더욱 과열시키고, 경기침체 때에는 무차별적으로 대출을 회수하여 경기를 더욱 악화시키는 경기순응성(procyclicality)을 완화하기 위해 도입한 제도이다. 이 제도에 따라 은행은 신용 팽창기에 0%-2.5%의 보통주자본을 추가로 적립하고, 경기침체 때는 이 자본을 신용을 지속적으로 공급하는데 사용할 수 있다.

이상의 내용을 종합하면, 바젤 Ⅲ의 자기자본 규제에서 은행이 위험가중자산에 대해 보유해야 하는 총자본의 비율은 평상시에는 최저 자기자본 8%에 자본보전 완충자본 2.5%를 더한 10.5%가 된다. 그러나 신용 팽창기에는 여기에 경기대응 완충자본 2.5%를 더해 최대 13%까지 증가한다. 이것은 바젤 Ⅱ의 8%보다 크게 증가한 것이다. 바젤 Ⅲ의 자기자본 규제는 2013년부터 2019년까지 단계적으로 시행될 예정으로 있다.

### (2) 유동성 규제

2007년-2009년 글로벌 금융위기는 유동성 악순환(liquidity spiral)의 위기였다. 유동성 악순환이 발생한 것은 은행들이 유동성을 매우 방만하게 관리해왔기 때문이다. 따라서 바젤 Ⅲ는 은행의 유동성 관리를 개선하기 위한 수단으로 바젤 Ⅰ과 바젤 Ⅱ에는 없던 유동성 규제를 새로 도입하였다. 바젤 Ⅲ의 유동성 규제에는 (1) 단기지표인 유동성 커버리지 비율(liquidity coverage ratio; LCR)과 (2) 장기지표인 순안정자금 조달 비율(net stable funding coverage ratio; NSFR)이 있다.

먼저 LCR은 심각한 스트레스 상황 하에서 은행이 1개월 정도를 견딜 수 있는 충분한 유동자산을 보유하도록 하는 규제이다. LCR은 1개월간 예상되는 누적 순자금유출(net cash outflow)에 대해 100% 이상의 고유동성 자산(high liquid assets), 즉 유동성이 높은 자산을 보유하도록 하고 있다.[38] 즉

$$LCR = \frac{\text{고유동성 자산}}{\text{순현금유출}} \geq 100\%$$

다음에 NSFR은 은행들이 단기 도매자금시장에 지나치게 의존하는 행태를 제한함으로써, 은행의 자금조달 구조를 단기의 불안정한 구조에서 중장기의 안정적인 구조로 바꾸도록 유도하는 규제이다. NSFR은 1년간 필요 안정적 자금조달(required stable funding)을 100% 이상 가용 안정적 자금조달(available stable funding)로 마련하도록 하고 있다.[39] 즉

$$NSFR = \frac{\text{가용 안정적 자금조달}}{\text{필요 안정적 자금조달}} \geq 100\%$$

바젤 Ⅲ의 유동성 규제 도입으로 앞으로는 2007년-2009년 글로벌 금융위기 때와 같은 유동성 악순환은 재발되지 않을 것으로 기대되고 있다. LCR 규제는 2014년까지의 관찰기간을 거쳐 2015년부터, 그리고 NSFR 규제는 2017년까지의 관찰기간을 거쳐 2018년부터 시행될 예정이다.

### (3) SIFI 규제

2007년-2009년 글로벌 금융위기 때 미국 등 선진국의 많은 대형 금융기관들은 막대한 손실을 보았다. 각국 정부는 공적자금을 투입하여 이들의 파산을 막

---

[38] 고유동성 자산이란 현금, 중앙은행 예치금, 그리고 신용등급이 높은 채권 등 시장유동성이 높은 자산을 말한다. 한편 순자금유출이란 1개월 동안 예상되는 누적 현금유출액(예금 인출과 만기 연장이 어려운 단기차입 등)에서 예상되는 누적 현금유입액(신용대출 상환과 담보대출 자금 회수 등)을 뺀 것을 말한다.

[39] 필요 안정적 자금조달은 은행 보유 자산 및 난외 거래 항목을 가중치를 조정한 것을 말한다. 한편 가용 안정적 자금조달이란 자본, 만기 1년 이상 우선주, 만기 1년 이상 부채, 그리고 안정적인 비만기 예금 등의 합계를 말한다.

았는데, 공적자금 투입에 따른 손실은 국민들에게 전가되었다. G20은 이와 같은 대마불사(too big to fail)의 도덕적 해이를 근본적으로 대처하기 위해, 시스템적으로 중요한 금융기관(systemically important financial institutions: SIFI)에 대한 규제를 강화하기로 합의하였다.

금융의 시스템 리스크(systemic risk)란 금융 시스템의 전반적 또는 부분적 손상으로 금융 서비스의 공급에 혼란(disruption)이 일어나고, 이에 따라 실물경제에 심각한 부정적 영향이 나타나는 위험을 말한다. 따라서 시스템적으로 중요한 금융기관(SIFI)이란 금융의 시스템 리스크를 유발할 만큼 규모(size)가 크고 상호연계성(interconnectedness)이 높은 대형 금융기관을 말한다고 할 수 있다.

G20의 요청에 따라 FSB는 SIFI의 규제를 위해 다음과 같은 대책을 마련하였다. 즉 (1) SIFI에 대해서는 보다 높은 수준의 손실흡수 능력을 보유하도록 한다. (2) 납세자의 손실 없이 SIFI를 정리하는 방안을 마련한다. (3) SIFI에 대한 보다 강화된 감독을 실시한다. (4) 일관성 있는 SIFI 규제 이행을 촉진하기 위해 국가간 상호 평가를 한다. (5) 글로벌 SIFI는 FSB가 그리고 국내 SIFI는 각국의 금융당국이 지정한다.

이에 따라 FSB는 2011년 11월에 (1) 규모, (2) 상호연관성, (3) 대체가능성, (4) 글로벌 활동성, (5) 복잡성 등 5개 기준에 따라, 29개 은행(미국 8개, 유럽 17개, 아시아 4개)을 글로벌 SIFI로 지정하였다. 그리고 이들을 5개 구간(bucket)으로 분류하고, 2016년부터 위험가중자산에 대해 1%에서 2.5%까지의 추가자본(capital surcharge)을 단계적으로 부과하도록 하였다.[40] 한편 국내 SIFI의 지정기준은 2012년 이후 FSB에서 논의하기로 하였다.

자기자본 규제와 유동성 규제는 개별 금융기관의 부실을 방지하고 금융소비자를 보호하는 것을 목표로 하고 있는데, 이를 흔히 미시건전성 규제(micro-prudential regulation)라 부른다. 한편 SIFI에 대한 추가자본 규제와 경기순응 완충자본은 금융의 시스템 리스크가 실물경제에 미치는 부정적인 영향을 차단하려는 것을 목표로 하고 있는데, 이를 흔히 거시건전성 규제(macro-prudential regulation)라 부른다.

---

[40] 따라서 글로벌 SIFI가 위험가중자산에 대해 보유해야 하는 총자본의 비율은 최대 15.5%까지 증가할 수 있다.

**표 1-3 2011년 11월에 선정된 29개 글로벌 SIFI**

| | | |
|---|---|---|
| 북미(8) | 미국(8) | Bank of America, BNY Mellon, Citigroup, Goldman Sachs, JP Morgan Chase, Morgan Stanley, State Street, Wells Fargo & Company |
| 유럽(17) | 영국(4) | Barclays, HSBC, Royal Bank of Scotland, Lloyds Banking Group |
| | 프랑스(4) | Banque Populaire, BNP Paribas, Group Credit Agricole, Societe Generale |
| | 독일(2) | Deutsche Bank, Commerzbank |
| | 이탈리아(1) | Unicredlt Group |
| | 스위스(2) | UBS, Credit Suisse |
| | 벨기에(1) | Dexia |
| | 네덜란드(1) | ING Bank |
| | 스페인(1) | Banco Santander |
| | 스웨덴(1) | Nordea |
| 아시아(4) | 일본(3) | Mitsubishi UFJ FG, Mizuho FG, Sumtorno Mitsui FG |
| | 중국(1) | Bank of China |

자료: FSB

### (4) 섀도우 뱅킹 규제

지난 30여 년간 전통적 뱅킹과 병행하여 발전해 온 섀도우 뱅킹은 오늘날 미국을 비롯한 선진국의 금융제도에서 필수불가결한(integral) 요소로 발전하였다. 섀도우 뱅킹은 한편으로는 전통적 뱅킹과 경쟁하는 새로운 자금중개 방법을 제공함으로써 금융중개의 효율성을 높이는 데 기여하였다. 그러나 다른 한편으로 서브프라임 위기를 글로벌 금융위기로 증폭시키는 원인이 되어 금융 시스템의 안정을 위협하는 요인으로 작용하였다.

이에 따라 G20은 2010년 11월 서울 제5차 정상회의에서 FSB에게 섀도우 뱅킹에 대한 감시와 감독을 강화할 수 있는 권고안을 마련하도록 요청하였다. 이 요청에 따라 FSB는 2011년 10월 (1) 일반은행과 섀도우 뱅크의 은행간 거래, (2) 머니마켓펀드(MMF), (3) SIV 등 기타 섀도우 뱅크, (4) 자산유동화(securitization) 그리고 (5) 리포(repo)와 증권대차(security lending)의 5개

분야로 나누어 정리한 1차 권고안(initial recommendations)을 G20에 보고하였다.[41]

G20는 2011년 11월 칸의 제6차 정상회의는 FSB의 1차 권고안을 채택하고, 2012년 말까지 최종 권고안를 제출하도록 요청하였다. 이에 따라 현재 FSB는 섀도우 뱅킹의 감시(oversight)와 규제(regulation)를 강화하는 최종 권고안을 준비하고 있다. 한편 FSB는 2011년 11개 FSB 참여국과 유로 존의 섀도우 뱅킹의 현황과 위험을 평가하는 모니터링을 실시하였는데, 2012년부터는 매년 27개 FSB 참여국 모두를 대상으로 섀도우 뱅킹에 대한 모니터링을 실시하기로 하였다.[42]

---

[41] FSB, "Shadow Banking: Strengthening Oversight and Regulation: Recommendations of the Financial Stability Board," (October 2011). 이 권고안의 내용은 매우 전문적이어서, 일반 독자들이 이해하기에는 매우 어렵다.

[42] FSB는 섀도우 뱅킹에 대한 규제 이외에 기타 이슈로 (1) 금융기관 보상체계 개선, (2) 장외 금융파생상품 규제, (3) 신용등급평가 의존도 축소 등 여러 가지 개혁 과제를 추진하고 있다. 이에 대해서는 임윤상, "FSB의 글로벌 금융규제개혁 논의 현황," 한국은행, 한은금요강좌, (2012년 6월 1일)을 참조하면 좋다.

# 참고문헌


- V. Acharya, T. Cooley, M. Richardson and I. Walter, Editors, *Regulating Wall Street*, John Wiley and Sons, (2011).
- T. Adrian and H. Shin, "The Changing Nature of Financial Intermediation and the Financial Crisis of 2007–2009," FRBNY, *Staff Reports*, (April 2010).
- O. Blanchard, "The Crisis: Basic Mechanism and Appropriate Policies," *IMF Working Paper* WP/09/80, (April 2009).
- O. Blanchard, *Macroeconomics*, Updated Fifth Edition, Pearson, (2011), ch. 28.
- C. Borio and P. Disyatat, "Global Imbalances and the Financial Crisis: Link or No Link?" *BIS Working Papers* No. 346, (May 2011).
- M. Brunnermeier, "Deciphering the Liquidity and Credit Crunch 2007–2008," *Journal of Economic Perspectives*, (Winter 2009).
- R. Feenstra and A. Taylor, *Essentials of International Economics*, Second Edition, Worth, (2012), Ch. 10.
- Financial Crisis Inquiry Commisson, *The Financial Crisis Inquiry Report*, (2011).
- FSB, "Shadow Banking: Strengthening Oversight and Regulation: Recommendations of the Financial Stability Board," (October 2011).
- FSB, "Overview of Progress in the Implementation of the G20 Recommendations for Strengthening Financial Stability," Report of Financial Stability Board to G20 Leaders, (June 2012).
- R. Gordon, *Macroeconomics*, Twelfth Edition, Pearson, (2012), ch. 5.
- G. Gorton, *Slapped by the Invisible Hand: the Panic of 2007*, Oxford, (2010).
- G. Gorton and A. Metrick, "Securitized Banking and the Run on Repo," *Journal of Financial Economics*, forthcoming, (2012).
- G. Gorton and A. Metrick, "Getting up to Speed on the Financial Crisis: A One-Weekend-Reader's Guide," Unpublished Paper, (January 11, 2012).
- G. Hubbard and A. O'Brien, *Money, Banking, and the Financisl System*, Prentice Hall, (2012), chs. 7, 12, 16.
- J. Hull, *Fundamentals of Futures and Options Markets*, Seventh Edition, Pearson, (2011), chs. 1, 8.
- IMF, "International Capital Flows: Reliable or Fickle?" Chapter 4 in *World Economic Outlook*, (April 2011).

- N. Mankiw and L. Ball, *Macroeconomics and Financial System*, North, (2012), ch. 19.
- McKinsey Global Institute, *Mapping Global Capital Markets: Fourth Annual Report*, (January 2008).
- McKinsey Global Institute, *Global Capital Market:s: Entering a New Era*, (September 2009).
- McKinsey Global Institute, *Mapping Global Capital Markets 2011*, (August 2011).
- F. Mishkin, "Over the Cliff: From the Subprime to the Global Financial Crisis," *NBER Working Paper* 16609, (December 2010).
- F. Mishkin and S. Eakins, *Financial Markets and Institutions*, Seventh Edition, Printice Hall, (2012), chs. 8, 18.
- M. Obstfeld and A. Taylor, *Global Capital Markets*, Cambridge University Press, (2004).
- Z. Pozsar, T. Adrian, A. Ashcraft and H. Boesky, "Shadow Banking," FRBNY, *Staff Reports*, (July 2010).
- H. Shin, "Securitization and Financial Stability," VOX EU, (March 2009).
- J. Stein, "Securitization, Shadow Banking, and Finacial Fragility, Unpublished Paper, (May 2010).
- R. Stulz, "Should We Fear Derivatives?" *NBER Working Paper* 10574, (June 2004).
- A. Turner, "Shadow Banking anf Financial Instability," Lecture at Cass Business School, (Mrach 14, 2012).
- M. Wolf, "The New Capitalism: How Unfettered Finance is Fast Reshaping the Global Economy" *Financial Times*, (June 19, 2007).
- 기획재정부, 한국은행, 금융위원회, 금융감독원, "자본유출입 변동 완화방안," (2010년 6월 14일).
- 이장영, 「바젤 Ⅲ와 리스크 관리」, 박영사, (2011).
- 임윤상, "FSB의 글로벌 금융규제개혁 논의 현황," 한국은행, 한은금요강좌, (2012년 6월 1일).
- 정신동, 「바젤 Ⅲ와 글로벌 금융규제의 개혁」, 도서출판 선, (2011).
- 한국금융연구원, 자본시장연구원, 보험연구원, "미국 금융개혁법의 주요 내용 및 시사점," (2010년 9월).

Chapter 2

# 세계의 외환시장

2.1 외환시장의 이해 / 2.2 외환거래의 형태 /
2.3 외환거래의 방법 / 2.4 한국의 외환시장

오늘날 광의의 국제금융시장은 통화와 통화의 교환이 이루어지는 세계외환시장, 국경을 넘어 자금을 조달하는 국제자본시장, 그리고 환위험, 금리위험, 신용위험 등 금융위험을 관리하는 금융파생상품시장으로 구분할 수 있다. 앞으로 이 책에서 제2장부터 제4장까지 세계외환시장을, 제5장부터 제7장까지 국제자본시장을, 그리고 마지막으로 제8장부터 제10장까지 금융파생상품시장을 차례로 공부할 것이다.

한 나라 안에서 이루어지는 국내거래의 결제에는 그 나라 중앙은행이 발행하는 국민통화가 통용되고 있다. 미국의 달러(dollar), 일본의 엔(yen), 한국의 원(won) 등이 그것이다. 그러나 국경을 넘어 이루어지는 국제거래의 결제에 모든 나라가 공통으로 사용하는 세계통화는 아직 존재하지 않는다. 따라서 국제거래의 결제를 위해서는 먼저 한 나라의 통화를 다른 나라의 통화로 교환하지(convert) 않으면 안 된다.

일본에서 기계를 수입한 한국 기업은 수입대금을 지급하기 위해 한국 원을 일본 엔으로 교환하여야 한다. 또 한국 주식에 투자하는 미국 투자자는 미국 달러를 한국 원으로 교환하여야 한다. 이와 같이 국제거래의 결제를 위해 통화와 통화의 교환이 이루어지는 곳이 외환시장(foreign exchange markets)이다. 두 통화의 교환 비율인 환율(exchange rate)은 외환시장에서 외환에 대한 수요와 공급에 따라 결정된다.

외환거래는 원칙적으로 은행을 통해 이루어진다. 개인, 기업, 금융기관 등 고객은 은행과 경상거래와 자본거래 등 국제거래의 결제를 위한 실수(commercial need)의 목적으로 외환을 거래한다. 그러나 오늘날 외환시장에서는 실수거래뿐만 아니라, 두 통화의 이자율의 차로부터 이익을 얻으려는 금리차익거래, 환위험을 회피하기 위한 헤지거래, 환율변동으로부터 이익을 얻으려는 투기거래, 그리고 외화자금의 조달 등 매우 다양한 목적으로 외환이 거래되고 있다.

이 장에서는 세계외환시장의 구조, 외환거래의 형태, 외환거래의 방법, 그리고 한국의 외환시장에 대해 설명하기로 한다. 제 3장에서는 외환시장에서 결정되는 환율의 종류를 공부하고, 구매력 평가설, 경상수지 접근방법, 자산시장 접근방법 등 환율의 결정이론에 대해 설명하기로 한다. 제 4장에서는 외환시장이 금리차익거래, 헤지거래, 투기거래, 그리고 외화자금의 조달을 위해 어떻게 이용되고 있는지 공부하기로 한다.

## 2.1 외환시장의 이해

오늘날 세계외환시장은 모든 시장 가운데 가장 방대한 시장을 형성하고 있다. 국제결제은행(BIS)에 따르면, 2010년 세계외환시장의 1일 거래액(daily turnover)은 4조 달러에 이르고 있는데, 이를 250일 거래일 기준으로 환산하면 연간 약 1,000조 달러가 된다. 이는 세계 GDP보다 15배 이상 크며, 전 세계 주식의 연간 거래액보다 12배 이상 많으며, 전 세계 상품과 서비스 연간 수출액의 40배가 넘는 방대한 규모이다.

### 1. 외환시장의 특징

외환시장은 두 거래당사자가 직접 가격과 거래량 등의 거래조건을 결정하는 대표적인 장외시장(over-the-counter market)이다. 시장이란 원래 상품거래가 행해지는 특정한 장소나 건물을 의미하였다. 그러나 정보통신의 기술진보로 시장은 수요자와 공급자가 접촉할 수 있는 모든 영역을 포괄하게 되었다. 오늘날

그림 2-1 세계 외환시장의 하루

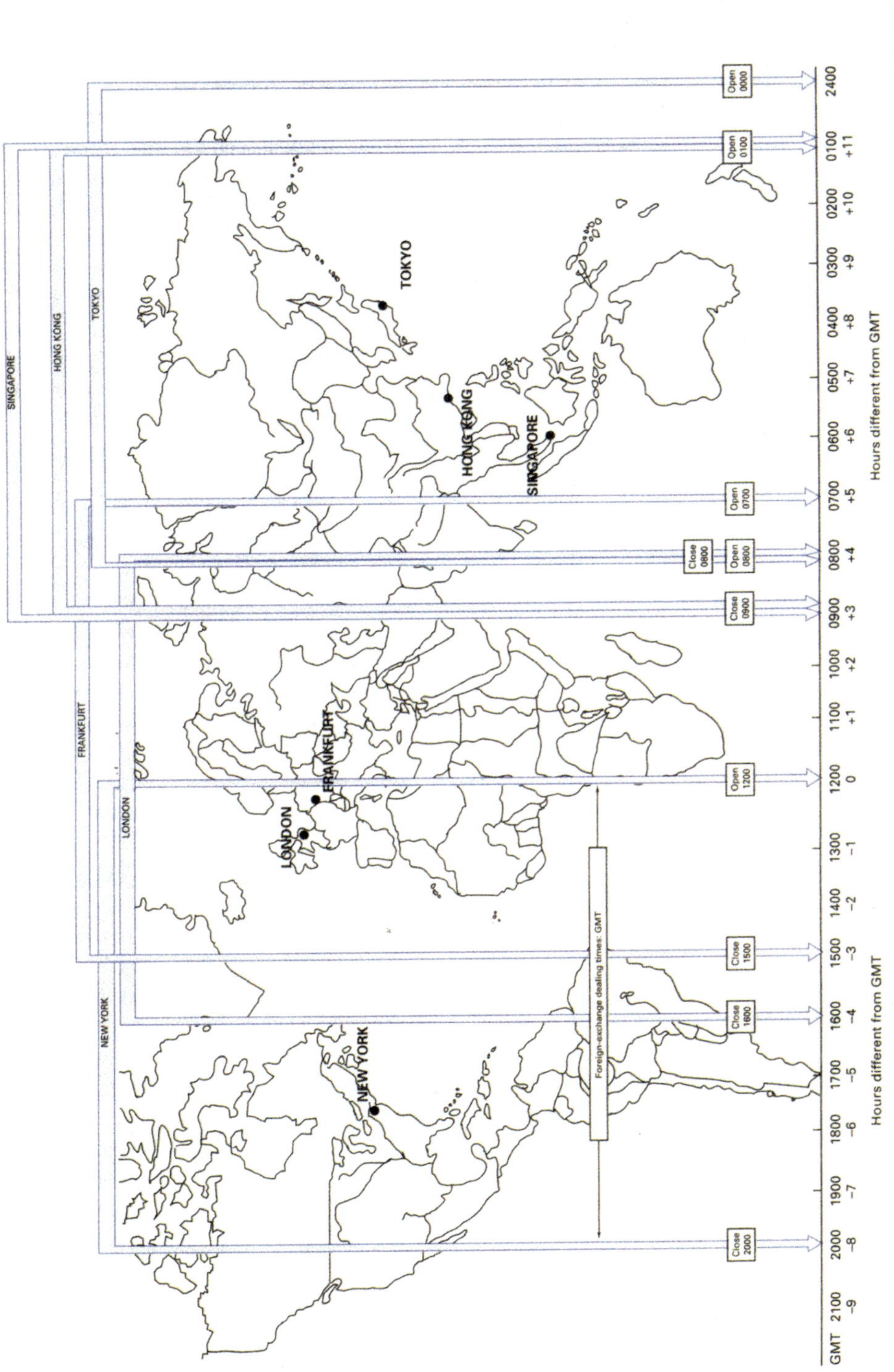


자료: Husted and Melvin (2007)

외환거래는 주식과 같이 거래소(exchange)를 통해 이루어지는 것이 아니라, 전화와 컴퓨터 등의 통신망으로 연결된 장외시장을 통해 이루어지고 있다.

외환시장은 가장 범세계적인 시장이다. 주요국의 외환시장은 해외의 외환시장과 연결되어 하나의 거대한 세계시장(global market)을 형성하고, 하루 중 거래가 중단되는 때가 없는 문자 그대로 24시간 시장(24-hour market)을 형성하고 있다. 오늘날 외환거래는, [그림 2-1]에서 보는 바와 같이, 런던, 뉴욕, 샌프란시스코, 시드니, 동경, 홍콩, 싱가포르, 바레인, 프랑크푸르트, 취리히, 런던으로 지구를 한 바퀴 돌면서 24시간 연속적으로 이루어지고 있다.

외환시장은 매우 경쟁적인 시장이다. 오늘날 세계외환거래의 약 90%를 차지하고 있는 선진국에서는 누구나 외환을 자유롭게 매매할 수 있으며, 환율은 외환의 수요와 공급에 의해 결정되고 있다. 외환시장은 경제학에서 말하는 완전경쟁(perfect competition)에 가장 가까운 시장이다. 즉 외환은 완전히 동질적이며, 외환시장에는 다수의 매입자와 매도자가 참여하고 있고, 외환시장에는 거의 완전한 정보가 존재한다. 이에 따라 외환시장은 거래비용이 매우 낮은 효율적인 시장을 형성하고 있다.

## 2. 외환시장의 성장

외환시장은 대표적인 장외시장이다. 따라서 그 시장규모를 정확하게 파악하기가 어렵다. 이에 따라 국제결제은행(BIS)은 1989년부터 3년마다(triennial) 각국 중앙은행과 함께 4월 한 달 동안의 1일 거래액(daily turnover)으로 세계외환시장의 규모를 조사하고 있다. [그림 2-2]와 [표 2-1]은 BIS가 조사한 1989년 이후의 세계외환시장의 규모를 보여주고 있다.[1] 현물환, 선물환, 외환스왑, 통화스왑, 그리고 통화옵션 등 외환거래의 형태에 대해서는 제2절에서 설명할 것이다.

1970년대 초반 약 100억 달러 수준에 불과하던 세계외환시장의 1일 거래액은 변동환율제도의 도입으로 매우 빠르게 증가하기 시작하여, 1989년에 0.6조 달

[1] 2010년 4월의 조사 결과는 Bank for International Settlements, *Triennial Central Bank Survey: Report on Global Foreign Exchange Market Activity in 2010,* (December 2010)을 보면 된다. BIS 조사에 참여한 중앙은행의 수는 1989년 21개국에서 2010년에는 53개국으로 확대되었다. 우리나라 한국은행은 1998년 조사부터 참여하고 있다.

그림 2-2 **세계외환시장의 성장: 1일 거래액**

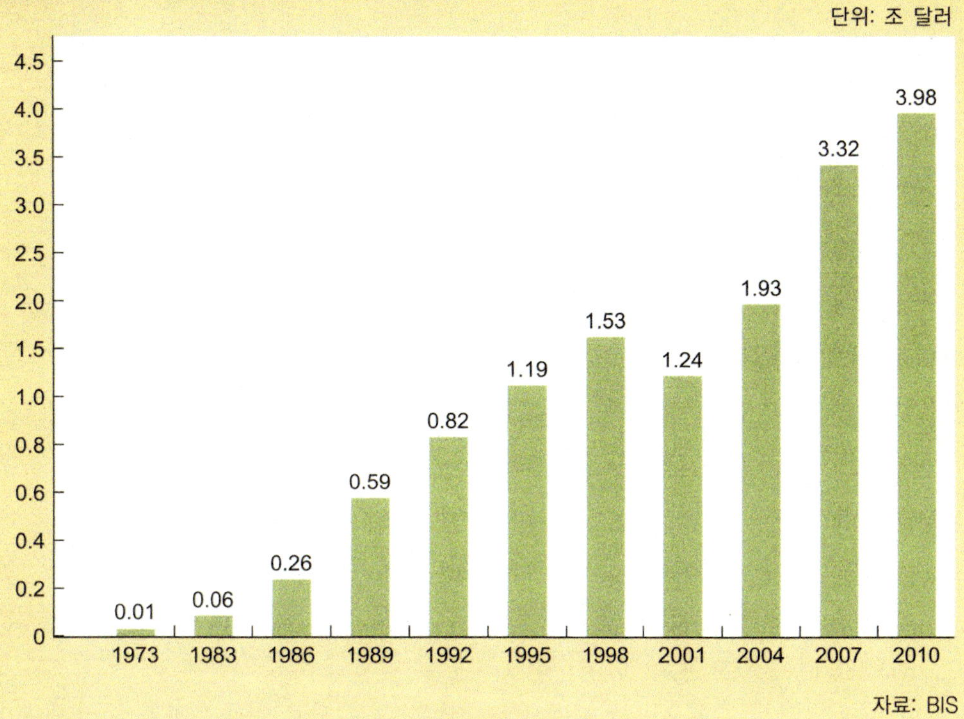


러에 달하였다. 1970년대와 1980년대에 세계외환시장이 빠르게 성장한 원인은 다음과 같이 설명할 수 있다. (1) 변동환율로 환율의 변동성이 높아지면서, 헤지와 투기 목적의 외환거래가 증가하였다. (2) 선진국들이 1980년대에 들어와 자본이동에 대한 규제를 철폐함에 따라, 자본거래 결제를 위한 외환거래가 증가하였다. (3) 1980년대부터 일어난 정보통신의 기술진보로 외환의 거래비용이 대폭 하락하였다.

세계외환시장은 1990년대에 들어와서는 성장이 다소 둔화되어, 1일 거래액은 1989년의 0.6조 달러에서 1992년 0.8조 달러, 1995년 1.2조 달러, 1998년 1.5조 달러로 증가하였다가, 2001년에는 1.2조 달러로 감소하였다. 1998년-2001년간 외환거래가 19%나 감소한 것은 다음과 같이 설명할 수 있다.[2] 첫째, 1999년 유로(Euro)가 도입되어, 유로통화동맹(EMU)에 참여한 12개국 통화 간의 외환거래

[2] G. Galati, "Why Has Global FX Turnover Declined? Explaining the 2001 Triennial Survey," *BIS Quarterly Review*, (December 2001).

표 2-1 **세계외환시장의 규모: 1일 거래액**

단위: 10억 달러, %

| | 1998 | 2001 | 2004 | 2007 | 2010 |
|---|---|---|---|---|---|
| 현 물 환 | 568( 37 ) | 386( 31 ) | 631( 33 ) | 1,005( 30 ) | 1,490( 37 ) |
| 선 물 환 | 128( 8 ) | 130( 11 ) | 209( 11 ) | 362( 11 ) | 475( 12 ) |
| 외환스왑 | 734( 48 ) | 656( 53 ) | 954( 49 ) | 1,714( 52 ) | 1,765( 44 ) |
| 통화스왑 | 10( 1 ) | 7( 1 ) | 21( 1 ) | 31( 1 ) | 43( 1 ) |
| 통화옵션 | 87( 6 ) | 60( 5 ) | 119( 6 ) | 212( 6 ) | 207( 5 ) |
| 합계 | 1,527(100) | 1,239(100) | 1,934(100) | 3,324(100) | 3,981(100) |
| 거래소 외환파생상품 | 11 | 12 | 26 | 80 | 166 |

자료: BIS

가 없어졌다. 둘째, 주요국의 대형은행 간 합병으로 은행간 거래가 감소하였다. 셋째, 제3절에서 보는 바와 같이 가격 투명성이 높은 전자브로커(electronic broker)가 도입됨에 따라 가격탐색을 위한 은행간 우회거래가 감소하였다.

2000년대에 들어오면서 세계외환시장은 다시 빠르게 증가하기 시작하여, 1일 거래액이 2004년에 1.9조 달러로 증가하였다. 2001년-2004년간 세계외환시장이 56%나 성장한 것은 다음과 같이 설명할 수 있다.[3] 첫째, 미국 달러의 약세가 지속되어, 유로와 일본 엔 등 강세 통화에 대한 투기적 거래가 증가하였다. 둘째, 주요국간 이자율 격차가 지속되어 저금리 통화를 차입하여 고금리 통화에 투자하는 캐리거래(carry trade)가 크게 늘어났다. 셋째, 기관투자자와 헤지펀드 등이 새로운 투자수단(asset class)으로 외환에 대한 관심이 높아지기 시작하였다.

세계외환시장의 1일 거래액은 2004년 1.9조 달러에서 2007년에는 3.3조 달러로 3년간 무려 72%나 성장하였는데, 이는 다음과 같이 설명할 수 있다.[4] 첫째, 국제분산투자를 위한 기관투자자의 외환거래가 증가하였다. 둘째, 전자거래 시스템을 통한 외환거래, 특히 컴퓨터 프로그램에 따라 거래가 자동으로 주문되어 체결되는 알고리즘 트레이딩(algorithmic trading)과 인터넷을 통한 개인, 기

[3] G. Galati, "Explaining the Surge of FX Turnover," *BIS Quarterly Review*, (December 2004).

[4] G. Galati and A. Heath, "What Drives the Growth in FX Activity? Interpreting the 2007 Triennial Survey," *BIS Quarterly Review*, (December 2007).

업, 중소 금융기관의 온라인 외환거래가 증가하였다. 셋째, 호주 달러와 홍콩 달러, 그리고 중국 위안과 인도 루피 등 개도국 통화의 거래가 크게 증가하였다.

세계외환시장의 1일 거래액은 2007년-2010년간 20% 성장하여, 2010년에 4조 달러로 증가하였다. 이는 주로 연금기금, 머니마켓펀드, 헤지펀드 등 기관투자자의 외환거래가 85%나 증가한 데 기인하는데, 특히 소매투자자(retail investors)와 중소은행의 전자거래 방법에 의한 외환거래, 그리고 초고속 컴퓨터를 이용한 알고리즘 트레이딩으로 마이크로초 이내에 빈번하게 소액 거래하는 고빈도거래자(high-frequency trader)의 외환거래가 크게 증가하였기 때문이다. 그러나 글로벌 금융위기로 기업 등 일반고객의 외환거래는 오히려 10%나 감소하였다.[5]

국제결제은행(BIS)이 전 세계 50여 개국을 대상으로 실시하는 세계외환시장 조사는 3년마다(triennial) 한 번씩 이루어지므로, 두 조사기간 사이에 일어난 세계외환시장의 동향을 파악하기가 어렵다. 이에 따라 2004년부터 영국, 미국,

그림 2-3 **세계외환시장의 1일 거래액**

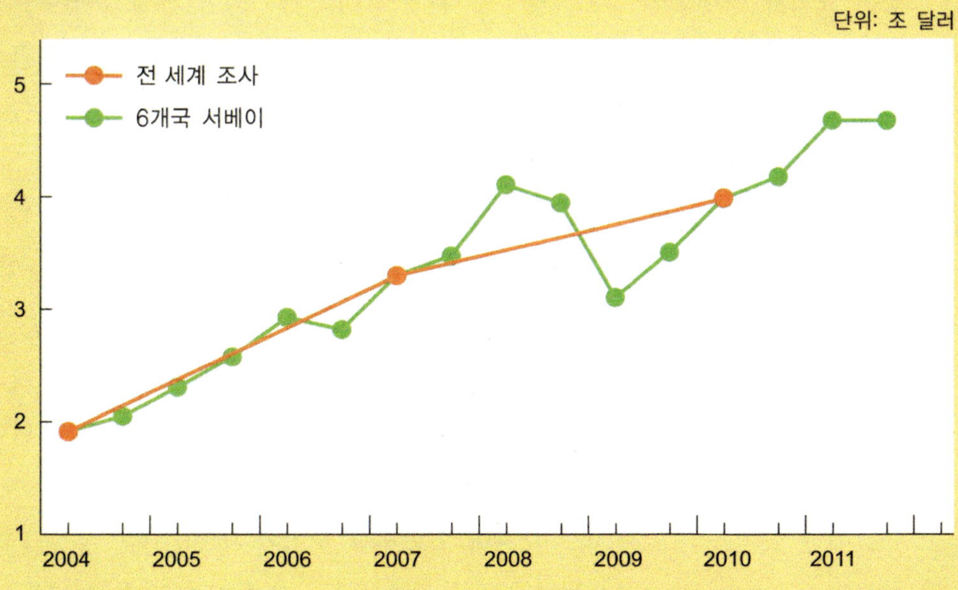


[5]M. King, "The $4 Trillion Question: What Explains FX Growth Since the 2007 Survey?" *BIS Quarterly Review*, (December 2010).

캐나다, 일본, 싱가포르, 호주 등 6개국에서 민간 FX 위원회가 구성되어 매년 4월과 10월 자국 외환시장에 대한 서베이를 실시하여 왔다. 따라서 이를 종합하여 정리하면 세계외환시장의 동향을 6개월 간격으로 파악할 수 있다.[6]

[그림 2-3]은 국제결제은행(BIS)이 6개국 민간 FX 위원회의 서베이를 토대로 벤치마킹한 결과를 보여주고 있다. 이에 따르면 세계외환시장의 1일 거래액은 2007년 4월 3.3조 달러에서 2008년 4월에는 4.1조 달러까지 증가하였고, 리먼 브러더스가 파산한 2008년 9월에는 4.5조 달러로 피크를 이루었다. 그러나 글로벌 금융위기의 여파로 2009년 4월에는 3조 달러 수준으로 약 30%나 감소하였다가, 2010년 4월에 다시 4조 달러로 회복되었고, 2011년 10월에는 4.7조 달러까지 증가하였다.

## 3. 주요 외환시장

세계 최대의 외환시장은 단연 영국이다. 영국은 2010년 4월 세계외환거래의 약 37%를 차지하고 있는데, 이는 1992년의 27%로부터 크게 증가한 것이다. 오늘날 영국에서는 미국보다 두 배나 많은 미국 달러가, 유로 존보다 두 배나 더 많은 유로가 거래되고 있다. 영국의 외환거래는 대부분 런던에서 이루어지고 있는데, 약 70%는 외국계 은행을 통해 이루어지고 있다. 2010년 런던 외환시장에서는 매일 약 60만 건의 외환거래가 이루어졌는데, 건당 평균 거래액은 약 300만 달러에 이른다.

영국 다음으로 미국은 세계에서 두 번째로 큰 외환시장을 형성하고 있다. 미국은 세계 최대의 경제대국일 뿐만 아니라, 미국 달러가 세계외환거래의 약 85%를 차지하고 있지만, 미국이 2010년 세계외환시장에서 차지하는 비중은 영국의 절반 정도인 18%에 불과하다. 한편 일본은 1990년대 중반까지 세계외환시장의 10% 내외를 차지하고 있었으나, 계속 그 비중이 감소하여 2010년에는 6.2%로 하락하였다.

2010년 일본을 제외한 아시아 3대 외환시장은 싱가포르(5.3%), 홍콩(4.7%), 호주(3.8%)로, 이들이 세계외환시장에서 차지하는 비중은 14%에 이르고 있다.

[6] M. Beth, "FX Volume during the Financial Crisis and Now," *BIS Quarterly Review*, (March 2012).

그림 2-4 **세계 주요 외환시장의 1일 거래액**

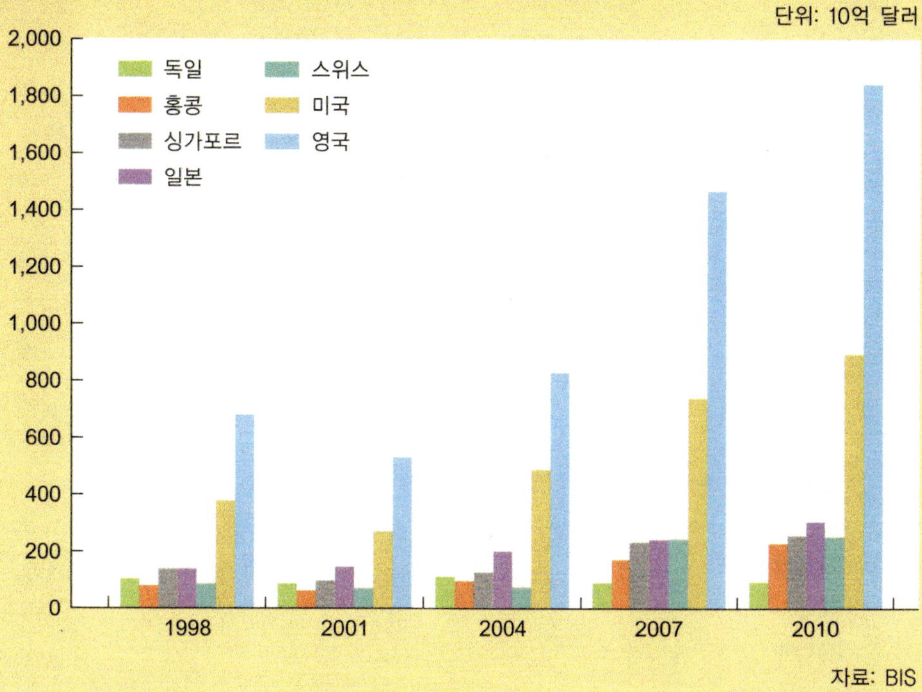


한국은 2010년 국가별 비중에서 3년 전보다 5단계가 상승한 13번째를 차지하고 있다. 한국이 세계외환시장에서 차지하는 비중은 2001년의 0.6%, 2004년과 2007년의 0.8%에서, 2010년에는 약 1%로 증가하였다.

2010년 영국을 제외한 유럽의 4대 외환시장은 스위스(5.2%), 프랑스(3.0%), 덴마크(2.4%), 그리고 독일(2.1%)로, 이들은 세계외환시장의 약 13%를 차지하고 있다. 2004년보다 독일의 비중은 절반 이하로 감소한 반면, 스위스의 비중은 거의 두 배로 증가하였다. 영국, 미국, 일본, 싱가포르, 홍콩, 호주, 스위스, 프랑스, 덴마크, 그리고 독일 등 10대국이 2010년 세계외환시장에서 차지하는 비중은 87%에 이르고 있다.

세계외환시장에서 거래가 가장 활발한 때는 아시아(동경, 싱가포르, 홍콩)의 오후와 런던(유럽)의 오전, 그리고 런던(유럽)의 오후와 뉴욕(미주)의 오전과 같이, 주요 외환시장의 영업시간이 중첩되는 시간대이다. 동경과 런던 간에는 9시간(서머타임 중에는 8시간)의 시차가 있고, 런던과 뉴욕 간에는 5시간의 시차가 있다. 오늘날 런던이 세계외환거래의 37%를 차지하고 있는 것은 런던이 이와

**표 2-2 세계외환시장의 국가별 비중**

단위: %

| | 1995 | 1998 | 2001 | 2004 | 2007 | 2010 |
|---|---|---|---|---|---|---|
| 영국 | 29.3 | 32.6 | 32.0 | 32.0 | 34.6 | 36.7 |
| 미국 | 16.3 | 18.3 | 16.1 | 19.1 | 17.4 | 17.9 |
| 일본 | 10.3 | 7.0 | 9.0 | 8.0 | 5.8 | 6.2 |
| 싱가포르 | 6.6 | 6.9 | 6.1 | 5.1 | 5.6 | 5.3 |
| 스위스 | 5.4 | 4.4 | 4.5 | 3.3 | 5.9 | 5.2 |
| 홍콩 | 5.6 | 3.8 | 4.0 | 4.1 | 4.2 | 4.7 |
| 호주 | 2.5 | 2.3 | 3.2 | 4.1 | 4.1 | 3.8 |
| 프랑스 | 3.8 | 3.7 | 2.9 | 2.6 | 3.0 | 3.0 |
| 덴마크 | 1.9 | 1.3 | 1.4 | 1.6 | 2.1 | 2.4 |
| 독일 | 4.8 | 4.7 | 5.4 | 4.6 | 2.4 | 2.1 |
| 캐나다 | 1.9 | 1.8 | 2.6 | 2.3 | 1.5 | 1.2 |
| 스웨덴 | 1.2 | 0.8 | 1.5 | 1.2 | 1.0 | 0.9 |
| 한국 | | 0.2 | 0.6 | 0.8 | 0.8 | 0.9 |
| 러시아 | | 0.3 | 0.6 | 1.1 | 1.2 | 0.8 |
| 룩셈부르크 | 1.2 | 1.1 | 0.8 | 0.6 | 1.0 | 0.7 |
| 벨기에 | 1.7 | 1.3 | 0.6 | 0.8 | 1.2 | 0.6 |
| 핀란드 | 0.3 | 0.2 | 0.1 | 0.1 | 0.2 | 0.6 |
| 스페인 | 1.1 | 1.0 | 0.5 | 0.5 | 0.4 | 0.6 |
| 이탈리아 | 1.5 | 1.4 | 1.0 | 0.9 | 0.9 | 0.6 |
| 인도 | | 0.1 | 0.2 | 0.3 | 0.9 | 0.5 |

자료: BIS

같이 아시아와 미국 시간대(timezones)의 중간에 자리 잡고 있는 지리적 이점 때문이다.

런던은 지리적 이점 말고도 여러 장점을 가지고 있다. 런던은 금본위제도시기(1880년–1914년)에 독보적인 국제금융센터였다. 따라서 효율적인 통신망 등 금융 인프라가 잘 구축되어 있으며, 우수한 금융 전문 인력의 공급이 풍부하고, 외국 기업에 우호적인 전통을 가지고 있다. 오늘날 런던에는 240여 개의 외국 은행 지점과 현지법인이 집중되어 있어, 금융거래의 규모의 경제를 이룰 수 있다. 이에 따라 런던은 오늘날 외환시장뿐만 아니라, 유로커런시시장에서 핵심적인 센터로 자리하고 있다.

그림 2-5 **세계외환시장의 리듬**

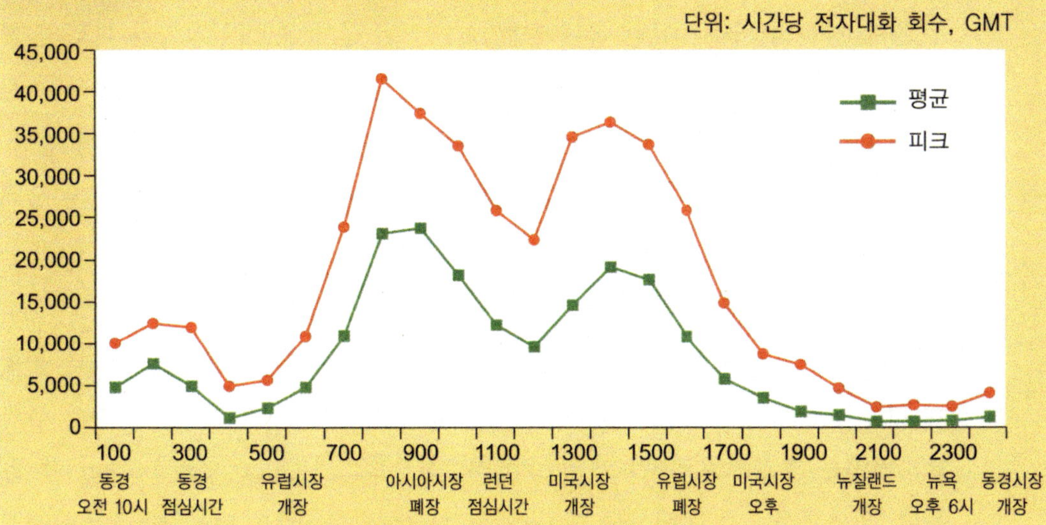


자료: Federal Reserve Bank of New York

## 4. 외환거래의 상대방

오늘날 두 통화를 교환하는 외환거래는 원칙적으로 은행(bank)을 통해 이루어진다. 즉 개인 간의 소규모 거래를 제외하면, 모든 외환거래의 한 당사자는 반드시 은행이 된다. 주요 선진국의 일반은행과 투자은행은 여러 외국통화의 재고를 보유하고, 자기 책임과 위험하에 외환을 매매하는데, 오늘날 전 세계적으로 약 2,000여 개의 은행이 외환시장에서 이와 같은 딜러(dealer)의 역할을 수행하고 있다.

### (1) 외환시장의 참여자

은행과 거래하는 외환거래 상대방(counterparty)은 (1) 다른 은행(other dealer banks), (2) 증권회사, 보험회사, 연금기금, 헤지펀드, 중앙은행 등의 비은행 금융기관(other financial institutions), 그리고 (3) 기업, 개인, 정부기관 등의 비금융기관 고객(non-financial customers)으로 나눌 수 있다. 이에 따라 외환거래는 (1) 은행과 은행 간의 은행간 거래, (2) 은행과 비은행 금융기관 간의 대기관 거래, 그리고 (3) 은행과 비금융기관 고객 간의 대고객 거래로 분류할 수 있다.

외환거래는 국내거래와 해외거래로 나눌 수 있다. 외환거래의 두 당사자가 모두 같은 나라의 거주자이면 국내거래(local), 두 당사자가 각각 다른 나라의 거주자이면 해외거래(cross-border)라고 한다. 외환시장은 매우 범세계적인 시장(global market)으로, 국내거래보다 해외거래가 차지하는 비중이 훨씬 높다. 2010년 세계외환거래의 65%는 해외거래, 즉 국내은행-외국은행 간 또는 국내은행-외국고객 간에 이루어졌고, 나머지 35%만이 국내은행-국내은행 간 또는 국내은행-국내고객 간에 이루어졌다.

은행, 비은행 금융기관, 비금융기관 고객 이외에 외환시장의 참여자로는 은행간 거래를 중개하는 외환브로커와 외환시장에 개입하는 중앙은행이 있다. 외환브로커에는 육성브로커(voice broker)와 전자브로커(electronic broker)가 있는데, 외환브로커에 대해서는 제3절에서 설명하기로 한다. 변동환율제도하에서 중앙은행은 외환시장에 개입하지 않는 것이 원칙이다. 그러나 오늘날 신흥국과 개도국은 물론이고, 선진국의 중앙은행도 때때로 환율의 급격한 변동을 방지하

**그림 2-6 외환거래의 상대방 구성**

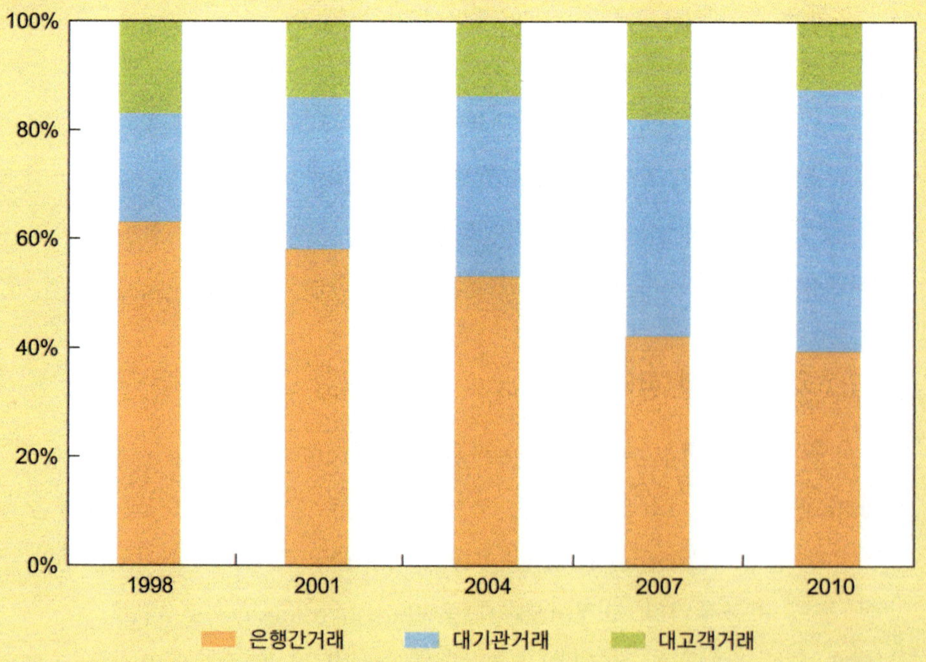


자료: BIS

기 위해 외환시장에 개입하고 있다.

### (2) 은행간 거래

은행 간에 외환거래가 이루어지는 은행간 시장(inter-bank market)은 외환의 도매시장(wholesale market)이다. 흔히 협의로 외환시장을 말할 때는 은행간 시장만을 가리키는 경우가 많다. 외환의 수요와 공급에 따라 시시각각 환율이 변동하는 것은 은행간 시장을 통해서이다.

외환시장은 두 당사자가 직접 가격과 거래량 등 거래조건을 결정하는 장외시장으로, 거래소시장에 비해 가격 투명성이 낮다. 따라서 은행은 환율에 대한 정보를 다른 은행과의 지속적인 거래를 통해 얻어야 한다. 그리고 환율이 시시각각 변동하고 있으므로, 외환을 거래한 은행은 환위험에 노출된다. 이때 은행은 주로 다른 은행과의 반대거래를 통해 환위험을 커버하고 있다. 한편 은행은 하루 중 환율변동으로부터 이익을 얻기 위해 은행의 자기계정으로 프롭 트레이딩(proprietary trading)을 하기도 한다.

**표 2-3 외환거래의 집중현상**

외환거래의 75%를 차지하는 은행의 수

| 국가 | 1998 | 2001 | 2004 | 2007 | 2010 |
|---|---|---|---|---|---|
| 스위스 | 7 | 6 | 5 | 3 | 2 |
| 덴마크 | 3 | 3 | 2 | 2 | 3 |
| 스웨덴 | 3 | 3 | 3 | 3 | 3 |
| 프랑스 | 7 | 6 | 6 | 4 | 4 |
| 캐나다 | 6 | 5 | 4 | 6 | 5 |
| 독일 | 9 | 5 | 4 | 5 | 5 |
| 호주 | 9 | 10 | 8 | 8 | 7 |
| 미국 | 20 | 13 | 11 | 10 | 7 |
| 일본 | 19 | 17 | 11 | 9 | 8 |
| 영국 | 24 | 17 | 16 | 12 | 9 |
| 싱가포르 | 23 | 18 | 11 | 11 | 10 |
| 홍콩 | 26 | 14 | 11 | 12 | 14 |
| 한국 | 21 | 14 | 12 | 12 | 16 |

자료: BIS

은행간 거래는 1990년대 초반까지만 하더라도 세계외환거래의 70% 내외를 차지하여 왔다. 그러나 1990년대 중반 이후 주요 선진국 은행 간의 인수합병(M&A)으로 대형은행의 수가 크게 감소하고, 또 전자브로커(electronic broker)의 등장으로 외환시장의 가격투명성이 높아짐에 따라, 은행간 거래의 비중은 계속 감소하여 왔다. 2010년에 드디어 은행간 거래는 처음으로 대기관 거래의 비중 48%보다 낮은 39%로 하락하였다.

외환시장에 참여하는 은행은 크게 시장조성자와 시장이용자로 구분할 수 있다. 시장조성자(market maker) 또는 딜러(dealer)는 주요 선진국의 대형 일반은행과 투자은행들로, 매입(bid)과 매도(offer)의 양방호가(two-way quotation)를 제시하고, 은행 간에 대량으로 외환을 거래하여 외환시장에 유동성을 제공하는 은행을 말한다. 한편 시장이용자(market user)는 선진국의 중소은행 및 개도국 은행들로, 주로 대고객 거래를 위해 시장조성자 은행과 외환을 매입 또는 매도하는 은행을 말한다.

지난 20여 년간 외환거래가 소수 대형은행들로 집중되는 현상이 두드러지게 나타나고 있다. [표 2-3]에서 보는 바와 같이, 1998년-2010년간 주요국 외환시장에서 외환거래의 75%를 차지하는 은행의 수는 영국에서는 24개에서 9개로, 미국에서는 20개에서 7개로, 동경에서는 19개에서 8개로 감소하였다. 2010

**표 2-4 세계외환시장의 10대 은행**

| | 2010년 5월 시장점유율(%) |
|---|---|
| Deutsche Bank | 18.1 |
| UBS AG | 11.3 |
| Barclays Capital | 11.1 |
| Citi | 7.7 |
| Royal Bank of Scotland | 6.5 |
| JP Morgan | 6.4 |
| HSBC | 4.6 |
| Credit Suisse | 4.4 |
| Goldman Sachs | 4.3 |
| Morgan Stanley | 2.9 |
| Other | 22.7 |

자료: *Euromoney*

년 외환거래 상위 13개국 가운데 75%의 거래량을 점유하는 은행의 수가 두 자리 숫자인 나라는 싱가포르(10개), 홍콩(14개), 한국(16개)뿐이다.

*Euromoney*는 1979년부터 매년 5월호에 전 세계적으로 외환거래가 활발한 대형은행의 시장점유율을 조사 발표하고 있는데, 2010년 세계외환시장의 10대 은행은 [표 2-4]와 같다. Deuche Bank, UBS, Barclays Capital 등 3대 은행이 전체의 40%, 그리고 그다음 7대 은행이 전체의 37%를 차지하고 있다. 즉 2010년에 상위 10대 은행이 전 세계 외환거래의 무려 80% 가까이 점유하고 있다.

### (3) 대기관 거래

대기관 거래란 은행과 기관투자자(institutional investor)와 중앙은행 등 비은행 금융기관(other financial institutions) 간에 이루어지는 외환거래를 말한다. 증권회사, 보험회사, 연금기금, 뮤추얼펀드, 헤지펀드 등의 기관투자자들은 국제증권투자(international portfolio investment)의 결제와 환위험의 헤지를 위해 외환을 매매하지만, 환율변동으로부터 이익을 얻으려는 투기 목적으로 외환을 매매하기도 한다. 한편, 중앙은행은 외환시장에 개입하기 위하여 외환을 매매한다.

1992년까지만 하더라도 대기관 거래가 세계외환거래에서 차지하는 비중은 12%에 불과하였다. 그러나 기관투자자의 국제투자가 크게 확대됨에 따라, 대기관 거래의 비중은 1998년에 20%까지 증가한 후, 2007년에 40%에 이를 때까지 계속 큰 폭으로 증가하여 왔다. 특히 2010년에는 다시 48%로 대폭 증가하여, 처음으로 은행간 거래의 비중 39%를 넘어섰다. 즉 오늘날 세계 외환거래의 거의 절반은 은행과 증권회사, 보험회사, 연금기금, 뮤추얼펀드, 헤지펀드 등의 기관투자자 간에 이루어지고 있다.

### (4) 대고객 거래

대고객 거래란 은행과 기업, 개인, 정부기관 등의 비금융기관 고객(non-financial customers) 간에 이루어지는 외환거래를 말한다. 수출과 수입 그리고 해외차입과 해외투자를 하는 대기업이 가장 중요한 고객이다. 이들은 주로 국제거래의 결제와 환위험을 헤지하기 위해 외환을 매매한다. 지난 20여 년간 세계외환거래에서 대고객 거래가 차지하는 비중은 대략 15% 내외에서 등락을 거듭하여 왔다.

## 5. 외환거래의 통화구성

세계에는 170개가 넘는 여러 나라의 통화가 있지만, 외환시장에서 활발히 거래되는 통화는 10여 개에 불과하다. 각국 통화는 미국의 달러(dollar)나 한국의 원(won)처럼 고유한 명칭을 가지고 있고, $와 ₩처럼 널리 알려진 부호로 표시되기도 한다. 최근에는 영어의 세 알파벳으로 표기하는 ISO 코드로 각국 통화를 표시하는 방법이 널리 이용되고 있는데, [표 2-5]는 주요국 통화의 ISO 코드를 보여주고 있다.

외환시장에서 가장 널리 거래되는 통화는 단연 미국의 달러이다. 외환거래는 두 통화의 교환으로 이루어지므로 각 통화별 거래액의 합계는 총거래액의 2배(200%)가 되는데, 2010년 세계외환거래의 85%는 미국 달러(USD)를 매매하는 거래로 구성되어 있다. 미국 달러 다음으로 거래가 많은 통화는 유로(EUR)의 39%, 일본 엔(JPY)의 19%, 영국 파운드(GBP)의 13%의 순이다. 한편 2010년 한국 원(KRW)은 11번째로 1.5%의 비율을 차지하고 있는데, 이는 2001년의 0.8%로부터 거의 두 배가 증가한 것이다.

한편 2010년 세계외환시장에서 가장 널리 거래된 두 통화의 쌍(currency pairs)을 보면, USD/EUR이 28%로 가장 많고, 그다음으로는 USD/JPY의 14%, 그리고 USD/GBP의 9% 순이다. 한편 USD/AUD는 6%, USD/CHF는 4%, USD/CAD는 5%를 차지하고 있다. 미국 달러가 포함되지 않은 크로스 거래 가운데에는 EUR/JPY, EUR/GBP가 각각 3%, 그리고 EUR/CHF가 2%를 차지하고 있다.

오늘날 세계외환시장에서 가장 많이 거래되고 있는 세 통화 쌍, 즉 USD/EUR, USD/JPY, USD/GBP 거래가 세계외환거래에서 차지하는 비율은 2001년의 60%로부터 2010년에 51%에 이를 때까지 계속 감소하여 왔다. 특히 USD/JPY의 비율은 2001년 20%에서 2010년에는 14%까지 감소하였다. 이에 따라 2001년 USD/EUR 거래의 2/3 수준이던 USD/JPY 거래는 2010년에는 절반으로 떨어졌다.

세계외환시장에서 미국 달러가 많이 거래되는 것은 미국 달러가 외환시장의 매개통화(vehicle currency)로 기능하여 거래비용을 감소시키기 때문이다. 예를 들면, 멕시코 페소를 유로로 직접 교환하는 것보다, 멕시코 페소를 먼저 미국 달러로 교환하고 이를 다시 유로로 교환하는 것이 비용이 덜 든다. 이것은

**표 2-5 주요국 통화의 ISO 코드**

| 국가 | 통화 | ISO 코드 |
|---|---|---|
| Argentina | Peso | ARS |
| Australia | Dollar | AUD |
| Bahrain | Dinar | BHD |
| Brazil | Real | BRL |
| Canada | Dollar | CAD |
| Chile | Peso | CLP |
| China | Yuan | CNY |
| Colombia | Peso | COP |
| Czech Republic | Koruna | CZK |
| Denmark | Krone | DKK |
| Ecuador | US dollar | USD |
| Egypt | Pound | EGP |
| Euro Zone | Euro | EUR |
| Hong Kong | Dollar | HKD |
| Hungary | Forint | HUF |
| India | Rupee | INR |
| Indonesia | Rupiah | IDR |
| Israel | Shekel | ILS |
| Japan | Yen(¥) | JPY |
| Jordan | Dinar | JOD |
| Kuwait | Dinar | KWD |
| Lebanon | Pound | LBP |
| Malaysia | Ringgit | MYP |
| Mexico | Neuvo Peso | MXN |
| New Zealand | Dollar | NZD |
| Norway | Krone | NOK |
| Pakistan | Rupee | PKR |
| Peru | Neuvo Sol | PEN |
| Philippines | Peso | PHP |
| Poland | Zloty | PLZ |
| Russia | Ruble | RUR |
| Saudi Arabia | Riyal | SAR |
| Singapore | Dollar | SGD |
| South Korea | Won | KRW |
| South Africa | Rand | ZAR |
| Sweden | Krona | SEK |
| Switzerland | Franc | CHF |
| Taiwan | Dollar | TWD |
| Thailand | Baht | THB |
| Turkey | Lira | TRL |
| United Arab Emirates | Dirham | AED |
| United Kingdom | Pound | GBP |
| United States | Dollar | USD |
| Uruguay | Peso | UYU |
| Venezuela | Bolivar | VEB |
| Vietnam | Dong | VND |

자료: ISO

**표 2-6 세계외환거래의 통화구성**

단위: %

| 통화 | 2001 | 2004 | 2007 | 2010 |
|---|---|---|---|---|
| US dollar | 89.9 | 88.0 | 85.6 | 84.9 |
| Euro | 37.9 | 37.4 | 37.0 | 39.1 |
| Japanese yen | 23.5 | 20.8 | 17.2 | 19.0 |
| Pound sterling | 13.0 | 16.5 | 14.9 | 12.9 |
| Australian dollar | 4.3 | 6.0 | 6.6 | 7.6 |
| Swiss franc | 6.0 | 6.0 | 6.8 | 6.4 |
| Canadian dollar | 4.5 | 4.2 | 4.3 | 5.3 |
| Hong Kong dollar | 2.2 | 1.8 | 2.7 | 2.4 |
| Swedish krona | 2.5 | 2.2 | 2.7 | 2.2 |
| New Zealand dollar | 0.6 | 1.1 | 1.9 | 1.6 |
| Korean won | 0.8 | 1.1 | 1.2 | 1.5 |
| Singapore dollar | 1.1 | 0.9 | 1.2 | 1.4 |
| Norwegian krone | 1.5 | 1.4 | 2.1 | 1.3 |
| Mexico peso | 0.8 | 1.1 | 1.3 | 1.3 |
| Indian rupee | 0.2 | 0.3 | 0.7 | 0.9 |
| Russian rouble | 0.8 | 0.6 | 0.7 | 0.9 |
| Chinese renminbi | 0.0 | 0.1 | 0.5 | 0.9 |
| Polish zloty | 0.5 | 0.4 | 0.8 | 0.8 |
| Turkish lira | 0.0 | 0.1 | 0.2 | 0.7 |
| South Africa rand | 0.9 | 0.7 | 0.9 | 0.7 |
| Brazilian real | 0.5 | 0.3 | 0.4 | 0.7 |
| Danish krone | 1.2 | 0.9 | 0.8 | 0.6 |
| New Taiwan dollar | 0.3 | 0.4 | 0.4 | 0.5 |
| Hungarian forint | 0.0 | 0.2 | 0.3 | 0.4 |
| Malaysian ringgit | 0.1 | 0.1 | 0.1 | 0.3 |
| Thai baht | 0.2 | 0.2 | 0.2 | 0.2 |
| Czech koruna | 0.2 | 0.2 | 0.2 | 0.2 |
| Philippine peso | 0.0 | 0.0 | 0.1 | 0.2 |
| Chilean peso | 0.2 | 0.1 | 0.1 | 0.2 |
| Indonesian rupiah | 0.0 | 0.1 | 0.1 | 0.2 |
| Isreal new shekel | 0.1 | 0.1 | 0.2 | 0.2 |
| Colombian peso | 0.0 | 0.0 | 0.1 | 0.1 |
| Romanian leu | ... | 0.0 | 0.0 | 0.1 |
| Saudi riyal | 0.1 | 0.0 | 0.1 | 0.1 |
| Argentine peso | ... | 0.0 | 0.0 | 0.0 |
| Peruvian nuevo sol | 0.0 | 0.0 | 0.0 | 0.0 |
| Lithuanian litas | ... | 0.0 | 0.0 | 0.0 |
| Other currencies | 6.6 | 6.5 | 7.6 | 4.6 |
| 합 계 | 200.0 | 200.0 | 200.0 | 200.0 |

자료: BIS

**표 2-7 세계외환거래의 통화쌍**

단위: %

| 통화쌍 | 2001 | 2004 | 2007 | 2010 |
|---|---|---|---|---|
| USD/EUR | 30 | 28 | 27 | 28 |
| USD/JPY | 20 | 17 | 13 | 14 |
| USD/기타 | 12 | 13 | 15 | 11 |
| USD/GBP | 10 | 13 | 12 | 9 |
| USD/AUD | 4 | 6 | 6 | 6 |
| USD/CAD | 4 | 4 | 4 | 5 |
| USD/CHF | 5 | 4 | 5 | 4 |
| EUR/JPY | 3 | 3 | 3 | 3 |
| EUR/GBP | 2 | 2 | 2 | 3 |
| EUR/기타 | 1 | 2 | 2 | 3 |
| USD/HKD | 2 | 1 | 2 | 2 |
| EUR/CHF | 1 | 2 | 2 | 2 |
| USD/KRW | 1 | 1 | 1 | 1 |
| JPY/기타 | 0 | 1 | 1 | 1 |
| USD/SEK | 0 | 0 | 2 | 1 |
| USD/INR | 0 | 0 | 1 | 1 |
| EUR/SEK | 0 | 0 | 1 | 1 |
| USD/CNY | . | 0 | 0 | 1 |
| USD/BRL | 0 | 0 | 0 | 1 |
| USD/ZAR | 1 | 0 | 0 | 1 |
| JPY/AUD | 0 | 0 | 0 | 1 |
| EUR/CAD | 0 | 0 | 0 | 0 |
| EUR/AUD | 0 | 0 | 0 | 0 |
| JPY/NZD | 0 | 0 | 0 | 0 |
| 합 계 | 100 | 100 | 100 | 100 |

자료: BIS

유로-멕시코 페소 시장은 거래량이 적어 거래비용이 높고, 달러-멕시코 페소 시장과 유로-달러 시장은 거래량이 많아 거래비용이 낮기 때문이다. 그러나 최근 세계외환거래가 크게 증가하면서, 미국 달러 이외의 두 통화 간의 거래, 즉 크로스 거래(cross deal)가 점점 증가하는 추세에 있다.

미국 달러는 오늘날 각국 중앙은행이 보유하는 외환보유액, 즉 준비통화(reserve currency)에서도 약 63%를 차지하고 있다. 미국 달러가 준비통화에서 차지하는 비율은 1980년대 초반의 약 60%에서 1990년대 초반에는 50%까지 떨어지기도 하였으나, 1990년대 후반에는 70% 수준까지 올라갔다가, 최근에는 약

그림 2-7 세계 외환보유액의 통화구성

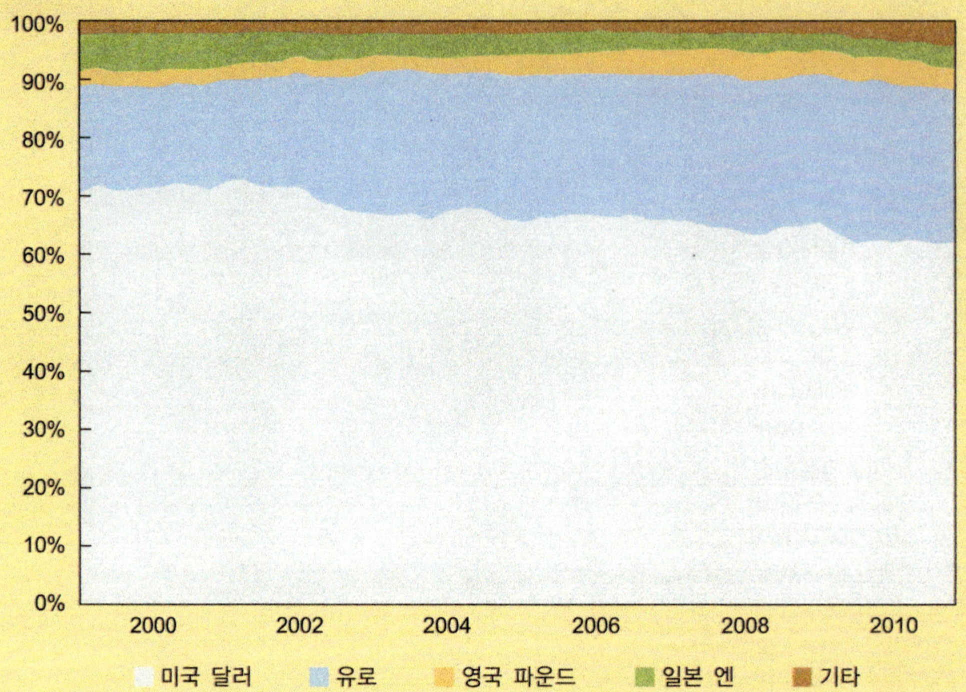


자료: IMF

63%를 차지하고 있다. 한편 최근 유로가 준비통화에서 차지하는 비율은 30년 전과 비슷한 약 30% 수준이다. 그리고 일본 엔은 80년대 후반과 1990년대 초반에 준비통화의 10% 가까이 차지하기도 하였으나, 최근에는 4%로 떨어졌다.

## 2.2 외환거래의 형태

오늘날 통화와 통화를 교환하는 외환거래는 크게 전통적 외환거래와 외환파생상품 거래로 나눌 수 있다. 전통적 외환거래(traditional turnover)에는 (1) 현물환, (2) 선물환, 그리고 (3) 외환스왑이 있는데, 흔히 외환시장이라고 하면 이들 전통적 외환거래가 이루어지는 시장을 말할 때가 많다. 한편 외환파생상품(currency derivatives)으로는 (1) 통화선물, (2) 통화옵션, 그리고 (3) 통화스왑이 있다.

현물환, 선물환, 외환스왑 등 전통적 외환거래는 모두 장외에서 거래되고 있다. 한편 외환파생상품 가운데 통화선물은 거래소에서만, 그리고 통화스왑은 장외에서만 거래되고 있지만, 통화옵션은 장외와 거래소에서 모두 거래되고 있다. 실제로 선물환과 외환스왑도 현물환으로부터 파생된 외환파생상품이다. 그러나 이들은 현물환과 함께 오랫동안 외환시장에서 거래되어 왔으므로 전통적 외환상품에 포함시키고 있다.

현물환의 역사는 국경을 넘어 교역이 이루어지기 시작한 고대로 거슬러 올라간다. 한편 선물환은 1930년대에 처음 거래되기 시작하였고, 외환스왑은 1970년대 초반에 도입되었다. 그리고 통화선물은 1972년 미국 시카고의 파생상품 거래소 CME에, 거래소 통화옵션은 1982년 미국 필라델피아의 주식거래소 PHLX에 처음 상장되었다. 한편 장외 통화옵션과 통화스왑은 1980년대 초반부터 거래되기 시작하였다고 알려져 있다.

1989년부터 2007년까지 국제결제은행(BIS)은 현물환, 선물환, 외환스왑 등 전통적 외환거래의 1일 거래액(daily turnover)으로 세계외환시장의 규모를 조사하여 왔다. 그리고 1998년부터 통화스왑과 통화옵션 등 장외 외환파생상품의 1일 거래액은 별도로 조사하여 왔다. 한편 거래소가 매일 거래액을 발표하고 있는 통화선물과 거래소 통화옵션 등 거래소 외환파생상품은 조사에서 제외하였다.[7]

2010년에 국제결제은행(BIS)은 세계외환시장의 조사 범위를 확대하였다. 즉 [표 2-1]에서 본 바와 같이, BIS는 현물환, 선물환, 외환스왑 등 전통적 외환거래와 함께, 장외에서 거래되는 통화스왑과 통화옵션을 포함시켜 모두 다섯 형태 외환거래의 1일 거래액(daily turnover)으로 세계외환시장의 규모를 조사하였다. 그러나 통화선물과 거래소 통화옵션 등 거래소 외환파생상품은 여전히 조사에서 제외하였다.

이제부터 2010년 국제결제은행(BIS)의 세계외환시장 조사에 포함된 (1) 현물환, (2) 선물환, (3) 외환스왑, (4) 통화스왑, 그리고 (5) 통화옵션 등 다섯 가지 외환거래의 특징을 차례로 설명하기로 한다. 앞으로 이 책의 제4장에서는 선물

[7] [표 2-1]에서 보는 바와 같이, 2010년 거래소 외환파생상품(통화선물과 거래소 통화옵션)의 1일 거래액은 1,680억 달러이다. 이는 2010년 장외 세계외환시장의 1일 거래액 4조 달러의 약 4%에 불과하다.

그림 2-8 세계외환거래의 형태별 구성

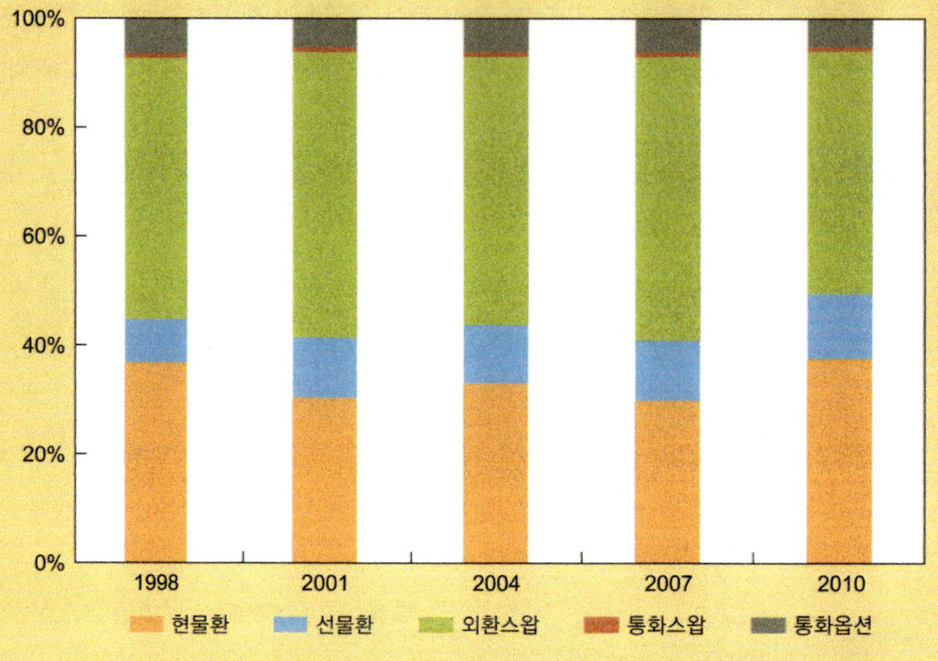


자료: BIS

환과 외환스왑, 제8장에서는 통화선물, 제9장에서는 통화옵션, 그리고 제10장에서는 통화스왑에 대해 자세하게 공부할 것이다.[8]

## 1. 현물환

외환거래는 거래일(deal date)에 환율과 거래금액 등 거래조건을 결정하고, 결제일(value date)에 두 거래자가 각각 상대방의 예금계좌에 자금을 이체함으로써 종료된다. 예를 들어, 런던의 A은행이 파리의 B은행으로부터 1,000만 미국 달러를 120엔의 환율로 매입하였다고 하자. 이 외환거래는 결제일에 B은행이 뉴욕에 있는 A은행 예금계좌에 1,000만 달러를 이체시키고, 또 A은행이 동경에 있는 B은행 예금계좌에 12억 엔을 이체시킴으로써 종료된다.[9]

[8] 우리나라에서 거래되는 외환상품에 대해서는 한국은행, 「우리나라의 외환제도와 외환시장」, (2010)의 제3장과 제4장을 참조하면 좋다.

이 외환거래의 거래지는 런던과 파리지만, 결제지는 뉴욕과 동경이다. 런던, 파리, 뉴욕, 동경 간에는 시차가 존재한다. 따라서 이 외환거래를 거래일 당일에 결제한다는 것은 실제로 불가능하다. 예를 들어, 뉴욕의 은행이 영업을 시작하는 오전 8시는 동경의 오후 10시로 은행 영업이 이미 끝난 후이다. 또 외환거래가 체결된 다음, 후방부서(back-office)에서 자금이체에 필요한 조치를 취하는 데에도 상당한 시간이 필요하다.

따라서 외환거래의 결제일(value date)은 일반적으로 거래일 이후가 된다. 외환거래의 결제일을 결정하는 방법에는 거래일을 기준으로 (1) 당일 결제(value today), (2) 익일 결제(value tomorrow), (3) 익익일 결제(value spot), 그리고 (4) 익익일 이후 결제(value forward)가 있다. 여기서 익일과 익익일은 주말과 두 결제지의 공휴일을 뺀 영업일(business day), 즉 은행이 문을 여는 날을 기준으로 한다.

국제관행에 따르면 현물환(spot transactions)은 거래일로부터 2영업일 후에 결제가 이루어지는, 즉 익익일 결제(value spot)인 외환거래를 말한다. 예를 들어, 4월 21일(월요일)에 서울에서 거래된 미국 달러와 한국 원의 현물환 결제일은 4월 23일(수요일)이 된다.[10] 그러나 이와 같은 국제관행과 다른 기준을 따르는 나라들이 있다. 예를 들면, 미국 달러와 캐나다 달러, 그리고 미국 달러와 멕시코 페소의 거래에서는 익일 결제를 현물환이라 부른다. 이는 미국과 캐나다, 그리고 미국과 멕시코는 동일 시간대에 있어 익일 결제에 무리가 없기 때문이다.

현물환이 세계외환거래에서 차지하는 비중은 1998년 37%에서 2007년에 30%까지 감소하다가, 2010년에 37%로 증가하였다. 한편 현물환의 1일 거래액은 1998년 0.6조 달러에서 2010년에는 1.5조 달러로 증가하였다. 2010년 현물환의 35%는 은행간 거래, 51%는 대기관 거래, 그리고 15%는 대고객 거래가 차지하고 있다. 현물환은 일차적으로 경상거래와 자본거래 등 국제거래의 결제를

[9] 이와 같이 외환거래는 대부분 은행예금을 이체하는 거래이다. 따라서 은행은 외환거래 결제를 위해 결제지의 은행(자기은행의 지점이나 또는 현지 거래은행)에 예금계좌를 개설하는데 이를 Nostro Account(Our Account)라고 부른다.

[10] 우리나라는 2002년 7월부터 은행간 현물환거래를 국제관행인 익익일결제(value spot)로 통일하고, 당일결제(value today)와 익일결제(value tomorrow)를 폐지하였다. 그 이전에는 당일결제와 익일결제도 현물환에 포함시켜 왔다.

위한 실수(commercial need)의 목적으로 거래된다. 그러나 제4장에서 배우는 바와 같이, 현물환은 환위험을 회피하려는 헤지나 또는 환율변동으로부터 이익을 얻으려는 투기 목적으로도 거래되고 있다.

## 2. 선물환

선물환(outright forward)이란 거래일로부터 2영업일 이후, 즉 익익일 이후 결제가 이루어지는 외환거래를 말한다. 선물환의 표준 만기(standard maturities)로는 1주일(7일), 1개월(30일), 2개월(60일), 3개월(90일), 6개월(180일), 그리고 1년(360일) 등이 있다. 이 밖에 두 거래당사자의 편의에 따라 결정되는 비표준 만기(odd dates or broken dates)의 선물환도 있다.

### (1) 선물환의 결제일

선물환의 결제일(forward value date)은 선물환 만기월의 현물환 결제일(spot value date)과 같은 날짜가 된다. 앞에서 본 바와 같이, 4월 21일(월요일)에 거래된 현물환의 결제일은 23일(수요일)이다. 따라서 4월 21일에 거래된 1개월 만기 선물환의 결제일은 5월의 같은 날짜인 "23일"이 된다. 마찬가지로 4월 21일에 거래된 3개월 만기 선물환의 결제일은 7월의 같은 날짜인 "23일"이 된다.

이와 같이 결정된 선물환 결제일이 두 결제지의 영업일이 아니라면, 선물환 결제일은 다음 영업일로 연기된다. 그러나 선물환 결제일은 다음 달로 밀려나지 않는다. 예를 들어, 6월 28일 거래된 현물환 결제일이 6월 30일이라면, 이 날 거래된 1개월 선물환의 결제일은 7월 30일이 될 것이다. 그런데 이 날이 토요일이라면, 선물환 결제일은 다음 달 첫 영업일인 8월 1일(월요일)로 연기되지 않고, 7월 29일(금요일)로 앞당겨진다.

선물환의 결제일을 결정하는 방법 가운데 하나로 최종 영업일(last business day)에 관한 관행이 있다. 예를 들어, 선물환 거래일이 4월 26일(수요일)이면, 현물환 결제일은 4월 28일(금요일)로 4월의 최종영업일이 된다. 이때 1개월 선물환 결제일은 5월 28일이 아니라, 5월의 최종 영업일, 예를 들어 5월 31일이 된다. 그리고 3개월 선물환 결제일도 7월의 최종영업일, 예를 들어 7월 31일이 된다.[11]

그림 2-9 **선물환의 만기구조**

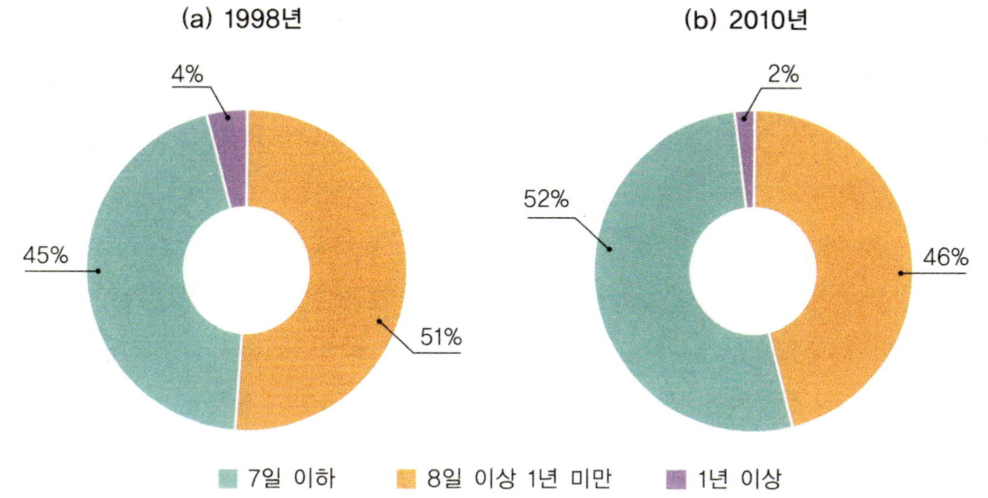


자료: BIS

세계외환거래에서 선물환이 차지하는 비중은 1998년 8%에서 2010년에는 12%로 증가하였다. 한편 1일 거래액은 1998년 0.13조 달러에서 2010년에는 0.5조 달러로 증가하였다. 2010년 선물환은 은행간 거래가 24%, 대기관 거래가 54%, 그리고 대고객 거래가 23%를 차지하고 있다. 선물환의 만기는 매우 짧다. 2010년 선물환거래 가운데 만기 7일 이하가 46%를 차지하고 있으며, 만기 1년 이상은 2%에 불과하다. 나머지 52%는 만기 7일 이상 1년 미만의 선물환이 차지하고 있다. 제4장에서 배우는 바와 같이, 선물환은 주로 환위험을 회피하기 위한 헤지거래와 환율변동으로부터 이익을 얻으려는 투기거래에 이용되고 있다.

### (2) 비인도 선물환(NDF)

선물환거래는 두 거래자가 선물환 결제일에 각각 상대방의 예금계좌에 자금

---

[11] 이와 같이 선물환의 결제일을 결정하는 방법은 다소 복잡하다. 따라서 선물환의 만기가 1개월(30일) 또는 3개월(90일)이라 하더라도, 이 만기에 포함되는 실제 일수는 30일과 90일 전후로 각기 다르게 된다.

을 이체함으로써 종료된다. 예를 들어, 서울에서 A은행이 B은행으로부터 1개월 만기 선물 100만 미국 달러를 1,200원의 선물환율로 매입하였다면, 선물환 결제일에 B은행은 뉴욕의 A은행의 예금계좌에 100만 달러를 이체시키고, 또 A은행은 서울의 B은행의 예금계좌에 12억 원을 이체시킴으로써 종료된다. 이와 같이 선물환거래는 두 통화의 실제 인도로 결제하는 것이 일반적이다.

지난 10여 년간 한국 원을 비롯하여 중국 위안 등 신흥국 통화에 대해 비인도 선물환(non-deliverable forwards: NDF)이라는 특수한 선물환이 널리 거래되어 오고 있다. 비인도 선물환이란 두 당사자가 선물환 결제일에 두 통화를 실제로 인도하여(deliver) 결제하지 않고, 선물환율(계약환율)과 선물환 결제일의 현물환율(지정환율)의 차에 따른 손익(차액)을 미국 달러(지정통화)로 환산하여 결제하는 선물환을 말한다. 비인도 선물환은 선물환거래의 손익만을 결제하므로, 흔히 차액결제 선물환이라고도 한다.

예를 들어 NDF를 설명하여 보자. 국내의 A은행이 홍콩의 B은행으로부터 만기 1개월, 선물환율(계약환율) 1,200원으로 100만 달러의 NDF를 매입하였다고 하자. 만약 1개월 후 선물환 결제일에 환율(지정환율)이 1,300원이 되었다면, A은행은 1달러당 100원의 이익을 본다. 따라서 100만 달러에 대한 이익은 1억 원이 되는데, A은행은 이를 결제일의 현물환율(지정환율) 1,300원으로 미국 달러(지정통화)로 환산한 76,923 달러를 B은행으로부터 수취한다. 즉

$$[1,300 - 1,200] \times 1,000,000 \div 1,300 = 76,923$$

그러나 1개월 후 선물환 결제일에 환율(지정환율)이 1,100원이 되면, A은행은 1억 원의 손실을 결제일의 현물환율(지정환율) 1,100원으로 미국 달러(지정 통화)로 환산한 90,909 달러를 B은행에게 지급한다. 즉

$$[1,100 - 1,200] \times 1,000,000 \div 1,100 = -90,909$$

신흥국의 선물환시장은 거래량이 많지 않을 뿐만 아니라, 선물환거래에 대한 규제도 매우 까다롭다. 한편 신흥국에 투자한 외국투자자는 환위험을 관리하기 위해 선물환거래를 할 필요가 있다. 따라서 한국 원을 비롯한 신흥국 통화에 대한 NDF는 홍콩, 싱가포르, 런던, 뉴욕 등 통화발행국의 역외(offshore)에서 주로 비거주자 간에 거래되고 있다.

**그림 2-10 비인도 선물환(NDF)의 결제**

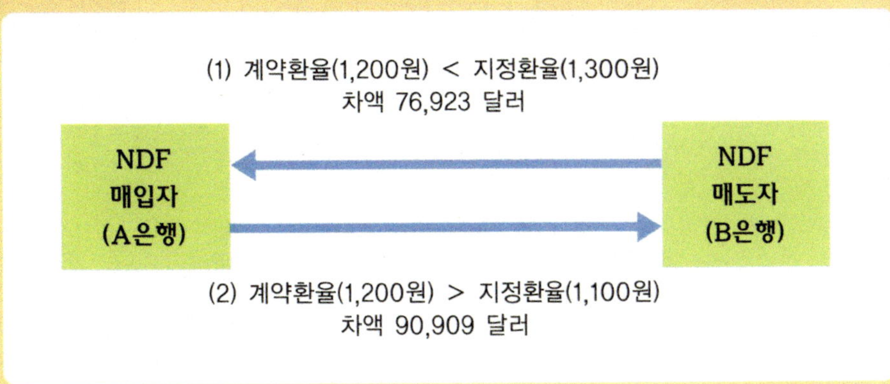


## 3. 외환스왑

외환스왑(foreign exchange swap)이란 결제일이 다른 반대 방향의 두 외환거래를 동일 상대방과 동시에 계약하는 것을 말한다. 1970년대 초반 외환스왑이 처음 도입되었을 때, 가장 전형적인 형태는 현물환과 선물환을 반대 방향으로 거래하는 것이었다. 외환스왑에는 앞 결제일(near date)과 뒤 결제일(far date)이 있다. 현물환-선물환 스왑에서 앞 결제일은 현물환 결제일 그리고 뒤 결제일은 선물환 결제일이 된다. 현물환 결제일에는 현물환율을 그리고 선물환 결제일에는 선물환율을 적용한다.

외환스왑에는 매입/매도(Buy and Sell)와 매도/매입(Sell and Buy)이 있다. 예를 들어, "Buy and Sell USD/KRW" 외환스왑은 앞 결제일에 미국 달러를 매입하고 뒤 결제일에 미국 달러를 매도하는 것을 말하고, "Sell and Buy USD/KRW" 외환스왑은 앞 결제일에 미국 달러를 매도하고 뒤 결제일에 미국 달러를 매입하는 외환스왑을 말한다. 외환스왑에서 두 결제일에 교환되는 미국 달러의 금액은 동일하다.

예를 들어, A은행이 B은행과 현물환율 1,200원과 1개월 선물환율 1,203원으로 1억 달러의 "Buy and Sell USD/KRW" 외환스왑을 거래하면, 다음과 같이 두 통화의 교환이 이루어진다. (1) 현물환 결제일에 A은행은 B은행으로부터 1억 달러를 수취하고, B은행에게 1,200억 원을 지급한다. (2) 1개월 후 선물환 결제일에 A은행은 B은행에게 1억 달러를 지급하고, B은행으로부터 1,203억 원

그림 2-11 **외환스왑거래**

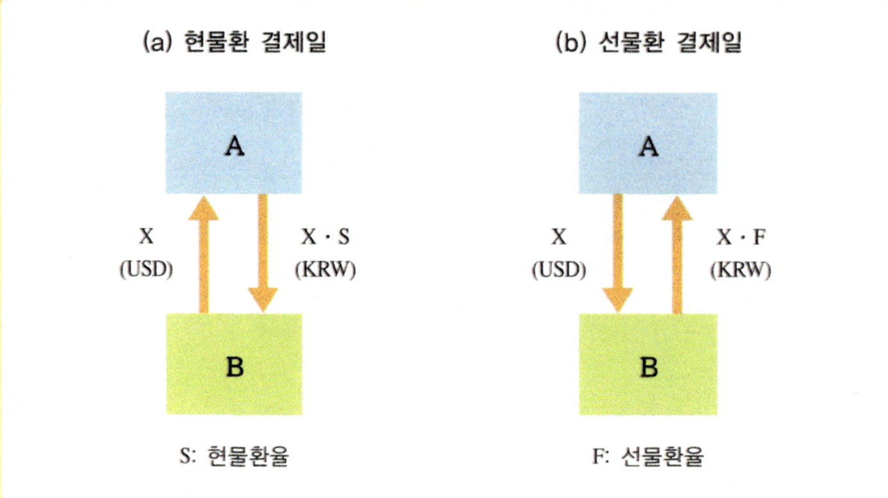


을 수취한다.[12]

외환스왑은 외환거래의 형태로 이루어지는 자금의 차입(borrowing)과 대출(lending)과 같다. 즉 USD/KRW 외환스왑에서 "Buy and Sell"은 스왑기간 동안 미국 달러를 차입하고 한국 원을 대출하는 것과 같다. 따라서 단기적으로 미국 달러 자금이 부족한 은행은 외환스왑을 이용하여 미국 달러 자금을 확보할 수 있다. 한편 "Sell and Buy"는 스왑기간 동안 한국 원을 차입하고 미국 달러를 대출하는 것과 같다. 따라서 단기적으로 한국 원 자금이 부족한 은행은 외환스왑을 이용하여 한국 원 자금을 확보할 수 있다.

세계외환시장에서 외환스왑이 차지하는 비율은 1992년 42%에서 2007년에 53%까지 증가하였다가, 2010년에는 44%로 감소하였다. 한편 1일 거래액은 1998년의 0.73조 달러에서 2010년에는 1.85조 달러로 증가하였다. 2010년 외환스왑의 47%는 은행간 거래, 43%는 대기관 거래, 10%는 대고객 거래로 구성되어 있다. 외환스왑이 오늘날 왜 이렇게 외환거래 가운데 가장 널리 이용되는지는 제4장 4절에서 자세하게 공부할 것이다.

외환스왑의 만기는 선물환보다 훨씬 짧다. 즉 2010년 외환스왑의 74%는 만

[12] 이와 같이 외환스왑에서는 실제로 두 통화의 교환이 두 번 일어나지만, 외환거래 통계에는 한 번의 거래로 추계된다.

**그림 2-12 외환스왑의 만기구조**

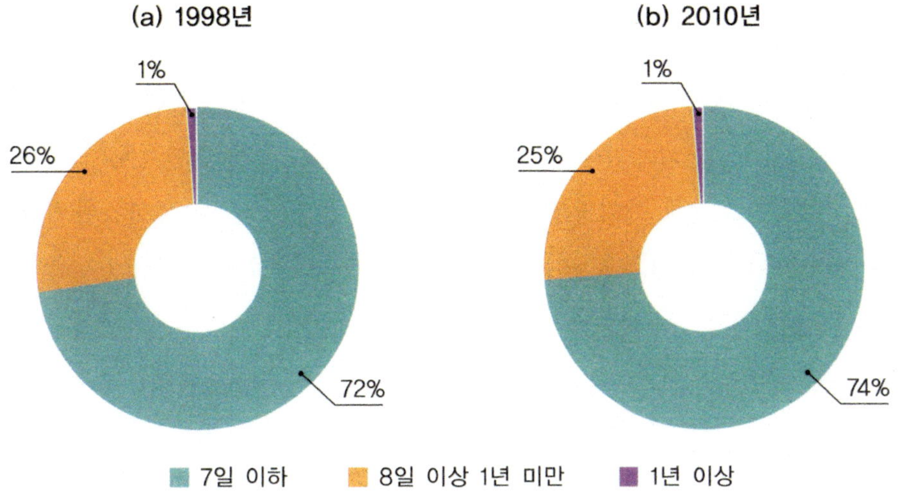


자료: BIS

기 7일 이하이고, 만기 1년 이상은 1% 정도에 불과하다. 그리고 25%는 만기 7일 이상 1년 미만의 외환스왑이 차지하고 있다.

2007년-2010년간 왜 현물환의 비중은 7% 증가하고, 외환스왑의 비중은 8%나 감소하였는가? 외환스왑은 외환거래의 형태로 이루어지는 차입과 대출과 같다. 따라서 외환스왑은 국제은행의 단기대출과 함께 국제금융시장에서 단기 외화자금을 조달하는 수단으로 널리 이용되고 있다. 그런데 글로벌 금융위기로 국제금융시장에 심각한 자금경색(credit crunch)이 일어나면서, 국제은행의 단기대출과 함께 외환스왑도 크게 위축되었다. 이에 따라 반사적으로 현물환의 비중이 증가한 것이다.

## 4. 통화스왑

1980년대 초반부터 장외에서 거래되기 시작한 통화스왑(currency swap)은 두 거래당사자가 (1) 스왑 거래일에 두 통화의 일정한 명목원금(notional principal)을 교환하고, (2) 일정한 만기 동안, 일정한 결제기간마다, 명목원금에 대해 일정한 이자지급을 교환하며, (3) 스왑 종료일에는 두 통화의 명목원금을 상환하기로 계약하는 것을 말한다. 통화스왑에서는 두 통화의 이자지급 뿐만 아니라 원금의 교환도 이루어진다.

통화스왑에서 거래일과 종료일에 이루어지는 명목원금의 교환에는 모두 거래일의 환율을 적용한다. 예를 들어, USD/KRW의 통화스왑에서 거래일의 환율이 1,200원, USD 명목원금이 1,000만 달러라면, KRW 명목원금은 120억 원이 된다. 따라서 스왑 거래일에 두 스왑 당사자는 1,000만 달러와 120억 원을 교환하고, 스왑 종료일에 반대방향으로 두 통화를 교환한다. 이 통화스왑의 만기가 3년이고, 결제기간이 6개월이라면, 거래일로부터 종료일까지 매 6개월마다 모두 여섯 번의 이자지급이 교환된다.

통화스왑은 원래 두 통화의 고정금리와 고정금리(fixed for fixed) 이자지급을 교환하는 형태로 도입되었다. 그러나 오늘날 가장 널리 거래되는 통화스왑은 한 통화의 고정금리와 다른 통화의 변동금리(fixed for floating) 이자지급을 교환하는 형태로 이루어지고 있다. 예를 들면, USD/KRW 통화스왑에서는 매 결제기간의 말일에 변동금리인 미국 달러의 리보(Libor)와 한국 원의 고정금리 이자지급을 교환한다.[13]

세계외환시장에서 통화스왑이 차지하는 비율은 1998년부터 2010년까지 줄곧 1% 정도를 차지하여 왔다. 그리고 1일 거래액은 1998년의 100억 달러에서 2010년에는 430억 달러로 증가하였다. 2010년 통화스왑의 47%는 은행간 거

**그림 2-13 통화스왑거래**

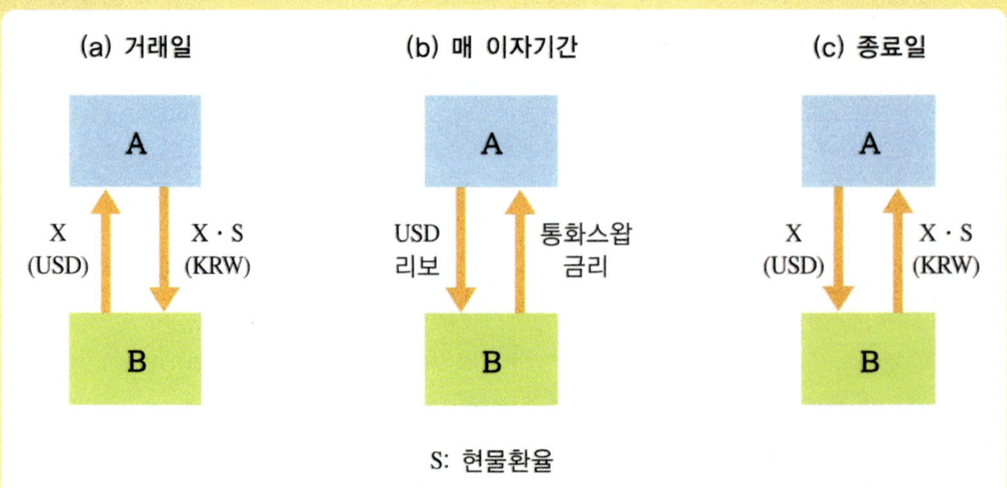

래, 45%는 대기관 거래, 8%는 대고객 거래가 차지하고 있다. 제10장 2절에서 배우는 바와 같이, 오늘날 통화스왑은 자금흐름의 조정, 환위험의 헤지, 금리차익거래, 그리고 외화자금의 조달 등 매우 다양한 목적으로 이용되고 있다. 국제결제은행(BIS)은 세계외환시장 조사에서 통화스왑의 만기구조는 따로 조사하고 있지 않다.

## 5. 통화옵션

1980년대 초반에 처음 도입된 통화옵션(currency option)은 외환의 일정 수량을, 미리 약정한 행사가격으로, 장래의 일정 시점(만기일)에, 매입하거나 또는 매도할 수 있는 권리를 말한다. 매입할 권리를 콜옵션(call option), 매도할 권리를 풋옵션(put option)이라고 한다. 예를 들어, 1달러를 30일 후에 1,000원의 행사가격으로 매입할 권리는 콜옵션이고, 1달러를 90일 후에 1,010원의 행사가격으로 매도할 수 있는 권리는 풋옵션이다.

콜옵션과 풋옵션에는 각각 매입자와 매도자가 있다. 옵션 매입자는 옵션을 행사할 권리를 갖지만, 옵션을 행사할 의무는 지지 않는다. 따라서 옵션 매입자는 유리하면 옵션을 행사하고, 불리하면 행사를 포기한다. 한편 옵션 매도자는 옵션 매입자가 옵션을 행사하면, 반드시 이에 응해야 한다. 이와 같이 옵션은 매입자에게는 매우 유리하지만, 매도자에게는 매우 불리한 계약이다. 따라서 옵션 매입자는 매도자에게 일정한 대가를 지불하는데, 이를 옵션 프리미엄(option premium)이라 부른다.

[그림 2-14]는 옵션 매입자와 옵션 매도자의 손익을 보여주고 있다. 콜옵션 매입자는 만기일의 환율($S_T$)이 행사가격($K$)에 콜옵션 프리미엄($C$)을 더한 것보다 높으면 이익을 얻고, 풋옵션 매입자는 만기일의 환율($S_T$)이 행사가격($K$)에서 풋옵션 프리미엄($P$)을 뺀 것보다 작으면 이익을 얻는다. 옵션 매도자의 손익은 옵션 매입자 손익과 정반대이다. 옵션에서 매입자의 최대 손실은 옵션 프리미엄으로 한정되지만, 매도자의 손실은 매우 커질 수 있다.

옵션에서 거래조건을 표준화하여 거래소를 통해 거래하는 것을 거래소 옵션(exchange-traded option), 그리고 두 당사자가 직접 거래조건을 결정하여 장

[13] 우리나라에서는 미국 달러 리보와 교환하는 한국 원의 고정금리를 흔히 CRS금리라 부르고 있다.

그림 2-14 **통화옵션의 손익**

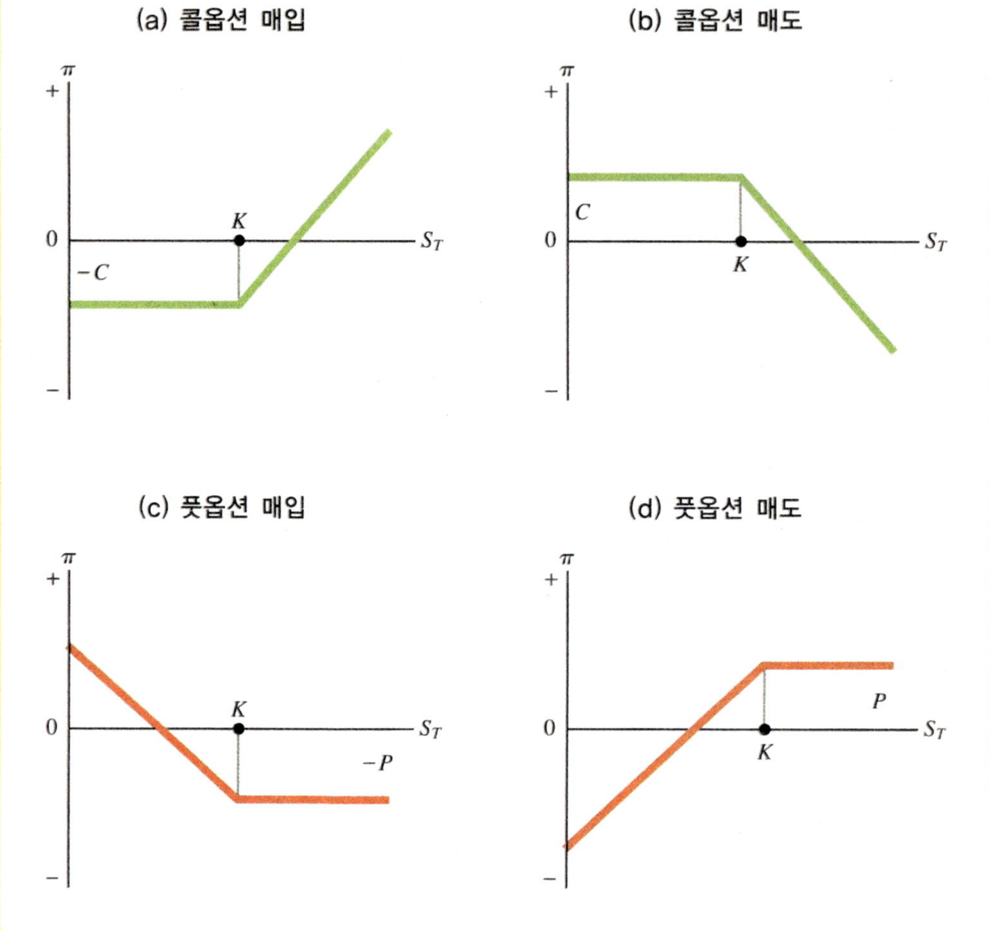


외에서 거래하는 것을 장외옵션(over-the-counter option)이라고 한다. 국제결제은행(BIS)은 세계외환시장 조사에는 거래소 통화옵션은 제외하고, 장외 통화옵션만 포함시키고 있다. 실제로 오늘날 통화옵션의 약 98%는 장외에서 이루어지고 있다.

세계외환시장에서 통화옵션이 차지하는 비율은 1998년부터 2010년까지 줄곧 5% 내지 6% 정도를 차지하여 왔다. 그리고 1일 거래액은 1998년의 870억 달러에서 2010년에는 0.2조 달러로 증가하였다. 2010년 통화옵션의 29%는 은행간 거래, 55%는 대기관 거래, 16%는 대고객 거래로 구성되어 있다. 제 10장 2절에서 자세하게 배우는 바와 같이, 오늘날 통화스왑은 환위험을 관리하는 헤지

목적과 환율변동으로부터 이익을 얻으려는 투기적 전략으로 널리 이용되고 있다. 국제결제은행(BIS)은 세계외환시장 조사에서 통화옵션의 만기구조는 따로 조사하고 있지 않다.

## 6. 거래잔고

지금까지 2010년 국제결제은행(BIS)의 세계외환시장 조사에 포함된 다섯 가지 외환거래의 특징을 설명하고, 1일 거래액(daily turnover)으로 본 외환거래의 형태별 구성을 살펴보았다. 이제 거래잔고(outstanding amounts)로 본 외환거래의 형태별 구성을 살펴보기로 하자.

외환거래의 거래잔고란 외환거래가 이루어진 다음 아직 만기가 돌아오지 않아 누적되어 있는 거래규모를 말한다. 현물환은 거래일로부터 2영업일 후에 모두 결제되므로, 거래잔고는 별 의미가 없다. 그리고 외환스왑은 선물환(뒤 결제일)의 잔고만 남아 있으므로, 선물환과 합쳐 선물환/외환스왑으로 거래잔고를 파악하고 있다.

[그림 2-15]는 2010년 6월 말 세계외환거래의 형태별 거래잔고를 보여주고

그림 2-15 세계외환거래의 형태별 거래잔고

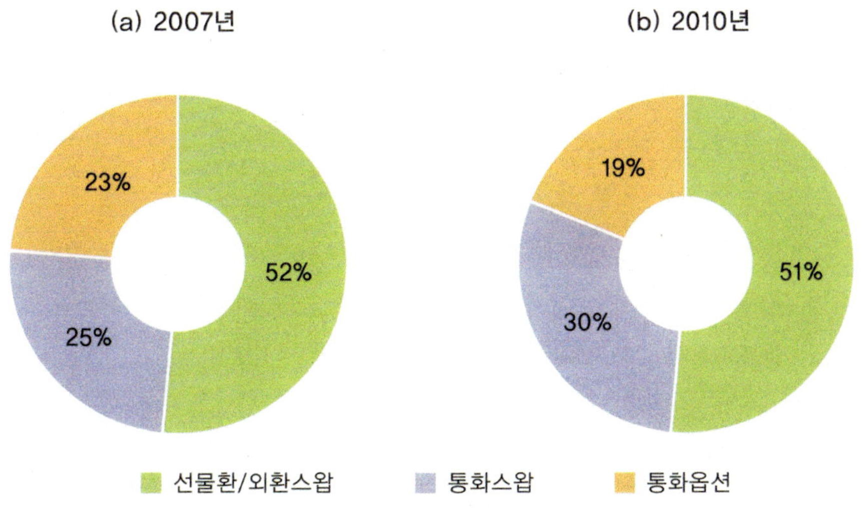


자료: BIS

있다. 모두 63조 달러의 거래잔고 가운데, 선물환/외환스왑이 51%(32조 달러), 통화스왑이 30%(19조 달러), 그리고 통화옵션이 19%(12조 달러)를 차지하고 있다. 한편 2010년 6월 말 통화선물 1,956억 달러와 거래소 통화옵션 1,901억 달러를 합한 거래소 외환파생상품의 거래잔고는 약 0.4조 달러에 달한다. 따라서 거래소 외환파생상품 거래잔고는 세계 장외외환시장 거래잔고 63조 달러의 0.6%에 불과하다는 것을 알 수 있다.

거래잔고는 만기와 밀접한 관계가 있다. 만기가 짧으면, 1일 거래액이 크더라도 거래잔고는 작다. 그러나 만기가 길면, 1일 거래액이 작더라도 거래잔고는 크다. 2010년 현물환을 제외한 세계외환시장 1일 거래액 2.5조 달러의 약 90%를 선물환/외환스왑이 차지하고 있고, 나머지 10%를 통화스왑과 통화옵션이 차지하고 있다. 그러나 선물환/외환스왑과 통화스왑/통화옵션의 거래잔고는 각각 약 50%로 비슷하다. 이것은 선물환/외환스왑의 만기가 통화스왑과 통화옵션보다 매우 짧다는 것을 말해준다.[14]

## 2.3 외환거래의 방법

이 절에서는 외환의 거래방법(execution methods)에 대해 알아보기로 하자. 1990년대 초반까지만 하더라도 은행간 외환거래의 전통적인 방법은 전화를 통한 거래였다. 이 방법에 일대 전기가 온 것은 1992년 컴퓨터가 주문을 자동 체결시키는 전자브로커(electronic broker)의 등장이었다. 그리고 1990년대 후반에는 기관투자자와 기업 등 비은행 고객도 컴퓨터를 통해 외환을 거래할 수 있는 전자거래 시스템이 잇달아 개설되었다.

이에 따라 지난 15년간 외환시장에서 은행간 거래 뿐만 아니라 대기관 거래와 대고객 거래에서도 전자거래 방법(electronic execution methods)이 매우

[14] 거래잔고를 1일 거래액으로 나누면 현재의 거래잔고가 누적될 때까지의 거래일수를 알 수 있다. 한편 연간 거래일이 250일 내외이므로, 누적 거래일수로부터 평균 만기를 추산해 볼 수 있다. 이와 같이 구해보면 선물환/외환스왑이 평균 만기는 약 3주, 통화옵션이 평균 만기는 약 3개월, 그리고 통화스왑의 평균 만기는 약 2년 정도가 된다.

빠르게 증가하는 전자혁명(electronic revolution)이 일어났다. 전자거래 방법에서는 컴퓨터 스크린에 다수 은행의 경쟁적인 호가(quote)가 동시에 제공되고, 컴퓨터에 의해 주문이 자동 체결된다. 이에 따라 외환시장의 가격투명성은 크게 높아졌고, 외환의 거래비용은 대폭 하락하였으며, 은행간 시장과 대고객 시장의 구분도 모호해졌다.[15]

## 1. 전통적 외환거래 방법

전통적인 은행간 외환거래 방법은 은행의 딜러 간에 전용전화장치(dealer board)를 통해 영어 대화로 이루어지는 은행간 직접거래였다. 전화 통화로 환율과 거래량 등의 거래조건을 결정하는 방법은 1926년에 처음 도입되었으나, 은행간 거래에 광범위하게 이용된 것은 1970년대에 들어와서부터이다. 1980년대에 세계 주요 외환시장인 런던, 뉴욕, 그리고 유럽대륙 간의 은행간 거래는 대부분 전화를 통해 이루어졌는데, 이 시기를 흔히 전화의 시대(telephone era)라고 부른다.

은행간 거래의 두 번째 방법은 컴퓨터 터미널로 연결된 시스템을 통해 키보드와 모니터를 이용하여 은행 딜러 간에 외환을 직접 거래하는 것으로, 자동딜링시스템(automated dealing system)이라 부른다. 1987년 로이터가 지금의 Thomson Reuters Dealing을 도입한 것이 그 효시이다. 이 방법은 전화 통화 대신 컴퓨터를 이용하여 거래조건을 결정한다는 점 말고는, 전화를 통한 은행간 직접거래와 다를 바가 없다. 그러나 컴퓨터를 이용하므로 외환거래가 보다 신속하고 효율적으로 이루어진다.

은행간 거래의 세 번째 방법은 외환브로커를 통해 거래하는 방법이다. 육성브로커(voice broker)라 불리는 전통적 외환브로커는 양방통화장치(squawk box)를 통해 은행 딜러들과 육성으로 통화하여 거래를 체결시킨다. 외환브로커를 통한 거래에서는 매입(bid)과 매도(offer)의 일방 호가도 가능하다. 외환브로

[15] 지난 20여 년간의 세계외환시장의 구조 변화에 대해서는 W. Barker, "The Global Foreign Exchange Market; Growth and Transformation", *Bank of Canada Review*, (Autumn 2007)와 P. Gallardo and A. Heath, "Execution Methods in Foreign Exchange Markets," *BIS Quarterly Review*, (March 2009), 그리고 M. King, C. Osler and D. Rime, "Foreign Exchange Market Structure, Players and Evolution," *Norges Bank Working Paper* 10, (2011)을 참조하면 좋다.

커는 거래가 체결된 이후에 두 은행에게 각각 상대은행을 통지해 준다. 따라서 거래가 체결되기 이전에는 상대은행이 누구인지 알 수 없다.

이와 같은 일방 호가(one-side quote)와 익명성(anonymity)이 브로커를 통한 거래의 가장 큰 장점이다. 외환브로커는 은행간 거래를 중개하고 수수료를 받는데, 자기계정으로 외환을 거래하지 않는다. 대형 외환브로커는 세계 주요 외환시장에 지점을 설치하고 국내거래뿐만 아니라 해외거래도 중개한다. 1990년 초반까지만 해도 전통적인 육성브로커를 통한 외환거래는 런던과 뉴욕에서 은행간 거래의 1/3 내외를 차지하여 왔다.

1980년대에 외환거래의 70% 이상은 은행 간에 이루어졌는데, 은행간 거래는 전화를 통한 직접거래, 컴퓨터를 이용하는 자동딜링 거래, 그리고 육성 브로커를 통한 거래가 각각 약 1/3씩을 차지하였다. 이 시기에 환율에 대한 정보는 매우 불투명하였다. 은행간 거래에 실제로 적용된 환율은 오직 두 거래은행만이 알 수 있었고, 시장 정보는 육성브로커의 호가뿐이었다. 은행간 시장과 대고객 시장은 엄밀히 구분되어 있었고, 기관투자자와 기업 등 고객은 은행간 거래보다 훨씬 불리한 환율을 제시받았다.

## 2. 전자브로킹 시스템

컴퓨터 스크린에 다수 은행의 경쟁적인 호가(quote)가 동시에 제공되고, 또 컴퓨터를 통해 거래가 자동체결되는 전자거래 방법(electronic execution methods)은 (1) 은행간 거래만을 중개하는 전자브로킹 시스템(electronic broking system)과 (2) 대기관 거래와 대고객 거래를 중개하는 전자거래 시스템(electronic trading system)으로 나눌 수 있다.

은행간 거래를 중개하는 전자 브로커는 컴퓨터가 주문을 자동으로 체결시키는 시스템(automatic order matching system)을 말하는데, 1992년 로이터가 지금의 Thomson Reuters Matching을 도입한 것이 그 효시이다. 1993년 12개 유럽과 미국 은행이 Electronic Broking Services(EBS)를, 그리고 일본계 은행을 중심으로 한 다른 그룹이 Minex라는 전자 브로커를 도입하였다. 그러나 Minex는 2년 후 EBS에 합병되어, 현재 EBS와 Thomson Reuters Matching이 전자브로커 시장을 양분하고 있다.

전자브로커는 육성브로커뿐만 아니라 전화와 자동딜링 거래를 포함한 전통적

**그림 2-16 주요 통화간 외환 거래비용**

자료: Bank of England

인 은행간 직접거래의 영역을 급속히 잠식하여 왔다. 이에 따라 1990년대 말에 이미 주요 외환시장에서 주요 통화 간 은행간 현물환거래는 대부분 전자브로커를 통해 이루어지기 시작하였다.

전자브로커의 등장은 딜러 은행 간의 경쟁을 격화시켰고, 이에 따라 외환시장의 가격투명성은 크게 높아졌다. 이에 따라 [그림 2-16]에서 보는 바와 같이, 주요 통화간 외환의 평균 거래비용은 2003년 초반 약 0.016%에서 2007년 초반에는 약 0.012%로 크게 낮아졌다.[16] 전자브로커의 도입은 특히 중소은행의 외환거래 비용을 크게 감소시켰는데, 이는 전자브로커를 통한 익명 거래에서는 중소은행에 대한 가격차별이 불가능하기 때문이다.

---

[16] G. Christodoulou and P. O'Connor, "The Foreign Exchange and OTC Derivatives Markets in the United Kingdom," The Bank of England, *Quarterly Bulletin*, (2007 Q4). 외환의 거래비용이란 주요 통화간 평균 매입-매도 스프레드 비율의 평균을 말하는데, 이에 대해서는 제3장 3절을 참조하기 바란다. 베이시스 포인트(bp)는 Basis Points의 약자로 0.01%를 나타낸다.

## 3. 전자거래 시스템

1990년대 중반에 은행간 거래의 거래비용은 크게 감소하였지만, 대기관 거래와 대고객 거래의 거래비용은 크게 변화하지 않았다. 따라서 이윤 마진이 매우 높은 대기관 거래와 대고객 거래를 유치하기 위한 대형 은행 간의 경쟁이 격화되었다. 이에 따라 기관투자자와 기업 등 비은행 고객이 딜러 은행을 통하지 않고 직접 컴퓨터를 이용하여 외환을 거래할 수 있는 전자거래 시스템(electronic trading system)이 탄생하였다.

주식시장이나 본드시장과 달리, 온라인 외환거래는 오랫동안 매우 저조하였다. 외환거래의 전자거래 시스템은 처음에는 개별 은행이 단독으로 개설하는 단일-뱅크 시스템(single-bank systems)으로 출범하였다. 최근 거래가 가장 활발한 단일-뱅크 시스템은 2001년에 도입된 Barclays의 BARX, 2002년에 도입된 Deutsche Bank의 Autobahn, 그리고 2006년에 도입된 Citigroup의 Velocity 등이다.

단일-뱅크 시스템은 가격탐색을 위해 고객이 여러 은행 시스템을 일일이 접촉하여야 하므로 매우 불편하다. 이에 따라 2000년 전후로 다수 은행이 공동으로 참여하는 멀티-뱅크 시스템(multi-bank systems)이 등장하였다. 최근 거래가 가장 활발한 멀티-뱅크 시스템으로는 FX Connet, FXall, Currenex, Hotspot FX 등이 있다. 멀티-뱅크 시스템의 도입으로 사실상 은행간 시장과 대고객 시장의 구분이 모호해지고 있다.

## 4. 2010년 조사 결과

국제결제은행(BIS)은 2007년에 이어 2010년에 세계외환시장 조사에서 외환거래 방법에 대한 포괄적인 조사를 실시하였다. 이제 2010년 조사를 중심으로 오늘날 세계외환시장에서 외환거래가 어떻게 이루어지고 있는지 알아보기로 하자.

국제결제은행(BIS)은 외환거래 방법을 다음과 같은 여섯 가지 방법으로 분류하고 있다. 이 가운데 (1)-(3)은 전통적 외환거래 방법이고, (4)-(6)은 전자거래 방법이다.

**1.** 은행간 직접거래(inter-bank direct): 제3자 개입 없이 딜러 은행 간에 직접 전화나 전자거래 방법으로 이루어지는 거래.

2. 대고객 직접거래(customer direct): 제3자 개입 없이 딜러 은행과 비은행 고객 사이에 직접 전화나 전자거래 방법으로 이루어지는 거래.

3. 육성브로커(voice broker): 외환브로커를 통해 전화로 이루어지는 거래

4. 전자브로킹 시스템(electronic broking systems): 양대 전자브로커인 Thomson Reuters Matching과 EBS를 통해 전자거래 방법으로 이루어지는 거래.

5. 멀티-뱅크 시스템(multi-bank systems): Currenex, FX Connect, FXall, Hotspot FX 등과 같이 여러 딜러 은행의 호가를 집합하는 제3자 플랫폼을 통해 전자방법으로 이루어지는 거래.

6. 단일-뱅크 시스템(single-bank systems): Barclays의 BARX, Citigroup의 Velocity, Deutsche Bank의 Autobahn 등 단일 은행 플랫폼을 통해 전자방법으로 이루어지는 거래.

[그림 2-17]에서 보는 바와 같이, 2010년 세계외환시장에서 은행간 직접거래

**그림 2-17 세계외환시장 거래방법의 구성: 2010년**

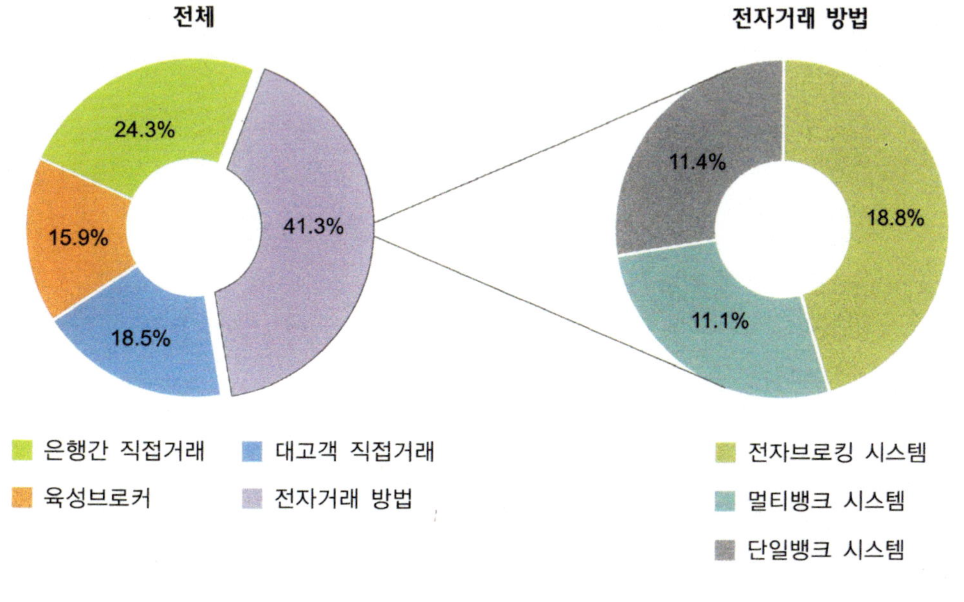


자료: BIS

**표 2-8 외환거래 형태별 거래방법의 구성**

단위: %

| | 현물환 | 선물환 | 외환스왑 | 통화옵션 |
|---|---|---|---|---|
| 전통적 외환거래 | 45 | 59 | 67 | 86 |
| 1. 은행간 직접거래 | 15 | 16 | 22 | 21 |
| 2. 대고객 직접거래 | 22 | 36 | 20 | 51 |
| 3. 육 성 브 로 커 | 9 | 8 | 25 | 14 |
| 전자거래 방법 | 55 | 41 | 33 | 14 |
| 1. 전자브로킹 시스템 | 26 | 9 | 17 | 6 |
| 2. 단일 뱅크 시스템 | 14 | 17 | 8 | 6 |
| 3. 멀티 뱅크 시스템 | 15 | 14 | 8 | 2 |

자료: BIS

가 24.3%, 육성브로커를 통한 거래가 15.9%, 그리고 대고객 직접거래가 18.5%를 차지하여, 전통적 외환거래 방법이 모두 58.7%를 차지하고 있다. 한편 전자거래 방법(electronic methods)은 나머지 41.3%를 차지하고 있는데, 이 가운데 전자브로킹 시스템이 18.8%, 멀티-뱅크 시스템이 11.1%, 그리고 단일-뱅크 시스템이 11.4%를 차지하고 있다.

전자거래 방법이 차지하는 비율은 외환거래의 내용이 단순할수록 더 높다. 즉 [표 2-8]에서 보는 바와 같이, 현물환의 55%와 선물환의 약 40%가 전자거래 방법으로 이루어지고 있다. 그러나 외환스왑의 2/3와 통화옵션의 85% 이상은 아직도 전통적인 외환거래 방법으로 이루어지고 있다. 그리고 영국, 미국, 일본 등 주요 외환시장에서는 전자거래 방법이 차지하는 비율이 매우 높지만, 우리나라를 포함한 개도국 외환시장에서는 아직도 대부분의 외환거래가 전통적인 방법으로 이루어지고 있다.

## 2.4 한국의 외환시장

지금까지 세계외환시장의 구조, 외환거래의 형태, 그리고 외환거래의 방법에 대해 공부하였다. 이 절에서는 2010년 국제결제은행(BIS)의 세계외환시장 조사 결과를 중심으로, 우리나라 외환시장의 구조와 특징을 세계외환시장과 비교하여 설명해 보기로 하자. 한국은행은 1998년부터 매 3년마다 행하고 있는 국제결제은행의 세계외환시장 조사에 참여하여 왔다.

국제결제은행(BIS)에 따르면, 4월 한 달 동안의 평균 1일 거래액(daily turnover)으로 본 한국 외환시장의 규모는 1998년의 36억 달러, 2001년에는 98억 달러, 2004년에는 205억 달러, 2007년에는 352억 달러, 그리고 2010년에는 438억 달러로 계속 증가하여 왔다. 한편 세계외환시장에서 한국이 차지하는 비중도 1998년의 0.2%에서 2001년 0.6%, 2004년과 2007년에 0.8%, 그리고 2010년에는 1%로 계속 증가하여 왔다.[17]

국제결제은행(BIS)은 4월 한 달간의 평균 1일 거래액(daily turnover)으로 외환시장의 규모를 조사한다. 한편 한국은행은 매년 연간 평균 1일 거래액으로 우리나라 외환시장의 규모를 조사하고 있다. 따라서 두 통계는 당연히 차이가 난

**그림 2-18** **한국 외환시장의 성장: 1일 거래액**

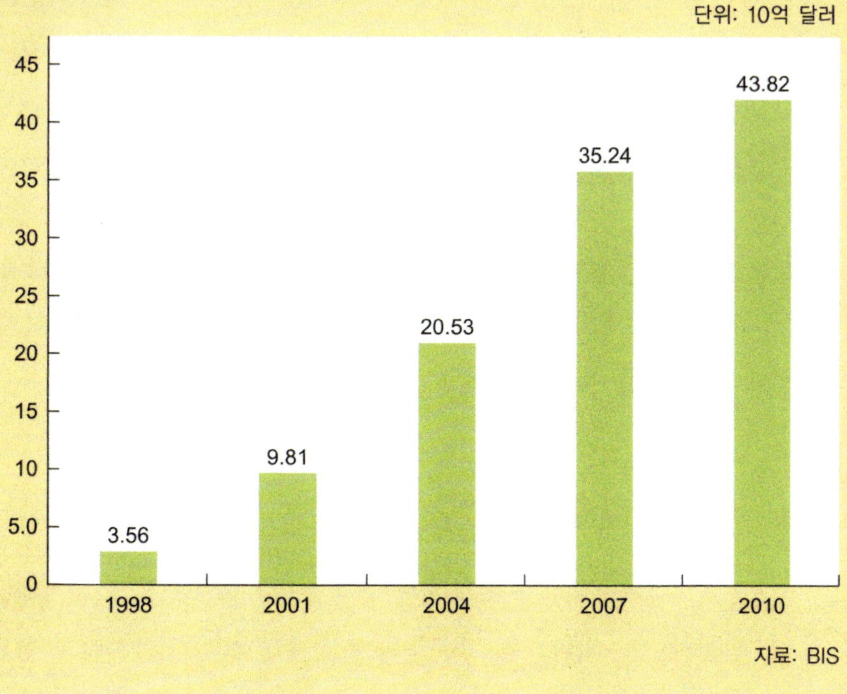


자료: BIS

[17] 1998년의 0.2%는 1997년 말 우리나라 외환위기 직후에 조사된 것으로 한국의 비중이 비정상적으로 과소평가되어 있다고 볼 수 있다.

다. 예를 들어, 2010년 우리나라 외환시장의 규모를 국제결제은행은 438억 달러, 한국은행은 419억 달러로 추계하고 있다.[18]

## 1. 외환시장의 구조

한국은행은 은행간 거래를 장내거래와 장외거래로 구분하는데, 장내거래란 외환브로커의 중개로 이루어지는 거래를 말하고, 장외거래는 은행 딜러 간에 직접 전화나 자동딜링 시스템을 통해 이루어지는 거래를 말한다. 현물환거래는 대부분이 장내거래로 이루어지고 있는데, 2010년 10월 은행간 현물환거래에 참여하는 은행으로는 국내은행 18개, 외국은행 국내지점 33개, 종금사 2개, 증권회사 6개가 있다.

2010년 말 은행간 거래를 중개하는 외환브로커로는 국내중개회사 2개와 외국계 중개회사 6개가 있다. 은행간 USD/KRW 현물환거래는 주로 서울외국환중개과 한국자금중개의 양대 국내 브로커의 중개로 이루어지고 있고, 선물환과 기타 장외 외환파생상품 거래는 세계외환시장의 주요 외환브로커 회사인 ICAP, Tullet Prebon, CFI, Nittan, Tradition, 그리고 BCG 등의 한국 지점들도 참여하고 있다.

외환브로커를 통한 은행간 거래에서는 아직 USD/KRW 거래만 이루어지고 있는데, 외환브로커는 전화로 주문을 받아 전자중개시스템(electronic broking system)으로 거래를 자동 체결시키고 있다. 한편 은행간 직접거래는 주로 USD/KRW 이외의 외환거래와 거래시간 이후의 USD/KRW 거래를 위해 이용되고 있는데, 전화나 로이터 단말기의 딜링 머신을 통해 은행 간에 직접 거래조건을 협의한 후 거래가 이루어진다.

## 2. 외환거래의 형태

2010년 세계외환시장 조사에서 국제결제은행(BIS)은 외환거래를 (1) 현물환, (2) 선물환, (3) 외환스왑, (4) 통화스왑, (5) 통화옵션의 다섯 형태로 구분하였

[18] 우리나라 외환시장의 동향을 알기 위해서는, 한국은행 국제국이 매 분기마다 발표하는 "외국환은행의 외환거래 동향"과 "외환시장 동향", 그리고 매년 3월과 9월에 열고 있는 한은금요강좌 "최근 외환시장 동향과 이슈"를 참조하면 좋다.

**표 2-9 한국 외환거래의 형태별 구성**

단위: 100만 달러

| | 1998 | 2001 | 2004 | 2007 | 2010 |
|---|---|---|---|---|---|
| 현물환 | 2,512 ( 71 ) | 5,859 ( 60 ) | 10,260 ( 50 ) | 17,417 ( 49 ) | 18,488 ( 42 ) |
| 선물환 | 287 ( 8 ) | 1,203 ( 12 ) | 3,598 ( 18 ) | 4,141 ( 15 ) | 6,101 ( 14 ) |
| 외환스왑 | 703 ( 20 ) | 2,535 ( 26 ) | 5,951 ( 29 ) | 10,838 ( 31 ) | 18,420 ( 42 ) |
| 통화스왑 | 9 (0.3) | 56 ( 1 ) | 280 ( 1 ) | 1,205 ( 3 ) | 654 ( 2 ) |
| 통화옵션 | 46 (1.3) | 156 ( 2 ) | 441 ( 2 ) | 633 ( 2 ) | 161 (0.4) |
| 합계 | 3,557 (100) | 9,808 (100) | 20,529 (100) | 35,235 (100) | 43,824 (100) |

자료: BIS

다. [표 2-9]는 1998년부터 2010년까지 우리나라 외환거래 1일 거래액의 형태별 구성을 보여주고 있다. 2010년을 보면, 현물환과 외환스왑이 각각 42%씩을 차지하고 있으며, 선물환은 14%, 통화스왑은 2%, 그리고 통화옵션은 0.4%를 차지하고 있다.

우리나라 외환거래에서 현물환이 차지하는 비중은 1998년 70%를 넘었으나,

**그림 2-19 외환거래 형태별 구성: 2010년**

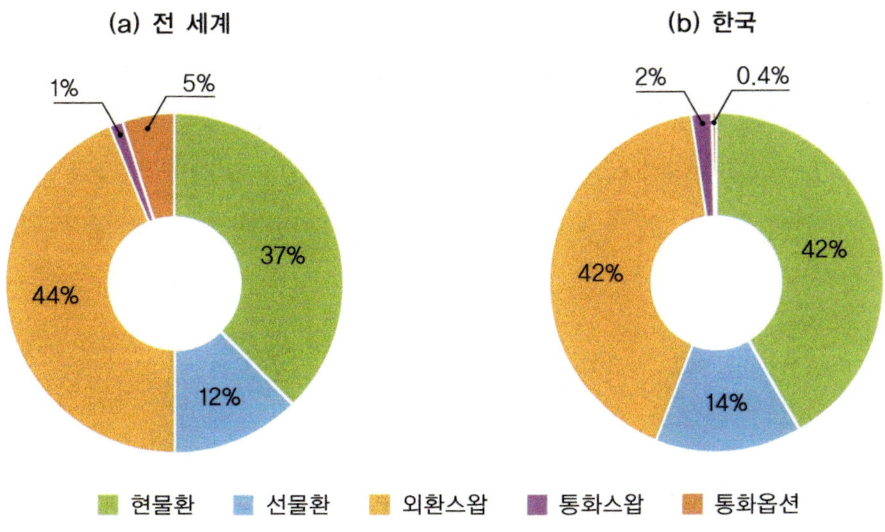


자료: BIS

2001년 60%, 2004년과 2007년 50%, 그리고 2010년 42%로 계속 큰 폭으로 감소하여 왔다. 한편 외환스왑의 비중은 1998년 20%에서, 2001년 26%, 2004년 29%, 2007년 31%, 그리고 2010년 현물환과 같은 비중인 42%에 이를 때까지 계속 큰 폭으로 증가하여 왔다. 선물환의 비중은 1998년 8%에서 2010년 14%까지 꾸준히 증가하였고, 통화스왑과 통화옵션의 비중은 2%와 5% 사이에서 변동하여 왔다.

2010년 우리나라와 전 세계의 외환거래 형태별 구성은 큰 차이가 없다. 우리나라 현물환의 비중(42%)은 전세계 평균(37%)보다 조금 높고, 선물환의 비중(14%)도 전 세계 평균(12%)보다 조금 높다. 한편 외환스왑의 비중(42%)은 전 세계 평균(44%)보다 조금 낮고, 또 통화스왑과 통화옵션의 비중(2%)은 전세계 평균(6%)보다 크게 낮다.

우리나라 선물환의 만기는 전 세계 평균보다 길다. 전 세계 선물환의 만기구조는 만기 7일까지가 46%, 만기 8일 이상 1년 미만이 52%, 만기 1년 이상이 2%를 차지하고 있다. 한편 우리나라 선물환의 만기구조는 만기 7일까지가 12%, 만기 8일 이상 1년 미만이 75%, 만기 1년 이상이 13%나 차지하고 있다. 이와 같이 선물환의 만기가 긴 것은 우리나라 선물환의 약 70%가 국내 은행(외국은행 국내지점 포함)과 홍콩, 싱가포르, 런던, 뉴욕의 은행 간에 이루어지는 비인도 선물환(NDF)이기 때문이다.

한편 우리나라 외환스왑의 만기도 전 세계 평균보다 길다. 전 세계 외환스왑의 만기구조는 만기 7일까지가 74%를 차지하고 있으며, 만기 8일 이상 1년 미만이 25%, 만기 1년 이상이 1%를 차지하고 있다. 그러나 우리나라 외환스왑의 만기구조는 만기 7일까지가 47%, 만기 8일 이상 1년 미만이 48%, 그리고 만기 1년이 5%를 차지하고 있다. 이와 같이 외환스왑의 만기가 긴 것은 우리나라에서 외환스왑이 단기 외화자금의 조달 수단으로 널리 이용되고 있기 때문이라고 할 수 있다.

## 3. 외환거래의 상대방

외환거래는 은행과 거래하는 상대방에 따라 (1) 은행간 거래, (2) 대기관 거래, 그리고 (3) 대고객 거래로 나눌 수 있다. 2010년 우리나라 외환거래의 상대방 구성을 보면, 은행간 거래가 77%(339억 달러)로 압도적인 비중을 차지하고

**그림 2-20** **선물환의 만기구조: 2010년**

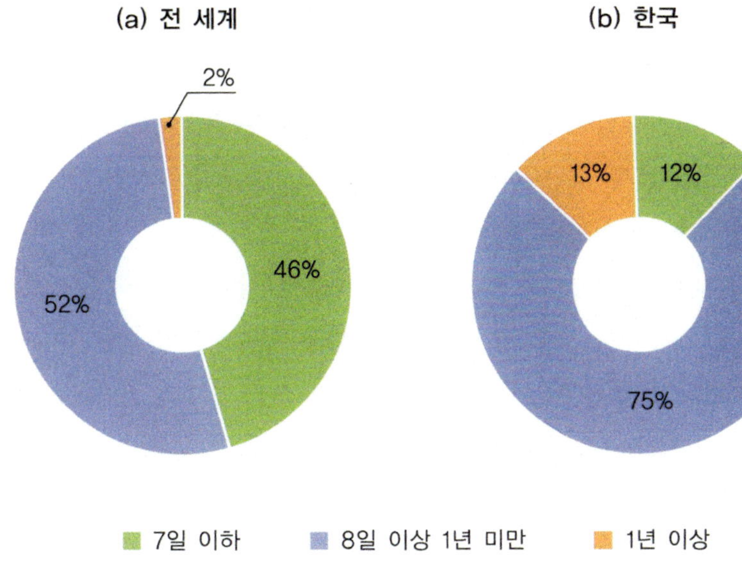


자료: BIS

**그림 2-21** **외환스왑의 만기구조: 2010년**

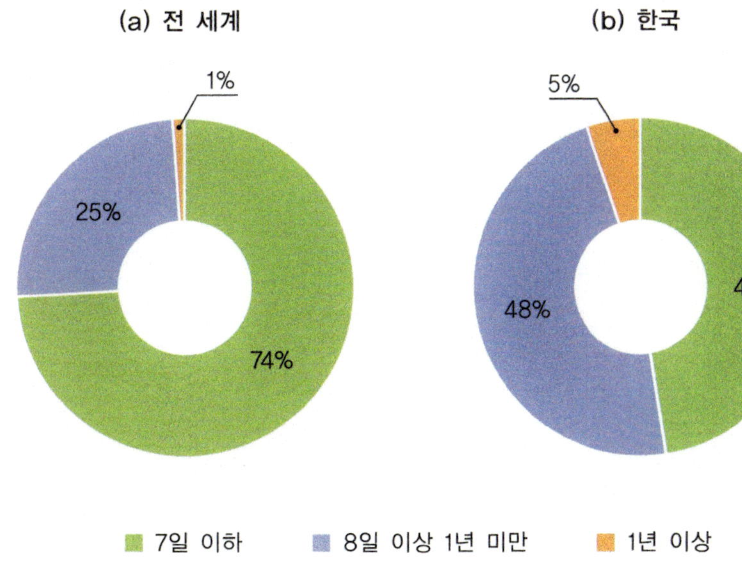


자료: BIS

있고, 대기관 거래와 대고객 거래는 각각 13%(58억 달러)와 9%(41억 달러)만을 차지하고 있다.

[그림 2-22]는 2010년 우리나라와 전 세계의 외환거래의 상대방 구성을 보여주고 있는데, 둘 사이에 매우 큰 차이가 있음을 알 수 있다. 우리나라 은행간 거래의 비중(77%)은 전 세계 평균(39%)보다 거의 두배나 되며, 대기관 거래의 비중(13%)은 전 세계 평균(48%)의 1/3 수준에 불과하고, 대고객 거래의 비중(9%)도 전 세계 평균(13%)보다 조금 낮다.

[표 2-10]은 2010년 우리나라 외환거래의 상대방을 국내(local)와 해외(cross-border)로 나누고, 또 이를 외환거래 형태별로 정리한 것이다. 2010년 우리나라 외환거래 가운데 국내거래(local)가 71%(311억 달러)를 차지하고 있으며, 해외거래(cross border)는 단지 29%(127억 달러)를 차지하고 있음을 알 수 있다. 즉 우리나라 외환거래에서 해외거래가 차지하는 비중(29%)은 전 세계 평균(65%)의 절반에도 미치지 못하고 있다.

그러나 은행간 선물환거래는 해외거래가 87%(39억 달러)를 차지하고 있는데, 이는 비인도 선물환(NDF) 거래가 대부분을 차지한다. 선물환을 제외하면, 우리나라 해외거래의 비중은 22%로 떨어진다. 이와 같이 해외거래의 비중이 매우

그림 2-22 외환거래의 상대방: 2010년

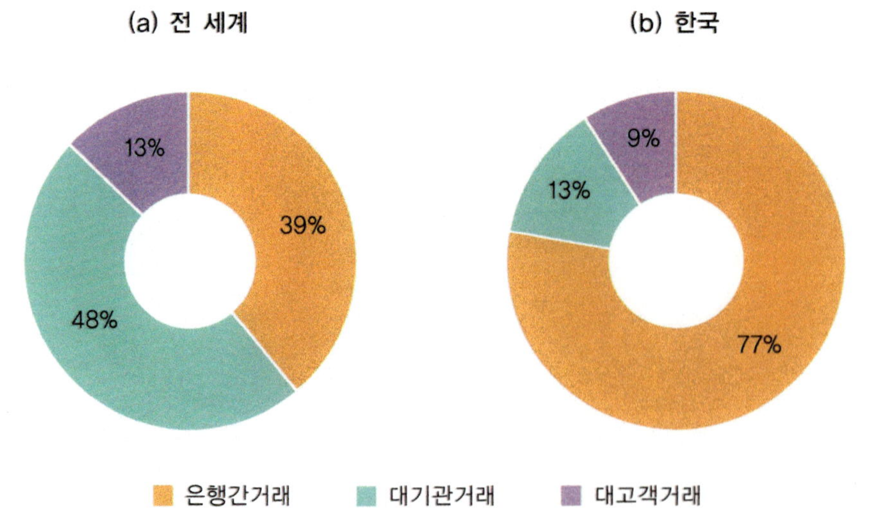


자료: BIS

**표 2-10 한국 외환거래의 형태별 상대방: 2010년**

단위: 100만 달러

| | 현물환 | 선물환 | 외환스왑 | 통화스왑 | 통화옵션 | 합계 |
|---|---|---|---|---|---|---|
| 은행간 거래 | 12,715 | 4,437 | 16,135 | 484 | 118 | 33,889 |
| 국내거래 | 9,412 | 570 | 13,088 | 335 | 13 | 23,418 |
| 해외거래 | 3,303 | 3,867 | 3,047 | 149 | 105 | 10,471 |
| 대기관 거래 | 3,734 | 822 | 1,174 | 103 | 7 | 5,840 |
| 국내거래 | 2,423 | 400 | 1,035 | 51 | | 3,909 |
| 해외거래 | 1,311 | 422 | 139 | 52 | 7 | 1,931 |
| 대고객 거래 | 2,039 | 842 | 1,112 | 67 | 37 | 4,097 |
| 국내거래 | 1,915 | 805 | 990 | 58 | 37 | 3,805 |
| 해외거래 | 124 | 37 | 122 | 9 | | 292 |
| 합계 | 18,488 | 6,101 | 18,421 | 654 | 162 | 43,826 |
| 국내거래 | 13,750 | 1,775 | 15,113 | 444 | 50 | 31,132 |
| 해외거래 | 4,738 | 4,362 | 3,308 | 210 | 112 | 12,694 |

자료: BIS

낮다는 것은 우리나라 외환시장이 글로벌 시장(global market)이 아닌 로컬 시장(local market)이라는 것을 말해준다.

## 4. 외환거래의 통화구성

우리나라 외환시장이 로컬 시장(local market)에 불과하다는 것은, 외환거래의 통화구성을 보면 더욱 분명하게 알 수 있다. 즉 우리나라에서 이루어지는 외환거래의 86.5%는 국내통화(domestic currency)인 한국 원을 외국통화(foreign currency)와 교환하는 거래이다. 그러나 글로벌 외환시장을 형성하는 나라에서는 국내통화가 차지하는 비율이 매우 낮다. 예를 들어, 런던은 18%, 싱가포르는 12%, 홍콩은 31%, 호주는 45%이다.[19]

[19]미국은 미국 달러가 세계외환거래의 85%를 차지하고 있으므로 당연히 국내통화인 달러가 외환거래에서 차지하는 비율은 87%로 높다. 그러나 일본의 외환거래에서 국내통화인 엔이 차지하는 비율이 80%로 매우 높은 것은 일본 외환시장은 비거주가가 활발히 참여하는 글로벌 시장이 아니라는 것을 말해준다.

**표 2-11 한국 외환거래의 주요 통화쌍: 2010년**

단위: %

| | |
|---|---|
| 원화/외화간 | 86.5 |
| USD/KRW | 85.3 |
| EUR/KRW | 0.5 |
| JPY/KRW | 0.3 |
| GBP/KRW | 0.1 |
| 기타 | 0.3 |
| 외화/외화간 | 13.5 |
| EUR/USD | 5.8 |
| USD/JPY | 4.2 |
| USD/GBP | 0.8 |
| USD/CAD | 0.8 |
| USD/AUD | 0.4 |
| USD/HKD | 0.4 |
| 기타 | 1.1 |
| 합계 | 100 |

자료: BIS

[표 2-11]에서 보는 바와 같이, 2010년 우리나라 외환시장에서 가장 널리 거래된 두 통화의 쌍(currency pairs)은 당연히 USD/KRW로 전체의 85.3%를 차지하고 있다. 다음으로는 5.8%를 차지하는 EUR/USD와 4.2%를 차지하는 USD/JPY이다. 이 밖에 GBP/USD와 USD/CAD가 각각 0.8%를 차지하고 있으며, EUR/KRW가 0.5%, USD/AUD와 USD/HKD가 각각 0.4%, JPY/KRW가 0.3%, 그리고 GBP/KRW가 0.1%를 차지하고 있다.

# 참고문헌


- W. Barker, "The Global Foreign Exchange Market: Growth and Transformation," *Bank of Canada Review*, (Autumn 2007).
- G. Bekaert and R. Hodrick, *International Financial Management*, Second Edition, Perason, (2012), chs. 2, 3.
- M. Beth, "FX Volume during the Financial Crisis and Now," *BIS Quarterly Review*, (March 2012).
- BIS, *Triennial Central Bank Survey: Report on Global Foreign Exchange Market Activity in 2010*, (December 2010).
- T. Broderick and C. Cox, "The Foreign Exchange and OTC Interest Rate Derivatives Markets in the United Kingdom," Bank of England, *Quarterly Bulletin*, (2010 Q4).
- G. Christodoulou and P. O'Connor, "The Foreign Exchange and OTC Derivatives Markets in the United Kingdom," Bank of England, *Quarterly Bulletin*, (2007 Q4).
- TheCityUK, "Foreign Exchange," *Research Report*, (August 2012).
- D. Eiteman, A. Stonehill, M. Moffett, *Fundamentals of Multinational Finance*, Fourth Edition, Pearson, (2012), ch. 6.
- C. Eun, B. Resnick and S. Sabherwal, *International Finance: Global Edition*, Sixth Edition, MaGraw-Hill, (2012), ch. 4.
- R. Feenstra and A. Taylor, *Essentials of International Economics*, Second Edition, Worth, (2012), ch. 10.
- G. Hubbard and A. O' Brien, *Money, Banking, and the Financisl System*, Prentice Hall, (2012), ch. 8.
- S. Husted and M. Melvin, *International Economics*, Seventh Edition, Pearson, (2007), ch. 10.
- G. Galati, "Why Has Global FX Turnover Declined? Explaining the 2001 Triennial Survey, " *BIS Quarterly Review*, (December 2001).
- G. Galati and M. Melvin, "Whe has FX Trading Surged? Explaining the 2004 Triennial Survey" *BIS Quarterly Review*, (December 2004).
- G. Galati and A. Heath, "What Drives the Growth in FX Activity? Interpreting the 2007 Survey," *BIS Quarterly Review*, (December 2007).

- P. Gallardo and A. Heath, "Execution Methods in Foreign Exchange Markets," *BIS Quarterly Review*, (March 2009).
- J. Grabbe, *International Financial Markets*, Third Edition, Prentice Hall, (1996), chs. 4, 5.
- J. James, I. Marsh and L. Sarno, Editors, *Handbook of Exchange Rates*, Wiley, (2012).
- M. King, "The $4 Trillion Question: What Explains FX Growth Since the 2007 Survey?" *BIS Quarterly Review*, (December 2010).
- M. King and C. Mallo, "A User' s Guide to the Triennial Central Bank Survey of Foreign Exchange Market Activity," *BIS Quarterly Review*, (December 2010).
- M. King, C. Osler and D. Rime, "Foreign Exchange Market Structure, Players and Evolution", *Norges Bank Working Paper* 10, (2011).
- M. Melvin and M. Taylor, "The Crisis in the Foreign Exchange Market," *CESifo Working Paper Series* No. 2707, (March 2009).
- F. Mishkin and S. Eakins, *Financial Markets and Institutions*, Seventh Edition, Prentice Hall, (2012), ch. 15.
- M. Mobius, *Foreign Exchange: An Introduction to the Core Concept*, Wiley, (2009).
- T. Weithers, *Foreign Exchange: A Practical Guide to the FX Markets*, Wiley, (2006).
- 한국은행, 「우리나라의 외환제도와 외환시장」, (2010년 12월), 제II편의 제1장, 제3장, 제4장.

Chapter 3

# 외환시장과 환율

3.1 환율의 표시방법 / 3.2 시장환율의 종류 /
3.3 전통적 환율이론 / 3.4 자산시장 접근방법

오늘날 환율은 외환시장에서 외환의 수요와 공급에 따라 결정된다. 이와 같이 외환시장에서 결정되는 시장환율의 종류는 (1) 기준환율과 크로스 레이트, (2) 매입환율과 매도환율, (3) 현물환율과 선물환율, (4) 은행간 환율과 대고객 환율 등으로 나눌 수 있다. 이 장의 제1절에서 먼저 환율의 표시방법, 환율의 절상과 절하, 그리고 명목환율과 실질환율을 설명한 다음, 제2절에서 이들 시장환율의 종류를 설명하기로 한다.

다음에 제3절과 4절에서는 오늘날 환율결정을 설명하는 대표적인 이론인 구매력 평가설, 경상수지 접근방법, 그리고 자산시장 접근방법을 공부하기로 한다. 이 가운데 자산시장 접근방법은 주요국들이 1970년대 초반 변동환율제도로 이행한 이후에 전개된 새로운 환율이론이다. 한편 변동환율제도 이전부터 발전되어온 구매력 평가설과 경상수지 접근방법을 전통적 환율이론이라 부른다.

## 3.1 환율의 표시방법

환율은 두 통화의 교환비율이다. 따라서 어느 통화를 기준으로 하느냐에 따라 그 표시방법이 달라진다. 환율표시에서 두 통화 가운데 기준이 되는 통화를 기준통화(base currency), 그리고 기준통화와 교환되는 다른 통화를 상대통화

(counter currency)라 부른다. 환율은 기준통화 1단위와 교환되는 상대통화의 수로 나타낸다.

환율표시에서 두 통화의 쌍(currency pair)을 표시할 때, 기준통화를 앞에 쓰고 상대통화를 뒤에 쓰는 것이 국제적인 관행이다. 예를 들어, USD/KRW와 USD/JPY는 기준통화는 미국 달러이고 상대통화는 한국 원과 일본 엔이라는 것을 나타낸다.[1] 또 EUR/USD와 GBP/USD는 기준통화는 유로 존의 유로와 영국 파운드이고 상대통화는 미국 달러라는 것을 나타낸다.

## 1. 유럽식 방법과 미국식 방법

환율표시의 유럽식 방법(European terms)이란 미국 달러를 기준통화로 하고, 미국 달러 1단위와 교환되는 상대통화의 수로 환율을 나타내는 표시방법을 말한다.[2] 예를 들면,

$$USD/JPY = 89.88$$
$$USD/KRW = 1187.93$$

한편 미국식 방법(American terms)이란 미국 달러 이외의 통화를 기준통화로 하고, 기준통화 1단위와 교환되는 미국 달러의 수로 환율을 나타내는 표시방법을 말한다. 예를 들면,

$$JPY/USD = 0.011126$$
$$KRW/USD = 0.0008418$$

미국식 방법과 유럽식 방법으로 표시한 환율은 서로 역수의 관계에 있다. 따라서 한 방법으로 표시한 환율이 주어지면, 그 역수로 다른 방법으로 표시하는 환율을 구할 수 있다.

[표 3-1]에서 보는 바와 같이, *Wall Street Journal*은 미국식 방법(in U.S.$)과 유럽식 방법(per U.S.$)의 환율을 모두 보도하고 있다. 예를 들어, 2010년 6월 23일 유로(EUR)와 미국 달러(USD)의 미국식 방법과 유럽식 방법의 환율은 아

---

[1] 이런 관행과는 달리 일상적인 대화나 신문과 방송에서는 흔히 USD/KRW를 원/달러 환율 그리고 USD/JPY 환율을 엔/달러 환율이라고 부르는 경우가 많다.

[2] 유럽식 방법의 환율표시는 상대통화에 따라 USD/JPY를 일본식 방법(Japanese terms) 그리고 USD/KRW를 한국식 방법(Korean terms)이라 부르기도 한다.

**표 3-1** *Wall Street Journal*의 환율보도

# Currencies

June 23, 2010

U.S.-dollar foreign-exchange rates in late New York trading

| Country/currency | Wed in US$ | Wed per US$ | US$ vs, YTD chg (%) |
|---|---|---|---|
| **Americas** | | | |
| **Argentina** peso* | .2547 | 3.9262 | **3.3** |
| **Brazil** real | .5598 | 1.7864 | **2.5** |
| **Canada** dollar | .9630 | 1.0384 | **-1.2** |
| 1-mos forward | .9628 | 1.0386 | **-1.2** |
| 3-mos forward | .9624 | 1.0391 | **-1.2** |
| 6-mos forward | .9613 | 1.0403 | **-1.1** |
| **Chile** peso | .001857 | 538.50 | **6.1** |
| **Colombia** peso | .0005275 | 1895.73 | **-7.2** |
| **Ecuador** US dollar | 1 | 1 | **unch** |
| **Mexico** peso* | .0791 | 12.6390 | **-3.4** |
| **Peru** new sol | .3538 | 2.827 | **-2.2** |
| **Uruguay** peso† | .04800 | 20.83 | **6.7** |
| **Venezuela** b. fuerte | .232851 | 4.2946 | **100.0** |
| **Asia-Pacific** | | | |
| **Australian** dollar | .8729 | 1.1456 | **2.9** |
| **China** yuan | .1468 | 6.8121 | **-0.2** |
| **Hong Kong** dollar | .1286 | 7.7774 | **0.3** |
| **India** rupee | .02165 | 46.189 | **-0.5** |
| **Indonesia** rupiah | .0001107 | 9033 | **-4.2** |
| **Japan** yen | .011126 | 89.88 | **-3.4** |
| 1-mos forward | .011131 | 89.84 | **-3.5** |
| 3-mos forward | .011143 | 89.74 | **-3.5** |
| 6-mos forward | .011165 | 89.57 | **-3.6** |
| **Malaysia** ringgit | .3097 | 3.2289 | **-5.7** |
| **New Zealand** dollar | .7134 | 1.4017 | **1.7** |
| **Pakistan** rupee | .01171 | 85.397 | **1.2** |
| **Philippines** peso | .0217 | 46.019 | **-1.0** |
| **Singapore** dollar | .7204 | 1.3881 | **-1.2** |
| **South Korea** won | .0008418 | 1187.93 | **1.9** |
| **Taiwan** dollar | .03118 | 32.072 | **0.3** |
| **Thailand** baht | .03092 | 32.342 | **-3.0** |
| **Vietnam** dong | .00005271 | 18970 | **2.7** |

| Country/currency | Wed in US$ | Wed per US$ | US$ vs, YTD chg (%) |
|---|---|---|---|
| **Europe** | | | |
| **Czech Rep.** koruna | .04785 | 20.899 | **13.4** |
| **Denmark** krone | .1654 | 6.0459 | **16.3** |
| **Euro area** euro | 1.2310 | .8123 | **16.3** |
| **Hungary** forint | .004399 | 227.32 | **20.3** |
| **Norway** krone | .1541 | 6.4893 | **11.9** |
| **Poland** zloty | .3029 | 3.3014 | **15.1** |
| **Russia** ruble‡ | .03225 | 31.008 | **2.3** |
| **Sweden** krona | .1287 | 7.7700 | **8.5** |
| **Switzerland** franc | .9047 | 1.1053 | **6.8** |
| 1-mos forward | .9052 | 1.1047 | **6.7** |
| 3-mos forward | .9066 | 1.1030 | **6.6** |
| 6-mos forward | .9088 | 1.1004 | **6.4** |
| **Turkey** lira** | .6367 | 1.5705 | **5.0** |
| **UK pound** | 1.4951 | .6689 | **8.1** |
| 1-mos forward | 1.4950 | .6689 | **8.1** |
| 3-mos forward | 1.4950 | .6689 | **8.0** |
| 6-mos forward | 1.4952 | .6688 | **8.0** |
| **Middle East/Africa** | | | |
| **Bahrain** dinar | 2.6526 | .3770 | **unch** |
| **Eqypt** pound* | .1761 | 5.6789 | **3.5** |
| **Israel** shekel | .2595 | 3.8536 | **1.6** |
| **Jordan** dinar | 1.4119 | .7083 | **0.1** |
| **Kuwait** dinar | 3.4182 | .2926 | **1.9** |
| **Lebanon** pound | .0006664 | 1500.60 | **-0.1** |
| **Saudi Arabia** riyal | .2666 | 3.7509 | **unch** |
| **South Africa** rand | .1328 | 7.5301 | **1.7** |
| **UAE** dirham | .2723 | 3.6724 | **unch** |
| **SDR**†† | 1.4741 | .6784 | **6.3** |

*Floating rate †Financial §Government rate ‡Russian Central Bank rate **Rebased as of Jan 1, 2005
††Special Drawing Rights (SDR); from the International Monetary Fund; based on exchange rates for U.S., British and Japanese currencies
Note: Based on trading among banks of $1 million and more, as quoted at 4 p.m. ET by Reuters.

자료: Mishkin and Eakins (2012)

래와 같다.

$$EUR/USD = 1.2310$$

$$USD/EUR = 0.8123$$

[표 3-1]의 마지막 난은 2010년 1월 1일부터 6월 23일까지(year to date)의 미국 달러의 가치 변화율을 나타낸다.

외환시장에서 과거에는 유럽식 방법과 미국식 방법의 환율표시가 혼용되어

왔으나, 1978년 이후에는 일본 엔(JPY), 스위스 프랑(CHF), 캐나다 달러(CAD), 한국 원(KRW) 등 대부분 통화의 환율표시는 유럽식 방법으로 통일되었다. 그러나 유로 존의 유로(EUR), 영국 파운드(GBP), 호주 달러(AUD), 뉴질랜드 달러(NZD) 등 일부 통화는 미국식 방법으로 환율을 표시하고 있다.

## 2. 방화표시방법과 외화표시방법

유럽식 방법과 미국식 방법은 국제적으로 통용되는 환율 표시방법이다. 이에 대해 방화표시방법과 외화표시방법은 한 나라의 입장에서 자국통화와 외국통화의 교환비율을 나타내는 환율표시 방법이다.

먼저 방화표시방법은 외국통화 1단위와 교환되는 자국통화(방화)의 수로 환율을 표시하는 것으로, 직접표시방법(direct quotation)이라고도 한다. 한편 외화표시방법은 자국통화 1단위와 교환되는 외국통화(외화)의 수로 환율을 표시하는 것으로, 간접표시방법(indirect quotation)이라고도 한다.

아래의 유럽식 방법(European terms)의 환율표시는 일본과 한국의 입장에서 보면 방화표시방법이고, 미국의 입장에서 보면 외화표시방법이다.

$$\text{USD/JPY} = 89.88$$
$$\text{USD/KRW} = 1187.93$$

한편 아래의 미국식 방법(American terms)의 환율표시는 미국의 입장에서 보면 방화표시방법이고, 일본과 한국의 입장에서 보면 외화표시방법이다.[3]

$$\text{JPY/USD} = 0.011126$$
$$\text{KRW/USD} = 0.0008418$$

## 3. 환율의 절상과 절하

방화표시방법과 외화표시방법의 환율은 서로 역수의 관계에 있다. 예를 들어, 미국 달러에 대한 한국 원의 방화표시환율(USD/KRW)이 $S_0$ = 1,000원이라면,

---

[3] 외화표시방법에서는 환율을 100 JPY/USD = 1.1126, 1000 KRW/USD = 0.8418 등과 같이 자국통화 1단위가 아니라 100단위 또는 1,000단위와 교환되는 외국통화의 수로 나타내기도 한다.

외화표시환율(KRW/USD)은 $\overline{S_0} = 1/S_0 = 1/1,000 = 0.001$달러가 된다.

이때 방화표시환율이 $S_0$=1,000원에서 $S_1$=1,200원으로 상승하면, 외화표시환율은 $\overline{S_0} = 0.001$달러에서 $\overline{S_1} = 1/1,200 = 0.00083$달러로 하락한다. 이와 같이 방화표시환율이 상승하면 (외화표시환율이 하락하면), 외국통화 1단위와 교환되는 자국통화의 수가 증가하므로, 자국통화의 가치가 하락한다. 이를 자국통화의 절하(depreciation) 또는 약세(weak)라고 부른다.

한편 방화표시환율이 $S_0$ = 1,000원에서 $S_1$ = 800원으로 하락하면, 외화표시환율은 $\overline{S_0} = 0.001$ 달러에서 $\overline{S_1} = 1/800 = 0.00125$ 달러로 상승한다. 이와 같이 방화표시환율이 하락하면 (외화표시환율이 상승하면), 외국통화 1단위와 교환되는 자국통화의 수가 감소하므로, 자국통화의 가치가 상승한다. 이를 자국통화의 절상(appreciation) 또는 강세(strong)라고 부른다.

방화표시환율과 외화표시환율은 서로 반대 방향으로 변화할 뿐만 아니라, 그 변화율도 각기 다르다. 예를 들어, 방화표시환율이 800원에서 1,200원으로 50% 상승하면, 외화표시환율은 0.00125달러에서 0.00083달러로 33.3% 하락한다. 즉

$$\frac{S_1 - S_0}{S_0} = \frac{1,200 - 800}{800} = 0.50 = 50\%$$

$$\frac{1/S_1 - 1/S_0}{1/S_0} = \frac{S_0 - S_1}{S_1} = \frac{800 - 1,200}{1,200} = -0.333 = -33.3\%$$

이와 같이 방화표시환율과 외화표시환율의 변화율이 다를 때, 이를 어떻게 해석할 수 있겠는가? 환율의 변화율은 항상 기준통화의 가치 변화율을 나타낸다. 방화표시환율은 미국 달러가 기준통화이므로, 50%는 미국 달러의 가치 변화율을 나타낸다. 이는 다음과 같이 알 수 있다. 종전에는 1달러로 800원의 한국 상품을 매입할 수 있었으나, 이제는 1달러로 1,200원의 한국 상품을 매입할 수 있다. 이와 같이 미국 달러의 구매력이 50% 상승하였으므로, 미국 달러의 절상률은 50%라는 것을 알 수 있다.

한편 외화표시환율은 한국 원이 기준통화이므로 −33.3%는 한국 원의 가치 변화율을 나타낸다. 이는 또 다음과 같이 알 수 있다. 종전에는 1,200원으로 1.5달러의 미국 상품을 매입할 수 있었으나, 이제는 1,200원으로 1달러의 미국 상품밖에 매입할 수 없다. 이와 같이 한국 원의 구매력이 33.3%가 하락하였으므로, 한국 원의 절하율은 33.3%이다.

환율의 변동폭이 작을 때에는 두 통화의 절상률과 절하율은 큰 차이를 나타내지 않는다. 예를 들어, USD/KRW 환율이 1,200원에서 1,100원으로 하락하면, 미국 달러의 절하율은 8.3%, 한국 원의 절상률은 9.1%가 된다. 그러나 환율의 변동폭이 클 때에는 두 통화의 절상률과 절하율은 큰 차이를 나타낸다, 예를 들어, EUR/USD 환율은 2001년 말 0.8904달러에서 2004년 말에는 1.3558달러로 상승하였는데, 3년간 유로의 절상률은 52%인데 비해, 미국 달러의 절하율은 34%였다. 즉

$$\frac{S_1 - S_0}{S_0} = \frac{1.3558 - 0.8904}{0.8904} = 52.27\%$$

$$\frac{1/S_1 - 1/S_0}{1/S_0} = \frac{S_0 - S_1}{S_1} = \frac{0.8904 - 1.3558}{1.3558} = -34.29\%$$

## 4. 명목환율, 실질환율, 실효환율

환율에는 명목환율(nominal exchange rate)과 실질환율(real exchange rate)이 있고, 이들은 또 각각 양국간 환율(bilateral exchange rate)과 실효환율(effective exchange rate)로 구분할 수 있다.

### (1) 명목환율과 명목실효환율

명목환율이란 두 통화의 교환비율로, 흔히 환율이라고 하면 양국 간 명목환율을 말하는 경우가 대부분이다. 명목환율이 변동하면 자국통화의 가치가 변화한다. 예를 들어, 기준연도와 비교연도 사이에 USD/KRW의 명목환율이 800원에서 1,200원으로 오르고, JPY/KRW의 명목환율이 8원에서 9원으로 올랐다고 하자. 이때 한국 원의 가치는 미국 달러에 대해 33.3% 절하되었고, 일본 엔에 대해서는 11.2% 절하되었다.

이와 같이 두 통화에 대해 한국 원의 가치 변화율이 각각 다를 때, 한국 원의 가치가 얼마나 변화했다고 말할 수 있겠는가? 명목실효환율(nominal effective exchange rate)이란 한 나라 통화의 평균적인 대외가치의 변화를 보기 위해, 지수(index)로 나타낸 환율을 말한다. 명목실효환율은 외화표시방법으로 나타내는 것이 일반적이다.

명목실효환율은 교역상대국과의 교역비중($\alpha_i$)을 가중치로 사용하고 있으므

로, 무역가중환율(trade-weighted exchange rate)이라 부르기도 한다.

$$\text{명목실효환율} = \Sigma(\alpha_i \times \text{외화표시 명목환율지수 } i)$$

예를 들어 보자. USD/KRW 환율이 800원에서 1,200원으로 오르면, 기준연도를 100으로 한 비교연도의 외화표시 명목환율지수는 66.7이 된다. 마찬가지로 JPY/KRW 환율이 8원에서 9원으로 오르면, 기준연도를 100으로 한 비교연도의 외화표시 명목환율지수는 88.8이 된다. 이제 미국 달러와 일본 엔에 대한 가중치가 70%와 30%로 주어졌다고 하면, 기준연도를 100으로 한 비교연도 한국 원의 명목실효환율은 73.3이 된다. 즉

$$0.7 \times 66.7 + 0.3 \times 88.8 = 73.3$$

명목실효환율은 외화표시방법으로 작성하므로, 그 값이 100보다 크면 자국통화의 평균적인 가치가 상승했음을 나타낸다. 반대로 그 값이 100보다 작으면 자국통화의 평균적인 가치가 하락했음을 나타낸다. 따라서 위에서 본 예에서 기준연도와 비교연도 사이에 한국 원의 가치가 평균 26.7% 하락하였음을 알 수

**그림 3-1 미국 달러의 명목실효환율**

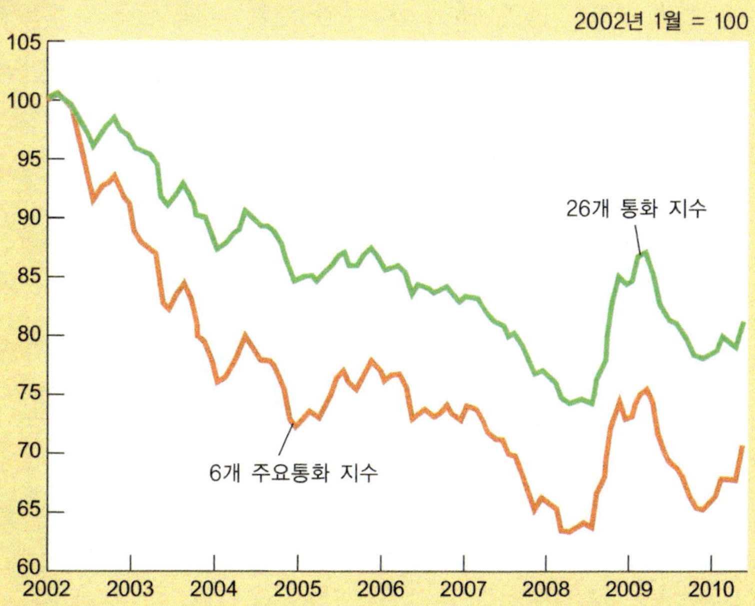


자료: U. S. Federal Reserve

있다.

명목실효환율은 환율지수이다. 따라서 지수 작성에 포함되는 각 통화의 가중치에 따라 그 값이 달라진다. 미국 연방준비은행(Federal Reserve Board)은 미국 달러의 명목실효환율을 두 가지 지수로 작성하고 있다. 하나는 유로, 일본 엔, 영국 파운드, 캐나다 달러, 스위스 프랑, 스웨덴 크로나 등 6개 통화를 대상으로 하는 주요통화 지수(major currency index)이고, 다른 하나는 이들 6개 통화와 함께 멕시코 페소, 중국 위안, 한국 원 등 26개 교역상대국 통화를 대상으로 하는 브로드 지수(broad index)이다.

2002년 초부터 2008년 초까지 미국 달러의 가치는 크게 하락하였다. 그러나 [그림 3-1]에서 보는 바와 같이, 미국 달러의 가치는 6개 주요 통화에 대해서는 35% 하락하였지만, 26개 통화에 대해서는 25% 밖에 하락하지 않았다. 이와 같이 두 지수의 변화율이 다른 것은 지수 작성에 포함된 통화와 각 통화의 가중치가 다르기 때문이다. 일반적으로 미국 달러 지수(dollor index)라고 하면 6개 주요 통화에 대한 지수를 가리킨다.

### (2) 실질환율과 실질실효환율

명목환율이 상승하면 자국상품은 싸지고 외국상품은 비싸진다. 따라서 수출이 증가하고 수입이 감소하여, 국제경쟁력은 향상된다. 지금 명목환율이 1,000원, 한국 상품(수출품)의 가격이 10,000원, 미국 상품(수입품)의 가격이 20달러라고 하자. 이때 명목환율의 상승, 즉 자국 통화의 절하가 어떻게 국제경쟁력을 향상시키는지 설명하여 보자.

만약 명목환율이 1,000원에서 1,200원으로 상승하면, 미국 달러로 나타낸 한국상품의 가격은 10달러에서 8.33달러로 하락한다. 한국상품의 가격이 싸지면, 한국의 수출은 증가할 것이다. 한편 한국 원으로 나타낸 미국상품의 가격은 20,000원에서 24,000원으로 상승한다. 미국상품의 가격이 비싸지면, 한국의 수입은 감소할 것이다. 이와 같이 명목환율이 상승하면, 수출은 증가하고 수입은 감소하므로, 한국의 국제경쟁력은 향상된다.

한편 명목환율이 1,000원으로 불변이라 하더라도, 한국의 물가수준이 하락하거나 미국의 물가수준이 상승하면 국제경쟁력은 향상된다. (1) 한국 상품의 가격이 10,000원에서 8,000원으로 하락하면, 한국 상품의 가격은 10달러에서 8달러로 하락한다. 따라서 한국의 수출이 증가하고, 국제경쟁력은 향상된다. (2)

그림 3-2 **USD/JPY의 명목환율과 실질환율**

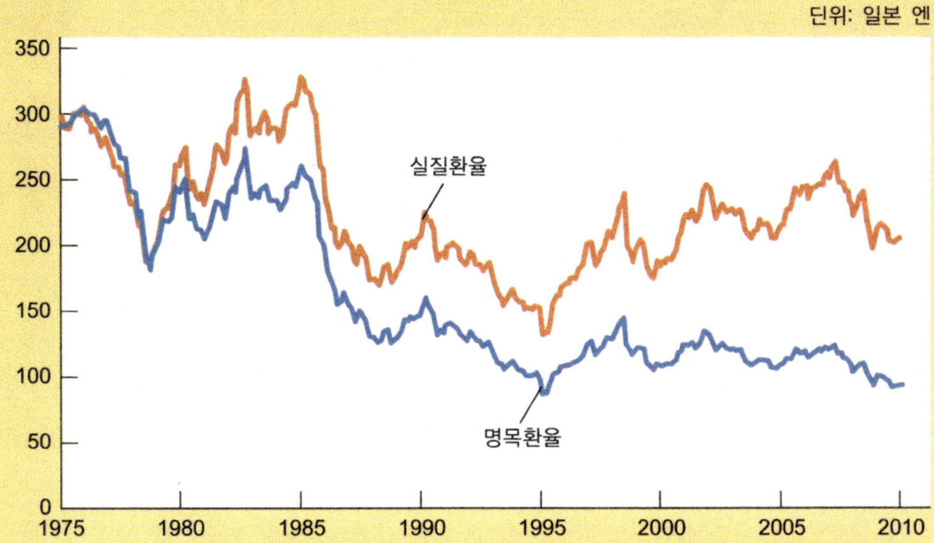


자료: Federal Reserve Bank of St. Louis

미국 상품의 가격이 20달러에서 25달러로 상승하면, 미국 상품의 가격은 20,000원에서 25,000원으로 상승한다. 따라서 한국의 수입이 감소하고, 국제경쟁력은 향상된다.

이와 같이 한 나라의 국제경쟁력은 명목환율과 자국과 외국의 물가수준에 따라 변화한다. 명목환율의 상승, 자국 물가수준의 하락, 그리고 외국 물가수준의 상승은 국제경쟁력을 향상시킨다. 한편 명목환율의 하락, 자국 물가수준의 상승, 그리고 외국 물가수준의 하락은 국제경쟁력을 악화시킨다.

실질환율(real exchange rate)이란 한 나라의 국제경쟁력의 변화를 나타내기 위해, 명목환율을 두 나라의 물가수준으로 조정한 것을 말한다. 실질환율도 명목환율과 마찬가지로 방화표시방법과 외화표시방법으로 나타낼 수 있다. 이제 $S$를 명목환율, $P$와 $P^*$를 자국과 외국의 물가지수(price index)라고 하면, 방화표시 실질환율 $R$은 다음과 같이 정의할 수 있다.

$$R = S \cdot \frac{P^*}{P} = \frac{S \cdot P^*}{P}$$

방화표시 실질환율이 상승하면, 상대적으로 자국상품은 싸지고 외국상품은 비싸진다. 따라서 수출이 증가하고 수입이 감소한다. 이와 같이 방화표시 실질환율이 상승하여 국제경쟁력이 향상되는 것을 실질절하(real depreciation)라고 한다. 자국통화의 실질절하는 명목환율이 상승하거나, 자국의 물가수준이 하락하거나, 또는 외국의 물가수준이 상승할 때 일어난다.

한편 외화표시 실질환율 $\overline{R}$은 방화표시 실질환율 $R$의 역수로 다음과 같이 정의할 수 있다. 여기서 $S$는 방화표시 명목환율이고 $\overline{S}$는 외화표시 명목환율이다.

$$\overline{R} = \frac{1}{R} = \frac{P}{S \cdot P^*} = \frac{\overline{S} \cdot P}{P^*}$$

외화표시 실질환율이 상승하면, 상대적으로 자국상품이 비싸지고 외국상품이 싸진다. 따라서 수출이 감소하고 수입이 증가한다. 이와 같이 외화표시 실질환율의 상승하여 국제경쟁력이 악화되는 것을 실질절상(real appreciation)이라고 한다. 자국통화의 실질절상은 명목환율이 하락하거나, 자국의 물가수준이 상하거나, 또는 외국의 물가수준이 하락할 때 일어난다.

명목환율과 마찬가지로 실질환율의 변화율도 각 통화에 따라 다르게 결정된다. 그렇다면 이때 한 나라의 국제경쟁력의 변화는 어떻게 알 수 있겠는가? 실질실효환율(real effective exchange rate)이란 한 나라의 국제경쟁력의 평균적인 변화를 보기 위해 실질환율을 지수(index) 형태로 나타낸 환율을 말한다.

명목실효환율과 마찬가지로 실질실효환율도 교역상대국의 교역비중($\alpha_i$)을 가중치로 외화표시방법으로 구하는 것이 일반적이다.

$$\text{실질실효환율} = \Sigma(\alpha_i \times \text{외화표시 실질환율지수 } i)$$

실질실효환율은 외화표시방법으로 작성하므로, 그 값이 100보다 크면 국제경쟁력이 악화했음을 나타내고, 100보다 작으면 국제경쟁력이 향상되었음을 나타낸다. [그림 3-3]은 6개 주요 통화에 대한 미국 달러의 명목실효환율과 실질실효환율의 변동을 보여주고 있다. 명목실효환율과 실질실효환율이 크게 차이가 나지 않는 것은, 주요국간 물가수준의 변동성보다 양국간 명목환율의 변동성이 더 높았기 때문이다.[4]

[4] 1973년 이후 미국 달러의 실질실효환율은 매우 큰 변동을 나타내고 있는데 미국 달러가 초강세를 나타낸 1985년과 2001년의 두 정점을 미국 재무부장관을 지낸 래리 섬머스(Larry Summers)는 에베레스트와 몽블랑에 비유하였다.

그림 3-3 **미국 달러의 명목실효환율과 실질실효환율**

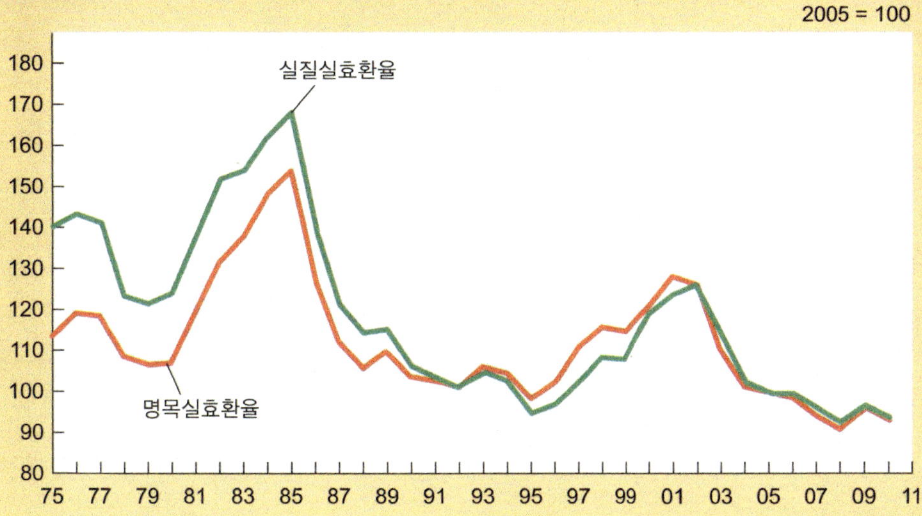


자료: U. S. Federal Reserve

그림 3-4 **한국 원의 명목실효환율과 실질실효환율**

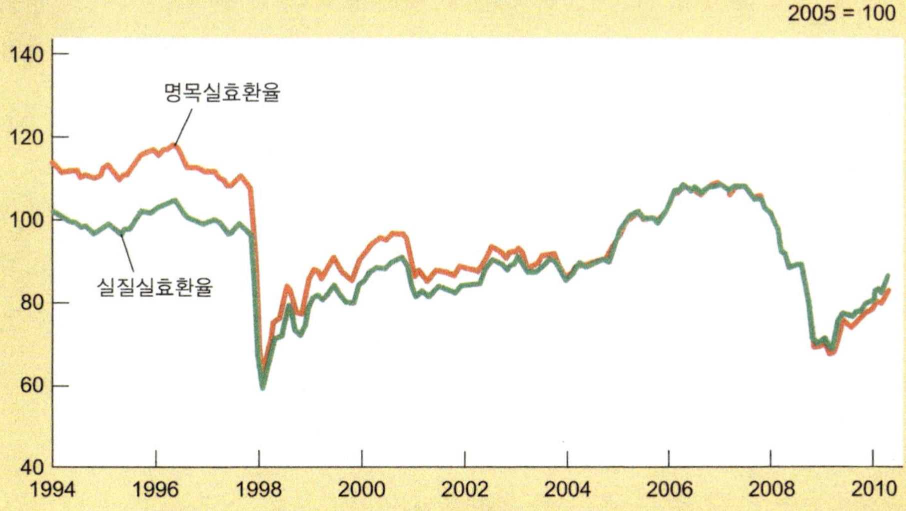


자료: BIS

우리나라 한국은행은 공식적으로 실효환율을 작성하여 발표하고 있지 않다. [그림 3-4]는 국제결제은행(BIS)이 작성하는 한국 원의 명목실효환율과 실질실효환율의 변동을 보여주고 있다. BIS는 우리나라 27개 교역상대국의 교역비중을 가중치로 실효환율을 작성하고 있는데, 1997년 말부터 1998년 초와 2008년 하반기에 한국 원의 가치가 크게 하락하였음을 알 수 있다.

## 3.2 시장환율의 종류

외환시장에서 결정되는 시장환율의 종류에는 (1) 기준환율과 크로스 레이트, (2) 매입환율과 매도환율, (3) 현물환율과 선물환율, (4) 은행간 환율과 대고객 환율 등이 있다.

### 1. 기준환율과 크로스 레이트

환율은 두 통화의 교환비율이므로, 세계에 $n$ 개의 나라가 있다면 모두 $n[n-1]/2$ 개의 양국간 환율(bilateral exchange rate)이 존재한다.[5] 그러나 이때 $n$ 번째 나라 통화의 $[n-1]$ 국 통화에 대한 환율만 결정되면, 나머지 통화 간의 환율은 자동적으로 구할 수 있다. 예를 들어, 100개국의 경우 4,950개의 양국간 환율이 존재하지만, 한 나라($n$번째 나라)의 99개국 통화에 대한 환율만 주어지면, 나머지 양국간 환율은 자동적으로 구해진다.

오늘날 미국이 이와 같은 $n$번째 나라의 역할을 하고 있으므로, 미국 달러에 대한 각국 통화의 환율을 기준환율이라고 부를 수 있다. 한편 미국 달러가 개입되지 않은 두 통화간 환율을 크로스 레이트(cross rate)라 부르는데, 크로스 레이트는 미국 달러에 대한 기준환율로부터 구할 수 있다. 예를 들어, 미국 달러에 대한 기준환율이 다음과 같다고 하자.

$$USD/CHF = 1.0913$$

$$USD/JPY = 105.66$$

$$GBP/USD = 1.9499$$

---

[5] $n$ 국이 각각 $[n-1]$ 국 통화에 대한 환율을 갖게 되므로 모두 $n[n-1]$의 환율이 존재하는데, 두 나라 통화 간 환율의 이중계산을 조정하기 위해 2로 나눈다. 이것은 $n$ 개의 야구팀이 리그전을 벌릴 때 총 게임 수를 구하는 것과 같다.

이때 미국 달러 이외의 두 나라 통화 간의 환율, 즉 크로스 레이트는 다음과 같은 방법으로 구할 수 있다.

**1.** 두 환율이 모두 유럽식 방법으로 표시되었으면, 크로스 레이트는 다음과 같이 두 환율을 나누어 구한다. 즉

$$\frac{CHF}{JPY} = \frac{USD}{JPY} \div \frac{USD}{CHF} = \frac{105.66}{1.0913} = 96.8203$$

$$\frac{JPY}{CHF} = \frac{USD}{CHF} \div \frac{USD}{JPY} = \frac{1.0913}{105.66} = 0.0103$$

**2.** 두 환율이 유럽식 방법과 미국식 방법으로 표시되었으면, 크로스 레이트는 다음과 같이 두 환율을 곱하여 구한다. 즉

$$\frac{GBP}{CHF} = \frac{USD}{CHF} \times \frac{GBP}{USD} = 1.9499 \times 1.0913 = 2.1279$$

$$\frac{CHF}{GBP} = \frac{CHF}{USD} \times \frac{USD}{GBP} = \frac{1}{1.9499} \times \frac{1}{1.0913} = 0.4699$$

이와 같이 크로스 레이트란 미국 달러가 개입되지 않은 두 통화의 환율을 말하는데, 크로스 레이트는 삼각재정(triangular arbitrage)에 의해 결정된다. 재정이란 동일한 상품을 가격이 낮은 곳에서 매입하는 동시에 가격이 높은 곳에서 매도하여 이익을 얻는 거래를 말하는데, 매입과 매도가 동시에 이루어지므로 가격변동에 따라 손실을 볼 위험이 없다.

외환시장의 삼각재정이란 세 통화의 환율 간에 일관성이 유지되지 않을 때, 세 차례의 외환거래를 통해 무위험 이익(risk-free profit)을 얻는 것을 말한다. 예를 들어, 지금 다음과 같은 환율이 성립하고 있다고 하자.

$$\text{USD/KRW} = 1{,}100$$
$$\text{USD/JPY} = 110$$
$$\text{JPY/KRW} = 10.12$$

이때 (1) 먼저 1,100원으로 1달러를 매입하고, (2) 다음에 1달러로 110엔을 매입한 후, (3) 마지막으로 110엔을 한국 원에 대해 매도하면 110 × 10.12 = 1,113.2원을 받을 수 있으므로, 무위험 이익 13.2원을 얻을 수 있다. 그러나 삼

각재정이 계속되면 미국 달러의 수요가 증가하여 USD/KRW 환율이 오르고, 또 일본 엔의 공급이 증가하여 JPY/KRW 환율이 하락할 것이다. 따라서 무위험 이익의 기회는 조만간 소멸될 것이다.[6]

삼각재정은 외환시장에서 결정되는 환율 간에 일관성을 유지시켜 주는 기능을 수행하는데, 오늘날 전화와 컴퓨터 등 정보통신망의 발달에 의해 세계외환시장에서 환율은 순식간에 재정되고 있다. 따라서 실제로 삼각재정으로 이익을 얻을 수 있는 기회는 거의 없다.

## 2. 매입환율과 매도환율

은행간 거래에 적용되는 환율을 은행간 환율, 그리고 은행간 환율을 기준으로 대기관 거래와 대고객 거래에 적용하는 환율을 대고객 환율이라 부른다. 은행간 환율과 대고객 환율은 환율을 호가하는(quote) 은행을 기준으로 매입환율(bid)과 매도환율(offer)로 나눌 수 있다. 매입환율과 매도환율의 평균을 중간환율(mid)이라 부르는데, 일반적으로 환율이라고 하면 중간환율을 가리킨다.

외환거래는 한 통화를 매입하면서 다른 통화를 매도하는 거래로, 어느 통화를 기준으로 보느냐에 따라 매입과 매도의 방향이 달라진다. 예를 들어, USD/JPY 거래에서 미국 달러의 매입은 일본 엔의 매도이고, 미국 달러의 매도는 일본 엔의 매입이다. 은행간 거래에서는 기준통화를 중심으로 매입과 매도를 구분하는데, 이제 은행간 매입환율과 매도환율을 설명하여 보자. 대고객 매입환율과 매도환율은 나중에 설명하기로 한다.

시장조성자(market maker) 간의 은행간 거래에서는 매입환율과 매도환율의 호가(quote)는 동시에 이루어진다. 은행 B가 은행 A에게 USD/JPY 현물환율을 문의하면, 은행 A는 예를 들어 "108.27/108.37"과 같이 매입환율과 매도환율을 동시에 제시한다. 이를 양방 호가(two-way quotation)라고 하는데, "108.27"은 매입환율(bid)이고 "108.37"은 매도환율(ask or offer)이다. 즉 은행 A는 1달러를 108.27엔으로 매입하거나, 또는 108.37엔에 매도하겠다는 것을 말한다.

전화를 통한 은행간 거래에서는 시간을 절약하기 위해 호가(quote)의 앞의

---

[6] 예를 들어, USD/KRW = 1,110 그리고 JPY/KRW = 10.09이 되면, 삼각재정으로 더 이상 이익을 얻을 수 없게 된다.

세 숫자, 즉 "108"을 생략하고 "27/37"과 같이 매입환율과 매도환율을 제시하는 것이 일반적인 관행이다. 이때 호가에서 생략한 "108"을 "big figures"라 부르는데, 이 값은 대체로 하루 중 자주 변화하지 않는다. 호가의 소수점 아래 마지막 단위(일반적으로 넷째 자리, 한국 원과 일본 엔 등의 경우에는 둘째 자리)를 핍(pip)이라 부른다.[7]

호가은행(quoting bank) A로부터 환율을 제시받은 문의은행(asking bank) B는 1달러를 108.27 일본 엔에 매도하거나, 또는 1달러를 108.37 일본 엔에 매입할 수 있다. 문의은행은 보통 매입이나 매도의 의사를 밝히지 않는데, 이렇게 함으로써 보다 유리한 환율을 제시받을 수 있기 때문이다. 은행 A의 호가는 확정가격(firm quotation), 즉 일단 제시된 환율로 통상 500만 달러 이상의 거래에서는 반드시 응해야 하는 가격이다.

한편 상호주의(reciprocity) 원칙에 따라 은행 A가 환율을 문의할 때 은행 B도 매입환율과 매도환율을 동시에 제시한다. 이와 같은 시장조성자(market maker) 은행 간의 호가는 새로운 정보가 입수됨에 따라 시시각각 변동한다. 은행간 거래가 활발한 경우 호가가 시간당 400번 이상 변경되기도 하는데, 이는 약 10초마다 호가가 바뀐다는 것을 말한다.

**표 3-2 주요 통화간 현물환 매입-매도 스프레드**

단위: pips

| | 글로벌 금융위기 이전 | 리먼 브라더스 파산 이후 |
|---|---|---|
| EUR/USD | 1 | 5 |
| GBP/USD | 3 | 12 |
| USD/JPY | 3 | 12 |
| USD/CHF | 4 | 16 |
| AUD/USD | 4 | 20 |
| USD/CAD | 4 | 20 |
| NZD/USD | 8 | 40 |

자료: Melvin and Taylor (2009)

[7] 핍(pip)은 Price Increment Point의 약자이다. 예를 들어, EUR/USD 호가가 1.2345에서 1.2347로 변화하면, 이는 2 핍스의 상승이다.

은행은 외환거래로 이익을 얻어야 하므로, 당연히 매도환율을 매입환율보다 높게 호가한다. 즉 은행은 낮은 가격에 사서(buy low) 높은 가격에 팔아(sell high) 이익을 얻는데, 매도환율에서 매입환율을 뺀 것을 매입-매도 스프레드(bid-ask spread)라 부른다. 앞에서 본 A 은행의 USD/JPY 현물환율의 매입-매도 스프레드는 10핍스이다.

2000년대 초반까지만 하더라도 주요 통화간 매입-매도 스프레드는 보통 5핍스 내지 10핍스였고, 시장이 불안정한 경우에는 30 내지 50핍스까지 확대되기도 하였다. 그러나 전자거래 방법의 확산으로 외환시장의 가격투명성이 높아지면서, 글로벌 금융위기 이전에 EUR/USD는 1핍스, 그리고 GBP/USD와 USD/JPY는 3핍스까지 하락하였다. 그러나 리먼 브로더스가 파산한 2008년 하반기에 EUR/USD는 5핍스, GBP/USD는 12핍스, 그리고 USD/JPY는 12핍스까지 확대되었다.[8]

그림 3-5 미국 달러와 주요 통화간 평균 매입-매도 스프레드 비율

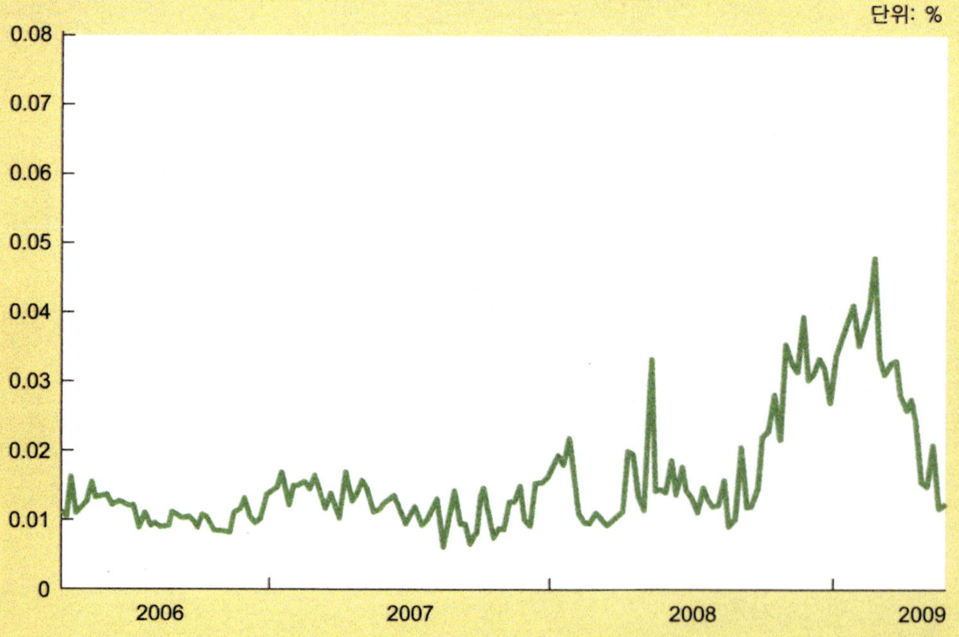


자료: Melvin and Taylor (2009)

[8] M. Melvin and M. Taylor, "The Crisis in the Foreign Exchange Market," *CESifo Working Paper Series* No. 2707, (March 2009).

매입-매도 스프레드는 은행이 외환거래로 얻는 이익 마진이지만, 한편으로는 외환의 거래비용이기도 하다. 외환의 거래비용(transaction cost)은 중간환율에 대한 매입-매도 스프레드 비율(%)로 측정해 볼 수 있다.

$$\text{스프레드 비율} = \frac{\text{매도환율} - \text{매입환율}}{[\text{매입환율} + \text{매도환율}]/2} \times 100$$

[그림 3-5]는 2006년 3월부터 2009년 4월까지의 약 3년간 주요 통화 간 매입-매도 스프레드 비율의 평균을 보여주고 있다. 글로벌 금융위기 이전에 이 비율은 0.012% 내외로 매우 낮았다. 그러나 리먼 브로더스가 파산한 2008년 9월 이후에는 0.04% 이상으로 오르기도 하였다. 한편 미국 달러와 개도국 통화 간의 스프레드 비율은 보통 0.1% 이상을 나타내는데, 이는 거래량이 매우 적기 때문이다.

## 3. 현물환율과 선물환율

현물환율(spot rate)은 결제일이 거래일로부터 2영업일 후, 즉 익익일 결제(value spot)인 외환거래에 적용하는 환율을 말한다. 한편 선물환율(forward rate)은 결제일이 거래일로부터 2영업일 이후, 즉 익익일후 결제(value forward)인 외환거래에 적용하는 환율을 말한다. 선물환의 표준 만기는 1개월(30일), 2개월(60일), 3개월(90일), 6개월(180일) 등이다.

선물환율의 표시방법에는 (1) 아웃라이트 선물환율 (2) 스왑 포인트, 그리고 (3) 연율 표시법의 세 가지가 있다. 선물환율에도 매입과 매도의 양방 호가가 있는데, 양방 호가로 선물환율의 표시방법을 설명하는 것은 다소 복잡하다. 따라서 여기서는 매입과 매도의 중간환율로 선물환율의 표시방법을 설명하기로 한다. 앞으로 $S$는 현물환율, $F_t$는 만기 $t$일인 아웃라이트 선물환율이라고 하자.

### (1) 아웃라이트 선물환율

아웃라이트 선물환율(outright forward rate)이란 선물환율을 전체 가격(full price)으로 나타낸 것을 말한다. 제1절의 [표 3-1]에서 보는 바와 같이, *Wall Street Journal*은 주요 통화에 대해 현물환율과 함께 아웃라이트 선물환율을 보도하고 있다. 예를 들어, 2010년 6월 23일 USD/CAD의 현물환율과 1개월, 3개월, 6개월 선물환율은 $S = 1.0384$, $F_{30} = 1.0386$, $F_{90} = 1.0391$, $F_{180} = 1.0403$이다. 그리고 USD/CHF의 현물환율과 1개월, 3개월, 6개월 선물환율은 $S = 1.1053$, $F_{30} = 1.1047$, $F_{90} = 1.1030$, $F_{180} = 1.1004$이다.

선물환율은 현물환율보다 크거나 작다. USD/CAD의 경우에는 선물환율이 현물환율보다 크다. 그리고 만기가 길어짐에 따라 선물환율은 점점 커진다. 즉 $S < F_{30} < F_{90} < F_{180}$이다. 이와 같이 유럽식 방법의 환율표시에서 선물환율이 현물환율보다 크면, 캐나다 달러(상대통화)가 선물 디스카운트에 있고, 미국 달러(기준통화)가 선물 프리미엄에 있다고 말한다.[9]

한편 USD/CHF의 경우에는 선물환율이 현물환율보다 작다. 그리고 만기가 길어짐에 따라 선물환율은 점점 작아진다. 즉 $S > F_{30} > F_{90} > F_{180}$이다. 이와 같이 유럽식 방법의 환율표시에서 현물환율이 선물환율보다 크면, 스위스 프랑(상대통화)이 선물 프리미엄에 있고, 미국 달러(기준통화)가 선물 디스카운트에 있다고 말한다.

선물환율은 현물환율로부터 파생된다. 즉 앞으로 제4장 1절에서 배우는 바와 같이, 이론적 선물환율(theoretical forward rate)은 다음과 같이 현물환율과 두 통화의 이자율에 따라 결정된다.

$$F_t = S\frac{1+i(t/360)}{1+i^*(t/360)}$$

위에서 $S$는 현물환율, $F_t$는 만기 $t$일의 선물환율, 그리고 $i$와 $i^*$는 한국과 미국의 이자율이다. 이와 같이 선물환율은 현물환율로부터 파생되므로(derived), 선물환을 현물환의 파생상품(derivative)이라고 한다.

예를 들어, USD/KRW 현물환율이 $S$ = 1,000원, 한국의 90일 이자율이 $i$ = 8%, 미국의 90일 이자율이 $i^*$=4%라면, 만기 $t$ = 90일인 이론적 선물환율은 다음과 같이 1,009.9원으로 구할 수 있다.

$$F_{90} = 1,000\frac{1+0.08(90/360)}{1+0.04(90/360)} = 1,009.9$$

---

9 현물 1 USD는 1.0384 CAD이고, 1개월 선물 1 USD는 1.0386 CAD이다. 이와 같이 1개월 후에 지금보다 더 많은 CAD를 주어야 1 USD를 살 수 있으므로, CAD가 선물 디스카운트(at forward discount)에 있다. 한편 현물 1 CAD는 0.9630 USD이고, 1개월 선물 1 CAD는 0.9628 USD이다. 이와 같이 1개월 후에 지금보다 더 적은 USD를 주고 1 CAD를 살 수 있으므로, USD가 선물 프리미엄(at forward premium)에 있다.

### (2) 스왑 포인트

일반적으로 선물환율이라고 하면 아웃라이트 선물환율을 말한다. 그러나 은행간 거래에서는 선물환율을 스왑 포인트(swap points)로 호가하는 것이 일반적인 관행이다. 스왑 포인트란 아웃라이트 선물환율에서 현물환율을 뺀 것을 말하는데, 선물 포인트(forward points)라 부르기도 한다.

$$\text{스왑 포인트} = F_t - S$$

스왑 포인트로 선물환율이 호가되면, 아웃라이트 선물환율은 현물환율에 스왑 포인트를 더해 구한다. 예를 들어, USD/KRW 3개월 스왑 포인트가 3원이라고 하자. 이때 현물환율이면 1,200원이면, 3개월 아웃라이트 선물환율은 현물환율 1,200원에 스왑 포인트 3원을 더한 1,203원이 된다. 한편 현물환율이 1,210원이면, 3개월 아웃라이트 선물환율은 현물환율 1,210원에 스왑 포인트 3원을 더한 1,213원이 된다. [그림 3-6]은 2009년-2011년간 USD/KRW의 3개월 스왑 포인트의 변동률을 보여주고 있다.

그림 3-6 USD/KRW의 3개월 스왑 포인트

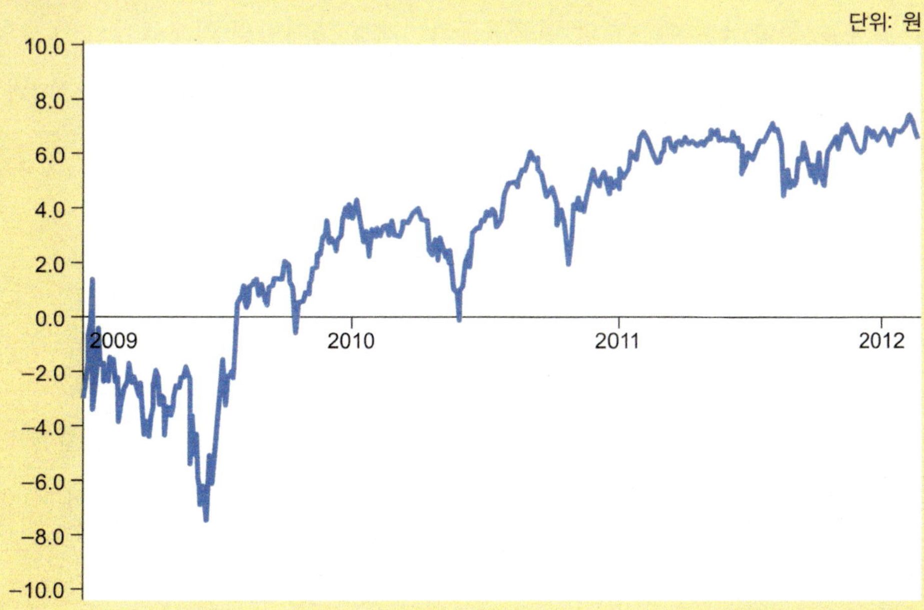


자료: 한국자금중개

앞에서 본 바와 같이, USD/KRW 현물환율이 $S$ = 1,000원, 한국의 90일 이자율이 $i$ = 8%, 미국의 90일 이자율이 $i^*$ = 4%일 때, 만기 90일의 이론적 선물환율은 $F_{90}$ = 1,009.9원으로 구할 수 있다. 따라서 이때 이론적 3개월 스왑 포인트는 9.9원이 된다.

이론적 스왑 포인트는 이론적 선물환율을 구하는 공식으로부터 근사적으로 다음과 같이 10원으로 구할 수 있다. 즉

$$F_t - S \approx S(i - i^*)\frac{t}{360} = 1{,}000(0.08 - 0.04)\frac{90}{360} = 10$$

원래 선물환율을 스왑 포인트로 호가하는 것은 외환스왑 거래에서 유래하였는데, 이에 대해서는 다음 장 4절에서 자세하게 설명할 것이다.

### (3) 연율 표시법

선물환율의 연율 표시법이란 스왑 포인트를 연간 베이스(per annum basis)로 조정한 것을 말한다. 유럽식 환율표시의 현물환율을 $S$, 만기 $t$일의 아웃라이트 선물환율을 $F_t$라고 하면, 연율 표시법으로 나타낸 선물환율은 다음과 같이 구한다.

$$d_t = \frac{F_t - S}{S} \times \frac{360}{t} \times 100$$

예를 들어, USD/CAD의 현물환율과 3개월, 6개월의 아웃라이트 선물환율이 $S$ = 1.0384, $F_{90}$ = 1.0391, $F_{180}$ = 1.0403이라면, 연율 표시법으로 나타낸 90일과 180일 선물환율은 각각 다음과 같이 구할 수 있다.

$$d_{90} = \frac{1.0391 - 1.0384}{1.0384}\frac{360}{90}100 = 0.27\%$$

$$d_{180} = \frac{1.0403 - 1.0384}{1.0384}\frac{360}{180}100 = 0.37\%$$

한편 USD/CHF의 현물환율과 3개월, 6개월 아웃라이트 선물환율이 $S$ = 1.1053, $F_{90}$ = 1.1030, $F_{180}$ = 1.1004라면, 연율 표시법으로 나타낸 90일과 180일 선물환율은 각각 다음과 같이 구할 수 있다.

$$d_{90} = \frac{1.1030 - 1.1053}{1.1053}\frac{360}{90}100 = -0.83\%$$

$$d_{180} = \frac{1.1004 - 1.1053}{1.1053}\frac{360}{180}100 = -0.89\%$$

여기서 $d$는 연율로 나타낸 상대통화의 선물 디스카운트를 나타낸다.[10] USD/CAD의 경우와 같이 $d$가 플러스이면, 상대통화(캐나다 달러)가 디스카운트에 있고, 기준통화(미국 달러)가 프리미엄에 있다. 반대로 USD/CHF의 경우와 같이 $d$가 마이너스이면, 상대통화(스위스 프랑)가 프리미엄에 있고, 기준통화(미국 달러)가 디스카운트에 있다.

지금 한국과 미국의 만기 $t$일의 이자율을 $i_t$와 $i_t^*$라고 하자. 다음 장에서 배우는 커버한 금리평가(CIP)가 성립하면, 연율 표시법으로 나타낸 USD/KRW의 선물환율 $d_t$는 근사적으로 두 통화의 이자율의 차와 같아진다. 즉

$$d_t = \frac{F_t - S}{S} \times \frac{360}{t} \times 100 \approx i_t - i_t^*$$

**그림 3-7 한국 원의 선물 디스카운트**

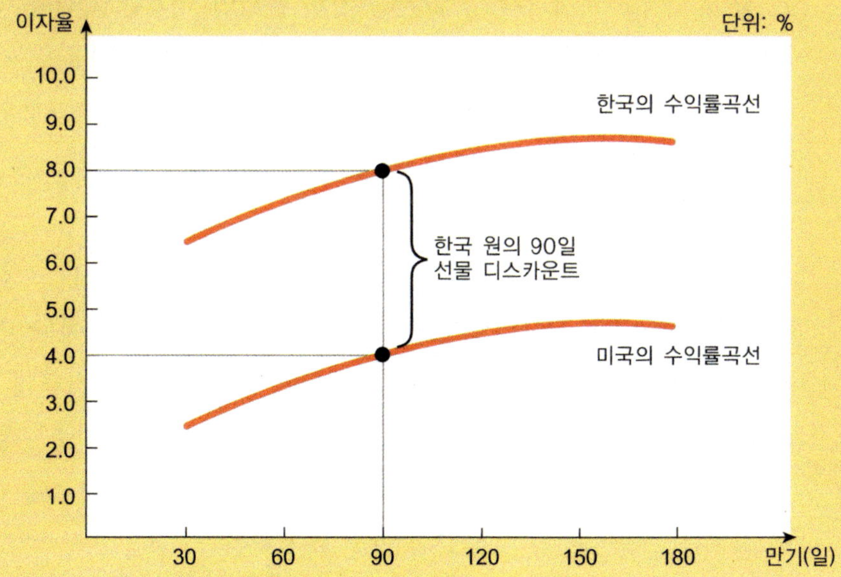


---

[10] 우리나라에서는 흔히 한국 원의 선물 디스카운트 $d$를 스왑 레이트라 부른다. 그런데 스왑 레이트라고 하면 일반적으로 제10장 1절에서 배우는 고정금리-변동금리 금리스왑의 고정금리를 가리킨다. 한편 다음 장 제4절에서 보는 바와 같이, 한국 원의 선물 디스카운트 $d$는 외환스왑의 비용을 나타낸다. 따라서 $d$는 스왑 레이트가 아니라 외환스왑 레이트(FX swap rate)라 부르는 것이 바람직하다.

앞에서 USD/KRW 현물환율이 $S$ = 1,000원, 한국의 90일 이자율이 $i$ = 8%, 미국의 90일 이자율이 $i^*$ = 4%라면, 만기 $t$ = 90일인 이론적 선물환율은 1,009.9원이었다. 따라서 다음이 성립한다.

$$d_{90} = \frac{1{,}009.9 - 1{,}000}{1{,}000} \times \frac{360}{90} \times 100 \approx 4\%$$

아웃라이트 선물환율 $F_t$와 스왑 포인트 $[F_t - S]$는 모두 만기 $t$에 따라 각기 그 값이 다르게 결정된다. 그러나 연율 표시법으로 나타낸 선물환율 $d_t$는 만기와 관계없이 모두 비슷한 수준으로 결정된다. [그림 3-7]에서 보는 바와 같이, 두 통화의 수익률곡선이 매우 가파르지 않으면, 단기에 두 통화의 이자율의 차는 크지 않기 때문이다.

## 4. 은행간 환율과 대고객 환율

지금까지 은행간 거래에 적용되는 은행간 환율을 설명하였는데, 은행간 환율은 하루 중에도 시시각각 변화한다. 한편 은행이 대기관 거래와 대고객 거래에 적용하는 대고객 환율(exchange quotation)은 은행간 환율을 기준으로 개별 은행이 고시하는 환율을 말한다. 대고객 환율은 은행이 고객으로부터 외환을 매입하는 매입환율(bid)과 은행이 고객에게 외환을 매도하는 매도환율(offer)로 구분한다.

환율의 변동이 크지 않았던 과거에 대고객 환율은 하루 중 고정되어 있는 경우가 일반적이었다. 그러나 환율의 변동성이 높아진 최근에는 대고객 환율은 하루에도 여러 차례 변경되기도 한다. 대고객 환율은 외환거래에 따른 두 통화의 수취(inflow)와 지급(outflow)의 시차에 따라 여러 종류로 구분할 수 있다.

전신환 매매율은 전신으로 2일 이내에 자금이 결제되는 경우에 적용되는 환율로 환가료(금리비용)가 포함되지 않은 가장 순수한 환율이다. 전신환 매매율은 은행의 입장에서 전신환 매입률(T/T buying rate)과 전신환 매도율(T/T selling rate)로 구분한다. 전자는 고객이 전신으로 송금받은 외환을 매입할 때, 그리고 후자는 고객이 외국으로 외환을 전신으로 송금할 때 적용하는 환율이다. 전신환 매매율은 대고객 환율의 기준이 되는데, 은행간 환율에 대고객 스프레드를 가감하여 결정하고 있다.

현찰 매매율은 은행이 고객과 외화 현찰을 매매할 때 적용하는 환율을 말한다. 외화 현찰은 수송과 보관에 비용이 들 뿐만 아니라, 이자가 발생하지 않으며, 환위험이 따른다. 따라서 현찰 매매율은 대체로 은행간 환율에 지폐의 경우에는 ±1.5%, 주화의 경우에는 ±10%를 가감하여 결정한다. 고객의 입장에서 가장 불리한 환율이다. 한편 여행자수표 매도율은 은행이 고객에게 여행자수표(traveler's check)를 매도할 때 적용하는 환율로 은행간 환율에 보통 0.7% 정도를 더해 결정하고 있다.

## 3.3 전통적 환율이론

오늘날 환율결정의 대표적인 이론으로는 (1) 구매력 평가설, (2) 경상수지 접근방법, 그리고 (3) 자산시장 접근방법이 있다. 자산시장 접근방법은 1970년대 초반 변동환율제도의 도입 이후에 전개된 새로운 환율이론이다. 한편 변동환율제도 도입 이전의 환율이론인 구매력 평가설과 경상수지 접근방법을 전통적 환율이론이라 부른다. 이 절에서는 구매력 평가설과 경상수지 접근방법을 설명하고, 다음 절에서 자산시장 접근방법을 공부하기로 한다.

### 1. 일물일가의 법칙

환율결정의 가장 오래된 이론은 구매력 평가설(purchasing power parity)이다. 구매력 평가설(PPP)의 기원은 중세기까지 거슬러 올라간다고 알려져 있다. 구매력 평가설은 절대적 구매력 평가설과 상대적 구매력 평가설로 나눌 수 있는데, 그 기초를 이루는 것은 일물일가의 법칙이다.

구매력 평가설에 따르면 환율은 두 통화의 구매력에 의해 결정된다. 그런데 통화의 구매력은 물가수준과 역의 관계에 있으므로, 구매력 평가설은 환율이 두 나라의 물가수준에 의해 결정된다고 보는 이론이다. 즉 구매력 평가설에 따르면, 자국의 물가수준($P$)이 오르면 환율은 상승하고, 외국의 물가수준($P^*$)이 오르면 환율은 하락한다.

$$\Delta S = a_1(\Delta P - \Delta P^*) \tag{1}$$

구매력 평가설은 일물일가의 법칙(law of one price)에 기초하고 있다. 일물일가의 법칙이란, 두 나라 간에 교역이 자유로우면, 동일 통화로 나타낸 동질적인 상품의 가격은 두 나라에서 같아야 한다는 것을 말한다. 예를 들어, 동질적인 $i$재의 한국 가격을 $p_i$, 미국 가격을 $p_i^*$, 환율(방화표시)을 $S$라고 하면, 일물일가의 법칙은 다음과 같이 나타낼 수 있다.

$$p_i = Sp_i^* \tag{2}$$

일물일가의 법칙으로부터 환율 $S$와 $p_i$와 $p_i^*$ 사이에는 다음과 같은 관계가 성립한다는 것을 알 수 있다.

$$S = \frac{p_i}{p_i^*} \tag{3}$$

예를 들어, 이제 $i$재를 맥도널드 햄버거의 빅맥(Big Mac)이라고 하자. 실제로 2010년 2월 4일, 빅맥은 미국에서는 3.54달러, 그리고 한국에서는 3,300원이었다. 이때 만약 일물일가의 법칙이 성립한다면, 환율은 1달러 = 932원이 되어야 한다. 즉

$$932\text{원/달러} = \frac{3{,}300\text{원}}{3.54\text{달러}}$$

왜냐하면 이때 두 나라에서 빅맥의 가격은 동일해지기 때문이다. 즉 빅맥의 한국 가격을 미국 달러로 환산하면 3.54(= 3,300/932)달러가 되고, 미국 가격을 한국 원으로 환산하면 3,300(= 3.54 × 932)원이 된다. 이와 같이 두 나라 빅맥 가격으로부터 구한 환율을 흔히 빅맥 PPP 환율, 또는 빅맥 지수(Big Mac index)라 부른다.

한편 2010년 2월 4일의 한국 원의 시장환율은 1달러 = 1,380원이었다. 따라서 빅맥의 한국 가격을 미국 달러로 환산하면 2.39(= 3,300/1,380)달러, 그리고 미국 가격을 한국 원으로 환산하면 4,885(= 3.54 × 1,380)원이 된다. 이와 같이 어느 통화로 환산하더라도 빅맥의 가격은 미국보다 한국이 싸다. 이때 빅맥 PPP 환율($S_t^{ppp}$)에 비해 한국 원은 32% 저평가되어(undervalued) 있다. 즉

**표 3-3 빅맥 PPP 환율: 2010년 2월**

| | 빅맥가격 | | 빅맥가격 | | 미국달러에 대해 |
|---|---|---|---|---|---|
| | 현지통화 가격 | 미국달러 가격 | PPP 환율 | 2월 4일 시장환율 | 저평가(-) 고평가(+) |
| 미국 | $3.54 | 3.54 | - | - | |
| 아르헨티나 | Peso 11.50 | 3.30 | 3.25 | 3.49 | -7 |
| 호주 | A$3.45 | 2.19 | 0.97 | 1.57 | -38 |
| 브라질 | Real 8.02 | 3.45 | 2.27 | 2.32 | -2 |
| 영국 | £2.29 | 3.30 | 1.55 | 1.44 | -7 |
| 캐나다 | C$4.16 | 3.36 | 1.18 | 1.24 | -5 |
| 칠레 | Peso 1.550 | 2.51 | 438 | 617 | -29 |
| 중국 | Yuan 12.5 | 1.83 | 3.53 | 6.84 | -48 |
| 체코 | Koruna 65.94 | 3.02 | 18.6 | 21.9 | -15 |
| 덴마크 | DK 29.5 | 5.07 | 8.33 | 5.82 | 43 |
| 이집트 | Pound 13.0 | 2.34 | 3.67 | 5.57 | -34 |
| 유럽연합 | $3.42 | 4.38 | 1.04 | 1.28 | 24 |
| 홍콩 | HK$13.3 | 1.72 | 3.76 | 7.75 | -52 |
| 헝가리 | Forint 680 | 2.92 | 192 | 233 | -18 |
| 인도네시아 | Rupiah 19.800 | 1.74 | 5,593 | 11,380 | -51 |
| 이스라엘 | Shekel 15.0 | 3.69 | 4.24 | 4.07 | 4 |
| 일본 | ¥290 | 3.23 | 81.9 | 89.8 | -9 |
| 말레이시아 | Ringgit 5.50 | 1.52 | 1.55 | 3.61 | -57 |
| 멕시코 | Peso 33.0 | 2.30 | 9.32 | 14.4 | -35 |
| 뉴질랜드 | NZ$4.90 | 2.48 | 1.38 | 1.97 | -30 |
| 노르웨이 | Kroner 40.0 | 5.79 | 11.3 | 6.61 | 63 |
| 페루 | Sol 8.06 | 2.54 | 2.28 | 3.18 | -28 |
| 필리핀 | Peso 98.0 | 2.07 | 27.7 | 47.4 | -42 |
| 폴란드 | Zloty 7.00 | 2.01 | 1.98 | 3.48 | -43 |
| 러시아 | Ruble 62.0 | 1.73 | 17.5 | 35.7 | -51 |
| 사우디 아라비아 | Riyal 10.0 | 2.66 | 2.82 | 3.75 | -25 |
| 싱가포르 | S$3.95 | 2.61 | 1.12 | 1.51 | -26 |
| 남아프리카 | Rand 16.95 | 1.66 | 4.79 | 10.2 | -53 |
| 한국 | Won 3,300 | 2.39 | 932 | 1,380 | -32 |
| 스웨덴 | SKR 38.0 | 4.58 | 10.7 | 8.30 | 29 |
| 스위스 | CHF 6.50 | 5.60 | 1.84 | 1.16 | 58 |
| 대만 | NT$75.0 | 2.23 | 21.2 | 33.6 | -37 |
| 태국 | Baht 62.0 | 1.77 | 17.5 | 35.0 | -50 |
| 터키 | Lire 5.15 | 3.13 | 1.45 | 1.64 | -12 |

자료: *Economist*

$$\frac{S_t^{ppp} - S_t}{S_t} = \frac{932 - 1,380}{1,380} \times 100 \approx -32\%$$

*Economist*는 1986년부터 매년 약 40여 나라에 대한 빅맥 지수를 조사하여 발표하고 있다. 2010년 2월 조사에 따르면, 미국의 빅맥 가격은 3.54 달러인데, 미국 달러로 환산했을 때 중국의 빅맥 가격은 1.83달러로, 중국 위안은 48% 저평가된 것으로 나타났다. 한편 미국 달러로 환산한 빅맥 가격이 가장 비싼 나라는 노르웨이(5.79달러)인데, 노르웨이 크로나는 63% 고평가되어 있는 것으로 나타났다.

일물일가의 법칙은 상품재정(commodity arbitrage)에 기초하고 있다. 만약 두 나라에서 동질적인 상품의 가격이 다르다면, 가격이 낮은 나라에서 상품을 사서 가격이 높은 나라에서 팔면, 무위험 이익을 얻을 수 있다. 이때 가격이 낮은 나라의 가격은 오르고, 가격이 높은 나라의 가격은 내려, 결국 두 나라에서

**표 3-4 세계 주요 도시의 물가: 2010년 5월**

| 도시 | 햄버거 (1개) | 아스피린 (20개) | 남성 헤어컷 (한 번) | 메모리 스틱 (4 GB) |
|---|---|---|---|---|
| 아테네 | $4.32 | $0.93 | $51.01 | $15.48 |
| 코펜하겐 | $5.35 | $4.07 | $81.49 | $33.15 |
| 홍콩 | $2.09 | $5.24 | $72.38 | $11.41 |
| 런던 | $3.51 | $3.36 | $55.21 | $19.92 |
| L.A | $3.79 | $2.79 | $23.75 | $16.99 |
| 마드리드 | $4.73 | $4.61 | $18.38 | $28.11 |
| 멕시코시티 | $2.61 | $0.77 | $18.34 | $21.14 |
| 뮌헨 | $4.72 | $4.78 | $23.42 | $19.11 |
| 파리 | $4.66 | $3.77 | $49.32 | $32.26 |
| 리오 데 자네이루 | $4.69 | $4.43 | $28.11 | $19.29 |
| 로마 | $5.68 | $5.70 | $34.46 | $21.21 |
| 시드니 | $4.12 | $3.52 | $39.81 | $30.88 |
| 도쿄 | $3.45 | $6.25 | $66.23 | $12.54 |
| 토론토 | $4.95 | $2.10 | $38.28 | $19.83 |
| 빈 | $4.04 | $5.77 | $41.89 | $20.26 |
| 평균 | $4.18 | $3.87 | $42.81 | $21.44 |

자료: Eun, Resnick and Sabherwal (2012)

동질적인 상품의 가격은 같아질 것이다.

일물일가의 법칙이 성립하기 위해서는, 첫째로 상품이 동질적이며(homogeneous), 둘째로 국경을 넘어 거래할 수 있는 교역재(traded good)이고, 셋째로 운송비 등의 거래비용이나 관세 등의 무역장벽(trade barriers)이 존재하지 않아야 하고, 넷째로 상품의 가격이 신축적이어야(flexible) 한다. 그러나 실제로 이와 같은 조건이 성립하지 않기 때문에, 동질적인 상품이라 하더라도 나라마다 가격이 다른 것이 일반적이다.

실증적인 연구에 따르면 일차상품(primary products)의 경우에는 운송비 등의 거래비용을 고려하면 일물일가의 법칙이 성립하는 경우가 많다. 그러나 공산품(manufactured products)의 경우에는 일물일가의 법칙이 거의 성립하고 있지 않다. 이는 공산품은 제품차별이 존재하고, 주로 독과점기업에 의해 생산되기 때문에 가격이 매우 경직적이고(sticky), 나라마다 독특한 유통구조를 가지고 있기 때문이라고 말할 수 있다.

## 2. 절대적 PPP

구매력 평가설에는 절대적 구매력 평가설(absolute PPP)과 상대적 구매력 평가설(relative PPP)이 있다. 이제 절대적 구매력 평가설을 먼저 설명한 다음 상대적 구매력 평가설을 설명하기로 한다.

절대적 PPP는 일물일가의 법칙을 개별 상품의 가격이 아니라, 여러 상품으로 확대한 것을 말한다. 절대적 PPP에 따르면 두 나라에서 동일 마켓 바스켓(market basket)의 가격은 동일 통화로 나타낼 때 같아야 한다. 자국과 외국의 물가수준을 $P$와 $P^*$, 두 나라에서 각 상품의 가격을 $p_i$와 $p_i^*$라고 하면, 절대적 *PPP*는 다음과 같이 쓸 수 있다.

$$S = \frac{P}{P^*} = \frac{\sum a_i p_i}{\sum b_i p_i^*} \tag{4}$$

이와 같이 절대적 PPP에서 말하는 물가수준이란 동질적인 상품으로 구성된 마켓 바스켓의 가격으로, $a_i$와 $b_i$는 각 상품의 가중치를 나타낸다. 예를 들어, 동일한 마켓 바스켓의 가격이 일본에서 10,000엔이고 미국에서 100달러이면, 두 통화의 환율 USD/JPY는 100엔이 될 것이다. 그리고 이 마켓 바스켓의 가격이 일본에서 12,000엔으로 상승하고 미국에서는 불변이면, USD/JPY는 120엔으로 상승할 것이다.

절대적 PPP가 성립하기 위해서는 첫째로 모든 상품이 교역재이고, 둘째로 일물일가의 법칙이 성립하고, 셋째로 양국의 소비 패턴이 같아야 한다. 오늘날 세계 생산 가운데 교역재가 차지하는 비율은 20% 내외에 불과하다. 또 운송비, 무역장벽, 제품차별, 가격의 경직성 때문에 일반적으로 일물일가의 법칙은 성립하지 않는다. 그리고 나라마다 소비 패턴이 달라 마켓 바스켓에 포함되는 상품의 가중치가 다르다. 따라서 오늘날 절대적 PPP는 일반적으로 성립하고 있지 않다.

## 3. 상대적 PPP

일물일가의 법칙과 절대적 PPP는 개별 상품 또는 마켓 바스켓의 가격으로 물가수준을 측정하지만, 오늘날 모든 나라는 물가지수(price index)로 물가수준을 측정하고 있다. 이에 따라 상대적 PPP는 일반적인 물가지수를 이용하여 환율의 변동을 설명하고 있다.

지금 자국과 외국의 물가지수를 $P$와 $P^*$, 기준연도의 환율을 $S_0$라고 하자. 이때 상대적 PPP에 따르면, 비교연도의 환율 $S_t$는 다음과 같이 결정될 것이다.

$$S_t = S_0 \frac{P_t / P_0}{P_t^* / P_0^*} \tag{5}$$

예를 들어, 기준연도의 환율과 두 나라의 물가지수를 $S_0 = 1,000$, $P_0 = 100$ $P_0^* = 100$이라고 하자. 이때 만약 비교연도의 자국과 외국의 물가지수가 $P_t = 120$, $P_t^* = 110$이라면, 상대적 PPP에 따른 비교연도의 환율은 다음과 같이 $S_t = 1,091$이 된다.

$$1,091 = 1,000 \frac{120/100}{110/100}$$

한편 식 (5)의 상대적 PPP가 성립하면, 환율의 변동률은 양국의 물가상승률의 차와 근사적으로(approximately) 같아진다. 즉

$$\Delta S \approx \Delta P - \Delta P^* \tag{6}$$

앞의 예에서, 기준연도와 비교연도 간의 자국과 외국의 물가상승률은 각각

20%와 10%로, 두 나라 물가상승률의 차는 10%이었다. 한편 기준연도와 비교연도 간의 환율 변동률은 약 9%이었다. 따라서 상대적 PPP가 성립하면, 환율과 물가수준의 변동률 사이에는 근사적으로 식 (6)이 성립하는 것을 알 수 있다.

[그림 3-8]은 1975년-2005년의 30년간 미국 달러에 대한 82개국 통화의 연평균 절하율($\Delta\%S$)과 미국과 각국 간 연평균 물가상승률의 차($\Delta\%P - \Delta\%P^*$)를 산포도(scatter diagram)로 보여주고 있다. 만약 상대적 PPP가 성립한다면, 산포도의 모든 점은 45도 선상에 위치할 것이다. [그림 3-8]은 이 관계가 엄밀하게 성립하지는 않지만, 대부분의 점들은 45도 선 가까운 주변에 모여 있음을 보여주고 있다. 즉 환율 변동률과 물가상승률의 차 사이의 상관관계가 매우 높다. 따라서 장기에 상대적 PPP는 근사적으로 성립하고 있다고 말할 수 있다.

[그림 3-9]는 1973년부터 2009년까지 USD/JPY의 시장 환율과 PPP 환율의 변동을 보여주고 있다. 여기서 파랑선은 실제 환율을 그리고 주황선은 PPP 환율을 보여주고 있는데, 장기적으로 실제 환율은 PPP 환율의 추세를 따라가고 있다. 그러나 상당한 기간 동안 실제 환율은 PPP 환율과 괴리되어 변동하고 있

**그림 3-8 물가상승률의 차와 환율 변동: 1975-2005**

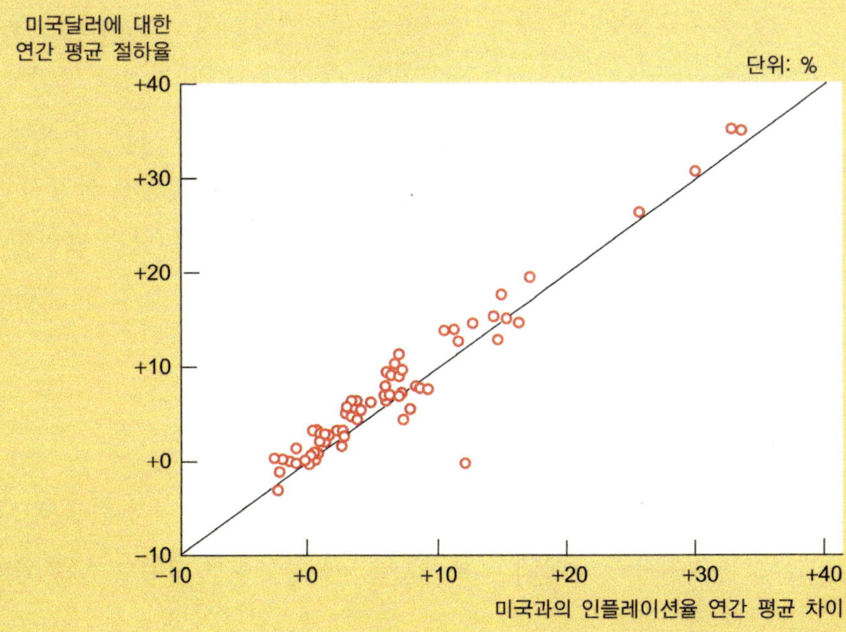


자료: Feenstra and Taylor (2012)

그림 3-9 USD/JPY의 시장환율과 PPP 환율

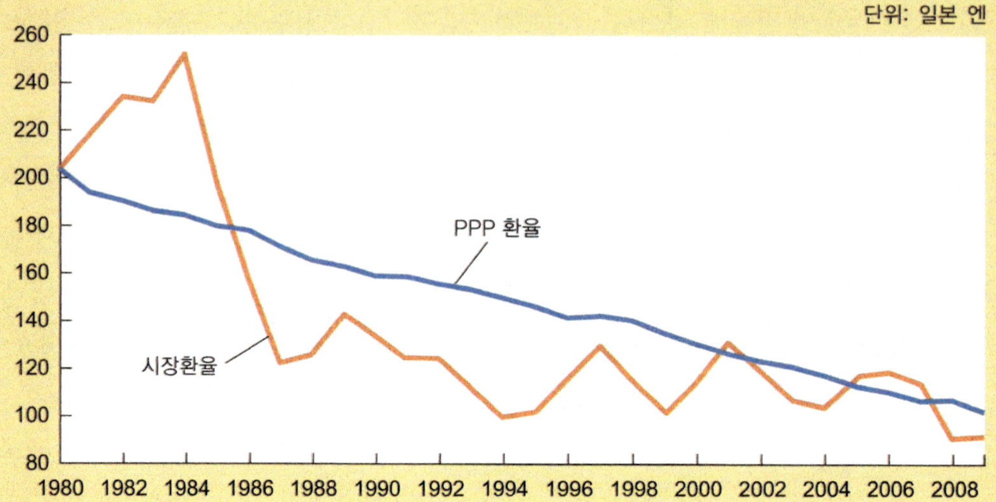


자료: Krugman, Obstfeld and Melitz (2012)

다. PPP 환율은 매우 점진적으로 변동하며 또 그 변동폭도 그리 크지 않다. 그러나 명목환율은 단기간에 매우 급격하게 변동하며 또 그 변동폭도 매우 크다. 따라서 단기적으로 상대적 PPP는 성립하고 있지 않다는 것을 알 수 있다.

왜 상대적 PPP가 실제로 성립하지 않는가? 앞에서 거래비용, 무역장벽, 비교역재(non-traded goods), 제품차별, 불완전 경쟁, 가격의 경직성, 소비패턴의 차이 등 일물일가의 법칙과 절대적 PPP가 성립하지 않는 이유에 대해 설명한 바 있다. 더욱이 상대적 PPP는 소비자 물가지수, 생산자 물가지수, GNP 디플레이터 등 물가지수의 선택과 또 기준연도의 선택에 따라 PPP 환율이 크게 달라질 수 있다는 한계를 가지고 있다.

## 4. 경상수지 접근방법

제1장 1절에서 설명한 바와 같이 변동환율제도하에서 환율은 외환의 수요와 공급이 일치하는 수준에서 결정된다. 지금 수출과 수입을 $X$와 $M$, 그리고 자본유입과 자본유출을 $\triangle L$와 $\triangle A$로 표시하면, 외환의 공급은 $[X+\triangle L]$ 그리고 외환의 수요는 $[M+\triangle A]$로 나타낼 수 있다. 따라서 환율은 다음과 같이 외환의

수요와 공급이 일치하는 수준에서 결정된다.

$$[X+\triangle L]-[M+\triangle A] = [X-M]+[\triangle L-\triangle A] = 0$$

위에서 $[X-M]$은 경상수지, $[\triangle L-\triangle A]$은 자본수지를 나타낸다. 브레튼우드 체제하에서는 주요국들도 자본이동을 규제하였으므로, 1970년대 초반까지 외환의 수요와 공급은 주로 상품과 서비스의 수출과 수입 등 경상거래에 의해 유발되었다. 경상수지 접근방법이란 자본수지를 무시하고, 환율이 경상거래에 의해 결정된다고 보는 이론이다.[11] 경상수지가 악화하면 환율이 상승하고, 반대로 경상수지가 개선되면 환율은 하락한다.

경상수지는 주로 자국과 외국의 소득과 자국과 외국의 물가수준에 따라 결정된다. 자국의 소득($Y$)이 증가하면 수입이 증가하여 경상수지가 악화하고, 외국의 소득($Y^*$)이 증가하면 수출이 증가하여 경상수지가 개선된다. 또 자국의 물가수준($P$)이 상승하면 수출이 감소하여 경상수지가 악화하고, 외국의 물가수준($P^*$)이 상승하면 수출이 증가하여 경상수지가 개선된다. 따라서 환율은 다음과 같이 결정된다고 요약할 수 있다.

$$\Delta S = a_1(\Delta P-\Delta P^*)+a_2(\Delta Y-\Delta Y^*) \tag{7}$$

이제부터 경상수지 접근방법에 의한 환율결정이론을 자세하게 설명하여 보자. 국제거래에서 자본유출과 자본유입 등 자본거래가 존재하지 않는다고 가정하면, 외환의 수요는 상품의 수입을 위해 그리고 외환의 공급은 상품의 수출에 의해 이루어질 것이다. 따라서 외환의 수요와 공급이 일치하기 위해서는, 상품의 수출과 수입, 즉 경상수지가 균형을 이루어야 한다. 그러면 상품의 수출과 수입, 즉 경상수지를 결정하는 요인은 무엇인가?

제1절에서 본 바와 같이, 방화표시 실질환율($SP^*/P$)이 오르면 수출($X$)은 증가하고 수입($M$)은 감소한다. 한편 자국의 소득($Y$)이 증가하면 수입이 증가하고, 외국의 소득($Y^*$)이 증가하면 자국의 수출(외국의 수입)이 증가할 것이다. 따라서 경상수지($CA$)의 균형조건은 다음과 같이 나타낼 수 있는데, 환율은 이 경상수지의 균형조건으로부터 구할 수 있다.

[11] 한편 경상수지를 무시하고 환율이 자본수지에 의해 결정된다고 보는 환율이론이 다음 절에서 공부하는 자산시장 접근방법이다.

$$CA = X(SP^*/P, Y^*) - M(SP^*/P, Y) = 0 \tag{8}$$

이제 외환의 수요곡선과 공급곡선을 도출하기 위해, 양국의 소득과 물가수준이 일정하게 주어져 있다고 하자. 이때 환율이 상승하면, 외환의 수요량과 공급량은 어떻게 변화하겠는가? 이를 보기 위해 외환의 공급량을 나타내는 수출과 외환의 수요량을 나타내는 수입을 다음과 같이 정의하고, 수입품은 원유 그리고 수출품은 가방이라고 가정하기로 하자.

$$X = Q_x \times P_x^*,\quad \text{즉 수출 = 수출량} \times \text{수출품의 국제가격}$$
$$M = Q_m \times P_m^*,\quad \text{즉 수입 = 수입량} \times \text{수입품의 국제가격}$$

먼저 외환의 수요곡선을 도출하여 보자. 수입품인 원유의 국제가격 $P_m^*$가 배럴당 60달러일 때 환율이 1,000원에서 1,100원으로 상승하면, 원유의 국내가격 $P_m = P_m^* S$은 60,000원에서 66,000원으로 상승하고, 원유의 수입량 $Q_m$은 감소할 것이다. 이와 같이 원유의 국제가격이 일정할 때, 원유의 수입량이 감소하면 외환의 수요량 $Q_m P_m^*$이 감소할 것이다. 따라서 외환의 수요곡선은 우하향한다.

다음에 외환의 공급곡선을 도출하여 보자. 수출품인 가방의 국내가격 $P_x$가 11,000원으로 일정할 때 환율이 1,000원에서 1,100원으로 상승하면, 가방의 국제가격 $P_x^* = P_x/S$는 11달러에서 10달러로 하락하고, 가방의 수출량 $Q_x$는 증가할 것이다. 이와 같이 수출품의 국제가격이 하락하고 수출량이 증가할 때 외국의 수입수요가 가격탄력적이라면, 외환의 공급량 $Q_x P_x^*$는 증가할 것이다. 따라서 외환의 공급곡선은 우상향한다.

외국의 수입수요가 가격비탄력적이면, 환율이 상승할 때 외환의 공급량은 감소하고, 이때 외환의 공급곡선은 후방굴절할 것이다. 그러나 실증적인 연구에 의하면 주요국의 수입수요는 가격탄력적이라고 알려져 있다. 따라서 일반적으로 외환의 수요곡선은 우하향하고, 외환의 공급곡선은 우상향하는 모양을 가진다고 말할 수 있다. 이와 같이 외환의 수요곡선과 공급곡선의 모양이 주어지면 환율은 두 곡선이 만나는 점에서 결정된다.

지금까지 [그림 3-10]에서 보는 외환의 수요곡선과 공급곡선을 도출하기 위해, 양국의 소득과 물가수준이 일정하게 주어져 있다고 가정하였다. 그러나 자국과 외국의 소득이나 물가수준이 변화하면, 외환의 수요곡선과 공급곡선이 이

그림 3-10 **외환의 수요곡선과 공급곡선**

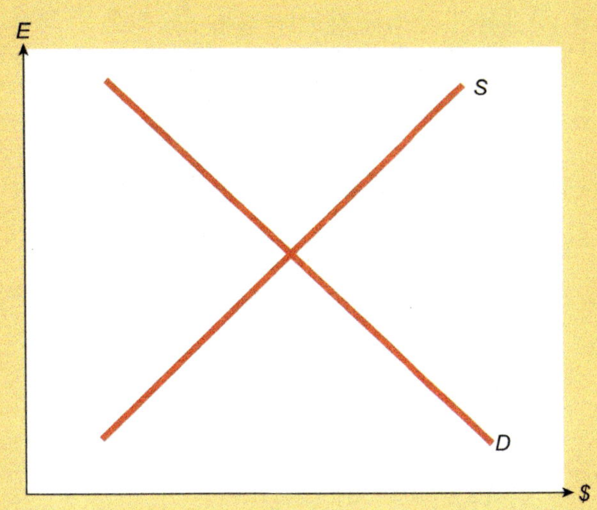


동하고, 이에 따라 환율도 변동할 것이다.

먼저 (1) 자국의 소득($Y$)이 오르면 수입이 증가한다. 이때 외환의 수요곡선은 우측으로 이동하여 환율은 상승한다. 한편 (2) 외국의 소득($Y^*$)이 오르면 수출이 증가한다. 이때 외환의 공급곡선은 우측으로 이동하여 환율은 하락한다. 다음에 (3) 자국의 물가수준($P$)이 오르면, 실질환율($SP^*/P$)이 하락하여 수입은 증가하고 수출은 감소한다. 이때 외환의 수요곡선은 우측으로 이동하고, 공급곡선은 좌측으로 이동하여 환율은 상승한다. 한편 (4) 외국의 물가수준($P^*$)이 오르면, 실질환율($SP^*/P$)이 상승하여 수입은 감소하고 수출은 증가한다. 이때 외환의 수요곡선은 좌측으로 이동하고, 공급곡선이 우측으로 이동하여 환율은 하락한다.

이상의 설명으로부터 이제 경상수지 접근방법에 의한 환율의 결정공식은 다음과 같이 정리할 수 있다.

$$\Delta S = a_1(\Delta P - \Delta P^*) + a_2(\Delta Y - \Delta Y^*) \qquad (7)$$

브레튼우드 체제하에서 변동환율제도를 주창한 학자들은 환율은 식 (7)과 같이 소득과 물가수준 등 경제의 기초적인 요인(fundamentals)에 의해 점진적으로 변동할 것이라고 보았다. 그러나 이 예상은 완전히 빗나갔다. 제1장에서 본 바와 같이, 지난 30여 년간 주요 통화간의 환율은 단기적으로는 변동성

(volatility)이 매우 클 뿐만 아니라, 중장기적으로는 균형수준으로부터 크게 괴리(misalignment)되는 현상을 보여주고 있다.

구매력 평가설과 경상수지 접근방법 등 전통적 환율이론으로 오늘날의 환율변동을 설명할 수 없는 가장 중요한 이유는 지난 30여 년간 국가 간 자본이동이 대폭 증가하였기 때문이다. 자본이동이 자유로운 오늘날 투자자들은 국내자산과 해외자산에 자유롭게 투자하고 있고, 이와 같은 국제투자의 규모는 경상거래의 수십 배에 이르고 있다. 이에 따라 환율이 경상수지가 아니라 자본수지에 의해 결정된다고 보는 이론이 다음 절에서 공부하는 자산시장 접근방법이다.

## 3.4 자산시장 접근방법

외국투자자는 국내자산에 투자하기 위해 미국 달러를 한국 원으로 교환하여야 한다. 또 국내투자자는 해외자산에 투자하기 위해 한국 원을 미국 달러로 교환하여야 한다. 오늘날 외환의 수요와 공급은 주로 이와 같은 국제투자에 따라 이루어지고 있다. 따라서 환율은 주식과 채권 등 자산의 가격과 같이 매우 심한 변동성을 보이는데, 환율을 자산가격으로 설명하는 이론을 자산시장 접근방법(asset market approach)이라 부른다.

### 1. 국제투자의 조건

자산시장 접근방법에서 환율은 국제투자의 균형에 따라 결정된다. 이제 한국과 미국 사이에 자본이동에 대한 규제가 없다고 하면, 투자자는 누구나 한국 원 표시의 국내자산(domestic asset)이나 미국 달러 표시의 해외자산(foreign asset)에 자유롭게 투자할 수 있다. 그리고 투자자는 누구나 국내자산이나 해외자산에 투자하기 위해 시장이자율로 한국 원이나 미국 달러를 얼마든지 조달할 수 있다고 하자.

단순화를 위해 국내자산과 해외자산은 모두 정기예금이라고 하자. 따라서 국내자산의 수익률은 한국 원의 이자율과 같고, 해외자산의 수익률은 미국 달러의 이자율과 같다. 또 자산 가격 변동에 따르는 자본이득이나 자본손실도 없다. 그리고 미국 달러의 환율은 $S$ = 1,000원, 한국의 이자율은 $i$ = 8%, 미국의 이자율은 $i^*$ = 4%라고 가정하기로 하자. 그리고 $t$일 후의 예상환율을 $E(S_t)$로 나타내기로 하자.

### (1) 국내자산에 투자

국내자산의 수익률이 8%로 해외자산의 수익률 4%보다 높다. 따라서 외국투자자(foreign investor)가 국내자산(domestic asset)에 투자하기로 하였다고 하자. 지금 환율이 1,000원이고 한국의 이자율이 8%이므로, 외국투자자가 1달러를 한국 원으로 교환하여 국내자산에 투자하면, 1년 후에 투자원리금은 1,080원이 된다. 그러나 1년 후의 환율을 알 수 없으므로, 1년 후에 1,080원을 미국 달러로 교환할 때 얼마가 될지 불확실하다.

이와 같이 미국 달러를 한국 원으로 교환하여 국내자산에 투자하면 환위험(exchange rate risk)에 노출된다. 그러면 투자자는 왜 국제투자를 행하는가? 재무이론에 따르면, 두 자산이 완전대체재(perfect substitute)라면, 투자자는 두 자산 가운데 예상수익률(expected rate of return)이 높은 자산에 투자한다. 따라서 국내자산에 투자하는 외국투자자는 국내자산의 수익률이 해외자산의 수익률보다 높을 것이라고 예상하고 있다는 것을 알 수 있다.[12]

아래 식 (1)은 외국투자자가 미국 달러를 한국 원으로 교환하여 국내자산에 투자하는 것이 유리한 조건을 보여준다. 우변은 외국투자자가 1달러를 $t$일간 해외자산에 투자할 때의 투자원리금이다. 한편 좌변은 1달러를 한국 원으로 교환하여 $t$일간 국내자산에 투자할 때의 예상 투자원리금이다.

$$\frac{S}{E(S_t)}\left[1 + i\frac{t}{360}\right] > \left[1 + i^*\frac{t}{360}\right] \qquad (1)$$

미국의 이자율은 4%이다. 따라서 외국투자자가 1달러를 90일간 해외자산에 투자하면, 투자원리금은 1.01달러가 된다. 한편 환율은 1,000원, 한국의 이자율은 8%이다. 따라서 90일 후 예상환율이 1,005원이라면, 1달러를 한국 원으로 교

[12] 완전대체재란 예상수익률은 다르지만 위험(risk)과 유동성(liquidity) 등 두 자산의 특성이 모두 동일한 자산을 말한다. 만약 두 자산이 완전대체재가 아니고 한 자산이 다른 자산보다 위험이 더 높다면, 투자자는 위험이 더 높은 자산에 투자하는 보상으로 리스크 프리미엄(risk premium)을 요구할 것이다. 여기서는 국내자산과 해외자산이 완전대체재라고 가정하고 있다.

환하여 국내자산에 투자한 외국투자자의 예상 투자원리금은 1.015(= 1,020/1,005)달러가 된다. 따라서 외국투자자는 해외자산에 투자하는 것보다 국내자산에 투자하는 것이 유리하다.

이제 식 (1)을 90일 후 예상환율 $E(S_t)$에 관해 풀면 아래 식 (2)를 얻는다.[13]

$$E(S_t) < S\frac{1 + i(t/360)}{1 + i^*(t/360)} \tag{2}$$

다음에 식 (2)의 양변을 $S$로 나누고, 양변에서 1을 빼면, $[1 + i^*(t/360)] \approx 1$이므로, 근사적으로 아래 식 (3)이 성립한다.

$$\frac{E(S_t) - S}{S}\frac{360}{t} < i - i^* \tag{3}$$

식 (3)의 좌변은 한국 원의 연간 예상절하율(expected rate of depreciation)인데, 앞으로 이를 $E(s)$로 나타내기로 한다. 즉

$$E(s) = \frac{E(S_t) - S}{S}\frac{360}{t}$$

예를 들어, 지금 환율이 1,000원, 90일 후 예상 환율이 1,005원이면, 한국 원의 연간 예상절하율은 2%가 된다. 한편 90일 후 예상 환율이 1,015원이면, 한국 원의 연간 예상절하율은 6%가 된다.[14]

이제 식 (3)으로부터 외국투자자가 미국 달러를 한국 원으로 교환하여 국내자산에 투자하는 것이 유리한 조건은 아래 식 (4)로 정리할 수 있다. 여기서 우변은 외국투자자가 해외자산에 투자할 때의 수익률이고, 좌변은 외국투자자가 국내자산에 투자할 때의 예상수익률(expected rate of return)을 나타낸다.

$$i - E(s) > i^* \tag{4}$$

외국투자자는 국내자산의 예상수익률이 해외자산의 수익률보다 높을 때, 미

---

[13] 환율이 1,000원, 한국의 이자율이 8%, 미국의 이자율이 4%, 그리고 투자기간이 $t = 90$일이라면, 식 (2)의 우변은 1,009.9원이 된다. 따라서 90일 후 예상환율이 1,009.9원보다 낮다면, 외국투자자는 90일간 국내자산에 투자하여 더 높은 수익을 얻을 수 있다는 것을 알 수 있다.

[14] 엄밀히 말하면 $E(s)$는 기준통화인 미국 달러의 예상절상률을 나타낸다. 그러나 환율변동이 크지 않으면 $E(s)$는 한국 원의 예상절하율과 근사적으로 같다.

국 달러를 한국 원으로 교환하여 국내자산에 투자한다. 이때 외국투자자의 예상수익률은 근사적으로 한국 원의 이자율에서 한국 원의 연간 예상절하율 뺀 것과 같다. 예를 들어, 90일 후 예상환율이 1,005원인 외국투자자의 예상수익률은 근사적으로 한국의 이자율 8%에서 한국 원의 연간 예상 절하율 2%를 뺀 6%와 같다.[15]

만약 외국투자자가 한국 원이 절하가 아니라 오히려 절상할 것이라고 예상하면, 외국투자자의 국내자산에 대한 예상수익률은 한국 원의 이자율에 한국 원의 연간 예상절상률을 합한 것과 같아진다. 예를 들어, 90일 후에 환율이 995원으로 절상할 것이라고 예상하면, 외국투자자의 국내자산에 대한 예상수익률은 한국 원의 이자율 8%에 한국 원의 연간 예상절상률 2%를 더한 10%가 된다.

## (2) 해외자산에 투자

지금까지 외국투자자가 국내자산에 투자하는 것이 유리한 조건을 설명하였다. 이제 국내투자자가 해외자산에 투자하는 것이 유리한 조건을 설명하여 보자. 국내투자자가 1,000원을 1달러로 교환하여 해외자산(foreign asset)에 투자하면, 1년 후에 투자원리금은 1.04달러가 된다. 그러나 1년 후의 환율을 알 수 없으므로, 1년 후에 1.04달러를 한국 원으로 교환할 때 얼마가 될지 불확실하다.

아래 식 (5)는 이와 같이 국내투자자가 한국 원을 미국 달러로 교환하여 $t$일간 해외자산에 투자하는 것이 유리한 조건을 보여준다. 우변은 국내투자자가 1원을 $t$일간 국내자산에 투자할 때의 투자원리금이다. 한편 좌변은 1원을 미국 달러로 교환하여 $t$일간 해외자산에 투자할 때의 예상 투자원리금이다.

$$\frac{E(S_t)}{S}\left[1 + i^* \frac{t}{360}\right] > \left[1 + i \frac{t}{360}\right] \tag{5}$$

한국의 이자율은 8%이다. 따라서 국내투자자가 1,000원을 90일간 국내자산에 투자할 때, 투자원리금은 1,020원이 된다. 한편 환율이 1,000원, 미국의 이자율이 4%이다. 따라서 90일 후 예상환율이 1,015원이라면, 1원을 미국 달러로 교환하여 해외자산에 투자한 국내투자자의 예상 투자원리금은 약 1,025(= 1.01 × 1,015)원이 된다. 따라서 국내투자자는 국내자산에 투자하는 것보다 해

---

[15] 지금까지 투자자가 예상하는 장래 환율이 실현된다고 보았다. 그러나 장래 환율이 투자자의 예상과 크게 달라지면 투자자는 손실을 볼 수 있다.

외자산에 투자하는 것이 유리하다.

이제 식 (5)를 $t$일 후 예상환율 $E(S_t)$에 관해 풀면 아래 식 (6)을 얻는다.[16]

$$E(S_t) > S\frac{1+i(t/360)}{1+i^*(t/360)} \tag{6}$$

다음에 식 (6)의 양변을 $S$로 나눈 다음, 양변에서 1을 빼면, $[1+i^*(t/360)] \approx 1$이므로, 근사적으로 아래 식 (7)이 성립하는데, 좌변은 한국 원의 연간 예상절하율 $E(s)$이다.

$$\frac{E(S_t)-S}{S}\frac{360}{t} > i - i^* \tag{7}$$

이제 식 (7)로부터 국내투자자가 한국 원을 미국 달러로 교환하여 해외자산에 투자하는 것이 유리한 조건은 식 (8)로 정리할 수 있다. 여기서 우변은 국내투자자가 국내자산에 투자할 때의 수익률이고, 좌변은 국내투자자가 해외자산에 투자할 때의 예상수익률(expected rate of return)을 나타낸다.

$$i^* + E(s) > i \tag{8}$$

국내투자자는 해외자산의 예상수익률이 국내자산의 수익률보다 높을 때, 한국 원을 미국 달러로 교환하여 해외자산에 투자한다. 이때 국내투자자의 예상수익률은 근사적으로 미국 달러의 이자율에 한국 원의 연간 예상절하율을 더한 것과 같다. 예를 들어, 90일 후 예상환율이 1,015원인 국내투자자의 예상수익률은 근사적으로 한국의 이자율 8%에다 한국 원의 연간 예상 절하율 2%를 더한 10%와 같다.[17]

외국투자자가 국내자산에 투자하거나 또는 국내투자자가 해외자산에 투자하는 국제투자는 항상 환위험에 노출된다. 이를 커버하지 않은 국제투자 또는 그냥 국제투자라 부른다. 한편 다음 장에서 보는 것처럼, 국제투자에 따르는 환위

[16] 환율이 1,000원, 한국의 이자율이 8%, 미국의 이자율이 4%, 그리고 투자기간이 $t$ = 90일이라면, 식 (6)의 우변은 1,009.9원이 된다. 따라서 90일 후 예상환율이 1,009.9원보다 높다면, 외국투자자는 90일간 국내자산에 투자하여 더 높은 수익을 얻을 수 있다는 것을 알 수 있다.

[17] 지금까지 투자자가 예상하는 장래 환율이 실현된다고 보았다. 그러나 장래 환율이 투자자의 예상과 크게 달라지면 투자자는 손실을 볼 수 있다.

험은 선물환으로 헤지할 수 있는데, 선물환으로 환위험을 커버한 국제투자를 금리차익거래(interest arbitrage), 금리재정, 커버한 금리재정, 또는 커버한 국제투자라 부른다.

## 2. 커버하지 않은 금리평가(UIP)

지금까지 외국투자자가 국내자산에 투자하는 조건과 국내투자자가 해외자산에 투자하는 조건을 설명하였다. 그러면 국제투자는 언제 균형(equilibrium)을 이루겠는가?

국내자산의 예상수익률이 해외자산의 수익률보다 크면, 외국투자자는 미국 달러를 한국 원으로 교환하여 국내자산에 투자한다.

$$i - E(s) > i^* \tag{4}$$

이와 같이 외국투자자의 국내자산 투자가 계속되면, 미국 달러의 공급이 증가하여 환율은 하락할 것이다. 한편 환율이 하락하면, 한국 원의 예상절하율은 커진다.[18] 따라서 조만간 외국투자자에게 국내자산의 예상수익률과 해외자산의 수익률은 같아질 것이다. 그리고 이때 외국투자자는 더 이상 국내자산에 투자하지 않을 것이다. 즉 식 (4)의 양변이 같아질 때, 외국투자자의 국내자산에 대한 투자는 균형을 이룬다.

해외자산의 예상수익률이 국내자산의 수익률보다 크면, 국내투자자는 한국 원을 미국 달러로 교환하여 해외자산에 투자한다.

$$i^* + E(s) > i \tag{8}$$

이와 같이 국내투자자의 해외자산 대한 투자가 계속되면, 미국 달러의 수요가 증가하여 환율은 상승할 것이다. 한편 환율이 상승하면, 한국 원의 예상절하율은 작아진다. 따라서 조만간 국내투자자에게 해외자산의 예상수익률과 국내자산의 수익률은 같아질 것이다. 그리고 이때 국내투자자는 더 이상 해외자산에 투자하지 않을 것이다. 즉 식 (8)의 양변이 같아질 때, 국내투자자의 해외자산

[18] 1년 후의 예상환율을 $E(S)$라고 하면, $E(s) = [E(S) - S]/S = [E(S)/S] - 1$. 따라서 $E(S)$가 일정할 때, $S$가 하락하면 $E(s)$가 커진다.

에 대한 투자는 균형을 이룬다.

이와 같이 외국투자자와 국내투자자에게 국제투자의 균형조건은 아래 식 (9)로 동일한데, 이를 커버하지 않은 금리평가(uncovered interest parity: UIP) 또는 그냥 금리평가조건(interest parity condition)이라 부른다.

$$E(s) = i - i^* \tag{9}$$

커버하지 않은 금리평가(UIP)는 한국 원의 연간 예상절하율이 한국 원과 미국 달러의 이자율의 차와 같아진다는 것을 말해준다. 그러나 실증적인 연구에 따르면, 실제로 커버하지 않은 금리평가는 잘 성립되지 않고 있다. 왜 그럴까?

지금까지 국내자산(한국 원 정기예금)과 해외자산(미국 달러 정기예금)이 완전대체재(perfect substitute)라고 가정하였다. 따라서 투자자는 두 자산 가운데 예상수익률이 높은 자산에 투자한다. 그러나 만약 두 자산의 위험(risk)이 다르다면, 투자자는 위험이 더 높은 자산에 대해 리스크 프리미엄(risk premium)을 요구할 것이다. 예를 들어, 투자자가 국내자산이 해외자산보다 위험이 더 크다고 생각하면, 식 (9)는 이제 식 (10)과 같이 다시 써야 된다.

$$E(s) + \alpha = i - i^* \tag{10}$$

여기서 $\alpha$는 국내자산에 대한 리스크 프리미엄을 나타낸다. 오늘날 커버하지 않은 금리평가(UIP)가 성립하지 않는 이유가 이와 같은 리스크 프리미엄의 존재 때문인지, 또는 투자자들의 환율에 대한 예상이 비합리적이기(irrational) 때문인지에 대해 아직 학자들 간에 의견이 일치되어 있지 않다.

## 3. 이자율과 환율결정

국내투자자가 해외자산에 투자하면, 미국 달러의 수요가 증가한다. 한편 해외투자자가 국내자산에 투자하면, 미국 달러의 공급이 증가한다. 그러나 국제투자가 균형을 이루면, 국제투자를 위한 외환의 수요나 공급이 더 이상 일어나지 않는다. 따라서 외환시장도 균형을 이루게 된다. 환율의 자산시장 접근방법이란 환율이 국제투자의 균형조건인 커버하지 않은 금리평가(UIP)에 따라 결정된다고 보는 이론이다.

국제투자의 균형조건을 나타내는 커버하지 않은 금리평가(UIP)는 자국(한국)의 이자율 $i$, 외국(미국)의 이자율 $i^*$, 현재의 환율 $S$, 그리고 장래의 예상환율 $E(S)$ 사이에 일정한 관계가 성립한다는 것을 보여준다. 이 관계를 나타내는 식 (9)로부터 다음과 같이 자산시장 접근방법에 의한 환율결정 공식을 얻을 수 있다.[19]

$$S = \frac{E(S)}{(i - i^*) + 1} \tag{11}$$

이 환율결정 공식은 아래 식 (12)와 같이 선형(linear) 형태로 바꿔 쓸 수 있다.

$$\Delta S = a_3(\Delta i^* - \Delta i) + a_4 \Delta E(S) \tag{12}$$

이제부터 자산시장 접근방법에 의한 환율결정을 설명하여 보자. [그림 3-11]에서 종축은 환율 $S$, 횡축은 자국의 이자율 $i$를 나타낸다. UIP곡선상에서는 항상 커버하지 않은 금리평가가 성립하고 있다. UIP곡선이 우하향하는 것은 식 (11)에서 보는 바와 같이, 자국의 이자율과 환율은 역의 관계에 있기 때문이다. UIP곡선상에서는 장래의 예상환율 $E(S)$와 외국의 이자율 $i^*$가 일정하게 주어

**그림 3-11** **UIP곡선과 환율결정**

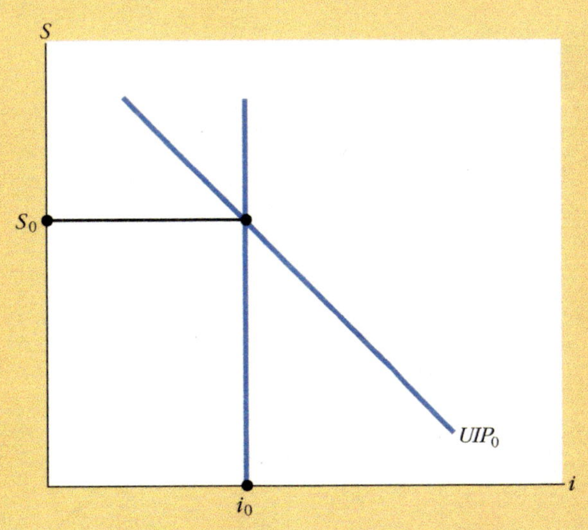


[19] $E(S)$를 1년 후의 예상환율이라고 하면, 커버하지 않은 금리평가(UIP)는 $[E(S)/S] - 1 = [i - i^*]$로 쓸 수 있다. 이를 $S$에 관해 풀면, 식 (11)을 얻는다.

져 있다. 따라서 장래 예상환율이 상승하거나, 외국의 이자율이 상승하면, UIP 곡선은 우측으로 이동한다.

자산시장 접근방법에 의한 환율결정 공식 (11)을 보면, 자국의 이자율이 오르면 환율은 하락하고, 외국의 이자율이 오르면 환율은 상승한다는 것을 알 수 있다. 이제 이를 [그림 3-12]와 [그림 3-13]을 통해 이를 설명하여 보자. 먼저 자국의 이자율이 상승하면, 외국투자자에게 국내자산의 예상수익률이 상승한다. 따라서 외국투자자들은 미국 달러를 한국 원으로 교환하여 국내자산에 투자할 것이다. 이때 외환의 공급이 증가하므로, 환율은 하락한다. 즉 [그림 3-12]에서 보는 바와 같이, 자국의 이자율이 $i_0$에서 $i_1$으로 상승하면, 환율이 $S_0$으로부터 $S_1$으로 하락한다.

한편 외국의 이자율이 상승하면, 국내투자자에게 해외자산의 예상수익률이 상승한다. 따라서 국내투자자들은 한국 원을 미국 달러로 교환하여 해외자산에 투자할 것이다. 이때 외환의 수요가 증가하므로, 환율은 상승한다. [그림 3-13]이 이를 보여주고 있다. 자국의 이자율이 $i_0$로 일정할 때, 외국의 이자율이 상승하면 UIP 곡선이 $UIP_0$에서 $UIP_1$로 상방으로 이동한다. 따라서 환율이 $S_0$로부터 $S_1$으로 상승한다.

이와 같이 환율의 자산시장 접근방법에 따르면, 이자율이 상승한 나라의 통화

**그림 3-12** **자국 이자율의 상승과 환율하락**

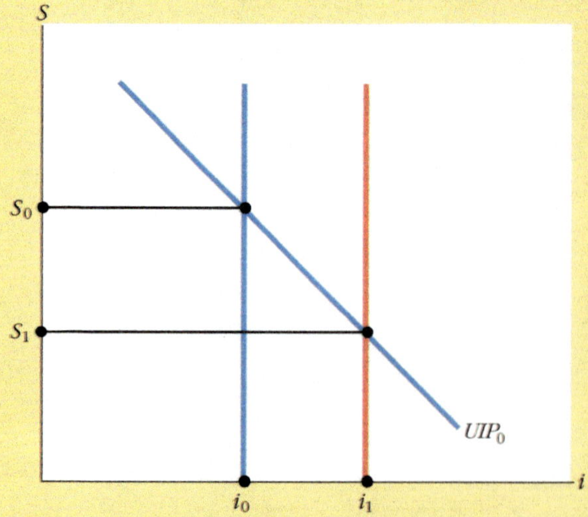

**그림 3-13 외국 이자율의 상승과 환율상승**

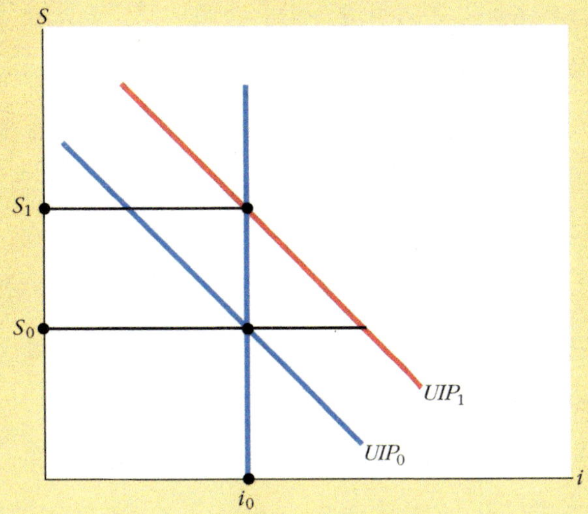


가 절상되는(appreciate) 것을 알 수 있다. 자국(한국)의 이자율이 오르면, 자국 통화(한국 원)의 가치가 절상된다. 즉 환율이 하락한다. 또 외국(미국)의 이자율이 오르면, 외국 통화(미국 달러)의 가치가 절상된다. 즉 환율이 상승한다. 지금까지 장래 환율에 대한 예상이 일정하게 주어져 있다고 가정하여 왔다. 그러나 이것은 비현실적인 가정일 때가 많다.

어빙 피셔(Irving Fisher)에 따르면, 명목이자율은 실질이자율에 예상 인플레이션율을 더한 수준에서 결정된다. 만약 실질이자율이 상승하여 이자율이 상승하면, 장래 환율에 대한 예상은 변화하지 않을 것이다. 그러나 예상 인플레이션이 상승하여 이자율이 상승한다면, 장래 환율에 대한 예상도 상승할 것이다. 이때에는 UIP 곡선이 상방으로 이동하므로, 환율이 오히려 상승할 수 있다. 이와 같이 이자율을 상승시키는 원인에 따라, 이자율 변동이 환율에 미치는 영향은 달라진다.

## 4. 환율예상과 환율결정

현재의 환율이 주어졌을 때 장래의 예상 환율이 상승하면, 자국 통화의 예상 절하율은 증가한다. 예를 들어, 지금 미국 달러에 대한 한국 원의 환율이 1,000

원이고, 1년 후의 예상 환율이 1,020원이라면, 한국 원의 연간 예상절하율은 2%이다. 이때 1년 후의 예상 환율이 1,060원으로 상승하면, 한국 원의 연간 예상절하율은 6%로 증가한다. 이와 같이 자국 통화의 예상절하율이 증가할 때, 환율은 어떻게 변화하겠는가?

자국 통화의 예상절하율이 증가하면, 국내투자자에게 해외자산의 예상수익률이 상승한다. 따라서 국내투자자들은 한국 원을 미국 달러로 교환하여 해외자산에 투자할 것이다. 이때 외환의 수요가 증가하므로 환율은 상승한다. [그림 3-14]가 이를 보여주고 있다. 자국의 이자율이 $i_0$로 일정할 때, 자국 통화의 예상절하율이 증가하면, UIP 곡선이 $\text{UIP}_0$에서 $\text{UIP}_1$로 상방으로 이동한다. 따라서 환율이 $S_0$로부터 $S_1$으로 상승한다.

장래의 예상환율이 상승하면, 오늘 환율이 상승한다. 마찬가지로 장래의 예상환율이 하락하면, 오늘 환율이 하락한다. 이와 같이 예상이 스스로 실현되는 현상을 자기실현적 예상(self-fulfilling expectation)이라고 한다. 그러면 무엇이 장래 환율예상을 결정하는가? 물가수준에 대한 예상, 생산성에 대한 예상, 무역장벽에 대한 예상, 통화량에 대한 예상 등 실로 수많은 요인들이 환율예상에 영향을 미치고 있다. 이와 같이 수많은 요인들이 환율예상에 영향을 미치므로, 오늘날 환율은 매우 높은 변동성(volatility)을 나타내고 있다.

**그림 3-14 자기실현적 환율상승**

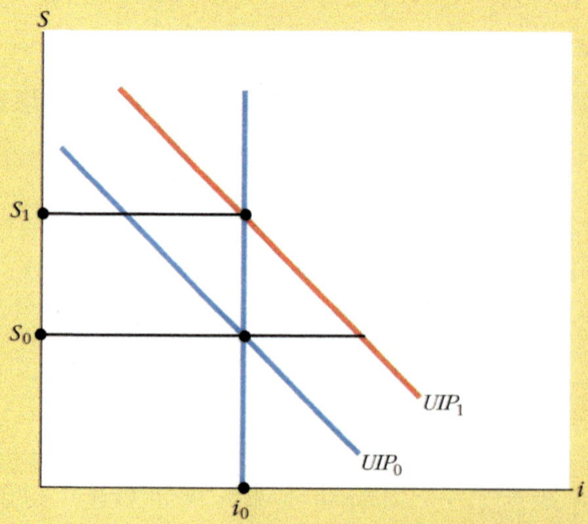

# 참고문헌


- A. Alan and M. Taylor, "The Purchasing Power Parity Debate," *Journal of Economic Perspectives* 18, (2004).
- G. Bekaert and R. Hodrick, *International Financial Management*, Second Edition, Perason, (2012), chs. 8, 10.
- M. Bordo, O. Humpage and A. Schwartz, "Epilogue: Foreign-Exchange Market Operations in the Twenty-First Century," *NBER Working Paper* 17984, (April 2012).
- W. Cline and J. Williamson, "Currency Wars?" Peterson Institute, *Policy Brief* 10-26, (November 2010).
- W. Cline and J. Williamson, "Estimates of Fundamental Equilibrium Exchange Rates, May 2012" Peterson Institute for International Economics, *Policy Brief* 12-146, (May 2011).
- R. Dornbusch, "Expectations and Exchange-Rate Dynamics," *Journal of Political Economy* 84, (1976).
- D. Eiteman, A. Stonehill, M. Moffett, *Fundamentals of Multinational Finance*, Fourth Edition, Pearson, (2012), chs. 7, 10.
- C. Eun, B. Resnick and S. Sabherwal, *International Finance: Global Edition*, Sixth Edition, MaGraw-Hill, (2012), ch. 5.
- R. Feenstra and A. Taylor, *Essentials of International Economics*, Second Edition, Worth, (2012), chs. 10, 11, 12.
- R. Glick and M. Hutchison, "Currency Crises," Federal Reserve Bank of San Francisco, *Working Paper* 2011-22, (September 2011).
- J. Grabbe, *International Financial Markets*, Third Edition, Prentice Hall, (1996), ch. 20.
- G. Hubbard and A. O' brien, Money, *Banking, and Financial System*, Prentice Hall, (2012), chs 10, 11.
- J. James, I. Marsh and L. Sarno, Editors, *Handbook of Exchange Rates*, Editors, Wiley, (2012).
- C. Kenneth, Y. Lan and S. Seah, "The Big Mac Index: Two Decades On: An Evaluation of Burgernomics," *Internatinal Journal of Finance and Economics* 17, (2010).

• P. Krugman, M. Obstfeld and M. Melitz, *International Economics*, Ninth Edition, Addison-Wesley, (2012), chs. 14, 15.
• R. Levich, *International Financial Markets*, Second Edition, McGraw-Hill, (2001), chs. 4, 5, 6, 7.
• R. Meese and K. Rogoff, "Empirical Exchange-Rate Models of the Seventies–Do They Fit Out of Sample?" *Journal of International Economics* 14, (1983).
• M. Melvin and M. Taylor, "The Crisis in the Foreign Exchange Market," *CESifo Working Paper Series* No. 2707, (March 2009).
• F. Mishkin and S. Eakins, *Financial Markets and Institutions*, Seventh Edition, Printice Hall, (2012), ch. 15.
• I. Moosa, *International Finance*, Third Edition, (2010), chs. 2, 8.
• K. Rogoff, "Exchange Rates in the Modern Floating Era: What Do We Really Know?" *Review of World Economics* 145, (2009).
• M. Rosenberg, *Exchange Rate Determination*, McGraw-Hill, (2003).
• A. Shapiro and A. Sarin, *Foundations of Multinational Financial Management*, Sixth Edition, Wiley, (2009), chs. 2, 4.
• J. Williamson, "Exchange Rate Economics," Peterson Institute for International Economics, *Working Paper* 08-3, (February 2008).
• 한국은행, 「우리나라의 외환제도와 외환시장」, (2010년 12월), 제II편의 제2장.

Chapter 4

# 외환시장의 이용

4.1 금리차익거래 / 4.2 헤지거래 /
4.3 투기거래 / 4.4 외환스왑

개인, 기업, 금융기관 등 고객은 일차적으로 은행과 경상거래와 자본거래 등 국제거래의 결제를 위해 외환을 거래한다. 그러나 오늘날 외환시장에서는 이와 같은 실수(commercial need)의 목적뿐만 아니라, 두 통화의 이자율의 차로부터 이익을 얻으려는 금리차익거래, 환위험을 회피하기 위한 헤지거래, 환율변동으로부터 이익을 얻으려는 투기거래, 그리고 외화자금의 조달 등 매우 다양한 목적으로 외환이 거래되고 있다.

이 장에서는 외환시장 참여자들이 이와 같은 다양한 목적으로 외환시장을 어떻게 이용하고 있는지 알아보기로 한다. 먼저 제1절에서는 금리차익거래(interest arbitrage)와 선물환율의 결정원리를 설명하기로 한다. 다음에 제2절에서는 선물환시장과 금융시장을 통한 환위험의 헤지거래(hedge), 그리고 제3절에서는 현물환투기, 선물환투기, 캐리거래 등 외환시장의 투기거래(speculation)에 대해 공부하기로 한다.

마지막으로 제4절에서는 오늘날 외환스왑이 외화자금 조달(foreign currency funding) 등 여러 가지 목적으로 어떻게 이용되고 있는지 살펴본 다음, 2007년-2008년 글로벌 금융위기 때 발생한 외환스왑시장의 혼란(dislocation)에 대해 설명하기로 한다. 한편 통화선물, 통화옵션, 통화스왑 등 외환파생상품의 이용에 대해서는 제8장부터 제10장까지 금융파생상품시장을 공부할 때 자세하게 설명할 것이다.[1]

# 4.1 금리차익거래

앞장 4절에서 본 바와 같이, 미국 달러를 한국 원으로 교환하여 국내자산에 투자하거나 또는 한국 원을 미국 달러로 교환하여 해외자산에 투자하는 국제투자는 환위험에 노출된다. 그러나 국제투자에 따르는 환위험은 선물환을 이용하여 헤지할 수 있다. 이와 같이 선물환 커버(forward cover)로 환위험을 헤지한 국제투자를 금리차익거래(interest arbitrage)라 부른다. 금리차액거래는 금리재정, 커버한 금리재정, 또는 커버한 국제투자라 부르기도 한다.

## 1. 금리차익거래의 이해

금리차익거래를 설명하기 위해 한국과 미국 사이에 자본이동에 대한 규제가 전혀 없다고 하자. 따라서 투자자는 누구나 한국 원 표시의 국내자산(domestic asset)이나 미국 달러 표시의 해외자산(foreign asset)에 자유롭게 투자할 수 있다. 그리고 투자자는 누구나 국내자산이나 해외자산에 투자하기 위해 시장이자율로 한국 원(자국통화)이나 미국 달러(외국통화)를 얼마든지 조달할 수 있다고 하자.

단순화를 위해 국내자산과 해외자산은 모두 정기예금이라고 하자. 따라서 국내자산의 수익률은 한국의 이자율과 같고, 해외자산의 수익률은 미국의 이자율과 같다. 또 자산 가격 변동에 따르는 자본이득이나 자본손실도 없다. 그리고 미국 달러의 현물환율은 $S = 1{,}000$원, 한국의 이자율은 $i = 8\%$, 미국의 이자율은 $i^* = 4\%$라고 가정하기로 하자. 한편 $t$는 일수로 나타낸 투자기간이고, 만기 $t$일의 선물환율을 $F_t$, 그리고 $t$일 후의 현물환율을 $S_t$로 나타내기로 한다.

### (1) 국내자산에 투자

먼저 외국투자자(foreign investor)가 (1) 미국 달러를 차입하여, (2) 한국 원으로 교환한 다음, (3) 국내자산(domestic asset)에 투자하면서, (4) 선물환 커

[1] 런던 외환시장의 이용에 대해서는 J. O'Connor, J. Wackett and R. Zammit, "The Use of Foreign Exchange Markets by Non-Banks," Bank of England, *Quarterly Bulletin*, (2011 Q2)을 참조하면 좋다.

버를 하는 금리차익거래를 설명하여 보자.

지금 환율이 1,000원, 한국의 이자율이 8%이므로, 외국투자자가 1달러를 90일간 차입하여 국내자산에 투자하면, 90일 후에 투자원리금은 1,020원이 된다. 그러나 90일 후의 환율을 알 수 없으므로, 90일 후에 1,020원을 미국 달러로 교환할 때 얼마가 될지 불확실하다. 그러나 이때 1,020원을 미리 90일 선물환율로 매도해 두면, 국제투자에 따르는 환위험을 헤지할 수 있다.

아래 식 (1)은 외국투자자가 1달러를 $t$일간 차입하여 국내자산에 투자하는 금리차액거래로 이익을 얻을 수 있는 조건을 보여준다. 우변은 외국투자자가 1달러를 $t$일간 차입했을 때의 차입원리금이다. 한편 좌변은 1달러를 한국 원으로 교환하여 $t$일간 국내자산에 투자하는 금리차액거래의 투자원리금이다.

$$\frac{S}{F_t}\left[1+i\frac{t}{360}\right] > \left[1+i^*\frac{t}{360}\right] \tag{1}$$

미국의 이자율은 4%이다. 따라서 외국투자자가 1달러를 90일간 차입하면, 차입원리금은 1.01달러가 된다. 한편 환율은 1,000원, 한국의 이자율은 8%이다. 따라서 90일 선물환율이 1,005원이라면, 1달러를 한국 원으로 교환하여 90일간 국내자산에 투자한 금리차익거래의 투자원리금은 1.015($\approx$ 1,020/1,005)달러가 된다. 그러므로 1달러를 차입하여 국내자산에 투자한 외국투자자는 0.005달러의 이익을 얻는다. 3개월간 0.5%의 이익을 얻으므로, 연간 수익률은 2%가 된다.

이제 식 (1)을 선물환율 $F_t$에 관해 풀면 아래 관계를 얻을 수 있다.[2]

$$F_t < S\frac{1+i(t/360)}{1+i^*(t/360)} \tag{2}$$

다음에 식 (2)의 양변을 $S$로 나누고, 양변에서 1을 빼면, $[1+i^*(t/360)] \approx 1$이므로, 근사적으로 다음 관계가 성립한다.

[2] 지금 환율이 1,000원, 한국의 이자율이 8%, 미국의 이자율이 4%, 그리고 투자기간이 90일이므로, 식 (2)의 우변은 1,009.9원이 된다. 따라서 90일 선물환율이 1,009.9원보다 낮다면, 외국투자자는 미국 달러를 차입하여 국내자산에 투자하는 금리차액거래로 이익을 얻을 수 있다는 것을 알 수 있다.

$$\frac{F_t - S}{S}\frac{360}{t} < i - i^* \tag{3}$$

위 식에서 좌변은 앞 장 2절에서 본 한국 원의 선물 디스카운트 $d$와 같다. 따라서 한국 원의 선물 디스카운트가 한국과 미국의 금리차이보다 작다면, 외국투자자는 미국 달러를 차입하여 국내자산에 투자하는 금리차익거래로 이익을 얻을 수 있다는 것을 알 수 있다. 이때 얻는 금리차액거래의 이익 $\pi$를 커버한 금리차이(covered interest differential)라 부른다.

$$\pi = [i - i^*] - d \tag{4}$$

커버한 금리차이 $\pi$가 플러스이면, 미국 달러를 차입하여 국내자산에 투자하는 금리차익거래의 유인이 존재한다고 말한다. 예를 들어 보자. 2010년 3월 8일 한국의 3개월 CD금리는 2.86%, 미국 달러의 3개월 리보는 0.26%로, 한국과 미국의 금리차이는 2.60%였다. 그리고 이날 현물환율은 1,132.6원, 3개월 선물환율은 1135.7원으로, 한국 원의 선물 디스카운트는 1.09%였다. 따라서 미국 달러를 차입하여 국내자산에 투자할 때, $\pi = [2.86\% - 0.26\%] - 1.09\% = 1.51\%$의 금리차익거래의 유인이 존재하고 있다.

금리차익거래는 현물환과 선물환을 반대방향으로 거래한다. 즉 미국 달러를 차입하여 국내자산에 투자하는 금리차익거래는 현물달러를 매도하고 선물달러를 매입한다. 이때 반대방향의 두 외환거래를 따로 하지 않고, "Sell and Buy USD/KRW" 외환스왑을 이용하면 매우 편리하다. 제4절에서 이와 같이 외환스왑을 이용하여 금리차익거래가 어떻게 이루어지는지 자세하게 설명할 것이다.[3]

### (2) 해외자산에 투자

이제 국내투자자(domestic investor)가 (1) 한국 원을 차입하여, (2) 미국 달러로 교환한 다음, (3) 해외자산(foreign asset)에 투자하면서, (4) 선물환 커버를 하는 금리차익거래를 설명하여 보자.

지금 환율이 1,000원이고 미국의 이자율이 4%이므로, 국내투자자가 1,000원을 차입하여 해외자산에 투자하면 90일 후에 투자원리금은 1.01달러가 된다.

---

[3] 식 (4)는 $\pi = i - [i^* + d]$로 고쳐 쓸 수 있다. 여기서 $i$는 금리차익거래의 운용수익이고, $[i^* + d]$는 금리차익거래의 조달비용을 나타낸다. 제4절에서 설명하는 바와 같이, 한국 원의 선물 디스카운트 $d$는 외환스왑의 비용을 나타낸다.

그러나 90일 후의 환율을 알 수 없으므로, 90일 후에 1.01달러를 한국 원으로 교환할 때 얼마가 될지는 불확실하다. 그러나 이때 1.01달러를 미리 90일 선물환율로 매도해 두면, 국제투자에 따르는 환위험을 헤지할 수 있다.

아래 식 (5)는 국내투자자가 1원을 $t$일간 차입하여 미국 달러로 교환하고, $t$일간 해외자산에 투자하는 금리차액거래로 이익을 얻을 수 있는 조건을 보여준다. 우변은 1원을 $t$일간 차입한 차입원리금이다. 한편 좌변은 1원을 미국 달러로 교환하여 $t$일간 해외자산에 투자하는 금리차액거래의 투자원리금이다.

$$\frac{F_t}{S}\left[1 + i^*\frac{t}{360}\right] > \left[1 + i\frac{t}{360}\right] \tag{5}$$

한국의 이자율은 8%이다. 따라서 국내투자자가 1,000원을 90일간 차입할 때, 차입원리금은 1,020원이 된다. 한편 환율은 1,000원, 미국의 이자율은 4%이다. 따라서 3개월 선물환율이 1,015원이면, 1,000원을 미국 달러로 교환하여 90일간 해외자산에 투자한 금리차액거래의 투자원리금은 1,025($\approx$ 1.01 $\times$ 1,015)원이 된다. 그러므로 1,000원을 차입하여 해외자산에 투자한 국내투자자는 5원의 이익을 얻는다. 3개월간 0.5%의 이익을 얻으므로, 연간 수익률은 2%가 된다.

이제 식 (5)를 선물환율 $F_t$에 관해 풀면 아래 식 (6)을 얻는다.[4]

$$F_t > S\frac{1 + i(t/360)}{1 + i^*(t/360)} \tag{6}$$

다음에 식 (6)의 양변을 $S$로 나누고, 양변에서 1을 빼면, $[1 + i^*(t/360)] \approx 1$이므로, 근사적으로 아래 식 (7)이 성립한다.

$$\frac{F_t - S}{S}\frac{360}{t} > i - i^* \tag{7}$$

따라서 한국 원의 선물 디스카운트 $d$가 두 통화의 이자율의 차이보다 크면, 국내투자자는 한국 원을 차입하여 해외자산에 투자하는 금리차익거래로 이익을 얻을 수 있다는 것을 알 수 있다. 이때 금리차익거래의 이익 $\pi$는 다음과 같다.

---

[4] 지금 환율이 1,000원, 한국의 이자율이 8%, 미국의 이자율이 4%, 그리고 투자기간이 90일이므로, 식 (6)의 우변은 1,009.9원이 된다. 따라서 90일 선물환율이 1,009.9원보다 높으면, 국내투자자는 한국 원을 차입하여 해외자산에 투자하는 금리차액거래로 이익을 얻을 수 있다는 것을 알 수 있다.

$$\pi = d - [i - i^*] > 0 \tag{8}$$

금리차익거래는 현물환과 선물환을 반대방향으로 거래한다. 즉 한국 원을 차입하여 해외자산에 투자하는 금리차익거래는 현물달러를 매입하고 선물달러를 매도한다. 이때 반대방향의 두 외환거래를 각각 따로 하지 않고, "Buy and Sell USD/KRW" 외환스왑으로 거래하면 매우 편리하다.

## 2. 선물환율의 결정

앞 장에서 현물환율의 결정이론을 공부하였다. 그러면 선물환율은 어떻게 결정되겠는가? 지금부터 설명하는 바와 같이, 선물환율은 금리차익거래의 과정을 통해 결정된다.

먼저 식 (1)에서 본 바와 같이, 해외투자자가 국내자산에 투자하면서 선물환 커버를 하는 금리차익거래로 이익을 얻을 수 있는 조건은 다음과 같다.

$$\frac{S}{F_t}\left[1 + i\frac{t}{360}\right] > \left[1 + i^*\frac{t}{360}\right] \tag{1}$$

이와 같은 금리차익거래가 계속되면, 현물환시장에서 미국 달러의 공급이 증가하여 현물환율이 하락하고, 선물환시장에서 미국 달러의 수요가 증가하여 선물환율이 상승할 것이다. 따라서 조만간 식 (1)의 양변은 같아지고, 금리차익거래로 이익을 얻을 수 있는 기회는 소멸된다.

다음에 식 (5)에서 본 바와 같이, 국내투자자가 해외자산에 투자하면서 선물환 커버를 하는 금리차익거래에서 이익을 얻을 수 있는 조건은 다음과 같다.

$$\frac{F_t}{S}\left[1 + i^*\frac{t}{360}\right] > \left[1 + i\frac{t}{360}\right] \tag{5}$$

이때에도 금리차익거래가 계속되면, 현물환시장에서 미국 달러의 수요가 증가하여 현물환율이 상승하고, 선물환시장에서 미국 달러의 공급이 증가하여 선물환율이 하락할 것이다. 따라서 조만간 식 (5)의 양변은 같아지고, 금리차익거래로 이익을 얻을 수 있는 기회는 소멸될 것이다.

따라서 해외투자자가 미국 달러를 차입하여 국내자산에 투자하는 금리차익거래나, 국내투자자가 한국 원을 차입하여 외화자산에 투자하는 금리차익거래에서, 이익의 기회가 소멸되는 조건은 다음과 같이 동일하다는 것을 알 수 있다.

$$\frac{S}{F_t}\left[1 + i\frac{t}{360}\right] = \left[1 + i^*\frac{t}{360}\right] \tag{9}$$

이 관계를 가리켜 커버한 금리평가(covered interest parity)라 부른다. 커버한 금리평가(CIP)는 금리차익거래가 일어나지 않는 조건을 나타낸다. 이제 식 (9)를 선물환율 $F_t$에 관해 풀면 아래 식을 얻는다.

$$F_t = S\,\frac{1 + i(t/360)}{1 + i^*(t/360)} \tag{10}$$

식 (10)에서 구한 $F_t$를 이론적 선물환율(theoretical forward rate)이라 부른다.[5] 예를 들어, 한국 원과 미국 달러의 환율이 1,000원, 한국의 이자율이 8%, 미국의 이자율이 4%라면, 만기 $t = 90$일과 $t = 180$일의 이론적 선물환율은 각각 다음과 같이 구할 수 있다.

$$F_{90} = 1,000\,\frac{1 + 0.08(90/360)}{1 + 0.04(90/360)} = 1,009.9$$

$$F_{180} = 1,000\,\frac{1 + 0.08(180/360)}{1 + 0.04(180/360)} = 1,019.6$$

한국의 이자율이 미국의 이자율보다 높으면 이론적 선물환율은 현물환율보다 크고, 이때 한국 원이 선물 디스카운트에 있게 된다. 반대로, 한국의 이자율이 미국의 이자율보다 낮으면 이론적 선물환율이 현물환율보다 작고, 이때에는 한국 원이 선물 프리미엄에 있게 된다.

## 3. 커버한 금리평가(CIP)

앞에서 본 바와 같이 식 (9)의 커버한 금리평가(CIP)는 해외투자자와 국내투자자 모두 금리차액거래로 이익을 얻을 수 없는 조건을 나타낸다. 한편 커버한

---

[5] 직관적으로 90일 선물환율이 1,009.9원으로 결정되는 원리는 다음과 같이 설명할 수 있다. 지금 1,000원을 가지고 있는 투자자가 국내자산에 투자하면 90일 후에 1,020원의 투자원리금을 얻는다. 한편 이 투자자가 1,000원을 1달러로 교환하여 해외자산에 투자하면 90일 후에 1.01달러의 투자원리금을 얻는다. 따라서 90일 후의 1.01달러와 1,020원의 가치는 같아야 한다. 그러므로 90일 선물환율은 1,009.9(= 1,020/1.01)원이 된다.

금리평가(CIP) 조건으로부터 이론적 선물환율을 구할 수 있다. 즉

$$F_t = S\,\frac{1 + i(t/360)}{1 + i^*(t/360)} \qquad (10)$$

이제 식 (10)에서, 먼저 양변을 $S$로 나눈 다음, 양변에서 1을 빼면, 아래 식을 얻는다.

$$\frac{F_t - S}{S}\,\frac{360}{t} = \frac{(i - i^*)}{1 + i^*(t/360)} \qquad (11)$$

위 식에서 좌변은 앞 장 2절에서 본 연율로 나타낸 한국 원의 선물 디스카운트(forward discount) $d$와 같다. 그리고 우변에서 $[1 + i^*(t/360)]$는 1에 매우 가깝다. 따라서 커버한 금리평가(CIP)는 근사적으로 아래의 식 (12)와 같이 쓸 수 있다. 실제로 커버한 금리평가(CIP)는 식 (11)과 같은 형태보다는 식 (12)와 같은 형태로 쓰는 경우가 더 많다.

$$d = i - i^* \qquad (12)$$

커버한 금리평가(CIP)가 성립하면, 한국 원의 선물 디스카운트(forward discount)는 한국과 미국의 금리차이(interest differential)와 근사적으로 같다. 예를 들어, 환율이 1,000원, 한국의 이자율이 8%, 미국의 이자율이 4%일 때, 한국 원의 90일 선물 디스카운트 3.96%는 한국과 미국의 금리차이 4%와 근사적으로 같다. 즉

$$d = \frac{1{,}009.9 - 1{,}000}{1{,}000}\,\frac{360}{90} = \frac{(0.08 - 0.04)}{1 + 0.04(90/360)} = 0.0396 \approx 4\%$$

## 4. CIP의 실제

커버한 금리평가(CIP)는 실제로 성립하는가? 이제 1970년-1996년간에 실제로 영국 파운드와 독일 마르크 간에 커버한 금리평가(CIP)가 성립하고 있었는지 알아보기로 하자.

[그림 4-1]의 종축은 영국 파운드를 독일 마르크로 교환하여 독일자산에 투자하는 금리차익거래로 얻을 수 있는 이윤 $\pi$를 보여주고 있다. 여기서 $i$는 독일

의 이자율, $i^*$는 영국의 이자율, $d$는 영국 파운드에 대한 독일 마르크의 선물 디스카운트를 나타낸다. 금리차액거래의 유인을 나타내는 커버한 금리차이 $\pi$를 흔히 CIP의 괴리(CIP deviation)라 부르기도 한다.

$$\pi = [i - i^*] - d \tag{4}$$

[그림 4-1]을 보면, 1970년대를 통해 영국 파운드를 독일 마르크로 교환하여 독일자산에 투자하는 금리차익거래의 유인이 지속되어 왔음을 알 수 있다. 어떻게 이와 같이 비교적 큰 폭의 금리차익거래의 유인이 장기간 지속되어 왔는가? 당시 양국은 해외자산에 자유롭게 투자할 수 있는 자본이동을 규제하여 왔다. 따라서 금리재정 자체가 불가능하였으므로, 투자자는 금리차익거래로 이익을 얻을 수 있는 기회를 이용할 수 없었다.

영국은 1979년에 그리고 독일은 1981년에 각각 자본이동에 대한 규제(capital controls)를 철폐하였다. [그림 4-1]은 이와 같이 양국이 자본이동의 자유화를 단행한 1980년대 초반 이후, 영국과 독일 간에 금리차익거래의 유인이 실질적으로 소멸되었음을 보여주고 있다. 즉 거래비용과 측정오차를 감안하

**그림 4-1 영국과 독일 간의 CIP 괴리**

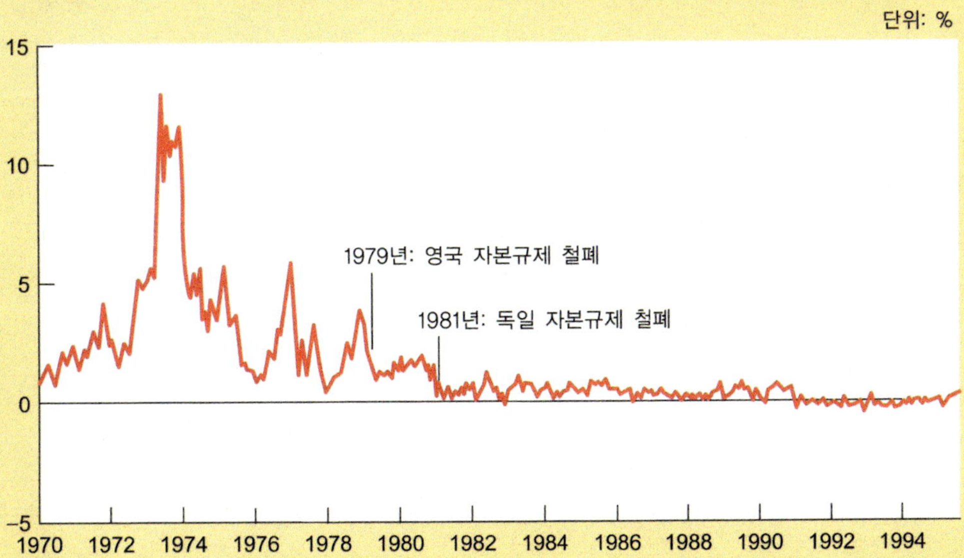


자료: Feenstra and Taylor (2012)

면, 실제로 영국과 독일 간에 커버한 금리평가(CIP)가 매우 잘 성립하고 있음을 알 수 있다.

그동안 자본이동이 자유로운 선진국에서는 이와 같이 커버한 금리평가가 잘 성립되어 왔다. 한편 자본이동이 완전하지 못한 개도국에서는 커버한 금리평가가 잘 성립하고 있지 않다. 그러나 제4절에서 보는 바와 같이, 선진국에서도 2007년-2009년 글로벌 금융위기(global financial crisis)와 같은 금융혼란이 일어나면, 단기적으로 매우 큰 CIP 괴리가 발생하기도 한다. 제4절에서는 또 미국 달러를 차입하여 한국 원으로 교환하고 국내자산에 투자하는 금리차익거래의 유인에 대해 살펴볼 것이다.

## 4.2 헤지거래

국제거래를 하면 환율변동에 따라 이익이나 손실이 발생할 수 있는데, 이를 환노출(exchange exposure)이라 부른다. 환노출은 중립적인 개념이다. 즉 환노출에 따라 이익이 발생할 수도 있고, 손실이 발생할 수도 있다. 흔히 환노출을 환위험(foreign exchange risk)이라 부르는데, 이는 환노출로 손실이 발생할 가능성에 초점을 맞춘 개념이다. 앞으로 이 책에서도 환노출을 환위험이라 부르기로 한다.

### 1. 롱 포지션과 숏 포지션

환위험에 노출된 거래를 정리한 표를 환포지션(foreign exchange position)이라 부른다. 환포지션에서 환율이 상승할 때 이익이 발생하면 롱 포지션(long position), 환율이 하락할 때 이익이 발생하면 숏 포지션(short position)이라 부른다.

**1.** 환포지션은 외화표시 자산이나 부채를 가지고 있을 때 발생한다. 외화표시 자산을 보유하면, 환율이 상승할 때 이익을 본다. 한편 외화표시의 부채를 보유하면, 환율이 하락할 때 이익을 본다. 따라서 외화표시 자산은 롱 포지

션, 그리고 외화표시 부채는 숏 포지션이 된다.

2. 환포지션은 또 선물환거래의 결과로 발생한다. 선물환을 매입하면, 환율이 상승할 때 이익이 발생한다. 한편 선물환을 매도하면, 환율이 하락할 때 이익이 발생한다. 따라서 매입 선물환(long forward)은 롱 포지션, 그리고 매도 선물환(short forward)은 숏 포지션이 된다.

환포지션은 (1) 현금(자산과 부채) 포지션과 (2) 선물환 포지션으로 구분할 수 있는데, 이 두 포지션을 모두 합한 것을 종합 포지션이라 부른다. 환포지션은 통화표시에 따라 미국 달러 포지션, 유로 포지션, 일본 엔 포지션 등으로 구분할 수 있는데, 일반적으로 미국 달러 이외의 포지션은 미국 달러로 환산하여 합산한다.

종합 포지션에서 롱 포지션과 숏 포지션의 크기가 다른 경우를 오픈 포지션(open position)이라 부른다. 환포지션이 오픈이면 환위험에 노출된다. 만약 롱 포지션이 숏 포지션보다 크면 환율이 하락(상승)할 때 손실(이익)을 보고, 반대로 숏 포지션이 롱 포지션보다 크면 환율이 상승(하락)할 때 손실(이익)을 본다.

종합 포지션에서 롱 포지션과 숏 포지션의 크기가 같은 경우를 스퀘어 포지션

**그림 4-2 롱 포지션과 숏 포지션**

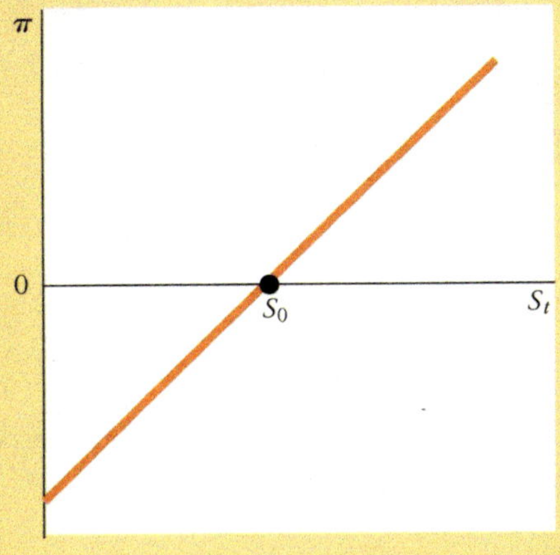


(a) 롱 포지션

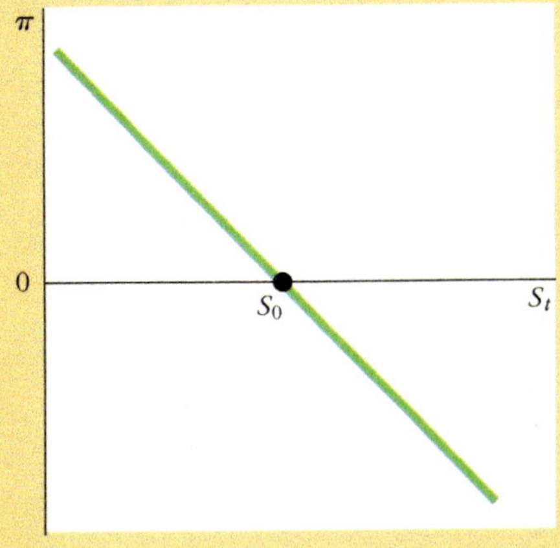


(b) 숏 포지션

(square position)이라 부른다. 종합 포지션이 스퀘어이면 환위험에 노출되지 않는다.[6] 환율이 상승하면 롱 포지션의 이익이 숏 포지션의 손실과 상쇄되고, 환율이 하락하면 롱 포지션의 손실이 숏 포지션의 이익과 상쇄되기 때문이다.

헤지(hedge)란 환위험을 회피하기 위해 오픈 포지션을 스퀘어 포지션으로 만드는 것을 말한다. 환위험을 헤지하는 가장 간단한 방법은 선물환시장(forward market)을 이용하는 것이다. 한편 환위험은 또 금융시장(money market)을 통해 헤지할 수도 있다. 이제 환위험의 헤지를 설명하기 위해 미국 달러의 현물환율은 $S = 1,000$원, 한국 원의 이자율은 $i = 8\%$, 미국 달러의 이자율은 $i^* = 4\%$, 그리고 90일 선물환율은 $F_t = 1,010$원이라고 가정하기로 한다.

## 2. 롱 포지션의 헤지

한국 수출업자가 미국에 상품 1달러를 수출하고 수출대금을 90일 후에 받기로 하면, 롱 포지션을 보유하게 된다. 즉, 한국 수출업자는 90일 후에 환율이 상승하면 이익을 보지만, 환율이 하락하면 손실을 본다.

### (1) 선물환 헤지

이와 같이 롱 포지션을 보유한 한국 수출업자가 환위험을 헤지하는 가장 간단한 방법은 선물환을 매도하는 것이다. 한국 수출업자가 선물환시장에서 90일 선물환율 1,010원으로 선물 1달러를 매도하면 숏 포지션이 발생한다. 따라서 환포지션은 스퀘어가 되고 환위험은 헤지된다.

예를 들어, 90일 후에 환율이 990원이 되었다고 하자. 이때 선물 1달러를 매도하지 않았다면, 한국 수출업자가 수취하는 수출대금은 990원이 될 것이다. 그러나 선물 1달러를 매도하였으므로, 한국 수출업자는 90일 후에 수출대금으로 1,010원을 확보할 수 있다. 따라서 한국 수출업자는 선물환 헤지로 20원의 이익을 본다. 이와 같이 환율이 하락하면 (불리한 방향으로 변동하면) 한국 수출업자는 선물환 헤지로 이익을 본다.

반대로 환율이 상승하면 (유리한 방향으로 변동하면) 한국 수출업자는 헤지를

[6]한편 종합포지션이 스퀘어라 하더라도 현금포지션과 선물환포지션이 오픈이면, 금리변동에 따라 손실을 볼지도 모를 금리위험(interest rate risk)에 노출된다.

하지 않은 것만 못하다. 예를 들어, 90일 후의 환율이 1,030원이 되었다고 하자. 이때 선물 1달러를 매도한 한국 수출업자는 수출대금으로 1,010원을 수취하게 된다. 그러나 선물환을 매도하지 않았다면, 90일 후에 한국 수출업자가 수취하는 수출대금은 1,030원이 될 것이다. 따라서 헤지를 하지 않은 경우보다 오히려 20원의 손실을 본다.

이와 같이 헤지의 결과가 항상 유리한 것은 아니다. 한국 수출업자가 선물환을 매도하지 않았다면, 90일 후에 수취하는 수출대금은 990원이 될 수도 있고 1,030원이 될 수도 있다. 그러나 선물환을 매도함으로써 한국 수출업자는 수출하는 시점에서 미리 90일 후에 수취하는 수출대금을 1,010원으로 확정시킬 수 있다. 이와 같이 헤지란 불확실성(uncertainty)을 회피하는 것을 목적으로 하는 거래이다.

### (2) 금융시장 헤지

롱 포지션에 따르는 환위험은 선물환시장뿐만 아니라 금융시장을 통해서도 헤지할 수 있다. 연불수출로 롱 포지션을 보유한 한국 수출업자가 미국 달러를 차입하면 숏 포지션이 발생한다. 따라서 한국 수출업자의 환포지션은 스퀘어가 되어 환위험을 헤지할 수 있다.

금융시장 헤지를 위해 한국 수출업자는 다음과 같은 거래를 한다. 먼저 90일 후의 차입원리금이 1달러가 되도록 0.9901달러를 차입한다. 다음에 0.9901달러를 매도하여 990.10원을 수취하고, 이를 90일 동안 투자한다. 그리고 90일 후에 수출대금 1달러를 수취하여 차입원리금을 상환하고, 990.10원에 대한 투자원리금 1,009.9원을 수취한다.

이와 같은 금융시장 헤지로 한국 수출업자는 90일 후에 수취하는 수출대금을 1,009.9원으로 확정시켜 놓을 수 있다. 즉

$$S\frac{1+i(t/360)}{1+i^{*}(t/360)} = 1,000\,\frac{1+0.08(90/360)}{1+0.04(90/360)} = 1,009.9$$

선물환 헤지와 마찬가지로 금융시장 헤지의 결과도 항상 유리한 것은 아니다. 예를 들어, 한국의 수출업자는 90일 후에 현물환율이 990원이 되면 이익을 보지만, 1,020원이 되면 헤지를 하지 않은 것만 못하게 된다.

지금까지 설명한 바와 같이 연불수출로 롱 포지션을 보유한 한국 수출업자는

선물환시장과 금융시장을 이용하여 환위험을 헤지할 수 있다. 이때 만약 선물환율이 1,009.9원보다 낮다면 금융시장을 통해 헤지하는 것이 유리하다. 그러나 반대로 만약 선물환율이 1,009.9원보다 높다면 선물환시장을 통해 헤지하는 것이 유리하다.

그러나 앞 절에서 본 커버한 금리평가(CIP)가 성립하면, 선물환시장과 금융시장을 통한 헤지의 결과는 동일해진다. 왜냐하면 이때 90일 선물환율은 1,009.9원으로 결정될 것이기 때문이다. 즉

$$F_{90} = 1,000\,\frac{1 + 0.08(90/360)}{1 + 0.04(90/360)} = 1,009.9$$

금융시장 헤지의 원리는 한 통화를 차입하여 다른 통화에 투자함으로써 선물환 헤지와 동일한 결과를 얻는 데 있다. 다시 말하면, 금융시장에서의 차입과 투자로 선물환과 동일한 특성을 갖는 금융상품을 복제할(replicate) 수 있는데, 이를 합성 선물환(synthetic forward)이라 부른다. 즉 금융시장에서 미국 달러를 차입하여 한국 원에 투자하는 롱 포지션의 헤지는 매도 선물환(short forward)을 복제하는 것과 같다.

## 3. 숏 포지션의 헤지

한국 수입업자가 미국으로부터 상품 1달러를 수입하고 수입대금은 90일 후에 지불하기로 하면, 한국 수입업자는 숏 포지션을 보유하게 된다. 즉 한국 수입업자는 90일 후에 환율이 하락하면 이익을 보지만, 환율이 상승하면 손실을 본다.

### (1) 선물환 헤지

숏 포지션을 보유한 한국 수입업자가 환위험을 헤지할 수 있는 가장 간단한 방법은 선물환을 매입하는 것이다. 한국 수입업자가 선물환시장에서 90일 선물환율 1,010원으로 선물 1달러를 매입하면 롱 포지션이 발생한다. 따라서 환포지션은 스퀘어가 되고 환위험은 헤지된다.

예를 들어, 90일 후에 환율이 1,030원이 되었다고 하자. 이때 선물 1달러를 매입하지 않았다면, 한국 수입업자가 부담하는 수입대금은 1,030원이 될 것이다. 그러나 선물 1달러를 매입하였으므로, 한국 수입업자는 90일 후에 수입대

금으로 1,010원만 부담하면 된다. 따라서 한국 수입업자는 선물환 헤지로 20원의 이익을 본다. 이와 같이 한국 수입업자는 환율이 상승하면 (불리한 방향으로 변동하면), 선물환 헤지로 이익을 본다.

반대로 환율이 하락하면 (유리한 방향으로 변동하면), 한국 수입업자는 헤지를 하지 않은 것만 못하다. 예를 들어, 90일 후에 환율이 990원이 되었다고 하자. 이때 선물 1달러를 매입한 한국 수입업자는 수입대금으로 1,010원을 부담해야 한다. 그러나 선물환을 매입하지 않았다면, 한국 수입업자가 90일 후에 부담하는 수입대금은 990원이 될 것이다. 따라서 헤지를 하지 않은 경우보다 오히려 20원의 손실을 본다.

이와 같이 롱 포지션의 경우와 마찬가지로, 숏 포지션의 경우에도 헤지의 결과가 사후적으로 항상 유리한 것은 아니다. 한국 수입업자가 선물환을 매입하지 않고 숏 포지션을 오픈으로 두면, 90일 후에 부담하는 수입대금은 불확실하다. 그러나 선물환을 매입함으로써 한국 수입업자는 수입하는 시점에서 미리 90일 후에 부담하는 수입대금을 1,010원으로 확정시켜 놓을 수 있다.

### (2) 금융시장 헤지

숏 포지션의 보유에 따른 환위험은 선물환시장뿐만 아니라 금융시장을 통해 헤지할 수도 있다. 연불수입으로 숏 포지션을 보유하여 환위험에 노출된 한국 수입업자는 미국 달러를 매입하면 롱 포지션이 발생한다. 이때 한국 수입업자의 환포지션은 스퀘어가 되어 환위험을 헤지할 수 있다.

금융시장 헤지를 위해 한국 수입업자는 다음과 같은 거래를 한다. 먼저 0.9901달러를 매입하기 위해 990.10원을 차입한다. 다음에 990.10원으로 0.9901달러를 매입하여 투자한다. 따라서 90일 후의 투자원리금은 1달러가 된다. 그리고 90일 후에 투자원리금 1달러를 수취하여 수입대금을 지불하고, 990.10원에 대한 차입원리금 1,009.9원을 지불한다.

이와 같은 금융시장 헤지로 한국 수입업자는 90일 후에 부담하는 수입대금을 1,009.9원으로 확정시킬 수 있다. 즉

$$S\,\frac{1+i(t/360)}{1+i^*(t/360)} = 1000\,\frac{1+0.08(90/360)}{1+0.04(90/360)} = 1,009.9$$

선물환시장을 이용한 숏 포지션의 헤지와 마찬가지로, 금융시장을 이용한 숏

포지션 헤지의 결과도 항상 유리한 것은 아니다. 예를 들어, 한국 수입업자는 90일 후 현물환율이 1,020원이 되면 이익을 보지만, 990원이 되면 헤지를 하지 않은 것만 못하게 된다.

지금까지 본 바와 같이 연불수입으로 숏 포지션을 보유한 한국 수입업자는 선물환시장 또는 금융시장을 통해 환위험을 헤지할 수 있다. 이때 만약 선물환율이 1,009.9원보다 낮다면 선물환시장을 통해 헤지하는 것이 유리하다. 한편 선물환율이 1,009.9원보다 높다면 금융시장을 통해 헤지하는 것이 유리하다. 그러나 커버한 금리평가(CIP)가 성립하면, 선물환 헤지와 금융시장 헤지의 결과는 동일하게 된다.

금융시장에서 한국 원을 차입하여 미국 달러를 매입하는 숏 포지션의 헤지는 매입 선물환(long forward)을 복제하는 것과 같다.

## 4. 헤지의 실제

헤지는 양날의 칼과 같다. 지금 환율이 1,000원, 3개월 선물환율이 1,010원이라고 하자. 기업 A는 롱 포지션을 가지고 있고, 기업 B는 숏 포지션을 가지고 있다. 이때 선물환율을 기준으로 두 기업의 3개월 후 손익을 구해 보면 다음과 같다.

먼저 환위험을 헤지한 경우를 보자. 만약 3개월 후에 환율이 990원이 되면, 기업 A는 20원의 이익을 얻지만, 기업 B는 20원의 손실을 본다. 한편 3개월 후에 환율이 1,030원이 되면, 기업 A는 20원의 손실을 보지만, 기업 B는 20원의 이익을 얻는다. 다음에 환위험을 헤지하지 않은 경우를 보자. 만약 3개월 후에 환율이 990원이 되면, 기업 A는 20원의 손실을 보지만, 기업 B는 20원의 이익을 얻는다. 한편 3개월 후에 환율이 1,030원이 되면, 기업 A는 20원의 이익을 얻지만, 기업 B는 20원의 손실을 본다.

이와 같이 환위험을 헤지한 덕에 웃을 수도 있지만, 환위험을 헤지한 탓에 울 수도 있다. 또 환위험을 헤지하지 않은 탓에 울 수도 있지만, 환위험을 헤지하지 않은 덕에 웃을 수도 있다. 따라서 환노출로 예상하지 못한 큰 손실이 발생하여 당혹스러운 곤경에 처할 위험(embarrassment risk)을 최소화하기 위해, 오늘날 많은 기업들은 헤지 비율(hedge ratio)을 50%로 한정시키는 전략을 채택하고 있다.

환위험을 헤지했을 때 환율이 유리하게 변동하면 예상하지 못한 기회손실(opportunity loss)을 본다. 그 대표적인 예로 일본항공(JAL)을 들 수 있다. 1985년 8월 JAL은 향후 10년에 걸쳐 지급할 항공기 구입대금 36억 달러를 평균 184엔의 선물환율로 매입하였다. 그러나 그 해 9월 프라자 합의로 엔 환율은 260엔부터 급격하게 하락하여, 1987년 말에는 120엔, 그리고 1995년 4월에는 80엔까지 떨어졌다. 10년간의 평균 환율을 100엔으로 보면, 선물환 매입에 따른 JAL의 기회손실은 약 30억 달러에 달한다.

우리나라에서도 환위험을 헤지한 탓에 막대한 기회손실을 본 경우로 2006년-2007년 조선업체의 경우를 들 수 있다. 조선업체는 선박 수출 계약을 하고 선박을 인도할 때까지 보통 3년 이상 걸린다. 따라서 조선업체들은 선물환 헤지를 통해 수익을 한국 원으로 확정해 놓을 필요가 있다. 우리나라 선박 수주액은 2006년-2007년간 약 1,600억 달러에 달했는데, 2년간 조선업체는 수주액의 50% 이상, 곧 800억 달러 이상의 선물환을 매도하였다.

미국 달러에 대한 환율은 2006년 1월 초 1,012원에서 2007년 10월 말에는 901원까지 하락하였고, 2008년에도 하락할 것으로 전망되었다. 따라서 2006년-2007년 조선업체가 수주액의 절반 이상을 선물환 매도로 헤지한 것은 자연스러운 일이었다. 그러나 글로벌 금융위기의 발발로 미국 달러에 대한 환율은 2007년 10월 말 901원부터 상승하기 시작하여, 2008년 11월 말에는 1,500원을 넘어섰다.[7] 즉 1년 동안 한국 원의 가치는 약 40%나 하락하였다.

이에 따라 2006년 950원대의 선물환율로 약 300억 달러, 그리고 2007년에 920원대의 선물환율로 약 500억 달러의 선물환을 매도한 조선업체는 막대한 기회손실을 보았다. 더욱이 2006년-2007년간 조선업체의 선물환 헤지는 그 규모가 워낙 컸으므로, 우리나라 외환부분에 막대한 영향을 미쳤다.[8] 이제 조선업체의 선물환 헤지가 어떻게 환율을 하락시키고, 단기외채를 증가시켰는지 [그림 4-4]를 통해 설명하여 보자.

먼저 (1) 조선업체는 환위험을 회피하기 위해 국내은행에게 선물환을 매도한다. (2) 선물환 매입으로 롱포지션을 갖게 된 국내은행은 스퀘어 포지션을 만들

[7]2008년 말 1,300원 밑으로 내려갔던 환율은 2009년 3월 다시 1,570원까지 치솟았으나, 2009년 말에는 1,160원 수준으로 안정되었다.

[8]한국은행. "조선업체 환헤지가 외환부문에 미치는 영향", 조사통계월보, (2010년 2월).

그림 4-3 **USD/KRW의 환율**

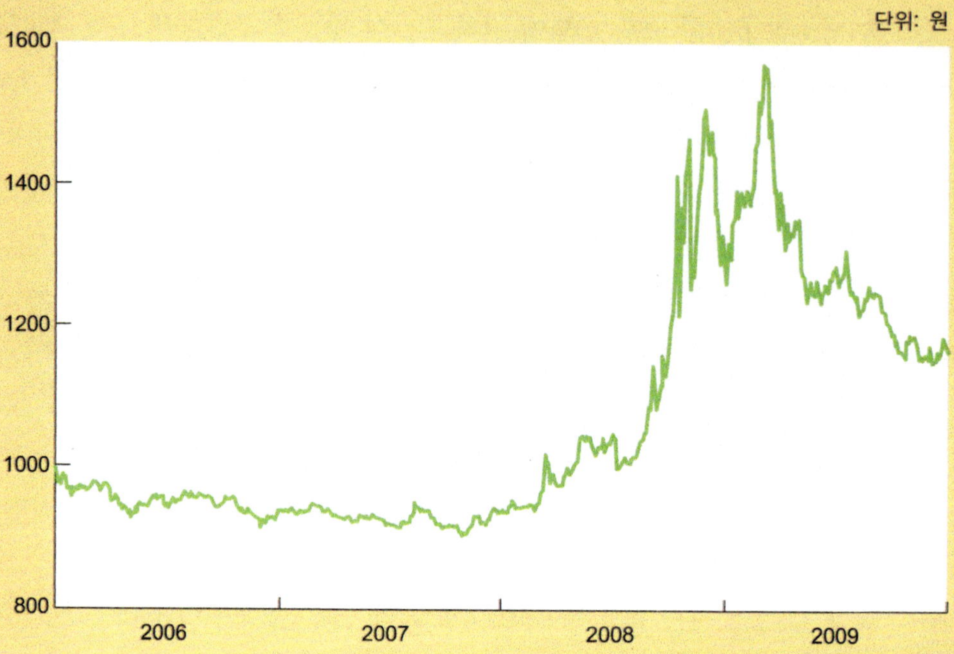


자료: 한국은행

기 위해 현물환을 매도한다. 따라서 환율이 하락한다. (3) 국내은행은 매도할 미국 달러를 외국은행 국내지점과 "Buy and Sell USD/KRW" 외환스왑으로 조달한다. (4) 외국은행 국내지점은 외환스왑으로 국내은행에 공급할 미국 달러를 본점으로부터 차입한다. 따라서 단기외채가 증가한다. (5) 외국은행 국내지점은 외환스왑으로 조달한 한국 원을 국내 채권시장에 투자한다.

[그림 4-5]에서 보는 바와 같이, 우리나라 단기외채는 2005년 말 660억 달러에서 2007년 말에 1,603억 달러로, 2년간 940억 달러, 즉 140%나 증가하였다. 단기외채가 급증함에 따라, 우리나라 외환보유액에 대한 단기외채의 비율은 2005년 말의 31.3%에서 2008년 말에 75%로 증가하였다. 마침 글로벌 금융위기는 2008년 9월 리먼 브러더스의 파산으로 절정에 달하였고, 우리나라는 1997년 말에 이어 두 번째 외화유동성 위기를 맞게 되었다.

2008년 9월부터 12월의 4개월간 우리나라로부터 약 700억 달러에 달하는 대규모 자본유출(외국인 주식투자 74억 달러, 외국인 채권투자 134억 달러, 단기

그림 4-4 **선물환 헤지가 외환부문에 미치는 영향**

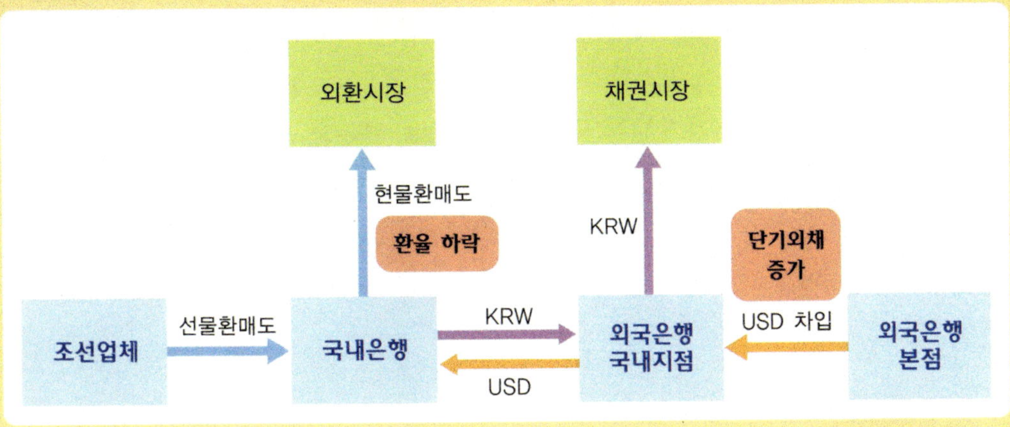


차입 487억 달러)이 일어났다. 특히 글로벌 금융위기로 자금경색에 빠진 외국은행 본점은 국내지점에 공급했던 외환스왑자금 가운데 약 300억 달러를 회수해 갔다. 이에 따라 [그림 4-3]에서 본 바와 같이, 2008년 초 936원이던 환율은

그림 4-5 **우리나라 외채와 외환보유액에 대한 단기외채 비율**

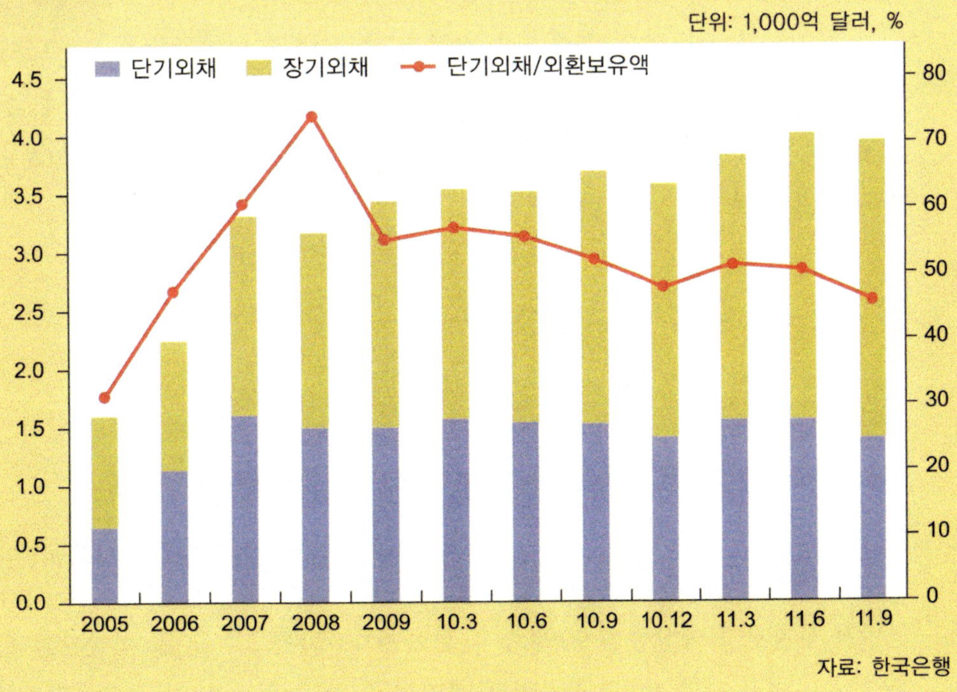

11월 말에는 1,500원으로 폭등하였다.

2008년 하반기의 급격한 자본유출로 우리나라에 외화유동성 문제가 재발한 것은 2006년-2007년 조선업체의 선물환 헤지로 은행이 과도하게 선물환을 매입한 것이 주요 원인이었다. 따라서 정부는 2010년 6월 국내은행은 자기자본의 50%, 외은지점은 자기자본의 250% 이내로 선물환 포지션을 규제하는 제도를 도입하였다. 그리고 2011년 6월에는 국내은행은 40%, 그리고 외은지점은 200%로 다시 선물환 포지션 한도를 축소하였다.

## 4.3 투기거래

외환시장을 이용한 투기(speculation)란 환율의 변동으로부터 이익을 얻기 위해 의도적으로 오픈 포지션을 만드는 것을 말한다. 환투기에는 선물환시장을 이용하는 선물환투기와 현물환시장을 이용하는 현물환투기가 있다. 한편 저금리통화를 차입하여 고금리통화에 투자함으로써 두 통화의 이자율의 차로부터 이익을 얻으려는 캐리거래(carry trade)도 환위험에 노출되므로, 광의의 투기거래에 포함시킬 수 있다.

이 절에서 투기거래를 설명하기 위해 미국 달러의 현물환율은 $S = 1{,}000$원, 90일 선물환율은 $F_t = 1{,}010$원, 한국 원의 이자율은 $i = 8\%$, 그리고 미국 달러의 이자율은 $i^* = 4\%$라고 가정하기로 한다. 한편 $t$일 후의 예상 환율은 $E(S_t)$, $t$일 후의 실제 환율을 $S_t$로 나타내기로 한다.

### 1. 선물환 투기

선물환 투기(forward speculation)란 장래의 환율을 예상하고 선물환을 매입하거나 매도함으로써 이윤을 얻으려는 외환거래를 말한다.

#### (1) 선물환 매입 투기

먼저 투자자가 예상하는 90일 후의 환율이 1,020원으로 90일 선물환율 1,010원보다 높다고 하자. 이때 선물환 투기자는 1,010원으로 90일 선물 1달러를 매입한 다음, 이를 90일 후에 1,020원으로 매도하여 10원의 이익을 얻으려 할 것이다. 따라서 선물환 투기자가 90일 후에 얻으리라고 기대하는 이익 $E(\pi)$는 다음과 같이 나타낼 수 있다.

$$E(\pi) = E(S_t) - F_t = 1,020 - 1,010 = 10 \qquad (1)$$

그러나 90일 후에 환율이 예상과 달라지면, 선물환 투기자는 손실을 볼 수 있다. 예를 들어, 90일 후에 환율이 예상과 달리 1,005원이 되었다면, 선물환을 매입한 투기자는 5원의 손실을 본다. 선물환 매입으로 투기자가 실제로 얻는 이익 $\pi$는 다음과 같다.

$$\pi = S_t - F_t = 1,005 - 1,010 = -5 \qquad (2)$$

### (2) 선물환 매도 투기

이제 투자자가 예상하는 90일 후의 환율이 1,005원으로 선물환율 1,010원보다 낮은 경우를 생각해 보자. 이때 선물환 투기자는 1,010원으로 90일 선물 1달러를 매도한 다음, 90일 후에 현물 1달러를 1,005원으로 매입하여 5원의 이익을 얻으려 할 것이다. 따라서 선물환 투기자가 90일 후에 얻으리라고 기대하는 이익 $E(\pi)$는 다음과 같이 나타낼 수 있다.

$$E(\pi) = F_t - E(S_t) = 1,010 - 1,005 = 5 \qquad (3)$$

그러나 이때에도 90일 후에 환율이 예상과 달라지면, 선물환 투기자는 손실을 본다. 예를 들어, 90일 후에 환율이 1,020원이 되었다면, 선물환을 매도한 투기자는 10원의 손실을 본다. 선물환 매도로 투기자가 얻는 이익 $\pi$는 다음과 같다.

$$\pi = F_t - S_t = 1,010 - 1,020 = -10 \qquad (4)$$

## 2. 현물환 투기

선물환 투기는 은행과 선물환을 계약함으로써 매우 간단하게 행할 수 있다. 그러나 선물환 거래에는 신용위험(credit risk), 즉 상대방이 계약을 이행하지 않아 손실을 볼지도 모르는 위험이 따른다. 따라서 실제로 은행은 신용이 좋은 소수의 대기업과 금융기관 고객과 일정한 신용공여한도(credit line) 내에서만 선물환거래에 응하고 있다.

이와 같이 선물환시장을 이용하는 데 한계가 있다. 따라서 투기자들은 환율변동으로부터 이익을 얻기 위해 주로 현물환시장을 이용하고 있다.[9] 현물환 투기(spot speculation)란 장래에 약세가 예상되는 통화를 차입하여 강세가 예상되는 통화에 투자함으로써 환율변동으로부터 이익을 얻으려는 외환거래를 말한다.

### (1) 현물환 매입 투기

지금 장래에 환율이 오를 것이라고 예상한다고 하자. 이와 같이 미국 달러의 강세가 예상되면, 현물환 투기자는 한국 원을 차입하여 미국 달러에 투자함으로써 이익을 얻으려고 할 것이다. 이때 투기자가 기대하는 이익 $E(\pi)$는 식 (5)와 같이 쓸 수 있다.

$$\begin{aligned} E(\pi) &= E(S_t)\left[1 + i^*\frac{t}{360}\right] - S\left[1 + i\frac{t}{360}\right] \\ &= 1,020[1 + 0.01] - 1,000[1 + 0.02] = 10.2 \end{aligned} \tag{5}$$

예를 들어, 90일 후의 예상 환율이 1,020원이라면, 1,000원을 차입하여 1달러를 투자한 투기자는 10.2원의 이익을 기대하고 있다. 그러나 이 기대가 실현된다는 보장은 없다. 실제로 현물환 투기자가 한국 원을 차입하여 미국 달러에 투자할 때 얻는 이익 $\pi$는 식 (6)과 같다.

$$\begin{aligned} \pi &= S_t\left[1 + i^*\frac{t}{360}\right] - S\left[1 + i\frac{t}{360}\right] \\ &= 1,005[1 + 0.01] - 1,000[1 + 0.02] = -4.95 \end{aligned} \tag{6}$$

예를 들어, 투기자의 예상이 빗나가 90일 후에 환율이 1,005원이 되면 투기자는 4.95원의 손실을 본다.

한국 원을 차입하여 미국 달러에 투자하는 현물환 투기자는 플러스의 이익을 예상하고 있다. 따라서 식 (5)를 정리하면, 현물환 투기자의 장래 환율에 대한 예상은 식 (7)과 같이 구할 수 있다.[10] 즉 현물환 투기자는 90일 후의 환율이

---

[9] 투기자들은 또 제8장에서 배우는 통화선물시장(currency futures market)을 이용하여 환율변동으로부터 이익을 얻으려는 투기거래를 할 수 있다.

1,009.9원보다 높으리라고 예상하고 있다는 것을 알 수 있다.

$$E(S_t) > S\frac{1+i(t/360)}{1+i^*(t/360)} = 1,000\frac{1+0.08(90/360)}{1+0.04(90/360)} = 1,009.9 \qquad (7)$$

이제 식 (7)의 양변을 $S$로 나눈 다음, 양변에서 1을 빼면, $[1+i^*(t/360)] \approx 1$이므로, 근사적으로 아래 식 (8)이 성립한다. 여기서 좌변은 제3장 4절에서 본 $E(s)$, 즉 한국 원의 연간 예상절하율이다.

$$\frac{E(S_t)-S}{S}\frac{360}{t} > i - i^* \qquad (8)$$

따라서 한국 원의 예상 절하율이 한국과 미국의 이자율의 차보다 클 것이라고 예상하면, 현물환 투기자는 약세가 예상되는 한국 원을 차입하고 강세가 예상되는 미국 달러에 투자하여 이익을 얻으려 할 것이다. 이때 현물환 투기자의 연간 예상수익률 $E(\%\triangle\pi)$는 다음과 같다.

$$E(\%\triangle\pi) = E(s) - [i - i^*] \qquad (9)$$

### (2) 현물환 매도 투기

이제 장래에 환율이 내릴 것이라고 예상한다고 하자. 이와 같이 한국 원의 강세가 예상되면, 현물환 투기자는 미국 달러를 차입하여 한국 원에 투자함으로써 이익을 얻으려고 할 것이다. 이때 투기자가 기대하는 이익 $E(\pi)$는 식 (10)과 같이 쓸 수 있다.

$$\begin{aligned} E(\pi) &= \frac{S}{E(S_t)}\left[1+i\frac{t}{360}\right]-\left[1+i^*\frac{t}{360}\right] \qquad (10) \\ &= \frac{1,000}{980}[1+0.02]-[1+0.01] = 0.03 \end{aligned}$$

예를 들어, 90일 후의 예상 환율이 980원이라면, 1달러를 차입하여 1,000원을 투자한 투기자의 기대이익은 약 0.03달러가 된다. 그러나 이 기대가 실현된

---

[10] 커버한 금리평가(CIP)가 성립하면, 현물환 투기자의 환율 예상을 나타내는 식 (7)은 식 (1)에서 본 선물환 투기자의 환율 예상 $[E(S_t) > F_t]$와 같아진다.

다는 보장은 없다. 실제로 현물환 투기자가 미국 달러를 차입하여 한국 원에 투자할 때 얻는 이익 $\pi$는 식 (11)과 같다.

$$\begin{aligned} \pi &= \frac{S}{S_t}\left[1 + i\frac{t}{360}\right] - \left[1 + i^*\frac{t}{360}\right] \qquad (11) \\ &= \frac{1,000}{1,030}[1 + 0.03] - [1 + 0.01] = -0.01 \end{aligned}$$

예를 들어, 투기자의 예상이 빗나가 90일 후에 환율이 1,030원이 되면, 투기자는 약 0.01달러의 손실을 본다.

미국 달러를 차입하여 한국 원에 투자하는 현물환 투기자는 플러스의 이익을 예상하고 있다. 따라서 식 (11)을 정리하면, 현물환 투기자의 장래 환율에 대한 예상은 식 (12)와 같이 구할 수 있다.[11] 즉 현물환 투기자는 90일 후에 환율이 1,009.9원보다 낮을 것이라고 예상하고 있다는 것을 알 수 있다.

$$E(S_t) < S\frac{1 + i(t/360)}{1 + i^*(t/360)} = 1,000\frac{1 + 0.08(90/360)}{1 + 0.04(90/360)} = 1,009.9 \qquad (12)$$

이제 식 (12)의 양변을 $S$로 나누고, 양변에서 1을 빼면, $[1 + i^*(t/360)] \approx 1$이므로, 근사적으로 다음이 성립한다.

$$\frac{E(S_t) - S}{S}\frac{360}{t} < i - i^* \qquad (13)$$

위 식의 좌변은 한국 원의 연간 예상절하율 $E(s)$를 나타낸다. 따라서 한국 원의 예상 절하율이 한국과 미국의 이자율의 차보다 작을 것이라고 예상하면, 현물환 투기자는 약세가 예상되는 미국 달러를 차입하고 강세가 예상되는 한국 원에 투자하여 이익을 얻으려 할 것이다. 이때 현물환 투기자의 연간 예상수익률 $E(\%\triangle\pi)$는 다음과 같다.

$$E(\%\triangle\pi) = [i - i^*] - E(s) \qquad (14)$$

그러나 90일 후에 한국 원이 오히려 절상되어 $E(s) < 0$이면, 미국 달러를 차입하여 한국 원에 투자한 현물환 투기자의 이익은 두 통화의 이자율의 차와 한

[11] 커버한 금리평가(CIP)가 성립하면, 현물환 투기자의 환율 예상을 나타내는 식 (11)은 식 (3)에서 본 선물환 투기자의 예상 $[E(S_t) < F_t]$와 같아진다.

국 원의 연간 절상률을 합한 것과 같아진다. 예를 들어 보자. 지금 환율이 1,000원, 한국의 이자율이 8%, 미국의 이자율이 4%라고 가정하고 있다. 이때 90일 후 환율이 990원이 되면, 한국 원의 연간 절상률은 4%가 된다. 따라서 현물환 투기자의 연간 수익률은 두 통화의 이자율의 차 4%에 한국 원의 연간 절상률 4%를 더한 8%가 된다.

## 3. 캐리거래

현물환 투기란 약세 예상 통화를 차입하여 강세 예상 통화에 투자하여 환율변동으로부터 이익을 얻으려는 거래를 말한다. 한편 캐리거래(carry trade)란 저금리 통화(low interest currency)를 차입하여 고금리 통화(high interest currency)에 투자함으로써 두 통화의 이자율의 차로부터 이익을 얻으려는 외환거래이다. 말하자면 캐리거래자는 고금리통화를 강세 예상 통화로, 그리고 저금리통화를 약세 예상 통화로 본다.

캐리거래에서 저금리 통화를 조달통화(funding currency), 그리고 고금리 통화를 투자통화(target currency)라고 부른다. 원래 조달통화로는 일본 엔과 스위스 프랑이 주로 이용되었다. 그러나 최근에는 단기이자율이 1% 이하인 미국 달러와 유로도 조달통화로 널리 이용되고 있다. 한편 투자통화로는 전통적으로 호주 달러, 뉴질랜드 달러, 남아공 랜드 등이 이용되었으나, 최근에는 브라질 헤알 등도 투자통화로 이용되고 있다.

지금 한국의 이자율은 8% 그리고 미국의 이자율은 4%라고 가정하고 있다. 따라서 한국 원은 고금리 통화이고, 미국 달러는 저금리 통화이다. 이때 미국 달러를 차입하여 한국 원에 투자하는 달러 캐리(dollar carry)의 연간 예상 수익률은 식 (14)에서 본 현물환 매도투기의 경우와 같다. 즉

$$E(\%\triangle\pi) = [i - i^*] - E(s) \tag{14}$$

따라서 $E(s) = 0$, 즉 90일 동안 환율변동이 없다고 예상하면, 캐리거래자의 연간 예상 수익률은 두 통화의 이자율의 차와 같다. 그러나 캐리거래자의 이 기대가 실현된다는 보장은 없다. 만약 투자통화인 고금리통화(예를 들어 호주 달러)가 크게 절하되거나, 또는 조달통화인 저금리 통화(예를 들어 일본 엔)가 크게 절상되면, 캐리거래자는 예상하지 못한 큰 손실을 보게 된다.

앞 장 4절에서 배운 국제투자의 균형조건인 커버하지 않은 금리평가(UIP)에 따르면 한국 원의 연간 예상절하율은 한국 원과 미국 달러의 이자율의 차와 같다. 즉

$$E(s) = i - i^* \tag{15}$$

따라서 커버하지 않은 금리평가(UIP)가 성립하면, 캐리거래로 이익을 얻을 수 없다. 그러나 실증적인 연구에 따르면, 실제로 커버하지 않은 금리평가(UIP)는 잘 성립하고 있지 않다. 따라서 지난 20여 년간 캐리거래는 매우 활발하게 이루어져 왔다.

## 4. 투기의 실제

외환투기는 환율예상이 적중하면 큰 이익을 얻을 수 있지만, 환율예상이 빗나가면 큰 손실을 볼 수 있다. 헤지펀드의 대부로 알려진 조지 소로스(George Soros)가 1992년 9월 영국 파운드의 평가절하를 예상하고 영란은행(Bank of England)과 벌인 환투기로 10억 달러 이상의 이익을 본 것은 전설적인 이야기이다. 그러나 소로스도 1999년 1월 일본 엔의 강세를 예상하고 벌인 투기가 실패하여 12억 달러의 손실을 보았다.

예상하지 못한 환율변동으로 캐리거래자들이 큰 손실을 본 경우도 많다. 1990년대 중반 이후 일본 엔의 이자율이 1%, 미국 달러의 이자율이 5%를 유지하고 있을 때, 헤지펀드 등 투기자들이 일본 엔을 차입하여 미국 달러에 투자하는 이른바 엔 캐리(yen carry)가 대폭 증가하였다. 그러나 1998년 가을 일본 엔이 갑자기 초강세로 돌아섬에 따라 캐리거래자들은 막대한 손실을 보았다. 즉 [그림 4-6]에서 보는 바와 같이, 1998년 10월 7일과 8일 이틀간 엔 환율은 134엔에서 111엔으로 하락하였는데, 이틀 동안의 일본 엔의 절상률 21%는 변동환율제도가 도입된 이래 2일간 환율변동률로 최대의 기록이다.

[그림 4-7]은 2003년 1월 100엔을 호주 달러로 교환하여 투자한 캐리거래자의 2010년까지의 누적 투자원리금을 보여주고 있다. 2003년부터 2008년 여름까지 5년 반 동안, 호주 달러의 고금리와 호주 달러의 절상으로, 투자원리금은 100% 가까이 증가하였다. 그러나 2008년 7월부터 12월까지 AUD/JPY 환율이 104엔에서 61엔으로 폭락함에 따라, 캐리거래자는 불과 6개월 만에 40% 가까

그림 4-6 **USD/JPY의 환율**

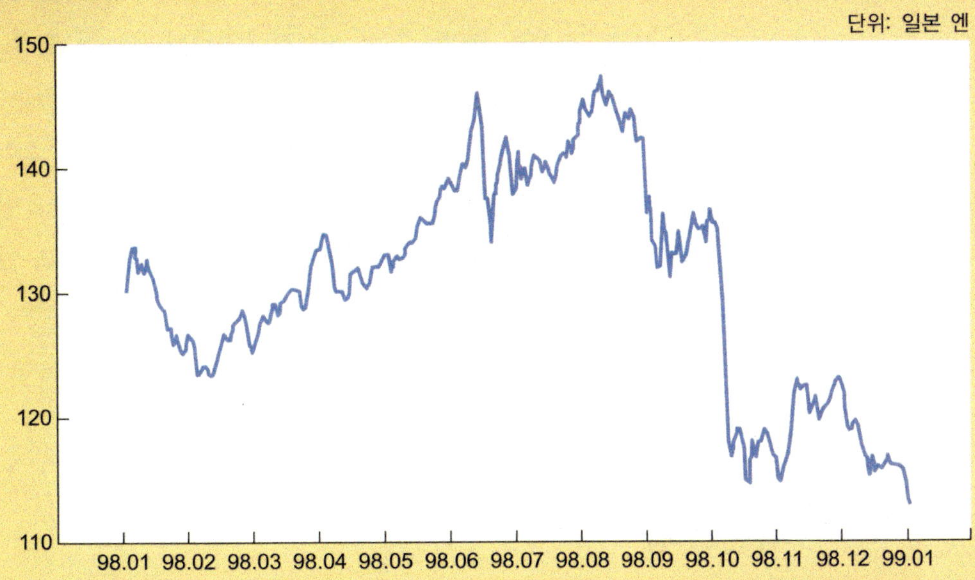


자료: Global Financial Data

운 막대한 손실을 보았다. 이와 같이 투기는 때로는 큰 이익을 가져다 주기도 하지만, 때로는 막대한 손실을 입히기도 한다.

그림 4-7 **JPY/AUD 캐리거래의 누적 투자원리금**

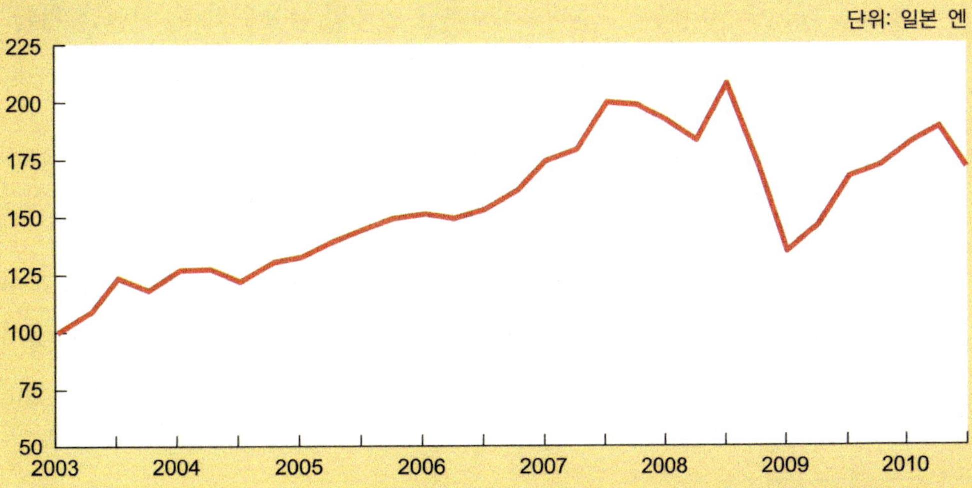


자료: Krugman, Obstfeld and Melitz (2012)

외환시장에서 개인투자자가 참여할 수 있는 투기로 FX 마진거래가 있다. FX 마진거래는 중개 금융기관에 일정 증거금을 예치한 후 외환거래를 하는 것으로, 레버리지가 매우 높다.[12] 예를 들어, 증거금이 거래대금의 10%라면, 10배의 레버리지가 발생한다. 흔히 와타나베 부인(Mrs. Watanabe)이라 불리는 일본의 FX 마진거래자에게는 엔과 외국통화 간의 거래가 허용되고 있다. 그러나 우리나라 FX 마진거래자에게는 외화-외화 간 거래만 허용되고 있다. 환율변동은 예측이 매우 어렵다. 따라서 FX 마진거래자들은 대부분 손실을 보고 있는 것으로 알려져 있다.

## 4.4 외환스왑

오늘날 세계외환시장에서 가장 널리 이용되고 있는 외환거래는 외환스왑이다. 외환스왑이 세계외환거래에서 차지하는 비율은 1998년 48%에서 2007년 52%까지 증가하였다가, 2010년에는 44%로 감소하였다. 한편 우리나라 외환거래에서 외환스왑이 차지하는 비율은 1998년 20%에서부터 2007년 31%에 이르기까지 계속 증가하여 오다가, 2010년에는 42%로 대폭 증가하였다.

이 절에서는 오늘날 외환스왑이 (1) 자금 흐름의 조정, (2) 선물환 결제일의 조정, (3) 금리차익거래, 그리고 (4) 외화자금의 조달 등의 목적으로 어떻게 이용되고 있는지 알아보고, 2007년-2008년 글로벌 금융위기 때 일어난 외환스왑 시장의 혼란(dislocation)에 대해 설명하여 보기로 한다.

### 1. 외환스왑의 특징

제2장 2절에서 배운 바와 같이, 외환스왑이란 결제일이 다른 반대 방향의 두 외환거래를 동일 상대방과 동시에 계약하는 것을 말한다. 따라서 외환스왑에서는 앞 결제일(near date)에 두 통화를 한번 교환한 다음, 뒤 결제일(far date)에

[12] FX 마진거래와 캐리거래에 대해서는 박해식과 송민규, "캐리거래와 우리나라 외환시장," 한국금융연구원, (2011. 12)을 참조하면 좋다.

그림 4-8 **세계 외환시장의 성장**

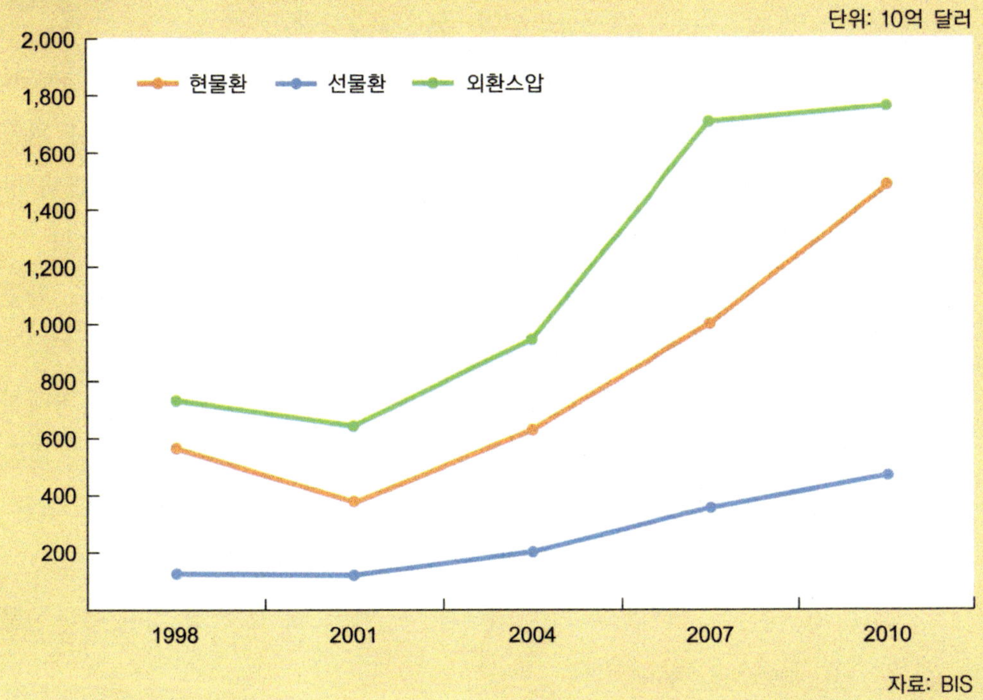


반대방향으로 두 통화를 다시 교환한다. 그러나 두 번의 통화 교환은 동일 상대방과 체결한 하나의 계약에 의해 이루어지므로, 외환시장 통계에서는 한 번의 외환거래로 추계된다.

외환스왑을 금리스왑(interest rate swap)이나 통화스왑(currency swap)과 혼동하면 안 된다. 금리스왑과 통화스왑은 두 당사자가 일정한 만기 동안 일정한 결제기간마다 두 현금흐름을 교환하는 거래이다.[13] 예를 들어, 만기 3년, 결제기간 6개월이면, 현금흐름은 6개월마다 모두 여섯 번 교환된다. 금리스왑은 원금의 교환 없이 동일 통화의 이자지급만을 교환하고, 통화스왑은 이종 통화의 원금과 이자지급을 모두 교환한다.

외환스왑은 기준통화인 미국 달러를 기준으로 매입/매도(Buy and Sell) 스왑과 매도/매입(Sell and Buy) 스왑으로 나눌 수 있다. "Buy and Sell USD/KRW"는 앞 결제일에 미국 달러를 매입하고 뒤 결제일에 미국 달러를 매

[13] 금리스왑과 통화스왑에 대해서는 앞으로 제10장 1절과 2절에서 자세하게 배울 것이다.

도하는 거래이고, "Sell and Buy USD/KRW"는 앞 결제일에 미국 달러를 매도하고 뒤 결제일에 미국 달러를 매입하는 거래이다. 외환스왑에서 두 결제일에 매매하는 미국 달러, 즉 기준통화의 금액은 동일하다.

현물환이나 선물환을 거래하면 환포지션이 변화한다. 현물환을 매입하면 롱 포지션이 증가하고, 선물환을 매도하면 숏 포지션이 증가한다. 그러나 외환스왑을 거래하면 환포지션이 변화하지 않는다. 즉 현물환과 선물환을 반대 방향으로 동시에 거래하므로, 롱 포지션과 숏 포지션이 상쇄되어, 환포지션은 스퀘어가 된다. 이와 같이 현물환거래나 선물환거래와 달리 외환스왑은 환위험(foreign exchange risk)에 노출되지 않는다.

외환스왑의 가장 전형적인 형태는 현물환과 선물환을 반대방향으로 거래하는 현물환-선물환 스왑이다. 외환스왑에는 또 만기가 다른 두 선물환 간의 외환스왑인 선물환-선물환 스왑이 있다. 그러나 오늘날 가장 널리 이용되고 있는 외환스왑은 두 결제일이 거래일과 익일인 Overnight, 익일과 익익일인 Tom/next, 그리고 익익일과 그 다음 날인 Spot/next 등 스왑 기간이 하루뿐인 1일 스왑(one-day swap)이다.

외환스왑의 만기는 매우 짧다. 즉 2010년 전 세계 외화스왑의 74%와 우리나라 외환스왑의 거의 절반(47%)을 만기 7일 이하가 차지하고 있다. 이들은 대부분 Overnight, Tom/next, Spot/next 등의 1일 스왑인데, 1일 스왑은 주로 단기 외화자금이나 원화자금의 흐름(cash flow)을 조정하기 위한 목적으로 이용되고 있다.

예를 들어, 오늘 결제해야 할 미국 달러가 부족하면, "Buy and Sell USD/KRW" Overnight 외환스왑으로 오늘 하루 동안 미국 달러를 조달할 수 있다. 또는 내일 결제해야 할 한국 원이 부족하면, "Sell and Buy USD/KRW" Tom/next 외환스왑으로 내일 하루 동안 한국 원을 조달할 수 있다. 만기 7일 이하의 외환스왑은 대부분 이와 같이 단기 외화자금이나 원화자금의 흐름을 조정하기 위한 수단으로 이용되고 있다.

외환스왑으로 또 선물환의 결제일을 조정할 수 있다. 예를 들어, 미국에 연불수출한 한국 수출업자가 선물 달러를 매도하였다고 하자. 이때 수출대금의 유입이 예정보다 하루 늦어지면, "Buy and Sell USD/KRW" Overnight 외환스왑으로 선물환 결제일을 하루 연기할 수 있다. 또는 수출대금 유입이 예정보다 하루 앞당겨지면, "Sell and Buy USD/KRW" Overnight 외환스왑으로 선물환 결제일을 하루 앞당길 수 있다.

이와 같이 만기 7일 이하의 외환스왑은 주로 단기 자금흐름을 조정하기 위한 목적으로 이용되고 있다. 한편 2010년 전 세계 외환스왑의 24%와 우리나라 외환스왑의 48%를 차지하고 있는 만기 8일 이상 1년 미만의 외환스왑은 주로 금리차익거래와 외화자금 조달 등의 목적으로 이용되고 있다. 이제 외환스왑의 비용을 설명한 다음, 외환스왑이 금리차익거래와 외화자금의 조달을 위해 어떻게 이용되고 있는지 설명하여 보자.

## 2. 외환스왑의 비용

외환스왑에서는 앞 결제일에 현물환율을 그리고 뒤 결제일에 선물환율을 적용한다. 이때 선물환율은 아웃라이트 선물환율에서 현물환율을 뺀 스왑 포인트(swap points)로 호가하는 것이 일반적인 관행이다.

$$\text{스왑 포인트} = F_t - S$$

외환스왑에서 선물환율을 스왑 포인트로 호가하는 것은 스왑 포인트가 외환스왑의 비용(cost)을 나타내기 때문이다. 이제 스왑 포인트가 어떻게 외환스왑의 비용을 나타내는지 구체적인 예를 들어 설명하여 보자.

지금 미국 달러의 환율이 $S = 1,200$원, 한국의 이자율이 $i = 8\%$, 미국의 이자율이 $i^* = 4\%$, 3개월 스왑 포인트가 6원이라고 하자. 따라서 3개월 아웃라이트 선물환율은 $F_t = 1,206$원이다. 이때 은행 A와 기업 B가 1억 달러의 3개월 외환스왑을 체결하였다고 하자. 즉 은행 A는 "Buy and Sell USD/KRW", 기업 B는 "Sell and Buy USD/KRW" 외환스왑을 체결하였다. 따라서 현물환 결제일에 은행 A는 기업 B로부터 1억 달러를 수취하고, 기업 B에게 1,200억 원을 지급한다. 한편 선물환 결제일에 은행 A는 기업 B에게 1억 달러를 지급하고, 기업 B로부터 1,206억 원을 수취한다.

외환스왑은 자금의 차입과 대출과 같다. 즉 은행 A는 3개월간 1억 달러를 차입하고, 1,200억 원을 대출한 것과 같다. 또 기업 B는 3개월간 1억 달러를 대출하고, 1,200억 원을 차입한 것과 같다. 지금 미국 달러의 이자율이 4%이고, 한국 원의 이자율이 8%이다. 따라서 3개월 후에 은행 A는 기업 B에게 원금 1억 달러와 100만 달러의 이자를 지급하고, 기업 B는 은행 A에게 원금 1,200억 원과 24억 원의 이자를 지급하면 된다. 그러나 외환스왑에서는 3개월 후에 이와 같이 이자지급을 서로 주고받지 않는다.

먼저 은행 A는 기업 B에게 1억 달러의 원금만 상환하고, 이자는 지급하지 않는다. 한편 기업 B는 은행 A에게 1,200억 원의 원금 상환과 함께 (스왑 포인트 6원에 미국 달러 원금 1억 달러를 곱한) 6억 원을 지급한다. 이와 같이 기업 B가 1,200억 원 차입에 대해 은행 A에게 3개월간의 이자 24억 원보다 적은 6억 원만 지급하는 것은, 은행 A에게 3개월간 대출한 1억 달러에 대해 이자를 받지 않은데 대한 보상이다.

따라서 "Sell and Buy USD/KRW" 외환스왑으로 3개월간 고금리 통화인 한국 원을 차입한 기업 B가 은행 A에게 선물환 결제일에 1,200억의 원금과 함께 지급하는 6억 원은 3개월간 외환스왑으로 1,200억 원을 조달한 비용(cost)이라고 말할 수 있다. 그러므로 외환스왑에서 흔히 고금리 통화의 차입자(기업 B)는 스왑 포인트를 지급한다고(pay) 말하고, 저금리 통화의 차입자(은행 A)는 스왑 포인트를 수취한다고(receive) 말한다.[14]

외환스왑의 비용은 스왑 포인트를 연간 베이스로 조정한 한국 원의 선물 디스카운트 d로 나타낼 수 있다. 지금 현물환율이 1,200원이고, 3개월 스왑 포인트가 6원이므로, 한국 원의 3개월 선물 디스카운트는 2%이다. 즉

$$d = \frac{F_t - S}{S} \times \frac{360}{t} \times 100 = \frac{6.00}{1,200} \times \frac{360}{90} \times 100 = 2\%$$

제1절에서 본 바와 같이, 커버한 금리평가(CIP)가 성립하면, 이론적 선물환율 $F_t$는 다음과 같이 결정된다.

$$F_t = S\frac{1 + i(t/360)}{1 + i^*(t/360)}$$

따라서 미국 달러의 현물환율이 1,200원, 한국의 이자율이 8%, 그리고 미국의 이자율이 4%이라면, 3개월 이론적 스왑 포인트 $[F_t - S]$는 근사적으로 다음과 같이 12원으로 결정되어야 할 것이다.

[14]물론 두 당사자 간에 실제 지급하고 수취하는 것은 스왑 포인트 6원에 미국 달러의 원금 1억 달러를 곱한 6억 원이다.

$$F_t - S \approx S(i - i^*)\frac{t}{360} = 1,200(0.08 - 0.04)\frac{90}{360} = 12$$

그러나 앞에서 본 은행 A와 기업 B 간에 이루어진 외환스왑에서 본 3개월 스왑 포인트는 6원으로 매우 낮다. 이와 같이 시장에서 결정된 스왑 포인트가 이론가격보다 낮으면, 은행 B는 이익을 보고 기업 A는 손해를 본다. 따라서 은행 B와 같이 "Sell and Buy USD/KRW" 외환스왑을 하려는 투자자가 증가할 것이다. 이때 현물환의 공급이 증가하여 현물환율은 하락하고, 선물환의 수요가 증가하여 선물환율은 상승한다. 따라서 스왑 포인트는 이론가격인 12원이 될 때까지 점진적으로 상승할 것이다.

## 3. 금리차익거래

제1절에서 본 바와 같이, 한국 원의 선물 디스카운트가 한국과 미국의 이자율 차보다 작으면, 외국투자자는 미국 달러를 차입하여 한국 원으로 교환한 다음, 국내자산에 투자하면서 선물환 커버를 하는 금리차익거래로 이익을 얻을 수 있다. 이때 외국투자자는 현물환을 매도하고 선물환을 매입하는데, 반대방향의 두 외환거래를 별개로 하지 않고, "Sell and Buy USD/KRW" 외환스왑으로 거래하면 매우 편리하다.

한편 한국 원의 선물 디스카운트가 한국과 미국의 이자율 차보다 크면, 국내투자자는 한국 원을 차입하여 미국 달러로 교환한 다음, 외화자산에 투자하면서 선물환 커버를 하는 금리차익거래로 이익을 얻을 수 있다. 이때 국내투자자는 현물환을 매입하고 선물환을 매도하는데, 반대방향의 두 외환거래를 별개로 하지 않고, "Buy and Sell USD/KRW" 외환스왑으로 거래하면 매우 편리하다.

외환스왑의 만기는 1년 미만의 단기가 압도적이다. 따라서 투자기간이 1년 미만인 단기 금리차익거래는 주로 외환스왑을 이용하여 이루어지고 있다. 한편 만기 1년이 넘는 장기 금리차익거래는 주로 통화스왑(currency swap)을 이용하여 이루어진다. 이제 [그림 4-9]를 보면서, 외환스왑을 이용한 금리차익거래를 설명하여 보자.[15] 통화스왑을 이용한 금리차익거래에 대해서는 제10장 2절

[15]이 예는 조석방 "최근 외환시장 동향과 이슈," 한은금요강좌 (2011년 9월 16일)에서 인용한 것이다.

에서 설명하기로 한다.

2011년 2월 28일 현물환율은 1,128.7원이었고, 3개월 스왑 포인트는 6.00원이었다. 3개월 스왑 포인트가 6.00원이므로, 3개월 아웃라이트 선물환율은 1,134.7원이다. 따라서 이날 한국 원의 3개월 선물 디스카운트는 $d$는 2.13%였다. 즉

$$d = \frac{F_t - S}{S} \times \frac{360}{t} \times 100 = \frac{6.00}{1,128.7} \times \frac{360}{90} \times 100 = 2.13\%$$

한편 이날 한국의 이자율(통안증권금리)은 3.17%였고, 미국의 이자율(미국 달러 리보)은 0.30%였다. 따라서 두 통화의 이자율의 차는 2.87%였다.

$$i - i^* = 2.87\%$$

한국 원의 선물 디스카운트가 한국과 미국의 이자율 차보다 작다. 따라서 외국은행 국내지점은 본점으로부터 1억 달러를 3개월간 차입한 다음, 국내은행과 "Sell and Buy USD/KRW" 외환스왑으로 1,128.7억 원을 조달하고, 1,128.7억 원을 3개월간 국내자산(통안증권)에 투자하였다고 하자.[16] 이 금리차익거래로 외국은행 국내지점은 얼마의 이익을 얻을 수 있겠는가?

외국은행 국내지점은 3개월 후에 통안증권 투자에 따른 1,137.645억 원의 투

그림 4-9 **외환스왑을 이용한 금리차익거래**

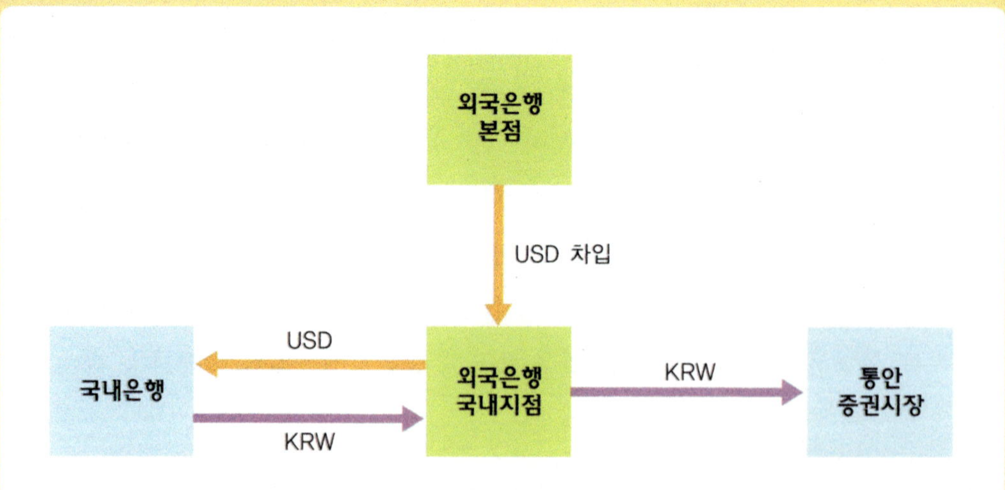

자원리금을 회수하여, 국내은행에 1,134.7억 원을 지급하고, 1억 달러를 상환받는다. 그리고 투자원리금에서 국내은행에 지급하고 남은 차액 2.945억 원을 외환시장에서 26만 달러와 교환하고, 본점에 1억 달러의 원금과 7.5만 달러의 이자를 지불한다.[17] 따라서 외국은행 국내지점은 3개월간의 금리차익거래로 18.5만(= 26만 − 7.5만) 달러의 이익을 얻는다. 이를 연간으로 따지면 74만 달러, 따라서 연간 수익률은 0.74%가 된다.

이와 같이 외환스왑을 이용한 금리차익거래로 얻는 이익 0.74%는 한국의 이자율 3.17%에서 미국의 이자율 0.30%를 빼고, 여기서 다시 한국 원의 선물 디스카운트 2.13%를 뺀 것과 같다. 즉 금리차익거래의 이익 $\pi$는 다음과 같이 구할 수 있다.

$$\pi = [i - i^*] - d$$
$$0.74\% = [3.17\% - 0.30\%] - 2.13\%$$

금리차익거래의 이익 $\pi$는 제1절의 식 (4)에서 본 커버한 금리차이(covered interest differential), 또는 CIP의 괴리(CIP deviation)와 같다. 그런데 이 식은 또 다음과 같이 고쳐 쓸 수 있다.

$$\pi = i - [i^* + d]$$

위 식에서 한국의 이자율 $i = 3.17\%$는 금리차익거래의 운용수익을 나타낸다. 한편 미국의 이자율과 한국 원의 선물 디스카운트를 합한 $[i^* + d]$는 금리차익거래의 조달비용을 나타낸다. 외국은행 국내지점은 미국 달러를 본점에서 차입하므로, 미국의 이자율 $i^* = 0.30\%$는 당연히 금리차익거래의 조달비용이다. 그러나 한국 원의 선물 디스카운트 $d = 2.13\%$는 왜 금리차익거래의 조달비용에 포함되는가?

외국은행 국내지점은 국내은행에게 1억 달러를 빌려주고 1,128.7억 원을 조달하였다. 그리고 빌려준 1억 달러는 원금만 상환받고, 빌린 1,128.7억 원에 대

[16] 제1절에서는 외국투자자(foreign investor)가 미국 달러를 한국 원으로 교환하여 국내자산에 투자하는 금리차익거래를 설명하였다. 그러나 외국은행 국내지점과 같이 미국 달러를 차입할 수 있는 국내투자자(domestic investor)는 미국 달러를 한국 원으로 교환하여 국내자산에 투자하는 금리차익거래로 이익을 얻을 수 있다.

[17] 3개월 후의 현물환율을 1,134.7원이라고 가정하고 있다. 환율이 급변하지만 않는다면 3개월 후의 현물환율은 이 분석에 큰 영향을 주지 않는다.

해서는 원금보다 6억 원을 더 지급하였다. 따라서 외국은행 국내지점에게 6억 원은 외환스왑을 통해 1,128.7억 원을 조달하는 비용이다. 이 외환스왑 비용은 연리로 2.13%로 한국 원의 선물 디스카운트와 같다.[18] 즉

$$\frac{6}{1,128.7}\frac{360}{90}\times 100 = 2.13\%$$

금리차익거래는 외환스왑을 통해 이루어진다. 따라서 외환스왑 비용인 한국 원의 선물 디스카운트는 금리스왑거래의 조달비용에 포함된다.

[그림 4-10]은 2007년부터 2011년 상반기까지 외환스왑을 통해 미국 달러를 한국 원으로 교환하여 90일간 국내자산에 투자하는 금리차익거래의 유인, 즉 CIP 괴리를 보여주고 있다.[19] 2007년 초반 30bp 미만이던 금리차익거래의 유인은 2007년 하반기부터 2009년 말까지 100bp를 넘는 상태가 지속되었다. 특히 2007년 11월에는 300bp, 그리고 리만 브러더스가 파산한 2008년 하반기에는 700bp를 넘어섰다. 왜 이와 같이 미국 달러와 한국 원 간에 커버한 금리평가(CIP)가 성립하지 않는가?

외환스왑시장에서 "Buy and Sell USD/KRW"는 미국 달러에 대한 수요를, "Sell and Buy USD/KRW"는 미국 달러의 공급을 나타낸다. 따라서 외환스왑시장에서 미국 달러에 대한 수요와 공급이 균형을 이룰 때, 외환스왑의 비용인 한국 원의 선물 디스카운트는 한국과 미국의 이자율의 차를 반영하여 균형 수준에서 결정될 것이다. 그리고 이때 금리차익거래의 유인은 소멸되고, 커버한 금리평가(CIP)가 성립할 것이다.

우리나라 외환스왑시장은 규모가 작고, 참여자도 한정되어 있다. 국내은행은 주로 "Buy and Sell USD/KRW"로 미국 달러를 수요하고, 외국은행 국내지점은 주로 본점으로부터 미국 달러를 차입하여 "Sell and Buy USD/KRW"로 미

---

[18] 한국 원의 선물 디스카운트 $d$를 우리나라에서는 흔히 스왑 레이트라 부른다. 그러나 스왑 레이트(swap rate)란 일반적으로 제10장에서 배우는 고정금리-변동금리 금리스왑(interest swaps)에서 고정금리를 가리킨다. 따라서 외환스왑의 비용을 나타내는 한국 원의 선물 디스카운트 $d$는 외환스왑 레이트(FX swap rate)라 부르는 것이 바람직하다.

[19] R. Levich. "Evidence on Financial Globalization and Crises: Interest Rate Parity", in *The Encyclopedia of Financial Globalization*, Elsevier, (2011)에 CIP 괴리의 여러 원인에 관한 자세한 문헌 소개가 실려 있다. 우리나라의 CIP 괴리에 대해서는 한국은행 "우리나라 외환 · 통화스왑시장의 효율성 및 안정성 분석," 조사통계월보, (2008년 10월)을 참조하면 좋다.

그림 4-10 **한국의 단기 금리차익거래 유인**

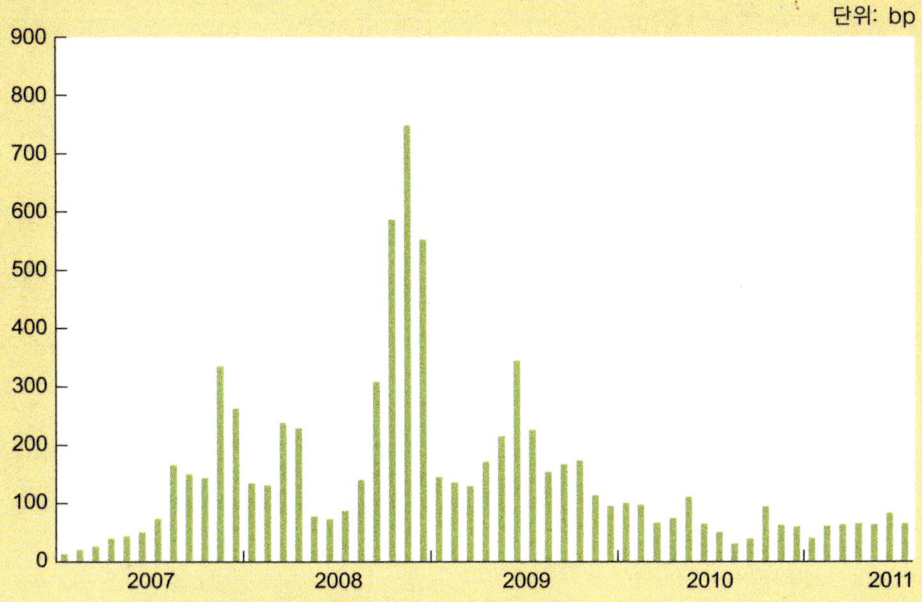


자료: 한국은행

국 달러를 공급한다. 국내은행의 미국 달러 수요는 변동이 매우 크지만, 외국은행 본점의 국내지점에 대한 미국 달러 공급은 국별 쿼터 등에 따라 한정되어(limited) 있다. 이와 같은 외환스왑시장의 구조적 수급불균형 때문에 커버한 금리평가(CIP)가 성립하기가 어렵다.

2007년 하반기에 CIP 괴리가 크게 증가한 것은, 제2절에서 본 바와 같이, 조선업체의 대규모 선물 달러 매도 때문이었다. 조선업체로부터 선물환을 매입한 국내은행은 포지션조정을 위해 매도할 미국 달러를 "Buy and Sell USD/KRW" 외환스왑으로 조달하였다. 이때 현물환율은 상승하고, 선물환율은 하락하여, 스왑 포인트가 감소한다. 이에 따라 한국 원의 선물 디스카운트가 감소하므로, CIP 괴리가 증가하였다.

2008년 하반기와 2009년 여름에 CIP 괴리가 다시 크게 증가한 것은 글로벌 금융위기로 달러부족 사태(dollar shortage)가 발생하였기 때문이다. 국제은행시장의 금융경색으로 국제은행시장에서 미국 달러를 차입하기 어려워진 국내은행은 "Buy and Sell USD/KRW" 외환스왑으로 미국 달러를 조달하였다. 이에 따라 한국 원의 선물 디스카운트가 감소하고, CIP 괴리가 크게 증가하였다. 다음 소절에서 보는 바와 같이, 이와 같은 현상은 주요 선진국과 여러 신흥국에서도 동시에 관찰되었다.

## 4. 외화자금의 조달

국내은행은 (1) 외화예금의 예수, (2) 외화채권의 발행, 그리고 (3) 외화차입으로 외화자금을 조달하여, 이를 주로 국내기업에 대한 외화대출로 운용하고 있다. 외화차입이 외화자금 조달의 50% 이상을 차지하고 있는데, 외화차입으로 미국 달러를 조달하는 방법에는 두 가지가 있다. 하나는 다음 장에서 공부하는 국제은행대출, 즉 외국의 은행으로부터 미국 달러를 대출받는 방법이고, 다른 하나는 외환시장에서 외환스왑과 통화스왑을 통해 미국 달러를 조달하는 방법이다.

외환스왑은 금융시장에서의 차입과 대출과 같다. 예를 들어, "Buy and Sell USD/KRW"는 미국 달러를 차입하고 한국 원을 대출하는 것과 같다. 또 "Sell and Buy USD/KRW"는 미국 달러를 대출하고 한국 원을 차입하는 것과 같다. 따라서 외환스왑은 통해 외화자금을 조달하는 수단으로 널리 이용되고 있다. 한편 외환시장을 통해 외화자금을 조달하는 다른 수단으로 제10장에서 공부하는 통화스왑이 있다.[20]

외환스왑의 만기는 대부분 1년 이하의 단기이다. 따라서 외환스왑은 만기 1년 이하의 단기 외화자금을 조달하는 수단으로 이용된다. 한편 통화스왑의 만기는 대부분 1년 이상의 장기이다. 따라서 외환시장을 통한 장기 외화자금의 조달은 주로 통화스왑시장에서 이루어진다. 여기서는 외환스왑을 이용한 외화자금의 조달을 설명하고, 통화스왑을 이용한 외화자금의 조달에 대해서는 제10장 2절에서 설명하기로 한다.

지금 미국 달러의 현물환율이 $S = 1{,}200$원, 한국의 이자율이 $i = 8\%$, 미국의 이자율이 $i^* = 4\%$, 그리고 3개월 스왑 포인트가 6원이라고 하자. 따라서 이때 은행 A가 국제은행대출, 즉 외국 은행으로부터 1억 달러를 차입하는 비용은 미국

[20] 외환스왑시장과 통화스왑시장 등 우리나라의 국내 외화자금시장에 대해서는 한국은행, 「우리나라의 외환제도와 외환시장」, (2010)의 제4장을 참조하면 좋다.

의 이자율인 $i^* = 4\%$가 될 것이다. 한편 은행 A가 외국은행 국내지점인 은행 B와 "Buy and Sell USD/KRW" 외환스왑으로 1억 달러를 조달하는 차입비용은 얼마가 될까?

은행 A는 현물환 결제일에 은행 B로부터 1억 달러를 수취하고(대출받고), 선물환 결제일에 은행 B에게 1억 달러를 지급한다(상환한다). 따라서 은행 A는 3개월간 1억 달러를 무이자로 조달한 셈이다. 한편 은행 A는 현물환 결제일에 은행 B에게 1,200억 원을 지급하고(대출하고), 선물환 결제일에 은행 B로부터 1,206억 원을 수취한다(상환받는다). 따라서 은행 A는 3개월간 1,200억 원을 대출하고 6억 원의 이자를 받은 셈이다.

한국의 이자율은 8%이다. 따라서 은행 A는 1,200억 원을 대출하였으므로, 3개월 후에 24억 원의 이자를 받아야 한다. 그러나 6억 원의 이자밖에 받지 못했다. 따라서 이때 덜 받은 이자 차액(interest differential) 18억 원이 바로 외환스왑을 통해 3개월간 1억 달러를 조달하는 비용(cost)이다. 연간으로 이자 차액은 72억 원이 되는데, 이는 미국 달러로 600만 달러가 된다.[21] 따라서 외환스왑으로 1억 달러를 조달하는 차입비용은 600만 달러, 즉 연리 6%라고 말할 수 있다.

지금 3개월 스왑 포인트가 6원이므로, 한국 원의 3개월 선물 디스카운트 $d$는 2%가 된다. 즉

$$d = \frac{F_t - S}{S} \times \frac{360}{t} \times 100 = \frac{6.00}{1,200} \times \frac{360}{90} \times 100 = 2\%$$

따라서 외환스왑으로 미국 달러를 조달하는 비용(FX swap-implied dollar rate) 6%는 한국의 이자율 8%에서 한국 원의 선물 디스카운트 2%를 뺀 것과 같다는 것을 알 수 있다. 다시 말하면, 외환스왑으로 미국 달러를 조달하는 비용은 $[i - d]$로 구할 수 있다.

만약 금융시장이 효율적이라면(efficient), 외환스왑으로 미국 달러를 조달하는 비용은 외국의 은행으로부터 직접 미국 달러를 조달하는 차입비용과 같아야 한다. 즉

$$i - d = i^*$$

[21] 3개월 후 환율을 1,200원이라고 가정하면, 72억 원은 600만 달러가 된다. 환율이 급변하지 않는다면 이 분석은 영향을 받지 않는다.

이 조건은 제1절에서 배운 커버한 금리평가(CIP) 조건과 같다.

$$d = i - i^*$$

따라서 커버한 금리평가(CIP)가 성립하면, 외환스왑으로 미국 달러를 조달하는 비용과 외국의 은행으로부터 미국 달러를 차입하는 비용은 같아진다는 것을 알 수 있다. 그러나 앞에서 본 예에서 미국 달러의 이자율은 4%이지만, 외환스왑으로 미국 달러를 조달하는 비용은 6%였다. 이것은 커버한 금리평가(CIP)가 성립하고 있지 않다는 것을 말해준다.

외환스왑으로 미국 달러를 조달하는 비용과 외국의 은행으로부터 직접 미국 달러를 조달하는 비용의 차를 흔히 외환스왑 스프레드(FX swap spread)라 부른다.[22] 즉

$$\text{외환스왑 스프레드} = [i - d] - i^*$$

그림 4-11 EUR/USD 외환스왑 스프레드

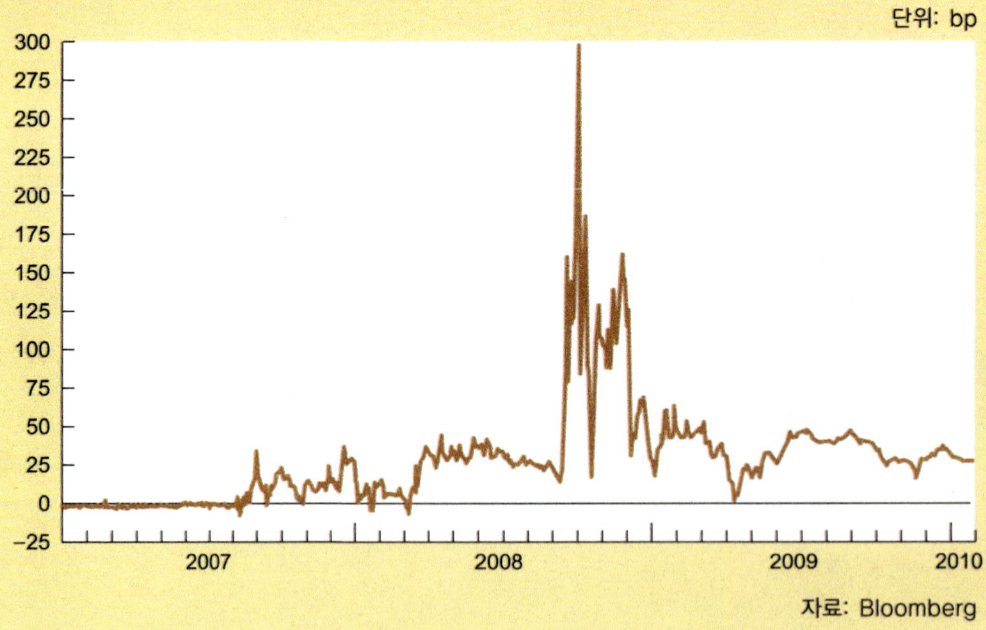


22 외환스왑 스프레드는 외환스왑 베이시스(FX swap basis), 달러 베이시스(dollar basis), 또는 달러 베이시스 스프레드(dollar basis spread) 등 여러 가지로 불리고 있다.

외환스왑 스프레드가 플러스이면, 외환스왑으로 미국 달러를 조달하는 비용이 외국의 은행으로부터 미국 달러를 차입하는 비용보다 높다. 그런데 외환스왑 스프레드는 제1절의 식 (4)에서 본 금리차익거래의 유인, 즉 커버한 금리차이(covered interest differential) $\pi$, 또는 금리평가의 괴리(CIP deviation)와 같다. 따라서 외환스왑 스프레드가 플러스이면, 커버한 금리평가(CIP)가 성립하지 않는다는 것을 말한다.

[그림 4-11]에서 보는 바와 같이, 2007년 7월 이전에는 "Buy and Sell USD/EUR" 외환스왑으로 미국 달러를 조달하는 비용은 미국 달러의 리보(USD Libor)와 거의 같았다. 그러나 글로벌 금융위기가 시작한 2007년 여름부터 외환스왑 스프레드는 점점 증가하기 시작하여, 리만 브러더스가 파산한 2008년 9월에는 무려 300bp 가까이 상승하였다. 글로벌 금융위기 때 외환스왑 스프레드가 대폭 상승한 현상은, [그림 4-12]에서 보는 바와 같이, 유로(EUR) 뿐만 아니라 영국 파운드(GBP)와 일본 엔(JPY) 등 모든 주요 통화에 동시에 나타났는데, 이를 외환스왑시장의 혼란(dislocation)이라 부른다.[23]

제1절의 [그림 4-1]에서 본 바와 같이, 자본이동이 자유화된 1980년대 초반부터 글로벌 금융위기가 시작된 2007년 여름까지 선진국에서는 커버한 금리평가(CIP)가 매우 잘 성립되어 왔다. 그러면 갑자기 왜 CIP가 성립하지 않게 되었는가? 글로벌 금융위기 때 큰 폭의 CIP 괴리가 발생한 것은 조달유동성 리스크(funding liquidity risk)가 대폭 증가하였기 때문이다.[24] 글로벌 금융위기는 국제금융시장에 극심한 달러부족 사태(dollar shortage)를 가져왔는데, 이와 같이 금융경색으로 자금을 자유롭게 조달할 수 없게 되는 위험을 조달유동성 리스크라 부른다.[25]

---

[23] 이에 대해서는 N. Baba와 F. Packer의 "Interpreting Deviations from Covered Interest Parity During the Financial Market Turmoil of 2007–2008", *BIS Working Papers* No 267, (December 2008)을 참조하면 좋다. 외환스왑시장의 혼란은 우리나라를 비롯하여 주요 신흥국에서도 나타났는데, 우리나라에 대해서는 N. Baba와 I. Shim의 "Policy Responses to Dislocations in the FX Swap Market: the Experience of Korea", *BIS Quarterly Review*, (June 2010)을 참조하면 좋다.

[24] 커버한 금리평가(CIP) 괴리의 다른 원인으로 거래상대방 위험(counterparty risk)의 증가를 들 수 있다. 그러나 금융경색이 일어나면, 거래상대방 위험은 자금조달 유동성 리스크와 함께 증가하는 것이 일반적이다. 이에 대해서는 N. Coffey, W. Hrung, A. Sarkar, "Capital Constraints, Counterparty Risk, and Deviations from Covered Interest Rate Parity," Federal Reserve Bank of New York, *Staff Reports*, (October 2009)을 참조하면 좋다.

그림 4-12 **외환스왑시장의 혼란: CIP 괴리**

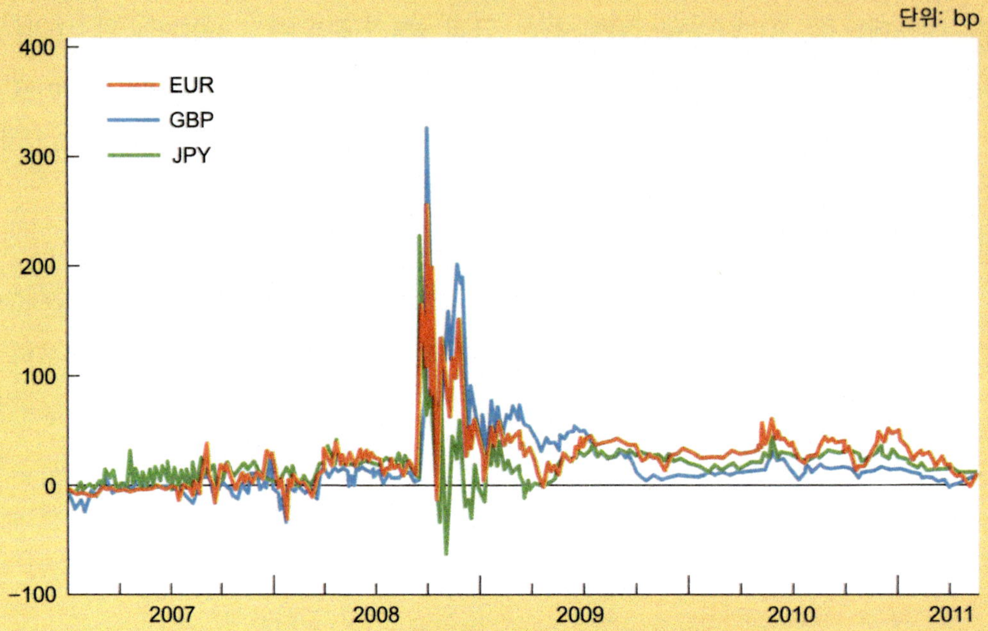


자료: BIS

글로벌 금융위기 이전 유럽 은행들은 국제은행시장에서 단기대출을 받아 대규모로 미국 자산에 투자하였다. 그러나 금융경색으로 단기대출의 만기를 연장하지(roll-over) 못하게 되자, 유럽 은행들은 외환스왑시장에서 미국 달러를 조달하기 시작하였다. 이에 따라 외환스왑으로 미국 달러를 조달하는 비용이 대폭 증가하는 혼란(dislocation)이 발생한 것이다. 외환스왑시장의 혼란은 다음 장 3절에서 보는 바와 같이, 2009년 미국 연방준비은행과 주요국 중앙은행간에 체결된 스왑라인(swap line)을 통해 국제금융시장에 미국 달러의 공급이 크게 증가하면서 진정되었다.[26]

---

[25] 2007년-2009년 글로벌 신용경색(global credit crunch)과 달러부족 사태(dollar shortage)에 대해서는 제5장 3절에서 자세하게 살펴볼 것이다.

[26] 중앙은행간 스왑라인에 대해서는 제5장 1절에서 자세하게 설명할 것이다.

# 참고문헌


- N. Baba, F. Packer and T. Nagano, "The Spillover of Money Market Turbulence to FX Swap and Cross-Currency Swap Markets," *BIS Quarterly Review*, (March 2008).
- N. Baba and F. Packer, "Interpreting Deviations from Covered Interest Parity During the Financial Market Turmoil of 2007-2008," *BIS Working Papers* No. 267, (December 2008).
- N. Baba and I. Shim, "Policy Responses to Dislocations in the FX Swap Market: the Experience of Korea," *BIS Quarterly Review*, (June 2010).
- N. Baba and I. Shim, "Dislocations in the Won-Dollar Swap Markets during the Crisis of 2007-09," *BIS Working Papers* No. 344, (April 2011).
- B. Barkbu and L. Ong, "FX Swaps: Implications for Financial and Economic Stability," *IMF Working Paper* WP/10/55, (March 2010).
- G. Bekaert and R. Hodrick, *International Financial Management*, Second Edition, Perason, (2012), chs. 3, 6. 7.
- J. Cai, Y. Cheung, R. Lee and M. Melvin, "Once in a Generation Yen Volatility in 1998," *Journal of International Money and Finance* 20, (2001).
- A. Chisholm, *An Introduction to International Capital Markets*, Second Edition, Wiley, (2009), ch. 3.
- N. Coffey, W. Hrung and A. Sarkar, "Capital Constraints, Counterparty Risk and Deviations from Covered Interest Rate Parity," Federal Reserve Bank of New York, *Staff Reports*, (October 2009).
- R. Feenstra and A. Taylor, *Essentials of International Economics*, Second Edition, Worth, (2012), ch 10.
- T. Griffoli and A. Ranaldo, "Limits to Arbitrage during the Crisis: Funding Liquidity Constraints and Covered Interest Parity," Swiss National Bank, *Working Paper* 01/2010, (February 2011).
- P. Krugman, M. Obstfeld and M. Melitz, *International Economics*, Ninth Edition, Addison-Wesley, (2012), chs. 14, 15.
- R. Levich,"Evidence on Financial Globalization and Crises: Interest Rate Parity," in *The Encyclopedia of Financial Globalization*, Elsevier, (2011).
- A. Munro and P. Wooldridge, "Motivations for Swap-Covered Foreign Currency

Borrowing," BIS Representative Office for Asia and Pacific, (August 2009).

- J. O'Connor, J. Wackett and R. Zammit, "The Use of Foreign Exchange Markets by Non-Banks," Bank of England, *Quarterly Bulletin* , (2011 Q2).
- C. Ossolinski and A. Zurawski, "The Financial Crisis through the Lens of Foreign Exchange Swap Markets," Reserve Bank of Australia, *Bulletin*, (June 2010).
- 강동수와 정대희, "외은지점 선물환포지션 규제에 대한 평가 및 시사점," KDI, "KDI 경제동향," (2012년 8월).
- 박해식과 송민규, "캐리거래와 우리나라 외환시장," 한국금융연구원 (2011년 12월).
- 유복근, "글로벌 금융위기와 재정거래차익－한국의 사례," 한국은행 금융경제연구원, *Working Paper* No. 426, (2010년 4월).
- 이인형과 이윤제, "한국 외화자금시장 유동성 위기의 특징과 외환시장에의 영향 분석," 자본시장연구원, (2011년 2월).
- 이성훈, 김형욱, 윤종문, "선물환 수요 불균형 해소방안에 관한 연구," 자본시장연구원, (2010년 11월).
- 한국은행, 「우리나라의 외환제도와 외환시장」, (2010년 12월), 제II편의 제2장.
- 한국은행, "조선업체 환헤지가 외환부문에 미치는 영향," 조사통계월보, (2010년 2월).
- 한국은행, "우리나라 외환 · 통화스왑시장의 효율성 및 안정성 분석," 조사통계월보, (2008년 10월).
- 한국은행, "차익거래 유인과 외은지점 및 외국인의 국내 채권투자에 관한 분석," 조사통계월보, (2008년 8월).

Chapter 5

# 국제은행시장

5.1 국제은행시장의 이해 / 5.2 유로커런시시장 /
5.3 리보와 리보 스프레드 / 5.4 글로벌 투자은행업

국제금융시장은 세계외환시장, 국제자본시장, 그리고 금융파생상품시장으로 구분할 수 있다. 제2장부터 제4장까지 통화와 통화의 교환이 이루어지는 세계외환시장에 대해 배웠다. 이제 제5장부터 제7장까지 국경을 넘어 자금을 조달하는 국제자본시장(global capital markets)을 공부하기로 한다. 그리고 제8장부터 제10장까지는 환위험, 금리위험, 신용위험 등 금융위험을 관리하는 금융파생상품시장을 공부할 것이다.

외환시장은 통화와 통화의 교환이 이루어지는 시장이다. 그러나 제 4장에서 본 바와 같이, 오늘날 외환거래의 절반 이상을 차지하고 있는 외환스왑과 통화스왑은 외화자금을 조달하기 위한 목적으로 널리 이용되고 있다. 그리고 제 3장에서 배운 바와 같이, 변동환율제도하에서 환율은 경상거래가 아니라 주로 자본거래에 의해 결정되고 있다. 따라서 통화와 통화의 교환이 이루어지는 외환시장은 국경을 넘어 자금을 조달하는 국제자본시장과 매우 밀접한 관련을 가지고 있다는 것을 알 수 있다.

오늘날 기업, 금융기관, 정부 등이 국경을 넘어 자금을 조달하는 국제자본시장은 국제은행시장, 국제본드시장, 그리고 국제주식시장으로 구분할 수 있다. 이 장에서 공부하는 국제은행시장(international banking markets)은 외국의 은행으로부터 대출을 받아 자금을 조달하는 시장이다. 제6장과 제7장에서 공부하는 국제본드시장(international bond markets)과 국제주식시장(international equity markets)은 외국의 자본시장에서 본드와 주식을 판매하여 자금을 조달하는 시장이다.

이 장의 제1절에서는 국제은행시장의 분류, 국제은행시장의 구조, 국제은행시장과 2007년-2009년 글로벌 금융위기, 그리고 한국과 국제은행시장의 관계에 대해 설명하기로 한다. 제2절에서는 1960년대 이후 국제금융시장의 중심을 이루고 있는 유로커런시시장(Eurocurrency market)을 공부하고, 신디케이트론과 유로기업어음(ECP)에 대해 설명하기로 한다. 제3절에서는 오늘날 가장 대표적인 국제금리인 리보(Libor)를 공부한 다음, TED 스프레드와 리보-OIS 스프레드에 대해 설명할 것이다.

국제은행은 비거주자로부터 예금을 받아 비거주자에게 대출하는 일반은행업(commercial banking)뿐만 아니라, 국제주식과 국제본드 등 증권의 인수, 국제적 인수합병(M&A)과 국제기업재무에 대한 자문, 국제자산운용, 장외 금융파생상품 거래 등 다양한 글로벌 투자은행업(global investment banking)도 겸업하고 있다. 이 장의 제4절에서는 지난 20여 년간에 일어난 국제은행의 투자은행업의 변모를 살펴보고, 투자은행과 2007년-2009년 글로벌 금융위기의 관계에 대해 설명하기로 한다.

## 5.1 국제은행시장의 이해

국제은행시장(international banking markets)이란 은행이 비거주자로부터 예금을 받아 이를 비거주자에게 대출하는 시장을 말한다.[1] 즉 국경을 넘어(cross-border) 예금과 대출이 이루어지는 시장이 국제은행시장이다. 예를 들어, 영국 은행이 일본 기업(비거주자)으로부터 예금을 받아 이를 한국 은행(비거주자)에게 대출하는 것이 국제은행시장이다. 국제은행시장의 규모는 국제은행이 비거주자에 대해 보유하고 있는 자산(external assets)이나 또는 부채(external liabilities)로 측정할 수 있다.

[1] 국제은행시장의 범위에 비거주자 예금과 대출뿐만 아니라, 거주자 외화예금과 외화대출을 포함시키는 경우도 있다. 거주자(resident)와 비거주자(non-resident)의 구분은 국적이 아니라 경제활동의 이익의 중심(center of economic interest)을 기준으로 한다.

국제은행(international bank)이란 주요국 대형 은행의 본점과 이들이 해외에 개설한 지점과 현지법인을 말하는데, 해외지점과 현지법인은 본점의 국적이 아니라 은행 소재국의 은행으로 분류된다.[2] [표 5-1]은 *Banker*가 매년 조사하

**표 5-1 세계 25대 은행: 2010년 말**

단위: 100만 달러

| 순위 | 은행명 | 국적 | 기본자본 | 총자산 | 순위 |
|---|---|---|---|---|---|
| 1 | Bank of America | 미국 | 163,626 | 2,264,909 | 8 |
| 2 | JP Morgan Chase & Co | 미국 | 142,450 | 2,117,605 | 9 |
| 3 | HSBC Holdings | 영국 | 133,179 | 2,454,689 | 4 |
| 4 | Citigroup | 미국 | 126,193 | 1,913,902 | 12 |
| 5 | Mitsubishi UFJ Financial Group | 일본 | 119,732 | 2,480,778 | 3 |
| 6 | Industrial Commercial Bank of China | 중국 | 113,393 | 2,032,196 | 10 |
| 7 | Wells Fargo & Co | 미국 | 109,353 | 1,258,128 | 23 |
| 8 | China Construction Bank Corporation | 중국 | 95,834 | 1,632,313 | 15 |
| 9 | Bank of China | 중국 | 94,579 | 1,579,396 | 17 |
| 10 | Royal Bank of Scotland | 영국 | 94,091 | 2,274,767 | 7 |
| 11 | BNP Paribas | 프랑스 | 91,626 | 2,671,334 | 1 |
| 12 | Barclays | 영국 | 83,797 | 2,331,213 | 5 |
| 13 | Banco Santander | 스페인 | 81,039 | 1,627,675 | 16 |
| 14 | Agricultural Bank of China | 중국 | 79,285 | 1,560,905 | 18 |
| 15 | Credit Agricole | 프랑스 | 77,406 | 2,313,965 | 6 |
| 16 | Sumitomo Milsui Financial Group | 일본 | 76,074 | 1,657,682 | 14 |
| 17 | Mizuho Financial Group | 일본 | 74,224 | 1,934,464 | 11 |
| 18 | Lloyds Banking Group | 영국 | 73,782 | 1,551,759 | 19 |
| 19 | Goldman Sachs | 미국 | 71,233 | 911,330 | 27 |
| 20 | UniCredit | 이탈리아 | 57,356 | 1,242,631 | 24 |
| 21 | Deutsche Bank | 독일 | 56,905 | 2,547,634 | 2 |
| 22 | Groupe BPCE | 프랑스 | 54,836 | 1,401,660 | 21 |
| 23 | Morgan Stanley | 미국 | 52,880 | 807,698 | 31 |
| 24 | ING Bank | 네덜란드 | 52,583 | 1,667,259 | 13 |
| 25 | Norinchukin Bank | 일본 | 49,815 | 840,056 | 30 |

자료: *Banker*

는 세계 1,000대 은행 가운데 납입자본금과 이익잉여금을 합한 기본자본(core capital)으로 본 25대 은행을 보여주고 있다. 이들 가운데 중국을 제외한 나머지 나라들의 은행이 오늘날 국제은행시장에서 가장 활발하게 활약하고 있는 은행들이라고 말할 수 있다.

## 1. 국제은행시장의 분류

국제은행시장의 규모는 1980년 약 1조 달러에서 2010년 약 30조 달러로 30여 년간 30배 증가하였고, 세계 GDP에 대한 국제은행시장의 비율은 1980년 약 10%에서 2010년에는 약 50%로 증가하였다. 국제은행시장은 비거주자 예금과

그림 5-1 국제은행시장의 성장

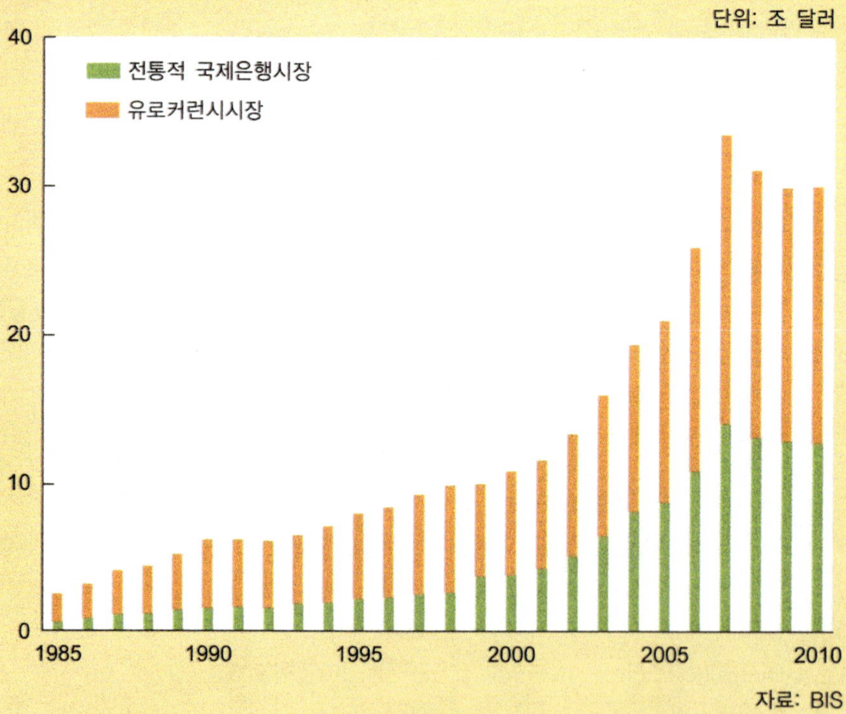


2 예를 들어, 뉴욕에 본점을 둔 미국 국적 씨티뱅크의 런던 지점과 한국 현지법인인 한국씨티은행은 각각 영국과 한국의 은행이다. 2010년 말 영국에 318개의 은행이 영업하고 있는데, 이 가운데 약 1/4(77개)만 영국 국적의 은행이고, 나머지 3/4(241개)은 외국은행의 지점과 현지법인이다.

대출이 은행 소재국의 국내통화로 이루어지는 전통적 국제은행시장과 은행 소재국의 국내통화가 아닌 외국통화로 이루어지는 유로커런시시장으로 구분할 수 있다.

### (1) 전통적 국제은행시장

전통적 국제은행시장(traditional international banking market)이란 미국이나 영국과 같이 경제규모가 크고 금융시장이 잘 발달된 주요국의 금융시장에서 은행이 비거주자로부터 국내통화로 예금을 받고 또 비거주자에게 국내통화로 대출하는 시장을 말한다. 예를 들어, 뉴욕의 은행이 캐나다 기업으로부터 미국 달러 예금을 받거나 또는 동경의 은행이 태국 기업에게 일본 엔을 대출하는 것은 전통적 국제은행시장의 범주에 속한다.

이와 같이 전통적 국제은행시장은 비거주자가 통화발행국의 역내시장(onshore market)에 참여하여 그 나라 국내통화로 예금하거나 대출받는 시장을 말한다. 따라서 전통적 국제은행거래에는 국내은행거래와 동일하게 지불준비제도, 예금보험제도, 이자율 규제 등 통화발행국의 모든 금융규제가 적용된다. 2010년 말 전통적 국제은행시장의 규모는 12.5조 달러로 국제은행시장의

그림 5-2 전통적 국제은행시장의 구성: 2010년 말

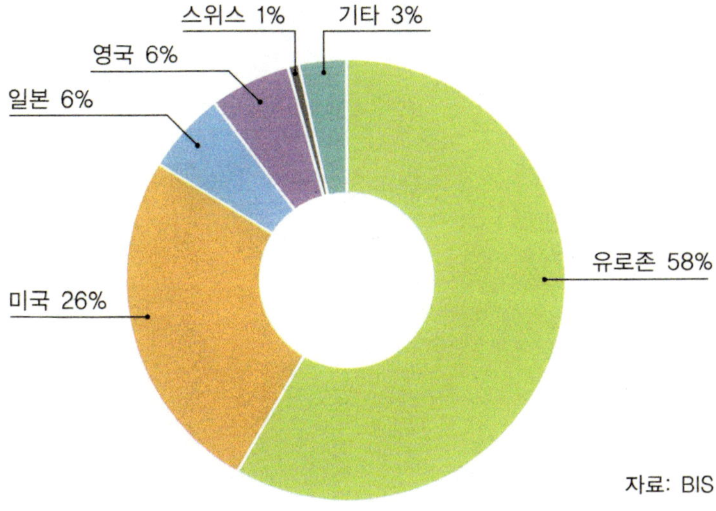


자료: BIS

약 40%를 차지하고 있다.

전통적 국제은행시장은 국가별로 분류할 수 있다. 1980년대 후반까지 미국과 일본은 각각 전통적 국제은행시장의 50%와 20%를 차지하고 있었고, 유로 존(Euro zone)은 25%, 영국은 6%를 차지하고 있었다. 그러나 최근에는 유로를 단일 통화로 채택하고 있는 유로 존이 전통적 국제금융시장의 58%를 차지하고 있으며, 미국은 26%, 그리고 영국과 일본은 각각 약 6%를 차지하고 있을 뿐이다.

### (2) 유로커런시시장

유로커런시시장(Eurocurrency market)이란 은행이 비거주자로부터 은행 소재국의 통화가 아닌 외국통화로 예금을 받고, 비거주자에게 외국통화로 대출하는 시장을 말한다. 예를 들어, 런던의 은행이 일본 기업으로부터 미국 달러 예금을 받거나, 또는 홍콩의 은행이 인도네시아 기업에게 일본 엔 대출을 하는 것은 유로커런시시장의 범주에 속한다.

이와 같이 유로커런시시장은 통화발행국의 역외(offshore market)에서 그 나라 통화로 예금과 대출이 이루어지는 시장을 말한다. 따라서 유로커런시는 통화발행국의 지불준비제도, 예금보험제도, 이자율 규제 등의 금융규제를 받지

그림 5-3 유로커런시시장의 구성: 2010년 말

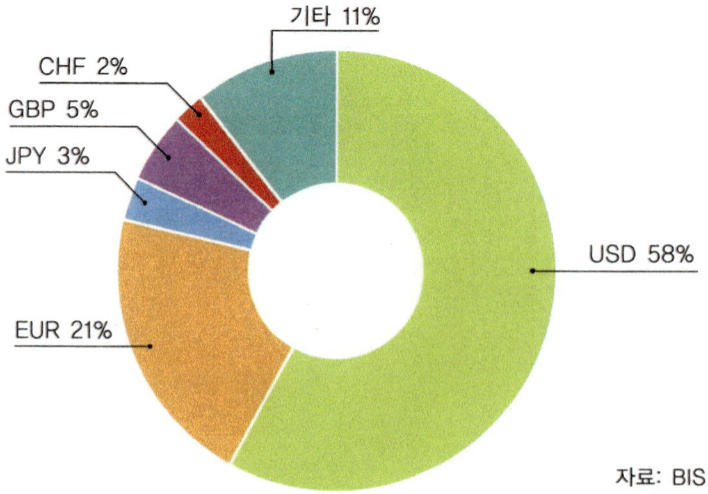


자료: BIS

않는다. 2010년 말 유로커런시시장의 규모는 17.7조 달러로, 국제은행시장의 약 60%를 차지하고 있다.[3]

유로커런시시장은 유로달러, 유로엔, 유로스털링 등 통화별로 분류할 수 있다. 유로커런시시장은 원래 유로달러시장으로 출범하였으므로, 1970년대 후반까지 미국 달러는 유로커런시의 70%를 상회하고 있었으나, 1999년 유로(EUR)의 도입 이후 최근에는 약 60%로 하락하였다. 한편 유로(EUR)는 1980년대 중반 유로커런시의 약 15%를 차지하고 있었으나 최근에는 약 20%로 증가하였다. 2010년 유로커런시시장에서 영국 파운드(GBP)는 5%, 일본 엔(JPY)은 3%, 스위스 프랑(CHF)은 2%, 그리고 기타 통화가 약 11%를 차지하고 있다.

## 2. 국제은행시장의 구조

국제은행시장은 전통적 국제은행시장과 유로커런시시장으로 구분할 수 있다. 그러나 두 시장은 국제은행거래의 약 1/3을 차지하는 국제은행 본지점간(inter-office) 거래를 통해 밀접하게 연관되어 있다.[4] 따라서 국제결제은행(BIS)은 전통적 국제은행시장과 유로커런시시장을 구분하지 않고, 국제은행시장 전체의 통계만을 작성하고 있다.[5] 이제 이 통계를 중심으로 국제은행시장의 구조적 특징을 설명하여 보기로 한다.

### (1) 대외부채와 대외자산

국제은행은 (1) 주로 비거주자로부터 예금을 받아 자금을 조달하지만, (2) 비거주자에게 증권을 발행하여 자금을 조달하기도 한다. 국제은행이 비거주자로

[3] 전통적으로 국제은행시장에서 유로커런시시장이 차지하는 비중은 75% 내외였으나, 1999년 유로의 도입 이후 감소하기 시작하여, 최근에는 60% 내외로 떨어졌다. 이와 같이 유로커런시시장의 비중이 감소한 것은, 예를 들어 과거에 비거주자가 독일 은행에 예치한 프랑스 프랑 예금은 유로커런시로 분류되었으나, 이제 유로의 도입으로 유로 존의 국내통화인 유로 예금으로 전환되었기 때문이다.

[4] 따라서 사실상 전통적 국제은행시장과 유로커런시시장을 엄밀히 구분하는 것은 큰 의미가 없다고 할 수 있다. 예를 들어 설명하여 보자. 씨티뱅크 뉴욕 본점이 직접 한국 기업에게 1억 달러를 대출하면, 이 거래는 전통적 국제은행대출로 분류된다. 그러나 씨티뱅크 홍콩 지점이 뉴욕 본점으로부터 조달한 1억 달러를 한국 기업에게 대출하면, 이 거래는 유로커런시대출로 분류된다.

[5] 국제결제은행(BIS)의 분기 조사보고서인 *BIS Quarterly Review*는 국제은행시장뿐만 아니라, 국제본드시장, 그리고 금융파생상품시장의 최근 동향에 대한 해설과 각종 통계를 발표하고 있다.

부터 조달한 자금, 즉 대외부채(external liabilities)는 1980년 말 1.3조 달러에서 2010년 말에 28.5조 달러로 증가하였다. 2010년 말 대외부채의 82%는 비거주자 예금이고, 18%는 비거주자에게 증권을 발행하여 조달한 자금이다. 한편 비거주자 예금의 70%는 은행간 예금이고, 30%는 대고객 예금인데, 은행간 예금의 약 절반은 본지점간 거래가 차지하고 있다.

국제은행은 자금을 (1) 주로 비거주자에 대한 대출로 운용하지만, (2) 비거주자가 발행한 증권에 투자하여 운용하기도 한다. 국제은행이 비거주자에게 운용한 자금, 즉 대외자산(external assets)은 1980년 말 1.3조 달러에서 2010년 말에 30.2조 달러로 증가하였다. 2010년 대외자산의 73%는 비거주자 대출이고, 27%는 비거주자가 발행한 증권에 대한 투자이다. 한편 비거주자 대출의 71%는 은행간 대출이고, 29%는 대고객 대출인데, 은행간 대출의 약 절반은 본지점간 거래가 차지하고 있다.

국제은행시장은 1980년대에 매우 빠르게 성장하였다.[6] 국제은행의 대외자산

**그림 5-4 국제은행 대외자산의 증가**

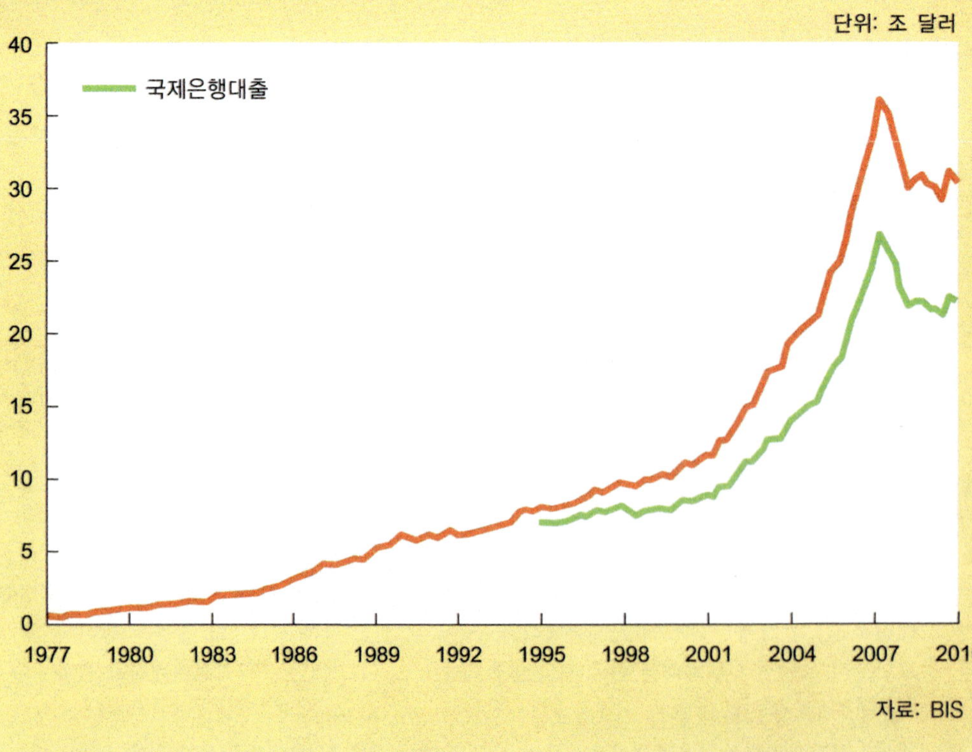


자료: BIS

은 1980년 말 1.3조 달러에서 1990년 말에 6.3조 달러로, 1980년대 10년간 약 5배 성장하였다. 그러나 국제은행시장은 1990년대에 들어와 성장이 둔화되었다. 국제은행 대외자산은 2000년 말에 10.8조 달러로 증가하여, 1990년대 10년간 1.7배 성장하는 데 그쳤다. 한편 국제은행시장은 2000년대에 들어와 다시 매우 빠르게 성장하였다. 국제은행 대외자산은 2000년 말 10.8조 달러에서 2008년 3월 말 36.1조 달러로 8년간 3배 이상 증가하였다.

2007년 여름에 시작된 글로벌 금융위기(global financial crisis)가 2008년에 들어와 악화되면서 국제은행시장은 급격하게 위축되었다. 즉 국제은행 대외자산은 2008년 3월 말 36.1조 달러에서 2009년 3월 말 29.8조 달러로 감소하였다. 불과 1년 사이에 거의 20%나 감소한 것이다. 이에 따라 국제은행시장에 극

**그림 5-5 국제은행시장의 통화구성**

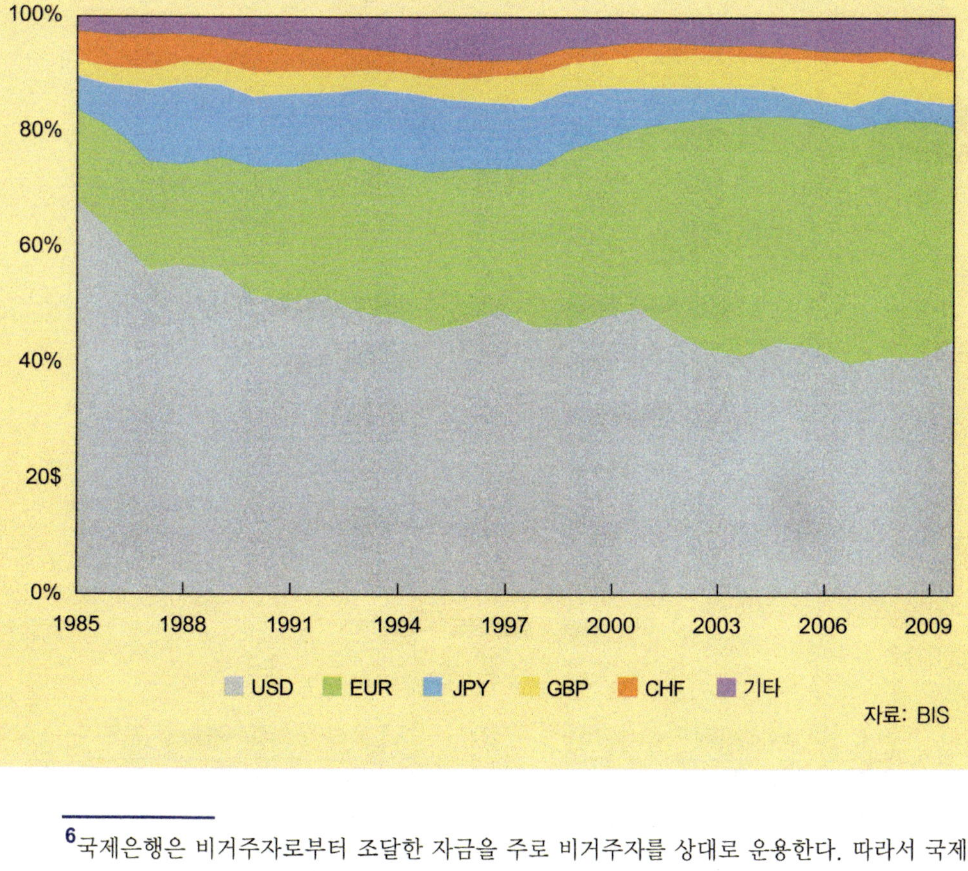


자료: BIS

[6] 국제은행은 비거주자로부터 조달한 자금을 주로 비거주자를 상대로 운용한다. 따라서 국제은행의 대외부채와 대외자산의 차이는 매우 작다.

심한 신용경색(credit crunch)이 일어나, 미국 국적이 아닌 국제은행 특히 유럽 은행은 심각한 달러부족 사태(dollar shortage)에 직면하였다. 국제은행시장과 글로벌 금융위기에 대해서는 다음 소절에서 자세하게 설명할 것이다.

### (2) 국제은행시장의 통화구성

국제은행시장은 미국 달러(USD)와 유로(EUR) 중심의 시장이다. 2010년 말 국제은행 대외자산의 통화별 구성을 보면, 미국 달러(44%)와 유로(37%)가 80% 이상을 차지하고 있다. 한편 영국 파운드(GBP)와 일본 엔(JPY)은 각각 6%와 4%를, 그리고 스위스 프랑(CHF)은 2%를 차지하고 있어, 이들 5개 국제통화가 전체의 95%를 차지하고 있다. 국제은행 대외부채의 통화별 구성도 대외자산의 통화별 구성과 비슷하여, 미국 달러(47%)와 유로(33%)가 80%를 차지하고 있다.

### (3) 국제은행시장의 주요 센터

오늘날 비거주자 예금과 대출이 가장 활발하게 이루어지고 있는 국제은행시

**그림 5-6** 국제은행시장의 주요 센터: 2010년 말

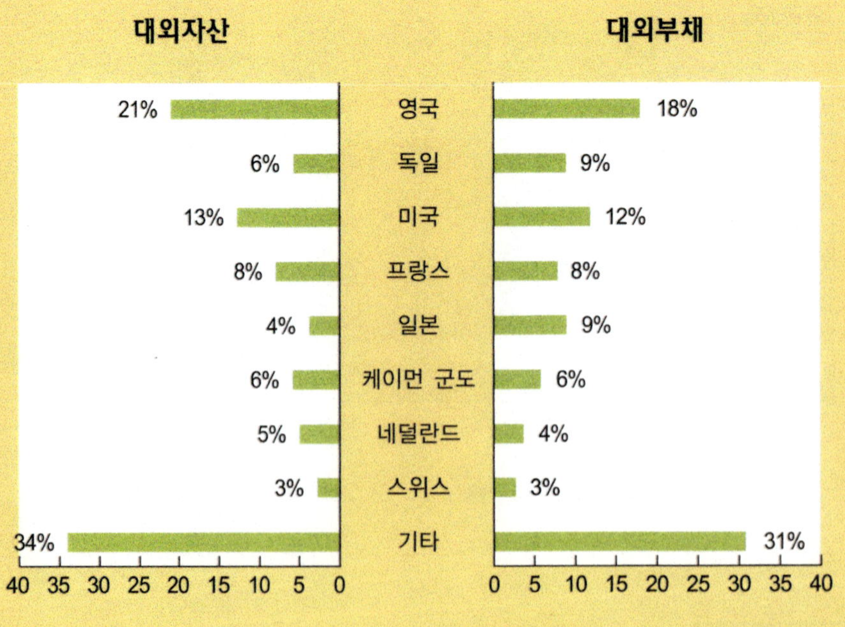


자료: BIS

장의 중심지는 단연 영국이다. 2010년 영국은 국제은행 대외부채의 18%, 그리고 대외자산의 21%를 차지하고 있다. 영국 다음으로 국제은행 대외부채의 비중이 높은 나라는 미국(12%), 일본(9%), 독일(9%), 프랑스(8%), 케이먼 군도(6%), 네덜란드(4%)의 순이다. 한편 영국(21%) 다음으로 국제은행 대외자산의 비중이 높은 나라는 미국(13%), 프랑스(8%), 독일(6%), 케이먼 군도(6%), 네덜란드(5%), 일본(4%)의 순이다.

2010년 케이먼 군도(6%), 싱가포르(3%), 홍콩(3%), 바하마(2%) 등 역외센터(offshore centers)는 국제은행 대외부채의 15%를 차지하고 있다. 역시 케이먼 군도(6%), 싱가포르(3%), 홍콩(2%), 바하마(2%) 등 역외센터는 국제은행 대외자산의 15%를 차지하고 있다. 역외센터란 최소의 시설과 비용으로 명목상의 은행 지점을 설립할 수 있는 조세회피국(tax haven)을 말하는데, 이들은 실제로는 런던과 뉴욕 등에서 이루어진 유로커런시 거래를 기록하는 일종의 기장센터의 역할만을 수행한다.

### (4) 국제은행의 국적 구성

국제금융센터에는 주요국 은행들이 지점과 현지법인을 개설하고 비거주자 예금과 대출을 행하고 있다. 1980년대 초반까지 미국 국적 은행은 국제은행 대외자산의 25%를 차지하였으나, 최근에는 그 비중이 12%로 감소하였다. 한편 일본 국적 은행은 1980년대 후반 국제은행 대외자산의 약 40%를 차지하기도 하였으나, 최근에는 10% 정도를 차지하고 있을 뿐이다. 영국은 국제은행시장의 가장 중요한 센터지만, 지난 30년간 영국 국적 은행이 국제은행 대외자산에서 차지하는 비중은 15% 미만이었다.

오늘날 국제은행시장을 지배하고 있는 것은 유럽대륙 국적 은행들이다. 독일, 프랑스, 스위스, 네덜란드 4개국 은행은 1980년대 초반 국제은행 대외자산의 약 22% 정도를 차지하고 있었으나, 최근에는 40%로 그 비중이 대폭 증가하였다. 2010년 말 이들 4개국이 국제은행의 대외자산에서 차지하는 비중은 각각 13%, 13%, 8%, 4%이다. 오스트리아, 스페인, 스웨덴 등 기타 유럽 10여 국은 1980년대 초반 국제은행 대외자산의 10% 내외를 차지하고 있었으나, 최근에는 15%로 그 비중이 크게 증가하였다.

그림 5-7 국제은행시장의 국적구성

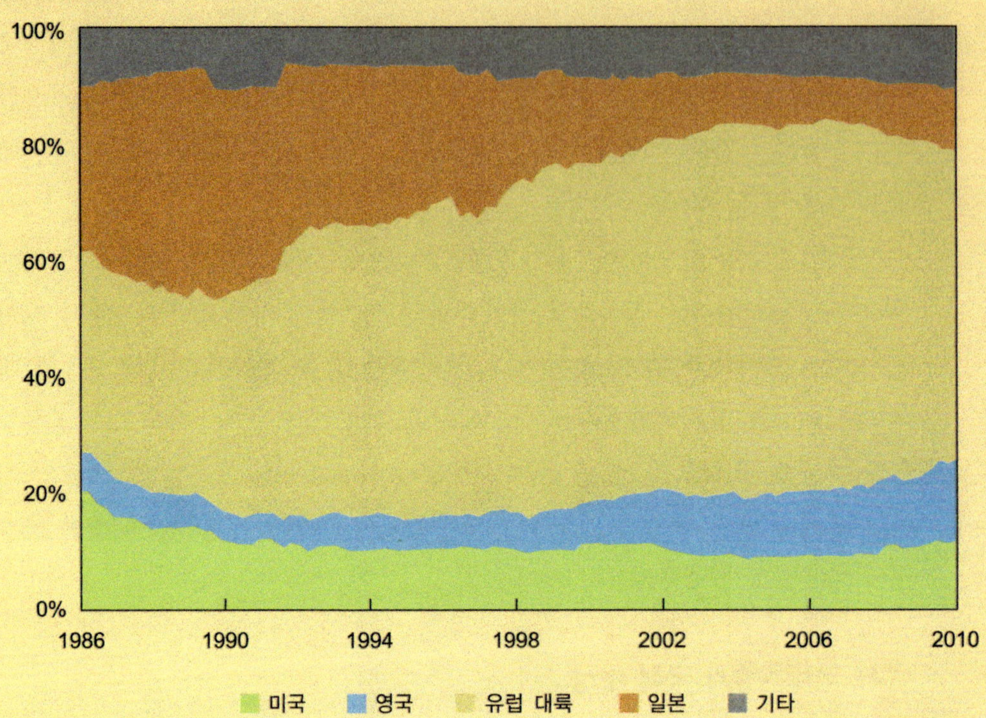


자료: BIS

### (5) 글로벌 뱅킹의 대두

지금까지 국제은행시장은 은행이 비거주자로부터 예금을 받아 이를 비거주자에게 대출하는 시장이라고 설명하여 왔다. 그런데 1990년대 후반부터 국제은행의 해외지점과 현지법인이 은행 소재국의 현지통화(local currency)로 거주자로부터 예금을 받아 이를 거주자에게 대출하는 국제은행업이 부각되었는데, 국제결제은행(BIS)은 이를 글로벌 뱅킹(global banking)이라 부르고 있다.[7]

[그림 5-8]에서 보는 바와 같이, 2000년대에 들어와 개도국은 물론 선진국에서도 글로벌 뱅킹의 비중이 매우 빠르게 증가하여 왔다.[8] 여기서 현지통화대출

[7] 2009년 국내 대고객 대출에서 외국계 은행이 차지하는 비율(foreign bank participation)은 신흥 유럽에서는 80%를 넘고, 남미에서도 40%를 넘으며, 미국과 유럽과 같은 선진국에도 25%에 이르고 있다. 그러나 일본의 경우에는 10% 미만에 머물러 있다. BIS, "Long-Term Issues in International Banking", *CGFS Papers* No 41, (July 2010), p.8.

그림 5-8 **국제은행대출과 현지통화대출**

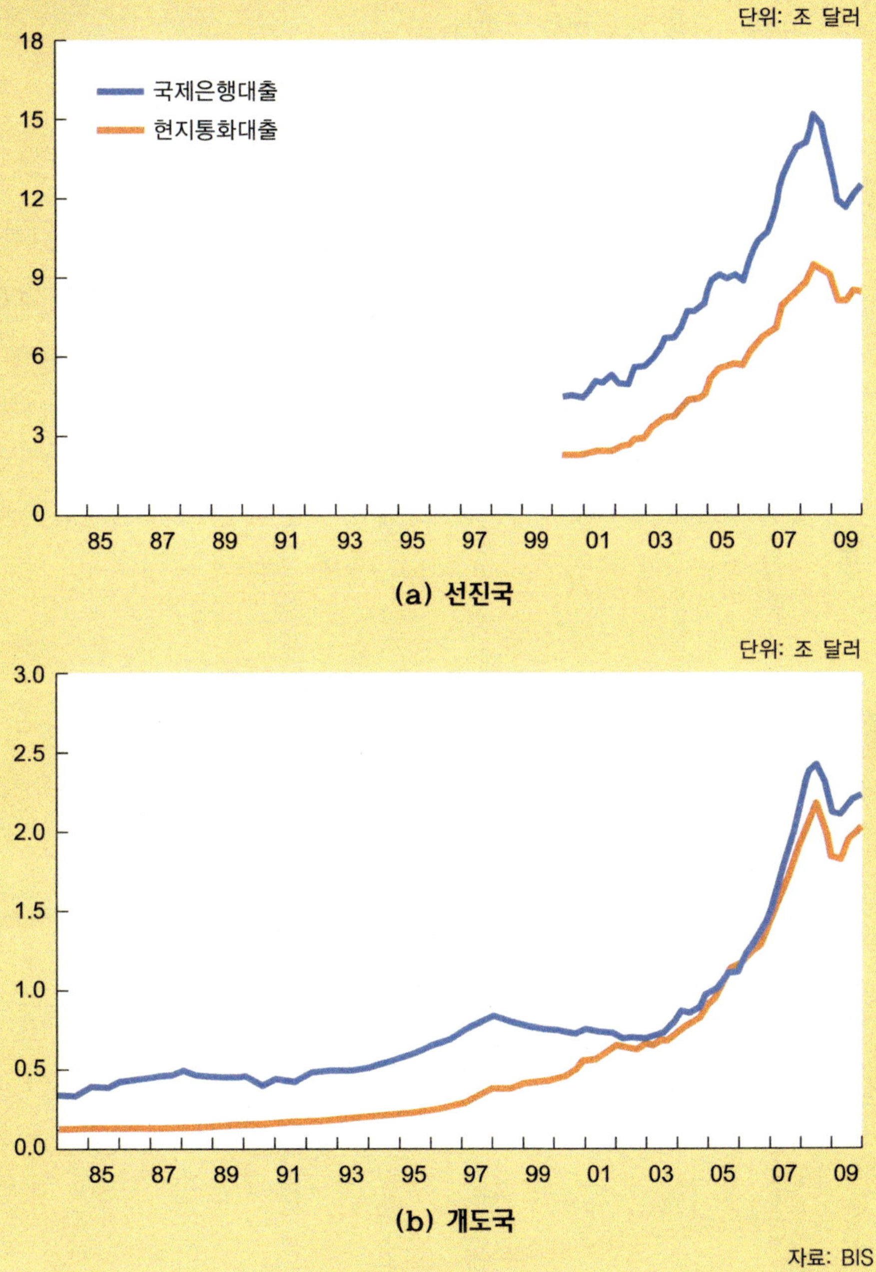


자료: BIS

(local claims in local currency)이란 국제은행 해외지점이 은행 소재국 통화로 행한 대고객 대출, 즉 글로벌 뱅킹의 규모를 말한다. 한편 국제은행대출

[8] 선진국의 현지통화대출에 대한 통계는 1999년부터 작성되기 시작하였다.

(international claims)이란 본지점간 거래를 제외한 비거주자 대출(corss-border claims)과 국제은행 해외지점의 현지 외화대출(local claims in foreign currency)을 합한 것을 말한다.

## 3. 유럽 은행과 달러부족 사태

국제은행시장의 규모는 2000년 말 약 11조 달러에서 2008년 3월 말 약 36조 달러로 8년여 만에 3배 이상 증가하였다. [그림 5-9]를 보면, 2000년 말부터 2008년 3월 말까지, 미국 이외 지역의 국제은행(banks outside of US)이 비거주자에 대해 보유하고 있는 미국 달러 자산(USD assets)과 미국 달러 부채(USD liabilities)는 각각 약 4조 달러에서 약 10조 달러로 증가하였음을 알 수 있다. 1990년대부터 국제은행시장에서 가장 적극적으로 영업을 확대해 온 것은 유럽 국적 은행들(European banks)인데, 2008년 초 유로 존, 영국, 스위스 등

그림 5-9 유로 뱅크의 미국 달러 표시 대외자산과 대외부채

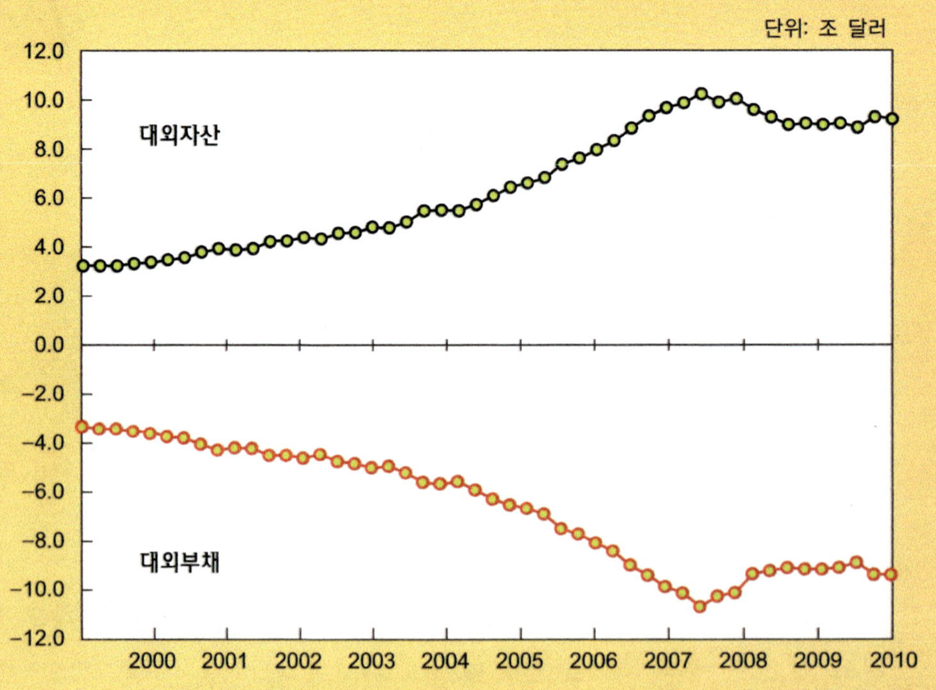


자료: BIS

유럽 각국 은행들은 약 8조 달러의 미국 달러 자산을 보유하고 있었다.

유럽 은행들은 이와 같이 약 8조 달러에 이르는 방대한 규모의 미국 달러 자산(USD assets)에 대한 투자자금을 (1) 국제은행시장에서의 은행간 대출, (2) 유로, 영국 파운드, 스위스 프랑 등을 차입하여 미국 달러로 교환하는 외환스왑, 그리고 (3) 미국 내에 개설한 지점과 현지법인이 기업어음(CP)을 발행하여 본점에 송금한 자금 등 세 가지 방법으로 조달하여 왔다.

2008년에 들어와 글로벌 금융위기가 악화되면서 국제은행시장은 급격하게 위축되었다. 즉 국제은행시장의 규모는 2008년 3월 말 약 36조 달러에서 2009년 3월 말 약 30조 달러로, 불과 1년 만에 거의 20%나 감소하였다. 이에 따라 유럽 은행들의 미국 달러 조달 창구에 심각한 애로가 발생하였다. 먼저 국제은행시장에서 유럽 은행의 미국 달러 조달 비용인 리보(USD Libor)가 크게 상승하였다. 이에 따라 과거 30bp 내외이던 미국 달러 리보와 미국 단기국채 이자율(T-bill rate)의 차는 300bp 이상으로 크게 벌어졌다.[9]

이와 같이 국제은행시장에서 미국 달러를 조달하는 비용이 크게 상승하자, 유럽 은행들은 유로, 영국 파운드, 또는 스위스 프랑 등을 미국 달러와 교환하는 외환스왑을 이용하여 미국 달러 자금을 조달하기 시작하였다. 이에 따라 앞장 4절에서 본 바와 같이, 외환스왑으로 미국 달러를 조달하는 비용과 리보(USD Libor)의 차를 나타내는 외환스왑 스프레드는 2007년 상반기에 0%에 가까웠으나, 리먼 브러더스가 파산한 2008년 하반기에는 300bp 이상으로 크게 높아졌다.

글로벌 금융위기 이전에 유럽 은행들은 미국 달러 자산에 대한 투자자금 가운데 1조 달러 이상을 미국에서 직접 조달하였다. 즉 유럽 은행의 미국 지점이 기업어음(CP)을 발행하여 머니마켓펀드(MMF)에 매도하고 그 자금을 본점에 송금하였는데, 유럽 은행은 이 자금을 다시 미국에 들여와 MBS 등 모기지 관련 증권에 투자하였다. 그러나 2008년 9월 리먼 브러더스의 파산으로 머니마켓펀드(MMF) 시장이 경색되자, 유럽 은행의 미국 지점은 기업어음의 만기를 연장(rollover)할 수 없게 되었다.

이와 같이 미국 달러 조달창구에 모두 애로가 발생함에 따라, 유럽 은행들은

---

[9] 미국 달러 리보(USD Libor)와 미국 단기국채 이자율(T-bill rate)의 차를 나타내는 TED 스프레드에 대해서는 제3절에서 자세하게 설명할 것이다.

심각한 달러부족 사태(dollar shortage)에 직면하였다. 국제결제은행(BIS)은 2008년 중반 유럽 은행들의 미국 달러 자금조달 갭(funding gap)을 약 2.2조 달러에 이른다고 추산하였다.[10] 유럽중앙은행(ECB) 등 유럽의 중앙은행들은 유동성 위기에 처한 자국 은행에게 최종 대출자(lender of last resort)로 자국통화는 얼마든지 공급할 수 있다. 그러나 외국통화인 미국 달러를 공급할 수는 없다.

미국 달러는 미국 중앙은행인 연방준비은행(Federal Reserve Board)만이 공급할 수 있다. 이에 따라 미국 연방준비은행은 외국의 은행 특히 유럽 은행의

**그림 5-10 중앙은행간 스왑 라인**

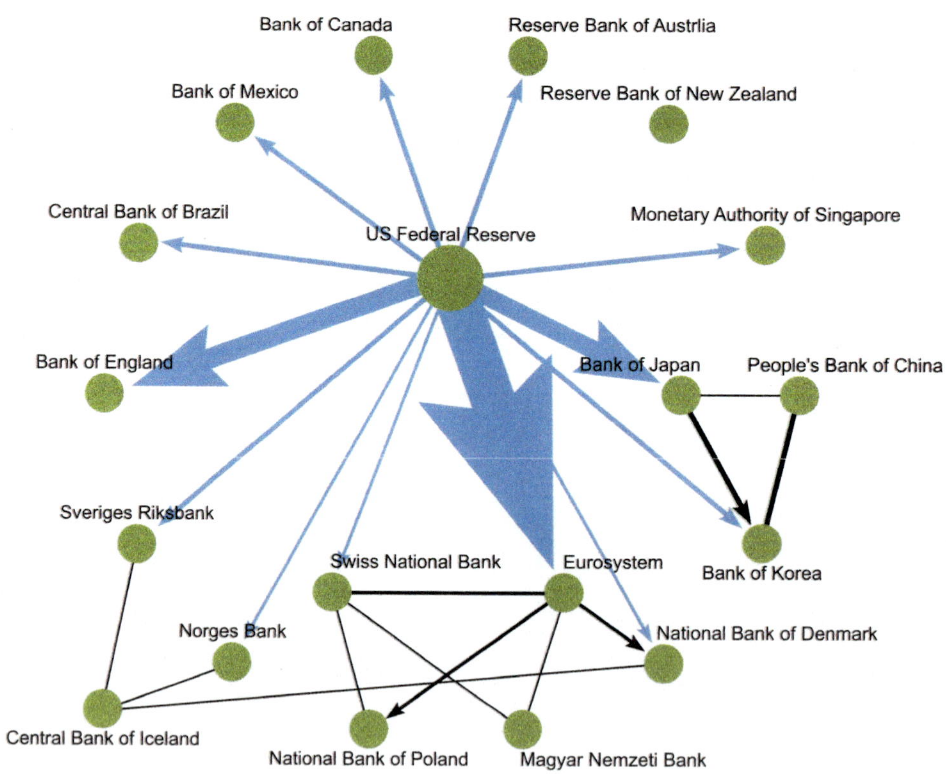


자료: U.S. Federal Reserve

---

10 P. McGuire and G. Peter, "The US Dollar Shortage in Global Banking and the Internatioanl Policy Response," *BIS Working Papers* No. 291, (Octorber 2009).

달러부족 사태를 완화하기 위해, 각국 중앙은행과 스왑 라인(swap lines)을 체결하고 미국 달러를 공급하였다. 중앙은행간 스왑 라인이란 두 중앙은행이 각각 자국통화를 담보로 외국통화를 차입하는 제도를 말한다. 미국 연방준비은행은 2007년 12월 유럽중앙은행(ECB)과 스위스 중앙은행(SNB)과 처음 스왑 라인을 체결하였고, 2008년 10월에는 우리나라를 포함한 14개국 중앙은행으로 스왑 라인을 확대하였다.

미국 연방준비은행으로부터 스왑 라인으로 미국 달러를 조달한 각국 중앙은행은 이를 국내 은행에게 대출하였다. 글로벌 금융위기가 절정에 달한 2008년 말 스왑 라인의 사용액은 총 6,000억 달러에 달하였다. 그러나 국제금융시장이 안정을 되찾아감에 따라, 2009년 6월 말 스왑 라인의 사용액은 1,000억 달러로 감소하였다. 미국 연방준비은행의 스왑 라인은 2010년 2월 일단 종료되었으나 그리스 국가채무 위기가 시작된 2010년에 5월 다시 도입되었다.[11]

## 4. 한국과 국제은행시장

한국은 1996년 OECD에 가입하면서 자본이동을 대폭 자유화하였다. 이에 따라 한국에 대한 국제은행대출은 1996년에만 약 200억 달러가 증가하여 연말에 950억 달러에 달하였다. 그러나 1997년 하반기에 발발한 아시아 외환위기(Asian crisis)로, 1997년부터 5년간 누적 470억 달러의 순유출(net outflow)을 나타내었다. 이에 따라 한국에 대한 국제은행대출은 2001년 말에 1996년 말의 절반 수준인 480억 달러로 대폭 감소하였다.

한국의 국제은행대출은 2002년부터 회복되기 시작하여 2005년 말에 720억 달러로 증가하였다. 그러나 2006년-2007년간 무려 820억 달러가 증가하여, 2007년 말에는 2년 전의 두 배 수준인 1,540억 달러에 달하였다. 이는 제 4장 2절에서 본 바와 같이 조선업체가 2년간 약 800억 달러의 선물환을 대거 매도함에 따라, 이를 헤지하기 위해 국내은행과 외은지점의 단기외채(국제은행차입)가 크게 증가하였기 때문이다.

---

[11] 우리나라도 2008년 10월 미국 연방준비제도와 300억 달러의 스왑 라인을 체결하였다가, 2010년 2월 종료하였다. 2008년 12월에는 중국 중앙은행과 260억 달러 상당액의 스왑 라인을 체결하였다. 한편 2005년 5월 일본 중앙은행과 체결한 30억 달러 상당액의 스왑 라인은 2008년 12월 200억 달러 상당액으로 확대하였다가, 2010년 4월 당초 규모로 환원하였다.

그림 5-11 **한국의 국제은행대출 잔고**

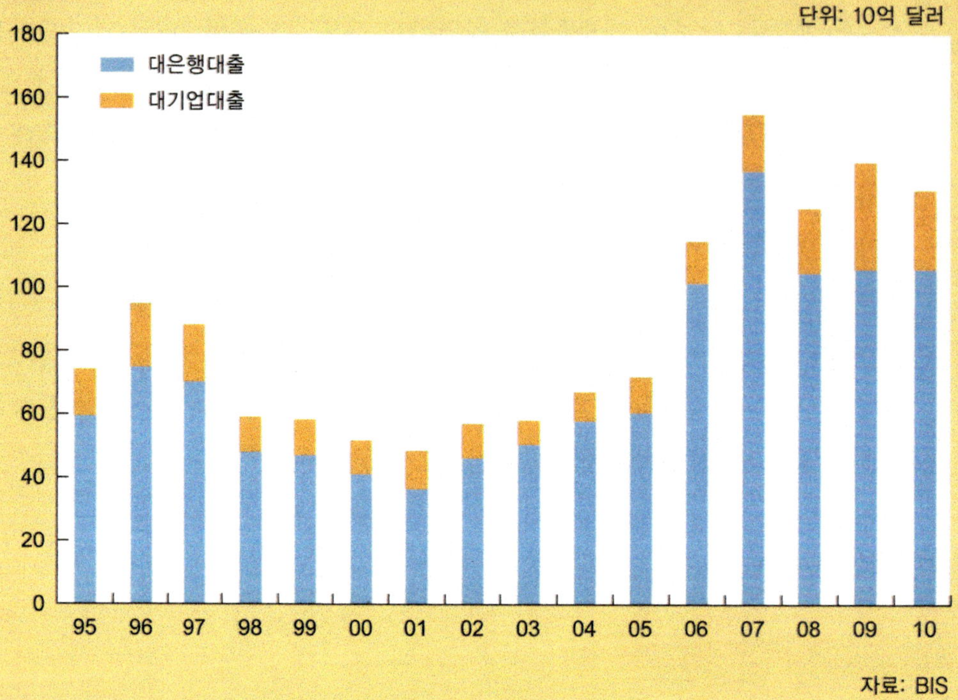


그림 5-12 **한국 국제은행대출의 연간 변동액**

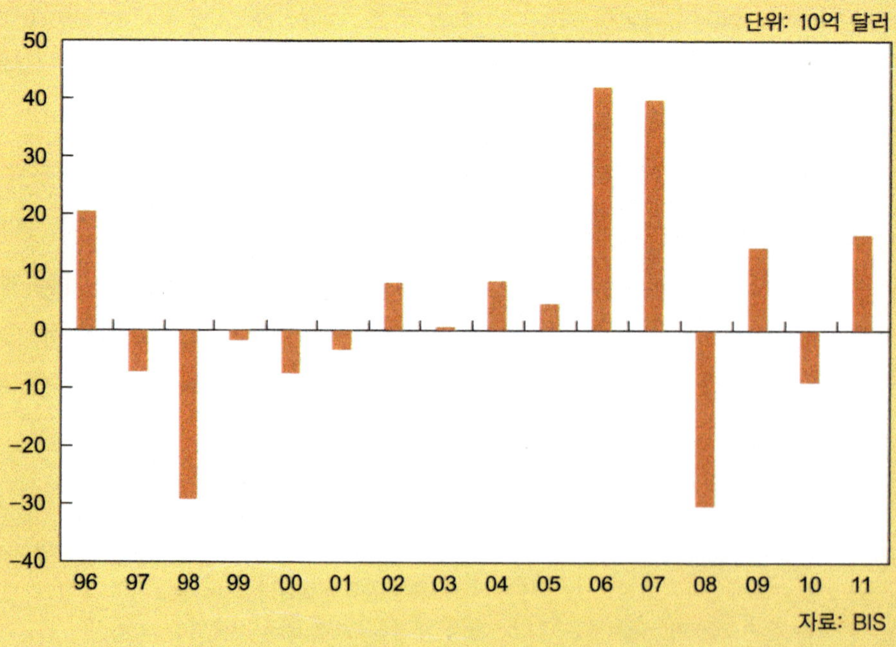

글로벌 금융위기로 한국에 대한 국제은행대출은 2008년에 다시 300억 달러 곧 20%나 대폭 감소하여, 2008년 말 1,240억 달러에 달하였다. 2009년에는 140억 달러가 증가하였고, 2010년에는 다시 80억 달러가 감소하여, 2010년 말 한국에 대한 국제은행대출은 1,300억 달러에 달하고 있다. 이 가운데 약 206억 달러는 대기업 대출이고, 나머지 약 1,100억 달러는 은행간 대출이다.

## 5.2 유로커런시시장

국제은행시장은 전통적 국제은행시장과 유로커런시시장으로 나눌 수 있는데, 두 시장은 국제은행의 본지점간 거래를 통해 매우 밀접하게 연관되어 있다. 따라서 국제은행시장이라고 하면 유로커런시시장을 가리키는 경우가 많다. 이 절에서는 유로커런시시장의 탄생과 구조적 특징을 설명한 다음, 신디케이트 론과 유로기업어음(ECP)에 대해 공부하기로 한다

### 1. 유로커런시의 탄생

유로커런시(Eurocurrency)란 원래 은행 소재국의 국내통화(domestic currency)가 아닌 외국통화(foreign currency)로 예치된 정기예금(time deposits)을 말하였다. 예를 들어, 런던의 은행에 예치된 미국 달러 정기예금은 유로달러(Eurodollar)이고, 싱가포르의 은행에 예치된 일본 엔 정기예금은 유로엔(Euroyen)이다. 유로커런시를 예수한 은행이 이를 곧바로 외국통화로 대출하는 시장이 바로 유로커런시시장이다.

유로커런시를 예수하고 대출하는 은행을 유로뱅크(Eurobank)라 부른다. 유로커런시와 유로뱅크의 유로(Euro)라는 접두어는 1950년대 후반 유로달러가 런던과 파리 등 유럽의 은행에 처음 예치된 데서 유래한 것이다. 그러나 오늘날 유로커런시는 유럽뿐만 아니라, 홍콩, 싱가포르, 케이먼 군도, 바레인 등 전 세계적으로 거래되고 있다. 또 유로뱅크도 유럽의 은행뿐만 아니라, 미국과 일본 등 주요국의 은행들로 구성되어 있다.

### (1) 유로달러의 수요와 공급

유럽의 은행이 은행 소재국의 국내통화가 아닌 외국통화로 예금을 예수하는 것은 새로운 현상은 아니었다. 제2차 대전 이후 유럽의 은행들은 일상적으로 미국달러 표시 정기예금을 예수하고, 이를 미국의 단기금융시장(money market)에 투자하여 운용하여 왔다. 유로커런시의 혁신은 1950년대 후반 유럽의 은행들이 미국달러 정기예금으로 조달한 자금을 유럽에서 직접 미국달러 대출로 운용하기 시작하면서 일어났다.

제2차 대전 이후 미국 달러는 영국 파운드를 제치고 국제거래의 결제통화로 가장 널리 이용되는 국제통화로 등장하였다. 더욱이 각국의 중앙은행은 준비자산의 80% 이상을 미국 달러로 보유하고 있었다. 따라서 유로커런시시장이 유로달러로부터 출발한 것은 매우 자연스러운 일이었다. 이제 유로커런시시장의 초창기에 유로달러의 수요와 공급이 어떻게 이루어졌는지 살펴보기로 하자.

유로달러의 공급은 국제무역의 확대와 함께 자연발생적으로 이루어졌다. 유럽 기업들은 수출대금으로 받은 미국 달러를 단기간 보유할 필요가 있을 때, 이를 뉴욕의 은행보다는 거래 관습이 익숙한 자국의 은행에 예치하는 것을 선호하였다. 이와 같은 유로달러의 공급은 특히 1958년 유럽 국가들이 자국 통화와 미국 달러의 자유로운 교환을 허용하면서, 거주자 외화예금 보유가 자유로워지자 크게 증가하기 시작하였다.

유로달러의 공급은 또 제2차 대전 이후 미국과 소련 간의 냉전체제라는 정치적인 요인에 의해 증가되었다. 1950년대 중반 소련과 동구 국가들은 미국이 예금을 동결하거나 몰수할 것을 우려하여 뉴욕의 은행에 보유하고 있던 미국 달러 예금을 런던과 파리의 은행으로 이체하였다. 실제로 Eurobank는 당시 파리에 소재한 한 은행의 케이블 코드였다.

그러나 유로달러의 공급이 크게 증가한 가장 중요한 이유는 미국의 이자율 규제정책 때문이었다. 미국의 연방준비은행은 준칙(Regulation) Q를 통해 요구불예금에 대해 이자지급을 금지하고 정기예금의 이자율에도 상한을 설정하였다. 그러나 유로뱅크는 이와 같은 이자율 상한규제로부터 자유로워 미국의 은행보다 더 높은 예금금리를 지불할 수 있었다. 이에 따라 예금자들은 더 높은 이자를 받기 위해 뉴욕의 은행으로부터 유로뱅크로 미국 달러 예금을 대거 이체하였다.

유로달러의 수요 역시 국제무역의 확대와 함께 자연발생적으로 이루어졌다.

유럽 기업들은 수입대금 결제를 위해 단기적으로 외화자금을 차입하여야 하는데, 제2차 대전 이후 런던의 은행이 주로 영국 파운드를 공급하여 이 수요를 충족시켜 왔다. 그러나 1957년 국제수지의 위기를 겪은 영국이 자국은행의 외국기업에 대한 영국 파운드 대출을 금지시켰다. 이에 따라 무역금융 자금을 영국 파운드로부터 미국 달러로 대체하기 위해 런던의 은행들은 유로달러 예금을 적극적으로 유치하기 시작하였다.

그러나 유로달러에 대한 수요가 크게 확대된 것은 1960년대 초반 자본수지가 적자로 반전되자 미국이 실시한 일련의 자본유출 억제정책 때문이었다. 미국은 1963년 이자평형세(Interest Equalizing Tax)를 도입하여, 미국 투자자의 양키본드 매입에 대해 15%의 조세를 부과하였다. 이 조세로 뉴욕에서의 자금조달 비용이 상승하자, 외국기업들은 유로달러시장에서 자금을 조달하기 시작하였다.

미국은 또 1965년에는 해외대출 억제제도(Foreign Credit Restraint Program)를 도입하여, 외국기업과 미국 다국적기업의 은행대출에 한도제를 실시하였다. 이 제도는 처음에는 자발적으로 시행하도록 하였으나, 1968년에는 강제적인 규

**그림 5-13 미국의 단기 이자율과 준칙 Q**

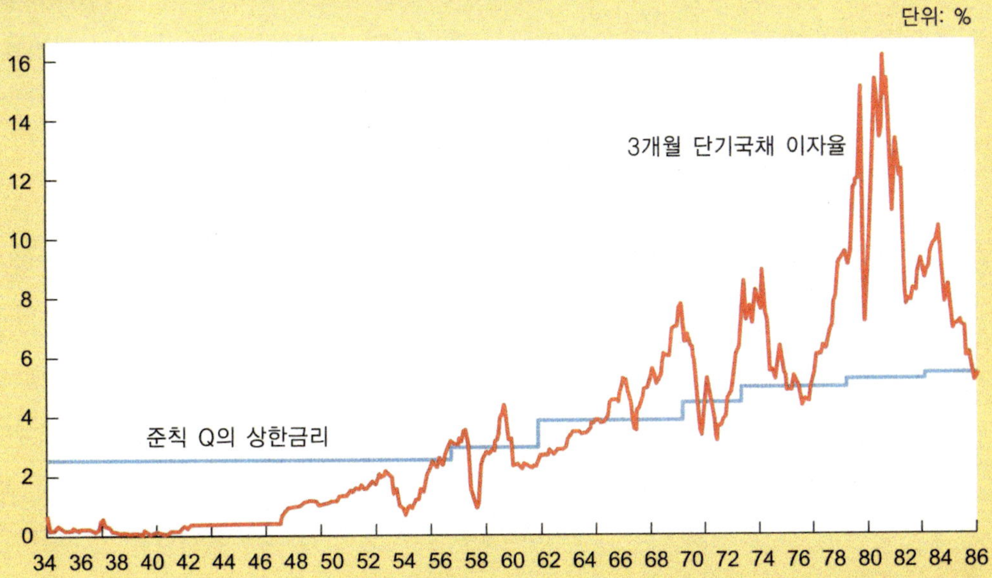


자료: U.S. Federal Reserve

제로 전환되었다. 이에 따라 해외투자 자금을 뉴욕에서 조달할 수 없게 된 외국기업과 미국의 다국적기업들은 유로달러시장에서 새로운 자금조달 창구를 찾게 되었다.

### (2) 역내시장과 역외시장

유로달러시장의 초창기에 미국의 자본유출 규제와 이자율 상한 규제가 유로달러의 수요와 공급을 증가시키는 데 매우 중요한 역할을 하였다. 그러나 미국은 1974년에 이자평형세와 해외대출 억제정책제도를 철폐하였고, 1986년까지 이자율 상한 규제를 단계적으로 철폐하였다. 그럼에도 불구하고 유로달러시장이 계속 성장한 까닭은 무엇이겠는가?

전통적으로 외국기업의 미국 달러 자금 융통은 통화발행국인 미국의 금융시장, 즉 역내시장(onshore market)에서 이루어져 왔다. 한편 유로달러시장은 통화발행국인 미국 밖에서 미국 달러 자금의 융통이 이루어지는 역외시장(offshore market)이다. 이와 같이 역외시장이 역내시장과 병행하여 존재하고 성장하는 것은 규제비용과 영업비용이 낮아, 역외시장이 역내시장에 대해 경쟁적 우위를 확보할 수 있기 때문이다.

역외시장의 경쟁적 우위는 우선 규제비용의 차이에서 발생한다. 미국의 은행은 예금의 일정 비율을 지불준비금으로 연방준비은행에 무이자로 예치해야 하며, 또 예금보험공사에 일정한 예금보험료를 지불하여야 한다. 그러나 유로뱅크는 통화발행국인 미국의 역외에서 영업하기 때문에, 이와 같은 규제비용을 부담할 필요가 없다. 따라서 유로뱅크는 미국의 은행보다 유리한 입장에서 경쟁할 수 있다.

역외시장의 경쟁적 우위는 또 영업비용의 차이에서 발생한다. 유로커런시시장은 요구불예금이 없을 뿐만 아니라, 예금과 대출의 규모가 매우 큰 자금의 도매시장(wholesale market)이다. 따라서 유로뱅크는 소수의 인원과 최소의 시설만으로도 업무를 수행할 수 있다. 또 유로커런시시장의 차입자는 대부분 우량기업이므로 신용심사 비용이 적게 들고, 변동금리 예금과 대출이 많아 자산과 부채의 위험관리 비용도 매우 낮다. 이와 같이 역외시장은 영업비용이 매우 낮기 때문에, 유로뱅크는 미국의 은행보다 유리한 입장에서 경쟁할 수 있다.

이제 역외시장이 역내시장에 대해 어떻게 경쟁적 우위를 갖게 되는지 알아보자. 먼저 미국의 정기예금에 대한 지불준비율이 10%, 예금보험료가 0.1%, 뉴욕 은행의 연간 영업비용이 예금의 1%라고 하자. 이때 대출금리와 예금금리를 10%와 7.5%로 결정하면, 뉴욕 은행의 이윤은 얼마나 되겠는가? 뉴욕 은행이 100달러의 1년 만기 정기예금을 예수하면, 90달러 밖에 대출에 이용할 수 없으므로 이자수입은 9달러가 된다. 여기서 예금이자 7.5달러, 은행의 영업비용 1달러, 예금보험료 0.1달러를 빼면, 0.4달러가 남는다. 따라서 뉴욕 은행의 이윤은 예금의 0.4%가 된다.

뉴욕 은행과 달리 유로뱅크는 지불준비금을 예치하거나 예금보험료를 지불할 필요가 없다. 또 유로뱅크의 영업비용은 뉴욕 은행보다 매우 낮은데, 유로뱅크의 영업비용이 예금의 0.5%로 뉴욕 은행의 절반이라고 가정하여 보자. 이때 대출금리와 예금금리를 9%와 8%로 결정하면, 유로뱅크의 이윤은 얼마가 되겠는가? 유로뱅크는 100달러의 1년 만기 정기예금을 예수하면, 이를 모두 대출에 이용할 수 있으므로 이자수입은 9달러가 된다. 여기서 예금이자 8달러와 은행의 영업비용 0.5달러를 빼면, 0.5달러가 남는다. 따라서 유로뱅크의 이윤은 예금의 0.5%가 된다.

이상의 단순한 예로부터 다음과 같은 두 가지 사실을 알 수 있다. 첫째, 유로뱅크의 예금금리 8%는 뉴욕 은행의 7.5%보다 높고, 유로뱅크의 대출금리 9%는 뉴욕 은행의 10%보다 낮다. 둘째, 유로뱅크의 대출금리와 예금금리의 스프레드 1%는 뉴욕 은행의 2.5%보다 좁고, 유로뱅크의 이윤은 예금의 0.5%로 뉴

**그림 5-14 역내시장과 역외시장의 이자율**

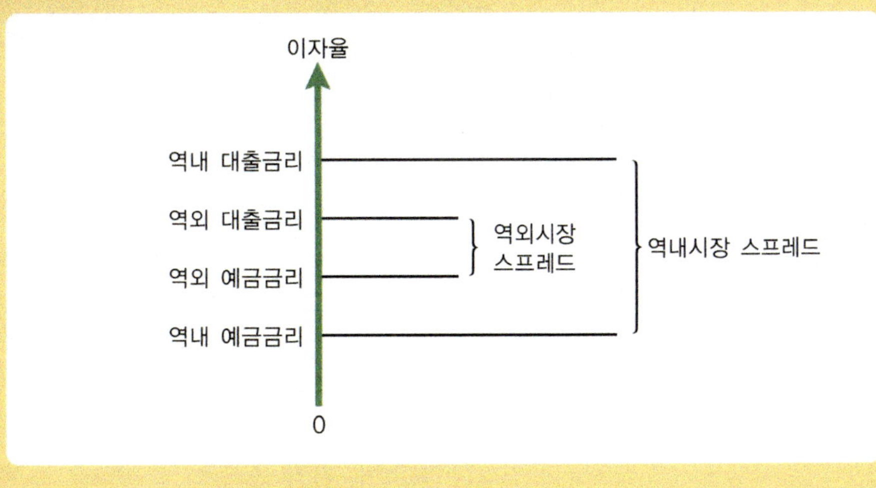

욕 은행의 0.4%보다 높다. 이와 같은 경쟁적 우위 때문에 역외시장은 역내시장과 병행하여 존재하고 있다.

## 2. 유로커런시의 특징

이제 유로커런시 예금과 대출, 유로커런시의 통화구성, 유로커런시시장의 주요 센터, 그리고 미국과 일본이 역내에 개설한 유로커런시 센터인 IBF와 JOM에 대해 설명하여 보기로 하자.

### (1) 유로커런시 예금과 대출

유로커런시시장에는 요구불예금이 없다. 유로뱅크는 정기예금(TD), 양도가능 예금증서(CD), 그리고 변동금리채(FRN) 등의 증권을 발행하여 자금을 조달하는데, 정기예금이 80% 이상을 차지하고 있다. 유로뱅크 정기예금의 만기는 1일로부터, 1주일, 1개월, 3개월, 6개월, 1년, 1년 이상이 있다. 만기 3개월 이하의 정기예금이 75%를 차지하고 있고, 만기 1년 이상은 10% 미만이다.

유로뱅크는 대고객 대출, 은행간 대출, 그리고 증권에 대한 투자로 자금을 운용한다. 이 가운데 대고객 대출과 은행간 대출이 각각 약 40%를 차지하고 있고, 증권투자가 약 20%를 차지하고 있다. 은행간 대출은 대부분 만기 6개월 이하의 단기대출이다. 대고객 대출은 만기 1년 이하의 단기대출과 만기 1년 이상 중기대출이 각각 절반씩을 차지하고 있다. 만기 1년-5년의 대고객 대출은 대부분 여러 은행이 신디케이트를 구성하여 변동금리로 이루어지므로, 신디케이트론(syndicated loan)이라 부른다.

### (2) 유로커런시의 통화구성

유로커런시는 유로달러, 유로엔, 유로스털링 등 통화별로 분류할 수 있다. 유로커런시시장이 원래 유로달러시장으로부터 발전하였으므로, 1970년대 후반까지만 하더라도 미국 달러(USD)는 유로커런시의 70%를 상회하였으나, 최근에는 60% 수준으로 하락하였다. 유로(EUR)는 1980년대 중반 유로커런시의 약 15%를 차지하고 있었으나, 최근에는 20% 수준으로 비중이 크게 증가하였다. 한편 영국 파운드(GBP), 일본 엔(JPY), 스위스 프랑(CHF)은 각각 유로커런시의 약 5%, 4%, 2%를 차지하고 있으며, 기타 통화가 약 10%를 차지하고 있다.

그림 5-15 유로커런시의 통화구성

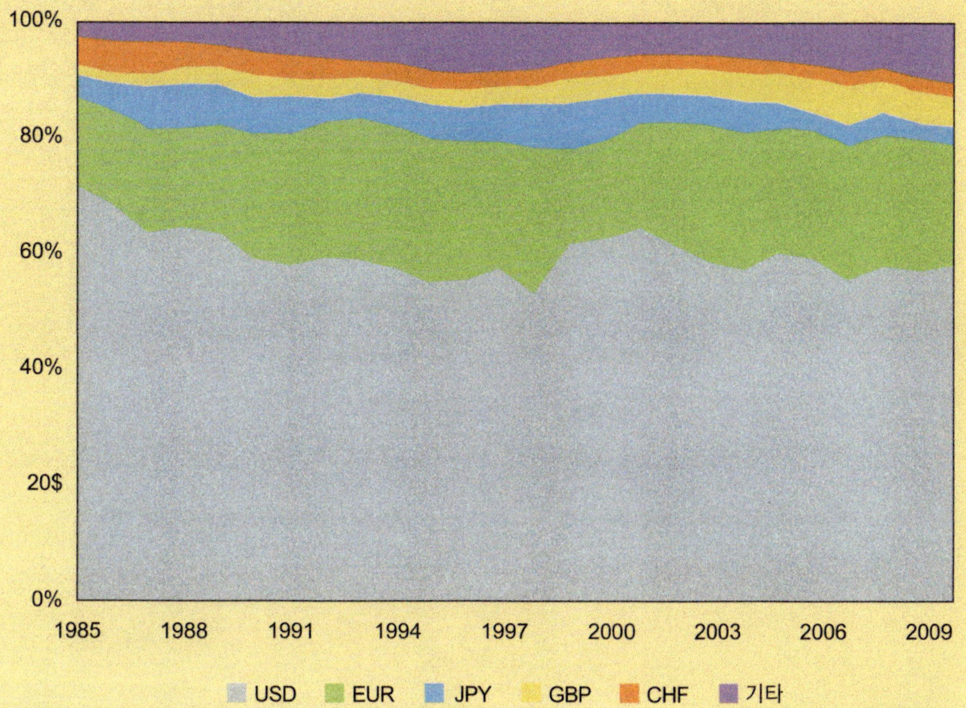


자료: BIS

### (3) 유로커런시의 주요 센터

유로뱅크가 집중되어 있는 지역을 유로커런시 센터라 부른다. 2010년 말 대외부채로 본 유로커런시 센터는 영국이 28%로 단연 압도적인 지위를 차지하고 있으며, 다음으로는 일본(12%), 독일(5%), 스위스(4%), 프랑스(4%), 미국(2%) 룩셈부르크(2%), 네덜란드(3%), 캐나다(2%), 아일랜드(2%)의 순이다. 한편 케이먼 군도(10%), 싱가포르(5%), 홍콩(4%), 바하마(3%), 저지(1%), 바레인(1%) 등의 역외센터가 25%를 차지하고 있다.

한편 2010년 말 대외자산으로 본 유로커런시 센터는 영국이 30%로 역시 단연 압도적인 지위를 차지하고 있으며, 다음으로는 프랑스(6%), 일본(5%), 독일(5%), 스위스(4%), 네덜란드(4%), 아일랜드(2%), 미국(1%) 룩셈부르크(1%)의 순이다. 한편 케이먼 군도(10%), 싱가포르(5%), 홍콩(3%), 바하마(3%), 저지(1%), 바레인(1%) 등의 역외센터가 역시 25%를 차지하고 있다.

그림 5-16 유로커런시시장의 주요 센터: 2010년 말

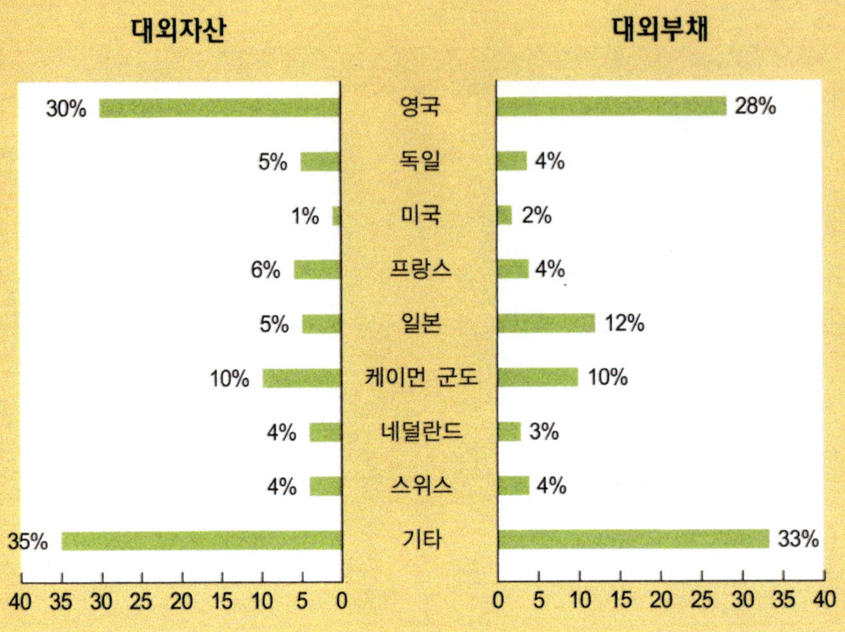


자료: BIS

이와 같이 전 세계적으로 분포되어 있는 유로커런시 센터는 (1) 영국이나 홍콩과 같이 비거주자뿐만 아니라 거주자의 참여도 자유로운 내외일치형, (2) 유럽의 대부분 나라와 싱가포르와 같이 비거주자만 참여할 수 있는 내외분리형, (3) 미국의 IBF나 일본의 JOM과 같이 자국 내에서 비거주자에게만 자국통화의 거래를 허용하는 역내-역외형, (4) 바하마, 케이먼 군도, 바레인 등의 역외센터(offshore centers)로 구분할 수 있다.

### (4) IBF와 JOM

원래 유로커런시 센터는 유로뱅크가 비거주자로부터 외국통화로 정기예금을 받고 비거주자에게 외국통화로 대출하는 내외분리형으로 출범하였다. 그러나 유로커런시시장이 발전함에 따라 전통적으로 금융규제가 가장 가벼웠던 영국과 홍콩 등은 거주자에게도 외화예금과 외화대출 등의 유로커런시 거래를 자유롭게 허용하는 내외일치형으로 발전하였다.

미국은 유로달러의 거래를 역내로 유치하기 위해 1981년 International

Banking Facility(IBF)라는 제도를 도입하였다. IBF는 뉴욕을 비롯한 미국 국내 주요 금융센터의 은행이 국내 은행거래와 분리된 별도의 계정(separate accounts)을 통해 비거주자로부터 정기예금을 받고 이를 비거주자에게만 대출하는 시장을 말한다. 한편 일본도 유로엔의 거래를 역내로 유치하기 위해 1986년 미국의 IBF와 유사한 Japan Offshore Market(JOM)이라는 제도를 도입하였다.

미국의 IBF와 일본의 JOM에 참여하는 은행은 비거주자로부터 외국통화뿐만 아니라 자국통화로도 정기예금을 받고 또 비거주자에게 외국통화뿐만 아니라 자국통화로도 대출을 행한다. 이와 같이 IBF와 JOM에서는 자국통화로도 유로커런시 거래가 이루어지는데, IBF와 JOM의 정기예금에는 국내 예금에 대한 금융규제, 즉 지불준비제도, 예금보험제도, 이자율 규제 등이 적용되지 않는다.

## 3. 신디케이트 론

유로커런시시장은 원래 만기 1년 미만의 단기 자금의 조달과 운용이 이루어지는 국제 단기금융시장(international money market)으로 출범하였다. 한편 1970년대 초반에 두 개 이상의 국제은행이 신디케이트를 구성하여, 변동금리(floating rate)로 만기 1년-5년의 중기(medium-term) 대출을 행하기 시작하였는데, 이를 신디케이트 론(syndicate loan)이라 부른다.

### (1) 신디케이트 론 시장의 발전

신디케이트 론 시장이 본격적으로 성장한 것은 1973년-1974년과 1978년-1979년에 일어난 두 차례 오일 쇼크의 결과였다. 중동 산유국들은 원유가격의 대폭적인 상승으로 크게 늘어난 석유수입을 대부분 유로뱅크에 예치하였다. 한편 유로뱅크는 이를 주로 경상수지가 큰 폭의 적자로 확대된 비산유 개도국에 변동금리의 신디케이트 론으로 대출하였는데, 이를 오일 머니의 환류(recycling)라고 불렀다.

신디케이트 론에서 다수의 은행이 신디케이트를 구성하여 대출하는 것은 거액대출에 따르는 신용위험을 분산시키기 위해서이고, 또 변동금리로 대출하는 것은 단기로 조달한 자금을 중기로 대출하는 데 따르는 금리위험(interest rate risk)을 회피하기 위해서였다. 이와 같은 신디케이트 론의 도입으로 1970년대에 개도국의 외채는 크게 증가하였다.

개도국이 외채 원리금을 조달할 수 있는 가장 중요한 원천은 선진국에 대한 수출이다. 그러나 1980년-82년 미국을 비롯한 주요국들의 극심한 경기침체(recession)로 선진국에 대한 수출이 대폭 감소하였다. 그리고 당시 15%를 넘는 미국 달러의 고금리로 신디케이트 론의 이자부담이 가중되었다. 이에 따라 1982년 멕시코 등 중남미 수개국이 외채 원리금을 지불하지 못하는 개도국 외채위기(external debt crisis)가 발생하여 국제은행들은 막대한 손실을 보았고, 신디케이트 론 시장은 급격히 위축되었다.

신디케이트 론은 1980년대 중반 미국에서 차입인수합병(leveraged buyout: LBO)의 자금조달 수단으로 이용되면서 그 규모가 다시 증가하기 시작하였다. 그리고 1990년대에 들어와 신디케이트 론은 미국과 영국을 비롯한 여러 선진국의 국내은행시장에서 우량기업들에 대한 전통적인 1대 1의 은행대출(bilateral lending)을 대체하는 새로운 형태의 은행대출(new type of bank loan)로 널

**그림 5-17 국제 신디케이트 론 시장의 성장**

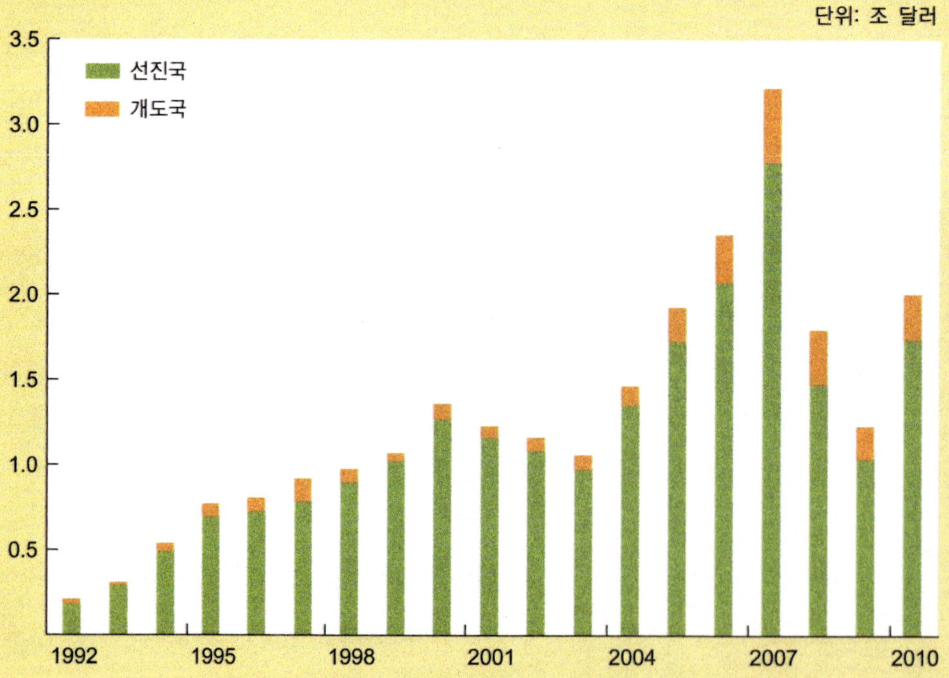


자료: BIS

리 이용되기 시작하였다.

오늘날 국제결제은행(BIS)은 다수의 대출은행 가운데 하나 이상이 차입자의 국적과 다른 경우를 국제 신디케이트 론(international syndicated credit facility)으로 분류하고 있다.[12] 만기 3개월 이상의 신규 국제 신디케이트 론의 규모는 1992년 0.2조 달러에서 2005년과 2006년에는 2조 달러 이상으로 증가하였고, 2007년에는 3조 달러를 넘어섰다. 그러나 글로벌 금융위기로 2009년 1조 달러까지 감소하였다가 2010년에는 1.7조 달러로 회복하였다

개도국에 대한 국제 신디케이트 론의 규모는 1992년 260억 달러에서 1997년에는 1,400억 달러로 크게 증가하였으나, 1997년 아시아 위기(Asian crisis)로 크게 감소하였다가, 2008년에는 3,200억 달러까지 증가하였다. 그러나 글로벌 금융위기로 2009년 2,000억 달러까지 감소하였다가, 2010년에는 2,700억 달러

**그림 5-18** **한국과 국제 신디케이트 론**

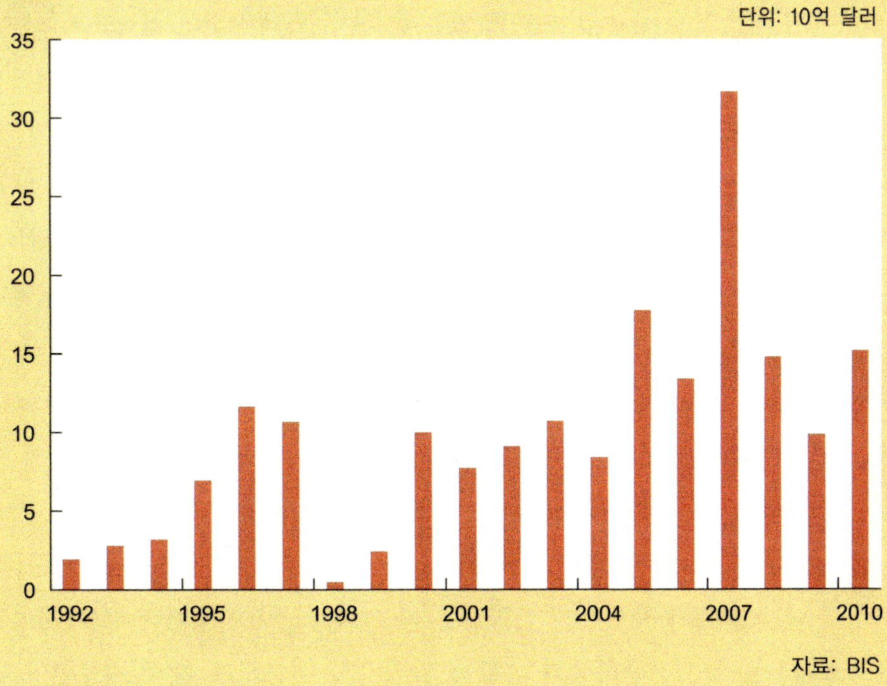


12 따라서 국제결제은행(BIS)에 따르면, 국내에서 자국 은행만으로 이루어진 신디케이트 론을 제외한 모든 신디케이트 론은 국제 신디케이트 론으로 분류된다.

로 회복하였다. 1970년대에는 개도국이 신디케이트 론의 90% 이상을 차지하고 있었다. 그러나 최근에는 선진국이 국제 신디케이트 론의 85%를 차지하고 있고, 개도국의 비율은 15% 내외로 감소하였다.

한국의 국제 신디케이트 론 도입은 1996년과 1997년에 100억 달러를 넘었으나, 2007년 말 외환위기 이후 1998년과 1999년에는 25억 달러 이하로 대폭 감소하였다. 그러나 2000년-2004년간 매년 70억 달러 이상으로 회복하였고, 2005년 이후 2010년까지 매년 100억 달러를 넘어서고 있다. 특히 2005년에는 185억 달러, 2007년에는 270억 달러, 그리고 2010년에는 150억 달러가 도입되었다.

### (2) 신디케이트 론의 구조

신디케이트 론에서 신디케이트는 주간사은행, 간사은행, 참여은행으로 구성된다. 주간사은행(lead manager)은 차입자와 차입 조건을 교섭하는 한편, 간사은행(manager)과 대출을 분담할 참여은행(participating banks)을 모집한다. 주간사은행과 간사은행은 일반 참여은행보다 더 많은 대출금액을 분담한다. 주간사은행은 복수인 경우도 있는데, 흔히 어레인저(arranger) 또는 북러너(book runner)라 부른다. 오늘날 신디케이트 론의 주간사 업무는 20여개 유수한 국제은행들에 의해 이루어지고 있다.

신디케이트 론의 만기는 3개월 이상인데, 평균 만기는 5년 내외로, 1년에서 5년까지의 중기(medium-term)가 가장 많다. 최근 신디케이트 론의 만기구조를 보면, 1년 미만이 20%, 1년-3년이 25%, 3년-5년이 23%로, 전체의 약 70%가 만기 5년 이하이다. 한편 다음 장에서 공부하는 국제본드의 만기구조를 보면, 5년-10년이 45%, 10년-20년이 20%, 20년 이상이 13%로, 전체의 약 80%가 만기 5년 이상이다.

신디케이트 론의 이자율은 3개월 또는 6개월마다 변동하는 기준금리(reference rate)에 일정한 스프레드(spread)를 더해 결정되는데, 기준금리로는 주로 다음 절에서 자세하게 설명하는 리보(Libor)가 이용된다. 신디케이트 론의 스프레드는 국제금융시장의 상황과 차입자의 신용도에 따라 변동한다. 우량차입자의 경우에는 10bp 이하도 가능하지만, 국제금융시장이 불안정해지면 400bp 이상 오르기도 한다. [그림 5-19]는 지난 10여 년간의 신용등급 BB와 BBB인 신디케이트 론 차입자의 스프레드의 변동을 보여주고 있다.

### (3) 올 인 코스트

신디케이트 론에서 차입자가 부담하는 비용에는 리보와 스프레드 이외에 여러 가지의 수수료가 있는데, 가장 중요한 것은 대출계약 서명 직후(front-end) 주간사은행에게 일시불로 지불하는 수수료로, 흔히 어레인지먼트 수수료(arrangement fee)라 부른다. 차입자는 대출금액의 일정 비율을 어레인지멘트 수수료로 지급한다. 예를 들어 대출금액이 1억 달러, 수수료가 1.5%이면 차입자는 주간사은행에게 150만 달러를 지급한다.

이와 같은 수수료 때문에 신디케이트 론의 차입자가 실제로 부담하는 실효차입비용은 리보와 스프레드 이외에 수수료의 크기에 따라 결정된다. 예를 들어, 만기 5년인 100달러의 신디케이트 론을 [리보 + 75bp]의 이자율로 차입하는데 수수료가 2%라고 하자. 이때 이자기간의 리보가 6%라면 차입자의 연간 이자비용은 6.75달러가 된다. 그런데 이 차입자가 실제로 조달한 자금은 수수료를 제외한 98달러에 불과하다. 따라서 일단 실효차입비용은 6.89(= 6.75/98)%라고 볼 수 있을 것이다.

그러나 차입자는 5년 후 만기에 원금 100달러를 모두 상환해야 하므로 2달러의 차입차액이 발생한다. 따라서 근사적인 연간 차입차액을 0.4달러라고 보면,

**그림 5-19 신디케이트 론의 스프레드**

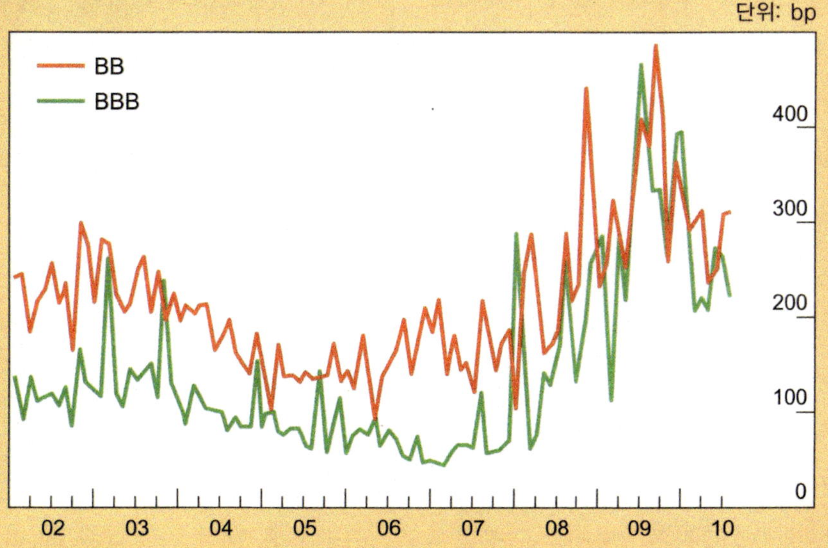


자료: BIS

차입자가 매년 부담하는 비용은 이자비용 6.75달러와 차입차액 0.4달러를 합한 7.15달러가 된다. 그러므로 실효차입비용은 7.3(= 7.15/98)%라고 할 수 있다. 이와 같이 신디케이트 론의 실효차입비용은 스프레드뿐만 아니라 수수료에 따라 달라진다.

신디케이트 론의 기준금리인 리보(Libor)는 매 이자기간마다 변동한다. 한편 리보를 제외하고 스프레드와 수수료만으로 신디케이트 론의 실효차입비용을 구할 수 있는데, 이를 올 인 코스트(all-in cost)라고 부른다. 위에서 본 만기 5년, 가산금리 75bp, 수수료 2%인 신디케이트의 론의 올 인 코스트는 117bp로 가산금리 75bp보다 42bp가 더 높다.

$$\text{올 인 코스트} = \frac{\text{가산금리} + [\text{수수료}/\text{만기}]}{1 - \text{수수료}} = \frac{0.75\% + [2\%/5]}{1 - 2\%} = 1.17\%$$

## 4. 유로기업어음(ECP)

1980년대 이전에 국제자본시장에서의 자금조달은 만기 1년 이하의 단기(short-term) 자금은 주로 유로커런시시장에서의 국제은행대출에 의해, 그리고 만기 1년 이상의 중기(medium-term) 자금은 신디케이트 론과 다음 장에서 배우는 유로본드(Eurobond)의 발행으로 이루어졌다. 그러나 1980년대에 들어와 유로기업어음(ECP)과 유로중기노트(EMTN)가 도입되어 국제자본시장의 자금조달 수단이 다양화되었다. 여기서는 유로기업어음(ECP)에 대해 설명하고, 유로중기노트(EMTN)에 대해서는 다음 장에서 공부하기로 한다.

1960년대까지만 하더라도 미국 기업들은 단기 운용자금을 주로 은행대출로 조달하여 왔다. 그러나 1970년대 이후 우량기업과 금융기관들은 본격적으로 단기(270일 이하)의 무보증 약속어음(unsecured promissory note)인 기업어음(commercial paper)을 발행하여 단기자금을 조달하기 시작하였다. 유로기업어음(Euro commercial paper; ECP)은 미국의 기업어음(USCP)을 모델로 1980년대 초반 유로커런시시장에 처음 도입되었다.

미국 기업어음(USCP)은 만기에 원금과 이자를 지급하는 방식이 아니라, 액면가격에서 이자를 뺀 가격으로 판매하는 할인방식으로 발행된다. 만기는 1일부터 270일까지가 있는데, 대부분 45일 미만으로 발행되고 있다.[13] 미국의 기업어음(USCP) 시장이 크게 발전한 것은 무엇보다도 차입자는 은행대출보다 낮은 비용으로 단기 운용자금을 조달할 수 있고, 투자자는 은행예금보다 높은 수익률로 단기 여유자금을 운용할 수 있기 때문이다.

미국 기업어음(USCP) 시장은 자금의 도매시장으로, 액면금액은 10만 달러에서 1백만 달러까지 있다. 우량 기업, 파이낸스 컴퍼니, 은행지주회사가 주로 발행하는데, 발행자가 투자자에게 직접 판매하거나 또는 딜러를 통해 판매한다. 투자자는 머니마켓펀드(MMF), 보험회사, 연금기금, 은행 등 기관투자자가 대부분이다. 미국 기업어음(USCP)을 발행하기 위해서 발행자는 신용등급 사정을 받아야 하고, 만기연장(rollover)을 위해 은행과 백업 크레디트 라인(back-up credit line)을 설정하여야 한다.

미국 기업어음(USCP)을 모델로 1980년대 초반 유로커런시시장에 도입된 유로기업어음(ECP)은 통화발행국의 역외에서 발행되는 기업어음을 말하는데, 대부분 유로, 미국 달러, 영국 파운드 표시로 발행되고 있다. 유로기업어음(ECP)의 도입은 유로시장에서 단기은행대출을 증권발행을 통한 직접금융으로 대체한 금융혁신이라고 말할 수 있다. 이에 따라 차입자는 유로뱅크 대출보다 낮은 이자율로 자금을 조달하고, 투자자는 유로뱅크 예금보다 높은 이자율로 자금을 운용할 수 있게 되었다.

유로기업어음(ECP)은 이와 같이 발행자에게는 자금조달의 비용을 절감시키고, 투자자에게는 자금운용의 수익을 높여 주었다. 유로기업어음(ECP)은 또 차입자에게는 자금조달의 새로운 창구를 열어 주고, 투자자에게는 자산구성의 분산을 통해 위험을 감소시킬 수 있는 기회를 제공하였다. 한편 유로뱅크는 유로기업어음(ECP)의 발행을 주선하는 부외영업(off-balance-sheet activity)으로 약 10bp의 수수료를 수취하여 수익을 증가시킬 수 있었다.

유로기업어음(ECP)의 발행자는 90%가 금융기관인데, 평균적으로 보면 미국 기업어음(USCP) 발행자보다 신용등급이 낮다. 한편 유로기업어음(ECP) 발행자는 대부분 신용등급 사정을 받고 은행과 백업 크레디트 라인을 설정하고 있다. 유로기업어음(ECP)의 만기는 미국 기업어음(USCP)보다 두 배 정도 길어, 평균 90일이다. 따라서 미국 기업어음(USCP)은 최초 투자자가 만기까지 보유하는

---

[13] 미국 기업어음의 만기가 이처럼 짧은 것은, 만기가 270일을 넘으면 증권감독위원회(SEC)에 등록하여야 하고, 연방준비은행이 재할인(discount) 적격어음의 만기를 90일 이하로 제한하기 때문이다.

그림 5-20 유로기업어음시장의 성장

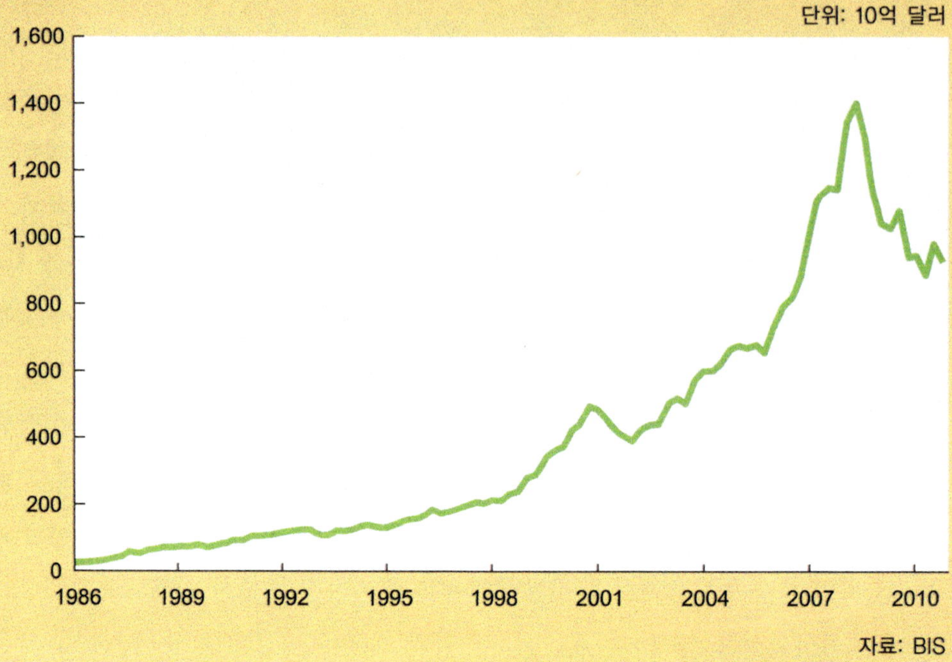


경우가 많은 데 비해, 유로기업어음(ECP)은 유통시장에서 활발히 거래된다. 유로기업어음(ECP)의 투자자는 중앙은행, 기업, 기관투자자, 그리고 유로뱅크 등 매우 다양하다.

국제결제은행(BIS)에 따르면, 2010년 말 유로기업어음(ECP) 등 국제 단기부채증권의 발행잔고는 9,160억 달러에 이른다. 이 가운데 8,770억 달러(96%)는 선진국에 의해 발행된 것이고, 나머지는 개도국(140억 달러), 역외센터(136억 달러), 그리고 국제기구(110억 달러)가 발행한 것이다. 우리나라의 2010년 말 국제 단기부채증권의 발행잔고는 50억 달러로, 개도국이 발행한 140억 달러의 36%를 차지하고 있다.

## 5.3 리보와 리보 스프레드

오늘날 가장 대표적인 국제금리는 유로커런시 이자율인 리보(Libor)이다. 이 절에서는 먼저 리보란 무엇이며, 리보가 어떻게 이용되고 있는지 설명하기로 한다. 다음에 2008년-2009년 글로벌 신용경색(global credit crunch)과 관련하여 미국 달러 리보(USD Libor)와 미국 단기금리의 차를 나타내는 TED 스프레드와 리보-OIS 스프레드에 대해 설명하기로 한다.

## 1. BBA 리보

리보란 런던(London)의 은행간(inter-bank) 대출금리(offered rate)의 약자이다.[14] 오늘날 런던은 단연 유로커런시시장의 중심을 이루고 있는데, 리보란 자금의 도매시장(wholesale funding market)인 런던의 은행간 시장(inter-bank market)에서 결정되는 이자율을 말한다.

리보는 시시각각 변화할 뿐만 아니라, 은행마다 제시하는 수준이 각각 다르다. 그러나 일반적으로 리보라고 하면 영국은행협회(British Bankers Association)

그림 5-21 미국 달러 리보와 미국 단기국채 이자율

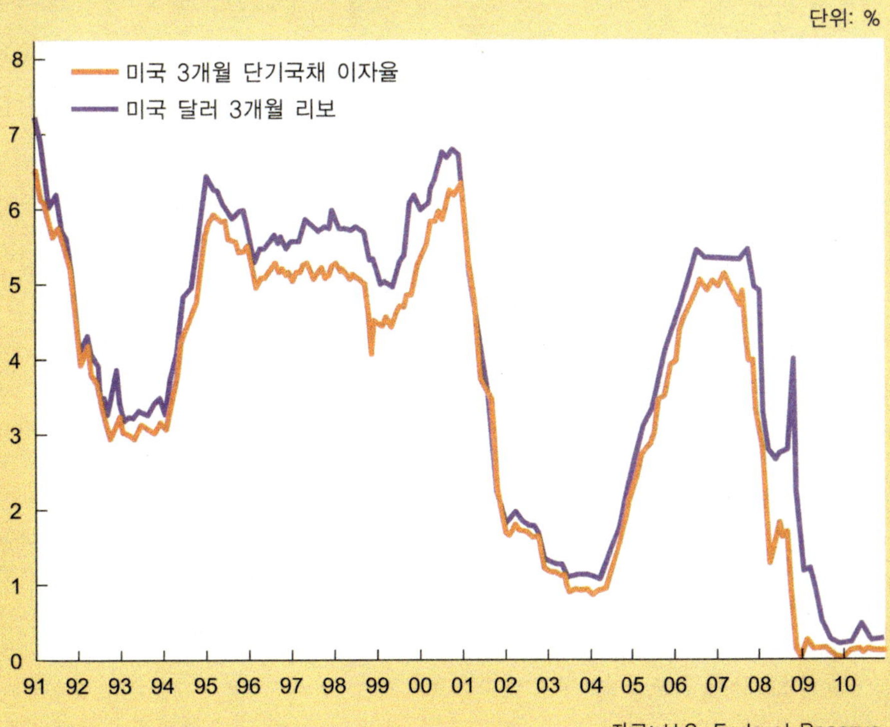


자료: U.S. Federal Reserve

가 매일 산정하여 발표하는 BBA 리보를 말한다. BBA는 1986년 1월부터 미국 달러, 유로, 영국 파운드, 일본 엔, 스위스 프랑 등 10개 주요 통화에 대해 각각 오버나이트(O/N)부터 12개월까지 15개 만기에 대한 총 150개의 리보를 조사하여 발표하고 있다.

BBA는 리보를 "런던 시간 오전 11시에 표본은행이 런던의 다른 은행으로부터 적정 규모(reasonable market size)의 자금을 차입할 수 있는(could borrow) 이자율"이라고 정의하고 있다.[15] 즉 리보는 런던 은행간 시장에서 표본은행이 다른 은행으로부터 수백만 달러 이상의 자금을 차입할 수 있는 자금조달 코스트(cost of funding)를 나타낸다.

BBA 조사에 참여하는 표본은행(contributing panel banks)은 런던에서 해당 통화의 거래가 가장 활발한 국제은행들로 선정된다. 현재 표본은행의 수는 미국 달러(USD)는 18개, 영국 파운드(GBP)는 16개, 유로(EUR)와 일본 엔(JPY)은 15개, 스위스 프랑(CHF)은 12개, 캐나다 달러(CAD)는 11개, 나머지 호주 달러(AUD), 뉴질랜드 달러(NZD), 덴마크 크로네(DKK), 스웨덴 크로나(SEK)는 7개로 구성되어 있다.

실제 BBA 리보의 산정(fixing)과 발표는 BBA를 대리하여 Thomson Reuters가 맡고 있다. 매 영업일 오전 11시에 각 통화의 표본은행이 해당 통화의 15개 만기에 대한 리보를 제출하면, Thomson Reuters는 이 가운데 상위와 하위 각 1/4씩을 빼고 중간 1/2 은행이 제시하는 리보의 평균을 계산하여 이를 BBA 리보로 발표하고 있다. 계산에 시간이 소요되므로, 리보의 발표는 매 영업일 오전 11시 45분경에 이루어진다.[16]

---

[14] 한편 동경, 싱가포르, 홍콩의 은행간 대출금리를 각각 Tibor, Sibor, Hibor라 부른다. 은행간 이자율에는 대출금리와 함께 예금금리가 있는데, 런던의 은행간 예금금리(bid rate)를 리비드(Libid)라 부른다. 한편 리보와 리비드의 평균을 리민(Limean)이라 부른다.

[15] BBA는 현재 리보를 "*The rate at which an individual Contributing Panel bank could borrow funds, were to do so by asking for and accepting inter-bank offers in reasonable market size, just prior to 11.00 London time.*"로 정의하고 있다. BBA의 이 리보 정의는 1998년에 변경된 것인데, 이전에는 "*At what rate do you think interbank term deposits will be offered by one prime bank to another prime bank for a reasonable market size at 11 am?*"라고 정의하였다.

[16] 표본은행이 매일 BBA에 제출하는 리보는 그 은행의 자금조달 코스트를 나타낸다. 2008년 글로벌 금융위기 때 일부 표본은행이 자기 은행의 리보, 즉 자금조달 코스트를 실제보다 낮게 조작하여 BBA에 제출하였다는 의혹이 제기되었다. 현재 10여 개국의 금융당국이 이 혐의에 대해 조사를 진행 중에 있다.

유로커런시 은행간 시장은 거래규모가 최소 수백만 달러 이상이고, 보통 수천만 달러에서 때로는 수억 달러에 달한다. 리보는 이와 같은 자금의 도매시장(wholesale funding market)에서 결정되는 도매 이자율이다. 유로커런시 대출은 모두 무담보(unsecured)로 이루어지는 신용대출이다. 따라서 리보에는 평균 신용등급 AA 수준인 유로뱅크의 부도위험에 대한 리스크 프리미엄(risk premium)이 포함되어 있다.

BBA는 유로 존의 단일통화인 유로에 대한 리보(Euro Libor)도 조사하여 발표하고 있다. 그러나 유로의 국제금리로는 BBA의 유로 리보보다 1999년 1월부터 유럽은행연합회(European Banking Federation)가 조사하여 발표하고 있는 유리보(Euribor)가 더 널리 이용되고 있다. 유리보의 산정에는 파리와 프랑크푸르트 등 유로 존 주요 금융센터의 50여 개 은행이 표본은행으로 참여하고 있다.

**표 5-2 BBA 리보와 유리보**

| 2010년 11월 1일 | 오버나이트 | 1개월 | 3개월 | 6개월 | 1년 |
|---|---|---|---|---|---|
| US$ Libor | 0.14222 | 0.24528 | 0.43167 | 0.62250 | 0.93972 |
| Euro Libor | 0.84000 | 1.30625 | 1.52563 | 1.73438 | 2.07313 |
| £ Libor | 0.58250 | 0.70863 | 0.98869 | 1.26975 | 1.76156 |
| Swiss Fr Libor | 0.01167 | 0.02333 | 0.04333 | 0.08917 | 0.30950 |
| Yen Libor | 1.05167 | 0.14063 | 0.19475 | 0.33313 | 0.55250 |
| Canada Libor | - | 1.14667 | 1.27500 | 1.35917 | 1.70250 |
| Euro Euribor | | 1.36 | 1.59 | 1.78 | 2.11 |

자료: *Financial Times*

## 2. 리보의 이용

리보는 런던에서 만기 1년 미만의 은행간 대출에 적용되는 단기금리이다. 그러나 리보는 단기와 중기의 대고객 대출 등 변동금리 금융상품의 이자율을 결정하는 기준금리(reference rate)로 널리 이용되고 있다. 예를 들어, 신디케이트론과 다음 장에서 공부하는 변동금리채(FRN)의 이자율은 대부분 3개월 또는 6개월마다 리보에 일정한 스프레드(spread)를 더해 변동하고 있다. 그리고 미국과 영국에서는 만기 10년 이상의 변동금리 모기지(주택담보대출)의 일부도 리보를 기준금리로 이용하고 있다.

[그림 5-22]는 우리나라 은행이 국제은행으로부터 차입할 때, 리보에 가산하는 스프레드를 보여주고 있다. 2007년 10bp 내외이던 단기차입 스프레드는 글로벌 금융위기가 악화하면서 2008년 말에 200bp를 넘어섰기도 했으나, 2009년 연초 이후 꾸준히 감소하여 2010년 중에는 30bp 내외에 머물렀다. 한편 중장기차입(신디케이트 론) 스프레드는 2007년의 30bp 내외에서 2008년 말 한때 600bp를 넘어서기도 했으나, 2009년 연초 이후 감소하여 2010년 중에는 125bp 내외에 머물렀다.

리보는 앞으로 제8장에서부터 제10장에서 보는 바와 같이, 선물금리계약(FRA), 유로달러선물, 금리 캡(cap), 금리 플로어(floor), 금리 칼러(collar), 장외금리옵션, 유로달러선물옵션, 금리스왑 등 금리파생상품 기준금리(reference rate)로 널리 이용되고 있다. 2010년 말 금리파생상품의 명목원금은 500조 달러가 넘고 1일 거래액만도 10조 달러에 달하는데, 이들은 대부분 리보를 기준

그림 5-22 국내은행의 단기와 중기 차입 스프레드

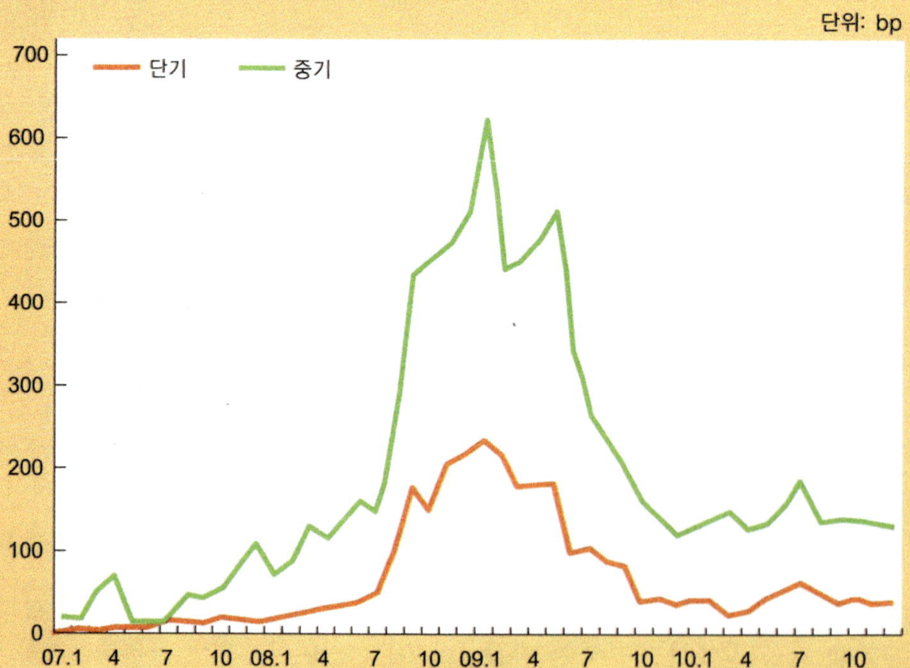


자료: 한국은행

금리로 이용하고 있다.[17]

## 3. TED 스프레드

리보는 통화발행국의 단기금리와 밀접하게 연관되어 변동한다. 예를 들어, [그림 5-21]에서 보는 바와 같이, 미국 달러 리보(USD Libor)는 미국의 가장 대표적인 단기 이자율인 단기국채 이자율(T-bill rate)과 밀접하게 연관되어 변동하고 있다. 만약 두 이자율의 차가 크게 벌어지면, 유로달러시장(Eurodollar market)과 미국의 단기금융시장(money market) 간에 차익거래가 일어나 두 이자율의 차는 좁혀진다.

미국의 단기국채(Treasury bill)란 재무성이 28일, 91일, 182일 등 만기 1년 이하로 발행하는 부채증권을 말한다. 미국 정부는 국채를 상환하기 위해 언제라도 화폐를 더 찍을 수 있어, 미국 국채는 부도위험이 없는(risk-free) 안전한 자산이라고 할 수 있다. 따라서 미국 단기국채의 이자율(T-bill rate)을 흔히 무위험 이자율(risk-free interest rate)이라 부른다. 한편 리보에는 국제은행의 신용위험(credit risk)에 대한 프리미엄이 포함되어 있다. 따라서 미국 달러 리보는 미국 단기국채 이자율보다 높은 것이 일반적이다.

[그림 5-23]에서 보는 바와 같이, 미국의 3개월 단기국채 이자율은 1960년대 중반까지 4%를 넘지 않았다. 그러나 1960년대 후반 8%까지 올랐다가, 1970년대에 두 차례 오일 쇼크 때 9%와 15%까지 올랐고, 1982년에는 미국의 긴축정책으로 16%를 넘기도 하였다. 1980년대 중반 이후 6%와 8% 사이에서 변동하였고, 1990년 이후에는 6%를 넘지 않았는데, 특히 2002년부터 2004년까지 3년간에는 2% 이하의 저금리가 지속되었다. 글로벌 금융위기가 시작된 2007년 초 6%에서부터 계속 하락하여, 2009년 이후에는 0.5% 이하의 초저금리가 지속되고 있다.

미국 달러 리보와 미국 단기국채의 이자율의 차를 TED 스프레드(spread)라고 부른다. 예를 들어, 미국 달러의 리보가 5.40%이고, 미국 단기국채의 이자

---

[17] 최근 *Financial Times*나 *Economist* 등은 전 세계적으로 리보와 관련된 금융상품이 350조 달러를 넘는다고 보도하고 있다. 한편 "The Wheatley Review of Libor," (August 2012)는 리보를 기준금리로 하는 금융상품을 신디케이트 론 10조 달러, 변동금리채(FRN) 3조 달러, 금리스왑 230조 달러, 선물금리계약(FRA) 30조 달러, 그리고 거래소 금리선물과 금리옵션 30조 달러 등 모두 약 300조 달러로 추산하고 있다.

그림 5-23 미국 단기국채의 이자율

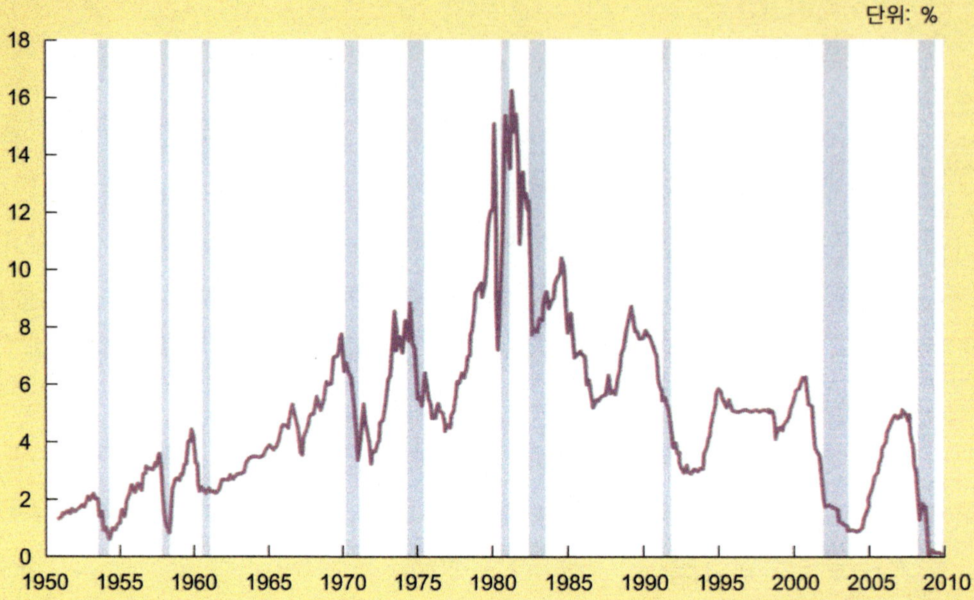


자료: U.S. Federal Reserve

그림 5-24 미국의 TED 스프레드와 리보-OIS 스프레드

자료: BIS

율이 5.10%이면, TED 스프레드는 30bp가 된다. 리보는 국제은행의 신용위험을 반영하고 있으므로, TED 스프레드의 증가는 국제은행의 부도위험이 높아졌다는 것을 말한다. 따라서 TED 스프레드는 국제은행시장의 자금경색(credit crunch)을 나타내는 지표로 널리 이용되고 있다.

2007년 6월 이전에 3개월 TED 스프레드는 대체로 10bp-50bp 범위에서 변동하였으며, 평균은 약 30bp 수준이었다. 그러나 글로벌 금융위기(global financial crisis)가 시작된 2007년 하반기에 150bp 내지 200bp까지 올라갔으며, 리먼 브러더스가 파산한 2008년 9월 중순에는 300bp를 넘어섰다. 2008년 10월 10일에는 사상 최고로 457bp를 기록하였으나, 2009년 하반기 이후에는 50bp 내외에서 변동하고 있다.

## 4. 리보-OIS 스프레드

미국 달러 리보는 미국 단기국채 이자율과 밀접하게 연관되어 변동한다. 그러면 미국 단기국채 이자율(T-bill rate)을 결정하는 것은 무엇이겠는가? [그림 5-25]에서 보는 바와 같이, 미국의 단기국채 이자율은 미국의 정책금리인 페더럴 펀드 목표금리(federal fund target rate)와 밀접하게 연관되어 변동하고 있다. 따라서 미국 단기국채 이자율을 결정하는 것은 페더럴 펀드 목표금리라는 것을 알 수 있다.

일반은행은 중앙은행이 정한 법정 지불준비율에 따라 예금의 일정 비율을 지불준비금(reserve)으로 중앙은행에 예치해야 하는데, 미국의 은행이 중앙은행인 연방준비은행(Federal Reseve Board)에 예치한 지불준비금을 페더럴 펀드(federal fund)라고 한다.[18] 페더럴 펀드시장이란 지불준비금이 부족한 은행과 지불준비금이 과잉인 은행 간에 1일(overnight) 만기로 지불준비금을 차입하고 대출하는 시장을 말한다.

페더럴 펀드 금리는 지불준비금에 대한 수요와 공급에 따라 결정되는 시장금리(market rate)이다. 그런데 연방준비은행 산하의 FOMC(Federal Open Market Committee)는 페더럴 펀드의 목표금리(target rate)를 정하고, 시장금

[18] 전통적으로 중앙은행은 지불준비금에 이자를 지급하지 않는다. 그러나 미국 연방준비제도는 2008년 7월부터 지불준비금에 대해 이자를 지급하기 시작하였다.

그림 5-25 미국 페더럴 펀드 이자율과 단기국채 이자율

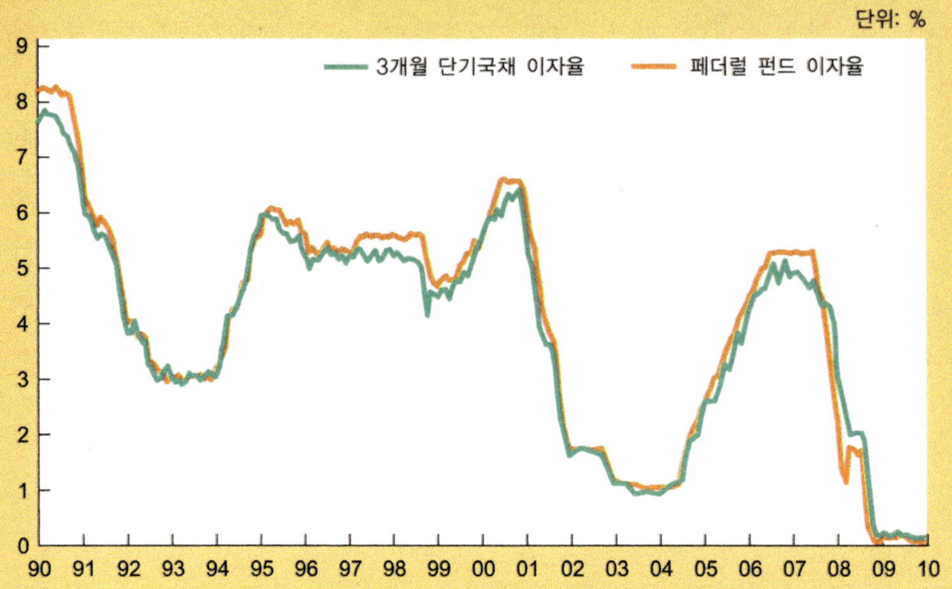


자료: U.S. Federal Reserve

리가 목표금리에 매우 가깝게 결정되도록 공개시장조작을 행하고 있다. 따라서 실제로 페더럴 펀드 금리는 목표금리를 크게 벗어나지 않는다. 페더럴 펀드 목표금리는 미국 금융정책의 가장 중요한 수단인데, 경기호황 때는 목표금리를 올리고, 경기침체 때는 목표금리를 내린다.

[그림 5-25]에서 보는 바와 같이, FOMC는 글로벌 금융위기가 시작된 2007년 8월부터 2008년 10월까지 여섯 차례에 걸쳐 페더럴 펀드 목표금리를 5.25%에서 0.00%–0.25%의 제로 바운드(zero bound)까지 인하하였다. 페더럴 펀드 목표금리가 변동하면, 단기국채의 이자율(T-bill rate)뿐만 아니라, 기업어음(CP)과 양도가능 예금증서(CD) 등 단기금융상품의 이자율, 그리고 미국 달러의 리보(USD Libor)는 모두 같은 방향으로 변동한다. 따라서 미국 달러 리보를 결정하는 가장 중요한 요인은 페더럴 펀드 목표금리라는 것을 알 수 있다.

오늘날 국제은행시장의 자금경색(credit crunch)을 나타내는 지표로 TED 스프레드와 함께 리보-OIS 스프레드가 널리 이용되고 있다. 리보-OIS 스프레드란 미국 달러 리보(USD Libor)와 페더럴 펀드의 예상금리인 오버나이트 인덱스 스왑(overnight index swap) 금리의 차(spread)를 말한다. 그러면 이제 오버

나이트 인덱스 스왑(OIS)이란 무엇이며, OIS 금리가 왜 페더럴 펀드의 예상금리를 나타내는지 설명하여 보자.[19]

오버나이트 인덱스 스왑(OIS)은 제10장에서 배우는 고정금리-변동금리 금리스왑(interest rate swap)의 일종이다. 금리스왑은 두 당사자가 예를 들어, 3년(만기) 동안, 매 6개월(결제기간)마다, 1억 달러(명목원금)에 대해 이자지급을 교환하는 것을 말한다. 가장 일반적인 금리스왑은 매 3개월 또는 6개월마다 고정금리와 변동금리 이자지급을 교환하는 것이다. 금리스왑에서 고정금리를 지급하는 당사자를 고정금리 지급자, 그리고 변동금리를 지급하는 당사자를 변동금리 지급자라 부른다.

오버나이트 인덱스 스왑(OIS)은 세 가지 점에서 일반적인 금리스왑과 다르다. 첫째로, 금리스왑은 만기가 1년에서 30년까지 장기지만, OIS는 만기가 1주일부터 1년까지로 매우 짧다. 둘째로, 변동금리의 기준금리(reference rate)로 금리스왑은 3개월 또는 6개월 리보를 이용하지만, OIS는 만기가 하루인 오버나이트 레이트(overnight rate)를 이용한다. 셋째로, 금리스왑에서는 매 결제기간마다 여러 번 이자지급을 교환하지만, OIS는 스왑 종료일에 단 한 번만 이자지급을 교환한다.

[그림 5-26]은 오버나이트 인덱스 스왑(OIS)의 구조를 보여주고 있다. OIS 수취자는 고정금리인 OIS 금리를 수취하고 변동금리를 지급하는 당사자이다. 그리고 OIS 지급자는 고정금리인 OIS 금리를 지급하고 변동금리를 수취하는 당사자이다. 미국에서는 변동금리의 기준금리로 오버나이트 페더럴 펀드 금리

**그림 5-26 오버나이트 인덱스 스왑(OIS)의 구조**

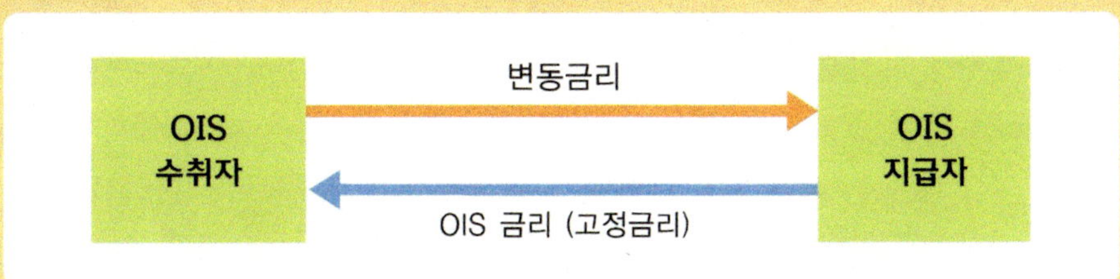


[19] 오버나이트 인덱스 스왑(OIS)은 오버나이트 인덱스드 스왑(overnight indexed swap)이라 부르기도 한다.

를 이용하는데, 변동금리 이자지급은 스왑 기간 동안의 오버나이트 페더럴 펀드 금리의 기하평균(geometric average)으로 계산한다.[20]

예를 들어, 지금 은행 A가 OIS 수취자 그리고 은행 B가 OIS 지급자로, 1억 달러 명목원금에 대해, 3개월 OIS 고정금리 2.00%로 오버나이트 인덱스 스왑(OIS)을 계약하였다고 하자. 3개월 후 OIS 종료일에 은행 A는 은행 B로부터 500,000달러의 OIS 고정금리 이자지급을 수취한다. 즉

$$100{,}000{,}000 \times 2\% \times (90/360) = 500{,}000$$

한편 은행 A가 은행 B에게 지급하는 변동금리 이자지급은 3개월 동안의 오버나이트 페더럴 펀드 금리의 변동에 따라 달라진다. 만약 3개월간 오버나이트 페더럴 펀드 금리의 기하평균이 1.90%라면, 은행 A는 은행 B에게 변동금리 이자지급으로 475,000달러를 지급하여야 한다. 즉

$$100{,}000{,}000 \times 1.9\% \times (90/360) = 475{,}000$$

실제로 오버나이트 인덱스 스왑(OIS)에서는 고정금리와 변동금리 이자지급을 서로 교환하는 대신, 은행 B가 은행 A에게 이자지급의 차액 25,000(= 500,000 − 475,000)달러를 지급하고 종료된다.

오버나이트 인덱스 스왑(OIS)은 주로 은행 간에 금리위험을 관리하기 위한 수단으로 이용되고 있다. 예를 들어, 은행 A가 3개월간 고정금리로 자금을 조달하여, 이를 3개월간 오버나이트 레이트로 운용한다고 하자. 따라서 은행 A는 오버나이트 레이트가 하락하면 손실을 볼 금리위험에 노출되어 있다. 그러나 이때 은행 A는 OIS 금리를 수취하고 변동금리를 지급하는 오버나이트 인덱스 스왑(OIS)을 계약함으로써, 금리하락의 위험을 헤지할 수 있다.

오버나이트 인덱스 스왑(OIS)은 또 장래의 페더럴 펀드 금리를 예상하고, 이로부터 이익을 얻으려는 투기적 전략으로 이용되고 있다. 예를 들어, 지금 은행 B가 조만간 페더럴 펀드 금리가 상승할 것이라고 예상하고 있다고 하자. 이때 은행 B는 OIS 금리를 지급하고 변동금리를 수취하는 오버나이트 인덱스 스왑(OIS)을 계약할 것이다. 만약 은행 B의 예상대로 페더럴 펀드 금리가 조만간 상승하면, 은행 B는 이익을 얻을 수 있다.

---

[20] 지난 3일간 페더럴 펀드 금리가 2%, 3%, 4%로 변동하였다면, 3일간의 기하평균은 $\sqrt[3]{2 \times 3 \times 4} = 2.884499\%$가 된다. 기하평균은 산술평균보다 작거나 같다.

이와 같이 페더럴 펀드 금리의 상승을 예상하고 OIS 금리를 지급하려는 당사자가 많아지면, OIS 금리는 상승할 것이다. 반대로 페더럴 펀드 금리의 하락을 예상하고 OIS 금리를 수취하려는 당사자가 많아지면, OIS 금리는 하락할 것이다. 따라서 OIS 금리는 페더럴 펀드의 예상금리와 같아지는 수준에서 결정될 것이다. 그러므로 OIS 금리는 페더럴 펀드의 예상금리라고 말할 수 있고, 리보-OIS 스프레드는 미국 달러 리보와 페더럴 펀드 예상금리의 차라고 말할 수 있다.

오버나이트 인덱스 스왑(OIS)은 원금 교환 없이 이자차액만 결제하므로, 거래 상대방이 부도를 낼 신용위험(credit risk)이 매우 낮다. 따라서 OIS 금리는 리보보다 낮게 결정되고, 리보-OIS 스프레드는 항상 플러스이다. [그림 5-24]에서 보는 바와 같이, 2007년 6월 이전에 미국의 리보-OIS 스프레드는 대체로 10bp 내외에서 변동하였다. 그러나 글로벌 금융위가 시작된 이후 2007년 하반기와 2008년 상반기에 100bp까지 상승하였다. 그리고 2008년 9월 리먼 브러더스가 파산한 후에는 350bp까지 올라 갔으나, 2009년 말 이후에는 20bp 내외로 하락하였다.

**그림 5-27** **주요국의 리보-OIS 스프레드**

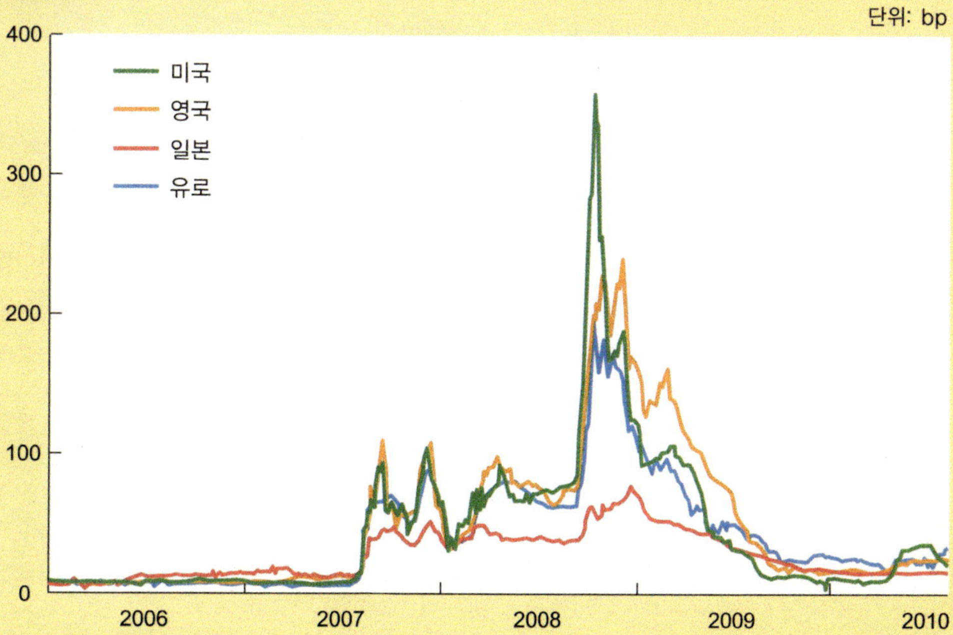


자료: BIS

[그림 5-27]은 2006년-2010년간 미국 달러와 함께 영국 파운드, 일본 엔, 그리고 유로의 리보-OIS 스프레드를 보여주고 있다. 미국은 변동금리 준거금리로 페더럴 펀드 오버나이트 금리를 이용하고 있다. 그러나 다른 세 통화는 각각 자국의 특정한 오버나이트 레이트를 변동금리 기준금리로 이용하고 있다. 네 국제통화의 리보-OIS 스프레드는 2007년 상반기까지만 하더라도 모두 20bp 이하였다. 그러나 하반기 이후 상승하기 시작하였고, 2008년 가을 피크에는 모두 200bp를 넘었다. 리보-OIS 스프레드의 변동폭은 미국 달러가 가장 높았고, 일본 엔이 가장 낮았다.

## 5.4 글로벌 투자은행업

오늘날 국제자본시장의 중심을 이루고 있는 유로커런시시장은 1950년대 말에 예금과 대출의 만기가 1년 미만인 단기금융시장으로 출발하였다. 1960년대 들어와 유로본드시장이 출범하였고, 1970년대에 중반에 변동금리 중기대출인 신디케이트 론이 탄생하였으며, 1980년대 중반에는 유로기업어음(ECP)과 유로중기노트(EMTN)가 도입되었다.[21] 그리고 1990년대에 들어오면서, 국제주식시장과 금융파생상품시장이 빠르게 성장하였다.

이에 따라 국제은행은 국제본드와 국제주식의 인수와 판매, 국제적 인수합병의 주선, 국제기업재무에 대한 자문, 국제자산운용, 금융파생상품 거래 등 다양한 글로벌 투자은행업(global investment banking)을 활발하게 겸업하기 시작하였다. 다음 두 장에서 국제본드시장과 국제주식시장을 공부하기 전에, 이 절에서는 국제은행의 글로벌 투자은행업을 살펴보고, 투자은행과 2007년-2008년 글로벌 금융위기의 관계를 설명하기로 한다.

### 1. 투자은행업의 겸업

전통적으로 유럽에서는 일반은행업(commercial banking)과 투자은행업

[21] 유로본드과 유로중기노트(EMTN)에 대해서는 다음 장에서 자세하게 공부할 것이다.

(investment banking)을 겸업하는 유니버설 뱅크(universal bank) 제도가 일반적이었으나, 1990년대 초반까지 미국과 일본 등은 일반은행업과 투자은행업의 겸업을 금지하여 왔다. 그러나 1980년대에 들어와 다양한 금융혁신이 일어나고, 일반은행과 투자은행 간의 경쟁이 치열해지자, 미국과 일본 등도 점진적으로 일반은행업과 투자은행업의 겸업을 허용하게 되었다.[22]

일반은행업과 투자은행업을 겸업하는 제도는 독일형, 영국형, 그리고 미국형으로 구분할 수 있다.

1. 독일형은 모은행인 유니버설 뱅크가 은행업과 증권업을 겸업하고, 보험업과 기타 금융업은 별도의 자회사를 설립하여 운영하는 형태이다.
2. 영국형은 모은행은 은행업만을 운영하고, 증권업과 보험업 그리고 기타 금융업은 별도의 자회사를 설립하여 겸업하는 형태이다.
3. 미국형은 은행지주회사(bank holding company)를 설립하고 그 아래에 은행업, 증권업, 보험업 및 기타 금융업을 운영하는 별도의 자회사를 설립하여 겸업하는 형태이다.

국제은행의 해외지점에는 본점 소재국의 금융규제가 적용되지 않는다. 따라서 과거 국내에서 투자은행업의 겸업이 금지되었던 미국과 일본의 은행들도 국제자본시장에서는 일찍부터 해외지점과 현지법인을 통해 투자은행업을 겸업하여 왔다. 즉 국제은행들은 비거주자에 대한 예금과 대출, 외환거래 및 국제무역관련 업무 등 일반은행업과 함께, 국제본드와 국제주식의 인수, 국제적 인수합병의 주선, 국제기업재무에 대한 자문, 국제자산운용 서비스, 그리고 장외 금융파생상품 거래 등을 겸업하여 왔다.

## 2. 투자은행의 업무

투자은행(investment bank)은 원래 미국에서 발전한 금융기관으로, 예금과

[22] 미국은 1999년 금융서비스현대화법(Gramm-Leach-Bliley Financial Services Modernization Act)을 제정하여, 1933년 이래 일반은행업과 투자은행업의 겸업을 금지해 온 그래스-스티겔법(Glass-Steagall Act)을 철폐하였다. 1998년 일본에 이어 한국도 2001년 금융지주회사 설립을 허용하여, 미국형 겸업제도를 도입하였는데, 금융지주회사를 설립하지 않은 금융그룹은 영국형 겸업제도를 택하고 있다.

그림 5-28 금융겸업제도의 유형

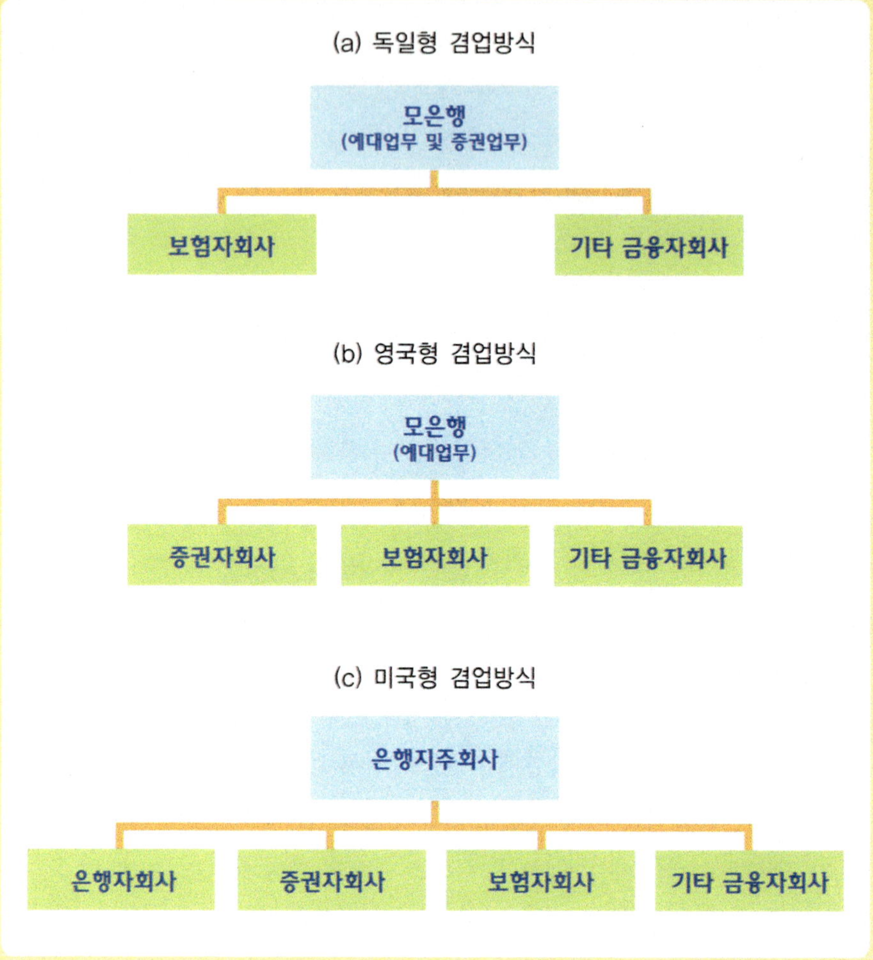


대출을 주요 업무로 하는 일반적인 의미의 은행이 아니다. 따라서 투자은행은 은행(bank)이 아니라, 여러 가지 다양한 투자은행 업무를 하는 금융회사(investment banking firm)라고 부르는 것이 더 정확하다. 현재 미국에는 약 4,800여 개의 투자은행이 있는데, 대부분은 특정 지역에서 영업하는 증권회사(securities firm)이고, 뉴욕의 월 스트리트(Wall Street)에 본점을 두고 전 세계적으로 활약하는 글로벌 투자은행은 5개 정도에 불과하다.

투자은행의 고유 업무는 (1) 자본시장에서 자금조달을 위해 기업과 정부가 발행하는 증권을 인수하는 업무와 (2) 기업의 인수합병(M&A)을 자문하는 업무이다. 협의로 투자은행업(IB)이라고 하면, 이 두 가지 핵심적인 업무만을 가리키

**그림 5-29 세계 주요 투자은행: 2011년 수수료 수입 점유율**

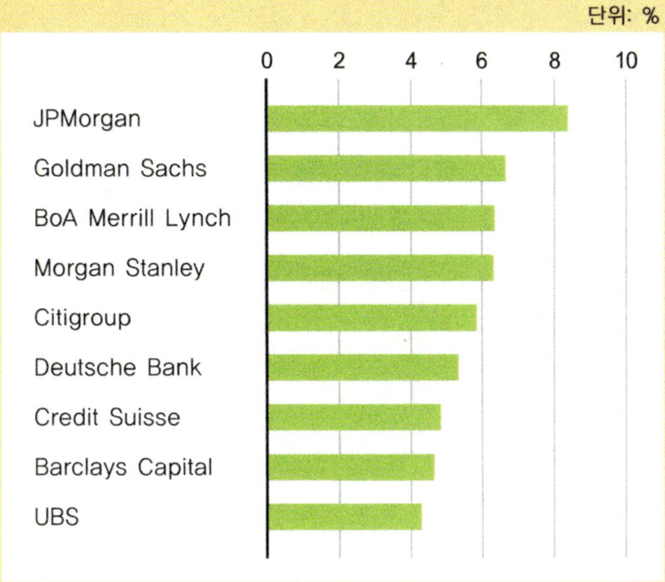


자료: *Economist*

는 경우가 많다. [그림 5-29]는 2011년 전 세계적으로 활약하는 9대 글로벌 투자은행이 증권인수와 인수합병(M&A) 자문으로 번 수수료 수입(fee income)의 시장점유율을 보여주고 있다.[23]

기업과 정부가 증권을 발행하여 자금을 조달할 때, 증권을 직접 다수의 투자자에게 판매하는 일은 불가능하다. 따라서 투자은행이 발행자로부터 증권을 일괄 매입한 다음, 일정한 스프레드(spread)를 붙여 다수의 투자자에게 판매하는데, 이를 증권의 인수(underwriting)라고 한다. 경험과 노하우가 풍부한 인적자원, 자본시장에 대한 정확한 정보, 그리고 충분한 자본력이 있어야 투자은행은 성공적으로 증권을 인수할 수 있다.[24]

투자은행은 기업 인수합병(mergers and acquisitions) 시장에 참여하여, 인수 가격의 산정과 인수 자금의 조달 방법 등 인수협상의 모든 과정에서 자문하

[23] 4% 이상의 시장점유율을 차지하고 있는 9대 글로벌 투자은행 가운데 상위 5개는 미국 국적이고, 나머지 4개는 유럽 국적이다.

[24] 증권인수의 스프레드는 3%에서부터 8%까지로 매우 높다. 그러나 인수한 증권을 투자자에게 모두 판매하지 못하면, 투자은행은 큰 손실을 볼 수 있다.

고 있다. 투자은행은 인수기업(acquiring company)을 자문하기도 하고, 피인수기업(target company)을 자문하기도 한다. 증권인수를 위해서는 인수자금이 필요하지만, 기업 인수합병(M&A) 자문은 자금을 투입할 필요가 없다. 따라서 기업 인수합병 자문은 수익성이 매우 높은 업무이다.

투자은행의 두 번째 주요 업무는 주식(equity), 본드(fixed income), 외환(currency), 원자재(commodities), 그리고 선물과 옵션 등의 파생상품(derivatives)을 단기로 매매하는 트레이딩(trading) 업무이다. 투자은행의 트레이딩에는 (1) 고객의 위탁을 받아 투자상품을 매매하는 고객 트레이딩(client trading)과 (2) 투자은행이 자기계정으로 투자상품을 매매하는 프롭 트레이딩(proprietary trading)이 있다.[25]

증권인수는 발행시장 업무이지만, 고객 트레이딩은 유통시장 업무이다. 금융기관이 유통시장에서 고객의 위탁으로 주식과 본드 등의 증권 매매를 대행하는 것을 브로커리지(brokerage)라 부른다. 증권인수에는 참여하지 않고, 브로커리지 서비스를 주요 업무로 하는 금융기관을 브로커(broker) 또는 증권회사(securities firm)라 부른다. 미국 투자은행의 대부분은 특정 지역(region)에서 브로커리지 서비스를 제공하는 증권회사들이다.

전통적으로 투자은행이 직접 증권, 부동산, 또는 기타 자산에 투자하는 것은 주요 업무가 아니었다. 그러나 1990년대 들어오면서, 자기계정으로 각종 투자상품을 단기로 매매하는 프롭 트레이딩이 대형 투자은행의 주요 업무가 되었다. 투자은행은 자본금과 차입으로 조달한 자금으로 최신의 각종 투자기법을 구사하여 단기차익을 추구하고 있는데, 이는 마치 투자은행 내에 제10장 4절에서 공부하는 헤지펀드(hedge fund)를 설립한 것과 같다고 할 수 있다.

투자은행의 세 번째 주요 업무는 자본금과 차입으로 조달한 자금으로 직접 모기지 관련 증권, 비상장주식, 건물과 토지 등에 장기로 투자하는 자기자본투자(principal investing)이다. 투자은행의 프롭 트레이딩이 헤지펀드와 유사하다면, 자기자본투자는 제10장 4절에서 공부하는 사모주식펀드(PEF)와 유사하다. 실제로 투자은행은 자기자본투자로 헤지펀드와 사모주식펀드에 투자자로 참여하거나 직접 헤지펀드와 사모주식펀드를 설립하여 운용하기도 한다.

---

[25] 투자은행이 시장을 조성하기 위해 자기계정으로 금융상품을 매매하는 마켓 메이킹(market making)도 프롭 트레이딩의 일종이라고 할 수 있다.

투자은행의 네 번째 주요 업무는 개인과 기관투자자의 위탁을 받아 이들의 투자 포트폴리오를 관리해 주는 자산관리(asset management) 업무이다. 주식형 펀드(equity fund), 채권형 펀드(bond fund), 머니마켓 펀드(MMF), 대안투자 펀드(alternative investment funds) 등 각종 투자펀드에 대해 자문하고, 또 실제로 펀드를 설립하여 운용하기도 한다. 이는 투자은행 내에 제10장 3절에서 공부하는 자산운용회사를 설립하여 운용하는 것과 같다.

이와 같이 오늘날 투자은행의 주요 업무는 크게 (1) 증권인수와 기업 인수합병(M&A) 자문, (2) 고객 트레이딩과 프롭 트레이딩, (3) 자기자본투자, (4) 자산관리 업무로 나눌 수 있다. 그러나 투자은행은 이 네 가지 업무 이외에 기업 구조조정 자문, 증권대여 업무, 헤지펀드 등을 위한 프라임 브로커리지 업무, 벤처 캐피탈 업무, 프로젝트 파이낸싱 업무, 그리고 경제와 자본시장에 관한 각종 리서치 등 매우 다양한 업무를 행하고 있다.

## 3. 투자은행의 특징

2007년-2009년 글로벌 금융위기 이전, 미국 투자은행의 가장 중요한 특징으로 레버리지가 매우 높았고, 특히 단기차입비중이 매우 높았다는 사실을 들 수 있다. [그림 5-30]은 2007년 미국의 대표적인 투자은행의 레버리지는 일반은행보다 3배 정도 높다는 것을 보여주고 있다. 예를 들어, 씨티그룹을 제외한 일반은행의 레버리지는 10을 조금 넘는 수준이지만, 골드만삭스를 제외한 투자은행의 레버리지는 모두 30을 넘고 있다.

레버리지(leverage)란 자산(asset)을 자본(capital)으로 나눈 비율을 말한다. 예를 들어, 은행 A의 자산이 100, 부채가 90, 자본이 10이라면, 레버리지는 10이 된다. 한편 은행 B의 자산이 100, 부채가 97, 자본이 3이라면, 레버리지는 약 33이 된다. 이제 부실대출로 5의 손실이 발생하여, 두 은행의 자산이 모두 95로 감소하였다고 하자. 이때 은행 A의 자본은 5로 감소하지만, 은행 B의 자본은 -2로 자본잠식 상태가 된다. 다시 말하면, 은행 B는 자산이 95, 부채가 97로 파산상태(bankrupt)가 된다. 이와 같이 레버리지가 낮으면, 은행은 자본감소로 손실을 흡수할 수 있다. 그러나 레버리지가 높으면, 자본이 잠식되어 파산 위험에 빠질 수 있다.

레버리지가 높다는 것은 부채가 많다는 것을 말한다. 미국의 투자은행은 왜

그림 5-30 **미국 일반은행과 투자은행의 레버리지: 2007년**

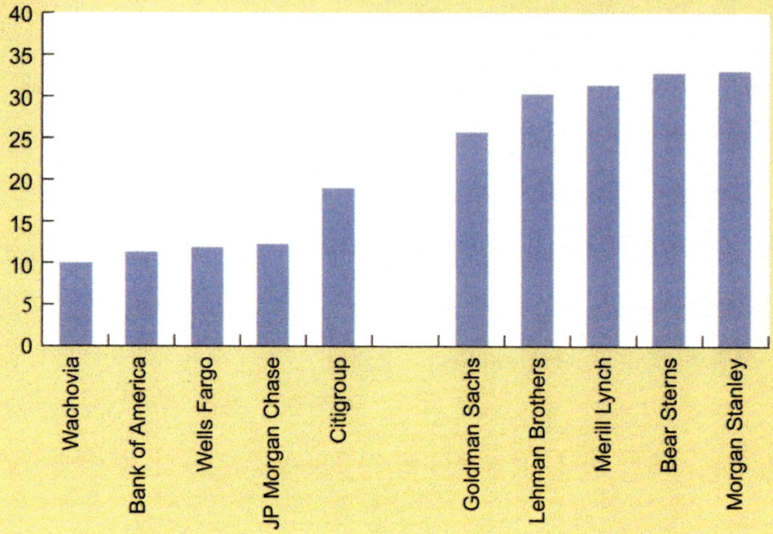


자료: Hubbard and O'Brien (2012)

이와 같이 많은 부채를 지게 된 것일까? 증권인수, 기업 인수합병 자문, 고객 트레이딩, 자산관리 업무에는 큰 자금이 필요하지 않다. 그러나 프롭 트레이딩과 자기자본투자는 투자자금이 많을수록 이익이 커진다. 2000년대에 들어와 미국 투자은행의 레버리지가 크게 증가한 것은 프롭 트레이딩과 자기자본투자를 위해 부채를 크게 증가시켜 왔기 때문이다.

미국 투자은행은 레버리지가 높았을 뿐만 아니라, 단기 도매자금시장(wholesale funding market)에서의 과도한 차입으로 단기차입비중이 매우 높았다. [그림 5-31]에서 보는 바와 같이, 미국의 일반은행은 자금의 80% 이상을 안정적인 고객예금(customer deposits)으로 조달하고 있다. 이에 대해 투자은행은 자금의 80% 이상을 리포(repo)와 기업어음(CP) 등 단기차입(short-term borrowing)으로 조달하여 왔다.

리포란 기업과 금융기관 또는 금융기관 간에 증권을 담보로 이루어지는 단기대출을 말한다.[25] 예를 들어, 기업이 은행에게 대출할 때, 은행은 기업에게 증권을 담보로 제공한다. 만기일에 은행이 대출을 상환하면, 기업은 담보로 잡고

그림 5-31 **미국 일반은행과 투자은행의 자금조달구조: 2007년**

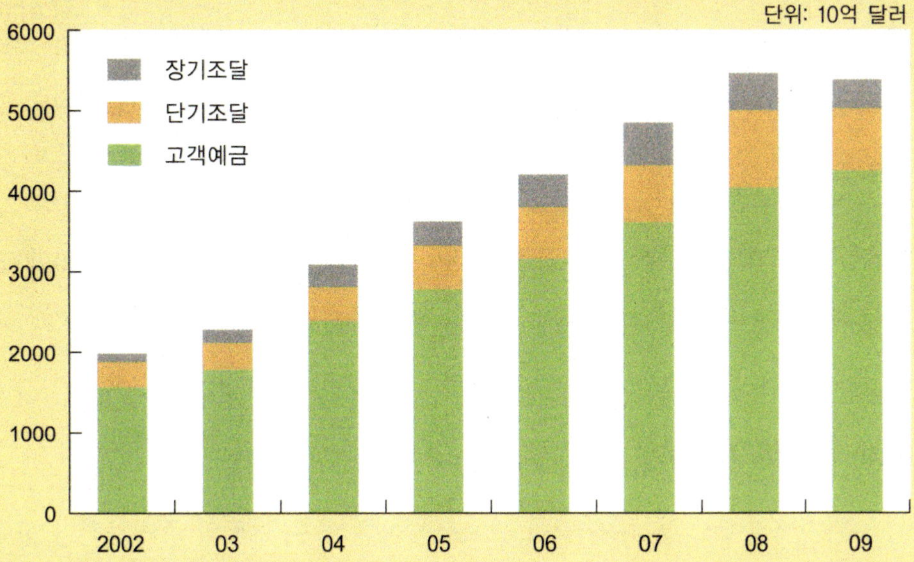


**(a) 일반은행**

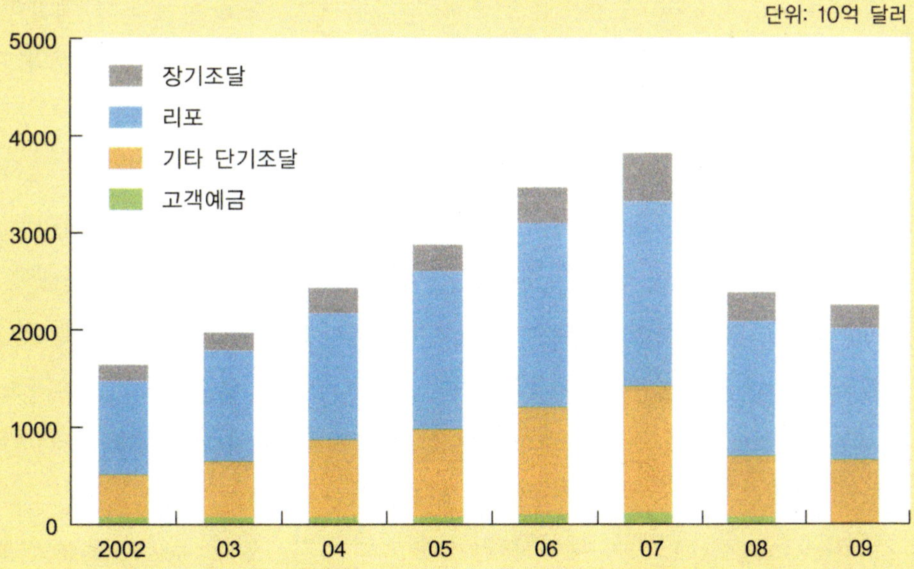


**(b) 투자은행**

자료: IMF

[25] 미국의 기업어음(USCP)에 대해서는 제2절에서 유로기업어음(ECP)을 공부할 때 설명한 바 있다.

있던 증권을 돌려준다. 이는 은행이 대출받을 때 증권을 매도하고 만기에 증권을 다시 매입 곧 환매하는 것과 같으므로, 환매조건부매매(repurchase agreement)라 부른다.

리포는 주로 대형 일반은행과 투자은행이 단기자금을 조달하는 수단으로 이용하는데, 대부분 1일(overnight) 만기를 차환하는(rollover) 방식으로 이루어진다. 글로벌 금융위기 때 일부 투자은행은 자금의 50% 이상을 리포로 조달하였다. 리포에서 대출금은 담보 증권의 가격보다 작은데, 그 차를 헤어 컷(hair cut)이라 부른다. 예를 들어, 헤어 컷이 5%라면, 리포 차입자는 100만 달러의 증권을 담보로 제공하면 95만 달러를 대출받을 수 있다.

## 4. 섀도우 뱅크 런

제1장 4절에서 본 바와 같이, 2006년 여름 이후 미국의 주택가격이 하락하면서, 주택담보대출인 모기지의 부도율이 크게 증가하였다. 이에 따라 투자은행들이 대거 투자한 MBS 등 모기지 관련 증권(mortgage-related securities)의 가격이 폭락하였다. 투자은행은 주로 모기지 관련 증권을 담보로 제공하고 투자자금의 50% 이상을 리포로 조달하여 왔는데, 이와 같이 담보 증권의 가격이 하락하면 리포의 헤어 컷이 오른다.

[그림 5-32]에서 보는 바와 같이, 글로벌 금융위기 이전에 리포의 헤어 컷은 0%에 가까웠으나, 2008년 하반기에는 거의 50%까지 상승하였다. 헤어 컷이 오르면, 리포 차입자는 담보를 추가 제공하거나, 대출금의 일부를 상환해야 한다. 예를 들어, 헤어 컷이 5%에서 50%로 오르면, 100만 달러의 증권을 제공하고 리포로 95만 달러를 차입한 투자은행은 90만 달러의 담보 증권을 추가로 제공하거나, 또는 45만 달러의 대출금을 상환해야 한다. 따라서 헤어 컷이 대폭 오르면, 투자은행은 극심한 유동성 위기에 직면하게 된다.

고튼(Gary Gorton)은 헤어 컷의 상승으로 투자은행이 극심한 유동성 위기에 처한 상황을 마치 뱅크 런(bank run)으로 일반은행이 유동성 위기에 처한 상황과 유사하다고 보아, 리포 런(run on repo) 또는 섀도우 뱅크 런(run on shadow bank)이라고 불렀다.[26] 제1장 4절에서 설명한 바와 같이, 섀도우 뱅크(shadow bank)란 주로 도매자금시장에서 단기 자금을 조달하여 모기지 담보 증권 등에 장기로 투자하는 비은행(non-bank) 금융기관을 말하는데, 투자은행

그림 5-32 **미국 리포시장의 평균 헤어 컷**

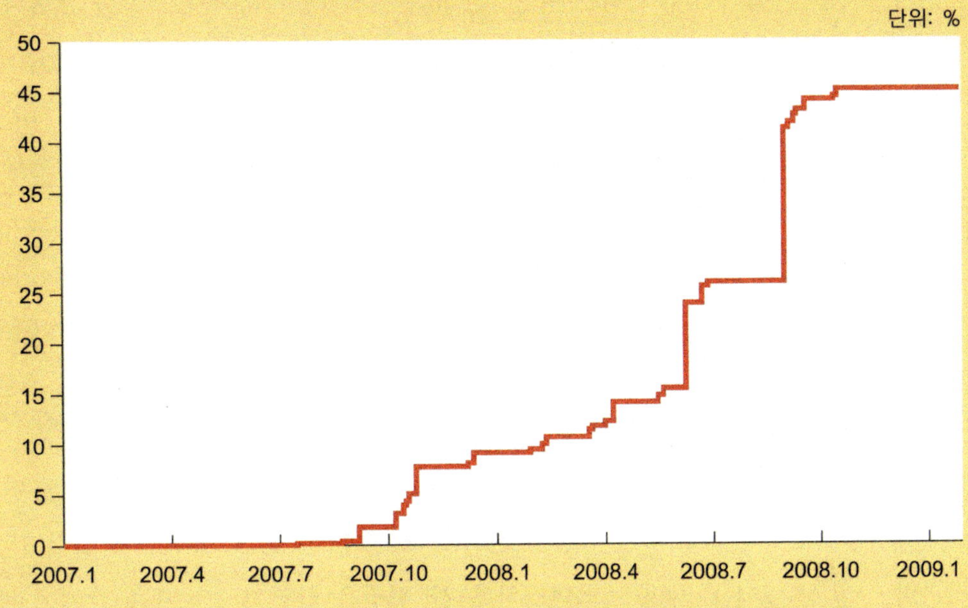


자료: Gorton and Metrick (2012)

은 가장 대표적인 섀도우 뱅크이다.

일반은행(commercial bank)은 저축자로부터 단기로 예금을 받아 차입자에게 장기로 대출한다. 따라서 예금자들이 한꺼번에 예금을 인출하는 뱅크 런(bank run)이 일어나면, 은행은 파산 위기에 몰리게 된다. 과거 미국에서 뱅크 런으로 인한 은행 파산은 다반사였다.[27] 그러나 1934년에 예금보험(deposit insurance) 제도를 도입한 이후 뱅크 런은 한 번도 발생하지 않았다. 그리고 일반은행이 유동성 위기에 처하면, 미국 연방준비은행은 최종 대출자(lender of last resort)로서 충분한 자금을 공급한다.

섀도우 뱅크는 일반은행처럼 고객으로부터 예금을 받아 자금을 조달하지 않고, 리포나 기업어음(CP) 발행 등 단기차입으로 자금을 조달한다. 따라서 투자

[26] G. Gorton and A. Mertrick, "Securitized Banking and the Run on Repo," *Journal of Financial Economics*, forthcoming, (2012).

[27] 1929년-1934년 대공황(Great Depression) 때에는 당시 미국 일반은행의 40%인 약 9,000여 개의 은행이 파산하였다.

은행의 자금조달은 예금보험과 같은 보호를 받지 못한다. 그리고 섀도우 뱅크는 일반은행처럼 중앙은행의 엄격한 규제와 감독을 받지 않으므로, 최종 대출자인 중앙은행의 자금지원도 받을 수 없다. 따라서 레버리지가 높아 손실 흡수 여력이 낮은 투자은행은 헤어 컷 상승에 따른 리포 런으로 파산 위기에 몰리게 되었다.

2008년 초 미국에서 일반은행업과 투자은행업을 겸업하는 대형 은행으로 뱅크 오브 아메리카(Bank of America), JP 모건 체이스(JP Morgan Chase), 시티그룹(Citigroup) 등이 있었고, 투자은행업에만 전업하는 독립(independent) 투자은행으로 골드만 삭스(Goldman Sachs), 모건 스탠리(Morgan Stanley), 메릴 린치(Merrill Lynch), 리먼 브러더스(Lehman Brothers), 베어 스턴스(Bear Sterns) 등 5개가 있었다.

그러나 2008년 중 리포 런으로 유동성 위기에 몰린 독립 투자은행은 모두 사라졌다. 먼저 3월에 베어 스턴스는 파산 직전에 JP 모건 체이스에 인수되었으며, 9월 15일에는 리먼 브러더스가 파산 신청을 하였고, 그 다음 날에는 메릴 린치가 뱅크 오브 아메리카에 인수되었다. 그리고 9월 말에는 골드만 삭스와 모

그림 5-33 2008년 미국 일반은행과 투자은행의 재편

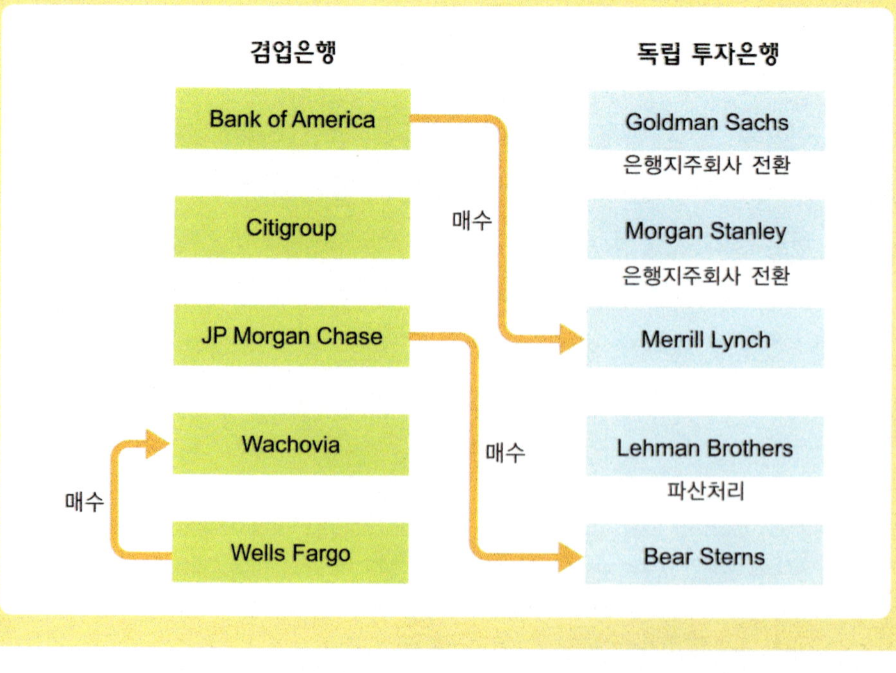

건 스탠리가 은행지주회사(bank holding company) 면허를 얻어 독립 투자은행의 지위를 포기하였다.

글로벌 금융위기 이후 2010년 7월 미국은 금융 시스템을 개혁하고 금융규제를 강화하는 내용의 도드-프랭크 법(Dodd-Frank Act)을 제정하였다.[28] 이 법에는 1979년-1987년간 연방준비은행 총재를 지낸 폴 볼커(Paul Volcker)가 제안한 이른바 볼커 룰(Volcker Rule)이 포함되어 있다. 금융기관의 위험투자를 제한하고 대형화를 억제하기 위해 도입된 볼커 룰은 일반은행뿐만 아니라 은행지주회사의 면허를 받은 골드만 삭스와 모건 스탠리 등 투자은행에게도 적용된다.

볼커 룰은 부보예금(insured deposit)을 수취하는 모든 예금기관을 대상으로 하는데, 그 주요 내용은 다음과 같다. (1) 대고객 업무와 관련이 없는 프롭 트레이딩(proprietary trading)을 원칙적으로 금지한다. (2) 헤지펀드와 사모주식펀드(PEF)의 운용을 금지하며, 지분투자도 3% 이내로 제한한다. (3) 다른 금융기관을 인수할 때, 인수 결과 부채기준 시장점유율이 10%를 초과할 수 없다. 볼커 룰은 원래 2012년 7월부터 시행할 예정이었으나, 세부시행 규정이 확정되지 않아 2년간 경과기간이 부여되었다.[29]

[28] 이 법의 공식 명칭은 Dodd-Frank Wall Street Reform and Consumer Protection Act이다. Dodd-Frank는 입안자인 상원 은행위원장 도드(Christopher Dodd)와 하원 금융서비스위원장 프랭크(Barney Frank)의 이름을 딴 것이다. 이 법은 불과 13개월 만에 제정되었는데, 연방준비은행(Federal Reserve Board)과 증권감독원(SEC) 등 여러 금융감독기관에 위임한 400여 개의 세부시행 규정 가운데 2012년 2월까지 작성이 완료된 것은 93개에 불과하다.

[29] 볼커 룰에 대해서는 한국금융연구원, "볼커 룰의 주요 내용과 시사점," (2010년 5월)과 금융투자협회, "볼커 룰 제정 현황 및 시사점," (2011년 12월)을 참조하면 좋다.

# 참고문헌


- N. Baba, R. McCauley and S. Ramaswamy, "US Dollar Money Market Funds and Non-US Banks," *BIS Quarterly Review*, (March 2009).
- BIS, "Long-Term Issues in International Banking," *CGFS Papers* No. 41, (July 2010).
- A. Chisholm, *An Introduction to International Capital Markets*, Second Edition, Wiley, (2009), ch. 2.
- M. Chui, D. Domanski, P. Kugler and J. Shek, "The Cpllapse of International Bank Finance: Evidence from Syndicated Loan Markets," *BIS Quarterly Review*, (September 2010).
- TheCityUK, "Banking 2012," *Research Report*, (May 2012).
- N. Coffey, W. Hrung, H. Nguyen, and A. Sakar, "The Financial Crisis and Offshore Dollar Markets," Federal Reserve Bank of New York, *Current Issues in Economics and Finance*, (October 2009).
- M. Eng, F. Lees and L. Mauer, *Global Finance*, Addison-Wesley, (1998), chs. 9, 10, 11, 12.
- C. Eun, B. Resnick and S. Sabherwal, *International Finance: Global Edition*, Sixth Edition, MaGraw-Hill, (2012), ch. 7.
- M. Fleming and N. Klagge, "The Federal Reserve's Foreign Exdhange Swap Lines," Federal Reserve Bank of New York, *Current Issues in Economics and Finance*, (April 2010).
- B. Gadanecz, "The Syndicated Loan Market: Structure, Development and Implications," *BIS Quarterly Review*, (December 2004).
- I. Giddy, *Global Financial Markets*, Heath, (1994), chs. 9, 10.
- L. Goldberg, C. Kennedy, and J. Miu, "Central Bank Dollar Swap Lines and Overseas Dollar Funding Costs," *FRBNY Economic Policy Review*, (May 2011).
- G. Gorton and A. Metrick, "Securitized Banking and the Run on Repo," *Journal of Financial Economics*, forthcoming, (2012).
- G. Gorton and A. Metrick, "Regulating Shadow Banking," *Brookings Papers on Economic Activity*, (2010).
- J. Grabbe, *International Financial Markets*, Third Edition, Prentice Hall, (1996), chs. 8, 9, 11.

- J. Gyntelberg and P. Wooldgridge, "Interbank Rate Fixings during the Recent Crisis," *BIS Quarterly Review*, (March 2008).
- P. Hordahl and M. King, "Developments in Repo Markets during the Financial Turmoil," *BIS Quarterly Review*, (December 2008).
- G. Hubbard and A. O' Brien, *Money, Banking, and the Financisl System*, Pretice Hall, (2012), chs. 10, 11.
- R. Levich, *International Financial Markets*, Second Edition, McGraw-Hill, (2001), ch. 9.
- P. McGuire and G. Peter, "The US Dollar Shortage in Global Banking," *BIS Quarterly Review*, (March 2009).
- P. McGuire and G. Peter, "The US Dollar Shortage in Global Banking and the Internatioanl Policy Responce," *BIS Working Papers* No. 219, (October 2009).
- F. Mishkin and S. Eakins, *Financial Markets and Institutions*, Seventh Edition, Printice Hall, (2012), chs. 11, 17, 19, 22.
- A. Morrison and W. Wilhelm, *Investment Banking: Institutions, Politics, and Law*, Oxford, (2007).
- H. Shin, " Global Savings Glut or Global Banking Glut?" VOX EU, (December 2011).
- R. Smith and I. Walter, *Global Banking*, Second Edition, Oxford, (2003).
- J. Stein, "Securitization, Shadow Banking, and Finacial Fragility," Unpublished Paper, (May 2010).
- D. Stowell, *An Introduction to Investment Banks, Hedge Funds, and Private Equity*, Academic Press, (2010).
- A. Turner, "Shadow Banking and Financial Instability," Lecture at Cass Business School, (Mrach 2012).
- 금융투자협회, "볼커 룰 제정 현황 및 시사점," (2011년 12월).
- 한국금융연구원, "볼커 룰의 주요 내용과 시사점," (2010년 5월).

Chapter 6

# 국제본드시장

6.1 국제본드시장의 이해 / 6.2 본드의 가격결정 /
6.3 국제본드의 발행 / 6.4 자산유동화

오늘날 기업, 금융기관, 정부가 국경을 넘어 자금을 조달하는 국제자본시장(global capital markets)은 국제은행시장, 국제본드시장, 국제주식시장으로 분류할 수 있다. 앞 장에서 외국의 은행으로부터 대출을 받아 자금을 조달하는 국제은행시장에 대해 배웠다. 이 장에서는 외국의 자본시장에서 본드를 발행하여 자금을 조달하는 국제본드시장(international bond markets)을 공부하기로 한다.[1] 다음 장에서는 외국의 자본시장에서 주식을 매도하여 자금을 조달하는 국제주식시장을 설명할 것이다.

오늘날 국제본드의 약 80%는 만기 5년 이상으로 발행되고 있다. 따라서 기업, 금융기관, 정부는 국제자본시장에서 만기 5년 이상의 장기(long-term) 자금은 주로 국제본드 발행으로 조달하고 있다. 한편 만기 1년 이하의 단기(short-term) 자금은 국제은행대출과 유로기업어음(ECP)의 발행으로 조달한다. 그리고 만기 1년에서 5년까지의 중기(medium-term) 자금은 신디케이트 론과 유로중기노트(EMTN)의 발행으로 조달하고 있다.

이 장의 제1절에서는 본드시장의 특징, 세계본드시장의 성장, 그리고 본드시

[1] 본드시장(bond market)을 미국에서는 고정소득시장(fixed income market), 부채시장(debt market), 그리고 때로는 신용시장(credit market)이라 부르기도 한다. 우리나라에서는 본드(bond)를 흔히 채권이라 부르는데, 앞으로 이 책에서는 중장기의 부채증권(debt security)을 본드라 부르기로 한다.

장의 세계화를 설명한 다음, 국내본드(domestic bond), 외국본드(foreign bond), 유로본드(Eurobond)의 분류, 국제본드시장의 구조, 그리고 한국과 국제본드시장의 관계에 대해 알아보기로 한다. 제2절에서는 본드의 가격이 이자율에 의해 결정되는 원리를 공부한 다음, 금리위험과 듀레이션, 수익률곡선, 그리고 신용 스프레드에 대해 설명할 것이다.

국제본드는 표시통화가 본드발행국의 국내통화인가 또는 외국통화인가에 따라 외국본드와 유로본드로 구분한다. 제3절에서는 대표적인 외국본드인 양키본드와 유로본드의 발행제도를 알아보고, 유로중기노트(EMTN)와 한국 정부가 발행하는 국제본드인 외평채에 대해 설명할 것이다. 제4절에서는 모기지담보증권(MBS), 자산담보증권(ABS), 그리고 부채담보증권(CDO) 등 자산유동화(securitization) 증권에 대해 공부한 다음, 자산유동화와 2007년-2009년 글로벌 금융위기의 관계에 대해 설명하기로 한다.

## 6.1 국제본드시장의 이해

기업, 금융기관, 정부가 만기 1년 이상의 장기(long-term) 자금을 조달하는 본드시장은 국내본드시장과 국제본드시장으로 구분할 수 있다. 국내본드(domestic bond)란 국내 자본시장에서 국내통화로 발행하는 본드를 말하고, 국제본드(international bond)란 외국의 자본시장에서 국내통화 또는 외국통화로 발행하는 본드를 말한다.

### 1. 세계의 본드시장

세계본드시장의 규모는 1980년 말 4조 달러에서 2010년 말 95조 달러로 30여 년간 20배 이상 증가하였고, 세계 GDP에 대한 세계본드시장의 비율은 1980년 40%에서 2010년에는 160%로 크게 증가하였다. 지난 30여 년간 본드시장의 세계화가 매우 빠르게 진전되었다. 이에 따라 오늘날 세계본드의 약 30%는 국제본드로 발행되고 있으며, 주요국이 발행한 본드의 약 30%는 외국투자자에 의해 보유되고 있다.

### (1) 본드시장의 특징

본드는 발행자, 즉 차입자가 투자자에게 일정한 만기 동안 매년 일정한 이자(coupon)를 지급하고, 또 만기일에 일정한 원금(principal) 곧 본드의 액면금액(face value)을 상환하기로 약속하는 부채증권(debt securities)을 말한다. 본드시장은 장기로 자금을 조달하는 시장이다. 따라서 기업, 금융기관, 정부 등이 발행하는 부채증권 가운데 만기 1년 이상인 것을 본드라 부르는데, 만기 10년 이하인 본드를 흔히 노트(note)라 부르기도 한다.[2]

본드의 원금에 대해 발행자가 매년 투자자에게 지급하기로 약속하는 이자율을 액면이자율(coupon rate)이라 부른다. 본드의 액면금액에 액면이자율을 곱하면 본드의 연간 이자(coupon)를 구할 수 있다. 예를 들어, 액면금액 1,000달러, 액면이자율 8%인 본드의 연간 이자는 80(=1,000 × 0.08)달러가 된다. 유럽에서는 연간 이자를 1년에 한 번 80달러를 지급하지만, 미국이나 일본에서는 6개월마다 40달러씩 두 번으로 나누어 지급하고 있다.

이와 같이 매년 일정한 고정소득(fixed-income)을 지급하는 전형적인 본드를 고정금리채(straight bond)라고 한다. 한편 고정금리채 이외에 본드의 종류로는 (1) 이자율이 3개월 또는 6개월마다 변동하는 변동금리채(floating rate note), (2) 발행기업의 주식으로 전환할 수 있는 권리가 부여된 전환사채(convertible bond), 그리고 (3) 발행기업의 신주를 인수할 수 있는 권리가 부여된 신주인수권부사채(bond with equity warrant) 등이 있다.

본드 가운데 중앙정부, 지방정부, 정부기관이 발행하는 본드를 각각 국채(government bond), 지방채(municipal bond), 기관채(agency bond)라 부른다. 그리고 일반기업과 금융기관이 발행하는 본드를 회사채(corporate bond)라 부른다. 한편 금융기관이 발행하는 본드 가운데 부동산 담보대출인 모기지나 신용카드 채권 등 비유동적인 자산을 담보로 발행하는 모기지담보증권(MBS), 자산담보증권(ABS), 부채담보증권(CDO) 등을 자산유동화(securitization) 증권이라 부른다.

본드는 발행액이 커서 발행자가 직접 다수의 투자자에게 본드를 판매하기가

---

[2] 한편 만기 1년 이하의 부채증권을 단기금융상품(money market instruments)이라 부른다. 앞 장에서 배운 바와 같이, 미국의 대표적인 단기금융상품으로는 단기국채(T-bill), 기업어음(CP), 양도가능예금증서(CD), 그리고 리포(repo) 등이 있다.

그림 6-1 **세계본드시장의 성장**

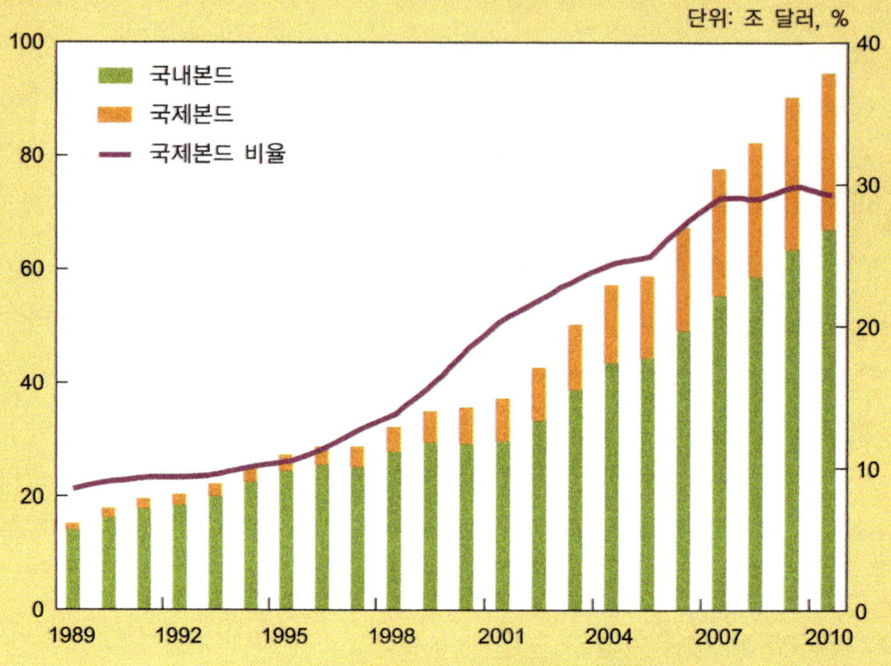


자료: BIS

어렵다. 따라서 금융기관이 발행자를 대신하여 투자자를 모집하고 본드를 판매한다. 본드의 모집에는 공모와 사모가 있다. 공모(public offering)란 금융기관이 신디케이트를 구성하여 본드를 일괄 매입한 다음, 투자자에게 재판매하는 방법인데, 이를 본드의 인수(underwriting)라고 한다. 한편 사모(private placement)는 인수 신디케이트를 구성하지 않고, 금융기관의 주선으로 소수의 기관투자자에게 본드를 판매하는 것을 말한다.

본드는 발행시장(primary market)에서 발행되어 투자자에게 판매된 다음, 유통시장(secondary market)에서 투자자 간에 자유롭게 매매된다. 본드의 유통은 대부분 장외시장에서 이루어지는데, 본드의 시장가격은 제2절에서 배우는 바와 같이 이자율과 반대방향으로 변동한다. 즉 이자율이 오르면 본드의 가격은 하락하고, 이자율이 내리면 본드의 가격은 상승한다.

### (2) 세계본드시장의 성장

국제결제은행(BIS)에 따르면, 2010년 말 국내본드시장의 규모는 약 67조 달러, 국제본드시장의 규모는 약 28조 달러에 이르고 있다.[3] 따라서 2010년 말 세계본드시장의 규모는 약 95조 달러가 되는데, 이는 1980년 말의 약 4조 달러에서 20배 이상 성장한 것이다. 한편 2010년 말 시가총액으로 본 세계주식시장의 규모는 약 55조 달러이다. 따라서 세계본드시장은 세계주식시장보다 1.7배 규모가 크다는 것을 알 수 있다.

지난 30여 년간 세계본드시장이 매우 빠르게 성장함에 따라, 세계 GDP에 대한 세계본드시장의 비율은 1980년 40%에서, 1990년 60%, 2000년 115%, 그리

**표 6-1 세계의 본드시장: 2010년 말**

단위: 10억 달러, %

| 국가 | (1) 국내본드 | (2) 국제본드 | (3) = (1) + (2) | (2)/(3) | (3)/GDP |
|---|---|---|---|---|---|
| 미국 | 25,210 (37.5) | 7,183 (25.9) | 33,393 (34.2) | 22.2 | 223 |
| 일본 | 13,734 (20.5) | 420 ( 1.5) | 14,154 (14.9) | 3.0 | 259 |
| 독일 | 2,616 ( 3.9) | 2,747 ( 9.9) | 5,363 ( 5.7) | 51.2 | 163 |
| 영국 | 1,667 ( 2.5) | 3,122 (11.3) | 4,788 ( 5.0) | 65.2 | 213 |
| 프랑스 | 3,131 ( 4.7) | 1,997 ( 7.2) | 5,129 ( 5.4) | 38.9 | 200 |
| 이탈리아 | 2,998 ( 4.5) | 1,359 ( 4.9) | 4,357 ( 4.6) | 31.2 | 212 |
| 캐나다 | 1,466 ( 2.2) | 651 ( 2.4) | 2,117 ( 2.2) | 30.7 | 134 |
| 스페인 | 1,475 ( 2.2) | 1,783 ( 6.4) | 3,258 ( 3.4) | 54.7 | 231 |
| 네덜란드 | 979 ( 1.5) | 1,344 ( 4.9) | 2,323 ( 2.4) | 57.9 | 298 |
| 선진국 | 57,840 (86.2) | 24,949 (90.1) | 82,789 (87.3) | 30.1 | 214 |
| 중국 | 3,031 ( 4.5) | 75 ( 0.3) | 3,107 ( 3.3) | 2.4 | 53 |
| 한국 | 1,111 ( 1.7) | 143 ( 0.5) | 1,254 ( 1.3) | 11.4 | 124 |
| 브라질 | 1,457 ( 2.2) | 175 ( 0.6) | 1,632 ( 1.7) | 10.7 | 78 |
| 멕시코 | 429 ( 0.6) | 106 ( 0.4) | 535 ( 0.6) | 19.8 | 52 |
| 인도 | 709 ( 1.1) | 51 ( 0.2) | 759 ( 0.8) | 6.7 | 44 |
| 개도국 | 8,712 (13.0) | 1,545 ( 5.6) | 10,257 (10.8) | 15.1 | 56 |
| 전세계 | 67,138 (100) | 27,688 (100) | 94,825 (100) | 29.2 | 160 |

자료: BIS

[3] 국제결제은행(BIS)의 세계본드시장 통계에는 만기 1년 이하의 부채증권인 단기금융상품(money market instrument)이 포함되어 있다.

고 2010년에는 160%로 크게 증가하였다. 지난 30여 년간 국제본드시장은 국내본드시장보다 더 빠르게 성장하였다. 이에 따라 세계본드시장에서 국제본드가 차지하는 비율은 1980년 5%에서, 1990년 10%, 2000년 13%, 그리고 2010년에는 약 30%로 계속 증가하여 왔다.

### (3) 세계본드시장의 특징

미국은 세계 최대의 본드발행국이다. 2010년 말 미국의 국내본드 발행잔고는 25.2조 달러로, 전 세계 국내본드시장의 38%를 차지하고 있다. 한편 2010년 말 미국의 국제본드 발행잔고는 7.2조 달러로, 국제본드시장의 26%를 차지하고 있다. 따라서 2010년 말 미국의 본드발행 잔고는 약 32.4조 달러로, 세계본드시장의 34%를 차지하고 있다.

미국 다음으로 세계본드시장에서 차지하는 비중이 높은 나라는 일본이다. 2010년 말 국내본드(13.7조 달러)와 국제본드(0.4조 달러)를 합한 일본의 본드

그림 6-2 세계본드시장의 구성: 2010년 말

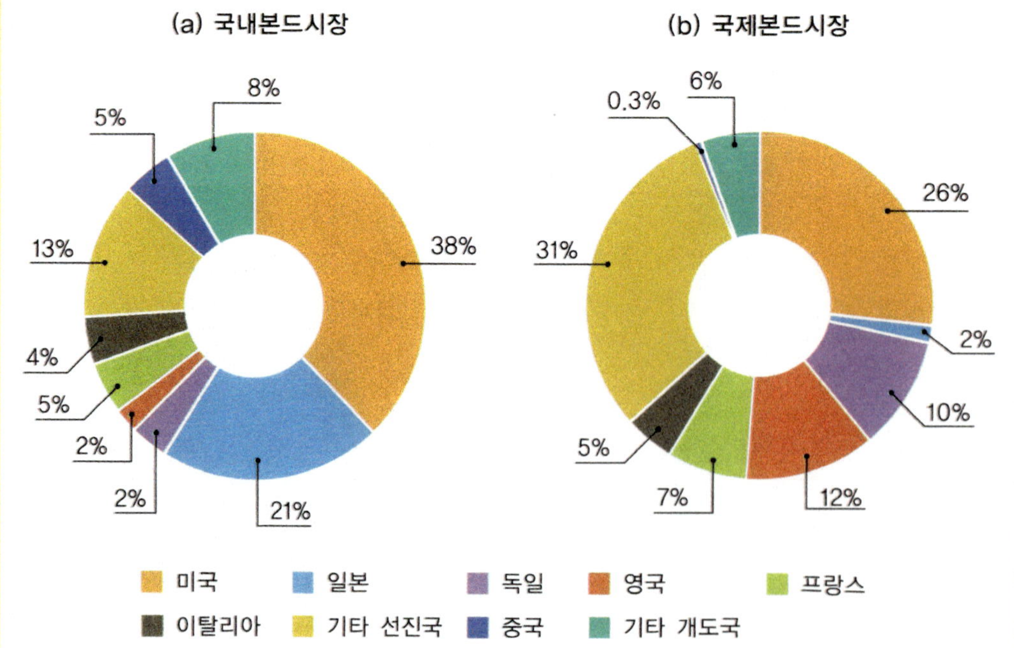


자료: BIS

발행 잔고는 14.2조 달러로, 세계본드시장의 15%를 차지하고 있다. 그러나 일본은 전 세계 국내본드시장에서 차지하는 비율은 21%에 이르지만, 국제본드시장에서는 차지하는 비율은 1.5%에 불과하다.

이와 같이 미국과 일본은 세계본드시장의 약 절반을 차지하고 있다. 2010년 말 미국과 일본 다음으로 세계본드시장에서 비중이 높은 나라는 독일(5.7%), 프랑스(5.4%), 영국(5.0%), 이탈리아(4.6%), 스페인(3.4%), 네덜란드(2.4%), 캐나다(2.2%)의 순이다. 한편 개도국 가운데에는 중국(3.3%)의 비중이 가장 높고, 다음으로는 브라질(1.7%)과 한국(1.3%)의 순이다. 2010년 말 우리나라 본드발행 잔고는 국내본드 1.111조 달러와 국제본드 1,430억 달러를 합해 1.254조 달러에 이르고 있다.

국내본드의 발행자는 단연 중앙정부, 지방정부, 정부기관 등의 정부부문과 금융기관이다. 2010년 말 국내본드 발행잔고의 50%를 정부부문이, 그리고 39%를 금융기관이 차지하고 있고, 일반기업은 불과 11%만을 차지하고 있을 뿐이다. 한편 국제본드의 주요 발행자는 단연 금융기관이다. 즉 2010년 말 금융기관

그림 6-3 **세계본드시장의 발행자: 2010년 말**

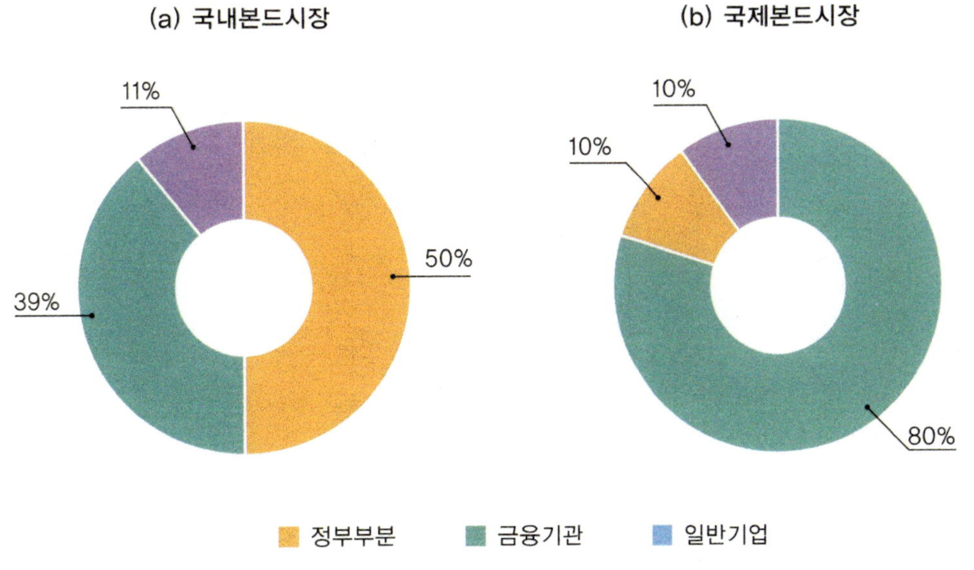


자료: BIS

은 국제본드 발행잔고의 약 80%를 차지하고 있고, 정부부문과 일반기업은 각각 약 10% 내외를 차지하고 있다.

### (4) 본드시장의 세계화

지난 30여 년간 본드시장의 세계화가 빠르게 진전되었다. 이에 따라 세계본드시장에서 국제본드가 차지하는 비율은 1990년 말 10%에서 2010년 말에 30%로 크게 증가하였다. 2010년 말 주요국의 본드발행에서 국제본드가 차지하는 비율은 영국이 65%로 가장 높고, 독일 등 많은 유럽국가에서 50%를 넘고 있다. 이에 대해 미국과 캐나다의 국제본드 발행비율은 22%와 31%로 비교적 낮고, 일본은 단지 3%에 불과하다.[4]

이와 같이 국제본드의 발행이 증가함과 동시에, 주요국 본드시장에서 외국투자자가 차지하는 비율도 크게 증가하였다. 1990년에서 2006년까지 주요국 본

그림 6-4 주요국 본드시장의 외국투자자 비율

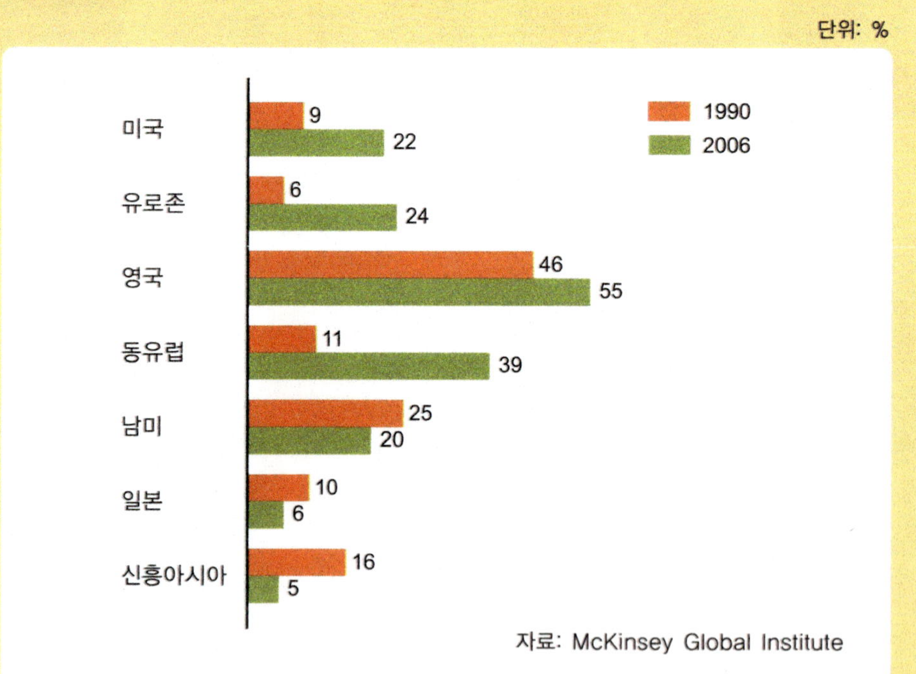


[4] 1990년만 하더라도 주요국에서 국제본드가 차지하는 비율은 영국이 26%, 독일, 프랑스, 일본은 10%였고, 그리고 미국은 2%에 불과하였다.

드시장의 외국인 투자비율은 영국에서는 46%에서 55%로, 미국에서는 9%에서 22%로, 그리고 유로 존에서는 6%에서 24%로 증가하였으나, 일본에서는 10%에서 6%로 감소하였다. 개도국 본드시장의 외국인 투자비율은 동유럽에서는 증가하였고, 아시아와 남미에서는 감소하였다.

## 2. 외국본드와 유로본드

오늘날 세계 각국이 발행하는 본드는 국내본드(domestic bond)와 국제본드(international bond)로 구분한다. 국제본드는 또 외국본드(foreign bond)와 유로본드(Eurobond)로 구분할 수 있다. 한편 외국본드와 유로본드가 동시에 발행되는 것을 글로벌 본드(global bond)라고 한다.

### (1) 국내본드, 외국본드, 유로본드

일반적으로 국내본드, 외국본드, 유로본드는 본드발행국을 기준으로 발행자의 국적(거주자와 비거주자)과 본드의 표시통화(국내통화와 외국통화)에 따라 다음과 같이 분류하고 있다.

**표 6-2 국내본드, 외국본드, 유로본드의 분류**

| | 거주자 | 비거주자 |
|---|---|---|
| 국내통화 | 국내본드 | 외국본드 |
| 외국통화 | 유로본드 | 유로본드 |

이제 미국 달러(USD) 표시로 발행되는 본드를 예로 들어 국내본드, 외국본드, 유로본드를 구분해 보면 다음과 같다.

**1.** 미국(뉴욕)의 자본시장에서 거주자(미국 기업)가 미국 달러(국내통화) 표시로 발행하는 본드는 미국의 국내본드이다.

**2.** 미국(뉴욕)의 자본시장에서 비거주자(한국 기업)가 미국 달러(국내통화)표시로 발행하는 본드는 외국본드(양키본드)이다.

3. 영국(런던)을 비롯한 유럽의 여러 나라 자본시장에서 비거주자(한국 기업)나 거주자(영국 기업)가 미국 달러(외국통화) 표시로 발행하는 본드는 유로본드(유로달러본드)이다.

### (2) 외국본드

외국본드는 미국, 일본, 영국 등 주요국 자본시장에서 비거주자가 그 나라 통화 표시로 발행하는 본드를 말한다. 외국본드는 대부분 별명을 가지고 있다. 예를 들어, 미국, 일본, 영국에서 발행되는 외국본드를 각각 양키본드(Yankee bond), 사무라이본드(Samurai bond), 불독본드(Bulldog bond)라 부른다. 한편 우리나라에서 발행하는 외국본드를 아리랑본드(Arirang bond), 그리고 중국에서 발행하는 외국본드를 판다본드(Panda bond)라 부른다.

외국본드는 1820년대 영국에서 처음 발행되기 시작하였는데, 오늘날 주요 외국본드시장은 유로 존, 미국, 스위스, 일본, 영국 등이다. 외국본드는 주요국의 자본시장에서 발행되므로, 그 나라 국내본드와 동일한 규제와 관행에 따라 발행된다. 예를 들어, 양키본드를 공모로 발행하기 위해서는 미국 증권감독원(SEC)에 등록하고, 미국법이 정하는 회계준칙에 따라 재무제표를 작성해야 하고, 신용평가기관으로부터 신용등급 사정을 받아야 한다.

일반적으로 외국본드는 발행 절차가 번거롭고, 비용이 많이 들며, 발행 준비기간도 길다. 외국본드의 모집과 판매는 본드 발행국의 금융기관에 의해 주로 본드발행국의 자본시장에서 이루어진다. 1980년대 중반 이전까지 외국본드는 대부분 기명식으로 발행되어 이자소득에 대해 원천세가 부과되었다. 기명식 본드(registered bond)란 발행자가 투자자의 명부를 보관하고, 이자지급일에 투자자에게 이자를 송금하는데, 이자소득에 원천세(withholding tax)를 부과하는 경우가 많다.

### (3) 유로본드

유로본드는 유럽이나 아시아의 여러 나라 자본시장에서 주로 비거주자가 외국통화 표시로 발행하는 본드를 말한다. 유로본드는 표시통화에 따라 유로달러본드(Eurodollar bond), 유로스털링본드(Eurosterling bond), 유로엔본드(Euroyen bond) 등으로 불린다. 유로본드의 유로(Euro)라는 접두어는 유로본드가 1963년 유럽에서 처음 발행되었기 때문에 붙여진 것이고, 유로(EUR) 표

시로 발행되는 본드를 말하는 것이 아니다.[5]

우리나라에서 발행되는 유로본드를 김치본드(Kimchi bond), 홍콩에서 중국 위안 표시로 발행되는 유로본드를 딤섬본드(Dimsum bond)라 부른다. 한편 일본에서 발행되는 유로본드를 쇼군본드(Shogun bond)라 부르는데, 이 가운데 특히 일본의 개인투자자에게 판매할 목적으로 발행되는 것을 우리다시본드(Uridashi bond)라 부른다. 한편 과거에 일본의 기관투자자에게 판매할 목적으로 발행된 유로본드를 스시본드(Sushi bond)라 불렀다.

유로본드는 표시통화국의 역외(offshore)에서 발행되므로, 표시통화국의 증권감독기관에 등록하는 등 본드 발행에 대한 표시통화국의 규제와 관행을 따를 필요가 없다. 따라서 유로본드는 매우 신속하게 발행할 수 있다. 유로본드는 원래 무기명식으로 발행되어 이자소득에 원천세가 부과되지 않았다. 이와 같이 무기명식으로 발행되어 원천세가 부과되지 않는 것이 1980년대 중반까지 유로본드를 외국본드와 구별하는 가장 중요한 특징이었다.

무기명식 본드(bearer bond)란 발행자가 투자자의 명부를 보관하지 않고 만기까지의 쿠폰을 본드에 첨부하여 발행하는 본드로, 투자자는 이자지급일에 쿠폰을 절취하여 지급대리인에게 제시하고 이자를 수취한다. 무기명식 본드는 이자소득에 대해 원천세를 부과하지 않는 것이 일반적이다. 미국은 1984년 무기명식 양키본드의 발행을 허용하고, 이자소득에 대한 원천과세도 폐지하였다. 이에 따라 오늘날 유로본드와 외국본드의 구분이 점점 모호해지고 있다.

유로본드의 모집과 판매는 여러 나라의 금융기관들로 구성된 국제적인 인수와 판매의 신디케이트에 의해 수개국의 자본시장에서 동시에 이루어진다. 1970년대까지만 하더라도 외국본드와 유로본드는 비슷한 규모로 발행되었다. 그러나 1980년대에 들어오면서 유로본드가 외국본드를 압도하기 시작하여, 오늘날 국제본드의 80% 이상이 유로본드로 발행되고 있다.

이와 같이 유로본드시장이 비약적으로 성장한 것은 유로본드시장이 규제를 받지 않는 자유로운(free of regulation) 시장으로, 차입자와 투자자들의 선호에 맞는 금융혁신을 지속적으로 이룩해왔기 때문이다. 그러나 유로본드의 발행

---

[5] 2011년에 들어와 유로 존의 국가채무위기(sovereign debt crisis)를 해결할 수 있는 방법으로 유로 존 17개국 정부가 공동으로 본드를 발행하는 방안이 논의되고 있는데, 이 본드를 흔히 유로본드라고 부른다. 따라서 이 장에서 공부하는 유로본드를 현재 유로 존에서 논의 중인 17개국의 공동채권과 혼동하지 말아야 한다.

이 규제를 전혀 받지 않는 것은 아니다. 독일, 프랑스, 일본 등은 자국통화표시 유로본드의 발행시기나 발행금액 등을 규제하고 있으며, 스위스는 스위스 프랑 표시 유로본드의 발행을 허용하고 있지 않다.

### (4) 글로벌본드

외국본드와 유로본드가 동시에 발행되는 것을 글로벌본드(global bond)라고 부른다. 예를 들어, 양키본드와 유로달러 본드가 동시에 발행되면 글로벌 달러 본드(global dollor bond), 사무라이 본드와 유로엔 본드가 동시에 발행되면 글로벌 엔 본드(global yen bond)라 부른다. 1985년 세계은행에 의해 처음 발행된 글로벌본드는 발행액이 매우 커서 보통 5억 달러 이상인데, 최근 국제본드의 1/3 이상이 글로벌본드로 발행되고 있다.

## 3. 국제본드시장의 구조

지난 30여 년간 국제본드시장은 실로 비약적으로 성장하여 왔다. 이제부터 단기금융상품을 제외한 만기 1년 이상의 본드(bonds)와 노트(notes)만을 포함하는 국제본드시장의 규모와 구조를 설명하기로 한다.

### (1) 국제본드시장의 성장

국제결제은행(BIS)에 따르면, 발행잔고로 본 국제본드시장의 규모는 1980년 0.2조 달러, 1990년 1.6조 달러, 2000년 6.0조 달러, 그리고 2010년 26.8조 달러로 성장하였다. 국제본드시장이 이와 같이 매우 빠르게 성장한 것은 1980년대에 들어와 주요국들이 금융의 규제완화와 함께 자본이동을 자유화하면서, 국제본드를 발행할 수 있는 차입자의 범위가 크게 확대되었으며, 기관투자자들이 국제본드에 투자할 수 있는 폭이 넓어졌기 때문이다.

특히 1980년대 중반 이후 국제본드시장이 급격하게 성장한 것은 금리스왑과 통화스왑 등 스왑시장(swap markets)의 발전과 매우 밀접한 관계가 있다. 오늘날 국제본드시장에서 조달된 자금의 약 2/3 정도가 스왑되고 있다고 알려져 있다. 스왑시장은 차입자가 유리한 차입조건으로 자금을 조달하면서 동시에 환위험과 금리위험을 헤지할 수 있는 위험관리의 수단을 제공하고 있다.[6]

그림 6-5 국제본드시장의 성장

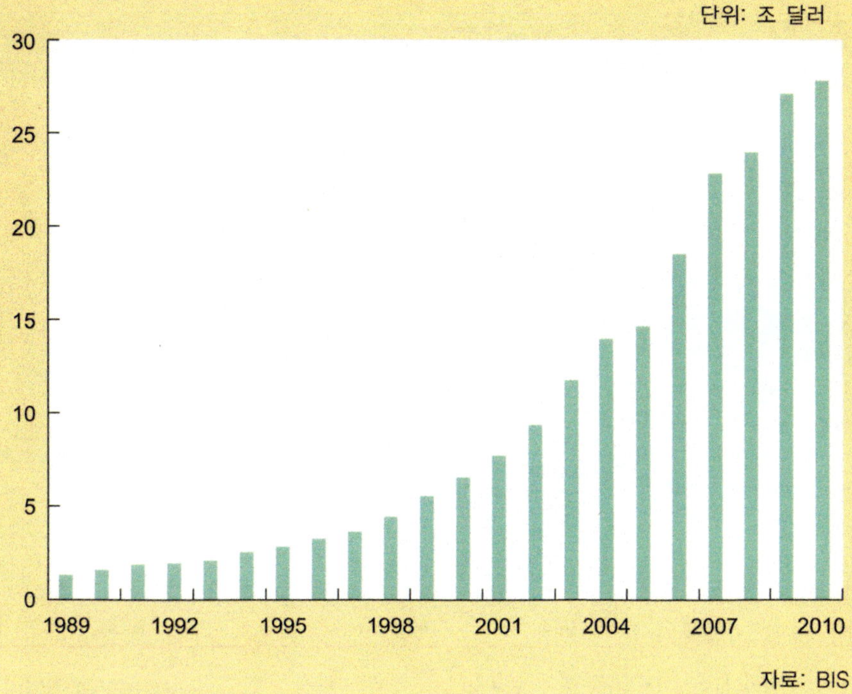


### (2) 국제본드의 통화구성

오늘날 국제본드는 주로 주요국 통화표시로 발행되고 있다. 전통적으로 미국 달러가 국제본드의 표시통화로 가장 널리 이용되었으나, 1999년 유로(Euro)의 도입 이후부터 유로 표시의 국제본드 발행이 크게 증가하고 있다. 2010년 말 국제본드 표시통화의 구성을 보면 유로가 44%로 가장 높고, 다음으로 미국 달러가 39%를 차지하고 있다. 한편 영국 파운드 8%, 일본 엔 3%, 스위스 프랑 1.5%, 그리고 캐나다 달러와 호주 달러가 각각 약 1%로, 이들 7대 국제통화가 국제본드의 98%를 차지하고 있다.

### (3) 국제본드의 형태

전통적으로 국제본드의 70% 내외는 고정금리채로 발행되어 왔는데, 최근에

---

[6] 금리스왑과 통화스왑 등 금융스왑시장에 대해서는 제10장에서 자세하게 공부할 것이다.

그림 6-6 국제본드의 통화구성

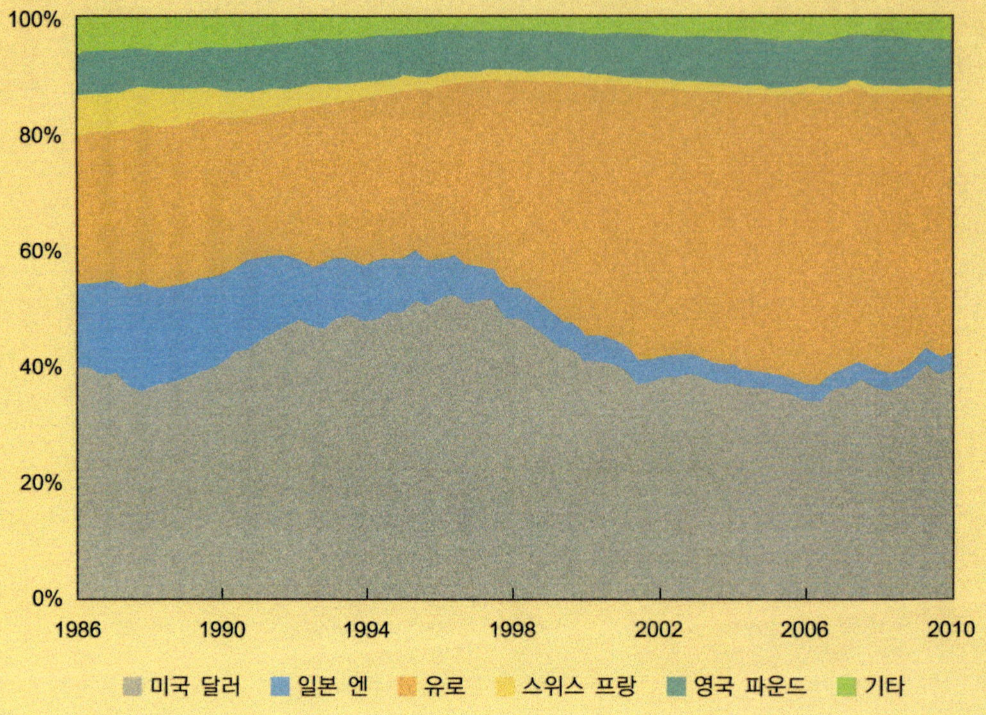


자료: BIS

는 변동금리채의 발행이 크게 증가하고 있다. 2010년 말 국제본드 발행잔고의 형태별 구성을 보면, 고정금리채(SB)가 69%, 변동금리채(FRN)가 29%, 전환사채(CB)와 신주인수권부사채(BW) 등 주식연관채가 2%를 차지하고 있다. 변동금리채의 비중은 1990년대 초반 15% 수준에서 최근에는 30%로 꾸준히 증가한 반면, 주식연관채의 비율은 1990년대 초반 10% 수준에서 최근에는 2%로 크게 하락하였다.

### (4) 국제본드시장의 차입국

국제본드시장은 선진국 중심의 시장으로, 2010년 말 국제본드 발행잔고에서 선진국이 차지하는 비율은 87%에 달하고 있다. 한편 개도국의 비율은 약 4%에 불과하고, 나머지는 역외센터가 6%, 그리고 세계은행 등 국제기구가 3%를 차지하고 있다.

그림 6-7 **국제본드의 형태**

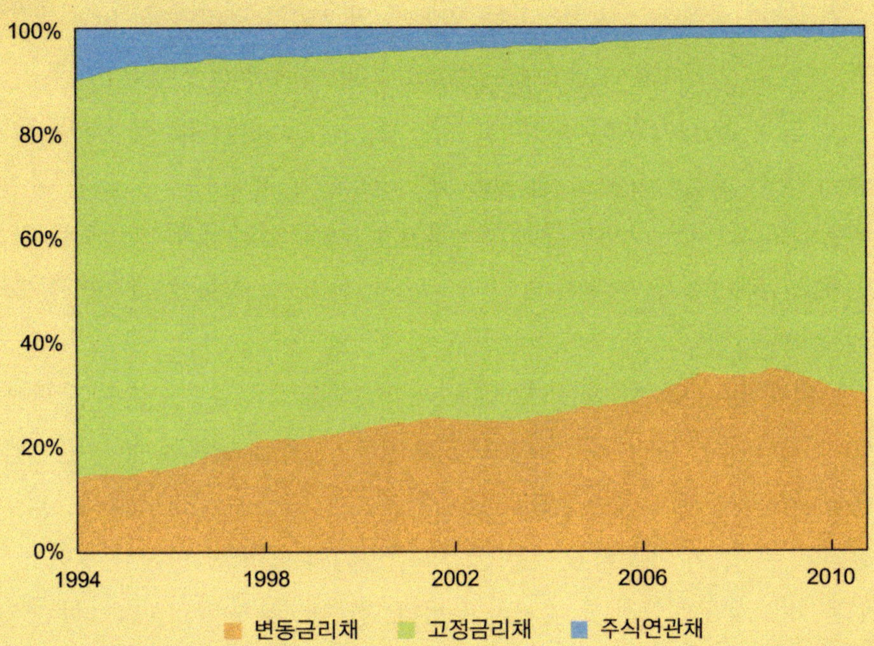


자료: BIS

그림 6-8 **국제본드시장의 차입국**

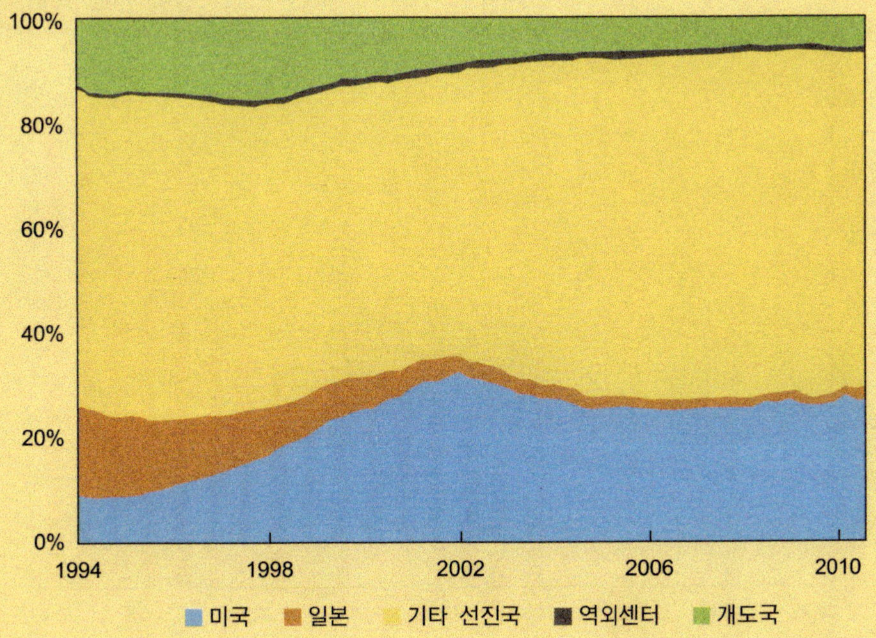


자료: BIS

## 4. 한국과 국제본드시장

우리나라 국제본드 발행잔고는 1995년 말 250억 달러에서, 1998년 말에 520억 달러로 증가하였다. 그러나 1999년-2001년의 3년간 신규발행액이 상환액보다 작아 2001년 말에 460억 달러로 감소하였다. 2002년 말 520억 달러를 회복한 이후 매년 증가하여, 2010년 말 1,380억 달러에 이르고 있다. 국제결제은행(BIS)에 따르면, 우리나라는 브라질의 1,720억 달러에 이어 개도국 가운데 두 번째로 국제본드를 많이 발행한 나라이다. 한편 2010년 말 중국과 인도의 국제본드 발행잔고는 각각 730억 달러와 510억 달러이다.

2010년 말 유럽기업어음(ECP) 등 우리나라의 국제 단기금융상품 발행잔고는 50억 달러이다. 따라서 국제본드 발행잔고 1,380억 달러와 합하면, 2010년 말 우리나라의 국제 부채증권(international debt securities) 발행잔고는 1,430억 달러가 된다. 이 가운데 67%는 금융기관(953억 달러)이 발행한 것이고, 일반기업은 28%(406억 달러)를 차지하고 있다. 한편 정부부문이 5%(71억 달러)를 차

**그림 6-9 한국의 국제본드 발행잔고**

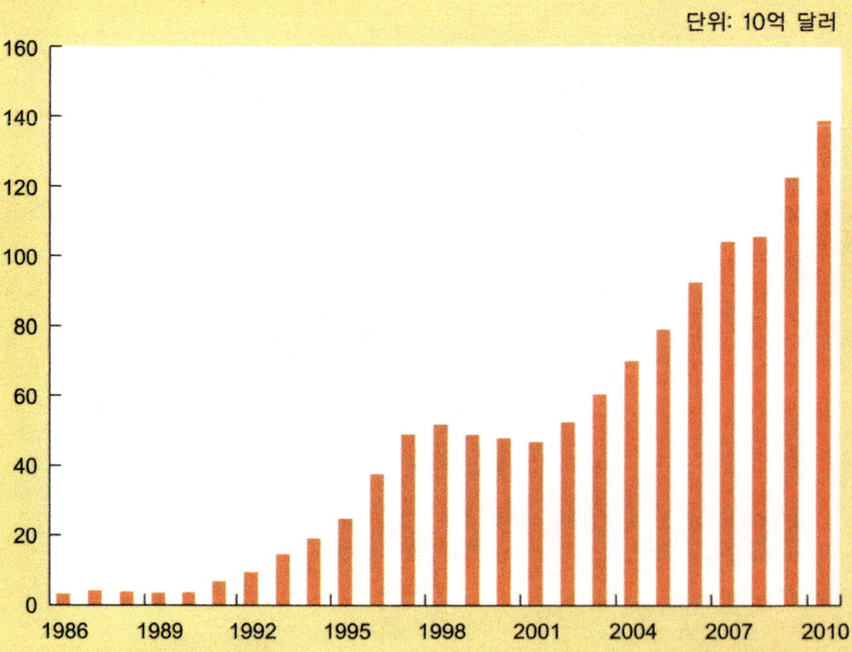


자료: BIS

지하고 있는데, 이는 대부분 1998년 외환위기 이후 한국 정부가 여섯 차례에 걸쳐 발행한 외평채의 발행잔고이다.

국제금융센터(KCIF)에 따르면, 한국계 국제본드 발행액(gross issuance)은

그림 6-10 한국의 국제본드 발행액과 발행통화

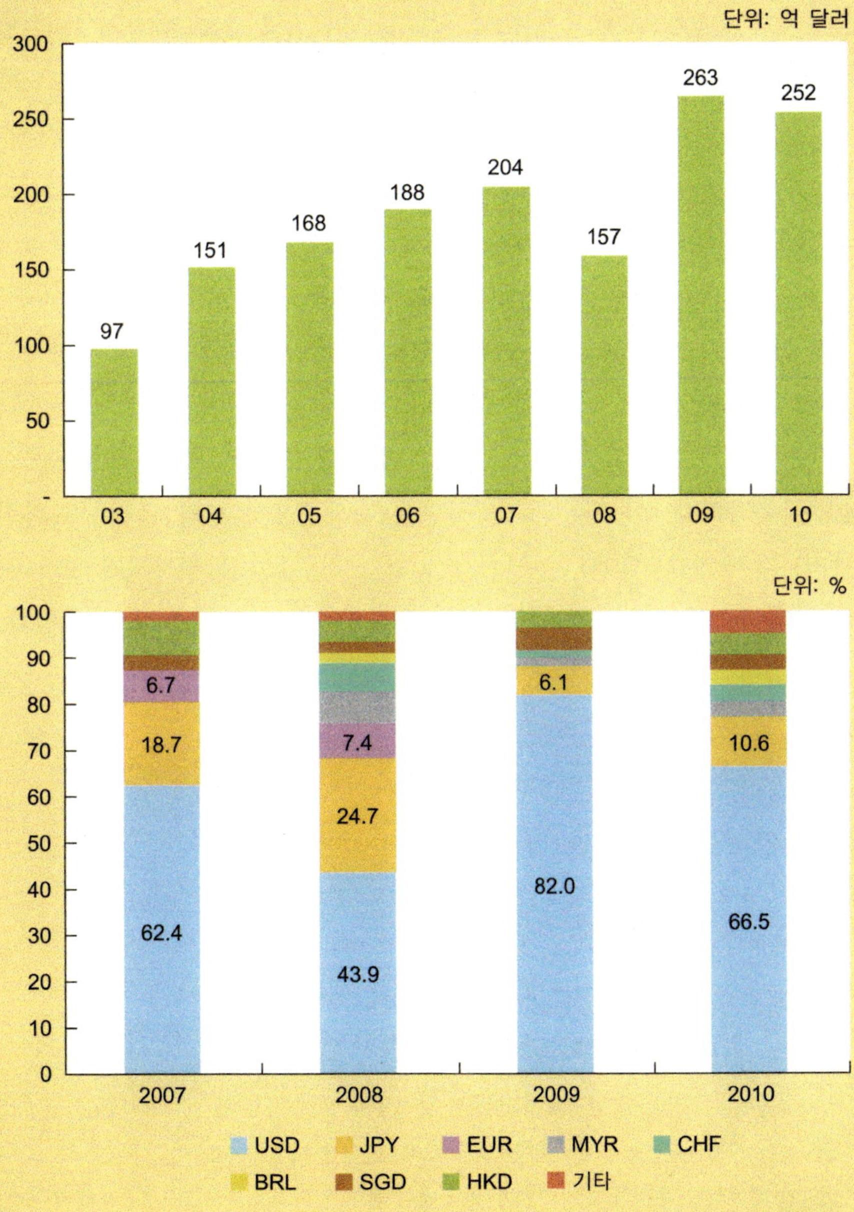


자료: 국제금융센터

2003년 약 100억 달러에서 2007년 약 200억 달러까지 계속 증가하였다. 글로벌 금융위기로 2008년에는 160억 달러로 감소하였으나, 2009년에는 260억 달러로 회복하였다. 2010년에는 250억 달러가 발행되었는데, 금융기관이 70%를 차지하고 있다. 평균 만기는 6년이고, 10년 만기도 4건이나 발행되었다. 그리고 67%는 미국 달러로 이루어졌고, 사무라이본드 6건이 11%를 차지하였다.[7]

본드투자에 의한 자본유입은 국제본드의 발행뿐만 아니라 외국인 본드투자에 의해서도 이루어진다. 외국투자자가 국내 채권시장에 들어와 투자하는 외국인 본드투자는 2003년에 처음 10억 달러를 넘어섰고, 2006년까지 20억 달러 미만에 불과하였다. 그러나 2007년에는 360억 달러로 대폭 증가하였고, 2008년 40억 달러에 이어, 2009년과 2010년에도 145억 달러 수준을 유지하고 있다. 2010년 말 국제본드 발행과 외국인 본드투자로 외국투자자가 보유하고 있는 한국 본드의 투자잔액은 1,744억 달러에 이르고 있는데, 이는 우리나라 대외부채(8,250억 달러)의 약 21%를 차지한다.[8]

외국인 투자자가 한국 본드에 투자할 뿐만 아니라 우리나라 투자자도 해외본드에 투자하고 있다. 2010년 말 우리나라 투자자가 보유하고 있는 해외본드의 투자잔액은 277억 달러에 이르는데, 이는 우리나라 대외자산(6,880억 달러)의 4%에 불과하다. 이 가운데 약 절반은 자산운용사(23억 달러), 보험회사(79억 달러), 은행(18억 달러), 증권회사(30억 달러) 등 기관투자자가 보유하고 있고, 나머지는 국민연금과 국부펀드인 한국투자공사(KIC)가 보유하고 있다. 해외본드 이외에 우리나라 기관투자자는 2010년 말 코리언 페이퍼(Korean Paper)에 180억 달러를 투자하고 있다.[9]

[7] 국제금융센터, "2010년 한국계 외화채권 발행동향 및 2011년 전망," (2011년 1월 3일).

[8] 한국은행, "2010년 말 국제투자대조표," (2011년 2월 22일) 참조.

[9] 코리언 페이퍼란 우리나라 거주자가 외국에서 발행한 외화표시증권으로, 거의 대부분이 한국의 기업, 금융기관, 정부가 발행한 국제본드이다. 한국은행, "2010년 중 기관투자자의 외화증권투자 동향," (2011년 2월 25일) 참조.

**표 6-3 한국의 국제본드 공모발행: 2010년**

단위: 100만 달러

| 발행일 | 발행기관 | 통화 | 발행액 | 발행액 | 만기 | 종류 |
|---|---|---|---|---|---|---|
| 2월 3일 | 국민은행 | JPY | 30,000 | 356 | 2년 | Samurai Bond |
| 2월 4일 | 기업은행 | USD | 350 | 350 | 5.5년 | Euro MTN/Reg S |
| 2월 10일 | 산업은행 | USD | 750 | 750 | 5.5년 | SEC registered |
| 3월 9일 | 한국수출입은행 | USD | 1,000 | 1,000 | 5.5년 | SEC registered |
| 3월 15일 | 신한은행 | USD | 700 | 700 | 5.5년 | Reg S/144A |
| 4월 7일 | 우리은행 | USD | 500 | 500 | 5.5년 | Reg S/144A |
| 4월 15일 | 현대자동차 | USD | 500 | 500 | 5년 | Reg S/144A |
| 4월 30일 | 하나은행 | USD | 500 | 500 | 5.5년 | Reg S/144A |
| 5월 19일 | 한국광물자원공사 | USD | 300 | 300 | 5년 | Reg S |
| 6월 29일 | 한국수출입은행 | USD | 1,250 | 1,250 | 10년 | SEC registered |
| 7월 1일 | 산업은행 | JPY | 4,400 | 52 | 3년 | Samurai Bond |
| 7월 1일 | 산업은행 | JPY | 22,600 | 268 | 2년 | Samurai Bond |
| 7월 14일 | 한국외환은행 | USD | 500 | 500 | 5.5년 | Euro MTN/Reg S |
| 7월 15일 | 한국주택금융공사 | USD | 500 | 500 | 5.5년 | Covered Bond |
| 7월 23일 | 기업은행 | JPY | 31,200 | 371 | 2년 | Samurai Bond |
| 7월 23일 | 기업은행 | JPY | 5,100 | 61 | 3년 | Samurai Bond |
| 7월 20일 | 우리은행 | USD | 600 | 600 | 5.5년 | Reg S/144A |
| 7월 28일 | 농협 | USD | 500 | 500 | 5.5년 | Reg S/144A |
| 7월 27일 | 국민은행 | JPY | 16,000 | 190 | 2년 | Samurai Bond |
| 7월 27일 | 국민은행 | JPY | 2,000 | 23 | 3년 | Samurai Bond |
| 9월 9일 | 산업은행 | USD | 900 | 900 | 5.5년 | SEC registered |
| 9월 16일 | 한국수력원자력 | USD | 500 | 500 | 5년 | Reg S/144A |
| 9월 20일 | 한국정책금융공사 | USD | 750 | 750 | 6년 | Reg S/SEC Registered |
| 10월 5일 | 한국전력 | USD | 700 | 700 | 5년 | Reg S/144A |
| 10월 6일 | 현대자동차 | USD | 500 | 500 | 5.5년 | Reg S/144A |
| 10월 20일 | 한국수출입은행 | USD | 1,000 | 1,000 | 10.25년 | SEC registered |
| 10월 28일 | 포스코 | USD | 700 | 700 | 10년 | Reg S/144A |
| 11월 2일 | 한국가스공사 | USD | 500 | 500 | 10년 | Reg S/144A |
| 11월 9일 | 한국석유공사 | USD | 700 | 700 | 5년 | Reg S/144A |
| 11월 12일 | 하나은행 | JPY | 22,000 | 262 | 1.25년 | Samurai Bond |
| 11월 12일 | 하나은행 | JPY | 8,000 | 95 | 2년 | Samurai Bond |
| 11월 18일 | 현대캐피탈 | JPY | 15,000 | 178 | 1.5년 | Samurai Bond |
| 11월 18일 | 현대캐피탈 | JPY | 15,000 | 178 | 2년 | Samurai Bond |

자료: 국제금융센터

## 6.2 본드의 가격결정

이 절에서는 매년 일정한 이자를 지급하는 고정금리채(fixed-rate bond)의 가격결정 원리와 만기수익률(yield to maturity)을 설명한 다음, 본드투자에 따르는 금리위험과 듀레이션(duration), 수익률곡선(yield curve), 그리고 신용스프레드(credit spread)에 대해 설명하기로 한다.

### 1. 본드가격과 이자율

재무이론에 따르면 자산 가격은 자산 보유에 따라 발생하는 현금흐름(cash flow)의 현재가치(present value)의 합으로 결정된다. 본드 투자자는 매년 일정한 이자를 수취하고 만기에 일정한 원금 곧 본드의 액면금액을 상환받는다. 따라서 본드의 액면금액을 $F$, 연간이자를 $C$, 만기를 $n$, 그리고 이자율을 $i$로 나타내면, 본드의 시장가격 $P$는 다음과 같이 결정될 것이다.

$$P = \frac{C}{(1+i)^1} + \frac{C}{(1+i)^2} + \cdots + \frac{C+F}{(1+i)^n} \tag{1}$$

예를 들어, 이자율이 10%일 때, 만기 3년, 액면금액 1,000달러, 연간이자 80달러인 본드의 가격은 950.27달러가 될 것이다. 즉

$$P = \frac{80}{(1.10)^1} + \frac{80}{(1.10)^2} + \frac{1080}{(1.10)^3} = 72.73 + 66.12 + 811.42 = 950.27$$

이 본드의 액면이자율(coupon rate)은 $C/F = 80/1{,}000 = 8\%$이다. 따라서 이자율이 액면이자율보다 높으면, 본드의 가격은 액면가격보다 낮다는 것을 알 수 있다. 이와 같이 본드의 가격이 액면가격보다 낮은 본드를 할인본드(discount bond)라 부른다.

본드의 가격은 이자율이 하락하면 상승한다. 예를 들어, 이자율이 10%에서 6%로 하락하면, 이 본드의 가격은 950.27달러에서 1,053.47달러로 상승할 것이다. 따라서 이자율이 액면이자율보다 낮으면, 본드의 가격은 액면가격보다 높다는 것을 알 수 있다. 이와 같이 본드의 가격이 액면가격보다 높은 본드를 할증본드(premium bond)라 부른다.

$$P = \frac{80}{(1.06)^1} + \frac{80}{(1.06)^2} + \frac{1080}{(1.06)^3} = 75.47 + 71.20 + 906.80 = 1,053.47$$

한편 본드의 가격은 이자율이 상승하면 하락한다. 예를 들어, 이자율이 6%에서 8%로 상승하면, 이 본드의 가격은 1,053.47달러에서 1,000달러로 하락한다. 따라서 이자율이 액면이자율과 같으면, 본드의 가격은 액면가격과 같다는 것을 알 수 있다. 이와 같이 본드의 가격이 액면가격과 같은 본드를 가리켜 액면본드(par bond)라 부른다.

$$P = \frac{80}{(1.08)^1} + \frac{80}{(1.08)^2} + \frac{1080}{(1.08)^3} = 74.07 + 68.59 + 857.34 = 1,000$$

지금까지 본 바와 같이, 이자율과 본드의 가격은 역의 관계에 있다. 즉 이자율이 6%에서 8%, 그리고 10%로 상승할 때, 본드의 가격은 1,053.47달러에서 1,000달러, 그리고 950.27달러로 하락한다. 반대로 이자율이 10%에서, 8%, 그리고 6%로 하락하면, 본드의 가격은 950.27달러, 1,000달러, 그리고 1,053.47달러로 상승한다.

본드 투자자는 매년 일정한 이자를 지급받고 또 만기에 일정한 액면가격을 상환받는다. 이때 본드 투자자가 얻는 수익률(yield)은 어떻게 구할 수 있겠는가? 지금 만기 3년, 액면금액 1,000달러, 액면이자율 8%인 본드의 가격이 950.27달러라고 하자. 이 본드를 950.27달러에 매입한 투자자는 매년 80달러의 이자를 수취한다. 따라서 일단 이 본드의 연간수익률은 8.42(= 80/950.27)%라고 볼 수 있을 것이다.

이와 같이 연간 이자를 본드가격으로 나눈 것을 경상수익률(current yield)이라 부른다. 그러나 이 본드를 만기까지 보유하면 3년 후에 액면가격 1,000달러를 상환받으므로, 49.73달러의 자본이익(capital gain)을 얻는다. 이때 연간 자본이익을 약 16.58(= 49.73/3)달러라고 보면, 이자를 포함한 투자자의 연간수익은 96.58(= 80 + 16.58)달러가 된다. 따라서 이 본드의 연간수익률은 근사적으로 10.16(= 96.58/950.27)%라고 말할 수 있다.

본드를 만기까지 보유할 때 투자자가 얻는 연간수익률을 만기수익률(yield to maturity)이라 부른다. 일반적으로 본드의 이자율이란 만기수익률을 가리킨다. 본드가격이 주어졌을 때, 만기수익률은 본드의 가격결정 공식 (1)을 이용하여 구할 수 있다. 즉 만기 3년, 액면가격 1,000달러, 액면이자율 8%인 본드의 가격이 950.27달러라면, 이 본드의 만기수익률은 다음 식을 만족시키는 $i$의 값으로 구한다.

$$P = \frac{C}{(1+i)^1} + \frac{C}{(1+i)^2} + \cdots + \frac{C+F}{(1+i)^n}$$

$$950.27 = \frac{80}{(1+i)^1} + \frac{80}{(1+i)^2} + \frac{1080}{(1+i)^3}$$

이 식은 연산으로는 풀기가 어렵다. 따라서 식 (1)에 여러 가지 $i$의 값을 반복적으로 대입해 보는 시행착오(trial and error)의 방법을 사용하면, $i = 10\%$임을 확인할 수 있다. 그러나 만기가 길 때 식 (1)에 여러 $i$의 값을 대입하는 시행착오의 방법으로 만기수익률을 구하는 것은 거의 불가능하다. 따라서 투자자들은 만기, 본드가격, 액면이자율의 배합에 따라 만기수익률을 정리해 놓은 본드 테이블을 이용하거나 또는 재무계산기를 사용하여 만기수익률을 구하고 있다.

만기수익률은 이와 같이 본드 투자자가 본드를 만기까지 보유하고 또 매년 지급받는 이자를 동일한 이자율로 재투자할 때 얻을 수 있으리라고 예상하는 수익률(expected yield)이다. 그러나 만기 이전에 본드를 매도하거나, 또는 이자율이 변동하여 동일한 이자율로 이자를 재투자할 수 없다면, 실제로 실현되는 수익률(realized yield)은 만기수익률과 달라진다. 이를 재투자 위험(reinvestment risk)이라 부른다.

재투자 위험이 없는 특수한 형태의 본드로 제로-쿠폰 본드(zero coupon bond)가 있다. 제로-쿠폰 본드는 매년 이자를 지급하지 않고 만기에 액면금액을 상환하는 본드를 말한다. 만기 $n$년인 제로-쿠폰 본드의 만기수익률은 아래 공식에 따라 구할 수 있다.

$$\frac{F}{(1+i)^n} = P \tag{2}$$

예를 들어, 만기 $n = 5$년, 액면금액 $F = 1{,}000$달러인 제로 쿠폰 본드의 가격이 $P = 821.93$달러라면, 이 본드의 만기수익률은 $i = 4\%$가 된다.

$$\frac{1{,}000}{(1+i)^5} = \frac{1{,}000}{(1+0.04)^5} = 821.93$$

지금까지 본드의 가격이 이자율에 의해 결정되는 원리를 설명하였다. 그러나

**그림 6-11** **미국의 단기이자율과 장기이자율**

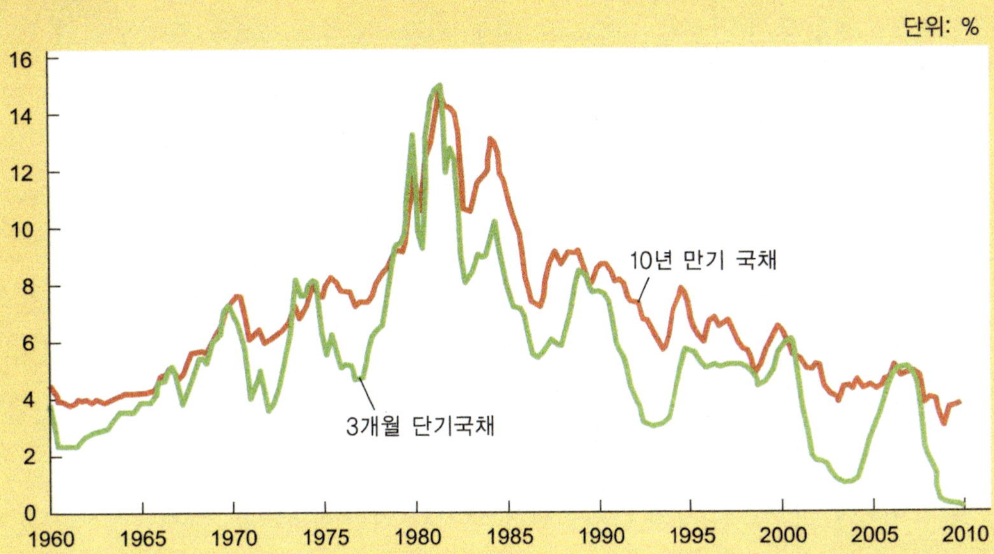


자료: U.S. Federal Reserve

실제로는 본드의 가격($P$)과 이자율($i$)은 동시에 결정된다. 식 (1)이 이를 보여주고 있다. 그리고 이때 결정된 이자율이 본드의 만기수익률이다. 본드의 만기는 1년 이상의 장기이다. 따라서 본드의 이자율은 장기이자율(long-term interest rate)을 나타낸다.

오늘날 미국의 가장 대표적인 장기이자율은 10년 만기 국채(10-year Treasury note)의 이자율이다. [그림 6-11]은 미국의 대표적인 단기이자율인 3개월 단기국채 이자율(T-bill rate)과 10년 만기 국채의 이자율이 지난 50년간 어떻게 변동하였는지 보여주고 있다.

## 2. 본드투자와 금리위험

본드의 가격과 이자율 간에는 역의 관계가 성립한다. 이자율이 상승하면 본드가격이 하락하고, 이자율이 하락하면 본드가격이 상승한다. 따라서 본드 투자자들은 이자율 변동에 따라 손실을 볼 위험에 노출되는데, 이를 금리위험(interest rate risk)이라 부른다. 본드 투자에 따르는 금리위험은 만기가 길거나 액면이자율이 낮을수록 더 크다. 예를 들어 설명하여 보자.

먼저 액면금액이 1,000달러 그리고 액면이자율이 5%로 동일하지만, 만기가 5년과 10년인 두 본드가 있다고 하자. 이때 이자율이 5%에서 6%로 상승하면, 5년 만기 본드의 가격은 1,000달러에서 957.88달러로 4.21% 하락한다. 한편 10년 만기 본드의 가격은 1,000달러에서 926.40달러로 7.36% 하락한다. 이로부터 본드투자의 금리위험은 만기가 길수록 더 크다는 것을 알 수 있다.

다음에 액면금액이 1,000달러 그리고 만기가 10년으로 동일하지만, 액면이자율이 5%와 10%인 두 본드가 있다고 하자. 이때 이자율이 5%에서 6%로 상승하면, 액면이자율이 5%인 본드의 가격은 1,000달러에서 926.40달러로 7.36% 하락한다. 한편 액면이자율이 10%인 본드의 가격은 1,386.09달러에서 1,294.40달러로 6.62% 하락한다. 이로부터 본드투자의 금리위험은 액면이자율이 낮을수록 더 크다는 것을 알 수 있다.

이와 같이 본드투자의 금리위험은 만기와 액면이자율에 따라 달라지는데, 이 두 요인을 동시에 반영하는 척도로 듀레이션(duration)이 널리 이용되고 있다. 듀레이션은 아래의 식 (3)과 같이 정의하는데, 여기서 $CF_t$는 $t$년의 현금흐름을 나타낸다.

$$D = \frac{1}{P}\sum_{t=1}^{n}\frac{CF_t}{(1+i)^t} \times t \tag{3}$$

예를 들어, 이자율이 10%일 때, 액면금액 1,000달러, 만기 3년, 액면이자율 8%인 본드의 듀레이션을 구해 보면 다음과 같이 2.78년이 된다. 앞에서 본 바와 같이 이 본드의 가격은 950.27달러였다.

$$\begin{aligned} D &= \frac{1}{950.27}\left[\frac{80}{(1.10)^1} \times 1 + \frac{80}{(1.10)^2} \times 2 + \frac{1,080}{(1.10)^3} \times 3\right] \\ &= \frac{72.73}{950.27} \times 1 + \frac{66.12}{950.27} \times 2 + \frac{811.42}{950.27} \times 3 \\ &= 0.0765 \times 1 + 0.0696 \times 2 + 0.8539 \times 3 \\ &= 0.0765 + 0.1392 + 2.5617 \\ &= 2.78 \end{aligned}$$

본드 투자에 따르는 현금흐름은 만기에 일시에 발생하는 것이 아니라 만기까지 매년 발생한다. 듀레이션이란 식 (3)에서 보는 바와 같이 현금흐름이 발생하

**표 6-4 만기수익률 10%인 본드의 듀레이션**

| 만기 | 제로 쿠폰 | 4% 액면이자율 | 8% 액면이자율 |
|---|---|---|---|
| 1 | 1.00 | 1.00 | 1.00 |
| 2 | 2.00 | 1.96 | 1.92 |
| 3 | 3.00 | 2.88 | 2.78 |
| 4 | 4.00 | 3.75 | 3.56 |
| 5 | 5.00 | 4.57 | 4.28 |

는 1년, 2년, 3년의 가중평균인데, 이때 매년 실현되는 현금흐름의 현재가치를 가중치로 사용한다.[10] 따라서 듀레이션을 흔히 본드의 평균 만기라 부르기도 한다. 듀레이션의 특성은 본드가격의 변동률이 갖는 특성과 같다. 즉 듀레이션은 만기가 길거나 또는 액면이자율이 낮을수록 더 크다.

본드가격의 변동률( $\%\Delta P$)과 듀레이션($D$) 간에는 근사적으로 다음 관계가 성립한다.

$$\%\Delta P = -D\left[\frac{\Delta i}{(1+i)}\right] \times 100 \tag{4}$$

이제 액면금액 1,000달러, 만기 3년, 액면이자율 4%인 본드를 예로 들어 이 관계를 보기로 하자. 만약 이자율이 10%에서 10.25%로 상승하면, 이 본드의 가격은 850.79달러에서 845.25달러로 −0.65% 변동할 것이다. 이를 위 공식에 대입하여 구하면 본드 가격의 변동률은 역시 −0.65%가 된다.[11]

$$\%\Delta P = -2.88\left[\frac{\Delta 0.0025}{(1.10)}\right] \times 100 = -0.65\%$$

[10] 제로-쿠폰 본드의 듀레이션이 만기와 같은 것은, 제로-쿠폰 본드 투자에 따르는 현금흐름은 모두 만기일에 발생하기 때문이다.

[11] 이 공식은 이자율의 변동폭이 비교적 작을 때는 매우 정확하지만, 이자율의 변동폭이 클 때에는 부정확해진다. 즉 앞의 예에서 이자율이 10%에서 12%로 상승하면, 본드가격은 850.79달러에서 807.85달러로 −5.05% 변동하는데, 이를 위 공식에 대입하면 −5.24%가 된다. 즉

$$\%\Delta P = -2.88\left[\frac{\Delta 0.02}{(1.10)}\right] \times 100 = -5.24\%$$

이와 같이 본드가격의 변동률, 즉 금리위험은 듀레이션과 매우 밀접한 관계가 있다. 따라서 오늘날 듀레이션은 본드투자에 따르는 금리위험을 관리하는 수단으로 널리 이용되고 있다.

## 3. 수익률곡선

지금까지 본드의 이자율이 하나라고 가정하고 본드가격과 이자율의 관계를 설명하여 왔다. 그러나 본드의 이자율은 본드의 만기와 발행자의 부도위험 등 여러 요인에 따라 모두 다르게 결정된다.

본드의 이자율은 만기에 따라 다르게 결정되는데 본드의 만기와 이자율의 관계를 이자율의 기간구조(term structure of interest rates)라 부른다. 이자율의 기간구조는 흔히 이자율을 종축, 만기를 횡축에 표시하는 수익률곡선(yield curve)으로 나타낸다. 일반적으로 수익률곡선은 부도위험이 없는 정부가 발행하는 본드, 즉 국채를 대상으로 그린다. [그림 6-12]는 미국의 국채 곧 재무성

그림 6-12 미국 국채의 수익률곡선

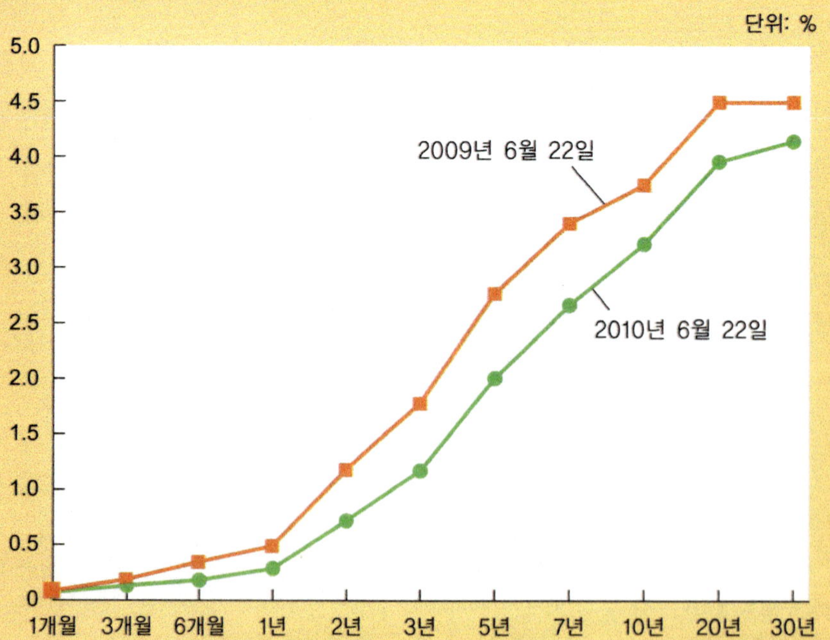


자료: U.S. Treasury

증권(Treasuries)의 수익률곡선을 보여주고 있다.

수익률곡선은 우상향하는 경우가 많지만, 우하향하거나 수평일 때도 있다. 수익률곡선의 모양은 무엇보다도 장래 이자율에 대한 예상에 따라 결정된다. 장래에 이자율이 상승하리라고 예상되면, 수익률곡선은 우상향할 것이다. 한편 장래에 이자율이 하락하리라고 예상되면, 수익률곡선은 우하향할 것이다. 그리고 장래에 이자율이 불변이라고 예상되면, 수익률곡선은 평평한 모양을 갖게 될 것이다.

장래의 이자율 예상에 가장 큰 영향을 미치는 것은 예상 인플레이션이다. 피셔효과(Fisher effect)에 따르면 명목이자율은 실질이자율에 예상 인플레이션을 더한 수준에서 결정된다. 따라서 장래에 물가가 상승할 것이라고 예상되면, 장

**그림 6-13 수익률곡선의 모양**

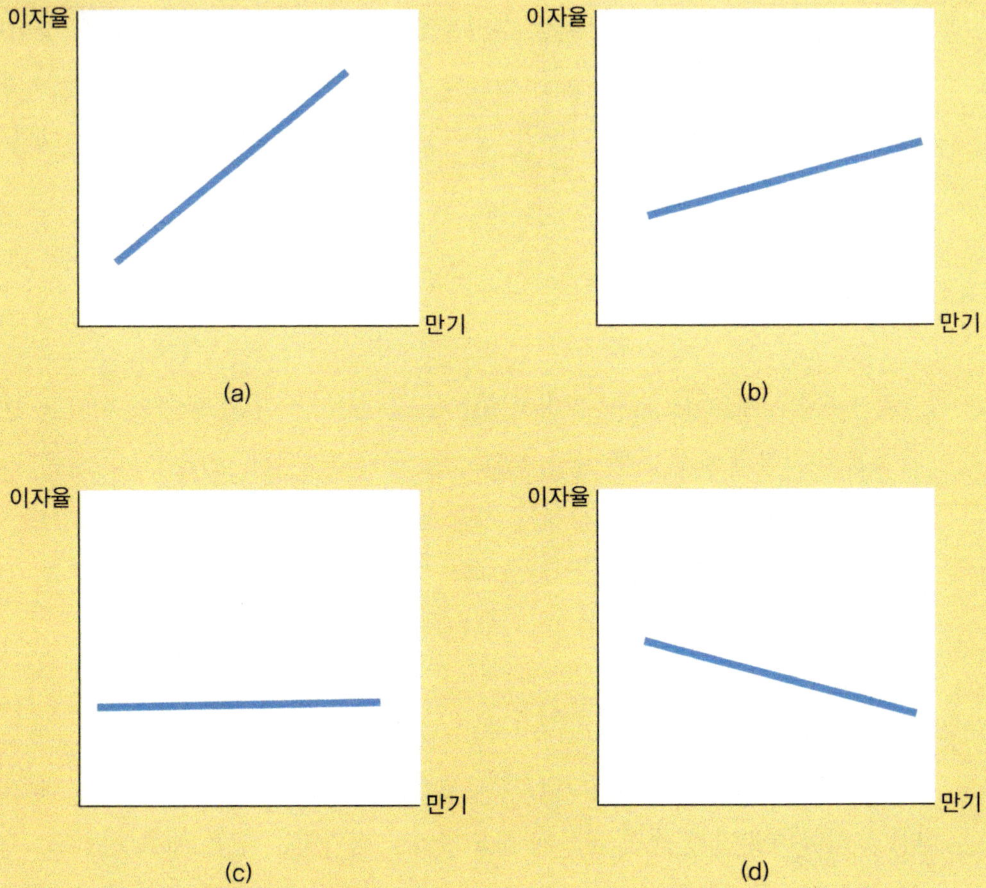

래 이자율 예상은 상승한다. 이 밖에 장래의 경기전망이나 금융정책 전망 등이 장래의 이자율 예상에 영향을 미친다.

수익률곡선의 모양은 또 유동성 프리미엄(liquidity premium)에 따라 결정된다. 앞에서 본 바와 같이 본드의 금리위험은 만기가 길수록 높아진다. 또 만기가 긴 본드일수록 유통시장에서 거래가 많지 않아 유동성이 떨어진다. 이와 같이 높은 금리위험과 낮은 유동성을 보상받기 위해 장기본드의 투자자는 단기본드의 투자자보다 투자자들에게 더 높은 이자율을 요구하는데, 이를 유동성 프리미엄이라 부른다. 유동성 프리미엄은 만기가 길수록 더 크다.

[그림 6-13]은 장래 이자율에 대한 예상과 유동성 프리미엄이 반영된 네 가지 형태의 수익률곡선을 보여주고 있다. (b)의 경우는 장래 이자율이 불변이라고 예상될 때, 수익률곡선이 유동성 프리미엄만을 반영하여 완만하게 우상향하는 것을 보여주고 있다. 그러나 장래에 이자율이 상승할 것이라고 예상되면, (a)의 경우처럼 수익률곡선은 가파르게 우상향할 것이다.

한편 만약 장래에 이자율이 하락할 것이라고 예상되고 이 효과가 유동성 프리미엄을 상쇄하면, (c)의 경우처럼 수익률곡선은 수평인 모양을 갖게 될 것이다. 그러나 장래에 이자율이 매우 가파르게 하락할 것이라고 예상되고 이 효과가 유동성 프리미엄보다 크면, (d)의 경우처럼 수익률곡선은 우하향하는 모양을 갖게 될 것이다.

## 4. 신용 스프레드

지금까지 부도(default)의 위험이 없는(risk-free) 국채의 만기와 이자율 간의 관계를 수익률곡선을 통해 설명하였다. 어느 나라에서나 국채의 이자율은 기업과 금융기관이 발행하는 회사채의 이자율을 결정하는 기준이 되고 있는데, 회사채와 국채의 이자율의 차를 신용 스프레드(credit spread) 또는 수익률 스프레드(yield spread)라 부른다.

### (1) 신용평가와 신용등급

신용 스프레드는 본드 발행기업의 부도위험(default risk)이 높을수록 더 커진다. 그러나 투자자가 직접 본드의 부도위험을 평가하는 일은 매우 어렵다. 따라서 투자자들은 무디스(Moody's Investor Service), 스탠더드 앤드 푸어스

(Standard and Poor's), 피치(Fitch)와 같은 전문적인 신용평가회사가 발표하는 신용등급(credit ratings) 정보를 이용하고 있다.

[표 6-5]에서 보는 바와 같이, 이들 신용평가회사는 신용등급을 20여 단계로 구분하고 있다. 이 가운데 부도위험이 낮은 Baa(BBB) 이상의 신용등급을 투자등급(investment-grade) 그리고 부도위험이 높은 Ba(BB) 이하의 신용등급을 투기등급(speculative-grade)이라 부른다. 투기등급 회사채를 정크본드(junk

**표 6-5 주요 신용평가기관의 신용등급 분류**

| MOODY'S | S&P | FITCH |
|---|---|---|
| | 투자등급 | |
| Aaa | AAA | AAA |
| Aa1 | AA+ | AA+ |
| Aa2 | AA | AA |
| Aa3 | AA− | AA− |
| A1 | A+ | A+ |
| A2 | A | A |
| A3 | A− | A− |
| Baa1 | BBB+ | BBB+ |
| Baa2 | BBB | BBB |
| Baa3 | BBB− | BBB− |
| | 투기등급 | |
| Ba1 | BB+ | BB+ |
| Ba2 | BB | BB |
| Ba3 | BB− | BB− |
| B1 | B+ | B+ |
| B2 | B | B |
| B3 | B− | B− |
| | 매우 투기적 등급 | |
| | CCC+ | |
| Caa | CCC | CCC |
| | CCC− | |
| Ca | CC | CC |
| C | C | C |
| | C− | |
| | | DDD |
| | | DD |
| | D | D |

bond), 또는 고수익본드(high-yield bond)라 부르기도 한다.[12]

2011년 말 무디스는 미국, 독일, 영국, 프랑스, 캐나다, 호주, 싱가포르 등 7개국의 국가신용등급으로 Aaa를 부여하고 있다. 그러나 스탠더드 앤드 푸어스는 2011년 8월 미국을 AA+로 강등시킨 데 이어, 2012년 1월에는 프랑스도 AA+로 강등시켰다. 신용평가회사들은 글로벌 금융위기 이전 서브프라임 모기지 관련 자산유동화 증권의 신용등급을 과대평가하여 금융위기를 증폭시켰다는 비난을 받고 있다. 이에 따라 현재 미국과 EU 등은 신용평가회사에 대한 규제를 강화하는 방안을 검토하고 있다.

### (2) 미국의 신용 스프레드

[그림 6-14]는 1978년-2010년간 미국의 10년 만기 국채에 대한 신용 스프레드의 변동을 보여 주고 있다. 투자등급(Baa) 회사채의 신용 스프레드는 대체로 300bp 내외에서 변동하고 있는데, 2008년 하반기에는 600bp를 넘어서기도 하였다. 한편 고수익본드 곧 정크본드의 신용 스프레드는 보통 400bp 내외인데, 2008년 하반기에는 2,000bp까지 올라가기도 하였다.

2007년-2009년과 같은 금융위기가 발생하면, 부도위험이 없는 국채로 수요가 몰려 국채의 가격이 상승하고 이자율이 하락한다. 그리고 회사채의 수요는 감소하여 회사채의 가격이 하락하고 이자율은 상승한다. 따라서 신용 스프레드는 크게 벌어지는데, 이와 같은 현상을 안전자산 선호현상(flight to quality)이라 부른다. [그림 6-15]는 미국의 투자등급(Baa) 회사채와 10년 만기 국채의 스프레드가 2003년-2007년간 2% 미만에서 리만 브러더스가 파산한 2008년 9월에는 6% 가까이 벌어진 것을 보여주고 있다.

---

[12] 오늘날 미국에서 발행된 회사채의 20% 내지 30%는 정크본드로 구성되어 있다. 이 가운데 2/3는 원래 투기등급 기업이 발행한 것이고, 1/3은 본드 발행 이후 신용등급이 투기등급으로 하향된 기업이 발행한 것이다. 미국에서 1970년대 후반까지만 하더라도 투기등급, 즉 Ba(BB) 이하의 신용등급을 받은 기업은 회사채를 발행하여 자금을 조달할 수 없었다. 당시 정크본드란 본드를 발행한 후에 신용등급이 투기등급으로 하향된 기업(fallen angel)이 발행한 본드를 말하였다. 그러나 1977년 한 투자은행(Drexel Burnham Lambert)의 본드 트레이더 밀켄(Michael Millken)이 정크본드의 유통시장을 조성하면서 1980년대에 미국의 정크본드 발행은 대폭 증가하였다. 그러나 1990년 내부자거래 혐의로 밀켄이 실형을 선고받자 정크본드시장은 한 때 침체하였으나 곧 회복되었다.

**그림 6-14** **미국 본드시장의 신용 스프레드**

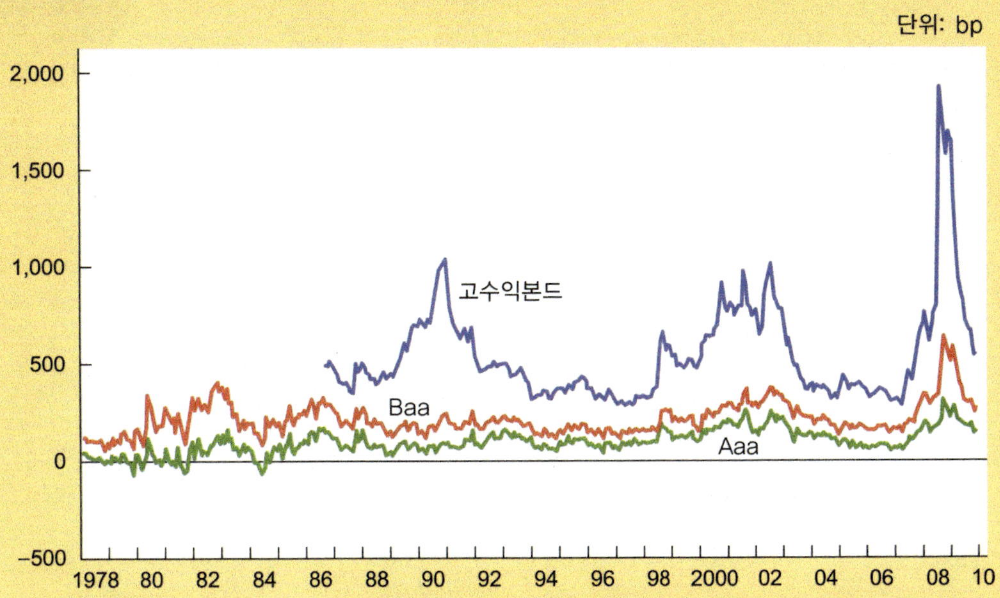


자료: Bloomberg

**그림 6-15** **미국 국채(10년 만기)와 회사채(Baa)의 이자율**

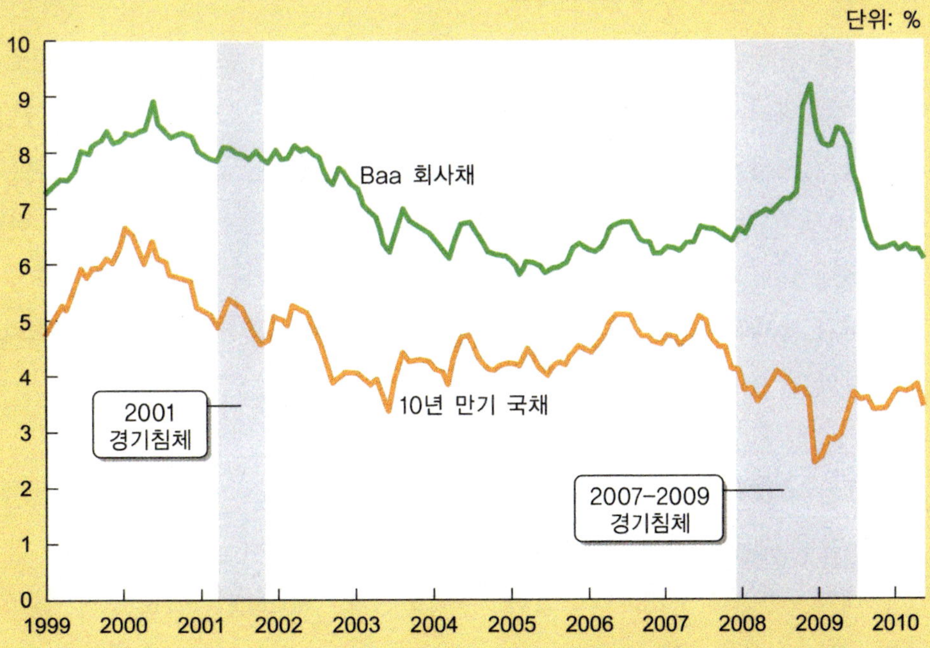


자료: Federal Reserve Bank of St. Louis

그림 6-16 10년 만기 독일 국채에 대한 스프레드

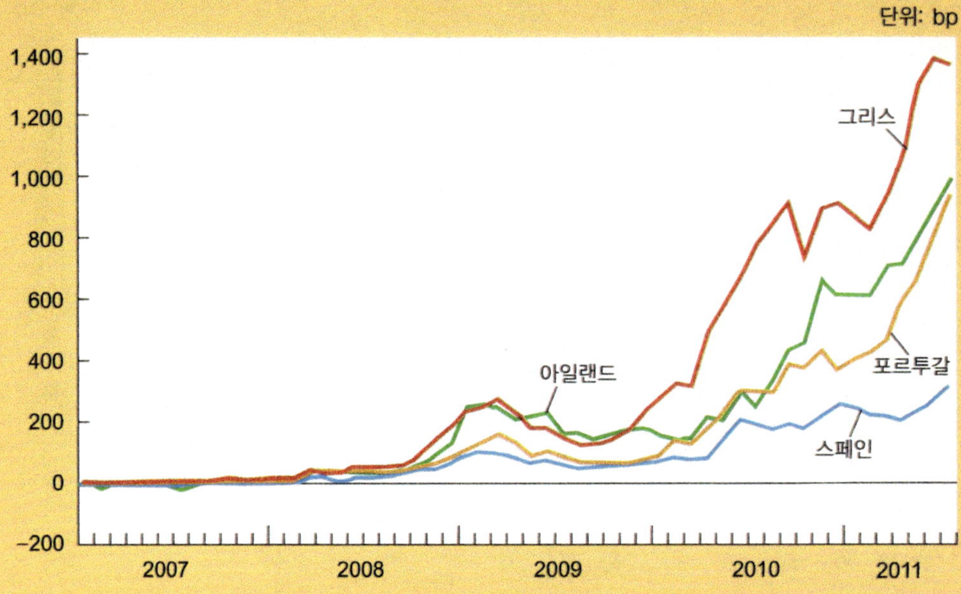


자료: *Financial Times*

### (3) 유로 존의 신용 스프레드

현재 유로 존에 가입되어 있는 17개국은 모두 단일 통화인 유로(EUR)로 국채를 발행하고 있다. [그림 6-16]에서 보는 바와 같이, 2007년까지만 하더라도 그리스, 아일랜드, 포르투갈, 스페인 등의 10년 만기 국채 이자율과 독일의 10년 만기 국채(Bund)의 이자율 간의 스프레드는 거의 0에 가까웠다. 그러나 이 스프레드는 2008년 하반기 이후 글로벌 금융위기가 심화되면서 벌어지기 시작하더니, 2010년에 들어와 유로 존 국가채무 위기가 본격화하면서 큰 폭으로 증가하였다.

### (4) EMBI 스프레드

오늘날 미국 국채에 대한 개도국 정부 발행 미국달러표시 국제본드의 신용 스프레드로 널리 이용되고 있는 것으로 J.P. Morgan Chase가 발표하는 EMBI(Emerging Market Bond Index)가 있다. 1990년 주로 중남미 8개국을 대상으로 처음 작성되기 시작한 EMBI는 1992년에 대상 국가를 16개국으로 확

그림 6-17 EMBI 글로벌 스프레드

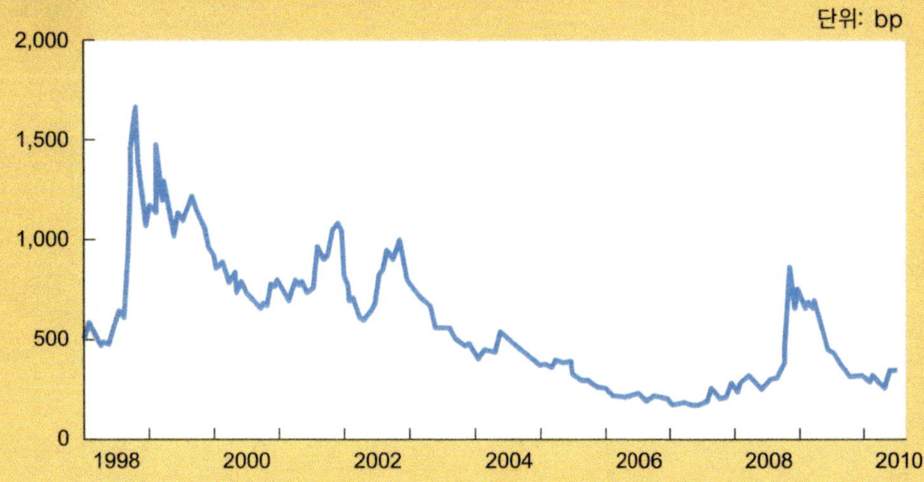


자료: Thomson Reuters

대하면서 EMBI+로 개편되었다. 한편 1998년부터 J.P. Morgan Chase는 EMBI+와 함께 대상 국가를 한국을 포함한 27개국으로 대폭 확대한 EMBI 글로벌을 발표하고 있다.

개도국 스프레드는 1997년 하반기의 아시아 위기, 1998년 8월의 러시아의 모라토리엄과 브라질 위기 그리고 2007년-2008년 글로벌 금융위기와 같은 국제 금융위기가 발생할 때마다 크게 증가한다. 즉 EMBI 글로벌 스프레드는 러시아 부도위기가 발생한 1998년 여름에 1,600bp까지 치솟았고, 이후 2002년 가을까지는 대략 600bp에서 1,000bp 사이에서 변동하였다. 이후 2002년 말부터 지속적으로 하락하기 시작하여 2007년 중순에는 역사상 가장 낮은 수준인 200bp까지 하락하였다. 그러나 2008년 하반기에는 다시 900bp까지 상승하였다가 2010년에 300bp 내외로 하락하였다.

### (5) 한국 외평채 스프레드

1997년 말 외환위기가 발생하면서 한국의 국가신용등급은 대폭 강등되었다. 1997년 10월부터 연말까지, S&P는 네 번에 걸쳐 AA-로부터 B+까지 10 단계, Moody's는 세 번에 걸쳐 A1에서 Ba1까지 6단계 하락시켰다. 그 이후 S&P는 1998년 2월부터 2005년 7월까지 일곱 차례에 걸쳐 A까지, 그리고 Moody' 는

그림 6-18 한국 외평채 스프레드 추이

2010년 4월까지 다섯 차례에 걸쳐 A1까지 상향조정하였다.

한국 정부는 1997년 말 외환위기 이후 1998년 4월부터 2009년 4월까지 국제본드시장에서 모두 여섯 차례에 걸쳐 글로벌 본드를 발행하였는데, 이를 외평채라고 부른다. 외평채 스프레드란 잔여만기 5년인 외평채와 만기 5년인 미국 국채의 이자율(유통수익률)의 차 곧 스프레드를 말한다.[13] 2007년 7월까지 70bp 내외에서 등락하던 외평채 스프레드는 글로벌 금융위기 이후 2008년 10월 한때 500bp를 넘었으나, 2010년에는 150bp 내외에서 변동하였다.

---

[13] 외평채 스프레드를 흔히 가산금리라 부르는데, 이는 오해의 소지가 있다. 우리나라 외평채는 모두 고정금리채로 발행되었다. 따라서 외평채 스프레드가 오른다고 해서 이미 발행된 외평채의 이자율이 증가하는 것은 아니다. 다만 한국 정부가 신규로 외평채를 발행한다면, 외평채의 발행 스프레드가 그만큼 상승할 것이다.

# 6.3 국제본드의 발행

국제본드는 외국본드와 유로본드로 분류할 수 있는데, 오늘날 가장 대표적인 외국본드는 양키본드이다. 이 절에서는 먼저 양키본드와 유로본드의 발행제도를 살펴보고, 1980년대 중반부터 유로본드시장에서 발행되기 시작한 만기 1년-5년의 유로중기노트(EMTN)에 대해 공부할 것이다. 다음에 국제본드의 발행수익률(issue yield)과 올 인 코스트(all-in cost)에 대해 설명하기로 한다. 마지막으로 1998년 이후 여섯 차례에 걸쳐 한국 정부가 발행한 국제본드 곧 외평채의 발행조건에 대해 알아보기로 한다.

## 1. 양키본드의 발행

외국본드(foreign bond)의 역사는 1820년대 당시 경제 대국이었던 영국의 자본시장에서 외국 정부와 철도회사들이 본드를 발행함에 따라 처음 형성되었다. 제1차 세계대전까지 런던과 파리가 외국본드시장의 중심을 이루었으나, 양차 세계대전 기간 중에 뉴욕이 새로운 외국본드시장으로 부상하였다. 양키본드시장은 1963년 미국이 이자평형세를 부과하면서 크게 위축되었으나, 1974년 이자평형세가 철폐된 이후 꾸준히 성장하고 있다. 이제부터 대표적인 외국본드인 양키본드의 발행제도에 대해 살펴보기로 하자.

### (1) 양키본드의 공모발행

주요국의 자본시장에서 발행되는 외국본드는 발행국의 국내본드와 동일한 규제와 관행에 따라 발행된다. 따라서 양키본드를 공모로 발행하기 위해서는, 미국 증권감독원(Securities and Exchange Commission: SEC)에 등록하고 심사를 받아야 하는데, 이를 위해서는 미국의 회계준칙에 맞게 재무제표를 작성해야 한다. 또 공모(public offering)로 양키본드를 발행하기 위해서는 무디스(Moody's)나 스탠다드 앤드 푸어스(S&P) 등의 신용평가기관으로부터 반드시 신용등급 사정을 받아야 한다.

이와 같이 양키본드의 공모 발행은 절차가 매우 번거로워 발행 준비에 비용이 많이 들 뿐만 아니라, 발행에 소요되는 기간도 최소 2개월 이상으로 길다. 그러나 미국은 세계 최대의 본드시장을 가지고 있어 일시에 거액의 자금 조달할 수 있고, 방대한 유통시장을 형성하고 있어 유동성이 매우 높다. 또 양키본드는 만기가 매우 길며, 발행수수료가 0.75%-1%로 매우 낮다. 더욱이 전통적으로 우량차입자의 시장인 양키본드시장 진출에 성공하면, 발행기업에 대한 신인도가 크게 높아진다.

외국본드의 인수 신디케이트와 판매그룹은 본드발행국의 금융기관으로 이루어지고, 본드의 판매도 주로 본드발행국의 자본시장에서 이루어진다. 따라서 양키본드는 미국의 유수 투자은행에 의해 인수되며, 본드의 판매는 전국적으로 다수의 금융기관을 통해 이루어진다. 외국본드는 본드발행국의 증권거래소에 상장되는 경우가 많은데, 양키본드는 증권거래소에 상장하지 않는 것이 일반적인 관행이다. 따라서 양키본드의 유통은 주로 장외시장을 통해 이루어진다.

양키본드를 비롯한 외국본드는 원래 기명식 본드(registered bond)로 발행되어 투자자의 익명성이 보장되지 않을 뿐만 아니라, 이자소득에 대한 원천세가 부과되었다. 한편 유로본드는 무기명식 본드(bearer bond)로 발행될 뿐만 아니라, 이자소득에 대해 원천세가 부과되지 않았다. 따라서 개인투자자들은 양키본드보다 유로달러본드를 선호하였다. 이에 따라 미국은 국제투자자들을 유치하기 위해 1984년 무기명식 양키본드 발행을 허용하면서 비거주자의 이자소득에 대한 원천과세도 폐지하였다.

### (2) Rule 415와 중기노트(MTN)

양키본드의 공모 발행은 절차가 매우 번거롭고 비용도 많이 든다. 이에 따라 미국의 증권감독원(SEC)은 1982년 일괄등록(shelf registration)에 관한 Rule 415를 제정하여 미국 자본시장에서 보다 신속하게 본드를 발행할 수 있도록 하였는데, 이 규정에 따라 발행되는 본드를 중기노트(Medium-Term Note: MTN)라 부른다. MTN은 SEC에 일괄등록한 일정한 발행총액(예를 들어 10억 달러) 이내에서 일정 기간(예를 들어 3년) 동안 여러 차례로 나누어 발행하는 본드를 말한다.

미국에서 기업이 일반 회사채를 발행하기 위해서는 매번 SEC에 등록하여야 한다. 그러나 MTN은 매번 SEC에 등록하지 않고 만기 270일부터 30년까지의 증권을 연속적으로 발행할 수 있어 매우 편리하고 발행비용을 절감할 수 있다. 일반 회사채는 공모로 발행되어 투자은행이 인수한 다음 다수의 투자자에게 판매된다. 그러나 MTN은 대부분 최선의 노력 방식(best-effort basis)의 사모로 발행되어 소수의 기관투자자에게 판매된다. 따라서 MTN은 매우 신속하게, 빠르면 1주일 안에 발행할 수 있다.

이와 같이 MTN은 발행의 신축성, 비용, 신속성에서 공모로 발행되는 일반 회사채보다 유리한 여러 가지 장점을 가지고 있다. 이에 따라 1983년 이후 MTN 시장은 매우 빠르게 성장하여, 오늘날 미국 자본시장에서 발행되는 회사채의 약 20%를 차지하고 있다. 미국의 MTN은 투자등급인 우량기업만이 발행할 수 있는데, 우량기업의 회사채 가운데 MTN이 차지하는 비중은 50%를 상회하고 있다. MTN은 대부분 5년 미만의 노트로 발행되고 있다.

### (3) Rule 144A와 사모발행

본드의 발행방법에는 공모 이외에 사모(private placement)가 있다. 사모란 인수 신디케이트나 판매그룹을 구성하지 않고 금융기관(투자은행과 증권회사)의 주선으로 소수의 기관투자자에게 본드를 판매하는 방법을 말한다. 미국의 본드시장은 1980년대에 들어와 기관투자자들이 주도하기 시작하면서, 사모본드 발행이 크게 증가하였다. 사모본드는 SEC에 등록할 필요가 없어 매우 신속하게 발행할 수 있으며 발행비용도 절감할 수 있다. 그러나 사모로 발행된 본드는 유동성이 매우 낮다.

사모발행이 증가하자 SEC는 1990년 Rule 144A를 제정하고 일정자격을 갖춘 기관투자자 간에 사모본드의 유통을 허용하였다. 이에 따라 유동성이 낮아 사모본드를 기피하던 연금펀드와 뮤추얼펀드 등 기관투자자의 사모본드 투자가 크게 증가하였다. 한편 신용등급이 낮아 공모로 양키본드를 발행하기 어려웠던 외국기업들도 Rule 144A를 통해 양키본드를 발행할 수 있게 되었다. 그러나 Rule 144A에 따라 양키본드를 발행하기 위해서는 신용평가기관의 등급사정을 받아야 한다.

## 2. 유로본드의 발행

유로본드는 1963년 미국 달러 표시로 처음 발행되었다. 외국본드가 150년이 넘는 역사를 가지고 있지만, 유로본드의 역사는 아직 50여 년에 불과하다. 유로커런시시장과 마찬가지로 유로본드시장은 1960년대에 미국이 도입한 일련의 자본유출 규제정책에 의해 발전하기 시작하였다. 미국은 1963년 미국인의 양키본드 투자에 대해 15%의 이자평형세를 부과한 데 이어, 1965년에는 외국기업과 미국의 다국적기업에 대한 은행대출을 억제하는 조치를 취하였다. 이에 따라 외국기업뿐만 아니라 미국의 다국적기업도 새로운 자금조달 창구로 유로커런시시장과 함께 유로본드시장을 이용하기 시작하였다.

유로본드의 발행은 1970년대 후반부터 증가하기 시작하였는데, 스왑시장이 본격적으로 형성된 1980년대에 들어와 비약적으로 증가하였다. 1970년대까지만 하더라도 외국본드와 유로본드는 비슷한 규모로 발행되었다. 그러나 1980년대에 들어와 유로본드가 외국본드를 압도하기 시작하여, 1985년 이후 국제본드의 80% 이상은 유로본드로 발행되고 있다. 유로마르크본드는 1964년, 유로스털링본드는 1972년, 유로엔본드는 1977년에 각각 처음으로 발행되었다. 한편 변동금리채는 1970년, 제로쿠폰본드는 1981년에 처음 발행되었다.

### (1) 유로본드시장의 특징

유로본드는 본드 표시통화국의 역외(offshore)에서 발행되는 본드이다. 따라서 본드발행을 위해 표시통화국의 증권감독기관에 등록하거나 기타 본드발행에 관한 표시통화국의 규제와 관행을 따를 필요가 없다. 이와 같이 규제가 없는 시장이라는 점이 유로본드시장의 가장 큰 특징이다. 지난 50년 동안 유로본드시장이 비약적으로 성장한 것은 규제를 받지 않아 차입자와 투자자들의 선호에 맞는 금융혁신을 지속적으로 이룩해왔기 때문이다.

유로본드의 모집과 판매는 여러 나라의 금융기관들로 구성된 국제적인 인수와 판매의 신디케이트가 구성되어 수 개국의 자본시장에서 동시에 이루어진다. 이와 같이 유로본드는 수 개국의 자본시장에서 동시에 판매되므로, 투자자층이 매우 다양하다. 유로본드시장의 초창기에는 개인투자자의 비중이 높았으나, 최근에는 연금펀드, 보험회사, 투자펀드 등 기관투자자의 비중이 높아지고 있다. 유로본드는 주로 런던이나 룩셈부르크 증권거래소에 상장되는데, 유통시장의 거래는 대부분 장외에서 이루어지고 있다.

유로본드는 공표일(announcement day)로부터 모집일(offering day)까지의 약 2주의 모집기간(offering period) 동안에 발행을 끝낼 수 있다. 이와 같이 유로본드는 양키본드에 비해 매우 신속하게 발행할 수 있지만, 발행비용은 양키본드보다 높아 2% 내외에 달한다. 유로본드 발행을 위한 기업정보의 공시요건(disclosure requirements)은 양키본드보다 느슨하다. 유로본드의 발행을 위해서 반드시 신용평가기관의 신용등급 사정을 받을 필요는 없지만, 투자등급 기업만이 유로본드시장에 진출할 수 있다.

유로본드는 모두 무기명식(bearer form)으로 발행되며, 이자지급에 대한 원천세(withholding tax)가 없다. 무기명식으로 발행되어 투자자의 익명성이 보장되고 이자소득에 대한 과세가 없다는 것이 유로본드와 외국본드를 구분하는 가장 큰 특징이었다. 그러나 1984년 양키본드시장에 이어 지난 20년간 주요국의 외국본드시장에서 무기명식의 도입과 원천세의 폐지가 이루어져, 최근 유로본드와 외국본드의 구분이 점점 모호해지고 있다.

### (2) 유로본드의 발행과정

유로본드는 전통적으로 간사은행그룹, 인수은행그룹, 판매그룹의 3단계 구조의 신디케이트를 통해 발행된다. 따라서 발행수수료도 간사수수료(management fee), 인수수수료(underwriting fee), 그리고 판매수수료(selling concession)로 구성된다. 유로본드의 발행수수료는 만기에 따라 증가하는데, 만기 10년의 전형적인 유로달러본드의 발행수수료는 약 2% 정도이다. 한편 미국달러 이외의 유로본드 발행수수료는 이보다 약간 높다.

간사은행그룹이 구성되면 주간사은행(lead manager)은 공표일에 본드의 대체적인 발행조건(발행액, 만기, 발행수익률 등)을 발표하고, 인수와 판매 신디케이트에 참여할 은행을 초청한다. 주간사은행은 공표일로부터 약 10일간 시장의 반응을 본 후, 모집일에 최종 발행조건을 확정하고 인수와 판매 신디케이트의 구성을 완료한다. 실제로 투자자에게 본드가 전달되고 발행자가 자금을 수취하는 것은 모집일로부터 약 2주 후이다.

### (3) 유로본드시장의 변화

1980년대에 들어와 경쟁이 치열해짐에 따라, 유로본드는 점차 전통적인 3단계 신디케이트를 변형한 형태로 발행되기 시작하였다. 그 대표적인 것이 일괄매입 방식과 고정가격 재판매 방식이다. 한편 1980년대 중반부터 유로본드시장에는 미국의 중기노트(MTN)를 모델로 한 만기 1년-5년의 유로중기노트(EMTN)가 발행되기 시작하였다.

1980년에 도입된 일괄매입(bought deal) 방식은 주간사은행이 발행자와 단독으로 결정한 발행조건(표시통화, 발행액, 만기, 액면이자율, 발행가격 등)으로 발행본드를 모두 인수하는 것을 말한다. 이 방식은 약 2주간의 모집기간이 생략되기 때문에, 매우 신속하게 본드를 발행할 수 있다는 장점을 가지고 있다. 그러나 일괄매입 이후에 인수와 판매 신디케이트를 조직하기 때문에, 주간사은행의 인수위험은 매우 커질 수 있다.

고정가격 재판매(fixed-price reoffering) 방식은 덤핑을 방지하기 위한 목적으로 도입되었다. 유로본드 판매업자는 판매수수료를 받는 브로커의 기능만 수행하고 본드인수의 책임은 지지 않는다. 따라서 발행가격보다 낮은 가격으로 본드를 덤핑하는 관행이 널리 퍼져 있었다. 예를 들어, 발행가격이 1,000달러인 유로본드의 판매수수료가 1.5%라고 하자. 이때 판매업자는 985달러에 이 본드를 매입하여 투자자에게 1,000달러에 재판매하여야 한다. 그러나 발행가격보다 10달러 할인한 990달러로 재판매하더라도, 판매업자는 5달러, 즉 0.5%의 판매수수료를 확보할 수 있다.

이와 같이 유로본드시장에서는 공표일로부터 모집일(가격결정일)에 이르는 약 2주간의 모집기간(offering period) 중에 판매업자들이 기관투자자를 상대로 본드를 덤핑하는 관행이 광범위하게 행해졌다. 이에 따라 유로본드의 판매수수료는 2% 내외로 매우 높지만, 판매업자들이 실제로 얻는 소득은 매우 작다. 유로본드시장은 판매그룹에 참여하는 금융기관이 매우 많다. 그리고 유로본드는 무기명식으로 발행되므로, 할인판매로 발행시장을 교란시키는 판매업자를 모니터하는 일은 거의 불가능하다.

미국 자본시장의 오랜 관행인 고정가격 재판매(fixed-price reoffering) 방식은 판매업자들이 투자자에게 발행본드를 할인판매하지 못하고, 일정한 고정가격으로만 재판매하도록 하는 제도이다. 예를 들어, 발행가격이 1,000달러인 본드의 판매수수료가 0.6%라면, 판매업자는 간사은행그룹으로부터 994달러로 이 본드를 매입한 다음, 이를 반드시 1,000달러의 고정가격에 투자자에게 재판매하여야 한다. 양키본드시장은 매우 투명하여 이 관행을 어긴 판매업자를 모니터할 수 있다.

### (4) 유로중기노트(EMTN)

유로기업어음(ECP)의 만기는 평균 90일 정도이다. 한편 유로본드는 만기 5년 이상이 80%를 차지하고 있다. 따라서 1980년대 중반까지 국제자본시장에서 차입자는 만기 1년-5년의 중기자금을 주로 은행대출인 신디케이트 론으로 조달하여 왔다. 유로중기노트(Euro Medium Term Note: EMTN)는 만기 1년 미만의 유로기업어음과 만기 5년 이상의 유로본드 간의 만기 갭을 연결하는 중기 부채증권으로 1986년에 처음 발행되었다.

유로기업어음(ECP)이 미국의 기업어음(USCP)을 모델로 한 것처럼, 유로중기노트(EMTN) 역시 미국의 중기노트(MTN)를 모델로 한 것이다. MTN은 미국의 증권감독원(SEC)이 1982년에 제정한 일괄등록에 관한 규정 Rule 415에 따라 발행되는 증권으로, 대부분 5년 미만의 노트로 발행되고 있다. MTN의 가장 중요한 특징은 SEC에 일괄등록한 일정한 발행총액을 여러 차례로 나누어 연속적으로 발행할 수 있다는 점이다.

EMTN은 이와 같이 미국에서 성공을 거둔 MTN을 유로시장에 도입한 것이다. 유로시장에는 증권감독기관이 없어 물론 일괄등록이 필요한 것은 아니다. 따라서 EMTN은 발행자와 은행단(bank syndicate) 간에 일정한 발행총액 이내에서 중기노트를 발행하는 퍼실리티를 설정하여 발행하는데, 대부분 비인수 퍼실리티(non-underwritten facility)가 이용되고 있다. EMTN의 절반 정도는 사모를 통해 판매되는데, 사모로 판매된 EMTN은 유통시장에서 거래되지 않는다.

EMTN의 가장 중요한 특징은 은행단과 미리 설정한 발행총액 이내에서 만기, 표시통화, 증권의 형태 등이 각기 다른 다양한 종류의 채권을 연속적으로 발행할 수 있다는 점이다. 즉 EMTN은 발행자의 자금조달 필요에 따라 1년 이상 5년까지의 다양한 만기로, 고정금리채나 변동금리채 또는 제로쿠폰 본드 등 여러 형태로 다양하게 발행할 수 있다. 표시통화는 미국 달러를 비롯하여 30여 개 나라 통화가 이용되고 있다.

EMTN은 미국의 MTN과 마찬가지로 발행의 신축성, 비용, 신속성 등 여러 면에서 유로본드보다 유리한 장점을 가지고 있다. 우선 EMTN은 만기, 표시통화, 증권의 형태 등의 선택이 매우 신축적이다. 다음으로 EMTN은 유로본드를 여러 번 발행하는 경우보다 발행비용을 크게 절감할 수 있다. 그리고 EMTN은 빠르면 수 시간 내에도 자금조달이 가능하나, 유로본드는 우량기업이라 하더라도 최소 1주일 이상은 소요된다.

유로본드의 1회 발행액은 보통 5,000만 달러가 넘지만, EMTN는 500만 달러 이하의 소액으로 연속적으로 발행할 수 있다. 따라서 EMTN은 발행자의 자금조달 필요에 따라 발행되기보다는, 투자자의 자금운용 필요에 맞추어 발행되는 경우가 많다. 예를 들어, 어느 연금기금이 1년 2개월 동안 3백만 달러의 자금을 변동금리로 운용할 필요가 있다면, 발행자는 은행단의 주선으로 이 투자자의 조건에 맞게 EMTN을 발행한다. EMTN시장은 이와 같이 투자자가 선도하는(investor-driven) 시장이다.

## 3. 국제본드의 발행조건

일반적으로 국제본드의 주요 발행조건으로는 (1) 표시통화(currency of denomination), (2) 만기(maturity), (3) 발행액(issue amount), (4) 액면이자율(coupon rate), (5) 발행가격(issue price), 그리고 (6) 발행수수료(issue cost) 등을 들 수 있다. 이 가운데 표시통화, 만기, 발행액 등은 주로 발행자의 필요에 따라 결정된다. 한편 액면이자율과 발행가격은 투자자의 수익률을 결정할 뿐만 아니라, 본드의 발행자에게는 차입비용(borrowing cost)을 결정하는 가장 중요한 요인이다.

### (1) 발행수익률의 결정

일반적으로 본드의 만기수익률은 유통시장에서 결정되는 유통수익률을 말한다. 한편 발행시장에서 본드를 새로 발행할 때 결정하는 본드의 이자율을 발행수익률(issue yield)이라 부른다. 발행수익률은 발행시장에서 본드를 매입한 투자자의 만기수익률을 나타낼 뿐만 아니라, 발행자에게는 차입비용(borrowing cost)을 결정하는 가장 중요한 요인이다.

국제본드의 발행수익률은 4.307%나 9.13%와 같이 절대적인 수준으로 표시하지 않고, 동일 만기 표시통화국 국채의 유통수익률에 일정한 발행 스프레드(issue spread)를 더하는 방법으로 표시하는 경우가 일반적이다. 이때 기준이 되는 국채를 흔히 벤치마크(benchmark)라고 부른다. 예를 들어, 10년 만기 양키본드와 유로달러본드의 벤치마크는 10년 만기 미국 국채(Treasury bond)가 된다.

국제본드의 발행 조건 가운데 가장 중요한 것은 벤치마크에 대한 발행 스프레드 곧 가산금리를 결정하는 일이다. 발행 스프레드가 결정되면, 발행수익률은 가격결정일(pricing day)의 벤치마크 유통수익률에 발행 스프레드를 더해 구한다. 예를 들어, 10년 만기 유로달러본드를 92bp(0.92%)의 발행 스프레드로 발행할 때, 가격결정일의 10년 만기 미국 국채의 유통수익률($i_T$)이 3.387%라면, 발행수익률($i$)은 4.307%로 결정된다. 즉

$$i = i_T + \text{발행스프레드}$$

$$4.307\% = 3.387\% + 0.92\%$$

### (2) 액면이자율의 결정

제2절에서 배운 바와 같이 본드의 이자율($i$), 즉 발행수익률이 액면이자율($c = C/F$)과 같다면, 발행가격($P$)은 액면가격($F$)과 같다. 즉 아래 식 (1)에서 $P = F$가 된다.

$$P = \frac{C}{(1+i)^1} + \frac{C}{(1+i)^2} + \cdots + \frac{C+F}{(1+i)^n} \tag{1}$$

따라서 유로달러본드의 발행수익률을 4.307%로 결정했을 때, 이 본드를 액면이자율 4.307%로 발행하면 발행가격은 액면가격과 같아질 것이다. 그러나 유로본드의 가격결정은 이와 같이 단순하지 않다.

유로달러본드는 미국의 국내본드와 마찬가지로 액면이자율을 0.125%, 즉 1/8% 간격으로만 구분하고 있다. 따라서 발행수익률이 4.307%일 때, 액면이자율은 4.25%나 4.375% 가운데 하나로 결정하여야 한다. 따라서 이 유로달러본드는 할인발행하거나 할증발행하게 된다.

**1.** 만약 액면이자율을 4.25%로 결정하면, 발행가격을 99.541로 할인해야 발행수익률이 4.307%가 된다.

**2.** 한편 액면이자율을 4.375%로 결정하면, 발행가격을 100.17로 할증해야 발행수익률이 4.307%가 된다.

이와 같이 액면이자율이 발행수익률보다 낮으면, 발행가격이 액면가격보다 낮은 할인발행이 이루어진다. 반대로 발행수익률이 액면이자율보다 높으면, 액면가격보다 발행가격이 높은 할증발행이 이루어진다. 이와 같은 이유로 국제본드는 액면발행되는 경우는 거의 없고, 일반적으로 할인발행되거나 할증발행되고 있다.

### (3) 올 인 코스트

본드의 만기수익률은 투자자의 연간 수익률을 나타낸다. 이에 대해 본드 발행자의 연간 차입비용을 나타내는 지표를 흔히 올 인 코스트(all-in cost)라고 부른다. 그러면 국제본드의 올 인 코스트는 어떻게 구할 수 있겠는가?

발행자가 본드발행으로 실제로 조달하는 자금은 발행가격에서 발행수수료를 뺀 것과 같다. 예를 들어, 만기 10년, 액면금액 1,000달러인 본드 1매를 액면발행할 때, 발행수수료가 2%라면, 발행자의 순수취액(net proceeds)은 980달러가 된다. 한편 만약 이 본드를 990달러로 할인발행한다면, 발행자의 순수취액은 970달러가 될 것이다.

본드를 할인발행 또는 할증발행할 때, 액면가격 $F$와 발행가격 $P$의 차인 $[F - P]$를 발행차액이라 부른다. 예를 들어, 액면금액 1,000달러인 본드를 990달러로 할인발행하면 발행차액은 10달러가 되고, 1,010달러로 할증발행한다면 발행차액은 −10달러가 된다. 따라서 본드 발행자의 순수취액 $NP$는 액면금액에서 발행차액과 발행수수료 $IC$를 뺀 것과 같다. 즉

$$NP = F - [(F - P) + IC] = P - IC$$

이와 같이 본드 발행으로 순수취액 $NP$를 조달한 발행자는 매년 이자 $C$를 지급하고 만기에는 본드의 액면금액 $F$를 상환해야 한다. 따라서 만기를 $n$으로 나타낼 때, 본드의 올 인 코스트 $c$는 다음 식에 따라 구할 수 있다.

$$NP = \frac{C}{(1+c)^1} + \frac{C}{(1+c)^2} + \cdots + \frac{C+F}{(1+c)^n} \tag{2}$$

발행수수료가 높으면, 발행자의 순수취액 $NP$는 감소한다. 따라서 올 인 코스트는 증가한다. 예를 들어, 만기 7년, 액면이자율 8%인 본드를 2%의 발행수수료로 액면발행할 때, 위 식에 따라 올 인 코스트를 구하면 8.389%가 된다. 그러나 이 본드를 1%의 발행수수료로 액면발행하면, 올 인 코스트는 8.193%가 된다.

## 4. 한국의 외평채 발행

한국 정부는 1997년 말 외환위기를 겪은 이후, 1998년 4월 만기 5년 10억 달

러와 만기 10년 30억 달러의 국제본드를 처음 발행하였다. 이 가운데 10억 달러를 2003년 4월에 만기상환하고, 5월에 다시 만기 10년 10억 달러의 국제본드를 발행하였다. 그 후 2004년 9월에 만기 10년 10억 달러, 2005년 11월에 만기 20년 4억 달러와 만기 10년 5억 유로, 2006년 12월에 만기 10년 5억 달러와 만기 15년 3.75억 유로 그리고 2009년 4월에 만기 5년과 10년의 각각 15억 달러 등 모두 여섯 차례에 걸쳐 외평채를 발행하였다.

[표 6-6]에는 1998년 4월의 30억 달러 외평채와 2003년 5월의 10억 달러 외평채의 발행조건이 요약되어 있다. 외환위기 직후인 1998년 4월에 최초로 발행된 만기 10년 30억 달러 외평채는 미국 국채에 대한 스프레드 355bp와 액면이자율 8.875%의 매우 불리한 조건으로 발행되었는데, 당시 한국의 국가신용등급은 Ba1(B+)이었다. 그러나 5년 후인 2003년 5월에 발행된 외평채는 미국 국채에 대한 스프레드 92bp와 액면이자율 4.25%의 조건으로 발행되었는데, 이 때 한국의 국가신용등급은 A3(A−)였다.

**표 6-6 한국 외평채의 발행조건**

| | 1998년 4월 | 2003년 5월 |
|---|---|---|
| 국가신용등급 | Bal, B+ | A3, A− |
| 발행액 | 30억 USD | 10억 USD |
| 주문액 | 120억 USD | 40억 USD |
| 만기 | 10년 | 10년 |
| 액면이자율 | 8.875% | 4.25% |
| 발행스프레드 | 355bp | 92bp |
| 발행수익률 | 9.08% | 4.307% |
| 발행가격 | 98.647 | 99.541 |
| 이자지급 | 연 2회 | 연 2회 |
| 발행수수료 | 75bp | 15bp |
| 올인코스트 | 9.2012% | 4.3257% |
| 주간사은행 | Salomon Smith Barney<br>Goldman Sacks | Barclays Capital<br>Citigroup<br>Goldman Sacks |

자료: 기획재정부

## 6.4 자산유동화

자산유동화(securitization)는 주택담보대출이나 신용카드대출 등과 같이 비유동적인 자산을 모아, 이를 담보로 자본시장에서 활발하게 거래되는 증권을 발행하는 것을 말한다. 대표적인 자산유동화 증권으로 모기지담보증권(MBS), 자산담보증권(ABS), 부채담보증권(CDO)이 있다. 자산유동화는 지난 30년간 일어난 가장 중요한 금융혁신의 하나이지만, 2007년-2009년 글로벌 금융위기를 증폭시킨 가장 중요한 원인이기도 하다.

이 절에서는 먼저 자산유동화 증권 가운데 가장 먼저 1970년대에 미국에서 도입된 모기지담보증권(mortgage-backed security: MBS)을 예로 들어, 자산유동화 과정을 설명하기로 한다. 다음에 MBS, ABS, CDO, ABS-CDO 등 주요 자산유동화 증권을 설명한 다음, 전 세계와 미국의 자산유동화 시장의 성장을 살펴보기로 한다. 마지막으로 2007년-2009년 글로벌 금융위기와 자산유동화의 관계에 대해 알아보기로 하자.

### 1. 자산유동화 과정

과거에 미국의 은행은 고객(저축자)으로부터 예금을 받아, 주택구입자(차입자)에게 주택을 담보로 모기지 대출을 행하였다. 따라서 은행은 고객 예금이 증가하지 않으면 모기지 대출을 늘릴 수 없었다. 또 개별 모기지는 대출조건이 모두 달라, 만기 이전에 모기지를 매매할 수 있는 유통시장도 발달되어 있지 않았

그림 6-19 대출-보유 모델

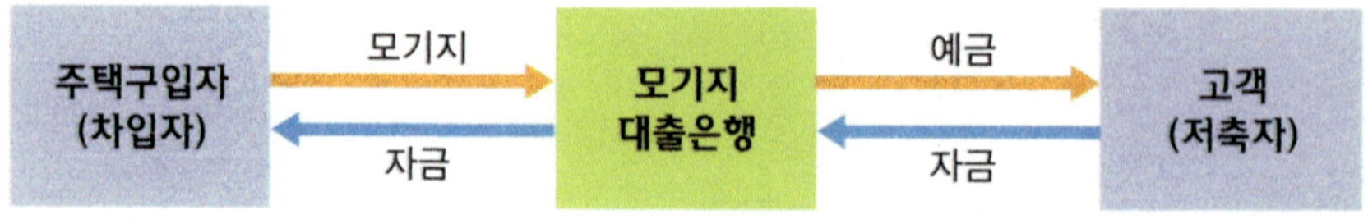

다. 따라서 모기지 대출은행은 모기지를 만기까지 보유할 수밖에 없었는데, [그림 6-19]에서 보는 이와 같은 금융중개 과정을 대출-보유 모델(originate-to-hold model)이라 부른다.

오늘날 미국의 은행은 모기지의 60% 이상을 다른 금융기관에게 매각하고 있다. 그리고 금융기관은 매입한 모기지 풀을 담보로 유통시장에서 자유롭게 거래되는 증권인 MBS를 발행한다.[14] 예를 들어, (1) MBS 발행자는 은행으로부터 대출조건이 비슷한 1,000건의 모기지(대출금액 약 10만 달러, 만기 30년, 고정금리 6.50% 내외)를 매입한 다음, (2) 이 모기지 풀을 담보로 10,000매의 MBS(액면금액 10,000달러, 만기 30년, 고정금리 6.00%)를 발행하여 투자자에게 판매한다.

MBS 발행자는 MBS를 판매한 대금으로 모기지 매입대금을 조달하고, 모기지의 원리금을 받아 MBS 원리금을 지급한다. MBS가 도입됨에 따라 모기지 대출은행은 모기지 매각대금으로 신규 모기지를 대출할 수 있게 되었는데, 이때 모기지의 대출자금은 고객 예금이 아니라 자본시장에서 MBS 투자자로부터 조달된다. [그림 6-20]에서와 보는 바와 같이, 은행대출인 모기지를 자본시장에서 거래되는 증권으로 변환시키는 금융중개 과정을 대출-매각 모델(originate-to-distribute model) 또는 자산유동화(securitization) 모델이라 부른다.[15]

**그림 6-20 대출-매각 모델**

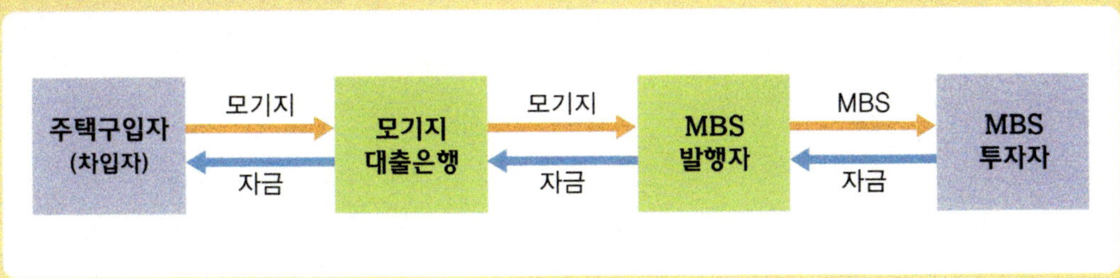


[14] 제1장 4절에서 설명한 바와 같이, 미국의 모기지 대출은 일반은행뿐만 아니라 모기지 대출만을 전문으로 하는 모기지 회사에 의해서도 이루어진다. 한편 미국의 MBS는 주로 정부지원기관인 패니메이와 프레디맥 그리고 월 스트리트의 투자은행들에 의해 발행되었지만, 일부는 일반은행과 모기지 회사에 의해 발행되기도 하였다.

[15] 따라서 자산유동화 증권을 흔히 증권화한 대출(securitized loans)이라 부르기도 한다.

MBS는 원래 위험-수익(risk-return)의 구조가 동일한 한 종류의 증권으로 발행되었다. 그러나 오늘날 MBS는 대부분 위험-수익 구조가 다른 여러 조각(slice)으로 구성된 구조화 증권(structured product)으로 발행되고 있다. 구조화 증권의 각 조각을 트랜치(tranch)라 부르는데, [그림 6-21]에서 보는 바와 같이, 전형적인 구조화 증권은 시니어 트랜치(senior tranche), 메자닌 트랜치(mezzanine tranche), 그리고 이퀴티 트랜치(equity tranche) 등으로 나누어 발행된다.

[그림 6-21]의 예에서, MBS 발행액의 80%는 액면이자율 5%인 시니어 트랜치, 15%는 액면이자율 8%인 메자닌 트랜치, 나머지 5%는 액면이자율 15%인 이퀴티 트랜치로 발행되었다. 이와 같이 수익률은 시니어 트랜치가 가장 낮고, 메자닌 트랜치가 중간이며, 이퀴티 트랜치가 가장 높다. 또한 위험은 이퀴티 트랜치가 가장 높고, 메자닌 트랜치가 중간이며, 시니어 트랜치가 가장 낮다. 예를 들어, 모기지의 부도로 손실이 발생하면, 처음 5%는 이퀴티 트랜치가 부담하고, 다음 15%는 메자닌 트랜치가 부담하며, 20%가 넘는 손실은 시니어 트랜치가 부담한다.

**그림 6-21 전형적인 구조화 증권**

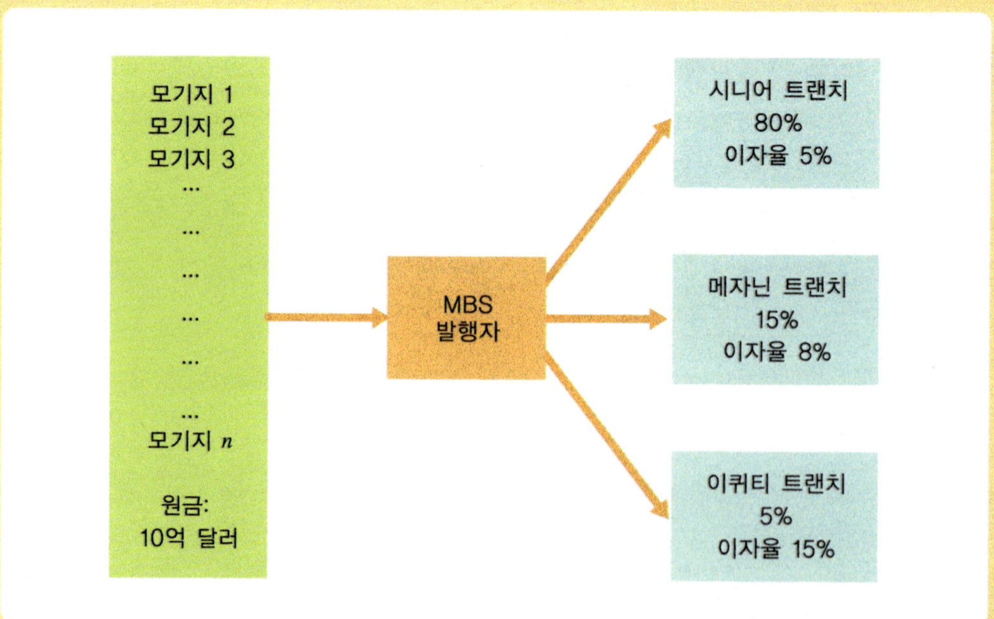

MBS의 손실률이 20%를 넘어 실제로 시니어 트랜치에 손실이 발생할 가능성은 거의 없다. 그러므로 시니어 트랜치는 부도위험이 매우 낮은 안전한 자산이라고 말할 수 있다. 따라서 신용평가회사는 시니어 트랜치에 대해 AAA(Aaa)의 신용등급을 부여하고 있다. 한편 메자닌 트랜치에 대해서는 대체로 투자등급인 BBB(Baa)의 신용등급을 부여한다. 그러나 이퀴티 트랜치는 위험이 매우 높으므로, 신용평가회사는 이퀴티 트랜치의 신용은 평가하지 않는(un-rate) 것이 일반적이다.

## 2. 자산유동화 증권

자산유동화 증권은 집합하는 기초자산에 따라 (1) 모기지담보증권(MBS), (2) 자산담보증권(ABS), (3) 부채담보증권(CDO)으로 나눌 수 있다. 오늘날 미국은 전 세계 자산유동화 시장의 80% 내외를 차지하고 있다. 따라서 이제 미국의 자산유동화 시장을 중심으로 자산유동화 증권을 설명하여 보자.

### (1) 모기지담보증권(MBS)

모기지에는 주거용 주택을 담보로 하는 주택 모기지(residential mortgage)와 빌딩, 쇼핑센터, 창고, 산업시설, 호텔, 리조트 등을 담보로 하는 상업용 모기지(commercial mortgage)가 있다. 따라서 모기지담보증권(MBS)도 주택 모기지를 집합하는 RMBS와 상업용 모기지를 집합하는 CMBS로 구분한다. 그런데 전체 모기지의 80% 이상을 RMBS가 차지하고 있으므로, 흔히 MBS라고 하면 RMBS를 가리키는 경우가 대부분이다.

미국의 MBS는 기관(agency) MBS와 민간(private label) MBS로 나누어진다. 기관 MBS란 정부지원기관인 패니메이와 프레디맥 등이 발행하는 MBS를 말한다. 정부지원기관은 원래 모기지를 대출한 금융기관으로부터 모기지를 매입하여 보유하는 것이 주요 업무였으나, 1980년대에 들어와 매입한 모기지 풀을 담보로 적극적으로 MBS를 발행하기 시작하였다. 한편 민간 MBS란 주로 월스트리트의 투자은행이 모기지 대출 금융기관으로부터 매입한 모기지 풀을 담보로 발행하는 MBS를 말한다.[16]

미국의 MBS 발행액은 2001년 1.7조 달러에서 2003년 사상 최고인 3.2조 달러까지 증가하였는데, 2003년에 민간 MBS가 차지하는 비율은 15% 미만이었

그림 6-22 미국의 MBS 발행액

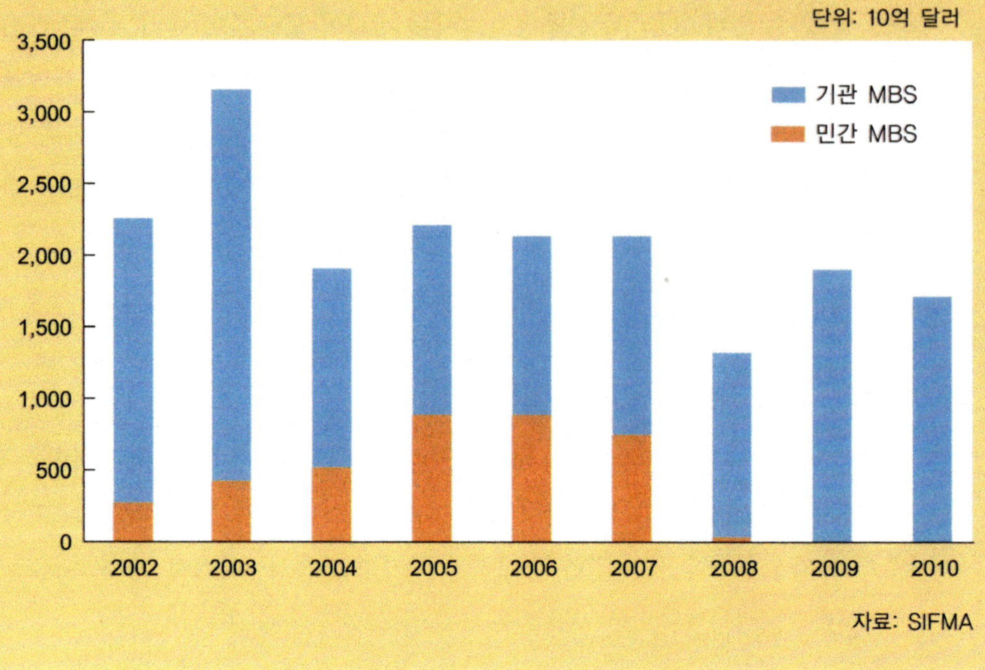


다. 2005년-2007년간 MBS 발행액은 매년 2조 달러를 넘었는데, 이 기간 중 민간 MBS 발행비율은 무려 40%로 증가하였다. 글로벌 금융위기 이후 2008년-2010년간 MBS 연간발행액은 2조 달러를 밑돌고 있는데, 민간 MBS 발행비율은 2008년 3%에서 2010년에는 1%로 대폭 감소하였다. 이로부터 최근 미국 MBS 시장은 기관 MBS에 의해 지탱되고 있음을 알 수 있다.

### (2) 자산담보증권(ABS)

미국에서 1980년대에 발행되기 시작한 자산담보증권(asset-backed security: ABS)은 (1) 신용카드 매출채권(credit card receivables), (2) 자동차 대출(automobile loans), (3) 학자금 대출(student loans), (4) 설비 리스(equipment leases), (5) 조립식 주택(manufactured housing), 그리고 (6) 주택담보 후순위

[16] 2007년 10대 민간 MBS 발행자로는 투자은행인 베어 스턴스, 리먼 브러더스, 메릴 린치와 일반은행인 워싱턴 뮤추얼, 모기지 대출회사인 컨트리와이드 파이낸셜과 인디맥이 포함되어 있다. 이들 6개 금융기관은 모두 글로벌 금융위기 와중에 막대한 손실을 입고 다른 금융기관에 인수되거나 파산하였다.

대출(home equity loans) 등 각종 소비자 대출을 집합한 다음, 이를 담보로 발행하는 자산유동화 증권을 말한다.[17]

미국의 ABS 발행액은 2000년 2,800억 달러에서 2006년의 7,540억 달러까지 매년 증가하였으나, 글로벌 금융위기 이후 2008년-2010년간에는 1,000 달러를 조금 넘는 수준으로 대폭 감소하였다. ABS 발행액이 가장 높았던 2006년에 주택담보 후순위대출이 64%를, 그리고 자동차 대출, 신용카드 대출, 학자금 대출이 각각 10% 내외를 차지하고 있었다. 그러나 ABS 발행액이 2006년의 1/7로 대폭 감소한 2010년에는 자동차 대출이 54%, 학자금 대출이 16%, 그리고 신용카드 대출과 설비 리스가 각각 7%씩을 차지하고 있다.

**그림 6-23 미국의 ABS와 CDO 발행액**

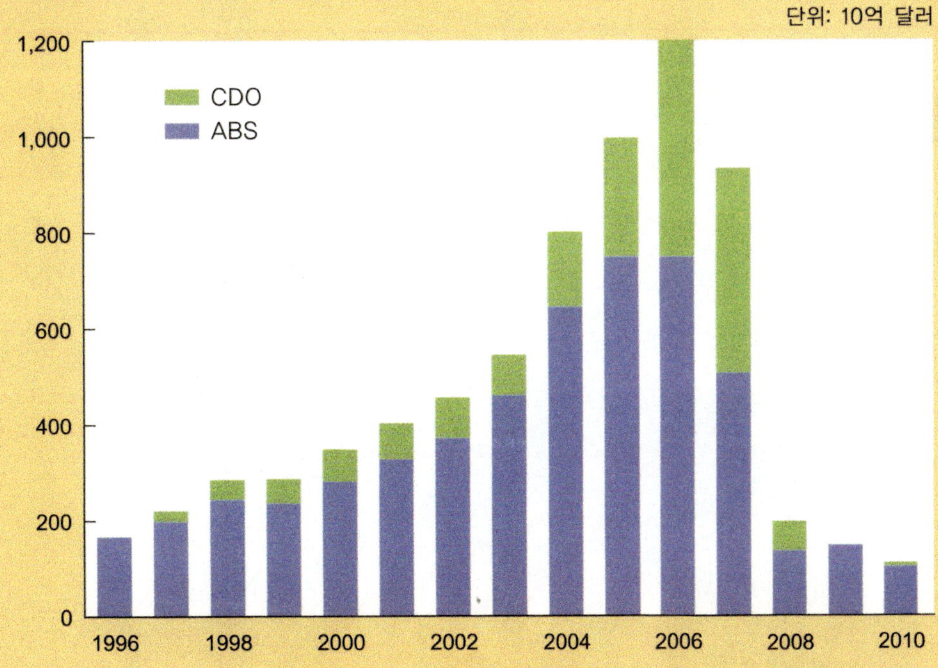


자료: TheCityUK

[17] MBS와 CDO도 자산을 담보로 발행되는 증권이다. 따라서 광의의 자산담보증권(ABS)에 MBS와 CDO를 포함시키는 경우도 있다. 한편 CDO를 ABS에 포함시켜 통계를 작성하는 기관도 있다.

### (3) 부채담보증권(CDO)

1990년대 후반부터 ABS와 함께 미국에서 발행되기 시작한 부채담보증권(collateralized debt obligation: CDO)은 집합하는 기초자산에 따라, (1) 은행대출을 기초자산으로 하는 CLO(collateralized loan obligation), (2) 회사채를 기초자산으로 하는 CBO(collateralized bond obligation), 그리고 (3) MBS의 특정 트랜치를 기초자산으로 하는 ABS-CDO로 구분할 수 있다. CLO의 기초자산은 리보(Libor)에 대한 스프레드가 2% 이상인 고금리 신디케이트 론이 많은데, 이를 흔히 레버리지 론(leveraged loan)이라고 한다.[18] 한편 CBO의 기초자산은 정크본드보다는 투자등급 회사채가 더 많다.

구조화 증권(structured product)으로 발행되는 MBS의 시니어 트랜치는 같은 Aaa(AAA) 신용등급인 미국 국채보다 이자율이 높으므로 투자자 찾기는 어렵지 않다. 한편 위험과 수익률이 모두 높은 이퀴티 트랜치는 헤지펀드에 판매하거나 또는 MBS 발행자가 보유한다. 그러나 위험과 수익률이 어중간한 메자

그림 6-24 ABS-CDO의 구조

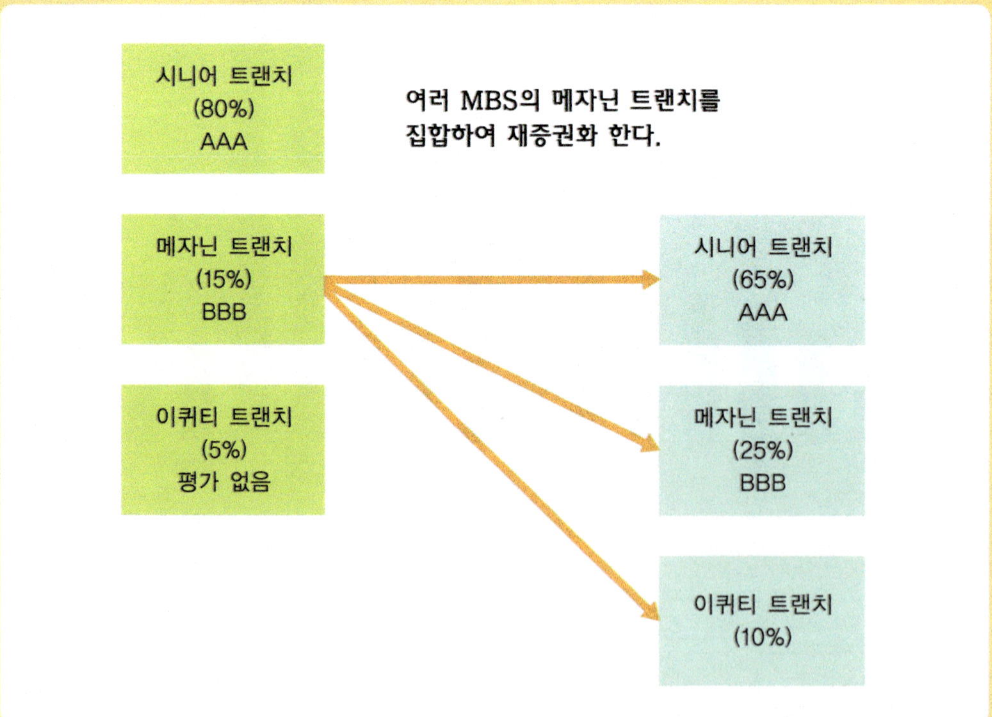

닌 트랜치의 투자자란 찾기가 쉽지 않다. 이에 따라 탄생한 것이 ABS-CDO이다. [그림 6-24]에서 보는 바와 같이, ABS-CDO는 여러 구조화 MBS의 메자닌 트랜치만을 모아 재증권화(re-securitize) 한 것을 말한다.[19]

미국의 CDO 발행액은 2004년 1,600억 달러에 이를 때까지 매년 1,000억 달러 미만에 머물렀으나, 2005년-2007년 3년간 매년 4,000억 달러 이상 발행되었다. 그러나 2008년에 620억 달러가 발행된 이후, 2009년-2010년간에는 거의 발행되고 있지 않다. 전 세계 CDO 발행액이 가장 많았던 2006년에 ABS-CDO가 53%, CLO가 31%, 그리고 CBO가 16%를 차지하였다.

## 3. 자산유동화 시장

전 세계 자산유동화 증권 발행은 2000년 1.1조 달러에서 2003년에 3.9조 달러로 3년간 무려 3.5배나 증가하였다. 2004년(3.0조 달러)과 2005년(3.6조 달러)의 2년간 다소 주춤하였으나, 2006년과 2007년에는 다시 3.9조 달러로 증가하였다. 그러나 글로벌 금융위기가 발생하면서, 2008년에 2.7조 달러로 크게 감소하였고, 2009년 2.8조 달러에 이어, 2010년에는 2007년보다 약 36%나 적은 2.5조 달러로 감소하였다.[20]

2000년대 초반 미국은 전 세계 자산유동화 증권 발행의 90% 내외를 차지하고 있었다. 그러나 글로벌 금융위기로 미국의 비중은 2008년에 57%로 감소하였다가, 2010년에는 77%로 회복되었다. 한편 네덜란드(7%), 영국(5%), 스페인(3%) 등 유럽이 2010년 세계 자산유동화시장의 19%를 차지하고 있다. 미국과 유럽 이외에, 한국, 호주, 일본, 캐나다가 각각 2010년 전 세계 자산유동화 증권 발행의 약 1%씩을 차지하고 있다.[21]

2010년 말 전 세계 자산유동화 증권 발행잔고는 13.6조 달러로, 전 세계 본드 발행잔고 95조 달러의 14%를 차지하고 있다. 한편 2010년 말 미국의 자산유동

---

[18] 레버리지 론과 고금리 본드인 정크본드를 합해 흔히 레버리지 금융(leveraged finance)이라 부른다.

[19] 이와 같이 메자닌 트랜치(신용등급 BBB부터 B까지)만을 모아 발행된 ABS-CDO를 Mezz ABS-CDO라 부른다.

[20] SIFMA, "Global Securitization Update 2010," *Research Report*, (April 2011).

[21] TheCityUK, "Securitization 2010," *Research Report*, (April 2011).

그림 6-25 **전 세계 자산유동화 증권 발행액**

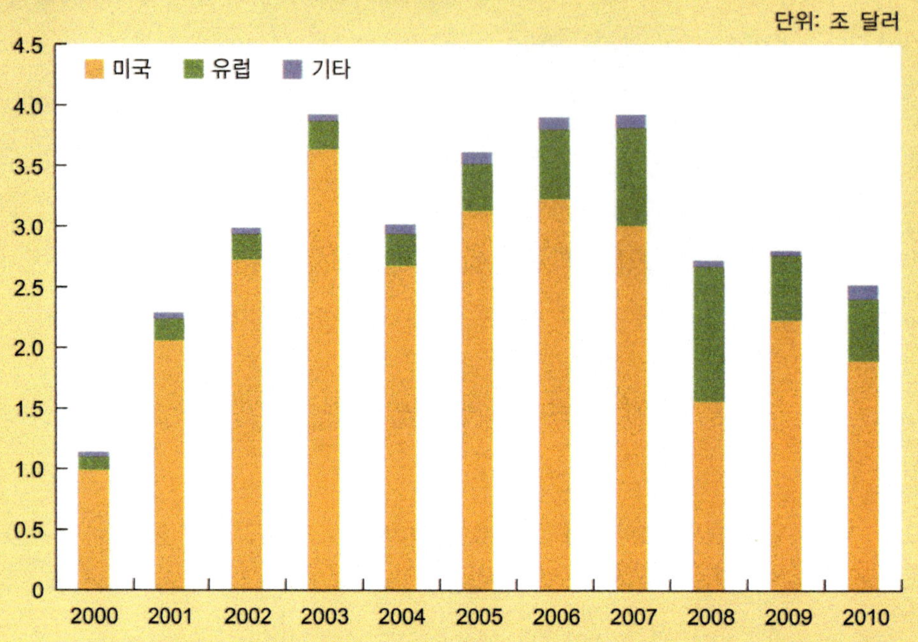


자료: SIFMA

화 증권 발행잔고는 10.5조 달러로, 전 세계 자산유동화 증권의 77%를 차지하고 있다. SIFMA에 따르면, 2010년 말 미국 본드시장의 발행잔고는 35조 달러에 이른다.[22] 따라서 자산유동화 증권은 미국 본드시장의 약 30%를 차지하고 있음을 알 수 있다.

자산유동화 증권이 미국의 본드발행 잔고에서 차지하는 비율은 1980년만 하더라도 4%에 불과하였으나, 1985년에 9%, 1990년에 18%, 1995년에 28%, 그리고 2007년에 35%에 이를 때까지 계속 증가하여 왔다. 그러나 글로벌 금융위기 이후 점차 감소하여 2010년에는 30%로 하락하였다. 2010년 말 미국의 자산유동화 증권 발행잔고 10.5조 달러 가운데 81%는 모기지담보증권(MBS)이,

[22] SIFMA(Securities Industry and Financial Markets Association)은 650여개 미국 증권회사, 은행, 그리고 자산운용회사가 회원으로 가입한 협회로, 미국 본드시장에 대한 공식 통계를 발표하고 있다. SIFMA에 따르면, 2010년 말 미국 본드발행 잔고 35조 달러는 국채(25.3%), 지방채(8.3%), 기관채(7.2%), 회사채(21.5%), 단기금융상품(8.2%), MBS(23.8%), 그리고 ABS와 CDO(5.7%)로 구성되어 있다. 한편 제1절에서 본 바와 같이, 국제결제은행(BIS)은 2010년 말 미국의 본드발행 잔고를 32.4조 달러로 발표하고 있다.

그림 6-26 **미국 본드시장의 발행잔고**

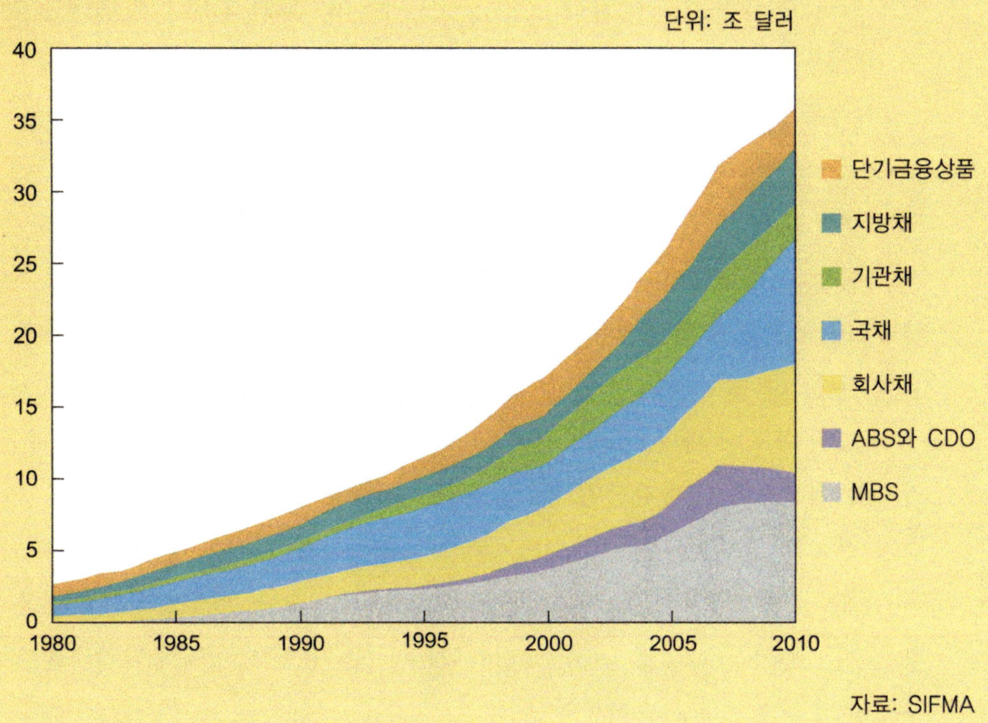


12%는 자산담보증권(ABS)이, 그리고 나머지 7%는 부채담보증권(CDO)이 차지하고 있다.

## 4. 자산유동화 문제

자산유동화는 지난 30여 년간 일어난 가장 중요한 금융혁신의 하나이다. 그러나 2007년-2009년 글로벌 금융위기는 자산유동화의 위기라고 부를 수 있을 만큼 자산유동화와 밀접한 관련을 가지고 있다. 모기지 풀을 담보로 발행되는 MBS는 자산유동화 증권의 80% 내외를 차지하고 있다. 따라서 이제 MBS를 예로 들어 자산유동화의 장점을 살펴본 다음, 자산유동화와 글로벌 금융위기의 관계를 설명하여 보기로 하자.

자산유동화로 주택시장에 풍부한 자금이 공급된다. 대출-보유-모델에서 모기지 대출자금은 은행의 고객 예금으로 조달된다. 그러나 대출-매각 모델이 도입되면, 모기지 대출자금은 자본시장에서 직접 조달된다. 이와 같이 공급 경로가 확대되면, 모기지 대출자금의 공급은 증가하고 모기지 대출 금리는 하락한다. 이에 따라 더 많은 주택구입자들이 더 낮은 금리로 모기지 대출의 혜택을 받을 수 있다.

자산유동화는 모기지의 신용위험(credit risk)을 광범위하게 분산시킨다. 대출-보유 모델에서 한 모기지가 부도나면, 그 모기지를 보유한 은행이 손실을 모두 부담한다. 그러나 대출-매각 모델에서 한 모기지가 부도나면, 그 모기지가 포함된 MBS에 투자한 다수의 투자자들이 손실을 분담한다. 이와 같은 위험분담(risk-sharing)의 향상은 경제의 효율을 증가시키고, 이는 모기지 대출 비용을 하락으로 이어진다.

자산유동화로 은행은 규제자본(regulatory capital)을 감소시킬 수 있다. 모기지의 매각으로 위험자산이 감소하므로, 규제자본도 감소한다. 은행은 이와 같이 절약한 규제자본을 다른 자산 투자에 충당하여 이익을 증가시킬 수 있는데, 이를 규제차익거래(regulatory arbitrage)라고 한다. 제1장 4절에서 본 바와 같이, SIV(Structural Investment Vehicle)는 은행이 규제차익거래를 위해 부외에 설립한 서류상의 회사이다.

자산유동화는 투자자(investor)에게 선택의 폭을 넓혀준다. 구조화 MBS는 위험-수익 구조가 다른 여러 트랜치로 나누어 발행되므로, 투자자는 선호에 맞는 상품을 선택하여 투자할 수 있다. 연금기금 등 일부 기관투자자는 투자 대상을 AAA 신용등급 본드로 규제받고 있다. 자산유동화 증권의 약 70%는 신용등급 AAA인 시니어 트랜치로 발행된다. 따라서 시니어 트랜치는 기관투자자들이 선호하는 상품이었다.

이와 같이 자산유동화는 여러 가지 장점을 가지고 있다. 그러나 제1장 4절에서 본 바와 같이, 서브프라임 위기로 MBS 등 자산유동화 증권에 대거 투자한 금융기관은 막대한 손실을 보았고, 이는 대공황 이후 가장 심각한 대경기침체(Great Recession)로 이어졌다. 자산유동화는 서브프라임 위기를 글로벌 금융위기로 증폭시킨(amplified) 가장 중요한 원인이었다. 그러면 자산유동화의 무엇이 문제였는가?

MBS 등 자산유동화 증권이 과잉으로 공급되었다. [그림 6-27]에서 보는 바와 같이, 정부지원기관(GSE)이 발행하는 기관(agency) MBS를 제외하고 주로 월 스트리트의 투자은행이 발행하는 미국의 민간(private label) 자산유동화 증

그림 6-27 **미국의 민간 자산유동화 증권 발행액**

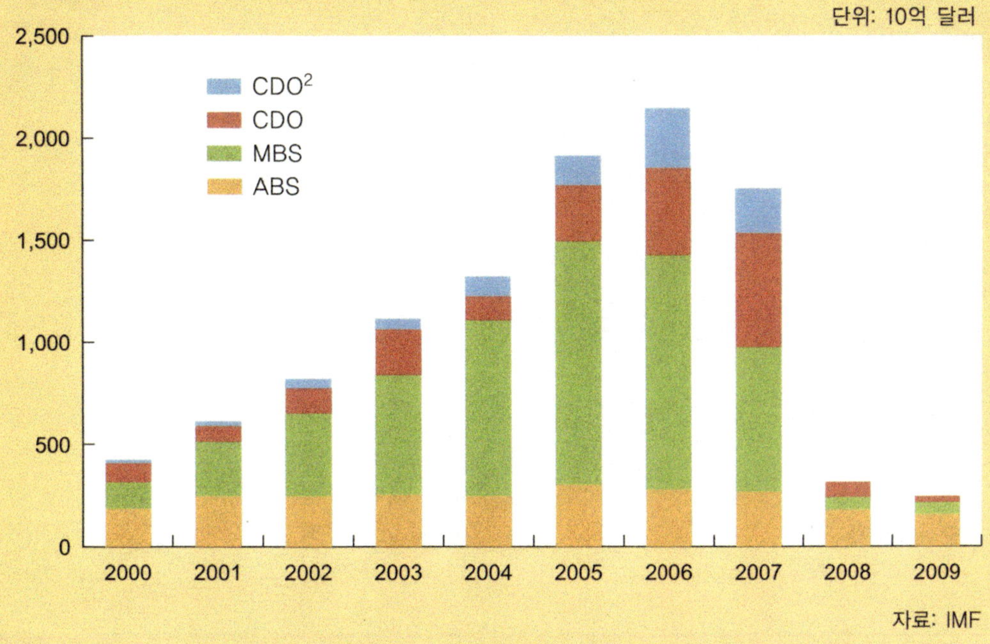


권 발행액은 2000년 4,000억 달러에서 2006년에는 2.2조 달러로, 불과 6년 사이에 5배 이상 증가하였다. 이 기간 동안 ABS의 발행은 매우 안정적이었으나, 서브프라임 MBS와 CDO 그리고 CDO를 재증권화한 $CDO^2$의 발행은 매우 빠르게 증가하였다.

대출-보유 모델에서 모기지 대출기관은 모기지를 만기까지 보유하므로, 대출심사를 엄격하게 하지 않으면 안 된다. 그러나 대출-매각 모델에서 모기지 대출기관은 모기지를 대출하자마자 곧바로 투자은행에 매각하므로, 굳이 대출심사를 철저하게 할 유인이 없었다. 따라서 제1장 4절에서 설명한 바와 같이, 모기지 회사들은 대출기준을 대폭 완화한 각종 변형 모기지를 개발하여 부도위험이 높은 서브프라임 모기지를 무분별하게 대출하였다.

한편 월 스트리트의 투자은행들은 (1) 서브프라임 모기지를 모아 발행하는 서브프라임 MBS, (2) 구조화 MBS의 메지닌 트랜치를 모아 발행하는 ABS-CDO, 그리고 (3) CDO의 특정 트랜치를 모아 재증권화하는 $CDO^2$로 막대한 이익을 얻고 있었다. 글로벌 금융위기 이전 글로벌 유동성은 매우 풍부하였으므로, 모

그림 6-28 **ABX 지수의 하락**

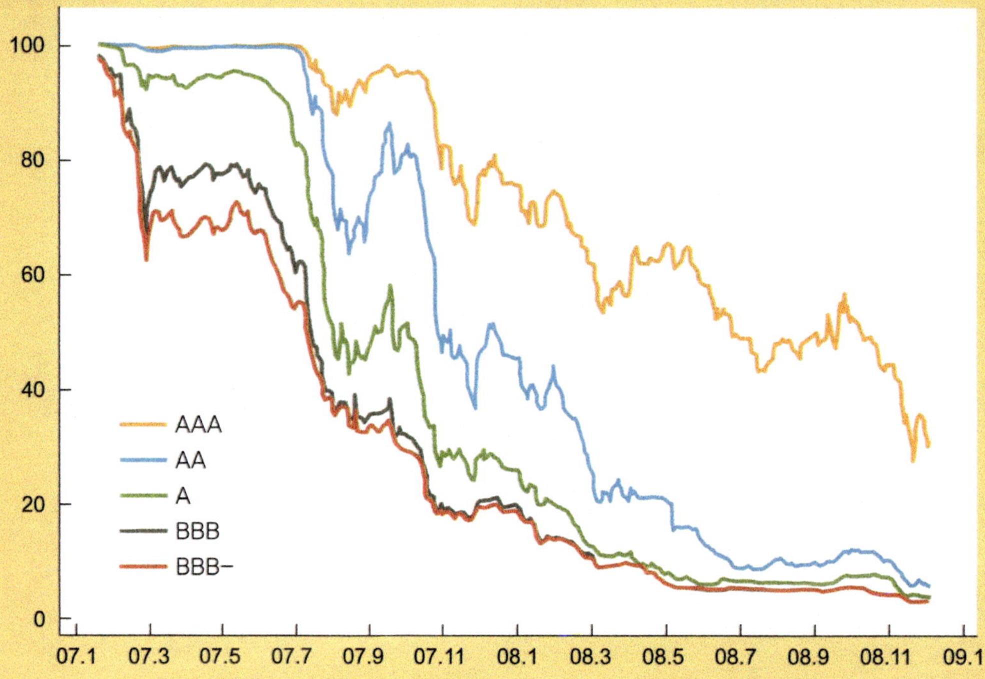


자료: Brunnermeier (2009)

기지 관련 증권은 전 세계 투자자들에게 불티나게 팔려나갔다. 그리고 모기지의 부도위험은 모두 투자자에게 전가되었다.

신용평가회사들은 자산유동화 증권의 위험을 과소평가하고, 매우 낙관적인 신용등급을 부여하였다. 예를 들면, 평균 신용등급이 BBB인 모기지 풀을 담보로 발행되는 자산유동화 증권의 70% 이상에 신용등급 AAA를 부여하였다. 신용평가회사들은 신용평가뿐만 아니라 자산유동화 증권의 구조화도 직접 자문하였다. 그리고 평가 수수료는 투자자가 아닌 자산유동화 증권 발행자로부터 수취하였다. 따라서 신용평가회사는 자산유동화 증권 발행자에게 유리한 신용등급을 부여할 유인이 매우 높았다.

서브프라임 위기가 발생한 2007년 하반기부터 서브프라임 MBS의 가격은 폭락하기 시작하였다. 서브프라임 MBS의 가격에 대한 공식적인 통계는 없다. 그런데 서브프라임 MBS의 가격이 하락하면, 서브프라임 MBS 신용부도스왑(CDS)의 신용지수인 ABX 지수도 하락한다.[23] 따라서 [그림 6-28]에서 보는

ABX 지수로부터, 2007년 하반기부터 2009년 초까지, 서브프라임 MBS의 가격이 매우 빠르게 하락하였음을 짐작할 수 있다.

왜 이와 같이 단기간에 서브프라임 MBS의 가격이 폭락하였는가? 그 이유는 다음과 같이 설명할 수 있을 것이다. 첫째로, 2000년 이후 민간 자산유동화 증권이 과잉 공급되었다. 둘째로, 구조화 MBS, ABS-CDO, $CDO^2$ 등 자산유동화 증권이 지나치게 복잡하게 구조화되었다. 셋째로, 자산유동화 증권의 위험이 과소평가되어, 그 가격이 너무 높게 결정되었다. 이와 같이 매우 복잡한 상품이 매우 비싼 가격으로 과잉 공급되었으므로, 서브프라임 위기는 투자자의 투매를 불러오고 가격은 폭락하였다.

투자자의 투매로 가격이 폭락하고 급기야 거래가 중단되자, 자산유동화 증권을 대거 보유하고 있던 금융기관의 손실은 눈덩이처럼 커졌다. IMF는 2009년 10월 서브프라임 위기로 2007년-2010년간 미국과 유럽 등 세계 각국의 금융기관이 보게 될 손실을 모두 2.8조 달러로 추산하였다가, 2010년 10월에는 2.2조 달러로 하향 수정하였다.

원래 자산유동화의 장점은 모기지의 신용위험을 다수의 투자자에게 분산시키는 데 있다. 그러나 실제로 모기지 관련 증권에 대거 투자한 것은 미국과 유럽의 소수 대형 금융기관들이었다. 위험이 소수 대형 금융기관에 집중된 것이다. 지난 30여 년간 금융공학의 발전으로 고도로 세련된 위험관리 기법을 자랑하던 대형 금융기관들이 고위험(high risk)의 모기지 관련 증권에 이와 같이 집중 투자한 것은 아직도 잘 설명되지 않는 퍼즐이다.

자산유동화 증권의 가격은 2008년 11월 미국 연방준비은행이 양적 완화 정책으로 시장에서 직접 MBS를 매입하기 시작하면서 진정되었다. 연방준비은행이 2010년 3월까지 매입한 MBS는 1.2조 달러에 이르는데, 이는 연방준비은행 자산의 절반을 차지한다. 한편 2008년과 2009년 기관 MBS를 제외한 미국 민간(private label) 자산유동화 증권 발행액은 2006년 수준의 1/10 내외에 머물고 있다. 글로벌 금융위기로 미국의 민간 자산유동화 시장은 사실상 붕괴되었다.

글로벌 금융위기 이후 미국을 비롯한 주요 선진국 그리고 G20이 설립한 금융안정위원회(FSB)와 바젤은행감독위원회(BCBS) 등 국제기구에서 자산유동화

---

23 ABX 지수는 제10장 4절에서 설명하는 신용지수(credit indices)의 하나로, 서브프라임 MBS에 대한 신용부도스왑(CDS)의 프리미엄을 기초로 작성된다. AAA부터 BBB-까지 다섯 신용등급에 대해 각각 20개의 서브프라임 MBS가 편입되어 있다.

위기의 재발을 방지하기 위한 방안이 다각도로 논의되고 있다. 그러나 제1장 4절에서 설명한 자기자본 규제, 유동성 규제, 그리고 시스템적으로 중요한 금융기관(SIFI)에 대한 규제 이외에 아직 자산유동화에 대한 규제 방안으로 구체적으로 결정된 내용은 없다.

# 참고문헌


- G. Bekaert and R. Hodrick, *International Financial Management*, Second Edition, Perason, (2012), ch. 11.
- E. Benmelch and J. Dlugosz, "The Credit Rating Crisis," *NBER Working Paper* 15045, (Junel 2009).
- J. Berk and P. DeMarzo, *Corporate Finance: The Core*, Second Edition, Pearson, (2011), ch. 8.
- S Black and A. Munro, "Why Issue Bonds Offshore, *BIS Working Papers* No. 334, (December 2010).
- A. Chisholm, *An Introduction to International Capital Markets*, Second Edition, Wiley, (2009), chs. 4, 5, 6, 7.
- J. Coval, J. Jurek and E. Stafford, "The Economics of Structured Finance," Harvard Business School, *Working Paper* 09-060, (2008).
- TheCityUK, "Bond Markets," *Research Report*, (July 2011).
- TheCityUK, "Securitization," *Research Report*, (April 2011)..
- D. Eiteman, A. Stonehill, M. Moffett, *Fundamentals of Multinational Finance*, Fourth Edition, Pearson, (2012), ch. 16.
- C. Eun, B. Resnick and S. Sabherwal, *International Finance: Global Edition*, Sixth Edition, MaGraw-Hill, (2012), ch. 8.
- I. Fender, "The Future of Securitization: How to Align Incentives?" *BIS Quarterly Review*, (September 2009).
- G. Gorton abd A. Metrick, "Securitization," in *Handbook of the Economics of Finance*, (November 2011).
- J. Grabbe, *International Financial Markets*, Third Edition, Prentice Hall, (1996), chs. 12, 13, 14.
- IMF, "Structured Finance: Issues of Valuation and Disclosure," Chapter 2 in *Global Financial Stability Report*, (April 2008).
- IMF, "Restarting Securitization Markets: Policy Proposals and Pitfalls," Chapter 2 in *Global Financial Stability Report*, (October 2009).
- IMF, "The Uses and Abuses of Sovereign Credit Ratings," Chapter 3 in *Global Financial Stability Report*, (October 2010).
- A. Krishnamurthy, "How Debt Markets Have Malfunctionaed in the Crisis,"

*Journal of Economic Perspectives*, (Winter 2010).

- R. Levich, *International Financial Markets*, Second Edition, McGraw-Hill, (2001), chs. 10, 14.
- McKinsey Global Institute, *Mapping Global Capital Markets: Fourth Annual Report*, (January 2008).
- F. Mishkin and S. Eakins, *Financial Markets and Institutions*, Seventh Edition, Printice Hall, (2012), chs. 12, 14.
- S. Ross, R. Westerfield and J. Jaffe, *Corporate Finance*, Ninth Edition, McGraw-Hill, (2010), ch. 8.
- SIFMA, "Global Securitization Update 2010," Securities Industry and Financial Markets Association, *Reports*, (2111).
- H. Shin, "Securitization and Financial Stability," VOX EU, (March 2009).
- B. Solnik and D. McLeavey, *Global Investments*, Sixth Edition, Pearson, (2009), ch. 7.
- 김정한과 이대기, "외국인 국내채권 투자의 결정요인 분석," 한국금융연구원, (2010년 10월).
- 국제금융센터, "2010년 한국계 외화채권 발행동향 및 2011년 전망," (2011년 1월 3일).
- 국제금융센터, "최근 외국인 원화채권 투자동향 및 평가," Issue Analysis, (2012년 8월 22일).
- 한국은행, 「우리나라의 금융시장」, (2009년 12월), 제3장 제2절 채권시장과 제4절 자산유동화증권시장.
- 한국은행, "외국인 채권투자의 결정요인 분석," 조사통계월보, (2010년 9월).
- 한국은행, "2010년 말 국제투자대조표," (2011년 2월 22일).
- 한국은행, "2010년중 기관투자자 외화증권투자 동향," (2011년 2월 25일).

Chapter 7

# 국제주식시장

7.1 국제주식시장의 이해 / 7.2 주식의 가치평가 /
7.3 주식의 국제투자 / 7.4 대안투자펀드

오늘날 기업이 국경을 넘어 자금을 조달하는 국제자본시장(global capital markets)은 국제은행시장, 국제본드시장, 국제주식시장으로 분류할 수 있다. 앞의 두 장에서는 외국의 은행으로부터 대출을 받아 자금을 조달하는 국제은행시장과 외국의 본드시장에서 본드를 발행하여 자금을 조달하는 국제본드시장에 대해 배웠다. 이제 이 장에서는 기업이 외국의 투자자에게 주식을 발행하거나 매도하여 자금을 조달하는 국제주식시장(international equity markets)을 공부하기로 한다.

국경을 넘어 이루어지는 국제주식거래는 국제주식의 발행과 국제주식의 투자로 구분할 수 있다. 먼저 국제주식(international equities)의 발행이란 국내기업이 외국의 주식시장에서 신주를 발행하거나, 또는 구주를 매도하여 자금을 조달하는 것을 말한다. 오늘날 국제주식은 대부분 주식예탁증서(depository receipts)로 발행되고 있으며, 국내와 외국의 주식거래소에 동시상장(cross-list)되어 거래되고 있다. 흔히 협의로 국제주식시장을 말할 때는 국제주식이 발행되는 시장만을 가리킨다.

다음에 국제주식의 투자(international equity investments)란 투자자가 외국 기업의 주식에 투자하여 자금을 운용하는 것을 말한다. 외국투자자가 국내주식(domestic equities)에 투자하는 것을 외국인 주식투자, 그리고 국내투자자가 해외주식(foreign equities)에 투자하는 것을 해외주식투자라 부른다. 광의로 국제주식시장을 말할 때는 국제주식이 발행되는 시장과 함께 국제주식의 투자가 이루어지는 시장까지를 포괄한다.

이 장의 제1절에서는 주식시장의 특징, 세계주식시장의 성장과 구조, 주식시장의 세계화, 세계의 주요 주가지수, 국제주식의 발행, 그리고 한국과 국제주식시장의 관계를 설명하기로 한다. 제2절에서는 배당할인모델에 의한 주식의 가치평가 이론을 설명한 다음, 주식시장의 효율성에 대해 공부하기로 한다. 제3절에서는 국제주식투자의 방법과 뮤추얼펀드에 대해 설명하고, 마지막으로 제4절에서는 헤지펀드, 사모주식펀드(PEF), 그리고 국부펀드(SWF) 등 대안투자펀드에 대해 공부하기로 한다.

## 7.1 국제주식시장의 이해

지난 30여 년간 선진국뿐만 아니라 개도국의 주식시장은 매우 빠르게 성장하였고 국제주식투자도 크게 확대되었다. 이에 따라 주식시장의 세계화(globalization of equity markets)가 급속하게 이루어졌다.

### 1. 세계의 주식시장

세계주식시장의 규모는 1980년 말 3조 달러에서 2007년 말에는 61조 달러로 증가하였다. 그러나 글로벌 금융위기로 2008년 말에 33조 달러로 감소하였다가 2010년 말에 55조 달러로 회복되었다. 세계주식시장의 세계 GDP에 대한 비율은 1980년 30%에서 1990년에는 50%로 증가하였고, 2000년 이후에는 100%를 넘나들고 있다. 지난 30여 년간 주식시장의 세계화가 매우 빠르게 진전되어 세계주식시장에서 외국인 투자자가 차지하는 비율은 1980년 5% 미만에서 최근에는 30% 수준으로 증가하였다.

#### (1) 주식시장의 특징

주식시장(stock market)이란 기업의 소유권을 나타내는 증권인 주식이 거래되는 시장을 말한다. 주식시장은 본드시장과 함께 기업이 장기자금을 조달하는 시장이다. 주식발행을 통한 자금조달을 자기자본 조달(equity finance), 본드 발행을 통한 자금조달을 타인자본 조달(debt finance)이라 부른다. 기업이 주식을 발행하여 자기자본을 조달하면 타인자본에 대한 의존도가 낮아지므로 기업의 재무구조가 개선된다.

주식은 자기자본으로 부채인 본드와 성격이 다르다. 본드를 발행하면 기업은 일정 만기 동안 매년 투자자에게 일정한 이자를 지급하고, 또 만기일에 본드의 원금을 상환해야 한다. 그러나 주식은 만기도 없고 원금의 상환의무도 없다. 주식을 발행한 기업은 이윤이 나면 그 일부를 주주에게 배당금(dividend)으로 지급하고, 나머지는 신규투자를 위해 사내에 유보한다. 그러나 손실이 발생하면 배당금을 지급하지 않아도 된다.

주식시장은 발행시장과 유통시장으로 나누어진다. 발행시장(primary market)은 기업공개와 유상증자 등을 통해 새로 주식을 발행하는 시장을 말한다. 기업공개(initial public offering)란 주식거래소에 처음 상장하여 다수의 투자자에게 신주나 대주주 보유주식을 매도하여 주식을 분산시키는 것을 말하고, 유상증자(seasoned equity offering)란 주식시장에 이미 상장된 기업이 신주를 발행하여 자본금을 증가시키는 것을 말한다.

주식의 유통시장(secondary market)이란 이미 발행된 주식이 주로 주식거래소(stock exchange)를 통해 매매되는 시장을 말한다. 유통시장의 발달은 주식의 유동성을 높여 주식 거래를 활발하게 하고, 주식의 가격이 효율적으로 결정되도록 한다. 유통시장에서의 거래는 투자자 상호 간의 거래이므로, 기업의 자금조달과 직접적인 관련은 없다. 그러나 유통시장이 발달되어 있지 못하면, 주식의 유동성이 떨어져 발행시장이 위축된다.

개별 기업의 주가는 그 주식에 대한 수요와 공급에 따라 결정된다. 주식은 기업 이윤에 대한 청구권을 나타내므로 기업의 장래 수익성에 대한 투자자의 평가에 따라 주가는 오르고 내린다. 보통 한 나라의 주식거래소에는 수백 개 내지 수천 개 기업의 주식이 상장되어 거래되고 있다. 따라서 모든 나라는 주식가격의 전반적인 동향을 나타내기 위해, 여러 주식의 가격을 평균한 주가지수(stock price index)를 작성하여 발표하고 있다.

### (2) 세계주식시장의 성장

세계거래소연맹(WFE)에 따르면, 세계주식시장은 시가총액(market

capitalization)으로 1980년 말 약 3조 달러에서 1999년 말 35조 달러로 성장하였으나, 2000년-2002년 미국의 닷컴 버블(dot.com bubble) 붕괴와 세계경기 침체로 2002년 말에는 23조 달러로 감소하였다. 2003년부터 5년간 세계 주가가 동반 상승함에 따라 2007년 말 61조 달러로 증가하였으나, 글로벌 금융위기로 2008년 말에는 33조 달러로 감소하였다. 2009년 하반기 세계경기가 회복됨에 따라 세계주식시장의 규모는 2010년 말에 55조 달러로 회복되었다.[1]

지난 30여 년간 세계주식시장이 크게 성장한 것은 다음과 같은 세 가지 요인으로 설명할 수 있을 것이다. 첫째로 세계 GDP의 성장과 생산성의 증가로 주가가 크게 올랐다. 둘째로 민간기업의 기업공개(initial public offering)와 함께

**그림 7-1 세계주식시장의 성장**

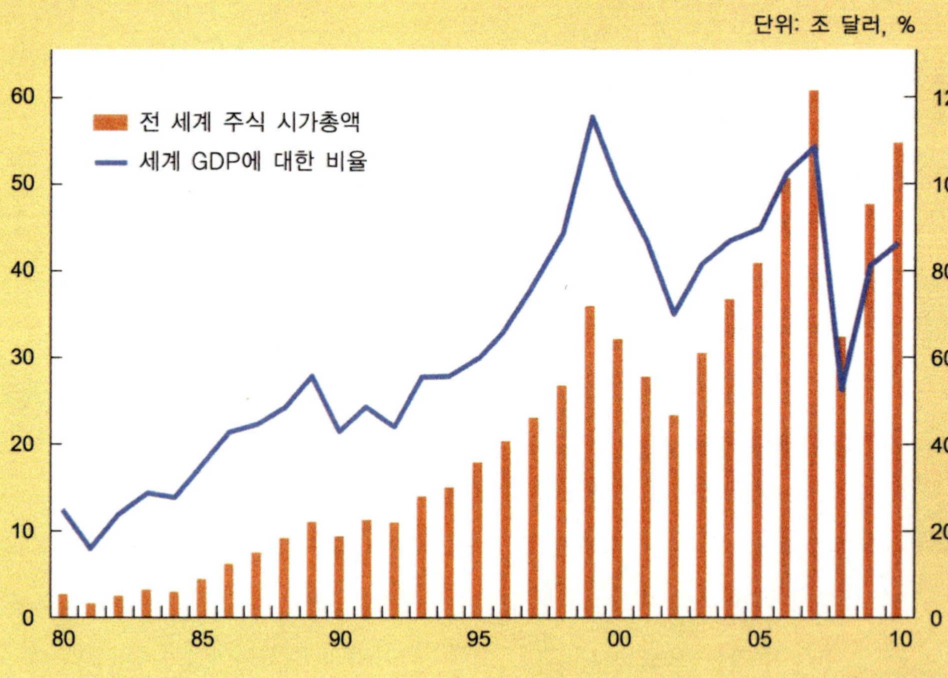

자료: WFE

[1] World Federation of Exchanges, *Annual Report and Statistics 2011*, (2011). WFE는 세계 주요 주식거래소 54개의 시가총액으로 세계주식시장의 규모를 발표하고 있다. 일본의 Osaka Stock Exchange와 인도의 National Stock Exchange of India는 각각 Tokyo Stock Exchange와 Bombay Stock Exchange와 중복되어 있어 세계주식시장 시가총액 합계에서 제외하고 있다.

많은 나라에서 공기업의 민영화(privatization)를 추진하여 상장주식의 수가 크게 증가하였다. 마지막으로 미국 달러의 절하로 미국 달러로 환산한 미국 이외 나라 주식의 시가총액이 증가하였다.

세계주식시장은 세계 GDP보다 빠르게 증가하여 왔다. 이에 따라 세계 GDP에 대한 세계주식시장 시가총액의 비율은 1980년대 초반 30%에서 1990년대 초반에는 50%로, 그리고 2000년에는 100%로 증가하였으나, 글로벌 금융위기로 2010년에는 87%로 하락하였다. 주식시가총액의 GDP에 대한 비율은 소득이 높은 나라일수록 더 높다. 즉 지난 20년간 이 비율은 고소득국에서는 40%에서 120%로, 중소득국에서는 15%에서 45%로, 그리고 저소득국에서는 10%에서 30%로 모두 2배 이상 증가하였다.

### (3) 세계주식시장의 구성

미국은 세계 최대의 주식시장을 가지고 있다. 2010년 미국 주식시장의 시가총액은 17.3조 달러로, 세계주식시장의 31%를 차지하고 있다. 선진국 가운데 미국 다음으로 주식시장의 규모가 큰 나라는 일본(3.8조 달러)과 영국(3.6조 달

**그림 7-2 세계주식시장의 구성: 2010년**

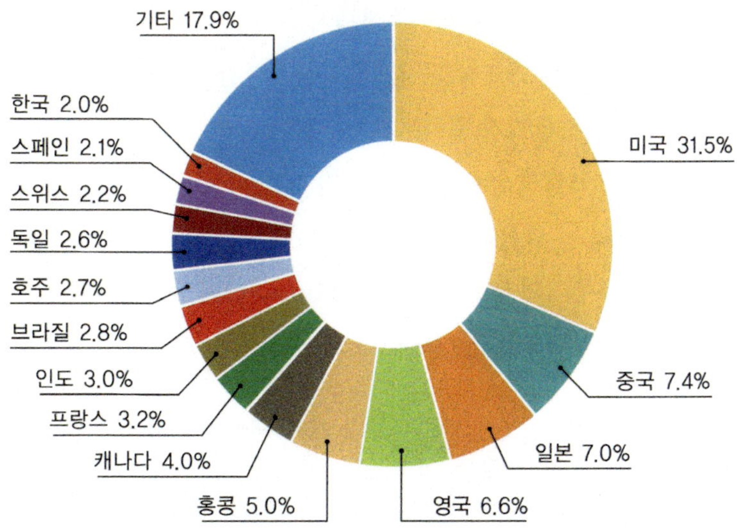


자료: WFE

러)으로 각각 세계주식시장의 약 7%씩을 차지하고 있다. 이 밖에 홍콩(5%), 캐나다(4%), 호주(2.7%), 독일(2.6%), 스위스(2.2%), 스페인(2.1%), 한국(2%) 등이 세계주식시장의 2% 이상을 차지하고 있다.

신흥국이 세계주식시장에서 차지하는 비율은 1980년대 초반 5%에서 2000년대 초반 10%까지, 그리고 2010년에는 23%까지 증가하였다. 2010년 시가총액 4.0조 달러인 중국(7.3%) 이외에 세계주식시장에서 1% 이상을 차지하고 있는 신흥국으로는 인도(3%), 브라질(2.8%), 러시아(1.7%), 남아공(1.7%), 대만(1.5%) 등이 있다. 브라질, 러시아, 인도, 중국 등 BRICs 4개국은 세계주식시장의 약 15%를 차지하고 있다.[2]

30여 년 전인 1980년에 미국(50%), 일본(20%), 영국(8%) 3개국은 세계주식시장의 80%를 차지하고 있었다. 1989년에는 일본(38%)이 미국(30%)을 추월하였는데, 영국과 함께 3개국이 세계주식시장에서 차지하는 비율은 75%에 달하였다. 그러나 2000년대에 들어와 다른 선진국과 신흥국의 주식시장이 빠르게 성장함에 따라 2010년 미국, 일본, 영국 3개국이 세계주식시장에서 차지하는 비율은 45%로 크게 감소하였다.

### (4) 세계 주요 주식거래소

[표 7-1]은 WFE가 조사한 2010년 세계 20대 주식거래소의 시가총액과 상장기업 수를 보여주고 있다. 과거에 회원제로 운용되어 오던 주요국 주식거래소는 2000년 전후로 대부분 주식회사로 전환(demutualization)하고, 자기 거래소에 상장하였다. 그리고 지난 10여 년간 세계 주요 거래소 간에 인수합병(M&A)이 매우 활발하게 이루어져 왔다.

2001년에 프랑스, 네덜란드, 벨기에, 포르투갈 4개국 주식거래소가 통합 출범한 Euronext는 다음 해 영국의 파생상품 거래소 Liffe를 인수합병하였다. 2006년에는 뉴욕주식거래소(NYSE)가 Euronext를 인수합병하였고, NYSE Euronext는 2008년 미국의 American Stock Exchange를 인수합병하였다. 2007년에 미

---

[2] 2010년 우리나라(1.1조 달러)보다 주식시장의 규모가 큰 나라는 미국(17.3조 달러), 일본(4.1조 달러), 중국(4조 달러), 영국(3.6조 달러), 홍콩(2.3조 달러), 캐나다(2.2조 달러), 프랑스(1.8조 달러), 인도(1.6조 달러), 브라질(1.5조 달러), 호주(1.5조 달러), 독일(1.4조 달러), 스위스(1.2조 달러), 그리고 스페인(1.2조 달러)이다. 우리나라 다음으로는 러시아(0.95조 달러), 남아공(0.93조 달러), 대만(0.82도 달러), 싱가포르(0.65조 달러), 멕시코(0.45조 달러), 말레이시아(0.41조 달러), 인도네시아(0.36조 달러)의 순이다.

국의 나스닥(Nasdaq)이 북유럽 6개국 통합거래소인 OMX를, 영국의 런던주식거래소(LSE)가 이탈리아 주식거래소(Borse Italiana)를, 그리고 독일주식거래소(Deutsche Börse)가 미국의 ISE(International Securities Exchange)를 인수합병하였다.[3]

오늘날 세계 최대의 주식거래소는 단연 NYSE Euronext인데 2010년 말 시가총액은 미국(US)이 13.4조 달러(24.2%) 그리고 프랑스, 벨기에, 네덜란드,

**표 7-1 세계 20대 주식거래소: 2010년 말**

단위: 10억 달러, (%)

| 순위 | 주식거래소 | 국가 | 시가총액 (비중) | 상장기업 (외국기업) |
|---|---|---|---|---|
| 1 | NYSE Euronext (US) | 미국 | 13,394 (24.4) | 2,238 (451) |
| 2 | NASDAQ OMX (US) | 미국 | 3,889 ( 7.1) | 2,778 (298) |
| 3 | Tokyo SE Group | 일본 | 3,827 ( 7.0) | 2,293 ( 12) |
| 4 | London SE Group | 영국 | 3,613 ( 6.6) | 2,966 (604) |
| 5 | NYSE Euronext (Europe) | 4개국 | 2,930 ( 5.3) | 1,135 (152) |
| 6 | Shanghai SE | 중국 | 2,716 ( 5.0) | 894 ( 0) |
| 7 | Hong Kong Exchanges | 홍콩 | 2,711 ( 5.0) | 1,413 ( 17) |
| 8 | TMX Group | 캐나다 | 2,170 ( 4.0) | 3,741 ( 87) |
| 9 | Bombay SE | 인도 | 1,631 ( 3.0) | 5,034 ( 0) |
| 10 | BM&F BOVESPA | 브라질 | 1,545 ( 2.8) | 381 ( 8) |
| 11 | Ausralian SE | 호주 | 1,454 ( 2.7) | 1,999 ( 86) |
| 12 | Deutsche Börse | 독일 | 1,429 ( 2.6) | 765 ( 75) |
| 13 | Shenzhen SE | 중국 | 1,311 ( 2.4) | 1,169 ( 0) |
| 14 | SIX Swiss Exchange | 스위스 | 1,229 ( 2.2) | 296 ( 50) |
| 15 | BME Spanish Exchanges | 스페인 | 1,171 ( 2.1) | 3,345 ( 35) |
| 16 | Korea Exchange | 한국 | 1,091 ( 2.0) | 1,798 ( 17) |
| 17 | NASDAQ OMX Nordic Exchange | 6개국 | 1,042 ( 2.0) | 754 ( 2) |
| 18 | MICEX | 러시아 | 949 ( 1.7) | 245 ( 0) |
| 19 | Johannesburg SE | 남아공 | 925 ( 1.7) | 397 ( 45) |
| 20 | Taiwan SE | 대만 | 818 ( 1.5) | 784 ( 32) |

자료: WFE

[3] 2011년에 독일주식거래소(Deutche Börse)가 세계 최대 주식거래소인 NYSE Euronext를 인수하려는 협상은 실패하였다.

포르투갈 등이 포함된 유럽(Europe)이 2.9조 달러(3.4%)를 차지하고 있다. NYSE Euronext 다음으로 큰 주식거래소는 나스닥(Nasdaq) OMX인데, 미국(US)이 3.9조 달러(7.1%) 그리고 덴마크, 핀란드, 스웨덴, 아이슬란드, 라트비아, 리투아니아가 포함된 Nasdaq Nordic Exchange가 1.6조 달러(2%)를 차지하고 있다.

2010년 세계 제3위와 제4위의 주식거래소는 시가총액 3.8조 달러(7%)의 동경주식거래소(Tokyo SE Group)와 시가총액 3.6조 달러(6.6%)의 런던주식거래소(London SE Group)이다. 일본을 제외한 아시아의 최대 주식거래소는 홍콩주식거래소(Hong Kong Exchanges)와 상해주식거래소(Shanhai SE)인데, 이들의 2010년 시가총액은 2.7조 달러(5%)로 비슷하다. 우리나라 한국거래소(Korea Exchange)는 2010년 시가총액 1.1조 달러로 세계주식시장 시가총액의 2%를 차지하고 있다.

2010년 세계 주요 거래소에는 약 2,500개의 외국주식(foreign equities)이 상장되어 거래되고 있다. 외국주식은 런던주식거래소(LSE), NYSE Euronext, 나스닥 OMX 순으로 많이 상장되어 있지만, 거래는 NYSE Euronext, 나스닥 OMX, 런던주식거래소(LSE)의 순으로 활발하게 이루어지고 있다. 이 밖에 스위스주식거래소(SIX Swiss Exchange)와 독일거래소(Deuche Börse)에서도 외국주식이 비교적 활발하게 거래되고 있다.

### (5) 자본이동의 주식화

국경을 넘어 이루어지는 증권투자(international portfolio investment)는 본드투자와 주식투자로 나누어진다. 1980년대 초반까지만 하더라도 본드투자가 국제증권투자의 대종을 이루고 있었으나, 1980년대 중반 이후에는 주식투자가 차지하는 비중이 크게 증가하였다. 이와 같이 국제증권투자 가운데 주식투자가 차지하는 비중이 증가하는 현상을 자본이동의 주식화(equitization of capital flows)라 부른다.

자본이동의 주식화가 진전됨에 따라 지난 20여 년간 주요국 주식시장에서 외국인 투자자가 차지하는 비율은 모두 크게 증가하였다. 즉 1990년-2006년간 국내 주식시장에서 외국인 투자자가 차지하는 비율은 영국에서는 13%에서 38%로, 독일과 프랑스를 포함하는 유로 존에서는 12%에서 41%로, 미국에서는 8%에서 14%로, 그리고 일본에서는 3%에서 27%로 크게 증가하였다. 또 신

그림 7-3 **주식시장의 외국인 투자자 비율**

단위: %

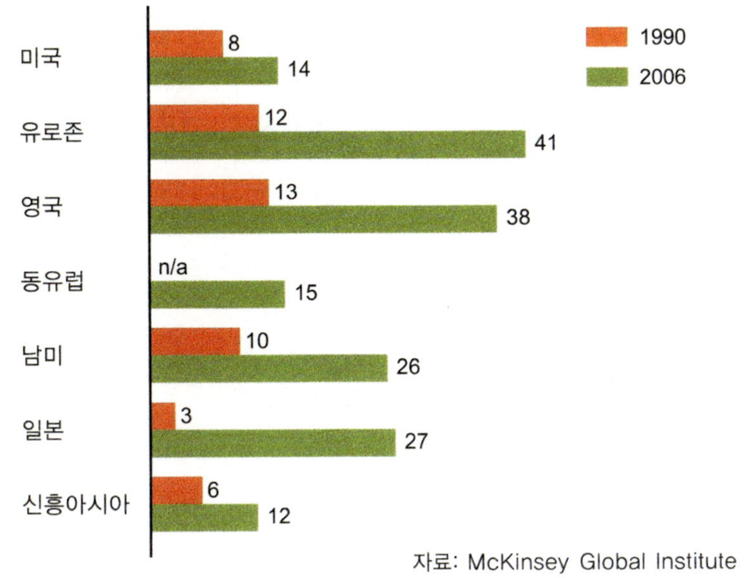


자료: McKinsey Global Institute

흥 아시아국에서는 6%에서 12%로, 남미에서는 10%에서 26%로, 그리고 동유럽에서는 거의 0%에서 15%로 증가하였다.

## 2. 주요 주가지수

주가지수(stock price index)는 주식시장에서 결정되는 주가의 변동을 종합적으로 나타내는 지표이다. 오늘날 모든 나라에서 주가지수는 주식시장뿐만 아니라 거시경제의 동향을 분석하는 데 있어 매우 중요한 자료로 이용되고 있다.

### (1) 주가지수의 산정방법

주가지수를 산정하는 방법에는 가격가중지수(price-weighted index) 방식과 가치가중지수(value-weighted index) 방식이 있다. 가격가중지수는 단순히 비교연도와 기준연도의 평균주가를 비교하는 것으로 개별주식이 모두 동일한 가중치를 갖는다. 이에 비해 가치가중지수는 개별주식이 주식시장 시가총액에서 차지하는 비중을 가중치(weight)로 작성하는 지수를 말한다. 오늘날 주가지수는 대부분 가치가중지수로 작성되고 있다.

### (2) 세계 주요 주가지수

미국의 다우 존스(DJIA), 나스닥, S&P 500과 같이 나라마다 그 나라를 대표하는 주가지수를 가지고 있다. 일본, 영국, 독일, 그리고 프랑스를 대표하는 주가지수로는 각각 Nikkei 225, FTSE 100, DAX 30, CAC 40이 있다. [표 7-2]는 오늘날 널리 이용되고 있는 주요국의 주가지수를 보여주고 있다. 이 가운데 미

**표 7-2 세계 주요 주가지수**

| 국가 | 지수명 | 기준일 | 포괄종목 | 작성기관 |
|---|---|---|---|---|
| 미국 | DJIA | 1896.5.26 = 40.96 | NYSE 및 나스닥 상장 30개 우량 종목 | 다우존스사 |
| | NASDAQ | 1971.2.5 = 100 | 나스닥 상장 전종목 | 나스닥(주) |
| | S&P 500 | 1941~1943 = 10 | NYSE, NASDAQ, AMEX 상장 500개 우량 종목 | Standard&Poor사 |
| 일본 | NIKKEI 225 | 1949.5.16 = 176.21 | 동경거래소 1부 상장 225개 우량 종목 | 일본경제신문사 |
| 영국 | FTSE 100 | 1983.12.31 = 1,000 | 런던거래소 상장 100개 시가상위 종목 | FTSE(Financial Times와 런던거래소의 합작회사) |
| 독일 | DAX 30 | 1987.12.31 = 1,000 | 프랑크푸르트 거래소 상장 30개 시가상위 종목 | Deutsche Börse |
| 프랑스 | CAC 40 | 1987.12.31 = 1,000 | Euronext Paris 상장 40개 시가상위 종목 | Euronext |
| 대만 | 가권지수 | 1966.12.31 = 1,000 | 대만거래소 상장 전종목 (은행 및 보험 제외) | 대만증권거래소 |
| 홍콩 | Hang Seng | 1964.7.31 = 100 | 홍콩거래소 상장 42개 시가상위 종목 | Hang Seng Index Service Inc. |
| | H지수 | 2000.1.3 = 2,000 | 홍콩거래소 상장 중국기업 중 43개 우량 종목 | Hang Seng Index Service Inc. |
| 싱가포르 | STI | 1966.12.31 = 100 | 싱가포르거래소 상장 30개 시가상위 종목 | Straits Times사 |
| 중국 | 상해B지수 | 1992.2.21 = 10 | 상해 B거래소(외국인 전용 거래소) 전 상장 종목 | 상해증권거래소 |

자료: 한국은행

**그림 7-4 세계 주요 주가지수 추이**

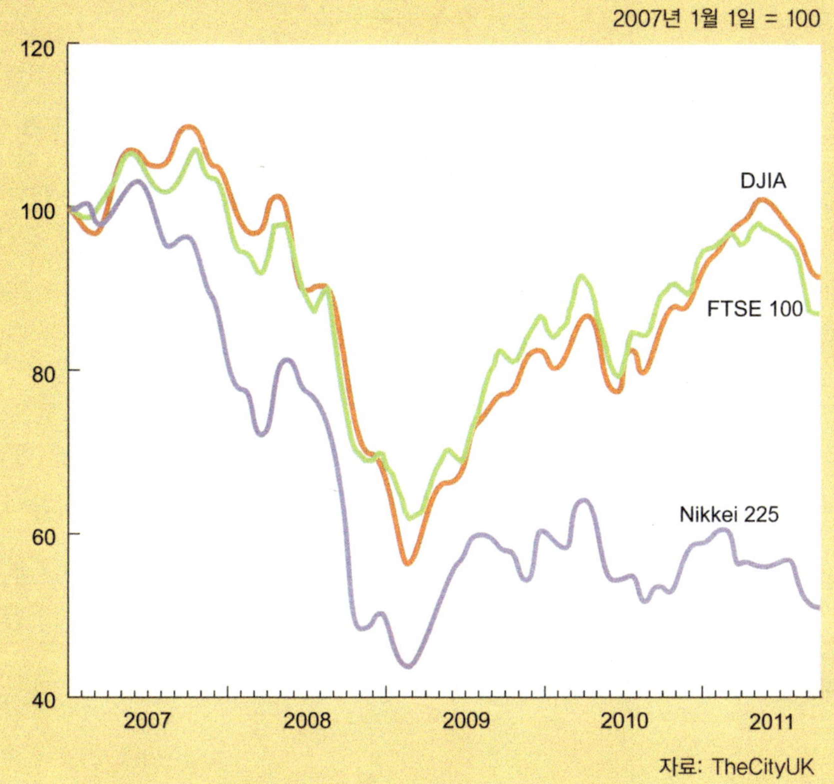


국의 다우 존스와 일본의 Nikkei 225는 가격가중지수로 작성되고, 나머지는 모두 가치가중지수로 작성되고 있다.

### (3) 미국의 주가지수

미국의 대표적인 주가지수로 다우 존스 지수(Dow Jones Industrial Average: DJIA), S&P 500지수, 그리고 나스닥(Nasdaq) 지수가 있다. 오늘날 전 세계 주가지수 가운데 가장 유명한 다우 존스는 역사상 가장 오래된 주가지수로 1886년부터 작성되기 시작하였다. 이제 지난 100여 년간의 다우 존스 지수의 변동을 간략하게 살펴보기로 하자.

다우 존스는 1905년부터 1925년까지 80에서 100 사이에서 변동하다가, 1920년대 중반부터 상승하기 시작하였다. 1929년 9월 380으로 정점에 도달한 다우 존스는 대공황을 겪으면서 1932년 7월 40까지 89%나 하락하였는데, 1954년

11월에 다시 380을 회복하기까지 20년 이상이 걸렸다. 1956년 3월 500을 돌파한 다우 존스는 1972년 11월에 처음 1,000을 넘어섰으나, 이후 10년 동안 마의 1,000을 열 두번이나 넘나들면서 횡보하였다.

1982년에 비로소 1,000을 확실하게 돌파한 다우 존스는 1987년 8월에 2,700을 넘어섰다. 그러나 1987년 10월 19일(월요일) 하루 동안 23%(500 포인트)가 하락하는 블랙 먼데이(Black Monday)를 경험한 다우 존스가 다시 2,700을 회복한 것은 약 2년 후이다. 역사상 미국 주가가 가장 빠르게 상승한 것은 1990년대이다. 1990년을 2,810에서 맞이한 다우 존스는 2000년 1월 11,700에 이를 때까지 10년간 320%나 상승하였다.

1996년 12월 다우 존스가 6,300일 때, 그린스펀(Alan Greenspan) 미국 연방준비은행 총재는 주가의 비이성적 과열(irrational exuberance)을 경고하였다. 그러나 다우 존스는 아랑곳하지 않고 그 후 4년 동안 85%나 더 상승하여, 2000

그림 7-5 다우 존스 주가지수

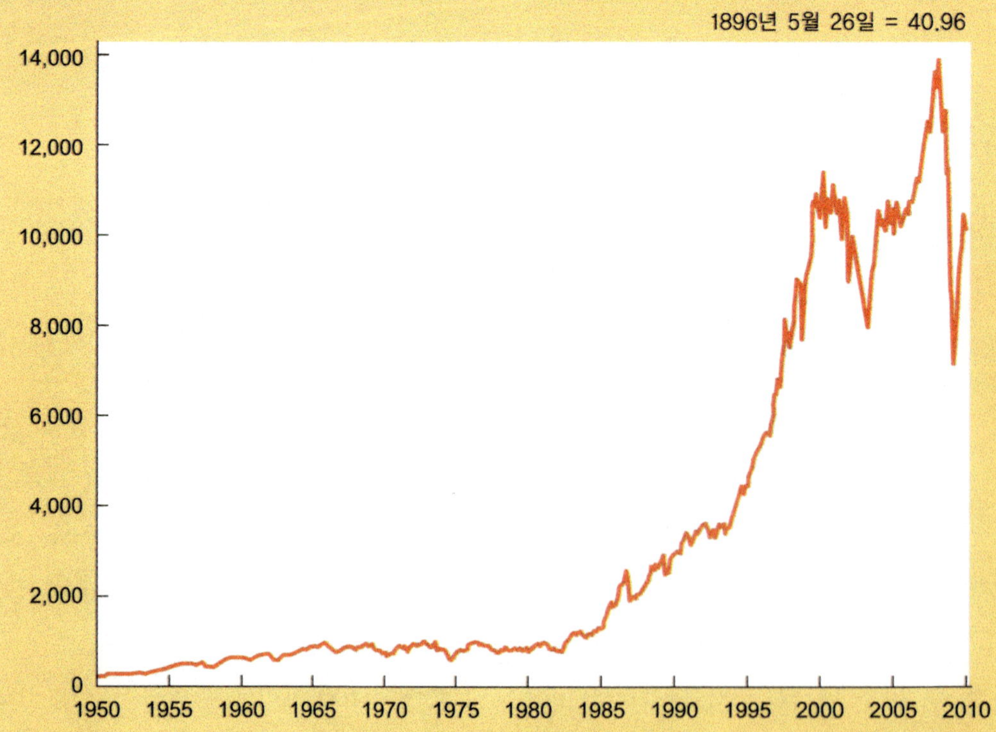


자료: 다우존스사

년 1월에는 11,700 고지에 도달하였다. 그러나 이때부터 시작한 닷컴 버블(dot.com bubble)의 붕괴로 다우 존스는 2002년 10월 7,300에 이를 때까지 38%나 폭락하였다.[4]

다우 존스는 2002년 말 7,300부터 회복하기 시작하여, 2007년 10월에는 사상 최고인 14,000을 돌파하였다. 그러나 2007년-2009년의 글로벌 금융위기(global financial crisis)로 2009년 3월에는 6,500으로 하락하였는데, 이는 1년 반 동안 무려 54%나 하락한 것이다. 다우 존스는 2009년 봄부터 상승하기 시작하여 2010년 말에 11,500을 넘어섰는데, 이는 닷컴 버블이 붕괴하기 전인 10년 전의 수준으로 돌아간 것이다.

주식시장에서 주가가 20% 이상 상승하는 것을 불 마켓(bull market), 20% 이상 하락하는 것을 베어 마켓(bear market)이라 부른다. 이와 같이 볼 때 1990년 이후 미국은 세 번의 불 마켓과 두 번의 베어 마켓을 경험하였다. 즉 1990년 초부터 2000년 1월까지, 2002년 가을부터 2007년 가을까지, 2009년 봄부터 2010년 말까지는 불 마켓이었다. 한편 2000년 봄부터 2002년 가을까지와 2007년 10월부터 2009년 봄까지는 베어 마켓이었다.

다우 존스는 NYSE에 상장되어 있는 약 2,200개 미국 기업 가운데 대표적인 30개 기업을 대상으로 하는데, 편입 기업이 모두 동일한 가중치를 갖는 가격가중방법으로 작성되고 있다. 다우 존스에 편입된 기업은 처음에는 12개였으나, 1928년에 30개 기업으로 확대되었다. 다우 존스의 편입 기업은 약 5년마다 조정되는데, 가장 최근인 2009년 6월에는 GM과 시티그룹이 탈락하고 대신 시스코와 트래블러스가 새로 편입되었다.[5]

[표 7-3]은 현재 다우 존스에 편입되어 있는 30개 기업과 2010년 말 각 기업의 비중을 보여주고 있는데, 이들이 미국 주식시장 시가총액에서 차지하는 비율이 약 20%에 불과하다. 따라서 다우 존스는 미국 주식시장 전체의 주가변동을 정확하게 반영하기에는 한계가 있다. 따라서 오늘날 뮤추얼펀드와 연금기금

---

[4] 한편 1990년 460에서 출발한 나스닥 지수는 2000년 3월 5,050에 이를 때까지 10년간 10배가 상승하였다. 그러나 2000년 3월부터 시작된 닷컴 버블의 붕괴로 2002년 10월 1,100에 이를 때까지 78%나 폭락하였다.

[5] 다우 존스에 편입된 기업은 처음에는 12개였으나, 1916년에 20개, 1928년에 30개 기업으로 확대되었다. 다우 존스에 처음 편입된 12개 기업 가운데 아직 남아 있는 것은 제너럴 일렉트릭(GE)이 유일하다.

**표 7-3 현재 다우 존스에 편입된 30대 기업의 비중: 2010년 말**

단위: %

| | | | |
|---|---|---|---|
| IBM | 9.4 | 듀폰 | 2.6 |
| 엑슨모빌 | 6.2 | 버라이존 | 2.5 |
| 셰브론 | 6.0 | 머크 | 2.4 |
| 맥도날드 | 5.2 | 크래프트 푸즈 | 2.3 |
| 3M | 5.1 | 아메리칸 익스프레스 | 2.3 |
| 존슨&존슨 | 4.8 | 월트 디즈니 | 2.2 |
| 유나이티드 테크놀로지 | 4.8 | AT&T | 2.1 |
| P&G | 4.6 | 홈데포 | 2.1 |
| 월마트 | 4.4 | 마이크로소프트 | 1.9 |
| 코카콜라 | 4.3 | 시스코 | 1.7 |
| 보잉 | 4.1 | 인텔 | 1.4 |
| 트래블러스 | 3.6 | 화이자 | 1.3 |
| 캐터필러 | 3.3 | GE | 1.2 |
| JP모건체이스 | 3.1 | 뱅크오브아메리카 | 1.0 |
| HP | 3.1 | 알코아 | 0.9 |

자료: 다우존스사

등 기관투자자의 대부분은 1926년부터 작성되기 시작한 Standard & Poor's 500 지수를 투자의 벤치마크로 이용하고 있다.

S&P 500에는 다우 존스 30개 기업을 포함하여 미국의 대표적인 500개 대기업이 편입되어 있는데, 500개 기업의 시가총액을 가중치로 하는 가치가중방법으로 작성된다. S&P 500에 편입된 개별 기업의 시가총액은 최소 35억 달러를 넘고 있는데, 500개 기업이 미국 주식시장 시가총액에서 차지하는 비율은 약 75%에 이르고 있다. 따라서 S&P 500은 다우 존스보다 미국 주식시장 전체의 주가변동을 더 정확하게 반영하고 있다.

나스닥 종합지수(Nasdaq Composite Index)는 컴퓨터로 연결된 미국 나스닥 주식시장에서 거래되고 있는 2,800여 기업을 대상으로 가치가중 방식으로 작성된다. 나스닥에는 주로 기술 산업과 인터넷 관련 중소기업들이 상장되는데, 나스닥 지수는 하이테크 산업의 대표적인 경제 지표로 널리 이용되고 있다. 나스닥에 상장되어 있는 대표적인 기업인 마이크로 소프트와 인텔은 다우 존스와 S&P 500 지수 작성에도 편입되어 있다.

### (4) MSCI 지수와 FTSE 지수

MSCI 지수란 미국의 Morgan Stanley Capital International이 작성하는 글로벌 벤치마크 지수로 전 세계 기관투자가들의 투자기준이 되고 있다. MSCI 지수 가운데 널리 이용되는 지수로는 (1) 미국, 영국, 일본 등 선진국 24개국의 주가지수로 구성된 세계지수(World Index), (2) 선진국 가운데 미국과 캐나다를 제외한 22개국의 주가지수로 구성된 EAFE(Europe, Australia, Far East) 지수, 그리고 (3) 한국과 중국 등 26개국 주가지수로 구성된 EMF(Emerging Market Free) 지수가 있다. 현재 MSCI는 한국을 선진국 지수인 세계지수에 편입하는 작업을 진행하고 있다.

MSCI 다음으로 영향력이 큰 글로벌 벤치마크 지수로 파이낸셜 타임스와 런던 주식거래소(LSE)가 공동 설립한 FTSE 그룹이 발표하는 FTSE 지수가 있다. FTSE 지수 가운데 가장 널리 이용되는 지수는 (1)미국, 영국, 일본, 홍콩 등 24개국 주가지수로 구성된 선진국시장지수, (2) 한국, 대만 등 6개국 주가지수로

그림 7-6 MSCI 세계지수

자료: Bloomberg

구성된 준선진국시장지수, 그리고 (3) BRICs 등 18개국 주가지수로 구성된 신흥시장지수가 있다. FTSE는 2009년 9월에 한국을 준선진국시장지수에서 선진국시장지수로 편입하였다.

## 3. 국제주식의 발행

국제주식거래는 국제주식의 발행과 국제주식의 투자로 구분할 수 있다. 국제주식의 발행이란 국내기업이 외국의 주식시장에서 신주를 발행하거나 또는 구주를 매도하여 자금을 조달하는 것을 말한다. 한편 국제주식의 투자란 투자자가 외국 기업의 주식에 투자하여 자금을 운용하는 것을 말한다. 여기서는 국제주식의 발행을 설명하고 국제주식의 투자에 대해서는 제3절에서 공부하기로 한다.

### (1) 국제주식시장

국내 기업이 외국의 주식시장에서 주식을 매도하는 국제주식의 발행은 크게 (1) 유로주식시장(Euroequity markets)을 통한 발행, (2) 특정국, 예를 들어 미국의 주식시장을 목표로 하는 발행, 그리고 (3) 외국의 국내증권인 주식예탁증서(depository receipt)의 형태로 발행하는 세 가지 방법으로 이루어진다. 유로주식시장이란 주식 발행국의 역외에서 주식이 매매되는 시장으로, 주로 유럽 주요국의 주식시장을 말한다. 공모로 발행된 국제주식은 국내와 외국의 주식시장에 동시 상장되어(cross-listed) 거래된다.

국제주식은 1980년대 초반 영국이 국영기업을 민영화(privatization)할 목적으로 정부보유 주식을 유로주식시장을 통해 여러 나라의 투자자들에게 판매하면서 발행되기 시작하였다. 국제주식의 발행에는 원주를 직접 판매하는 방법과 주식예탁증서의 형태로 판매하는 방법이 있는데, 후자가 대종을 이루고 있다. 국제주식의 발행은 또 기업이 자본 조달을 목적으로 신주(new shares)를 발행하는 경우와 기업이나 정부가 보유하고 있는 구주(outstanding shares)를 판매하는 경우로 나눌 수 있다.

국제주식은 1980년대 초반부터 처음 발행되기 시작하였으나, 1990년까지만 하더라도 연간 발행액은 200억 달러 내외에 불과하였다. 그러나 1990년대에 들어와 세계주식시장이 빠르게 성장함에 따라 2000년에는 국제주식 발행도 3,200억 달러로 크게 증가하였다. 한편 2000년 이후 3년간 세계주식시장의 약세로

그림 7-7 **국제주식의 발행액**

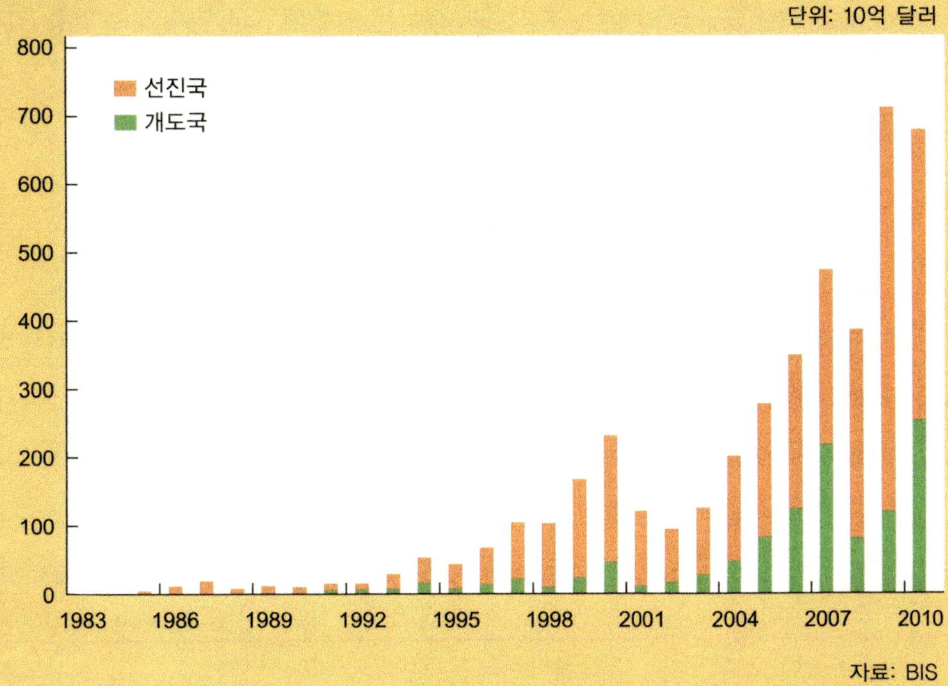


2003년 1,000억 달러 수준까지 감소한 국제주식 발행은 2004년 2,200억 달러로 회복된 후, 2007년에 5,000억 달러까지 증가하였다. 그러나 글로벌 금융위기로 2008년에 4,000억 달러로 감소하였으나, 2010년에는 7,080억 달러로 증가하였다.

2010년 국제주식 7,080억 달러의 64%는 선진국과 역외센터에 의해 발행되었는데, 미국이 2,150억으로 가장 많고, 그 다음으로는 캐나다(370억 달러), 영국(330억 달러), 독일(310억 달러), 일본(210억 달러), 홍콩(130억 달러)의 순이다. 한편 2010년 2,500억 달러의 국제주식이 신흥개도국에 의해 발행되었는데, 브라질(940억 달러), 중국(720억 달러), 인도(260억 달러), 그리고 러시아(90억 달러) 등 BRICs 4개국이 80%를 차지하고 있다.

### (2) 주식예탁증서(DR)

오늘날 국제주식의 약 2/3는 주식예탁증서(depository receipt)의 형태로 발행되고 있다. 주식예탁증서란 국내의 발행기업(issuer)이 외국의 예탁은행

(depository)과 예탁계약을 체결하고 주식(원주)을 국내의 보관기관(custodian)에 보관한 다음, 예탁은행이 이 원주를 근거로 외국의 주식시장에서 발행하는 증권을 말한다. 주식예탁증서는 발행기업의 원주와 동일한 권리를 갖지만, 법률적으로는 발행된 나라의 국내증권이므로 발행국의 자본시장 법규와 관행에 따라 발행된다.

국내 주식시장과 외국 주식시장의 거래 제도 및 관습의 차이와 주식의 해외 반출에 따르는 불편 등으로 투자자가 직접 해외주식에 투자하는 것은 번거롭고 또 비용이 많이 든다. 이에 따라 주식예탁증서는 해외주식에 투자하려는 투자자의 편의를 위해 발행되기 시작하였다. 한편 발행기업은 주식예탁증서를 발행함으로써 국제적으로 기업의 지명도를 높이고 투자자층을 확대할 수 있을 뿐만 아니라, 무엇보다도 미국과 유럽 등 방대하고 효율적인 국제자본시장에서 자금을 조달할 수 있다는 이점이 있다.

미국에서 발행되는 주식예탁증서를 ADR(American Depository Receipt), 미국과 유럽에서 동시에 발행되는 주식예탁증서를 GDR(Global Depository Receipt)이라 부른다. 주식예탁증서는 대부분 미국 달러(USD)로 표시되지만, GDR 가운데에는 유로(EUR)로 표시되는 것도 있다. 오늘날 전 세계 주식예탁증서 시가총액의 약 2/3와 거래액의 80% 정도를 미국에서 발행되는 ADR이 차지하고 있다.

ADR은 미국 증권감독원(SEC)의 등록, 공시, 보고 의무의 강도에 따라 네 종류로 나눌 수 있다. Level Ⅰ과 Ⅱ는 이미 발행된 구주를 미국 주식시장에 유통시키기 위해 발행하는 주식예탁증서이다. Level Ⅱ는 미국 주식거래소에 상장하여 거래되지만, Level Ⅰ은 장외시장에서만 거래된다. Level Ⅲ는 미국 주식시장에 상장하여 거래될 뿐만 아니라, 증자를 위해 신주를 발행할 수 있는 주식예탁증서이다. 마지막으로 Rule 144(a)에 의해 사모로 발행되는 ADR은 장외시장 거래와 자금조달이 가능한 ADR이다.

우리나라는 1990년 삼성물산이 GDR을 처음 발행한 이후 2010년까지 60여개 기업이 100여 건의 ADR과 GDR을 발행하였는데, 총 발행금액은 300억 달러를 조금 넘는다. 그러나 2007년-2010년간 DR 발행은 6건으로 매우 저조하였다. 현재 NYSE와 나스닥 등 미국시장에는 KB금융지주, SK텔레콤, 포스코, KT 등이, 그리고 LSE와 룩셈부르크 등 유럽시장에는 삼성전자, LG전자, 현대자동차, 기아자동차, 대우조선해양, 하이닉스반도체 등이 상장되어 거래되고 있다.

## 4. 한국과 국제주식시장

우리나라 한국거래소(KRX)의 2010년 시가총액은 1.1조 달러로 세계주식시장의 2%를 차지하고 있다. 한국은 WFE가 조사한 50여 국가 가운데 14번째로 큰 주식시장을 가지고 있다.[6] 2010년 말 한국거래소에는 모두 1,781개의 국내기업과 17개의 외국(주로 중국) 기업이 상장되어 있는데, 10대 기업이 차지하는 비중은 32%에 이르고 있다. 2010년 한국 GDP에 대한 주식시장 시가총액 비율은 110%로 세계 평균 87%보다 높다.

주식투자에 의한 자본유입은 [그림 7-9]에서 보는 바와 같이, 외국인 주식투자와 국제주식(DR) 발행에 의해 이루어진다. 우리나라 주식시장에서 외국인 투자자가 차지하는 비율은 1990년대 중반 약 10%에서 2004년 말 42%까지 계속 증가하였으나, 2005년-2008년의 4년간 연속 외국인 주식투자 순유출이 일어나 2008년 말에 29%까지 하락하였다. 그러나 2009년부터 외국인 주식투자가 다시 순유입으로 돌아섬에 따라 2010년 말에 33%로 증가하였다.

그림 7-8 **한국 주식시장의 외국인 투자자 비율**

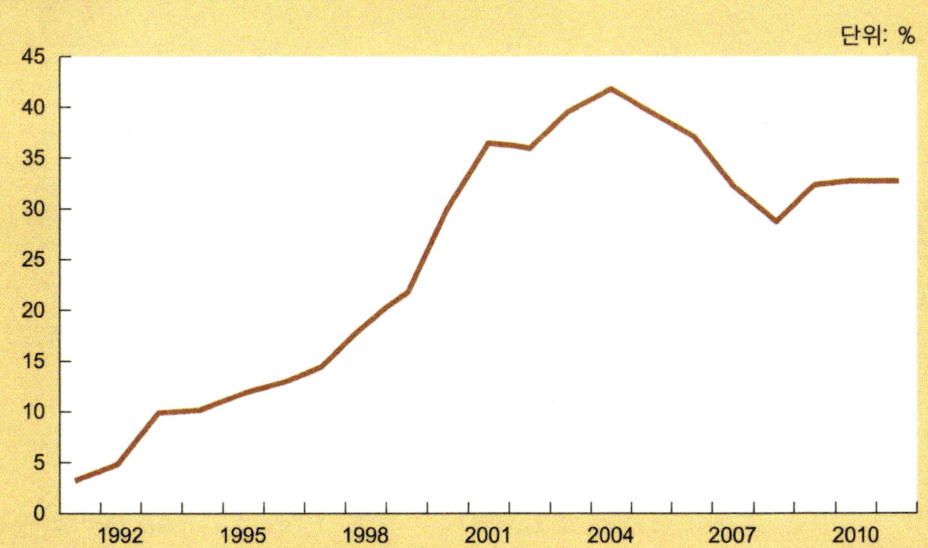


자료: 한국거래소

---

[6] 우리나라의 주식시장은 한국거래소(Korea Exchange: KRX) 산하의 코스피시장(유가증권시장)과 코스닥시장으로 구성되어 있다.

그림 7-9 **한국의 주식투자 유입**

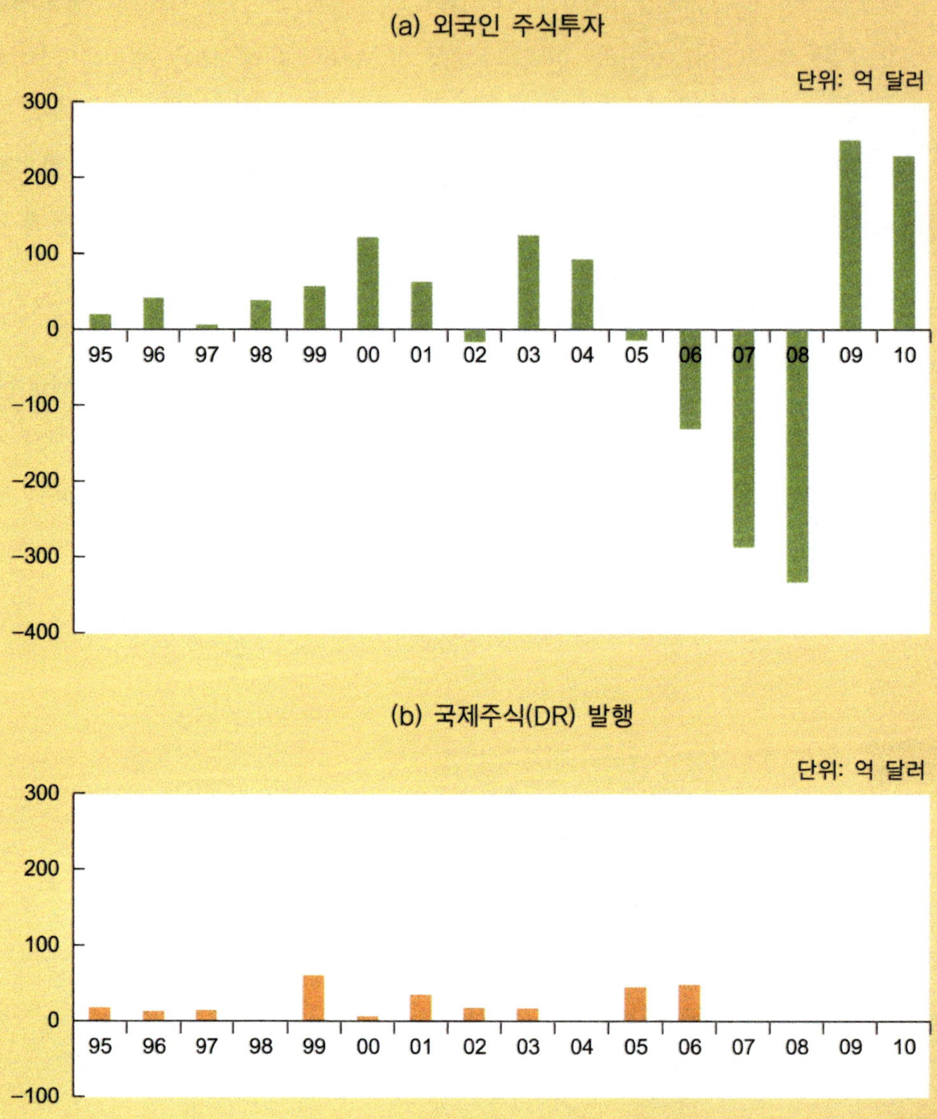


자료: 한국은행

2010년 말 외국인 투자자가 보유하고 있는 우리나라 주식의 투자잔액은 약 3,200억 달러로, 우리나라 대외부채(8,250억 달러)의 약 38%를 차지하고 있다. 투자자 국별로는 미국이 약 1,300억 달러(41%)로 가장 많고, EU가 약 1,000억 달러(32%)로 그 다음이다. 한편 동남아와 중동이 각각 약 200억 달러 그리고 중남미가 약 100억 달러를 차지하고 있는 데 비해, 일본은 약 70억 그리고 중국

그림 7-10 외국인 국내주식투자와 내국인 해외주식투자

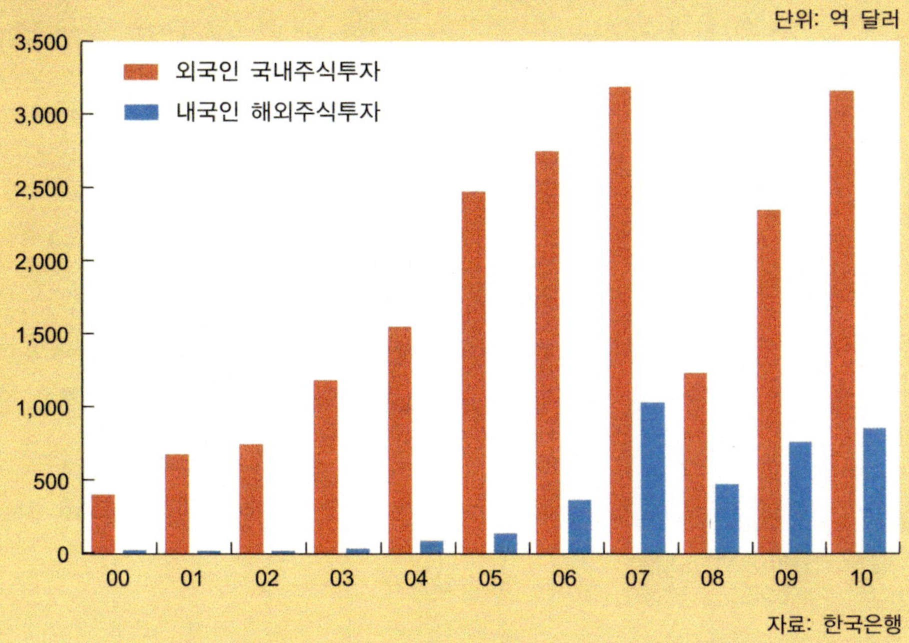


은 약 30억 달러로 매우 저조하다.

외국인 투자자가 한국 주식에 투자할 뿐만 아니라 우리나라 투자자도 해외주식에 투자하고 있다. 2010년 말 우리나라 투자자가 보유하고 있는 해외주식의 투자잔액은 약 860억 달러로 우리나라 대외자산(6,880억 달러)의 약 12%를 차지하고 있다. 이 가운데 약 400억 달러는 자산운용사(370억 달러), 보험회사(20억 달러), 증권회사 (7억 달러), 은행(3억 달러) 등 기관투자자가 보유하고 있으며, 나머지 약 460억 달러는 국민연금과 우리나라 국부펀드인 한국투자공사(KIC) 등이 보유하고 있다.

## 7.2 주식의 가치평가

주식의 가격, 즉 주가는 어떻게 결정되는가? 오늘날 주식의 가격결정을 설명하는 대표적인 이론으로는 배당할인모델(dividend discount model)이 있다. 이

절에서는 배당할인모델에 따라 주가가 어떻게 결정되는지 설명하기로 한다. 한 기업의 주가는 시장이 평가하는 그 기업의 가치(value of the firm)라고 말할 수 있다. 따라서 흔히 주식의 가격결정을 주식의 가치평가(equity valuation)라 부른다.

## 1. 배당할인모델

재무이론에 따르면 자산의 가격은 그 자산 보유로 발생하는 현금흐름(cash flow)의 현재가치(present value)로 결정된다. 주식투자에 따라 발생하는 현금흐름은 투자자가 매년 받는 배당(dividend)이다. 따라서 주식의 가격은 장래 여러 기간에 걸쳐 받는 배당흐름의 현재가치로 결정될 것이다. 이와 같이 배당흐름의 현재가치로 주가를 설명하는 이론을 배당할인모델(dividend discount model)이라 부른다.

### (1) 단일기간 배당할인모델

이제 단순화를 위해 투자자가 주식을 매입한 다음 1년 동안 투자한다고 하자. 지금 1년 후 예상되는 배당과 주가를 $D_1$과 $P_1$이라고 하면, 1년 후의 예상 현금흐름은 $[D_1 + P_1]$이 된다. 따라서 배당할인모델에 따르면, 현재의 주가 $P_0$는 식 (1)에 따라 결정되는데, 여기서 $k$는 현금흐름의 할인율(discount rate)을 나타낸다.

$$P_0 = \frac{D_1 + P_1}{1 + k} \tag{1}$$

주가는 변동이 심하므로 주식투자는 위험하다. 따라서 식 (1)의 할인율 $k$는 주식투자의 위험을 조정한(risk-adjusted) 투자자의 요구수익률(required rate of interest)을 나타낸다. 요구수익률은 무위험 자산인 단기국채의 이자율, 즉 무위험 이자율 $r_f$에 주식투자 위험에 대한 보상인 주식 리스크 프리미엄(equity risk premium) $r_p$를 더한 수준에서 결정된다.

$$k = r_f + r_p \tag{2}$$

이제 예를 들어, 1년 후에 예상되는 배당을 5달러, 1년 후 주식의 예상가격을 110달러, 그리고 투자자의 요구수익률이 15%라고 하자. 따라서 배당할인모델에 따르면, 현재의 주가는 100달러로 결정될 것이다. 즉

$$P_0 = \frac{5 + 110}{1.15} = 100$$

이와 같이 현재의 주가가 100달러라고 하면, 투자자가 예상하는 1년 후의 수익은 배당 5달러와 주가 상승에 따른 자본이득(capital gain) 10달러를 합한 15달러가 된다. 따라서 투자자의 예상수익률(expected rate of interest)은 15%가 된다. 즉

$$E(r) = \frac{D_1 + [P_1 - P_0]}{P_0} = \frac{5 + [110 - 100]}{100} = 15\%$$

한편 식 (1)을 $k$에 관해 풀면, 주식투자자의 요구수익률 $k$는 다음과 같이 투자자의 예상수익률 $E(r)$과 같다는 것을 알 수 있다.

$$k = \frac{D_1 + [P_1 - P_0]}{P_0} = E(r) \tag{3}$$

따라서 배당할인모델에 따르면, 주가는 주식투자의 예상수익률과 투자자의 요구수익률이 같은 수준에서 결정된다는 것을 알 수 있다. 만약 예상수익률과 요구수익률이 다르다면, 주가는 예상수익률과 요구수익률이 같아질 때까지 계속 변동할 것이다.

1. 예상수익률이 요구수익률 15%보다 높으면 주가는 상승할 것이다. 예를 들어, 현재 주가가 95달러이면 예상수익률은 약 21%가 된다. 이때 투자자들이 주식을 매입할 것이므로 주가는 100달러가 될 때까지 상승할 것이다.
2. 예상수익률이 요구수익률 15%보다 낮으면 주가는 하락할 것이다. 예를 들어, 현재 주가가 105달러이면 예상수익률은 약 9.5%가 된다. 이때 투자자들이 주식을 매도할 것이므로 주가는 100달러가 될 때까지 하락할 것이다.

### (2) 일반화된 배당할인모델

지금까지 투자기간이 1년일 때 주가가 어떻게 결정되는지 설명하였다. 그러면 투자기간이 2년일 때 주가는 어떻게 결정되겠는가? 지금 2년 후에 예상되는 배당과 주식가격을 $D_2$와 $P_2$라고 하면, 1년 후의 주가 $P_1$은 다음과 같이 결정될 것이다.

$$P_1 = \frac{D_2 + P_2}{1 + k} \tag{4}$$

이제 식 (4)를 식 (1)에 대입하여 정리하면, 현재의 주가 $P_0$는 다음과 같이 구할 수 있다.

$$P_0 = \frac{D_1}{1 + k} + \frac{D_2 + P_2}{(1 + k)^2} \tag{5}$$

이와 같은 과정을 반복하면, 현재의 주가 $P_0$는 1년 후부터 무한한 장래까지의 배당흐름의 현재가치로 결정된다는 것을 알 수 있다. 즉

$$P_0 = \frac{D_1}{1+k} + \frac{D_2}{(1+k)^2} + \frac{D_3}{(1+k)^3} + \cdots = \sum_{t=1}^{\infty} \frac{D_t}{(1+k)^t} \tag{6}$$

## 2. 고든의 성장모델

실제로 무한한 장래까지의 배당흐름을 예측한다는 것은 불가능하다. 따라서 지금부터는 단순화를 위해 배당이 매년 일정한 성장률 $g$로 증가한다고 가정하기로 한다.

$$D_t = D_0(1+g)^t \tag{7}$$

### (1) 고든 성장모델의 도출

이제 식 (7)을 식 (6)에 대입하면, 현재의 주가 $P_0$는 다음과 같이 나타낼 수 있다.

$$P_0 = \frac{D_0(1+g)}{1+k} + \frac{D_0(1+g)^2}{(1+k)^2} + \cdots + \frac{D_0(1+g)^{\infty}}{(1+k)^{\infty}} \tag{8}$$

그리고 식 (8)의 양변을 $(1 + k)/(1 + g)$로 곱하면 다음 식을 얻는다.

$$P_0\frac{1+k}{1+g} = D_0 + \frac{D_0(1+g)}{1+k} + \frac{D_0(1+g)^2}{(1+k)^2} + \cdots + \frac{D_0(1+g)^{\infty}}{(1+k)^{\infty}} \tag{9}$$

다음에 식 (9)에서 식 (8)을 빼면, 현재의 주가 $P_0$는 다음과 같이 매우 단순한 형태로 구할 수 있다.[7]

$$P_0 = \frac{D_0(1+g)}{k-g} = \frac{D_1}{k-g} \tag{10}$$

예를 들어, 주식투자자의 요구수익률이 15%, 배당성장률이 10%, 그리고 1년 후 배당이 5달러라면, 현재의 주가는 100달러가 된다. 즉

$$P_0 = \frac{5}{0.15-0.10} = \frac{5}{0.05} = 100$$

식 (10)에서 보는 주가의 결정이론을 이 이론을 처음 발전시킨 고든(Myron J. Gordon)의 이름을 따서 고든의 성장모델(Gordon growth model)이라 부른다. 고든의 성장모델에 따르면, 주가는 (1) 배당이 클수록, (2) 투자자의 요구수익률이 낮을수록, 그리고 (3) 배당성장률이 높을수록 더 높게 결정된다.

### (2) 성장기회와 주식가격

주가는 배당성장률이 높을수록 더 높게 결정된다. 그러면 배당성장률을 결정하는 요인은 무엇이겠는가?

기업은 이익을 모두 배당하지 않고, 일부는 사내에 유보하여 신규사업에 투자한다. 즉 기업의 이익($E$)은 배당($D$)과 사내유보($I$)로 배분되는데, 기업의 이익을 흔히 수익(earning)이라고 부른다. 수익 가운데 사내에 유보하는 내부유보율을 $b$라고 하면, $(1 - b)$는 배당으로 지급하는 비율, 즉 배당성향(payout ratio)을 나타낸다. 따라서

$$E = D + I = (1-b)E + bE$$

만약 내부유보율이 일정하다면, 기업의 수익($E$)은 배당($D$)과 동일한 성장률로 성장할 것이다.[8] 따라서 다음 관계가 성립한다.

$$g = \frac{\Delta D}{D} = \frac{\Delta E}{E} = \frac{I}{E} \times \frac{\Delta E}{I}$$

위에서 $I/E$는 내부유보율 $b$을 나타내고, $\Delta E/I$는 신규투자(new investment)의 수익률을 나타낸다. 이제 신규투자의 수익률을 $ROE$로 표시하면, 배당성장

---

[7] 이 결과를 얻기 위해서는 요구수익률 $k$가 배당성장률 $g$보다 크다고 가정하여야 한다.

[8] $\Delta D = (1-b)\Delta E$이므로, $\Delta D/D = [(1-b)\Delta E]/[(1-b)E] = \Delta E/E = g$.

률은 다음과 같이 결정된다는 것을 알 수 있다. 즉

$$g = b \times ROE \tag{11}$$

예를 들어, 내부유보율이 0.5이고 신규투자의 수익률이 20%라면, 배당성장률은 10%가 된다. 한편 1년 후의 수익이 10달러라면, 1년 후의 배당은 5달러가 된다. 따라서 주식투자자의 요구수익률이 15%라면, 주가는 다음과 같이 100달러로 결정될 것이다. 즉

$$P_0 = \frac{D_1}{k-g} = \frac{5}{0.15-0.10} = \frac{5}{0.05} = 100 \tag{12}$$

주가는 배당성장률이 높을수록 더 높게 결정된다. 한편 배당성장률은 신규투자의 수익률이 높거나 또는 내부유보율이 클수록 높다. 그러나 (1) $b=0$, 즉 내부유보율이 0이면, 주가는 신규투자의 수익률과 관계없이 결정된다. 그리고 (2) $ROE=k$, 즉 신규투자의 수익률이 투자자의 요구수익률과 같으면, 주가는 내부유보율과 관계없이 결정된다. 이는 다음과 같이 설명할 수 있다.

먼저 $b=0$, 즉 내부유보율이 0이면, 배당성장률도 0이 된다. 따라서 1년 후의 수익이 10달러라면, 매년 배당도 10달러로 일정할 것이다. 이와 같이 성장이 없는 경우(no growth)의 주가는 신규투자의 수익률과 관계없이 주식투자자의 요구수익률에 따라 결정된다. 예를 들어, 주식투자자의 요구수익률이 15%라면, 주가는 66.7달러로 결정된다.

$$P_0 = \frac{D_1}{k} = \frac{E_1}{k} = \frac{10}{0.15} = 66.7 \tag{13}$$

다음에 $ROE=k$, 즉 신규투자의 수익률이 투자자의 요구수익률과 같다면, 주가는 내부유보율의 크기와 관계없이 1년 후의 수익에 따라 결정된다. 예를 들어, 신규투자의 수익률과 투자자의 요구수익률이 15%로 같을 때, 1년 후의 수익이 10달러라면, 주가는 식 (13)에서 본 성장이 없는 경우(no growth)와 마찬가지로 66.7달러로 결정될 것이다. 즉

$$P_0 = \frac{D_1}{k-b \times ROE} = \frac{(1-b)E_1}{(1-b)k} = \frac{E_1}{k} = \frac{10}{0.15} = 66.7$$

그러면 1년 후의 수익이 10달러일 때, 주가는 언제 성장이 없는 경우(no

growth)보다 높게 결정되겠는가? 주가가 66.7달러보다 높게 결정되려면, $ROE > k$, 즉 신규투자의 수익률이 투자자의 요구수익률보다 높아야 한다. 그리고 $b > 0$, 즉 내부유보율이 0보다 커야 한다. 이제 예를 들어 설명하여 보자.

지금 내부유보율이 0.5, 신규투자의 수익률이 20%라면, 배당성장률은 10%가 된다. 그리고 1년 후의 수익이 10달러라면, 1년 후의 배당은 5달러가 된다. 따라서 주식투자자의 요구수익률이 15%라면, 주가는 100달러로 결정될 것이다. 즉

$$P_0 = \frac{D_1}{k-g} = \frac{5}{0.15-0.10} = \frac{5}{0.05} = 100 \tag{14}$$

이와 같이 $ROE > k$, 즉 신규투자의 수익률이 주식투자자의 요구수익률보다 높은 투자계획이 존재하는 것을 성장기회(growth opportunity)라 부른다. 그리고 이와 같은 성장기회가 있는 기업의 주식을 성장주(growth stock)라 부른다.

## 3. 주식 프리미엄

배당할인모델에 따르면 주가는 장래의 배당흐름을 주식투자의 위험을 조정한 투자자의 요구수익률로 할인한 현재가치로 결정된다. 그러면 투자자의 요구수익률 $k$를 결정하는 요인은 무엇이겠는가?

주가는 변동이 심하므로 주식투자는 매우 위험하다. 따라서 투자자들은 주식투자에 대해 국채와 같이 부도위험이 없는 자산에 대한 수익률, 즉 무위험 이자율(risk-free interest rate)보다 더 높은 수익률을 요구한다. 이와 같이 투자자들이 주식투자의 위험을 보상받기 위해 무위험 이자율에 추가해서 요구하는 수익률을 주식 리스크 프리미엄(equity risk premium) 또는 그냥 주식 프리미엄(equity premium)이라 부른다.

주식투자가 위험하다는 것은 주식투자 수익률의 변동(variability)이 매우 크다는 것을 말한다. 1926년-2008년 간 미국 S&P 500에 포함된 대기업 주식의 수익률은 최고 53%(1933년)에서 최저 -44%(1931년)까지, 그 변동폭은 거의 100%나 되고, 연간 수익률이 마이너스가 된 경우도 24년이나 된다.[9] 한편 무위험 자산인 미국 단기국채(T-bill)의 이자율은 최고 15%(1981년)에서 최저

[9]한편 대공황(Great Depression) 이후의 최고 수익률은 52%(1954년)이고, 최저 수익률은 37%(2008년)로, 그 변동폭은 거의 90%가 된다.

0.14%(1940년)까지 그 변동폭은 15%에 불과할 뿐만 아니라 연간 수익률이 마이너스가 된 해는 없었다

이와 같이 수익률의 변동이 훨씬 크므로 주식투자는 단기국채 투자보다 더 위험하다고 말할 수 있다. 그러나 이와 같은 높은 위험부담에 대한 보상으로 주식의 수익률은 단기국채의 수익률보다 매우 높다. 실제로 1926년-2008년간 미국의 대기업 주식과 단기국채의 연간 수익률의 평균은 각각 약 11.7%와 3.8%이었다. 즉 대기업 주식의 수익률은 단기국채의 이자율보다 7.9%나 높았다. 주식 리스크 프리미엄은 일반적으로 주식과 무위험 자산인 단기국채(T-bills)의 이자율의 차로 구한다.

재무이론에서는 위험(risk)을 흔히 연간 수익률의 표준편차(standard deviation)로 측정하는데, [표 7-4]는 1926년-2008년간 미국 자본시장의 연간 수익률의 산술평균(arithmetic mean)과 표준편차를 보여주고 있다.[10] 이로부터 수익률이 높을수록 위험도 크다는 것을 알 수 있다. 예를 들어, 평균 수익률 11.7%인 대기업 주식의 표준편차는 20.6%로, 평균 수익률 3.8%인 단기국채의 표준편차 3.1%보다 6배 이상 높다.

[그림 7-11]은 1900년-2005년 간 17개 주요국의 주식 프리미엄을 보여주고

**표 7-4 미국 자본시장의 수익률 평균과 표준편차**

| | 산술평균 | 표준편차 |
|---|---|---|
| 중소기업 주식 | 16.4% | 33.0% |
| 대기업 주식 | 11.7 | 20.6 |
| 장기 회사채 | 6.2 | 8.4 |
| 장기 국채 | 6.1 | 9.2 |
| 단기 국채 | 3.8 | 3.1 |

자료: Ross, Westerfield and Jaffe (2010)

[10] 주식의 연간 수익률을 $a_i$, 연간 수익률의 평균을 $\bar{a}$이라고 하면, 연간 수익률의 표준편차 $\sigma$는 다음과 같이 구한다.

$$\sigma = \sqrt{\frac{\sum(a_i - \bar{a})^2}{n-1}}$$

있다. 덴마크가 4.5%로 가장 낮고, 이탈리아가 10.5%로 가장 높은데, 17개국 주식 프리미엄의 평균은 7.1%이다. 그러나 주식 프리미엄의 크기는 추정기간과 추정방법에 따라 큰 차이를 나타낸다.

오늘날 대부분의 학자들은 주식투자가 위험하다 하더라도 이와 같은 7% 내외의 주식 프리미엄은 지나치게 높다고 생각한다. 그러나 왜 이렇게 주식 프리미엄이 높은지를 잘 설명하지 못하는데, 이를 주식 프리미엄 퍼즐(equity premium puzzle)이라 부른다. 지금까지 설명한 주식 프리미엄은 과거의 자료로부터 구한 역사적 주식 프리미엄(historical risk premium)이다. 따라서 주식투자자가 장래의 투자에서도 이와 같은 높은 주식 프리미엄을 얻을 수 있으리라는 보장은 없다.

## 4. 주식시장의 효율성

주가는 항상 변동한다. 배당할인모델에 따르면 주가는 배당, 내부유보율, 신규

그림 7-11 **주요국의 주식 리스크 프리미엄: 1900년-2008년**

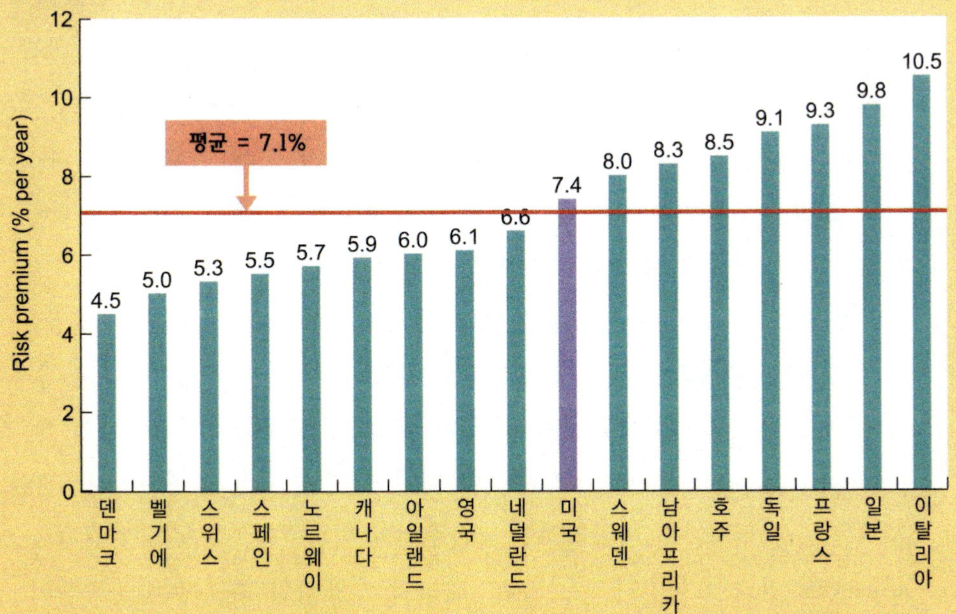


자료: Ross, Westerfield and Jaffe (2010)

투자의 수익률, 무위험 이자율, 주식 프리미엄 등 기초적 요인(fundamentals)에 의해 결정된다. 주가가 항상 이와 같은 기초적 요인에 결정된다고 보는 이론을 효율적 시장가설(efficient market hypothesis)이라 부른다. 이 가설에 따르면 주가에 영향을 미치는 이용 가능한 모든 정보(all available information)는 이미 주가에 반영되어 있다.

주식시장이 효율적이라면 주가는 예측할 수 없다. 주가는 기초적 요인에 대한 새로운 정보, 즉 뉴스(news)가 있을 때만 변동한다. 그러나 뉴스란 예측할 수 없다. 따라서 효율적 시장가설을 주장하는 사람들은 주가가 임의보행(random walk)의 패턴을 따른다고 본다. 이와 같이 주가의 예측이 불가능하다면, 투자자는 주식시장 평균 수익률 이상의 초과수익(excess return)을 얻을 수 없다. 즉 투자자는 시장을 이길(beat) 수 없다.

효율적 시장가설에 대한 증거는 무엇인가? 통계적 검증에 따르면 주가는 근사적으로 임의보행(random walk)의 패턴을 따르고 있는 것으로 보인다. 또 투자자들은 행운(luck)이 따르지 않으면, 과소평가 되거나 과대평가 된 주식을 고르는 것이 거의 불가능하다는 것을 경험적으로 알고 있다. 그리고 실제로 미국의 뮤추얼펀드 시장에서 전문적인 펀드 매니저가 적극적으로 관리하는 펀드의 수익률은 주식시장 평균 수익률보다 약 2% 정도 낮다.

그러나 투자자가 시장을 이길 수 없다고 해서 주식시장이 반드시 효율적이라고 말할 수 없다. 주가는 기초적 요인에 대한 뉴스 없이도 오르거나 내리는 경우도 많다. 1987년 10월 검은 월요일(Black Monday) 하루 동안 다우 존스가 23%나 하락한 것이라든지, 1990년부터 10년 동안 10배나 상승했던 나스닥 주가가 2000년 3월부터 2002년 10월까지 불과 2년 반 만에 80%나 하락한 것을 보면, 주식시장이 결코 효율적이라고 말하기 어렵다.

케인즈(J. M. Keynes)는 일찍이 주가에 미치는 심리적 요인을 잘 설명한 것으로 유명하다. 투자자는 자기가 보유하고 있는 주식을 언젠가는 다른 투자자에게 팔아야 한다. 그러므로 주식의 가격을 결정하는 것은 기초적 요인(fundamentals)이 아니라, 그 주식에 대한 다른 투자자의 평가이다. 케인즈는 주가는 종종 투자자의 비합리적인 낙관주의와 비관주의, 즉 동물적 감각(animal spirits)에 따라 요동친다고 보았다. 따라서 성공적인 투자자는 군중심리(mass psychology)를 잘 파악하는 사람이다.

주식시장의 효율성에 대한 논쟁은 경제학자들 간에 오래 동안 결론 없이 계속되어 왔다. 그러면 투자자들은 주식시장을 어떻게 보아야 할까? 주가가 종종 기초적 요인보다는 투자자의 심리에 따라 결정된다는 점에서 주식시장은 효율적이라고 말할 수 없다. 그러나 누구든 주가를 예측할 수 없고 시장을 이길 수 없다는 의미에서 주식시장은 효율적이라고 말할 수 있다. 그리고 주식시장은 단기에는 때때로 비효율적이라 하더라도, 장기에는 대체로 효율적이라고 말할 수 있을 것이다.

## 7.3 주식의 국제투자

제1절에서 국제주식의 발행에 대해 배웠다. 이제 이 절에서는 주식의 국제투자에 대해 공부하기로 한다. 먼저 국제주식투자의 방법과 국제분산투자의 이득을 살펴본 다음, 뮤추얼펀드(mutual fund)에 대해 설명하기로 한다. 헤지펀드(hedge fund), 사모주식펀드(private equity fund), 그리고 국부펀드(sovereign wealth fund) 등 대안투자펀드에 대해서는 다음 절에서 공부하기로 한다.

### 1. 국제주식투자

지난 20여 년간 투자자가 해외주식(foreign equity)에 투자하는 비율은 10%에서 30% 수준으로 크게 증가하였는데, 투자자가 외국 기업의 주식에 투자하는 방법에는 두 가지가 있다. 첫째는 국내 증권회사를 통해 외국 기업의 주식을 직접 매입하는 방법이다. 둘째는 국내 또는 외국의 자산운용사가 운용하는 해외주식형 펀드를 매입하는 방법이다.

#### (1) 직접투자와 간접투자

국내투자자의 해외주식에 대한 직접투자는 국내 증권회사에 계좌를 개설하고 전화주문이나 홈 트레이딩 시스템을 이용하여 이루어진다. 그러나 언어와 문화가 다를 뿐만 아니라, 주식거래의 제도와 관행 및 자본이득에 대한 과세가 다른 외국의 주식에 투자하기 위해서는 높은 정보비용과 거래비용을 지불해야 한다. 즉 개인투자자가 해외주식에 직접투자하기 위해서는 넘어야 할 장벽은 매우 높다.

한편 국내투자자는 해외주식으로 포트폴리오를 구성하는 해외주식형 펀드를 매입하여 해외주식에 간접 투자할 수 있다. 현재 한국에서 판매되고 있는 해외주식형 펀드에는 국내 자산운용사가 운용하는 국내펀드와 외국 자산운용사가 운용하는 역외펀드가 있다. 자산운용사는 최신의 투자정보를 갖고 전문적인 투자기법으로 여러 기업의 주식에 분산 투자하고 있다. 따라서 개인투자자는 해외주식형 펀드를 매입하여 낮은 비용으로 국제분산투자의 이득을 누릴 수 있다.

### (2) 국제투자와 환위험

외국기업의 주가는 외국통화로 표시된다. 예를 들어, 미국 기업의 주가는 미국 달러로 표시된다. 따라서 투자자가 해외주식에 투자하면, 주가변동의 위험과 함께 환율 변동의 위험, 즉 환위험(exchange rate risk)에 노출된다. 국제주식투자에 따르는 환위험을 예를 들어 설명하여 보자.

미국 A 기업의 주가가 $A_0$ 달러이고 환율이 $S_0$ 원일 때, 한국 투자자가 $A_0 \times S_0$ 원을 투자하여 A 기업 주식 1매를 매입하였다. 1년 후 한국 투자자는 이 주식을 $A_1$ 달러로 매도하였는데, 이때 환율은 $S_1$ 원으로 변동하였다. $A_0 \times S_0$ 원을 미국 주식에 투자하고 1년 후 회수한 금액이 $A_1 \times S_1$ 원이므로, 한국 투자자의 연간 수익률 $r$은 다음과 같이 구할 수 있다.

$$r = \frac{A_1 \times S_1 - A_0 \times S_0}{A_0 \times S_0} = \left[\frac{A_1}{A_0}\right]\left[\frac{S_1}{S_0}\right] - 1$$
$$= [1 + \Delta A/A]\,[1 + \Delta S/S] - 1$$

따라서 국제주식투자의 수익률은 주가의 변동률 $\Delta A/A$ 뿐만 아니라, 환율의 변동률 $\Delta S/S$ 에 따라 결정된다. (1) 먼저 해외주식의 주가가 20% 상승하였다고 하자. 이때 국제주식투자의 수익률은 환율이 10% 상승하면 32%, 환율이 10% 하락하면 8%가 된다. (2) 다음에 해외주식의 주가가 20% 하락하였다고 하자. 이때 국제주식투자의 수익률은 환율이 10% 상승하면 −12%, 환율이 10% 하락하면 −28%가 된다.

이와 같이 국제주식투자의 수익률은 환율변동의 위험, 즉 환위험에 노출된다.

국제투자에 따르는 환위험은 선물환을 이용하여 헤지할 수 있는데, 헤지의 결과가 항상 유리한 것은 아니다. 일반적으로 주가의 변동성이 환율의 변동성보다 더 크다. 따라서 해외주식에 투자하면서 환위험을 헤지하는 것이 항상 바람직하다고 말할 수는 없다.

## 2. 국제분산투자

주식의 분산투자(diversification)는 위험을 감소시킨다. 예를 들어, 두 주식 A와 B가 있을 때, A 또는 B 한 주식에만 투자할 때보다 A와 B에 분산투자하면 위험이 감소한다. 주식의 분산투자로 위험이 감소하는 것은 개별 주식의 수익률이 각각 다르게 변동하기 때문이다. 예를 들어, A의 수익률이 감소할 때 B의 수익률이 증가하면, A와 B에 분산 투자한 포트폴리오의 수익률은 A 또는 B의 개별 수익률보다 덜 변동한다.[11]

그러면 실제로 주식시장에 상장되어 있는 수많은 주식에 어떻게 분산투자할 수 있는가? [그림 7-12]에서 보는 바와 같이, 미국의 경우 약 50개의 국내주식에 고루 분산투자하면, 주식투자 위험의 약 60%를 감소시킬 수 있다고 알려져 있다. 그러나 분산투자의 대상을 50개 이상의 주식으로 확대하더라도 위험은 더 이상 감소하지 않는다.

이와 같이 분산투자로 감소시킬 수 없는 위험을 시장 위험(market risk) 또는 체계적 위험(systematic risk)이라 부른다. 시장 위험 또는 체계적 위험이란 경제성장률, 고용, 환율, 이자율, 물가수준 등과 같이 거시경제의 변화에 따라 발생하는 주식투자의 위험을 말한다. 시장 위험 또는 체계적 위험은 모든 주식에 고루 영향을 미치는 위험이다. 따라서 아무리 여러 주식에 분산 투자하더라도 피할 수 없는 위험이다.

한편 주식의 분산투자로 감소시킬 수 있는 위험을 고유 위험(unique risk) 또는 비체계적 위험(nonsystematic risk)이라 부른다. 고유 위험 또는 비체계적

---

[11] 분산투자가 위험을 감소시킨다는 것은 두 주식 A와 B에 분산투자한 포트폴리오의 표준편차 $\sigma_p$가 A와 B의 표준편차 $\sigma_a$와 $\sigma_b$보다 작다는 것을 말한다. 두 주식 A와 B에 대한 투자비율이 $w_a$와 $w_b$이면, A와 B로 구성된 포트폴리오의 위험, 즉 표준편차 $\sigma_p$는 다음과 구할 수 있다. 여기서 $\rho$는 A와 B의 상관계수이다.

$$\sigma_p = \sqrt{w_a^2\sigma_a^2 + w_b^2\sigma_b^2 + 2w_a w_b \sigma_a \sigma_b \rho}$$

그림 7-12 주식 분산투자의 이득

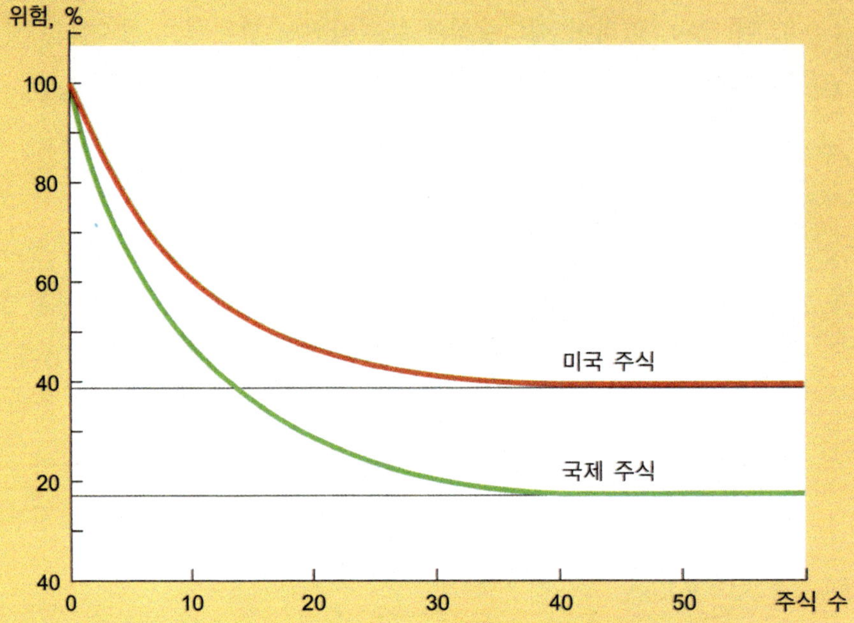


자료: Malkiel (2007)

위험의 예로는 파업, 소송, 정부 규제, 생산기술의 변화 등을 들 수 있다. 이와 같은 고유 위험 또는 비체계적 위험은 개별기업에 고유한 위험이다. 따라서 여러 주식에 분산투자하면, 위험이 부분적으로 상쇄되어 주식투자의 위험을 감소시킬 수 있다.

### (1) 국제분산투자의 이득

주식투자의 체계적 위험은 해외주식에 분산투자함으로써 더욱 감소시킬 수 있다. 왜냐하면 모든 나라의 거시경제가 동조적으로 변화하지 않으므로, 나라마다 주식투자의 수익률이 다르게 변동하기 때문이다. [그림 7-12]에서 보는 바와 같이, 미국의 경우 국내주식과 외국주식에 고루 분산 투자하면, 국내주식에만 분산투자할 때보다 주식투자의 위험을 약 20% 추가적으로 감소시킬 수 있다고 알려져 있다. 이것이 국제분산투자(international diversification)에 따르는 이득이다.

국제분산투자가 위험을 감소시키는 것은 [그림 7-13]을 통해 확인할 수 있다.[12] 1970년 1월부터 2006년 6월까지 실제로 미국의 S&P 500 지수의 연간 수익률의 평균과 표준편차는 8.3%와 16.5%였다. 한편 MSCI의 EAFE(Europe, Australia, and Far East) 주가지수의 연간 수익률의 평균과 표준편차는 9.7%와 21.5%였다. 이와 같이 EAFE 주식은 미국 주식보다 수익률이 높은 대신 위험도 컸는데, 이 기간 중 두 주식 수익률의 상관계수는 대략 $\rho = 0.5$이었다.[13]

[그림 7-13]은 미국 주식과 EAFE 주식에 분산투자할 때의 수익률과 위험의 배합을 보여주고 있다.[14] A점과 C점은 각각 미국 주식과 EAFE 주식에 100%씩

그림 7-13 국제분산투자의 이득

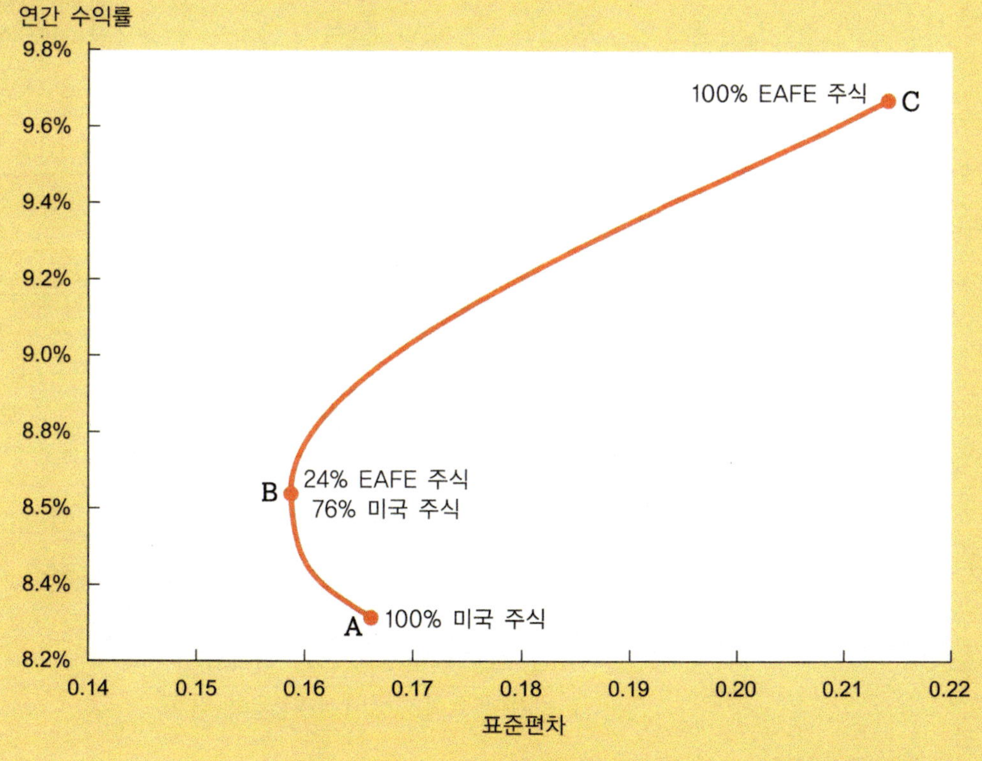


자료: Malkiel (2007)

[12] Burton Malkiel, *A Random Walk Down Wall Street*, Norton, (2007), pp 191–193.

[13] 두 주식 A와 B의 연간수익률을 $a_i$와 $b_i$, 그리고 $n$년 간의 평균을 $\bar{a}$와 $\bar{b}$라고 하면, A와 B의 상관계수 $\rho$는 다음과 같이 구한다.

$$\rho = \frac{1}{n-1}\sum_{i=1}^{n}\left(\frac{a_i-\bar{a}}{\sigma_a}\right)\left(\frac{b_i-\bar{b}}{\sigma_b}\right)$$

투자하는 경우이고, A점-B점-C점으로 이동함에 따라 미국 주식의 비율이 감소하고 EAFE 주식의 비율은 증가한다. A점-B점 구간에서는 수익률은 증가하면서 위험은 감소하는데, 미국 주식 비율이 76% 그리고 EAFE 주식 비율이 24%인 B점에서 위험이 가장 낮아진다.

따라서 합리적인 투자자라면 A점-B점 구간은 선택하지 않을 것이다. 그러나 B점-C점 구간에서는 수익률이 증가하면서 위험도 증가하고 있다. 이때 투자자가 선택하는 배합은 투자자의 위험회피(risk aversion)의 정도에 달려 있다. 만약 투자자가 매우 위험회피적이라면 B점에 가까운 배합을 선택할 것이다. 그러나 투자자가 덜 위험회피적이라면 C점에 가까운 배합을 선택할 것이다.

주식의 분산투자에 따르는 이득은 주식 수익률의 상관계수가 낮을수록 더 크다. 세계주식시장이 빠르게 성장하고 금융의 세계화가 진전되면서, 최근 선진국간 주식 수익률의 상관계수가 높아지고 있다. 그러나 아직도 선진국과 개도국간 주식 수익률의 상관계수는 낮다. 따라서 선진국과 개도국 주식에 대한 분산투자로 국제주식투자의 위험을 감소시킬 수 있는 여지는 크다고 말할 수 있다.

### (2) 주식 홈 바이어스

[그림 7-13]을 보면 미국 주식투자자는 해외주식에 최소 24%는 투자해야 한다. 그러나 실제로 미국 투자자의 해외주식 보유비율은 14%를 약간 넘는다. 또 미국은 세계주식시장의 30% 이상을 차지하고 있지만, 외국인의 미국 주식 보유비율은 13% 내외에 불과하다. 국제분산투자의 이득이 매우 큼에도 불구하고, 이와 같이 국내주식에 대한 투자비율이 매우 높은 현상을 주식 홈 바이어스(equity home bias)라고 부른다. 일반적으로 홈 바이어스 HB는 다음과 같이 구한다.

$$HB = 1 - \frac{\text{미국 투자자의 해외주식 보유비율}}{1 - \text{세계주식시장에서 미국의 비중}}$$

예를 들어 설명하여 보자. 2003년 세계주식시장에서 미국이 44.54% 그리고

[14] 예를 들어, 미국 주식과 EAFE 주식의 투자비율이 75%와 25%일 때, 이 국제분산투자의 수익률은 8.3% × 0.75 + 9.7% × 0.25 = 8.66%가 된다. 그리고 위험 즉 표준편차 $\sigma_p$는 다음과 같이 15.8%로 구할 수 있다. 그런데 15.8%는 두 주식의 수익률의 표준편차 16.5%나 21.5%보다 작다.

$$\sigma_p = \sqrt{\left[\frac{3}{4}\right]^2 (16.5)^2 + \left[\frac{1}{4}\right]^2 (21.5)^2 + 2\left[\frac{3}{4}\right]\left[\frac{1}{4}\right](16.5)(21.5)(0.5)} = 15.8\%$$

그림 7-14 주요국의 주식 홈 바이어스

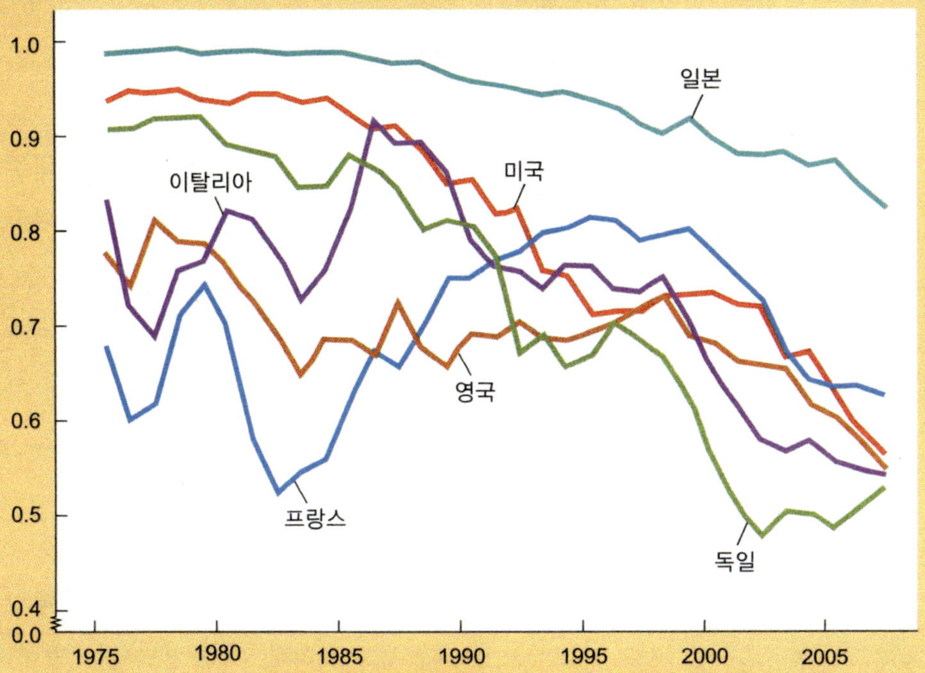


자료: Bank of England

나머지 국가들이 55.46%를 차지하고 있었다. 이때 미국 투자자의 해외주식 보유비율이 55.46%라면, 미국의 주식 홈 바이어스는 [1 − (55.46%/55.46%)] = 0이 될 것이다. 그런데 실제로 미국 투자자의 해외주식 보유비율이 14.32%에 불과하였다. 따라서 2003년 미국의 주식 홈 바이어스는 0.74로 구할 수 있다.

$$HB = 1 - \frac{14.32\%}{1 - 44.54\%} = 0.74$$

[그림 7-14]는 지난 30여 년간 주요국에서 주식 홈 바이어스가 모두 감소하고 있음을 보여주고 있다.[15] 미국과 독일은 1980년의 0.9 이상에서 최근에는 0.55 수준으로 감소하였다. 한편 영국과 이탈리아는 1980년의 0.7 내외에서 최근에는

[15] Bank of England. "The Future of International Capital Flows", *Financial Stability Paper* No. 12, (December 2011).

역시 0.55 수준으로 감소하였다. 그러나 프랑스는 1980년의 0.7 이후, 등락을 거듭하다가 최근에는 0.63 수준에 하락하였다. 한편 일본은 1980년에는 거의 1에 가까웠고, 최근에도 0.8 이상의 매우 높은 주식 홈 바이어스를 보여주고 있다.

지난 20여 년간 선진국들이 국제주식투자에 대한 규제를 대폭 철폐하였음에도 불구하고, 왜 높은 홈 바이어스가 지속되는가? 국제주식투자는 환위험(currency risk)과 정치적 위험(political risk)이 따를 뿐만 아니라, 국내주식거래보다 거래비용(transaction costs)이 높다. 그러나 홈 바이어스가 지속되는 가장 중요한 이유로는 높은 정보비용(information costs)에서 찾아볼 수 있을 것이다. 홈 바이어스는 오늘날 경제학자들이 잘 이해하지 못하는 퍼즐 가운데 하나로 남아 있다.

## 3. 뮤추얼펀드의 혁신

오늘날 뮤추얼펀드(mutual fund)는 투자자가 국내주식뿐만 아니라 해외주식에 투자할 때 가장 널리 이용하는 간접투자 수단이다. 뮤추얼펀드는 원래 미국에서 발전한 금융중개제도(financial intermediary)인데, 지난 20여 년간 여러 선진국과 주요 신흥국으로 급속히 전파되고 있다.

### (1) 뮤추얼펀드의 개념

금융기관이 공모로 설립하는 투자펀드(investment fund)는 다수의 투자자로부터 자금을 모아 운용한 다음, 그 수익을 투자자에게 배분하는 금융중개제도를 말한다. 투자펀드는 계약형 펀드인 투자신탁과 회사형 펀드인 투자회사로 구분한다. 영국에서 발전한 계약형은 금융기관이 투자신탁 계약에 의해 발행하는 수익증권에 투자하는 것을 말하고, 미국에서 발전한 회사형은 금융기관이 설립한 투자회사 주식에 투자하는 것을 말한다.

계약형과 회사형 투자펀드는 모두 폐쇄형과 개방형으로 구분할 수 있다. 폐쇄형(close-end)은 일단 펀드를 설정한 이후에는 신규투자나 환매가 제한되는 투자펀드를 말하고, 개방형(open-end)은 펀드 설정 이후에도 신규투자와 환매가 자유로운 투자펀드를 말한다. 미국의 투자펀드는 모두 회사형으로 설립되기 때문에 투자회사(investment company)라 부르는데, 이 가운데 특히 개방형 투자회사를 뮤추얼펀드(mutual fund)라고 한다.

미국 투자펀드의 90% 이상을 차지하고 있는 뮤추얼펀드는 법률상으로는 독립된 주식회사지만, 실제로는 서류상의 회사(paper company)이고 펀드의 설립과 운용은 전문적인 자산운용회사(피델리티, 뱅가드그룹 등)나 투자은행이 담당하고 있다.[16] 이들 금융기관은 각각 수백 개의 뮤추얼펀드를 운용하고 있는데, 이와 같이 다수의 뮤추얼펀드를 운용하는 금융기관을 가리켜 뮤추얼펀드 패밀리라고 한다.

뮤추얼펀드 패밀리는 전문적인 펀드매니저(fund manager)가 최신의 투자기법을 이용하여 운용하고 있다. 뮤추얼펀드는 다수의 소액투자자로부터 자금을 모아 운용하기 때문에 거래비용을 절감할 수 있을 뿐만 아니라, 분산투자로 위험을 감소시킬 수 있다. 지난 30년간 미국의 뮤추얼펀드가 비약적으로 성장한

**그림 7-15 미국 뮤추얼펀드의 순자산**

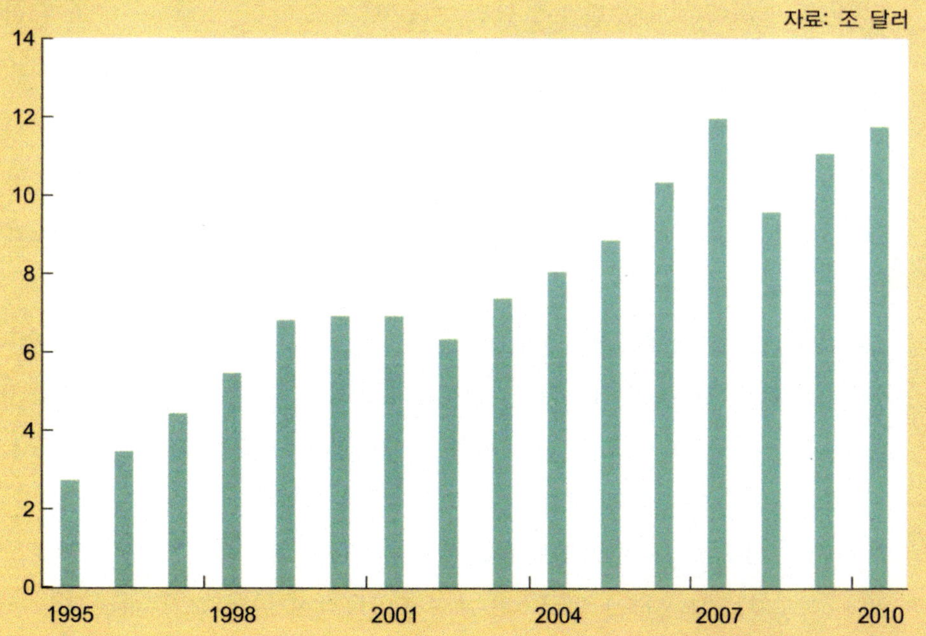


자료: Investment Company Institute

[16] 미국의 투자펀드인 투자회사(investment company)의 형태에는 개방형 투자회사인 뮤추얼펀드 이외에 폐쇄형 투자회사(closed-end fund), 단위투자신탁(unit investment trust), 그리고 상장지수펀드(exchange-traded fund)가 있다.

것은 미국의 주가가 지속적으로 상승하였을 뿐만 아니라 이와 같은 뮤추얼펀드의 장점이 널리 알려졌기 때문이다.

미국의 뮤추얼펀드는 1924년에 최초로 설립되었는데, 주식에만 투자하는 주식형펀드(equity fund), 채권에만 투자하는 채권형펀드(bond fund), 주식과 채권을 배합하여 투자하는 혼합형펀드(hybrid fund), 그리고 만기 1년 미만의 단기금융상품(재무성 단기증권, 기업어음 등)에만 투자하는 머니마켓펀드(money market mutual fund)의 네 형태로 구분할 수 있다. 주식형펀드 가운데 외국주식에 투자하는 국제 뮤추얼펀드는 1955년에 처음 도입되었으며, 머니마켓펀드는 1971년에 처음 도입되었다.

### (2) 뮤추얼펀드의 성장

미국의 뮤추얼펀드는 1980년대 중반 이후 비약적으로 성장하여 1980년 560여 개에 불과하던 펀드의 수는 1990년에는 3,000개를 넘어섰고, 2010년에는 8,500개로 증가하였다. 뮤추얼펀드가 운용하는 순자산(net asset)도 1980년 1,350억 달러에서 1990년 1조 달러, 2000년 7조 달러, 2007년 12조 달러로 증가하였다. 그러나 글러벌 금융위기로 2008년에 9.6조 달러로 감소하였다가 2010년에 11.8조 달러로 회복되었다.[17]

2010년 말 미국 뮤추얼펀드 순자산 11.8조 달러의 35%는 국내주식형 펀드(domestic stock funds)가 그리고 13%는 국제주식형 펀드(international stock funds)가 차지하고 있다. 따라서 미국 주식형 펀드의 27%는 국제주식형 펀드임을 알 수 있다. 한편 만기 1년 미만의 단기금융상품에 투자하는 머니마켓펀드(money market fund)는 24%, 채권에만 투자하는 채권형펀드(bond funds)는 22%, 그리고 주식과 채권을 배합하여 투자하는 혼합형펀드(hybrid fund)는 6%를 차지하고 있다.

2010년 미국에는 8,500개의 뮤추얼펀드가 있는데, 이는 미국의 주요 주식거래소에 상장된 주식보다 많다. 미국 뮤추얼펀드의 약 74%는 피델리티, 뱅가드그룹, 캐피탈그룹과 같은 전문적인 자산운용사(investment advisor)가 운용하고 있고, 나머지는 일반은행과 투자은행, 보험회사, 그리고 외국계 금융기관에

---

[17] 2010년 말 미국 투자회사가 운용하는 자산은 뮤추얼펀드의 11.8조 달러 이외에, 폐쇄형 투자회사(closed-end fund) 2,400억 달러, 상장지수펀드(ETF) 약 1조 달러, 그리고 단위투자신탁(UIT) 510억 달러 등 모두 13.1조 달러에 이르고 있다.

의해 운용되고 있다. 최근 미국 뮤추얼펀드 자산의 40%는 5대 자산운용회사에 의해, 53%는 10대, 그리고 약 74%는 25대 뮤추얼펀드 패밀리에 의해 운용되고 있다.

뮤추얼펀드는 다수의 투자자로부터 공모(public offering)로 자금을 모집한다. 따라서 투자자보호를 위해 엄격한 규제를 받는다. 예를 들어, 미국의 뮤추얼펀드는 증권감독원(SEC)에 등록하고, 주기적으로 투자자들에게 자산운용의 내용과 성과를 공시하여야 한다. 또한 차입에 의한 투자, 공매도, 그리고 파생상품의 거래 등 자산운용도 엄격한 제약을 받는다.

뮤추얼펀드의 성과는 시장지수와 비교한 상대수익률(relative return)에 의해 평가된다. 운용수수료는 자산의 0.5%-3%이며 성과보수는 없다. 2010년 평균 운용수수료는 0.96%이다.

지난 30년간 미국의 금융제도에서 뮤추얼펀드가 차지하는 중요성은 매우 높아졌다. 2010년 말 뮤추얼펀드를 비롯한 미국 투자회사의 자산은 13.1조 달러에 이르는데, 이는 미국 일반은행 자산보다 많다. 뮤추얼펀드를 보유한 미국 가계의 비율은 1980년 6%에서 2010년에는 44%로 증가하였고, 가계의 금융자산 가운데 뮤추얼펀드가 차지하는 비율도 1990년의 7%에서 2010년에는 28%로 증가하였다. 2010년 미국의 투자회사는 미국 주식의 27%, 지방채의 33%, 기업어음의 45%, 국채의 11%를 보유하고 있다.

### (3) 국제 뮤추얼펀드

미국의 주식형 뮤추얼펀드(equity funds) 가운데 주로 해외주식(foreign shares)에 투자하는 뮤추얼펀드는 아래와 같이 네 종류로 구분할 수 있다.

**1.** 신흥시장국펀드(emerging market fund): 개도국 기업의 주식에 주로 투자하는 펀드.
**2.** 글로벌주식펀드(global equity fund): 미국을 포함하여 세계 각국의 주식에 주로 투자하는 펀드.
**3.** 국제주식펀드(international equity fund): 미국 이외 지역의 기업 주식에 주로 투자하는 펀드.
**4.** 지역주식펀드(regional equity fund): 세계 특정 지역의 주식에 주로 투자하는 펀드.

한편 미국의 채권형 뮤추얼펀드(bond funds) 가운데 주로 외국의 기업이나 정부가 발행한 부채증권(debt securities)에 투자하는 뮤추얼펀드는 아래와 같이 세 종류로 구분할 수 있다.

1. 일반 글로벌채권펀드(general global bond fund): 일반적으로 세계 각국의 만기 5년 이상 채권에 투자하는데, 자산의 25%까지 미국의 채권에 투자할 수 있는 펀드.
2. 단기 글로벌채권펀드(short-term global bond fund): 일반적으로 세계 각국의 만기 1년 이상 5년 미만인 채권에 투자하는데, 자산의 25%까지 미국의 채권에 투자할 수 있는 펀드.
3. 기타 세계채권펀드(other world bond funds): 국제본드와 개도국의 부채증권에 투자하는 펀드로, 2/3 이상은 미국 이외의 기업이나 정부가 발행한 채권에 투자하는 펀드.

## 4. 세계의 뮤추얼펀드

미국에서 발전한 개방형 투자펀드인 뮤추얼펀드는 지난 10여 년간 전 세계로 급속히 전파되었다. 여기서 뮤추얼펀드란 미국식 회사형 펀드뿐만 아니라 영국식 계약형 펀드까지 포함한 모든 개방형(open-ended) 투자펀드를 말한다.

### (1) 전 세계 투자펀드

전 세계 뮤추얼펀드의 자산은 2003년 14.0조 달러에서 2007년에는 26.1조 달러로 크게 증가하였다. 그러나 글로벌 금융위기로 2008년 18.9조 달러로 감소하였다가 2010년에는 24.7조 달러로 회복되었다. 2010년 미국이 약 48%(11.8조 달러)를 차지하고, 나머지는 유럽 32%, 아시아 및 아프리카 지역 13%, 그리고 미국 이외의 미주가 7%를 차지하고 있다.

2010년 미국(11.8조 달러) 다음으로 개방형 투자펀드 규모가 큰 나라는 룩셈부르크(2.5조 달러), 프랑스(1.7조 달러), 호주(1.5조 달러)의 순이다. 아시아에서는 일본(7,850억 달러), 중국(3,650억 달러), 한국(2,656억 달러)의 순인데, 한국은 전 세계에서 15번째를 차지하고 있다. 한국의 펀드 수는 8,700개로 룩셈부르크(9,350개)보다 약간 적지만, 프랑스(7,700개)와 미국(7,600개)보다 많

그림 7-16 **세계 뮤추얼펀드의 구성: 2010년 말**

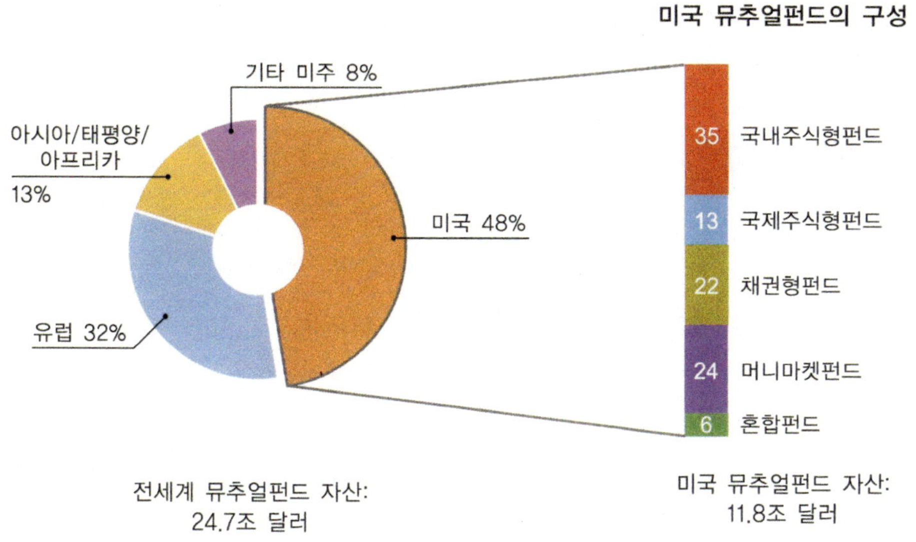


자료: Investment Company Institute

다. 그러나 한국 펀드의 평균 자산규모는 0.3억 달러로 미국 15.6억 달러의 2%에 불과하다.

### (2) 한국의 투자펀드

한국 투자펀드의 법적 형태는 영국식 계약형으로 투자신탁 계약에 따라 자산운용사가 발행하는 수익증권에 투자하는 방식이 대종을 이루고 있다. 1998년 외환위기 이후 자산운용사가 설립한 별도의 투자회사의 주식에 투자하는 회사형인 뮤추얼펀드가 도입되었으나, 지금은 유명무실하게 되었다. 한국의 투자펀드는 대부분 펀드 설정 이후에 신규투자와 환매가 자유로운 개방형이다.

한국 투자펀드의 자산규모는 1998년 말 200조 원에서 1999년 말에는 260조 원까지 크게 증가하였으나, 2000년 말에는 137조 원으로 급감하였다. 2004년 이후 다시 증가하기 시작하여, 2008년 말에는 360조 원까지 증가하였으나, 2010년 말에 317조 원으로 감소하였다. 2010년 말 한국 투자펀드의 형태별 구성을 보면 주식형펀드가 101조 원(32%), 채권형펀드가 53조 원(17%), 혼합형

펀드 33조 원(10%), 머니마켓펀드가 67조 원(21%), 그리고 부동산 펀드 등 기타가 약 10%를 차지하고 있다.

# 7.4 대안투자펀드

뮤추얼펀드와 함께 연금펀드와 보험회사를 흔히 전통적 투자펀드(conventional funds) 또는 기관투자자(institutional investors)라 부른다. 한편 1990년대 이후 국제금융시장에서 그 중요성이 크게 높아진 헤지펀드(hedge fund), 사모주식펀드(private equity fund), 그리고 국부펀드(sovereign wealth fund) 등을 대안투자펀드(alternative funds)라고 부른다. 이 절에서는 전 세계 전통적 투자펀드의 규모를 살펴본 후, 대안투자펀드에 대해 공부하기로 한다.

## 1. 전통적 투자펀드

TheCityUK에 따르면, 2010년 말 전 세계 펀드산업의 운용자산은 약 88조 달러에 이르고 있다.[18] [그림 7-17]에서 보는 바와 같이, 연금펀드 29.9조 달러, 뮤추얼펀드 24.7조 달러, 보험회사 24.6조 달러 등 전통적 투자펀드는 모두 79.3조 달러의 자산을 운용하고 있다. 한편 국부펀드 4.2조 달러, 사모주식펀드 2.6조 달러, 그리고 헤지펀드 1.8조 달러 등 대안투자펀드는 모두 8.6조 달러의 자산을 운용하고 있다.

뮤추얼펀드, 연금펀드, 그리고 보험회사 등 전 세계 전통적 투자펀드가 운용하는 자산은 2000년 말 39.6조 달러에서 2007년 말 74.5조 달러로 증가하였다. 그러나 글로벌 금융위기로 2008년 말에 64.2조 달러로 감소하였다가, 2009년 말에 13%가 증가하여 72.4조 달러, 그리고 2010년 말에는 다시 10%가 증가하여 79.3조 달러에 이르고 있다. 2010년 전 세계 전통적 투자펀드의 운용자산은 세계 GDP의 115%에 이르고 있다.

[18] 전통적 투자펀드에 대해서는 TheCityUK, "Fund Management," (October 2011)을 참조하면 좋다.

그림 7-17 전 세계 펀드산업의 운용자산: 2010년

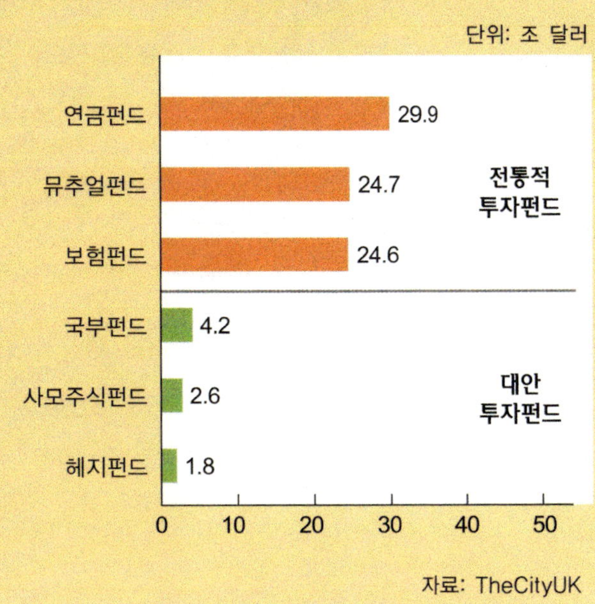


그림 7-18 전 세계 전통적 투자펀드의 성장

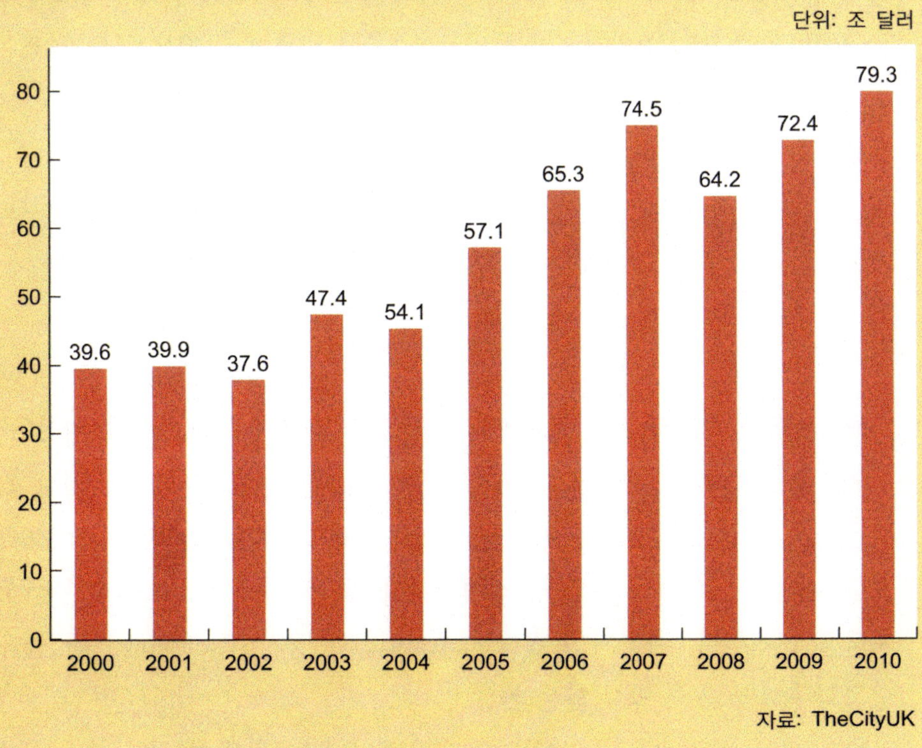

**표 7-5 주요국의 전통적 투자펀드 산업: 2010년**

단위: 10억 달러

| | 연금펀드 | 보험회사 | 뮤추얼펀드 | 합계 | 비율 |
|---|---|---|---|---|---|
| 미국 | 17,371 | 6,431 | 11,821 | 35,623 | 45 |
| 영국 | 2,926 | 2,736 | 854 | 6,516 | 8 |
| 일본 | 1,388 | 3,958 | 786 | 6,132 | 8 |
| 프랑스 | 232 | 2,509 | 1,617 | 4,358 | 6 |
| 독일 | 171 | 1,384 | 334 | 1,889 | 2 |
| 네덜란드 | 1,057 | 508 | 86 | 1,651 | 2 |
| 스위스 | 551 | 427 | 262 | 1,240 | 2 |
| 기타 | 6,241 | 6,681 | 8,939 | 21,861 | 27 |
| 합계 | 29,937 | 24,634 | 24,699 | 79,270 | 100 |

자료: TheCityUK

미국은 전 세계 전통적 투자펀드 산업의 45%를 차지하고 있다. 즉 2010년 연금펀드 17.4조 달러, 뮤추얼펀드 11.8조 달러, 그리고 보험회사 6.4조 달러 등 미국의 전통적 투자펀드가 운용하는 자산은 모두 35.6조 달러에 달하는데, 이는 2010년 미국 GDP의 220%가 넘는다. 미국 다음으로 전통적 투자펀드 산업의 규모가 큰 나라는 영국의 6.5조 달러(8%), 일본의 6.1조 달러(8%), 그리고 프랑스의 4.4조 달러(6%)이다. 그러나 GDP에 대한 비율은 영국이 260%, 프랑스가 170%인데 비해, 일본은 110%에 불과하다.

## 2. 헤지펀드

헤지펀드란 소수의 투자자로부터 자금을 모집하여 주식, 본드, 외환은 물론 선물, 옵션, 스왑, 신용부도스왑(CDS) 등 금융파생상품, 그리고 금이나 원유와 같은 일차상품에 투자하는 펀드를 말한다. 헤지펀드는 위험감수 능력이 있는 소수(50인 또는 100인 이하)의 적격투자자(accredited investor)로부터 사모로 자금을 모집한다. 따라서 등록(registration)과 공시(disclosure) 등 금융감독당국의 규제를 거의 받지 않는다.

헤지펀드는 자산운용에 있어 거의 아무런 제약도 받지 않는다. 따라서 헤지펀드는 뮤추얼펀드에는 금지되어 있는 금융기관으로부터 차입에 의한 투자, 즉 레버리지(leverage), 금융기관으로부터 증권을 빌려 매도하는 공매도(short selling), 그리고 각종 금융파생상품 거래 등 모든 금융거래를 거의 아무 제약 없이 자유롭게 행할 수 있다. 헤지펀드는 주로 단기 투자전략을 구사하지만, 펀드가 존속하는 한 투자기간에는 제한이 없다.

헤지펀드의 법적 형태는 합자회사(limited partnership)로 투자자는 실제 펀드를 운용하는 일반파트너(general partner)와 자금만 투자하는 유한파트너(limited partner)로 구분된다. 일반파트너에 대한 보수는 자본금의 약 2%인 운용수수료와 운용이익의 약 20%인 성과보수가 일반적이다. 뮤추얼펀드 매니저는 자기가 운용하는 펀드에 투자할 수 없지만, 헤지펀드의 일반파트너는 대체로 자본금의 20%-30%를 직접 투자하고 있다. 헤지펀드는 개방형이지만, 신규투자나 환매를 제한하기도 한다.

헤지펀드는 1949년 미국의 알프레드 존스(Alfred Jones)에 의해 처음 설립되었는데, 헤지펀드라는 이름은 그가 구사한 롱-숏(long-short) 전략, 즉 상승이 예상되는 주식에 투자하고 하락이 예상되는 주식을 공매도한 데서 유래하였다. 1980년대 후반부터 급속히 성장하기 시작한 헤지펀드의 운용자산(assets under management)은 2007년 말에 2.2조 달러까지 증가하였다. 그러나 글로벌 금융위기로 2008말년에 1.5조 달러까지 급감하였다가 2010년에 1.9조 달러로 회복되었다.

전 세계 헤지펀드의 수는 2000년 약 1,000개에서 2007년에 11,000개까지 증가하였으나, 2010년에 9,500개로 감소하였다. 헤지펀드는 금융감독 당국의 규제를 받지 않으므로, 헤지펀드에 대한 공식 통계는 없다.[19] 헤지펀드는 조세를 회피하기 위해 약 절반 정도는 케이먼 군도 등의 역외센터에 설립되고 있다. 그러나 이와 같이 역외에 설립한 헤지펀드도 실제로는 뉴욕과 런던 등에서 운용되는 경우가 대부분이다.

지난 10여 년간 헤지펀드시장이 크게 성장하면서 헤지펀드의 평균 운용자산은 5배 이상 증가하였다. 특히 대형 헤지펀드로의 집중현상이 두드러져, 2010년 1%의 대형 헤지펀드가 전체 헤지펀드 운용자산에서 차지하는 비율은 75%

---

[19] 따라서 헤지펀드에 대한 각종 통계는 조사기관마다 다른 경우가 많다. 헤지펀드에 대해서는 TheCityUK, "Hedge Fund," *Research Report*, (May 2011)을 참조하면 좋다.

그림 7-19 **전 세계 헤지펀드 운용자산**

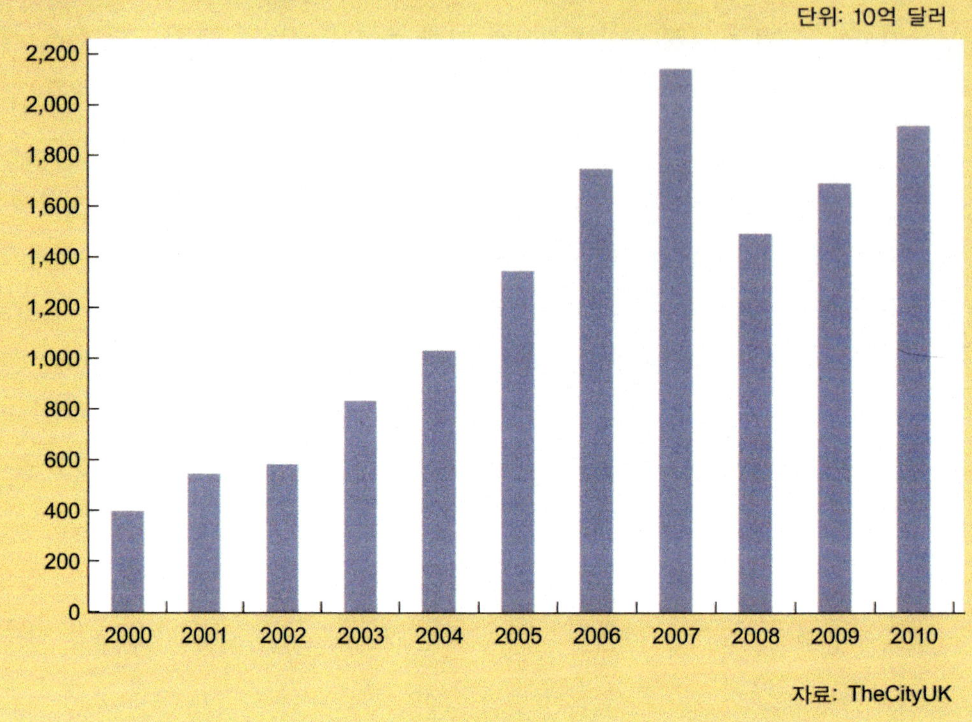


에 이르고 있다. 2010년 세계 10대 헤지펀드와 자본금 규모는 [표 7-6]에서 보는 바와 같은데, 10대 헤지펀드의 운용자산은 모두 240억 달러를 넘고, 최대 헤지펀드의 운용자산은 600억 달러에 이른다.

뮤추얼펀드는 시장 상황에 따른 상대수익(relative return)을 추구한다. 그러나 헤지펀드는 시장 상황과 상관없이 일정한 절대수익(absolute return)을 추구한다. 헤지펀드는 크게 (1) 시장추세에 따라 고수익을 추구하는 시장추세형(directional), (2) 가격불일치를 이용하여 재정거래 전략을 구사하는 시장중립형(market neutral), (3) 인수합병(M&A)이나 파산 등 기업의 특수 상황을 이용하는 상황추구형(event driven), (4) 여러 헤지펀드에 분산 투자하는 간접투자펀드(fund of hedge funds)로 분류할 수 있다.

오늘날 헤지펀드의 운용자산은 뮤추얼펀드의 1/10에도 미치지 못하지만, 레버리지와 공매도가 가능하고, 또 5%-10%의 증거금으로 다양한 금융파생상품에 투자하고 있어, 헤지펀드가 실제로 투자하는 자산(leveraged assets)은 운용자산의 약 4배에 달하는 것으로 추산되고 있다. 헤지펀드는 주로 단기 투자전략

**표 7-6 2010년 세계 10대 헤지펀드**

단위: 10억 달러

| | |
|---|---|
| Bridgewater Associates | 60 |
| JP Morgan Asset Management | 41 |
| Man Group | 40 |
| Brevan Howard Asset Management | 32 |
| Paulson & Co | 32 |
| Highbridge Capital Management | 27 |
| Soros Fund Management | 27 |
| Och-Ziff Capital Management | 26 |
| BlueCrest Capital Management | 25 |
| Cerberus Capital Management | 24 |

자료: TheCityUK

을 구사하므로, 각종 금융상품의 1일 거래량(daily turnover)에서 차지하는 비중은 매우 높다.

MGI에 따르면, 헤지펀드는 뉴욕주식거래소(NYSE)와 런던주식거래소(LSE)의 주식거래량 가운데 35%-50%를, 미국 국채 거래량의 30%, 그리고 정크 본드 거래량의 25%를 차지하고 있다. 또 헤지펀드는 신흥시장국 본드의 45%, 파산기업 자산(distressed debt)의 47%, 레버리지 론의 32%, 그리고 신용파생상품(credit derivatives) 거래의 60%와 구조화증권(structured products) 거래의 30%를 차지하고 있다.[20]

전통적으로 헤지펀드의 주요 투자자는 개인투자자로, 2000년까지만 하더라도 이들이 차지하는 비중은 50%를 상회하였다. 그러나 지난 10여 년간 연금펀드, 보험회사, 각종 기금(endowments and foundations) 등 기관투자가의 투자가 크게 증가함에 따라, 개인투자자의 비중은 크게 하락하였다. 2010년 헤지펀드 투자자 구성을 보면, 개인투자자가 24%, 여러 헤지펀드에 분산 투자하는 간접투자펀드(fund of hedge funds)가 31%, 연금펀드가 16%, 기업이 19%, 기금과 재단이 10%를 차지하고 있다.

헤지펀드의 수익률은 일반적으로 알려진 것처럼 높지 않다. Hedge Fund Research에 따르면, 2000년-2011년간 헤지펀드 연간 수익률의 평균과 표준편

[20] McKinsey Global Institute, *The New Power Brokers*, Chapter 4, (October 2007).

그림 7-20 헤지펀드의 투자자 구성

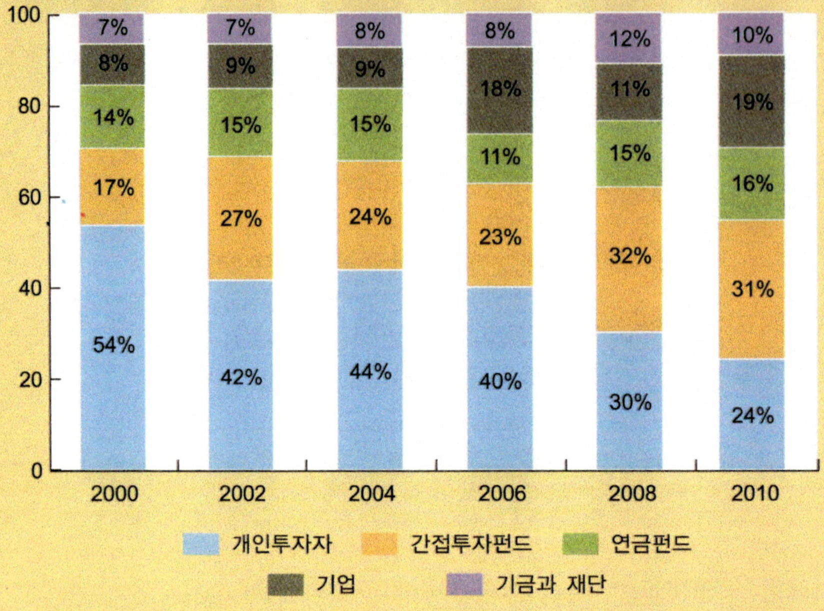


자료: TheCityUK

차는 3.9%와 10.6%이다. 한편 같은 기간 중 MSCI 세계지수의 연간 수익률의 평균과 표준편차는 0.8%와 21.6%였다.[21] 이와 같이 헤지펀드는 주식시장보다 수익률은 높고 위험은 낮았다. 그러나 헤지펀드 수익률 계산에는 그 해에 수익률이 나빠 청산된 헤지펀드가 포함되지 않는 생존편의(survivorship bias) 문제가 있어 해석상 주의가 필요하다.

헤지펀드는 소수의 투자자로부터 사모로 자금을 모집하므로 등록과 공시 등 금융감독 당국의 규제를 거의 받지 않았다. 그러나 2007년-2009년 글로벌 금융위기 이후, 미국과 EU 등 주요국에서 투자자를 보호하고 금융 시스템 리스크를 줄이기 위해 등록 및 인가, 주요 정보의 보고 및 공시 의무, 그리고 일부 거래의 제한 등 헤지펀드의 규제와 감독을 강화하는 법규를 제정하는 작업을 진행 중에 있다.[22]

---

[21] 김재칠과 김종민, "한국형 헤지펀드의 미래와 영향," 자본시장연구원, (2011년 11월).

[22] 2012년부터 한국형 헤지펀드의 도입이 허용되었다. 이에 따라 2012년 초 평균 약 1,500억 자본금 규모로 12개의 헤지펀드가 운용을 시작하였다.

## 3. 사모투식펀드(PEF)

사모주식펀드(private equity fund: PEF)란 소수의 투자자로부터 사모로 모집한 자금을 비상장 주식에 3년-12년간 중장기로 투자하는 펀드를 말한다.[23] 원래 사모투자펀드는 1930년대 미국에서 벤처 캐피탈로 시작하였다. 벤처 캐피탈(venture capital)은 고도의 기술력을 갖고 있으나 자본이 부족한 창업 또는 확장 단계의 비상장 기업의 주식에 투자하고, 기업이 성공한 후 주식매각으로 고수익을 얻으려는 사모주식펀드를 말한다.

오늘날 사모주식펀드의 약 2/3는 기업매수 펀드(buyout fund)가 차지하고 있다. 기업매수펀드란 부실기업을 인수한 후 경영개선과 구조조정을 통해 기업의 가치를 높인 다음 제3자에게 매각하거나 또는 기업공개로 자금을 회수(exit)하는 사모주식펀드를 말한다.[24] 기업매수 펀드는 대부분 인수기업의 자산을 담보로 은행대출(leveraged loan)을 받거나 또는 정크본드(junk bond)를 발행하여 매수자금을 조달한다. 따라서 기업매수 펀드를 흔히 차입매수펀드(leveraged buyout fund: LBO)라 부른다.

사모주식펀드는 소수(50인 또는 100인 이하)의 투자자로부터 사모로 자금을 모집하므로, 금융감독 당국의 규제를 거의 받지 않는다. 따라서 등록과 공시의 의무가 없으며 자산운용에 있어서도 제약을 받지 않는다. 헤지펀드와 마찬가지로 사모주식펀드는 합자회사(limited partnership)로 설립되는데, 투자자는 실제로 펀드를 운용하는 일반파트너(general partner)와 자금만 투자하는 유한파트너(limited partner)로 구성된다.

[표 7-7]은 KKR, TPG, 블랙스톤 그룹, 칼라일 그룹 등 2000년-2010년간 자금조달액이 가장 많은 사모주식펀드의 15대 일반파트너를 보여주고 있다. 이들

---

[23] 프라이빗 이퀴티(private equity)란 주식거래소에 상장되어 있지 않은 비상장 기업의 주식을 말한다. 한편 주식거래소에 상장된 기업의 주식을 퍼블릭 이퀴티(public equity)라 부른다. 헤지펀드와 마찬가지로 사모투자펀드도 금융감독 당국의 규제를 받지 않으므로, 사모투자펀드에 대해 공식 통계는 없다. 사모주식펀드에 대해서는 TheCityUK, "Private Equity", *Research Report*, (August 2011)을 참조하면 좋다.

[24] 벤처 캐피탈과 기업매수 펀드 이외에, 사모주식펀드는 투자 목적에 따라 메자닌 펀드(mezzanine fund), 부동산 펀드(real-estat fund), 사회간접자본 펀드(infrastructure fund), 부실자산 매입펀드(vulture fund) 등으로 나눌 수 있다. 메자닌 펀드의 예를 들면, 일반 회사채보다 4%-5% 높은 이자율로 후순위채를 매입하고, 만기에 원금을 상환받지 못하면 발행기업의 주식으로 전환할 수 있는 조건으로 자금을 제공하는 것을 말한다.

**표 7-7 세계 15대 사모투자전문회사**

| 2000년-2010년 간 자금조달액 | 국가 | 10억 달러 |
|---|---|---|
| Kohlberg Kravis Roberts | US | 46.7 |
| TPG | US | 46.5 |
| Blackstone Group | US | 41.7 |
| Carlyle Group | US | 40.6 |
| CVC Capital Partners | UK | 37.0 |
| Apollo Global Management | US | 30.6 |
| Bain Capital | US | 29.1 |
| Goldman Sachs Merchant Banking Div. | US | 28.8 |
| Apax Partners | UK | 24.8 |
| Advent International | US | 21.7 |
| Hellman & Friedman | US | 20.7 |
| Permira | UK | 18.0 |
| Providence Equity Partners | US | 16.4 |
| JC Flowers & Co. | US | 14.4 |
| Silver Lake | US | 14.1 |

자료: TheCityUK

을 사모투자전문회사(private equity firm)라 부르는데, 주요 사모투자전문회사는 각각 여러 개의 사모주식펀드를 운용하고 있다. 일반파트너는 대체로 운용자산의 5% 정도를 직접 투자하고 있다.

일반파트너에 대한 보수는 운용자산의 1.5% 내지 2%의 운용수수료와 운용이익의 20%-30%의 성과보수(carried interest)가 일반적이다. 사모주식펀드는 폐쇄형(close-end) 펀드이므로, 유한파트너는 펀드가 청산되기 전에 투자자금을 회수할 수 없다. 그러나 지분을 다른 투자자에게 매각할 수 있다. 2010년 유한파트너의 42%는 연금기금, 43%는 금융기관과 연기금 등 기관투자자, 그리고 15%는 개인투자자가 차지하고 있다.

사모투자전문회사는 2-3년을 주기로 신규 펀드를 설립하여 자금을 모집한 다음, 수년에 걸쳐 여러 신규 사업에 투자하고 있다. 사모주식펀드시장은 2005년-2007년간 가장 활발하였는데, 2007년 중 자금조달액은 5,000억 달러, 신규투자액은 3,000억 달러에 달하였다. 그러나 글로벌 금융위기로 2010년에는 자금조달액은 1,500억 달러, 신규투자액은 1,600억 달러로 대폭 감소하였다.

사모주식펀드의 투자기간은 대체로 3년-12년이며, 평균 5년 정도이다. 전 세계 사모주식펀드의 운용자산(assets under management)은 2003년 약 1조 달러에서 2010년에는 약 2.5조 달러로 증가하였다. 2010년 운용자산의 약 60%는 이미 투자한 포트폴리오의 가치(unrealized portfolio value)이고, 약 40%는 장래 투자를 위해 보유하고 있는 자금(funds available for investment)이다. 사모주식펀드는 목표 수익률을 달성하면, 인수기업을 제3자에게 매각하거나 또는 기업공개로 자금을 회수한다.

사모주식펀드는 중장기로 투자한다. 따라서 사모주식펀드의 운용성과도 중장기로 평가하는 것이 바람직하다. Cambridge Associates에 따르면, 2010년 US Private Equity Index의 25년 평균 수익률은 12.8%였다. 이는 다우 존스 지수(11.3%), S&P 500 지수(9.9%), 그리고 바클레이 국채 지수(7.4%)의 25년 평균 수익률보다 모두 높았다.[25] 이와 같이 사모주식펀드가 장기에 지속적으로 높은

**그림 7-21 주식사모펀드의 자금조달과 신규투자**

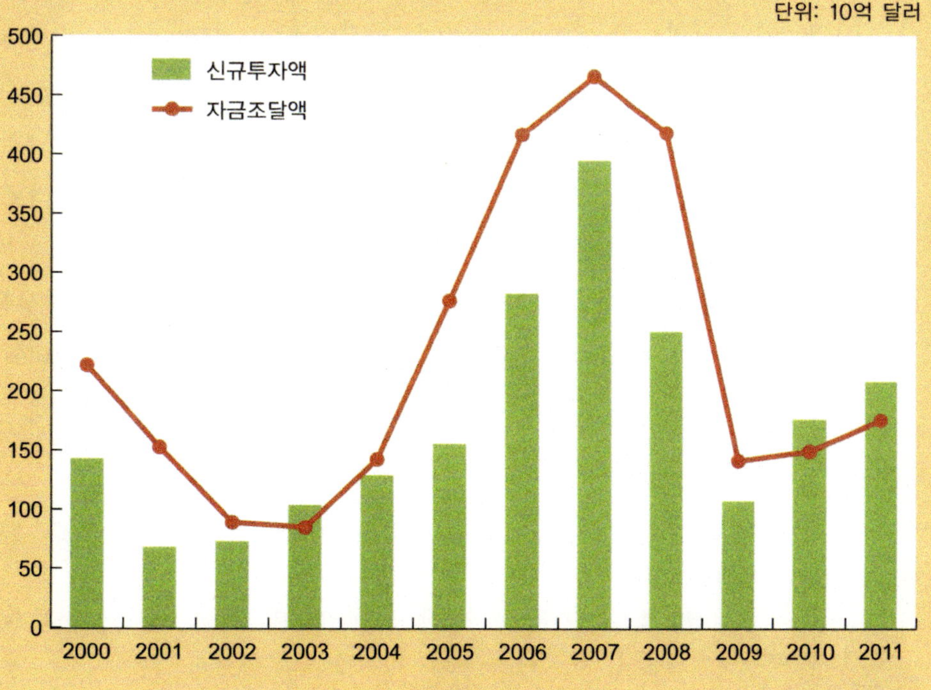


자료: TheCityUK

수익률을 나타내므로, 오늘날 연금기금 등 기관투자자는 운영자산의 6% 내지 7%를 사모주식펀드에 투자하고 있다.[26]

헤지펀드와 마찬가지로 사모주식펀드도 소수의 투자자로부터 사모로 자금을 모집하므로, 등록과 공시 등 금융감독 당국의 규제를 거의 받지 않았다. 그러나 2007년-2009년 글로벌 금융위기 이후, 미국과 EU 등 주요국에서 투자자를 보호하고 금융 시스템 리스크를 줄이기 위해 등록 및 인가, 주요 정보의 보고 및 공시 의무, 그리고 일부 거래의 제한 등 사모 주식펀드의 규제와 감독을 강화하는 법규를 제정하는 작업을 진행 중에 있다.

## 4. 국부펀드(SWF)

지난 10여 년간 국제금융시장의 새로운 강자로 부상하고 있는 국부펀드(SWF)는 정부가 외화자산을 효율적으로 운용하기 위해 만든 투자기구로, 외환보유액과 별도로 관리된다. 중앙은행은 외환보유액을 안정성과 유동성을 기준으로 선진국 국채 등 안전자산에 보수적으로 투자한다. 그러나 국부펀드는 높은 수익을 얻기 위해 주식뿐만 아니라 기업 인수합병(M&A), 사모주식펀드, 헤지펀드 등에도 적극적으로 투자하고 있다.

1953년에 쿠웨이트가 설립한 쿠웨이트 투자청(Kuwait Investment Board)이 국부펀드의 효시인데, 현재 약 40여 개국이 국부펀드를 운용하고 있다. 국부펀드의 운용자산(assets under management)은 2000년 말 약 1.1조 달러에서, 2010년 말에는 4.2조 달러로 증가하였는데, 2012년 말까지 5.5조 달러로 증가할 것으로 예상하고 있다.[27]

국부펀드는 펀드의 재원에 따라 상품펀드(commodity fund)와 비상품펀드(non-commodity fund)로 구분한다. 주로 중동의 오일 산유국, 남미와 러시아 등 자원 보유국이 설립하는 상품펀드는 국영기업의 원유 등 원자재 수출대

[25] Deutsche Bank, "Private Equity: Opportunities in Turbulent Times," *Deutsche Bank Research*, (October 2011).

[26] 우리나라는 2004년 사모투자전문회사 제도를 도입하였는데, 2010년 말 148개사가 등록하였으며, 투자약정액은 약 27조 원에 이르고 있다.

[27] 국부펀드에 대해서는 TheCityUK, "Sovereign Wealth Funds", *Research Report*, (August 2011)을 참조하면 좋다.

**표 7-8 주요 국부펀드: 2010년**

| | 운용자산 | 국가 | 설립년도 | 종류 |
|---|---|---|---|---|
| Abu Dhabi Investment Authority | 627 | 아랍에미레이트 | 1976 | 상품 |
| Government Pention Fund-Global | 512 | 노르웨이 | 1990 | 상품 |
| SAMA Foreign Holdings | 439 | 사우디 아라비아 | n/a | 상품 |
| SAFE Investment Company | 347 | 중국 | 1997 | 비상품 |
| China Investment Corporation | 332 | 중국 | 2007 | 비상품 |
| Hong Kong Monetary Authority Investment Portfolio | 259 | 홍콩 | 1993 | 비상품 |
| Government of Singapore Investment Corporation | 248 | 싱가포르 | 1981 | 비상품 |
| Kuwait Investment Authority | 203 | 쿠웨이트 | 1953 | 상품 |
| National Social Security Fund | 147 | 중국 | 2000 | 비상품 |
| National Welfare Fund | 143 | 러시아 | 2008 | 상품 |
| Temasek Holdings | 133 | 싱가포르 | 1974 | 비상품 |
| Qatar Investment Authority | 85 | 카타르 | 2005 | 상품 |
| Libyan Investment Authority | 70 | 리비아 | 2006 | 상품 |
| Australian Future Fund | 67 | 호주 | 2004 | 비상품 |
| Revenue Regulation Fund | 57 | 알제리 | 2000 | 상품 |
| Others | 481 | | | |
| 합계 | 4,150 | | | |

자료: TheCityUK

금으로 자금을 조성한다. 한편 주로 아시아 개도국과 노르웨이 등 일부 선진국이 설립하는 비상품펀드는 외환보유액이나 재정잉여금 등을 이체하여 자금을 조성한다.

국부펀드의 규모가 확대되고 있는 배경으로는 다음 세 가지 요인을 들 수 있다. 첫째, 2004년 이후 유가 등 원자재가격이 빠르게 상승하면서, 중동 산유국 등 원자재 수출국의 외화수입이 크게 증가하였다. 둘째, 미국의 대규모 경상수지 적자로 중국 등 아시아 수출국의 외환보유액이 크게 증가하면서, 외환보유액 운용의 수익성 제고 압력이 증가하였다. 셋째, 미국 국채의 수익률 하락과 미국 달러의 약세 우려로 미국 국채 이외의 자산으로 투자를 다변화해야 한다는 요구가 확산되었다.[28]

국부펀드는 대부분 운용자산과 투자정보 등을 투명하게 공개하지 않고 있다.

그림 7-22 **전 세계 국부펀드의 운용자산**

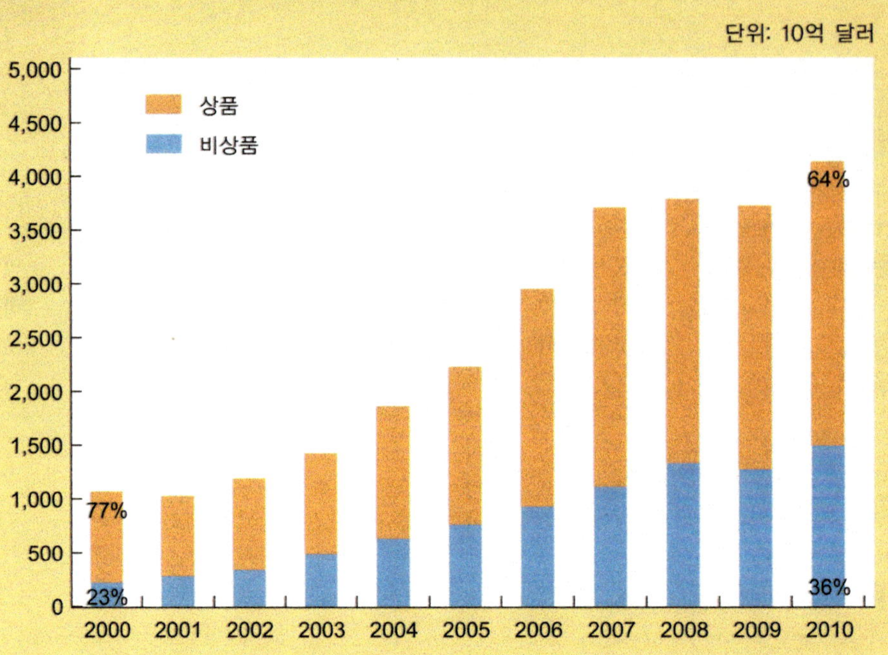


자료: TheCityUK

이에 따라 주요 국부펀드와 IMF는 정보공개 범위, 투자목적, 지배구조, 그리고 리스크관리 등 국부펀드의 투명성을 높이기 위한 24개 운용지침을 마련하였는데, 이는 2008년 10월 칠레의 산티아고에서 열린 국부펀드 회의에서 산티아고 원칙(Santiago Principles)으로 합의되었다. 자발적인 준수가 요구되는 비강제 규정인 산티아고 원칙은 2009년 4월 출범한 국부펀드국제포럼(IFSWF)에서 정식으로 비준되었다.

[28] 우리나라는 2005년 7월 정부 및 한국은행 등으로부터 위탁받는 자산을 운용하는 국부펀드로 한국투자공사(Korea Investment Company)를 설립하였다. 200억 달러의 초기 위탁자산에 대한 포트폴리오 구축은 2008년 6월에 완료하였고, 그 후 위탁자산 증대와 투자수익 실현으로 2010년 말 운용규모는 375억 달러에 이르고 있다.

# 참고문헌


- Bank of England, "The Future of Interantional Capital Flows," *Financial Stability Paper* No. 12, (December 2011).
- G. Bekaert, M. Ehrmann, M. Fratzscher and A. Mehl, "Global Crisis and Equity Market Contagion," European Central Bank, *Working Paper Series* No. 1381, (September 2011).
- G. Bekaert and R. Hodrick, *International Financial Management*, Second Edition, Perason, (2012), ch. 12.
- J. Berk and P. DeMarzo, *Corporate Finance: The Core*, Second Edition, Pearson, (2011), ch. 8.
- A. Chisholm, *An Introduction to International Capital Markets*, Second Edition, Wiley, (2009), chs. 8, 9, 10.
- TheCityUK, "Hedge Funds," *Research Report*, (March 2012).
- TheCityUK, "Sovereign Wealth Funds," *Research Report*, (February 2012).
- TheCityUK, "Fund Management," *Research Report*, (October 2011).
- TheCityUK, "Equity Markets," *Research Report*, (October 2011).
- TheCityUK, "Private Equity," *Research Report*, (August 2011).
- P. Coggan, *Guide to Hedge Funds*, Second Edition, Wiley, (2011).
- R. Dobbsand M. Goedhart, "Why Cross-Listing Doesn't Create Value?" *McKinsey Quarterly*, (November 2008).
- B. Delbecque, "Key Functions of Asset Management," VOX EU, (March 2012).
- D. Eiteman, A. Stonehill, M. Moffett, *Fundamentals of Multinational Finance*, Fourth Edition, Pearson, (2012), ch. 15.
- C. Eun, B. Resnick and S. Sabherwal, *International Finance: Global Edition*, Sixth Edition, MaGraw-Hill, (2012), chs. 9, 11.
- G. Hubbard and A. O' Brien, *Money, Banking, and the Financisl System*, Prentice Hall, (2012), ch. 7.
- Investment Company Institute, *2011 Investment Company Factbook*, (2012).
- R. Levich, *International Financial Markets*, Second Edition, McGraw-Hill, (2001), ch. 15.
- B. Malkiel, *A Random Walk Down Wall Street*, Norton, (2007), ch. 8.
- McKinsey Global Institute, *The New Power Brokers*, (October 2007).

- McKinsey Global Institute, *Mapping Global Capital Markets: Fourth Annual Report*, (January 2008).
- F. Mishkin and S. Eakins, *Financial Markets and Institutions*, Seventh Edition, Printice Hall, (2012), chs. 13, 20.
- S. Ross, R. Westerfield and J. Jaffe, *Corporate Finance*, Ninth Edition, McGraw-Hill, (2010), ch. 9.
- B. Solnik and D. McLeavey, *Global Investments*, Sixth Edition, Pearson, (2009), chs. 5, 6, 8, 9.
- D. Stowell, *An Introduction to Investment Banks, Hedge Funds, and Private Equity*, Academic Press, (2010).
- E. Truman, "Sovereign Wealth Funds: Is Asia Different?" Peterson Institute for International Economics, *Working Paper* 11-12, (June 2011).
- 김재칠과 김종민, "한국형 헤지펀드의 미래와 영향," 자본시장연구원, (2011년 11월).
- 이호진, "헤지펀드의 도입 및 규제방안," 한국금융연구원, (2012년 4월).
- 임형준, "해외주식투자의 환헤지에 관한 연구," 한국금융연구원, (2011년 1월).
- 한국은행, 「우리나라의 금융시장」, (2009년 12월), 제3장 제5절 주식시장.

Chapter 8

# 금융선물시장

**8.1 선물시장의 이해 / 8.2 통화선물시장 /**
**8.3 선물금리계약(FRA) / 8.4 유로달러선물**

국제금융시장은 세계외환시장, 국제자본시장, 그리고 금융파생상품시장으로 구분할 수 있다. 제2장부터 제4장까지 통화와 통화의 교환이 이루어지는 세계외환시장을 공부하였다. 그리고 제5장부터 제7장까지 국경을 넘어 자금을 조달하는 국제자본시장에 대해 배웠다. 이제 이 장부터 제10장까지 환위험, 금리위험, 그리고 신용위험 등의 금융위험(financial risk)을 관리하는 금융파생상품을 공부하기로 한다.

제1장 3절에서 설명한 바와 같이 선물(futures), 옵션(options), 스왑(swaps) 등 파생상품이란 가격이 다른 자산, 즉 기초자산(underlying)의 가격으로부터 파생되는 상품을 말하는데, 특히 기초자산이 금융상품인 것을 금융파생상품(financial derivatives)이라고 한다. 이 장에서는 통화선물과 금리선물을, 제9장에서는 통화옵션과 금리옵션을, 그리고 제10장에서는 금리스왑, 통화스왑, 신용부도스왑을 설명하기로 한다.

선물은 장외에서 거래되는 장외선물(forward)과 거래소에서 거래되는 상장선물(futures)로 나눌 수 있다. 이 장의 제1절에서는 장외선물과 상장선물의 특징, 선물의 가격결정, 세계의 선물시장에 대해 설명하기로 한다. 제2절에서는 선물환을 표준화하여 거래소에서 거래되고 있는 통화선물, 제3절에서는 장외금리선물인 금리선물계약(FRA), 그리고 제4절에서는 유로달러선물로 대표되는 거래소 금리선물에 대해 공부하기로 한다.

## 8.1 선물시장의 이해

상품을 거래할 때 가격, 품질, 수량 등의 거래조건을 결정하면 곧 대금지급(payment)과 상품인도(delivery)가 이루어진다. 이와 같이 거래조건의 결정과 거의 동시에 대금지급과 상품인도가 이루어지는 거래를 현물거래(spot transaction)라고 한다. 한편 가격, 품질, 수량 등의 거래조건은 미리 결정하지만, 대금지급과 상품인도가 모두 장래에 이루어지는 거래를 선물거래(forward transaction)라고 한다.

상품거래에서 거래조건을 결정하는 날을 거래일(deal date) 또는 계약일(contract date), 그리고 대금지급과 상품인도가 이루어지는 날을 결제일(settlement date) 또는 인도일(delivery date)이라 부른다. 선물이란 거래일 이후 일정 기간이 지난 다음에 결제일이 돌아오는 거래를 말한다. 선물거래에서는 대금지급과 상품인도가 모두 장래에 이루어진다. 따라서 대금은 먼저 지급하고 상품은 장래에 인도하는 선지급 거래나 상품을 먼저 인도하고 대금은 장래에 지급하는 신용거래는 현물거래에 포함된다.

현물거래가 이루어지는 시장을 현물시장, 선물거래가 이루어지는 시장을 선물시장이라 부른다. 현물거래와 선물거래를 구분하는 기준은 상품시장에 따라 다르다. 제 2장에서 배운 바와 같이, 외환시장에서는 거래일로부터 2영업일 이내에 결제가 이루어지면 현물거래, 2영업일 이후에 결제가 이루어지면 선물거래라고 한다. 한편 원유시장에서는 거래일로부터 15영업일 이내에 결제가 이루어지면 현물거래, 15영업일 이후에 결제가 이루어지면 선물거래라고 한다.

선물시장에는 헤저(hedger)와 투기자(speculator)가 참여하고 있다. 현재 현물을 보유한 투자자는 선물을 매도하고, 장래 현물이 필요한 투자자는 선물을 매입하여 가격위험(price risk)을 헤지할 수 있다. 헤저는 투기자에게 위험을 이전시키고, 투기자는 위험 감수의 대가로 이익을 얻을 기회를 갖는다. 투기자가 참여하면, 선물시장의 유동성(market liquidity)이 증가한다. 이에 따라 선물거래가 원활하게 이루어지고, 선물의 거래비용이 낮아진다.

## 1. 장외선물과 상장선물

선물거래는 장외시장(over-the-counter market)에서 이루어지기도 하고, 조직화된 거래소(organized exchange)를 통해 이루어지기도 한다. 전자를 장외선물(forward), 후자를 상장선물(futures)이라 부른다.

### (1) 장외선물

선물은 원래 전화와 컴퓨터 등 통신망으로 연결된 장외시장에서 두 당사자가 직접 거래조건을 합의하여 거래되기 시작하였는데, 이를 장외선물(forward)이라고 한다. 제 2장에서 배운 선물환(outright forward)은 가장 대표적인 장외선물이다. 선물환은 금융파생상품 가운데 가장 오래된 상품으로 1930년대부터 거래되어 왔다고 알려져 있다. 이제 선물환을 예로 들어 장외선물의 특징을 설명하여 보자.

선물환은 두 당사자 간의 계약이므로 결제일에 거래상대방이 계약을 부도낼 신용위험(credit risk) 또는 상대방 위험(counterparty risk)이 따른다. 또한 선물환은 거래금액이 보통 수천만 달러 이상으로 매우 크다. 따라서 은행은 주로 신용이 좋은 대기업과 금융기관과 일정한 신용한도(credit line) 내에서만 선물환을 거래하고 있다. 실제로 개인투자자나 중소기업이 은행과 선물환을 거래하는 것은 매우 어렵다.[1]

선물환은 결제일 이전에 청산하기가 어렵다. 예를 들어, 4월 1일에 90일 만기 100만 달러 선물환을 매입한 투자자가 5월 1일에 이를 청산하려고 할 때, 가장 간단한 방법은 이날 60일 만기 100만 달러 선물환을 매도하는 것이다. 그러나 이때 투자자는 7월 1일까지 두 선물환의 신용위험을 모두 부담해야 한다. 한편 두 당사자가 합의하여 5월 1일까지의 손익을 현금결제할 수 있지만, 이 방법은 실행하기가 매우 번잡하다.

### (2) 상장선물

이와 같이 장외선물은 (1) 신용위험이 따르며, (2) 거래금액이 크고, (3) 결제

---

[1] 1968년 영국 파운드(GBP)의 절하를 예상한 미국 시카고대학의 밀튼 후리드만(Milton Friedman) 교수가 영국 파운드 선물을 매도하려고 하였으나, 당시 시카고의 컨티넨탈 일리노이 은행에 의해 거절된 것은 유명한 실화이다.

일 이전에 거래를 청산하기 어렵다는 단점을 가지고 있다. 이에 따라 선물은 거래조건을 표준화하여 조직화된 거래소(exchange)를 통해 거래하는 형태로 발전하였는데, 이를 상장선물(futures)이라 부른다. 1860년대 중반부터 미국 시카고의 CBOT 등에서 콩과 옥수수 등 농산물을 기초자산으로 하는 상품선물(commodity futures)이 활발하게 거래되어 왔다. 한편 금융상품을 기초자산으로 하는 금융선물(financial futures)은 1972년 미국 CME에 도입된 통화선물(currency futures)이 그 효시이다.[2]

상장선물의 주요 특징을 요약해 보면 다음과 같다. (1) 상장선물은 조직화된 거래소를 통해 거래된다. (2) 상장선물은 상품의 품질, 수량, 가격, 결제일 등의 거래조건이 모두 표준화되어 있다. (3) 거래소는 증거금과 일일정산 제도를 운용하고 있어 선물거래가 부도날 위험은 거의 없다. (4) 상장선물은 대부분 결제일 이전에 반대거래로 청산된다. 이제 이와 같은 상장선물의 특징을 자세하게 알아보기로 하자.

## 2. 선물시장의 특징

일반적으로 선물이라고 하면 상장선물을 가리키는 경우가 많다. 따라서 앞으로 이 책에서도 이 관행을 따르기로 한다.[3]

선물거래란 기초자산의 일정 수량을 미리 약정한 가격으로 장래 일정 시점에서 매입하거나(going long) 또는 매도하기로(going short) 계약하는 것을 말한다. 선물계약에서 기초자산의 일정 수량을 거래단위(contract size), 미리 약정한 가격을 선물가격(futures price), 장래 일정 시점을 만기일, 결제일 또는 인도일, 그리고 만기일이 포함된 달을 만기월, 결제월 또는 인도월이라 부른다.

선물거래는 금융당국의 규제와 감독을 받는 조직화된 거래소를 통해 이루어

---

[2] CME는 미국 시카고에 소재하는 파생상품 거래소로 Chicago Mercantile Exchange의 약자이다. 2006년 역시 시카고의 파생상품 거래소인 Chicago Board of Trade(CBOT)를 인수 합병하여 CME Group으로 출범하였다. CME Group은 2008년 다시 뉴욕의 파생상품 거래소인 New York Mercantile Exchange(Nymex)를 인수 합병하였다. 앞으로 CME Group을 그냥 CME라 부르기로 한다.

[3] 장외선물과 상장선물은 모두 상품의 거래조건은 미리 결정하지만, 대금지급과 상품인도가 장래로 연기된 후도거래(deferred delivery)이다. 이와 같이 후도거래인 장외선물을 미리 인도한다는 뜻으로 오해할 수 있는 선도거래라고 부르는 것은 바람직하지 않다.

진다.[4] 거래소는 대부분 선물의 원활한 결제를 위해 산하에 청산소(clearing house)를 설립하여 운영하고 있는데, 청산소는 모든 선물거래의 상대방이 된다. 즉 선물매입자에게는 매도자가 되고, 선물매도자에게는 매입자가 된다. 이와 같이 매입자와 매도자의 중간에 거래소가 개입하여 계약이행을 보증하고 있으므로 선물거래가 부도날 위험은 거의 없다.

### (1) 표준화된 계약

선물계약에서는 상품의 품질, 거래단위, 결제월, 결제일, 최종거래일, 가격표시 방법, 최소 가격변동폭, 최종 결제방법 등 모든 거래조건이 표준화되어 있다. 이와 같은 표준화는 선물시장의 거래량(number of contracts)을 크게 증가시킨다. [표 8-1]은 우리나라 한국거래소(KRX)에 상장되어 있는 미국달러선물의 명세(specification)를 보여주고 있다. 이제 KRX의 미국달러선물을 예로 들어 선물의 표준화를 설명하여 보자.

우리나라 미국달러선물의 거래단위(contract size)는 1만 달러이다. 따라서 환율이 1,000원이면, 1계약의 거래대금(notional value)은 1,000만 원이 된다. 그러나 환율이 980원으로 하락하면, 거래대금도 980만 원으로 감소한다. 1999년 처음 도입된 이후 10년간 미국달러선물의 거래단위는 5만 달러였으나, 2009년 4월부터 1만 달러로 인하되었다. 이와 같이 거래단위가 인하됨에 따라, 미국달러선물의 거래량은 크게 증가하고 있다.[5]

미국달러선물은 당월물 포함 연속 6개월과 3, 6, 9, 12월의 분기월에서 2개 등 1년 이내의 8개 결제월물이 상장되고 있다. 예를 들어, 2009년 2월 1일에는 2월물, 3월물, 4월물, 5월물, 6월물, 7월물의 연속 6개월물과 다음 두 분기물인 9월물과 12월물이 상장된다. 결제일이 가까운 것을 근월물, 먼 것을 원월물이라 부르는데, 2월물은 최근월물, 12월물은 최원월물이다. 만기일은 결제월 세 번째 수요일이며, 최종거래일은 만기일 직전 2영업일이다. 따라서 최종거래일

[4] 거래소는 전통적으로 회원제로 운영되었으나 최근 세계 주요 거래소는 대부분 주식회사로 전환하였다. 세계 여러 거래소에는 매년 수많은 신규 선물계약이 상장되는 한편 거래량이 미미한 기존 선물계약은 상장 폐지되고 있다.

[5] 선물계약의 거래량(number of contracts)은 거래단위(contract size)가 작을수록 많아진다. 따라서 선물시장의 규모는 거래량보다는 거래량에 거래단위를 곱한 거래대금(value of turnover)으로 비교하는 것이 바람직하다. 그러나 거래대금에 대한 자료는 발표되지 않는 경우가 많다.

**표 8-1 KRX 미국달러선물의 계약명세**

| | |
|---|---|
| 계약단위 | 1만 달러 |
| 결제월 | 당월물 포함 연속 6개월물과 2개 분기월물 |
| 가격의 표시 | 원(1달러당) |
| 최소가격 변동폭 | 0.1원 |
| 최소가격 변동금액 | 1,000원(10,000 × 0.1) |
| 일일가격제한폭 | 기준가격 대비 상하 ±4.5% |
| 증거금률 | 위탁증거금률 6%, 유지증거금률 4% |
| 거래시간 | 월~금: 9:00~15:15, 최종거래일: 9:00~11:30 |
| 최종거래일 | 결제월 세 번째 월요일<br>(단, 당일이 휴일일 경우에는 순차적으로 앞당김) |
| 최종결제일 | 최종거래일로부터 3일 째 거래일 |
| 결제방법 | 실물인수도 |

자료: 한국거래소

에 거래된 통화선물의 결제일은 현물환 결제일과 같다.

미국달러선물의 가격은 1달러당 원으로 표시되며, 최소 가격변동폭(tick)은 0.1원이다. 따라서 1계약의 최소 가격변동폭은 1,000(= 0.1원 × 10,000)원이 되는데, 이를 틱의 크기(size of tick)라고 한다. 일일가격 제한폭은 기준가격 대비 ±4.5%이고, 최종거래일까지 반대거래로 청산되지 않은 계약은 만기일에 최종거래일의 정산가격(settlement price)으로 현물인도한다. 정산가격과 선물계약의 청산에 대해서는 앞으로 설명할 것이다.

### (2) 선물거래의 손익

선물거래에는 매입(long position)과 매도(short position)가 있다. 선물을 매입하는 것은 만기일에 기초자산의 거래단위를 일정한 선물가격으로 매입하기로 계약하는 것을 말하고, 선물을 매도하는 것은 만기일에 기초자산의 거래단위를 일정한 선물가격으로 매도하기로 계약하는 것을 말한다. 선물가격은 선물이 거래소에 상장되어 거래되기 시작한 날로부터 최종거래일까지 개장시간 동안 시시각각 변동한다.

선물가격은 매일 변동하므로, 선물거래에는 매일 손익이 발생한다. 선물가격

**그림 8-1 선물계약의 손익**

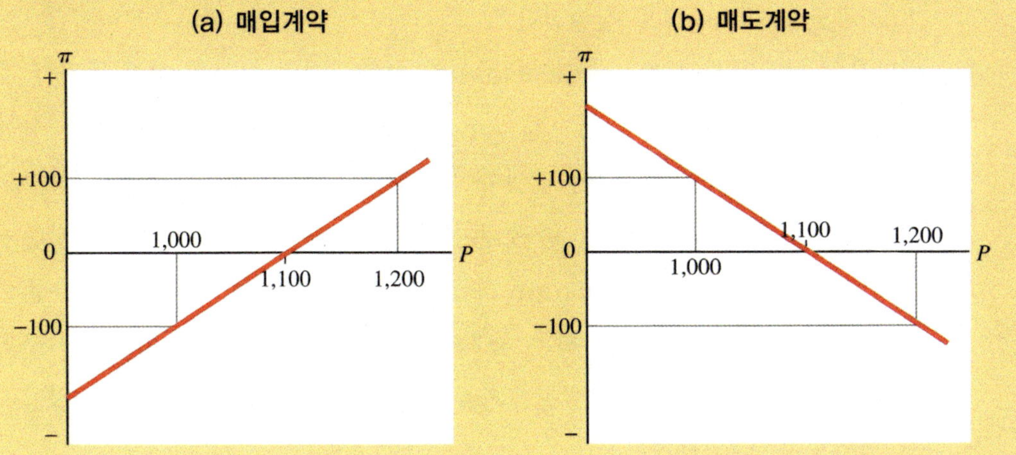


이 상승하면, 선물 매입자는 이익을 보고 선물 매도자는 손실을 본다. 반대로 선물가격이 하락하면, 선물 매입자는 이익을 보고 선물 매도자는 손실을 본다. 예를 들어, 선물가격이 1,100원에서 1,200으로 상승하면, 선물 매입자는 100원의 이익을 얻지만 선물 매도자는 100원의 손실을 본다. 그러나 선물가격이 1,100원에서 1,000원으로 하락하면, 선물 매입자는 100원의 손실을 보지만 선물 매도자는 100원의 이익을 얻는다.

### (3) 증거금과 일일정산

선물은 매입자와 매도자 모두에게 권리이자 의무인 계약이다. 즉 선물거래자는 이익이 나면 거래상대방에게 계약의 이행을 요구할 권리가 있고, 손실이 나더라도 거래상대방에게 계약을 이행할 의무를 진다. 이때 손실을 본 거래상대방이 계약을 부도낼 위험을 신용위험(credit risk) 또는 거래상대방 위험(counterparty risk)이라 부른다. 거래소는 이를 감소시키기 위해 증거금과 일일정산 제도를 운용하고 있다.

먼저 증거금 제도(margin requirements)란 모든 선물거래자가 선물계약에 대한 이행보증금으로 일정한 증거금을 청산소에 예치해야 하는 제도를 말한다. 증거금에는 개시증거금, 유지증거금, 변동증거금이 있다. 개시증거금(initial margin)은 선물 거래일에 청산소에 예치하는 증거금으로, 대체로 거래대금의

2% 내지 15%의 범위 내에서 정해진다. 한편 유지증거금(maintenance margin)은 증거금 계정에 항상 유지해야 하는 최소증거금으로, 대체로 개시증거금의 70% 내지 80% 수준으로 정해진다.[6]

다음에 일일정산(daily settlement)이란 선물계약의 손익을 매일 증거금 계정을 통해 정산하는 제도로 시가평가(marking to market)라고도 한다.[7] 선물거래자는 일일정산 결과 이익이 발생하여 증거금 잔액이 개시증거금 이상으로 증가하면 이를 인출할 수 있다. 한편 손실이 누적되어 증거금 잔액이 유지증거금 이하로 떨어지면, 마진 콜(margin call)을 받아 증거금을 개시증거금 수준으로 증가시켜야 한다. 이때 예치하는 증거금을 변동증거금(variation margin)이라고 한다. 마진 콜을 받고도 변동증거금을 예치하지 않으면, 청산소가 일방적으로 선물계약을 청산한다.

이제 구체적인 예를 들어 증거금과 일일정산 제도를 설명하여 보자. 지금 금선물(gold futures)의 거래단위(contract size)가 100온스이고, 선물가격은 1온스당 미국달러로 표시한다고 하자. 그리고 개시증거금과 유지증거금은 1계약당 각각 2,000달러와 1,500달러라고 하자. 어느 날($t = 0$) 투자자가 금선물 2계약을 400.00달러의 선물가격으로 매입하고, 청산소에 4,000달러의 개시증거금을 예치하였다고 하자.

거래일 다음 날($t = 1$) 선물가격이 397.00달러로 하락하면, 투자자는 600(= 3.00 × 100 × 2)달러의 손실을 보고 증거금은 3,400달러로 감소한다. 다음 날($t = 2$) 선물가격이 398.00달러로 상승하면, 투자자는 200(= 1.00 × 100 × 2) 달러의 이익을 보고 증거금은 3,600달러로 증가한다. 이후 4일간 선물가격이 연속 하락하여 거래일 이후 6일째($t = 6$)에 증거금이 유지증거금인 3,000달러보다 낮은 2,660달러로 감소하면, 투자자는 마진 콜을 받고 1,340달러의 변동증거금을 예치하여야 한다.

이와 같이 선물거래의 손익은 증거금 계정을 통해 매일 정산된다. 이제 거래일 이후 6일째까지의 선물가격을 $F_0$, $F_1$, $F_2$, ⋯, $F_6$라고 하면, 거래일로부터 6일째까지의 선물거래의 손익 $\pi_6$은 다음과 같다.

---

[6] 현재 우리나라 미국달러선물의 개시증거금과 유지증거금은 각각 거래대금의 6%와 4%이다.

[7] 정산가격(settlement price)은 시장 종료 직전 일정시간 동안 체결된 가격을 거래량으로 가중평균하여 구하는 것이 일반적이다.

$$\pi_6 = [F_1 - F_0] + [F_2 - F_1] + \cdots + [F_6 - F_5] = F_6 - F_0$$

여기서 $[F_1 - F_0]$와 $[F_2 - F_1]$은 거래일 이후 1일째와 2일째의 정산손익이고, $[F_6 - F_5]$는 거래일 이후 6일째의 정산손익이다. 이와 같이 선물매입자의 손익은 일일정산 손익을 누계한 것과 같은데, 증거금과 일일정산에 따른 현금흐름(interim cash flow)의 이자를 무시하면, 이는 거래일 이후 6일째의 선물가격 $F_6$에서 거래일의 선물가격 $F_0$를 뺀 것과 같다.

### (4) 선물가격의 수렴

일반적으로 선물가격은 현물가격과 같지 않은데, 선물가격과 현물가격의 차를 베이시스(basis)라고 부른다. 예를 들어, 지금 선물가격이 $F_t$ = 1,100원, 현

그림 8-2 선물가격의 수렴

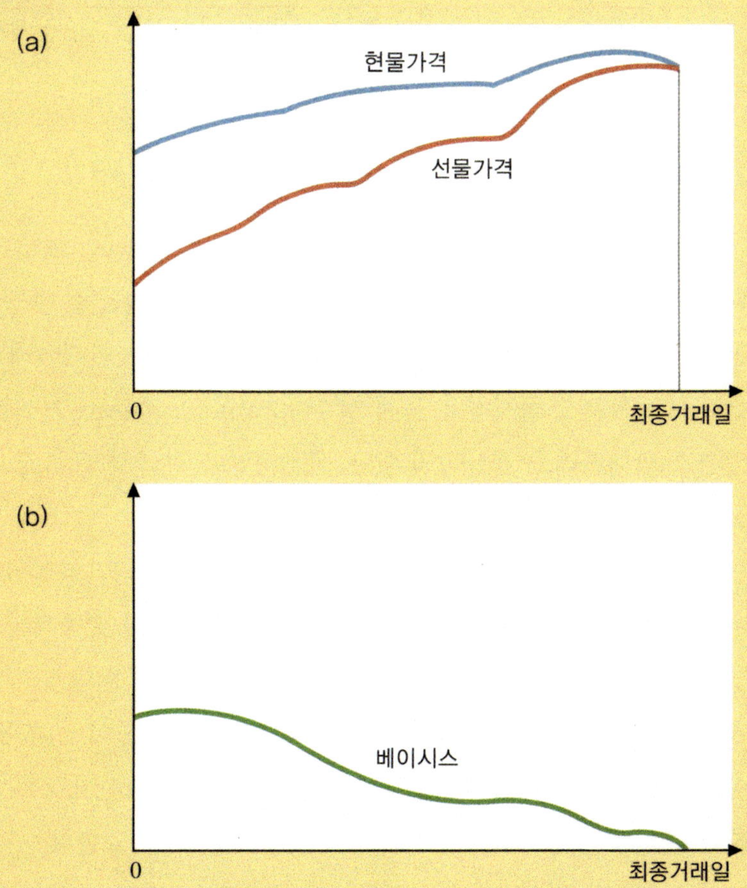

물가격이 $S_t = 1{,}080$원이라면, 베이시스 $B_t$는 20원이다. 즉

$$B_t = F_t - S_t = 1{,}100\text{원} - 1{,}080\text{원} = 20\text{원}$$

현물가격과 선물가격은 거래일로부터 최종거래일까지 매일 변동하는데, 최종거래일이 가까워지면 선물가격은 현물가격으로 수렴한다. 그리고 최종거래일에는 선물가격과 현물가격은 같아져 베이시스는 0이 되는데, 이를 선물가격의 수렴(convergence)이라고 한다.

$$B_T = F_T - S_T = 0$$

최종거래일에 베이시스가 0이 되는 것을 예를 들어 설명하여 보자. 우리나라 미국달러선물의 최종거래일은 결제일 직전 2영업일이다. 한편 제 2장에서 배운 바와 같이 현물환의 결제일은 거래일로부터 2영업일 후이다. 즉 최종거래일에 거래된 통화선물과 같은 날 거래된 현물환과 결제일이 동일하다. 그러므로 일물일가의 법칙(law of one price)에 따라 최종거래일의 통화선물의 가격은 현물환율과 같아야 한다. 선물가격의 수렴에 대해서는 제2절에서 통화선물의 가격을 공부할 때 다시 설명할 것이다.

### (5) 선물계약의 청산

선물계약은 대부분 최종거래일 이전에 반대거래(reversing trade)로 청산된다. 즉 선물을 매입한 투자자는 선물을 매도하고, 선물을 매도한 투자자는 선물은 매입하여 청산한다. 제 2절에서 보는 바와 같이, 반대거래로 선물계약을 청산한 거래자는 현물시장을 통해 실수(commercial need)거래를 한다. 최종거래일까지 반대거래로 청산되지 않은 선물계약은 현금결제(cash settlement)나 현물인도(physical delivery)로 청산된다.

현금결제란 최종거래일에 최종거래일의 정산가격과 1영업일 전의 정산가격의 차액을 증거금계정을 통해 마지막으로 정산함으로써 선물계약이 종료되는 것을 말한다. 선물은 일일정산되므로 최종거래일 이전의 손익은 이미 증거금 계정에 정산되어 있다. 한편 현물인도는 최종거래일의 정산이 이루어진 다음, 만기일에 선물매입자는 최종거래일의 정산가격, 즉 최종정산가격을 지불하고, 선물매도자는 현물을 인도하여 선물계약이 종료되는 것을 말한다.

선물계약이 현물인도나 현금결제로 청산되는 비율은 상품에 따라 다르지만,

그림 8-3 **미결제약정의 변동**

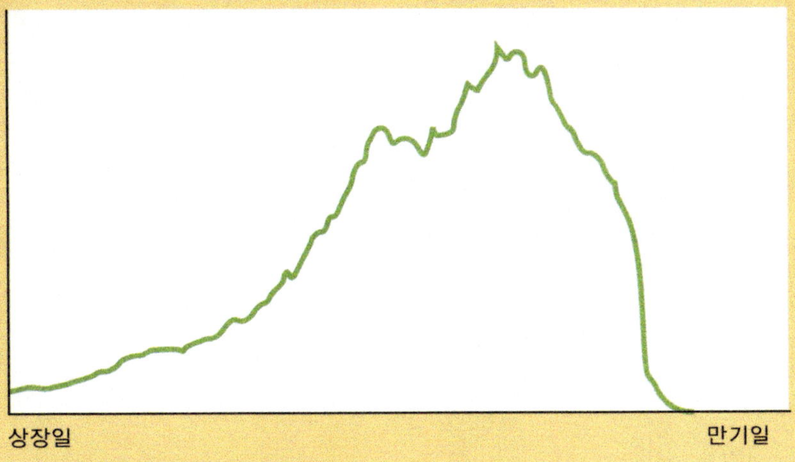


대체로 1%에서 5% 미만이다. 이와 같이 선물계약의 대부분이 결제일 이전에 반대거래로 청산되는 것은 현물인도나 현금결제 방법이 매우 번잡하기 때문이다. 특히 금융선물 가운데 주가지수선물이나 유로달러선물 등은 현물인도가 매우 어렵기 때문에 현금결제로만 청산된다.

### (6) 거래량과 미결제약정

선물시장의 시장유동성(market liquidity)을 나타내는 지표로는 거래량과 미결제약정이 있다. 거래량(volume)은 하루 동안 거래가 이루어진 계약수(number of contracts)를 말하고, 미결제약정(open interest)이란 아직 반대거래에 의해 청산되지 않은 계약수를 말한다.

미결제약정은 선물계약이 처음 상장될 때에는 매우 적지만, 시간이 지나 거래가 증가하면서 점점 증가한다. 그러나 만기일이 가까워지면서 반대거래를 통한 청산이 증가함에 따라 미결제약정은 점점 감소하는데, 특히 만기일 직전에 급격히 감소하는 것이 일반적이다. [그림 8-3]은 전형적인 미결제약정의 변동을 보여주고 있다.

## 3. 선물가격의 결정

선물시장에는 가격변동의 위험을 회피하려는 헤저(hedger), 가격변동으로부터 이익을 얻으려는 투기자(speculator) 그리고 현물가격과 선물가격 간의 불균형을 이용하여 이익을 얻으려는 차익거래자(arbitrager)가 참여하고 있다. 선물시장을 이용한 헤지와 투기에 대해서는 제2절에서 자세하게 설명할 것이다. 여기서는 현물시장과 선물시장 간의 차익거래에 의해 선물가격이 어떻게 결정되는지 설명하기로 한다.

선물가격(futures price)은 기초자산의 현물가격에 기초자산의 순보유비용(net cost of carry)을 더한 값으로 결정된다. 이 관계가 성립하지 않으면, 투자자는 차익거래로 무위험 이익(risk-free profit)을 얻을 수 있다. 이제 선물가격의 결정을 설명하기 위해 기초자산의 현물가격이 $S$ = 1,000원, 이자율이 $i$ = 8%, 기초자산의 연간 수익률이 $y$ = 4%라고 하고, 만기 1년인 선물가격을 $F$로 나타내기로 하자.

투자자가 1년 후에 기초자산 1단위를 보유할 수 있는 방법에는 두 가지가 있다. 첫째는 선물시장에서 선물 1단위를 매입하는 방법이다. 이때 투자자의 1년 후 비용은 선물가격인 $F$가 된다. 둘째는 현물시장에서 기초자산 1단위를 매입하고 1년간 보유하는(carry) 방법이다. 이때 투자자의 1년 후 비용은 $S + S(i - y)$ = 1,040원이 된다. 따라서 일물일가의 법칙에 따라 만기 1년인 선물가격은 1,040원이 되어야 할 것이다. 즉

$$F = S + S(i - y) \tag{1}$$

$$1,040 = 1,000 + 1,000(0.08 - 0.04)$$

위에서 $S$ = 1,000원은 기초자산의 매입비용이고, $Si$ = 80원은 금융비용, 그리고 $Sy$ = 40원은 보유수익이다. 따라서 $S(i - y)$ = 40원은 기초자산을 1년간 보유하는데 드는 순보유비용(net cost of carry)이다. 식 (1)은 선물가격은 기초자산의 현물가격에 기초자산의 순보유비용을 더한 값으로 결정된다는 것을 보여주고 있다. 이와 같이 결정된 선물가격을 흔히 선물의 이론가격(theoretical price)이라 부른다.

### (1) 현물매입-선물매도 차익거래

이제 시장에서 결정된 선물가격(market price)이 1,060원으로, 이론가격인 1,040원보다 높다고 하자. 이때 투자자는 다음과 같은 현물매입-선물매도(cash-and-carry) 차익거래로 무위험 이익을 얻을 수 있다. 즉 투자자는 (1) 금

융시장에서 1,000원을 차입한다. (2) 현물시장에서 기초자산 1단위를 1,000원에 매입하여 1년간 보유한다. (3) 선물시장에서 선물 1계약을 1,060원에 매도한다.

이와 같은 차익거래를 한 투자자는 식 (2)에서 보는 바와 같이, 1년 후에 20원의 무위험 이익을 얻을 수 있다. 여기서 $[F+Sy]$와 $[S+Si]$는 1년 후 투자자의 총수입과 총지출을 나타낸다.

$$\pi = [F + Sy] - [S + Si] \tag{2}$$

$$20 = [1{,}060 + 1{,}000(0.04)] - [1{,}000 + 1{,}000(0.08)]$$

현물매입-선물매도의 차익거래가 일어나면, 선물가격은 점점 하락할 것이다. 따라서 조만간 무위험 이익은 0이 되고, 식 (1)이 성립할 것이다.

### (2) 현물매도-선물매입 차익거래

한편 시장에서 결정된 선물가격이 1,020원으로, 이론가격 1,040원보다 낮다고 하자. 이때 투자자는 다음과 같은 현물매도-선물매입(reverse cash-and-carry) 차익거래로 무위험 이익을 얻을 수 있다. 즉 투자자는 (1) 금융기관으로부터 기초자산 1단위를 1년간 빌려 현물시장에서 공매도한다. (2) 공매도한 자금 1,000원을 금융시장에 투자한다. (3) 선물시장에서 선물 1계약을 1,020원에 매입한다.

금융기관으로부터 기초자산을 일정기간 동안 빌려 매도하는 것을 공매도(short selling)라고 한다. 공매도한 투자자는 1년 후 선물계약으로 매입한 기초자산을 금융기관에게 상환한다. 이때 1년간 기초자산의 수익 $Sy = 40$원도 함께 지급한다. 이와 같이 차익거래를 한 투자자는 식 (3)에서 보는 바와 같이, 1년 후에 20원의 무위험 이익을 얻을 수 있다. 여기서 $[S+Si]$와 $[F+Sy]$는 1년 후 투자자의 총수입과 총지출을 나타낸다.

$$\pi = [S + Si] - [F + Sy] \tag{3}$$

$$20 = [1{,}000 + 1{,}000(0.08)] - [1{,}020 + 1{,}000(0.04)]$$

현물매도-선물매입 차익거래가 계속되면, 선물가격이 점점 상승할 것이다. 따라서 조만간 무위험 이익은 0이 되고, 식 (1)이 성립할 것이다.

지금까지 다음과 같은 가정 아래 선물의 가격결정 원리를 설명하였다. (1) 증거금과 일일정산에 따른 현금흐름이 없다. (2) 보유수익은 만기일에만 지급된다. (3) 공매도가 자유롭다. (4) 금융시장에서 투자자의 차입금리와 투자금리가 동일하다. (5) 거래비용이 없다. 그러나 이들 가정은 모두 현실적이라고 할 수 없다. 따라서 선물의 시장가격(market price)은 식 (1)에서 본 이론가격(theoretical price)과 정확하게 일치하지는 않지만, 이론가격과 매우 근사한 수준에서 결정될 것이다.

## 4. 세계의 선물시장

선물은 장외시장에서 거래되는 장외선물(forward)과 거래소에서 거래되는 상장선물(futures)로 나눌 수 있는데, 일반적으로 선물이라고 하면 상장선물을 가리키는 경우가 많다. 이제 상장선물이 거래되고 있는 세계 주요 파생상품 거래소를 소개한 다음, 이들 거래소에 상장되어 거래되고 있는 주요 금융파생상품에 대해 알아보기로 한다.

### (1) 파생상품 거래소

선물과 옵션 등 파생상품이 거래되는 파생상품 거래소(derivatives exchange)에는 미국의 CME나 유럽의 Eurex와 같이 파생상품만 거래하는 거래소와 미국의 NYSE-Euronext나 한국거래소(KRX)와 같이 주식과 함께 파생상품을 거래하는 거래소가 있다. [표 8-2]는 세계거래소연맹(WFE)이 조사한 세계 파생상품 거래소의 2010년 거래량, 즉 2010년 중에 체결된 거래계약수(number of contracts)를 보여주고 있다.[8]

지난 10여 년간 세계 주요 파생상품 거래소 간에 매우 활발한 인수합병이 이루어졌다. 전통적으로 세계 양대 파생상품 거래소는 CME(Chicago Mercantile Exchange)와 CBOT(Chicago Board of Trade)였다. 여기에 1973년 옵션전문 거래소인 CBOE(Chicago Board Options Exchange)가 설립되어, 시카고는 명실상부한 파생상품의 메카로 군림하여 왔다. 오늘날 세계 최대 파생상품 거래소인 CME Group은 2006년 CME가 CBOT를 인수합병하여 탄생하였는데, CME Group은 2008년 뉴욕의 파생상품 거래소인 Nymex(New York

---

[8] 1961년에 창설된 WFE(World Federation of Exchange)에는 현재 우리나라의 한국거래소를 포함하여 세계각국의 53개 주식거래소와 파생상품 거래소가 회원으로 참여하고 있다.

**표 8-2 세계 파생상품 거래소**

*Ranked by Number of Futures and Options Traded and/or Cleared in 2010**

| Rank | Exchange | Jan-Dec 2009 | Jan-Dec 2010 |
|---|---|---|---|
| 1 | Korea Exchange | 3,102,891,777 | 3,748,861,401 |
| 2 | CME Group (includes CBOT and Nymex) | 2,589,555,745 | 3,080,492,118 |
| 3 | Eurex (includes ISE) | 2,647,406,849 | 2,642,092,726 |
| 4 | NYSE Euronext (includes U.S. and EU markets) | 1,729,965,293 | 2,154,742,282 |
| 5 | National Stock Exchange of India | 918,507,122 | 1,615,788,910 |
| 6 | BM&FBovespa | 920,375,712 | 1,422,103,993 |
| 7 | CBOE Group (includes CFE and C2) | 1,135,920,178 | 1,123,505,008 |
| 8 | Nasdaq OMX (includes U.S. and Nordic markets) | 815,545,867 | 1,099,437,223 |
| 9 | Multi Commodity Exchange of India (includes MCX-SX) | 385,447,281 | 1,081,813,643 |
| 10 | Russian Trading Systems Stock Exchange | 474,440,043 | 623,992,363 |
| 11 | Shanghai Futures Exchange | 434,864,068 | 621,898,215 |
| 12 | Zhengzhou Commodity Exchange | 227,112,521 | 495,904,984 |
| 13 | Dalian Commodity Exchange | 416,782,261 | 403,167,751 |
| 14 | IntercontinentalExchange (includes U.S., U.K. and Canadian markets) | 263,582,881 | 328,946,083 |
| 15 | Osaka Securities Exchange | 166,085,409 | 196,350,279 |
| 16 | JSE South Africa | 174,505,220 | 169,898,609 |
| 17 | Taiwan Futures Exchange | 135,125,695 | 139,792,891 |
| 18 | Tokyo Financial Exchange | 83,678,044 | 121,210,404 |
| 19 | London Metal Exchange | 111,930,828 | 120,258,119 |
| 20 | Hong Kong Exchanges and Clearing | 98,538,258 | 116,054,377 |
| 21 | ASX Group (includes ASX and ASX 24) | 82,200,578 | 106,386,077 |
| 22 | Boston Options Exchange | 137,784,626 | 91,754,121 |
| 23 | Tel-Aviv Stock Exchange | 70,914,245 | 80,440,925 |
| 24 | London Stock Exchange Group (includes IDEM and EDX) | 77,490,255 | 76,481,330 |
| 25 | Mercado Español de Options y Futuros Financieros | 93,057,252 | 70,224,176 |
| 26 | Turkish Derivatives Exchange | 79,431,343 | 63,952,177 |
| 27 | Mercado a Término de Rosario | 51,483,429 | 62,046,820 |
| 28 | Singapore Exchange (includes Sicom and AsiaClear) | 53,237,389 | 61,750,671 |
| 29 | China Financial Futures Exchange | 0 | 45,873,295 |
| 30 | Bourse de Montréal | 34,753,081 | 44,296,907 |
| 31 | Mexican Derivatives Exchange | 48,780,699 | 42,595,575 |
| 32 | National Commodity and Derivatives Exchange | 29,965,383 | 40,190,612 |
| 33 | Moscow Interbank Currency Exchange | 19,308,241 | 31,993,282 |
| 34 | Tokyo Commodity Exchange | 28,881,948 | 27,636,367 |
| 35 | Tokyo Stock Exchange | 26,201,383 | 26,875,977 |
| 36 | BATS Options Exchange | 0 | 25,103,245 |
| 37 | Warsaw Stock Exchange | 13,820,801 | 14,684,314 |
| 38 | Oslo Stock Exchange | 13,511,246 | 13,560,340 |
| 39 | ELX Futures | 5,003,983 | 13,142,541 |
| 40 | Budapest Stock Exchange | 11,795,006 | 11,810,294 |
| 41 | Athens Derivatives Exchange | 7,859,952 | 8,481,281 |
| 42 | Malaysia Derivatives Exchange | 6,137,827 | 6,154,745 |
| 43 | Kansas City Board of Trade | 3,768,660 | 5,697,874 |
| 44 | OneChicago | 2,983,148 | 4,971,160 |
| 45 | Thailand Futures Exchange | 3,072,397 | 4,245,782 |
| 46 | Tokyo Grain Exchange | 4,829,183 | 2,866,588 |
| 47 | Minneapolis Grain Exchange | 1,231,961 | 1,722,497 |
| 48 | New Zealand Futures Exchange | 1,494,047 | 1,431,422 |
| 49 | Wiener Börse | 766,628 | 838,911 |
| 50 | Dubai Mercantile Exchange | 553,888 | 744,727 |
| 51 | Central Japan Commodity Exchange | 1,773,603 | 719,276 |
| 52 | Mercado a Término de Buenos Aires | 180,884 | 199,669 |
| 53 | Kansai Commodity Exchange | 69,900 | 63,092 |

자료: WFE

Mercantile Exchange)도 인수합병하였다.

유럽 최대 파생상품 거래소인 Eurex는 1998년 독일과 스위스의 주식거래소 Deutsche Börse와 Swiss Exchange가 공동으로 설립한 것이다. 한편 NYSE-Euronext는 2008년에 세계 최대 주식거래소인 NYSE(New York Stock Exchange)가 프랑스, 네덜란드, 벨기에, 스페인 등 4개국의 통합 주식거래소인 Euronext를 인수합병하여 탄생하였는데, Euronext는 2002년 영국의 파생상품 거래소인 Liffe(London International Financial Futures Exchange)를 인수합병한바 있다.[9] 미국의 기술주 중심의 주식거래소인 Nasdaq은 2008년 스칸디나비아 3개국의 통합 주식거래소인 OMX를 인수합병하여 Nasdaq-OMX Group을 출범시켰다.

### (2) 상품선물시장

상품의 거래조건을 표준화하고 거래소에 상장하여 거래하는 선물시장은 원래 1860년대 중반 미국에서 콩이나 옥수수 등을 기초자산으로 하는 상품선물(commodity futures)로 출범하였다. 그러나 1980년대 이후 주식시장이 크게 성장하고 또 환율과 이자율의 변동성이 증가하면서, 오늘날 세계의 선물시장은 주식, 외환, 국채, 유로달러 등 금융상품을 기초자산으로 하는 금융선물(financial futures)이 대종을 차지하고 있다.

미국선물협회(FIA)에 따르면, 2010년 전 세계에서 112억 계약의 선물이 거래되었는데, 이 가운데 75%는 금융선물이고 나머지 25%를 상품선물이 차지하고 있다. 상품선물은 옥수수, 콩, 커피, 돈육 등의 농산물선물(agricultural futures), 원유, 천연가스 등의 에너지선물(energy futures), 금, 은 등의 귀금속선물(precious metals futures), 구리, 알루미늄 등의 비철금속선물(non-precious metals futures) 등으로 나눌 수 있는데, 이 가운데 거래가 가장 활발한 것은 농산물선물이다.[10]

### (3) 금융선물시장

금융선물은 (1) 주요국 통화에 대한 통화선물(currency futures), (2) 주요국

---

[9] Euronext는 원래 2000년 프랑스, 네덜란드, 벨기에의 통합 주식거래소로 출범하였는데, 2002년에는 스페인의 주식거래소를 추가로 통합하였다.

[10] Futures Industry Association, Annual Volume Survey, *Futures Industry*, (March 2011).

국채와 유로달러 등에 대한 금리선물(interest rate futures), (3) 개별기업 주식에 대한 개별주식선물(single stock futures), 그리고 (4) 주가지수에 대한 주가지수선물(stock index futures)로 나눌 수 있다. 개별주식선물과 주가지수선물을 합쳐 주식선물(stock futures)이라 부른다.

금융선물은 1972년 미국 CME에 도입된 통화선물이 그 효시이다. 가장 오래된 금리선물은 1977년 미국 CBOT에서 거래를 시작한 30년국채선물(T-bond futures)이고, 오늘날 금융선물 가운데 가장 거래가 활발한 유로달러선물(Eurodollar futures)은 1981년 CME에 처음 상장되었다. 한편 주가지수선물은 1982년 역시 CME에 상장된 S&P500선물이 처음이고, 미국에서 개별주식선물은 비교적 늦게 2002년부터 거래되기 시작하였다.

금융선물시장은 지난 30년간 실로 비약적으로 성장하였다. 국제결제은행(BIS)에 따르면, 금융선물의 명목원금(notional amounts)은 1986년 말 0.4조 달러에서 2007년 말에는 28.0조 달러까지 증가하였으나, 글로벌 금융위기의 여파로 2010년 말에는 22.3조 달러로 감소하였다.[11] 2010년 말 금융선물 명목원금 22.3조 달러 가운데 94%는 금리선물, 5%는 주가지수선물이 차지하고 있으

**표 8-3 세계 20대 거래소 금리파생상품**

*Ranked by Number of Contracts Traded in 2010*

| Rank | Contract | Contract Size | Jan-Dec 2009 | Jan-Dec 2010 | % Change |
|---|---|---|---|---|---|
| 1 | Eurodollar Futures, CME | 1,000,000 USD | 437,585,193 | 510,955,113 | 16.8% |
| 2 | 10 Year Treasury Note Futures, CBOT | 100,000 USD | 189,852,019 | 293,718,907 | 54.7% |
| 3 | One Day Inter-Bank Deposit Futures, BM&F | 100,000 Real | 151,958,184 | 293,065,417 | 92.9% |
| 4 | Euribor Futures, Liffe U.K. | 1,000,000 Euro | 192,859,090 | 248,504,960 | 28.9% |
| 5 | Euro-Bund Futures, Eurex | 100,000 Euro | 180,755,004 | 231,484,529 | 28.1% |
| 6 | Euro-Schatz Futures, Eurex | 100,000 Euro | 125,607,110 | 140,923,898 | 12.2% |
| 7 | Euro-Bobl Futures, Eurex | 100,000 Euro | 105,820,542 | 133,851,275 | 26.5% |
| 8 | 5 Year Treasury Note Futures, CBOT | 100,000 USD | 98,391,120 | 132,149,948 | 34.3% |
| 9 | Euribor Options on Futures, Liffe U.K. | 1,000,000 Euro | 121,612,383 | 121,077,679 | -0.4% |
| 10 | Short Sterling Futures, Liffe U.K. | 500,000 GBP | 104,073,092 | 112,944,490 | 8.5% |
| 11 | Eurodollar Options on Futures, CME | 1,000,000 USD | 117,553,569 | 106,893,369 | -9.1% |
| 12 | IDI Index Options, BM&F | 1 Real | 40,174,869 | 88,014,027 | 119.1% |
| 13 | 30 Year Treasury Bond Futures, CBOT | 100,000 USD | 62,232,671 | 83,509,754 | 34.2% |
| 14 | Eurodollar Mid-Curve Options on Futures, CME | 1,000,000 USD | 43,369,605 | 76,490,147 | 76.4% |
| 15 | 2 Year Treasury Note Futures, CBOT | 200,000 USD | 48,158,948 | 66,977,168 | 39.1% |
| 16 | 10 Year Treasury Note Options on Futures, CBOT | 100,000 USD | 40,206,023 | 55,280,257 | 37.5% |
| 17 | Euro-Bund Options on Futures, Eurex | 100,000 Euro | 28,392,790 | 39,301,301 | 38.4% |
| 18 | 3 Year Treasury Bond Futures, ASX 24 | 100,000 AUD | 24,197,537 | 34,482,136 | 42.5% |
| 19 | Long Gilt Futures, Liffe U.K. | 100,000 GBP | 23,977,779 | 28,525,983 | 19.0% |
| 20 | 3 Year Treasury Bond Futures, KRX | 100 million KRW | 20,050,788 | 26,922,414 | 34.3% |

자료: WFE

## 표 8-4 세계 20대 거래소 주식파생상품

*Ranked by Number of Contracts Traded and/or Cleared in 2010*

| Rank | Contract | Index Multiplier | Jan-Dec 2009 | Jan-Dec 2010 | % Change |
|---|---|---|---|---|---|
| 1 | Kospi 200 Options, KRX | 100,000 Korean won | 2,920,990,655 | 3,525,898,562 | 20.7% |
| 2 | E-mini S&P 500 Index Futures, CME | 50 U.S. dollars | 556,314,143 | 555,328,670 | -0.2% |
| 3 | SPDR S&P 500 ETF Options * | NA | 347,697,659 | 456,863,881 | 31.4% |
| 4 | S&P CNX Nifty Index Options, NSE India | 100 Indian rupees | 321,265,217 | 529,773,463 | 64.9% |
| 5 | Euro Stoxx 50 Futures, Eurex | 10 Euros | 333,407,299 | 372,229,766 | 11.6% |
| 6 | Euro Stoxx 50 Index Options, Eurex | 10 Euros | 300,208,574 | 284,707,318 | -5.2% |
| 7 | RTS Index Futures, RTS | 2 U.S. dollars | 150,019,917 | 224,696,733 | 49.8% |
| 8 | S&P 500 Index Options, CBOE | 100 U.S. dollars | 154,869,646 | 175,291,508 | 13.2% |
| 9 | S&P CNX Nifty Index Futures, NSE India | 100 India rupees | 195,759,414 | 156,351,505 | -20.1% |
| 10 | Nikkei 225 Mini Futures, OSE | 100 Yen | 104,738,309 | 125,113,769 | 19.5% |
| 11 | Powershares QQQ ETF Options * | NA | 147,839,060 | 121,401,264 | -17.9% |
| 12 | iShares Russell 2000 ETF Options * | NA | 73,375,256 | 118,975,104 | 62.1% |
| 13 | Taiex Options, Taifex | 50 New Taiwan dollars | 72,082,548 | 95,666,916 | 32.7% |
| 14 | Kospi 200 Futures, KRX | 500,000 Korean won | 83,117,030 | 86,214,025 | 3.7% |
| 15 | E-mini Nasdaq 100 Futures, CME | 20 U.S. dollars | 77,972,143 | 79,637,745 | 2.1% |
| 16 | Dax Options, Eurex | 5 Euros | 95,926,938 | 75,123,356 | -21.7% |
| 17 | TA-25 Index Options, TASE | 100 New Israeli shekels | 62,271,157 | 70,573,392 | 13.3% |
| 18 | Financial Select Sector SPDR ETF Options * | NA | 87,979,993 | 69,351,047 | -21.2% |
| 19 | Volatility Index Options, CBOE | 100 U.S. dollars | 33,328,163 | 62,452,232 | 87.4% |
| 20 | iShares MSCI Emerging Markets ETF Options * | NA | 73,375,256 | 58,287,483 | -20.6% |

**Traded on multiple U.S. options exchanges*

자료: WFE

## 표 8-5 세계 20대 거래소 외환파생상품

*Ranked by Number of Contracts Traded in 2010*

| Rank | Contract | Contract Size | Jan-Dec 2009 | Jan-Dec 2010 | % Change |
|---|---|---|---|---|---|
| 1 | U.S. Dollar/Indian Rupee Futures, MCX-SX | 1,000 USD | 224,273,548 | 821,254,927 | 266.2% |
| 2 | U.S. Dollar/Indian Rupee Futures, NSE India | 1,000 USD | 226,362,368 | 705,319,585 | 211.6% |
| 3 | Euro FX Futures, CME | 125,000 Euro | 54,393,644 | 86,232,358 | 58.5% |
| 4 | U.S. Dollar Futures, BM&F | 50,000 USD | 66,776,180 | 82,453,621 | 23.5% |
| 5 | U.S. Dollar/Russian Ruble Futures, RTS | 1,000 USD | 8,468,200 | 81,122,195 | 858.0% |
| 6 | U.S. Dollar Futures, KRX | 10,000 USD | 41,161,819 | 64,256,678 | 56.1% |
| 7 | U.S. Dollar Futures, Rofex | 1,000 USD | 51,107,696 | 61,729,396 | 20.8% |
| 8 | Euro/Indian Rupee Futures, MCX-SX * | 1,000 Euro | 0 | 46,411,303 | NA |
| 9 | Euro/U.S. Dollar Futures, RTS ** | 1,000 Euro | 13,658,237 | 39,476,420 | 189.0% |
| 10 | Australian Dollar/Japanese Yen Futures, TFX | 10,000 AUD | 17,793,787 | 34,272,436 | 92.6% |
| 11 | Japanese Yen Futures, CME | 12,500,000 Yen | 24,853,787 | 31,862,793 | 28.2% |
| 12 | British Pound Futures, CME | 62,500 GBP | 22,749,569 | 30,220,239 | 32.8% |
| 13 | U.S. Dollar-Japanese Yen Futures, TFX | 10,000 USD | 20,198,781 | 27,551,634 | 36.4% |
| 14 | Australian Dollar Futures, CME | 100,000 AUD | 16,732,682 | 25,903,355 | 54.8% |
| 15 | U.S. Dollar Options on Futures, BM&F | 50,000 USD | 21,631,255 | 24,170,975 | 11.7% |
| 16 | Canadian Dollar Futures, CME | 100,000 CAD | 15,481,166 | 22,083,807 | 42.6% |
| 17 | Euro/Japanese Yen Futures, TFX | 10,000 Euro | 9,961,673 | 19,921,565 | 100.0% |
| 18 | U.S. Dollar Rollover, BM&F | 50,000 USD | 15,280,530 | 19,223,570 | 25.8% |
| 19 | Euro/Indian Rupee Futures, NSE India * | 1,000 Euro | 0 | 17,326,787 | NA |
| 20 | British Pound/Japanese Yen Futures, TFX | 10,000 GBP | 16,266,521 | 17,108,444 | 5.2% |

** Began trading in February 2010 ** Began trading in February 2009*

자료: WFE

며, 통화선물은 1%를 차지하고 있을 뿐이다.[12]

[표 8-3]-[표 8-5]는 2010년 세계 파생상품 거래소에서 거래되고 있는 20대 금리파생상품, 20대 주식파생상품, 그리고 20대 외환파생상품을 보여주고 있다. 주식파생상품에는 11개, 금리파생상품에는 6개, 외환파생상품에는 1개의 거래소 옵션(exchange-listed option)이 포함되어 있는데, 거래소 옵션에 대해서는 다음 장에서 자세하게 공부할 것이다.

### (4) 한국의 파생상품시장

우리나라의 파생상품거래는 1996년 한국증권거래소에 주가지수선물인 코스피200선물이 상장되면서 시작되었다. 한편 1997년에는 주가지수옵션인 코스피200옵션이 도입되었다.[13] 1999년에 부산에 한국선물거래소가 설립되어 미국달러선물, 미국달러옵션, 금선물이 거래되기 시작하였다. 2005년 한국증권거래소와 한국선물거래소가 통합되어 한국증권선물거래소로 출범하였는데, 2009년에는 그 명칭을 한국거래소(Korea Exchange; KRX)로 변경하였다.

현재 한국거래소(KRX) 산하의 파생상품시장에는 (1) 주식상품으로 코스피200선물, 코스피200옵션, 스타지수선물, 개별주식선물(25개 주식), 개별주식옵션(33개 주식), (2) 금리상품으로 3년국채선물, 5년국채선물, 10년국채선물, 통안증권선물, (3) 외환상품으로 미국달러선물, 미국달러옵션, 엔선물, 유로선물, (4) 일반상품으로 금선물과 돈육선물 등 모두 16개 파생상품이 상장되어 있다. 그러나 이 가운데 거래가 활발한 것은 코스피200선물, 코스피200옵션, 미국달러선물, 그리고 3년국채선물 정도이다.[14]

---

[11] 국제결제은행(BIS)의 통계에는 개별주식선물이 포함되어 있지 않다. 개별주식선물에 대한 통계는 WFE(World Federation of Exchanges) *Annual Reports*에서 찾아볼 수 있다.

[12] 금융선물 가운데 통화선물 거래가 이와 같이 저조한 것은 장외시장인 선물환시장이 매우 잘 발달되어 있기 때문이다.

[13] 주가지수선물과 주가지수옵션에 대해서는 한국은행, 「우리나라의 금융시장」, (2009)의 제 4장을 참조하면 좋다.

[14] 지금까지 KRX에 도입되었다가 상장 폐지된 파생상품은 CD금리선물, 3년국채선물옵션, 코스닥50선물, 코스닥옵션50 등 4개이다.

# 8.2 통화선물시장

통화선물(currency futures)은 장외선물인 선물환(outright forward)을 표준화하여 거래소를 통해 거래되는 상장선물이다. 통화선물은 1972년 미국 CME에 처음 도입되었다. 선물환과 마찬가지로 통화선물은 기본적으로 환위험을 관리하는 상품이다. 통화선물이 도입된 이후 1980년대 초반 거래소 통화옵션, 장외통화옵션, 그리고 통화스왑 등이 잇달아 도입됨에 따라 오늘날 기업과 금융기관이 환위험을 관리하기 위해 이용할 수 있는 외환파생상품(currency derivatives)은 매우 다양한 형태로 발전하였다.

이 절에서는 먼저 통화선물을 공부하고, 제9장에서는 거래소 통화옵션과 장외통화옵션을, 그리고 제10장에서는 통화스왑을 공부할 것이다. 국제결제은행(BIS)에 따르면, 2010년 말 명목원금(notional principal)으로 본 외환파생상품 시장의 규모는 57.8조 달러에 이른다. 선물환/외환스왑 28.4조 달러(49.1%), 통화스왑 19.3조 달러(33.4%), 장외통화옵션 10.1조 달러(17%) 등 장외 외환파생상품이 99% 이상을 차지하고 있고, 통화선물(1,700억 달러)과 거래소 통화옵션(1,440억 달러) 등 거래소 외환파생상품은 1% 미만을 차지하고 있다.

그림 8-4 외환파생상품의 구성: 2010년

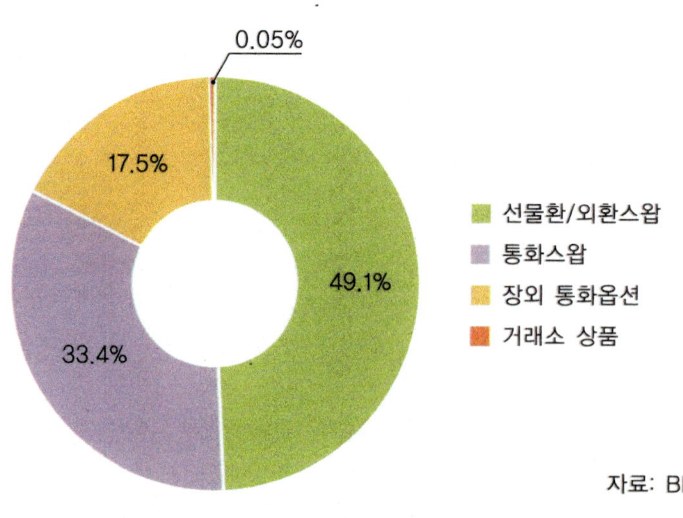


자료: BIS

그림 8-5 통화선물시장의 성장

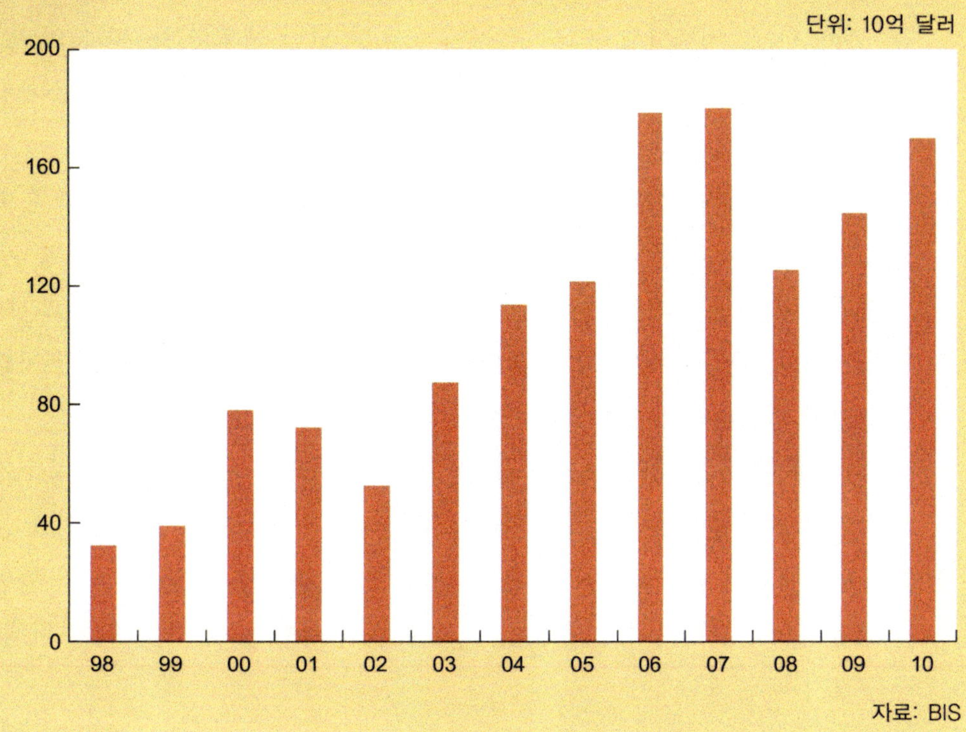


## 1. 통화선물의 특징

선물환은 장외선물(forward)이고, 통화선물은 상장선물(futures)이다. 이제 선물환과 통화선물의 주요 특징을 비교한 다음, 오늘날 통화선물이 활발하게 거래되고 있는 주요 파생상품 거래소에 대해 설명하기로 한다.

### (1) 선물환과 통화선물

선물환과 통화선물의 주요 특징을 비교하면 다음과 같다. (1) 선물환은 장외시장에서 거래되지만, 통화선물은 조직화된 거래소를 통해 거래된다. (2) 선물환에는 신용위험이 따르지만, 통화선물에는 신용위험이 거의 없다. (3) 선물환은 두 당사자가 거래조건을 신축적으로 결정하지만, 통화선물은 거래조건이 표준화되어 있다. (4) 선물환은 대부분 만기일에 현물인도로 결제되지만, 통화선물은 대부분 만기일 이전에 반대거래로 청산된다.

통화선물은 금융당국의 규제와 감독을 받는 조직화된 거래소를 통해 거래될 뿐만 아니라, 거래소 산하의 청산소가 모든 거래의 상대방이 된다. 거래소는 또 증거금과 일일정산 제도를 운용하고 있어 거래가 부도날 신용위험은 거의 없다. 통화선물은 거래단위가 1만 달러에서 10만 달러 내외로 표준화되어 있고, 반대거래로 언제든지 계약을 청산할 수 있다. 따라서 개인투자자와 중소기업도 쉽게 거래에 참여할 수 있다.

선물환은 장래 어느 영업일이라도 만기일(결제일)이 돌아온다. 그러나 통화선물의 만기일(결제일)은 한정되어 있다. 실제로 통화선물의 만기일(결제일)은 최소 연간 4일(분기 주기인 경우)에서 최대 연간 12일(월별 주기인 경우) 사이에서 결정된다. 이와 같이 만기일(결제일)을 제한하는 것은 각 결제월물의 거래량을 증가시키기 위해서이다.

통화선물은 거래단위(contract size)가 작다. 따라서 개인투자자나 중소기업이 이용하기는 편리하지만, 국제거래가 빈번하고 거래규모가 큰 대기업과 금융기관이 이용하기에는 불편하다. 통화선물은 또 결제일이 한정되어 있어 환위험을 효율적으로 관리하기가 어렵다. 따라서 아직 통화선물은 선물환에 비해 시장 규모가 매우 작다.

### (2) 통화선물 거래소

통화선물은 1972년 미국의 CME에서 처음 거래되기 시작하였는데, 오늘날 전 세계 통화선물의 75%는 CME를 통해 거래되고 있다. 즉 세계거래소연맹(WFE)에 따르면, 2010년 전 세계 통화선물의 연간 거래액은 약 38조 달러(1일 평균 약 1,500억 달러)로 추산되는데, 이 가운데 CME가 28.4조 달러를 차지하고 있다. [표 8-6]에서 보는 바와 같이, 우리나라 한국거래소(KRX)는 전 세계에서 다섯 번째로 통화선물 거래가 활발한 나라이다.[15] 2010년 KRX의 미국달러선물 연간 거래액은 6,200억 달러에 이르고 있다.

### (3) CME의 통화선물

현재 CME에는 20개 통화에 대해 모두 43개의 통화선물계약이 상장되어 있는데, 거래가 활발한 것은 유로, 일본 엔, 영국 파운드, 캐나다 달러, 스위스 프랑, 호주 달러 등의 선진국 통화선물이다. CME에는 유로/영국 파운드, 유로/일본

[15] World Federation of Exchanges, *Annual Reports*, (2011), p. 116.

**표 8-6 세계 주요 통화선물 거래소**

| Exchange | Volume traded (Number of contracts) | | Notional value (USD millions) | |
|---|---|---|---|---|
| | 2010 | 2009 | 2010 | 2009 |
| **AMERICAS** | | | | |
| BM&FBOVESPA | 106 547 391 | 85 289 490 | 5 376 494 | 4 280 698 |
| CME Group [1] | 221 534 347 | 152 694 240 | 28 385 633 | 19 482 280 |
| CME Group (OTC) [2] | 29 924 | 10 405 | NA | NA |
| ICE Futures U.S. | 7 507 582 | 3 606 333 | NA | NA |
| MexDer | 5 698 630 | 1 652 185 | 57 470 | 17 210 |
| NASDAQ OMX PHLX | 15 573 | 0 | NA | 0 |
| ROFEX | 61 889 297 | 51 119 654 | NA | NA |
| **Total region** | **403 222 744** | **294 372 307** | | |
| **ASIA - PACIFIC** | | | | |
| Australian Securities Exchange [3] | 0 | 1 003 633 | 0 | 673 |
| Korea Exchange | 61 859 171 | 41 744 890 | NA | 548 021 |
| MCX-SX | 884 606 842 | 224 273 548 | 907 822 | 221 498 |
| National Stock Exchange India | 719 349 282 | 226 362 368 | 727 361 | 223 705 |
| Osaka Securities Exchange | 4 570 824 | 583 019 | 49 740 | 6 911 |
| Tokyo Financial Exchange | 109 935 079 | 70 579 936 | NA | NA |
| **Total region** | **1 780 321 198** | **564 547 394** | | |
| **EUROPE - AFRICA - MIDDLE EAST** | | | | |
| Budapest SE | 7 121 542 | 7 524 780 | 8 896 | 10 087 |
| Johannesburg SE | 6 207 947 | 7 177 562 | 6 632 | 7 385 |
| MICEX | 12 938 918 | 17 807 960 | 14 057 | 18 757 |
| NYSE Liffe (European markets) | 6 610 | 7 417 | 166 | 189 |
| RTS Exchange | 122 095 098 | 44 546 503 | 136 584 | 50 058 |
| Turkish Derivatives Exchange | 7 279 797 | 13 912 680 | 7 376 | 14 539 |
| Warsaw SE | 119 075 | 162 239 | 1 274 | 1 886 |
| **Total region** | **155 768 987** | **91 139 141** | | |
| **Total** | **2 339 312 929** | **950 058 842** | | |

자료: WFE

엔, 유로/스위스 프랑 등 주요 통화간 크로스 레이트(cross rate) 선물도 상장되어 있다. CME에는 또 한국 원, 중국 위안, 멕시코 페소, 브라질 헤알 등 개도국 통화의 선물도 상장되어 있으나 거래량은 매우 미미한 수준이다.

CME에 상장되어 있는 주요 통화선물의 거래단위는 [표 8-7]에서 보는 바와 같다. CME 통화선물 거래단위는 미국 달러가 아니라 미국의 외국통화로 표시된다. 예를 들어, 일본 엔의 거래단위는 12,500,000엔이다. 따라서 일본 엔의 환율이 125엔이면 미국 달러로 나타낸 거래대금은 10만 달러이지만, 1980년대 초반처럼 환율이 250엔일 때는 5만 달러였다.

이제 유로 존의 유로(Euro FX)를 예로 들어 CME 통화선물계약의 주요 명세를 설명하여 보자. (1) 거래단위는 125,000유로이며, 가격은 1유로당 미국 달러(American terms)로 표시한다. (2) 개시증거금과 유지증거금은 1계약당 2,295달러와 1,700달러이다. (3) 최소가격변동폭은 0.0001달러(1포인트)로, 틱(tick)

**표 8-7 CME 통화선물의 거래단위**

| 통화 | 거래단위 |
|---|---|
| Australian dollar | AUD100,000 |
| Brazilian real | BRL100,000 |
| British pound | GBP62,500 |
| Canadian dollar | CAD100,000 |
| Chinese renminbi | CNY1,000,000 |
| Czech koruna | CZK4,000,000 |
| Euro FX | EUR125,000 |
| Hungarian forint | HUF30,000,000 |
| Israeli shekel | ILS1,000,000 |
| Japanese yen | JPY12,500,000 |
| Korean won | KRW125,000,000 |
| Mexican peso | MXN500,000 |
| New Zealand dollar | NZD100,000 |
| Norwegian krone | NOK2,000,000 |
| Polish zloty | PLN500,000 |
| Russian ruble | RUB2,500,000 |
| South African rand | ZAR500,000 |
| Swedish krona | SEK2,000,000 |
| Swiss franc | CHF125,000 |

자료: CME

의 크기는 12.50(= 0.0001달러 × 125,000)달러이다. (4) 결제월은 3월, 6월, 9월, 12월이며, 최종결제일은 결제월의 제3수요일, 그리고 최종거래일은 최종결제일 이전 2영업일이다.

오늘날 전 세계 통화선물 거래의 75%는 CME에 집중되어 있는데, 특히 선진국 통화의 선물은 대부분 CME를 통해 거래되고 있다. CME 통화선물은 시카고에 소재하는 CME가 폐장한 이후에도 CME Globex 시스템의 전자거래(electronic trading)를 통해 지구를 한 바퀴 돌면서 24시간 거래되고 있어, CME는 그 자체가 바로 세계 통화선물시장이라 해도 지나친 말이 아니다.

### (4) KRX의 통화선물

1999년 4월부터 우리나라 한국거래소(KRX)에 상장되어 거래되고 있는 미국달러선물의 계약명세는 이미 [표 8-1]에서 본 바와 같다. 우리나라 미국달러선물의 연간 거래액은 2000년 2.5억 달러(1일 평균 100만 달러)에서 2010년에는 6,200억 달러(1일 평균 25억 달러)로 증가하여, 기업과 금융기관의 효율적인 환위험 관리수단으로 정착하였다.

우리나라 미국달러선물시장이 이와 같이 빠르게 성장한 것은 지난 10년간 경상거래와 자본거래가 크게 확대되었을 뿐만 아니라, 2001년 협의대량거래제도의 도입, 2006년 이후 해외펀드의 급증으로 인한 헤지 수요 증가 그리고 최근 환율 변동성이 크게 증가하였기 때문이다.

우리나라 미국달러선물시장에서는 은행, 자산운용회사, 증권회사, 선물회사 등 기관투자자가 차지하는 비중은 80%를 넘고 있다. 협의대량거래(block trades) 제도란 거래소 내의 일반적인 경쟁거래방식으로 처리하기 어려운 이들 기관투자자의 대량물량을 시장충격 없이 신속하게 처리할 수 있게 도입한 제도로, 최근 전체 거래량의 30% 내지 40%를 협의 대량거래가 차지하고 있다. 한편 2008년 한국거래소(KRX)에 엔선물과 유로선물이 새로 상장되었으나, 거래량은 아직 미미한 수준이다.

## 2. 통화선물의 가격

선물환과 마찬가지로 통화선물은 외국통화의 일정 수량을 미리 약정한 가격으로 장래의 일정 시점에서 매입 또는 매도하기로 계약하는 상품이다. 따라서 통화선물의 가격은 기본적으로 제4장 1절에서 본 선물환의 가격결정 원리에 따라 결정될 것이다. 즉 지금 한국 원의 현물환율이 $S = 1{,}000$원, 미국 달러의 이자율이 $i^* = 4\%$, 한국 원의 이자율이 $i = 8\%$라면, 만기 $t = 90$일인 미국달러선물의 이론가격은 다음과 같이 결정될 것이다.

$$F_t = S\frac{1 + i(t/360)}{1 + i^*(t/360)} = 1{,}000\frac{1 + 0.08(90/360)}{1 + 0.04(90/360)} = 1{,}009.90 \qquad (1)$$

통화선물은 결제일이 한정되어 있고, 증거금과 일일정산 제도에 따라 만기 동안 계속 현금흐름이 일어나며, 거래비용이 낮다는 등 선물환과는 다른 제도적인 특징을 가지고 있다. 따라서 이와 같은 요인을 반영하여 결제일이 동일한 선물환율과 통화선물가격은 약간 차이가 나기도 한다. 그러나 두 가격의 차가 너무 커지면 두 시장 간에 차익거래가 일어나, 선물환율과 통화선물가격은 서로 매우 근사한 수준으로 수렴할 것이다.

제1절에서 설명한 바와 같이, 선물가격은 기초자산의 현물가격에 기초자산의 순보유비용을 더한 값으로 결정된다. 따라서 현물환의 순보유비용은 선물환율에서 현물환율을 빼서 구할 수 있다. 즉

$$F_t - S = S\frac{1 + i(t/360)}{1 + i^*(t/360)} - S \approx S[i(t/360) - i^*(t/360)] \qquad (2)$$

식 (2)로부터 선물환율은 아래 식 (3)과 같이 쓸 수 있는데, 이는 제1절의 식 (1)에서 본 것과 같은 형태이다.

$$F_t \approx S + S[i(t/360) - i^*(t/360)] \qquad (3)$$

여기서 $S[i(t/360)]$은 1달러를 보유하기 위해 $t$일간 차입한 S원의 금융비용이다. 한편 $S[i^*(t/360)]$은 1달러를 $t$일간 보유한 데 따른 수익 $[i^*(t/360)]$을 거래일의 환율로 환산한 것이다. 순보유비용을 정확하게 계산하기 위해서는 $[i^*(t/360)]$을 결제일의 환율로 환산해야 한다. 그러나 결제일의 환율이 불확실하므로 식 (3)은 근사적으로만 성립한다.

제1절에서 설명한 바와 같이, 선물의 최종거래일에 선물가격은 현물가격으로 수렴하여(converge) 베이시스는 0이 된다. 이 관계는 식 (1)과 식 (2)로부터 확인할 수 있다. 즉 최종거래일에 $t$가 0이 되면, $F_t = S$, 즉 선물환율과 현물환율은 같아진다.

## 3. 통화선물과 헤지

선물환과 마찬가지로 통화선물도 헤지와 투기의 목적으로 이용할 수 있다. 여기서 먼저 통화선물을 이용한 헤지에 대해 설명하고, 통화선물과 투기에 대해서는 다음 소절에서 설명하기로 한다.

### (1) 롱 헤지와 숏 헤지

통화선물을 이용한 환위험의 헤지는 롱 헤지와 숏 헤지로 나눌 수 있다. 롱 헤지(long hedge)란 숏 포지션을 보유한 기업이 통화선물을 매입하여 환율상승으로 볼지도 모를 손실을 커버하는 것을 말하고, 숏 헤지(short hedge)란 롱 포

지션을 보유한 기업이 통화선물을 매도하여 환율하락으로 볼지도 모를 손실을 커버하는 것을 말한다.

롱 헤지 = 숏 포지션 + 통화선물 매입

숏 헤지 = 롱 포지션 + 통화선물 매도

통화선물을 이용한 헤지를 설명하기 위해, 미국달러선물의 거래단위를 1달러, 통화선물의 거래일인 8월 9일의 현물환율과 12월물 통화선물의 가격을 $S_0$ = 1,000원과 $F_0$ = 1,010원이라고 하자. 또 12월물 통화선물의 결제일인 12월 17일의 현물환율과 통화선물가격을 $S_T$와 $F_T$로 나타내고, 단순화를 위해 통화선물의 최종거래일과 결제일이 같다고 가정하기로 한다.

### (2) 통화선물과 롱 헤지

기업 A는 8월 9일 미국 수출업자로부터 1달러의 상품을 수입하고, 수입대금을 12월 17일에 지불하기로 하였다. 기업 A는 8월부터 12월까지 환율상승으로 손실을 볼지도 모르는 환위험을 헤지하기 위해, 수입계약과 동시에 12월물 통화선물 1계약을 매입하였다. 그리고 기업 A는 12월 17일에 반대거래로 통화선물을 청산하고, 수입대금 1달러는 현물환시장에서 매입하려고 계획하고 있다고 하자.

숏 포지션을 보유하고 있을 때 통화선물을 매입하여 환위험을 헤지하려는 것을 롱 헤지(long hedge)라 부르는데, 롱 헤지로 기업 A가 12월 17일에 실제로 부담하는 수입대금 $M_T$는 다음과 같다.

$$M_T = S_T - [F_T - F_0] = F_0 - [F_T - S_T] = F_0 - B_T = F_0$$

$S_T$은 결제일에 기업 A가 수입대금 1달러를 현물환시장에서 매입하는 비용이고, $[F_T - F_0]$는 8월에 매입한 12월물 통화선물을 12월 17일에 매도하는 반대거래로 얻는 손익이다. 12월물 통화선물의 결제일인 12월 17일에 베이시스 $B_T = [F_T - S_T]$가 0으로 수렴하므로, 기업 A가 결제일에 부담하는 수입대금은 8월에 매입한 12월물 통화선물의 가격 $F_0$로 고정된다.

예를 들어 설명하여 보자. 먼저 12월 17일에 환율이 1,020원으로 상승하면, 12월물 통화선물가격도 1,020원으로 수렴한다. 이때 기업 A는 8월에 매입한 통화선물을 매도하는 반대거래로 10원의 이익을 얻는다. 한편 기업 A는 수입대금 1달러를 현물환시장에서 1,020원으로 매입하여야 한다. 따라서 기업 A가 실제로 결제일에 부담하는 수입대금은 1,010원이 되는데, 이는 8월에 매입한 12월물 통화선물의 가격과 같다.

한편 만약 12월 17일에 환율이 980원으로 하락하면, 12월물 통화선물가격도 980원으로 수렴한다. 이때 기업 A가 8월에 매입한 통화선물을 매도하는 반대거래로 30원의 손실을 본다. 한편 기업 A는 수입대금 1달러를 현물환시장에서 980원으로 매입할 수 있다. 따라서 기업 A가 결제일에 실제로 부담하는 수입대금은 1,010원이 되는데, 이는 8월에 매입한 12월물 통화선물의 가격과 같다.

이와 같이 기업 A는 수입대금의 결제일인 12월 17일에 미국 수출업자에게 지불할 수입대금을 8월에 매입한 12월물 통화선물의 가격으로 고정시킬 수 있다. 이를 완전한 헤지(perfect hedge)라 부른다. 이와 같이 완전한 헤지가 가능한 것은 수입대금 결제일인 12월 17일이 12월물 통화선물의 결제일과 같아 통화선물가격이 현물환율로 수렴하기 때문이다.

### (3) 통화선물과 숏 헤지

기업 B는 8월 9일 미국 수입업자에게 1달러의 상품을 수출하고, 수출대금은 12월 17일에 받기로 하였다. 기업 B는 8월부터 12월까지 환율하락으로 손실을 볼지도 모를 환위험을 헤지하기 위해, 수출계약과 함께 12월물 통화선물 1계약을 매도하였다. 그리고 기업 B는 12월 17일에 반대거래로 통화선물을 청산하고, 수출대금 1달러는 현물환시장에서 매도하려고 계획하고 있다고 하자.

롱 포지션을 보유하고 있을 때 통화선물을 매도하여 환위험을 헤지하는 것을 숏 헤지(short hedge)라 부르는데, 숏 헤지로 기업 B가 12월 17일에 실제로 확보하는 수출대금 $X_T$는 다음과 같다.

$$X_T = S_T + [F_0 - F_T] = F_0 - [F_T - S_T] = F_0 - B_T = F_0$$

$S_T$는 기업 B가 결제일에 수출대금 1달러를 현물환시장에서 매도하여 얻는 수입이고, $[F_0 - F_T]$는 8월에 매도한 12월물 통화선물을 12월 17일에 반대거래하여 얻는 손익이다. 12월물 통화선물의 결제일인 12월 17일 베이시스가 $B_T = [F_T - S_T] = 0$으로 수렴하므로, 기업 B가 결제일에 실제로 확보하는 수출대금은 8월에 매도한 12월물 통화선물의 가격 $F_0$로 고정된다.

예를 들어 설명하여 보자. 먼저 12월 17일에 환율이 1,020원으로 상승하면,

12월물 통화선물가격도 1,020원으로 수렴한다. 이때 기업 B는 8월에 매도한 12월물 통화선물을 매입하는 반대거래로 10원의 손실을 본다. 한편 기업 B는 미국의 수출대금 1달러를 현물환시장에서 1,020원에 매도한다. 따라서 기업 B가 결제일에 실제로 확보하는 수출대금은 1,010원이 되는데, 이는 8월에 매입한 12월물 통화선물의 가격과 같다.

한편 만약 12월 17일에 환율이 980원으로 하락하면, 12월물 통화선물가격도 980원으로 수렴한다. 이때 기업 B는 8월에 매도한 통화선물을 매입하는 반대거래로 30원의 이익을 얻는다. 한편 기업 B는 수출대금 1달러를 현물환시장에서 980원에 매도한다. 따라서 기업 B가 실제로 결제일에 확보하는 수출대금은 1,010원이 되는데, 이는 8월 9일에 매입한 12월물 통화선물의 가격과 같다.

이와 같이 기업 B의 수출대금 결제일인 12월 17일이 12월물 통화선물의 결제일과 같다면, 기업 B는 12월 17일에 미국 수입업자로부터 수취하는 수출대금을 8월에 매도한 12월물 통화선물의 가격인 1,010원으로 고정시킬 수 있다. 즉 완전한 헤지를 할 수 있다.

### (4) 베이시스 리스크

지금까지 본 바와 같이 완전한 헤지(perfect hedge)는 국제거래의 결제일이 통화선물의 결제일과 같을 때 이루어진다. 만약 국제거래의 결제일이 통화선물의 결제일과 다르다면, 국제거래 결제일의 베이시스가 0으로 수렴하지 않기 때문에, 완전한 헤지는 불가능하다. 이를 베이시스 리스크(basis risk)라 부른다.

이제 앞에서 예를 든 기업 A의 수입대금 결제일이 12월물 통화선물의 결제일인 12월 17일이 아니라 그 1주일 전인 12월 10일이라고 하고, 베이시스 리스크를 설명하여 보자. 수입대금 결제일인 12월 10일의 현물환율과 12월물 통화선물가격을 각각 $S_t$와 $F_t$로 나타내면, 기업 A가 12월 10일에 실제로 부담하는 수입대금 $M_t$는 다음과 같이 나타낼 수 있다.

$$M_t = S_t - [F_t - F_0] = F_0 - [F_t - S_t] = F_0 - B_t$$

그런데 12월 10일은 12월물 통화선물의 결제일이 아니므로, 베이시스 $B_t = [F_t - S_t]$는 0으로 수렴하지 않는다. 따라서 기업 A가 수입대금 결제일인 12월 10일에 실제로 부담하는 수입대금을 8월에 매입한 12월물 통화선물가격 $F_0$로 고정시킬 수 없다. 따라서 완전한 헤지가 불가능하다.

예를 들어, 12월 10일에 현물환율과 12월물 통화선물가격이 각각 1,030원과 1,028원으로 상승하였다고 하자. 이때 기업 A는 8월에 1,010원으로 매입한 12월 통화선물을 1,028원에 매도하는 반대거래로 18원의 이익을 얻는다. 한편 기업 A는 수입대금 1달러를 현물환시장에서 1,030원으로 매입해야 한다. 따라서 12월 10일에 기업 A가 실제로 부담하는 수입대금은 1,012원으로, 8월에 매입한 12월물 통화선물의 가격보다 2원이 많다.

한편 만약 12월 11일에 현물환율과 12월물 통화선물가격이 각각 980원과 982원으로 하락하였다고 하자. 이때 기업 A는 8월에 1,010원에 매입한 통화선물 1계약을 982원에 매도하는 반대매매로 28원의 손실을 본다. 한편 기업 A는 수입대금 1달러를 현물환시장에서 980원으로 매입한다. 따라서 기업 A가 실제로 12월 10일에 부담하는 수입대금은 1,008원이 되는데, 이는 8월 9일에 매입한 12월물 통화선물의 가격보다 2원이 작다.

## 4. 통화선물의 전략

통화선물의 전략이란 환율변동으로부터 이익을 얻기 위한 투기전략으로, 단순투기거래와 스프레드거래로 나눌 수 있다.

### (1) 단순투기거래

단순투기거래(outright speculation)는 환율변동의 방향성을 예상하고, 이로부터 이익을 얻기 위해 통화선물을 일방적으로 매입하거나 매도하는 거래를 말한다. 즉 환율상승이 예상되면 통화선물을 매입하고, 환율하락이 예상되면 통화선물을 매도한다. 이와 같이 통화선물을 이용하는 투기자는 환율상승뿐만 아니라 환율하락을 예상하는 양방향 투자를 할 수 있다. 이는 제5장 3절에서 본 선물환투기의 경우와 같다.

은행은 선물환거래에 따르는 신용위험 때문에 개인투자자나 중소기업과는 선물환을 거래하지 않는다. 따라서 개인투자자나 중소기업은 선물환투기에 참여하기가 어렵다. 한편 통화선물은 개시증거금만 예치하면 누구나 거래할 수 있다. 이에 따라 통화선물을 이용하여 이익을 얻으려는 다양한 투기자들이 참여하고 있다. 그러나 통화선물거래는 레버리지 효과(leverage effect)가 높아 매우 위험하다.[16]

단순투기거래는 통화선물시장에 유동성(liquidity)을 제공하여 통화선물의 거래비용을 낮추는 역할을 한다. 단순투기자는 세 부류로 나눌 수 있다. 먼저 스캘퍼(scalper)란 매입 또는 매도 포지션을 매우 짧은 시간 동안만 보유한 다음 곧바로 청산하는 투기자를 말한다. 다음에 데이 트레이더(day trader)란 하루 중 매입 또는 매도한 포지션을 그날 모두 청산하는 투기자를 말한다. 마지막으로 포지션 트레이더(position trader)란 매입 또는 매도 포지션을 수일 또는 수주간 보유하는 투기자를 말한다.

### (2) 스프레드거래

선물시장에서 스프레드(spread)란 기초자산이 동일한 두 선물계약에서 두 결제월 간의 선물가격의 차이를 말한다.[17] 예를 들어, 6월물과 9월물 통화선물의 가격이 1,019.80원과 1,039.22원이면, 9월물–6월물 스프레드는 19.42원이다. 이때 6월물(근월물)을 매입하고 9월물(원월물)을 매도하거나, 또는 9월물(원월물)을 매입하고 6월물(근월물)을 매도하는 것, 즉 결제월이 다른 두 선물을 동시에 반대로 매매하는 것을 스프레드거래라고 한다.

결제월이 다른 선물가격은 같은 방향으로 움직인다. 즉 6월물 가격이 오르면 9월물 가격도 오른다. 또 6월물 가격이 내리면 9월물 가격도 내린다. 이때 9월물–6월물 스프레드는 확대되기도(spread widening) 하고 축소되기도(spread narrowing) 한다. 이때 이와 같은 스프레드의 변동을 예상하고 이로부터 이익을 얻으려는 것이 스프레드거래이다.

예를 들어, 6월물과 9월물 통화선물의 가격이 1,019.80원과 1,039.22원에서 1개월 후에 1,029.80원과 1,051.22원으로 변동하면, 9월물–6월물 스프레드는 19.42원에서 21.42원으로 확대된다. 이를 예상하고 미리 9월물을 매입하고 6월물을 매도해 둔 투기자는 6월물에서 10원의 손실을 보지만 9월물에서 12원의

---

[16] 예를 들어, 개시증거금이 거래대금의 15%라고 하자. 이때 통화선물의 가격이 상승하면 통화선물 투기자는 100% 자기 자금으로 투자한 현물환 투기자보다 6.67(= 100/15)배의 이익을 얻을 수 있다. 그러나 통화선물가격이 하락하면 통화선물 투기자는 현물환 투기자보다 6.67배의 손실을 감수해야 한다.

[17] 이와 같이 동일한 기초자산의 결제월간 선물가격의 차이를 흔히 결제월간(inter-delivery) 스프레드라고 하고, 기초자산이 다른 두 선물간 선물가격의 차이를 상품간(inter-commodity) 스프레드라고 한다. 한편 외환시장을 비롯한 금융시장에서 스프레드란 매입가격(bid rate)과 매도가격(offer rate)의 차이를 말하는 것이 일반적이다.

이익을 얻어 합계 2원의 이익을 얻을 수 있다. 이와 같이 스프레드거래의 손익은 두 선물가격의 상대적 변동에 따라 결정된다. 따라서 스프레드거래는 위험이 매우 낮다.

원월물 가격이 근월물 가격보다 높을 때, 스프레드거래로 이익을 얻을 수 있는 조건은 다음과 같다. (1) 스프레드 확대를 예상하면, 근월물을 매도하고 원월물을 매입한다. (2) 스프레드 축소를 예상하면, 근월물을 매입하고 원월물을 매도한다. 한편 원월물 가격이 근월물 가격보다 낮을 때, 스프레드거래로 이익을 얻을 수 있는 조건은 다음과 같다. (1) 스프레드 확대를 예상하면, 근월물을 매입하고 원월물을 매도한다. (2) 스프레드 축소를 예상하면, 근월물을 매도하고 원월물을 매입한다. 그러나 스프레드 변동에 대한 투기자의 예상이 빗나가면, 투기자는 손실을 본다.

## 8.3 선물금리계약(FRA)

금리위험(interest rate risk)이란 장래 이자율의 불리한 변동으로부터 손실을 볼지도 모르는 위험을 말한다. 1960년대 초반까지만 하더라도 매우 안정적이던 주요국의 이자율은 1960년대 후반부터 상승하였고, 1970년대 두 차례의 오일쇼크 이후 변동성도 크게 증가하였다. 더욱이 1980년대 이후 변동금리(floating rate) 자산과 부채의 비중이 높아짐에 따라, 오늘날 금리위험은 환위험 못지않게 기업의 경영성과에 큰 영향을 미치고 있다.

금리위험을 관리하는 금리파생상품(interest rate derivatives)은 대부분 1980년대 초반에 도입되었다. 유로달러선물과 금리스왑은 1981년, 선물금리계약(FRA)과 금리 캡, 금리 플로어, 금리 칼러 등 장외금리옵션은 1983년, 그리고 유로달러 선물옵션과 같이 거래소를 통해 거래되는 금리옵션은 1985년에 처음 거래되기 시작하였다. 이 장에서는 선물금리계약(FRA)과 유로달러선물을 공부하고, 다음 장에서는 장외금리옵션과 거래소 금리옵션을, 그리고 제10장에서는 금리스왑을 공부하기로 한다.

국제결제은행(BIS)에 따르면, 2010년 말 명목원금(notional principal)으로 본 금리파생상품시장의 규모는 541.3조 달러에 이른다.[18] 이 가운데 금리스왑 364.4

그림 8-6 **금리파생상품의 구성: 2010년**

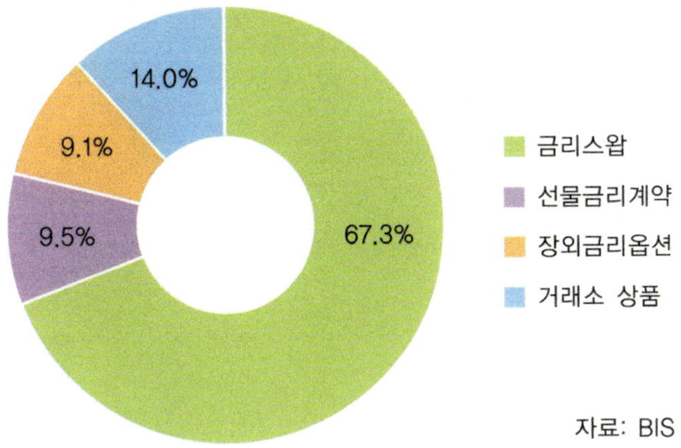


조 달러(67.3%), 선물금리계약(FRA) 51.6조 달러(9.5%), 그리고 장외금리옵션 49.3조 달러(9.1%) 등 장외 금리파생상품이 86%를 차지하고 있다. 한편 거래소에서 거래되고 있는 금리선물은 28.90조 달러(5.3%), 그리고 금리옵션은 47.1조 달러(8.7%)로 거래소 금리파생상품은 14%를 차지하고 있다.

## 1. FRA의 이해

장래 일정기간의 이자율을 고정시키면, 차입자와 투자자는 이자율의 불리한 변동으로부터 손실을 볼지도 모를 금리위험을 헤지할 수 있다. 오늘날 이와 같이 장래 일정기간의 이자율을 고정시키는 수단으로 이용할 수 있는 대표적인 금리파생상품으로는 이 절에서 공부하는 선물금리계약(forward rate agreement: FRA)과 다음 절에서 공부할 유로달러선물(Eurodollar futures)이 있다. 전자는 장외상품이고 후자는 거래소 상품이다.

[18] 앞 절에서 본 바와 같이 2010년 말 명목원금으로 본 외환파생상품시장의 규모는 57.8조 달러에 불과하다. 따라서 금리파생상품시장은 외환파생상품시장보다 9배 이상 규모가 크다는 것을 알 수 있다. 그리고 금리파생상품은 14%가 거래소에서 거래되고 있지만, 외환파생상품은 1% 미만만이 거래소에서 거래되고 있다.

그림 8-7 **FRA 시장의 성장**

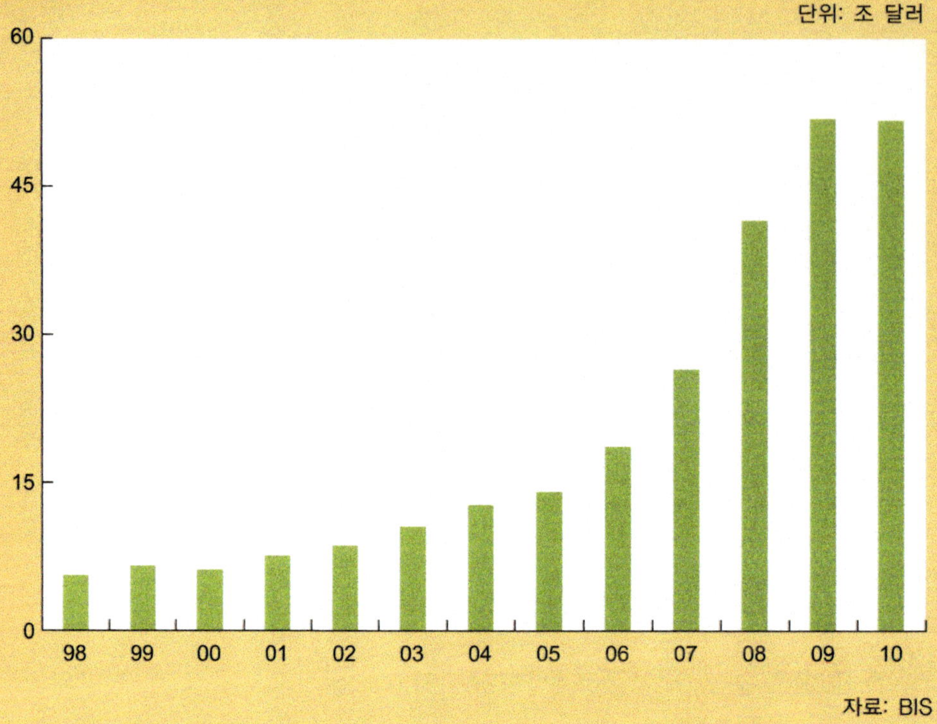


선물금리계약 또는 FRA(후라)란 장외에서 두 당사자가 일정한 명목원금(notional principal)에 대해 장래 일정기간에 적용할 이자율, 즉 선물금리(forward interest rate)를 미리 계약하는 장외선물을 말한다. 예를 들어, 3개월 후부터 3개월간 100만 달러에 대해 8%의 이자율을 적용하기로 계약하는 것이다. 장래 일정기간을 계약기간(contract period), 계약기간에 적용할 이자율을

그림 8-8 **"3 × 6" FRA**

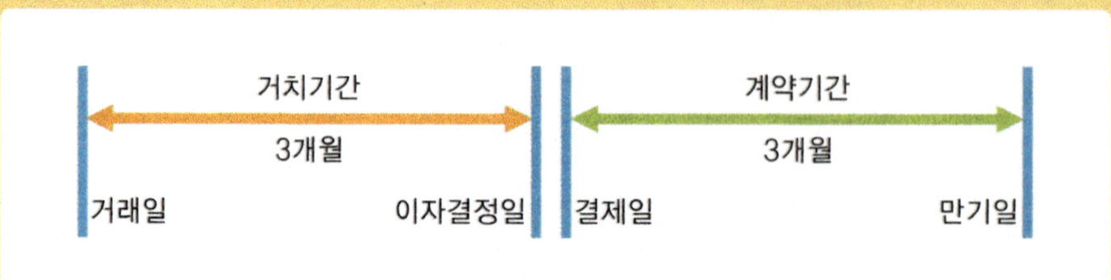

계약금리(contract rate)라 부른다.

FRA에서 거래일로부터 만기일까지는 거치기간과 계약기간으로 나누어지는데, 거치기간이 끝나고 계약기간이 시작하는 날을 결제일(settlement date)이라 부른다. 예를 들어, 3개월 후부터 3개월간 일정한 계약금리를 적용하기로 한 FRA는 거치기간이 3개월, 계약기간이 3개월, 만기가 6개월이다. 이 FRA는 흔히 "3 × 6"과 같이 쓰는데, 앞의 숫자는 거치기간, 뒤의 숫자는 만기를 나타내며, 뒤 숫자에서 앞 숫자를 뺀 것이 계약기간이다.[19] FRA의 계약기간은 3개월과 6개월이 가장 많고, 거치기간은 18개월까지가 있다.

FRA에서 예금과 대출은 명목적(notional)이다. 즉 계약기간 동안 실제로 예금이나 대출은 행해지지 않고, 결제일의 시장금리인 결제금리(settlement rate)와 계약금리의 차에 따른 금리차액(interest differential)만 현금결제한다.[20] 명목원금은 금리차액을 산정하는 기준으로만 사용하는데, 결제금리는 대부분 결제일의 리보(Libor)를 이용하고 있다.

이제 명목원금을 $N$, 계약금리를 $f$, 결제일의 리보(결제금리)를 $L$, 그리고 계약기간(일수)을 $t$라고 하면, 금리차액은 다음과 같이 구할 수 있다.

$$\text{금리차액} = A \times [(L - f)(t/360)]$$

금융시장에서 이자는 대출기간의 만기일에 지급하는 것이 일반적이다. 그러나 FRA에서는 결제일에 미리 금리차액을 정산하는 것이 관행이다. 따라서 금리차액을 결제금리로 할인하는데, 이를 결제금액(settlement sum)이라 부른다. 예를 들어, 명목원금 $N = 1{,}000$만 달러, 계약금리 $f = 7.62\%$인 "3 × 6" FRA에서 결제일의 3개월 리보가 $L = 8.00\%$라면, 결제금액은 9,313.73달러가 되는데, 이때 금리차액은 9,500달러이다.

$$\text{결제금액} = \frac{A \times [L - f](t/360)}{1 + L(t/360)}$$

$$9{,}313.73 = \frac{10{,}000{,}000 \times [0.08 - 0.0762](90/360)}{1 + 0.08(90/360)} = \frac{9{,}500}{1.02}$$

---

[19] 따라서 "1 × 4"와 "2 × 5"는 각각 거치기간은 1개월과 2개월이지만, 계약기간은 모두 3개월이다. 한편 "2 × 8"과 "3 × 9"는 각각 거치기간은 2개월과 3개월이지만, 계약기간은 모두 6개월이다.

[20] 실제로 결제금리는 결제일 2영업일 전인 이자결정일(fixing date)의 리보로 결정하지만, 여기서는 그냥 결제일의 리보를 결제금리라고 부르기로 한다.

이와 같이 결제금리가 계약금리를 상회하면, FRA 매입자는 매도자로부터 결제금액을 수취한다. 한편 결제금리가 계약금리를 하회하면, FRA 매입자는 매도자에게 결제금액(절대값)을 지급한다. 따라서 금리상승을 예상하면 FRA를 매입하고, 금리하락을 예상하면 FRA를 매도할 것이다. 즉 FRA 매입자는 금리상승 예상자이고, FRA 매도자는 금리하락 예상자이다.

FRA 매입자 → 금리상승 예상자
FRA 매도자 → 금리하락 예상자

FRA의 이용자로는 먼저 장래의 금리변동으로부터 손실을 볼 가능성이 있는 차입자와 투자자를 들 수 있다. 장래의 금리상승을 헤지하려는 차입자는 FRA를 매입하고, 장래의 금리하락을 헤지하려는 투자자는 FRA를 매도할 것이다. 다음에 FRA의 이용자로는 금리변동으로부터 이익을 얻으려는 투자자를 들 수 있다. 즉 금리상승을 예상하는 투자자는 FRA를 매입하고, 금리하락을 예상하는 투자자는 FRA를 매도할 것이다.

## 2. 선물금리의 결정

그러면 FRA의 계약금리 $f$는 어떻게 구할 수 있는가? 장래 일정기간 동안에 적용하는 선물금리(forward interest rate) $f$는 제7장에서 배운 이자율의 수익률 곡선(yield curve)으로부터 구할 수 있다. 지금 단기 $t_1 = 180$일과 장기 $t_2 = 360$일의 이자율이 각각 $i_1 = 9\%$, $i_2 = 10\%$라고 하고, "6 × 12" FRA의 계약금리 $f$를 구해 보자.

투자자가 일정한 자금을 1년간 투자할 때, (1) 장기(1년)로 투자할 수도 있고, (2) 단기(6개월)로 투자하면서 동시에 "6 × 12" FRA를 매도할 수도 있다. 금융시장이 효율적이라면, 이때 이 두 방법에 의한 투자 수익률은 동일해야 한다. 다시 말하면, 투자자가 처음부터 1년 동안 10%로 투자하는 경우와 처음 6개월 동안 9%로 투자하면서 동시에 "6 × 12" FRA를 매도하는 경우의 수익률은 같아야 한다. 즉

$$\left[1 + i_2 \frac{t_2}{360}\right] = \left[1 + i_1 \frac{t_1}{360}\right] \times \left[1 + f \frac{(t_2 - t_1)}{360}\right] \tag{1}$$

따라서 이제 계약기간 $(t_2 - t_1)$의 선물금리 $f$는 다음과 같이 구할 수 있다.

$$f = \left[\frac{[1 + i_2(t_2/360)]}{[1 + i_1(t_1/360)]} - 1\right] \times \frac{360}{(t_2 - t_1)} \tag{2}$$

위 식에 $t_1 = 180$일, $t_2 = 360$, $i_1 = 9\%$, $i_2 = 10\%$를 대입하면, "6 × 12" FRA의 계약금리는 $f = 10.53\%$로 구할 수 있다. 이와 같이 구한 선물금리를 흔히 이론적 선물금리(theoretical forward rate)라 부른다.

만약 FRA의 계약금리가 이론적 선물금리와 다르다면, 금융시장에서 차익거래(arbitrage)가 일어나 결국 식 (2)가 성립할 것이다. 즉 FRA의 계약금리는 이론적 선물금리와 같아지게 된다.

**1.** 만약 계약금리가 이론적 선물금리보다 낮다면, 투자자들은 단기(6개월)로 차입하여 장기(1년)로 투자함과 동시에 "6 × 12" FRA를 매입하여 이익을 얻을 수 있다. 따라서 이때 계약금리는 상승할 것이다.

**2.** 한편 계약금리가 이론적 선물금리보다 높다면, 투자자들은 장기(1년)로 차입하여 단기(6개월)로 투자함과 동시에 "6 × 12" FRA를 매도하여 이익을 얻을 수 있다. 따라서 이때 계약금리는 하락할 것이다.

FRA는 딜러인 은행을 통해 거래되고 있는데, 은행은 FRA 거래에 따르는 금리위험을 금융시장에서의 차입과 대출로 헤지한다. 예를 들어, "3 × 6" FRA를 매도한 은행은 거래일에 명목원금을 6개월간 차입한 다음, 이를 3개월간 제3자에게 대출하면 FRA 거래에 따르는 금리위험을 헤지할 수 있다. 또 "3 × 6" FRA를 매입한 은행은 거래일에 명목원금을 3개월간 차입한 다음, 이를 제3자에게 6개월간 대출하면 FRA 거래에 따르는 금리위험을 커버할 수 있다.

은행은 고객과 FRA를 거래할 때 수수료를 부과하지 않고 매입가격(bid rate)과 매도가격(offer rate)의 스프레드를 수익의 원천으로 삼는다. 예를 들어, FRA를 10.43%에 매입하고 10.63%에 매도한다면 20bp의 이익을 얻을 수 있다. 이때 매도가격은 식 (2)에 은행의 장기차입금리와 단기대출금리를 대입하여 구하고, 매입가격은 식 (2)에 은행의 장기대출금리와 단기차입금리를 대입하여 구할 수 있다. 이것은 손익분기의 선물금리이고, 실제의 가격제시(quotation)는 은행의 이윤 마진을 감안하여 결정한다.

## 3. FRA의 이용

이제 거래일이 11월 20일이고, 다음 해 2월 20일부터 5월 20일까지 3개월간 1,000만 달러를 차입할 필요가 있는 기업이 금리상승의 위험을 헤지하기 위해 명목원금 1,000만 달러, 계약금리 7.62%인 "3 × 6" FRA를 매입하였다고 하자.

이때 결제일의 3개월 리보(결제금리)가 8.00%로 계약금리 7.62%보다 높다면, 이 기업은 9,313.7달러의 이익을 본다. 즉

$$9,313.7 = \frac{10,000,000 \times [0.08 - 0.0762](90/360)}{1 + 0.08(90/360)}$$

한편 이 기업은 1,000만 달러를 리보 8%로 차입하는데, FRA거래를 통해 0.38%의 이익을 얻었으므로 실제로 부담하는 이자율은 FRA의 계약금리인 7.62%가 된다.

만약 결제일의 3개월 리보가 7.5%로 계약금리 7.62%보다 낮은 경우에는, 이 기업은 2,944.8달러의 손실을 본다. 즉

$$2944.8 = \frac{10,000,000 \times [0.0762 - 0.075](90/360)}{1 + 0.075(90/360)}$$

이때에도 이 기업은 1,000만 달러를 리보 7.5%로 차입하는데, FRA거래를 통해 0.12%의 손해를 보았으므로 실제로 부담하는 이자율은 FRA의 계약금리인 7.62%가 된다.

이와 같이 "3 × 6" FRA를 7.62%의 계약금리로 매입한 차입자는 결제일의 리보(결제금리)와 관계없이 계약기간인 장래 3개월간의 차입 이자율을 계약금리로 고정시킬 수 있다. 마찬가지로 FRA를 일정한 계약금리로 매도한 투자자는 결제일의 리보(결제금리)와 관계없이 장래 3개월간의 투자 수익률을 계약금리로 고정시킬 수 있다.

## 4. FRA시장의 특징

원래 금리위험 관리수단으로 FRA보다 먼저 1970년대에 등장한 상품은 Forward-forwards인데, 이는 장래 일정한 계약기간 동안 실제로 미리 약정한 계약금리로 대출이나 예금이 이루어지는 것을 말한다. 그러나 Forward-

forwards는 신용위험이 크고, 또 대차대조표상의 자산이나 부채를 증가시키기 때문에 은행들이 거래를 꺼리므로 널리 이용되고 못하고 부외 상품(off-balance sheet instrument)인 FRA로 발전한 것이다.

FRA에 있어서는 실제로는 금리차액만 교환된다. 그러나 이것을 달리 보면 FRA 매입자는 변동금리(시장금리)를 수취하고, 고정금리(계약금리)를 지급하는 것과 같다. 마찬가지로 FRA 매도자는 고정금리(계약금리)를 수취하고, 변동금리(시장금리)를 지급하는 것과 같다. FRA는 장래 3개월 또는 6개월 등 주로 단기 금리위험을 관리하는 상품이다. 한편 제10장 1절에서 공부하는 금리스왑(interest rate swap)은 FRA를 장래 여러 계약기간에 걸쳐 연속적으로 체결한 것으로, 장기 금리위험을 관리하는 상품이다.

## 8.4 유로달러선물

오늘날 선물금리계약(FRA)과 함께 장래 일정기간의 이자율을 고정시키기 위해 널리 이용되는 금리위험 관리수단으로 유로달러선물(Eurodollar futures)로 대표되는 금리선물이 있다. FRA는 두 당사자가 직접 거래조건을 합의하여 이루어지는 장외상품이고, 금리선물은 FRA의 거래조건을 표준화하여 조직화된 거래소를 통해 거래되는 계약이다. FRA는 선물환 그리고 금리선물은 통화선물에 비유할 수 있다.

FRA는 장외선물이므로 거래금액, 계약기간 그리고 만기 등의 거래조건이 매우 신축적이다. 그러나 거래금액이 매우 크고 또 신용위험이 따르며 만기일 이전에 거래를 청산하기 어렵다는 단점을 가지고 있다. 이에 따라 FRA의 거래조건을 표준화하여 조직화된 거래소를 통해 거래하는 금리선물이 도입되었다. 오늘날 금리선물 가운데 가장 활발하게 거래되고 있는 것은 1981년 CME에 상장된 유로달러선물이다.

### 1. 금리선물의 종류

금리선물(interest rate futures)은 주요국 국채를 기초자산으로 하는 장기금

그림 8-9 금리선물시장의 성장

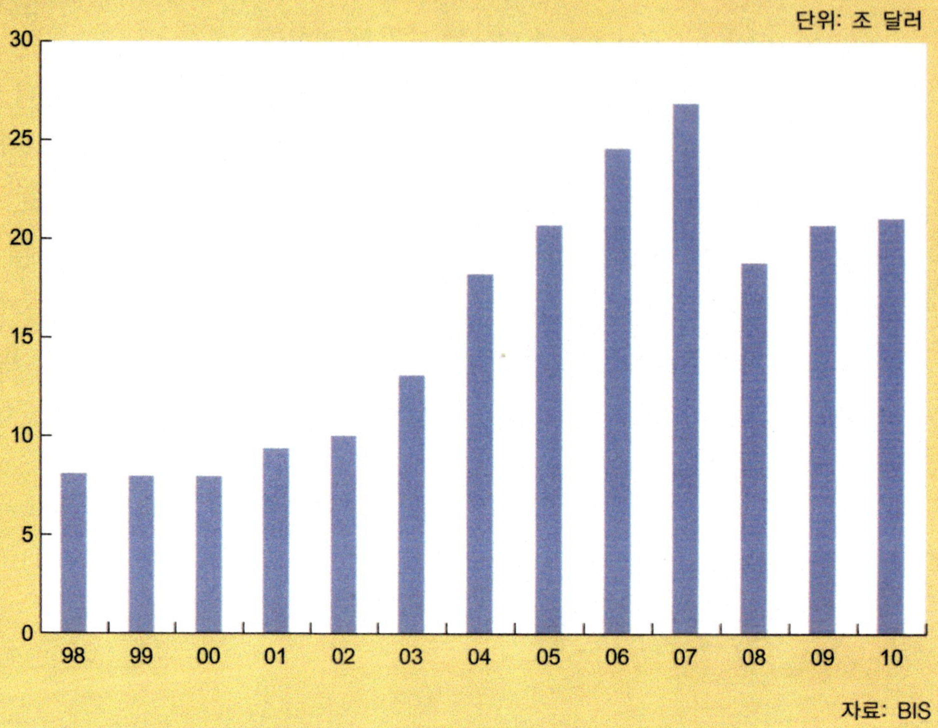


리선물(LTIR futures)과 유로달러 등을 기초자산으로 하는 단기(STIR futures) 금리선물로 나눌 수 있다. [표 8-3]에서 본 20대 거래소 금리파생상품 가운데 15개가 금리선물이다. 이 가운데 CME의 유로달러선물(Eurodollar Futures)과 Liffe의 유리보선물(Euribor Futures) 등 5개는 단기금리선물이고, CME의 10년 미국국채선물(10 Year Treasury Note Futures)과 Eurex의 10년 독일국채선물(Euro-Bund Futures) 등 10개는 국채선물인 장기금리선물이다.[21] 나머지 5개는 다음 장에서 설명하는 유로달러 선물옵션(Eurodollar Options on Futures) 등 거래소 금리옵션이다.

세계거래소연맹(WFE)에 따르면, 2010년 전 세계에서 12.8억 단기금리선물 계약이 거래되었는데, 유로달러선물이 상장되어 있는 CME와 유리보선물이 상장되어 있는 NYSE Liffe(European markets)에서 거래가 가장 활발하다. 한편

[21] 국채선물, 즉 장기금리선물에 대해서는 한국은행, 「우리나라의 금융시장」, (2009)의 제4장을 참조하면 좋다.

**표 8-8 세계 주요 단기금리선물 거래소**

| Exchange | Volume traded (Number of contracts) 2010 | 2009 | Notional value (USD millions) 2010 | 2009 |
|---|---|---|---|---|
| AMERICAS | | | | |
| BM&FBOVESPA | 315 226 299 | 170 190 085 | 16 193 706 | 7 881 262 |
| CME Group | 511 365 417 | 438 095 073 | 512 102 046 | 439 001 882 |
| MexDer | 30 011 416 | 42 423 271 | 236 336 | 310 279 |
| Montréal Exchange | 13 698 870 | 7 668 781 | 13 232 640 | 6 752 471 |
| **Total region** | **870 302 002** | **658 377 210** | | |
| ASIA - PACIFIC | | | | |
| Australian Securities Exchange | 23 889 353 | 17 886 845 | 30 384 602 | 17 241 469 |
| Bursa Malaysia | 95 477 | 126 690 | 29 735 | 35 997 |
| Hong Kong Exchanges | 1 069 | 2 777 | 706 | 2 054 |
| Singapore Exchange | NA | 161 492 | NA | NA |
| TAIFEX | 2 | 13 149 | 1 | 3 274 |
| Thailand Futures Exchange (TFEX) | 1 | 0 | NA | NA |
| **Total region** | **23 985 902** | **18 190 953** | | |
| EUROPE - AFRICA - MIDDLE EAST | | | | |
| Budapest SE | 0 | 300 | 0 | 0 |
| Eurex [1] | 261 205 | 398 743 | 340 985 | 517 541 |
| Eurex (OTC) [2] | 6 780 | 4 500 | 8 870 | 5 870 |
| Johannesburg SE | 210 478 | 56 179 | 12 997 | 5 921 |
| NASDAQ OMX Nordic Exchanges | 17 758 067 | 13 964 992 | NA | NA |
| NYSE Liffe (European markets) | 368 722 985 | 301 886 363 | 421 566 108 | 335 135 377 |
| **Total region** | **386 959 515** | **316 311 077** | | |
| **Total** | **1 281 247 419** | **992 879 240** | | |

자료: WFE

2010년 12.5억 장기금리선물 계약이 거래되었는데, 2년, 5년, 10년, 30년 미국 국채선물이 상장되어 있는 CME와 2년, 5년, 10년 독일국채선물이 상장되어 있는 Eurex에서 거래가 가장 활발하다. 한국거래소(KRX)의 3년 국채선물은 전 세계 장기금리선물 거래량에서 제6위를 차지하고 있다.[22]

## 2. 유로달러선물 계약

오늘날 금리선물 가운데 가장 거래가 활발한 상품은 단연 1982년 CME에 상장된 유로달러선물이다. 2010년 CME의 유로달러선물은 5.1억 계약이 거래되었으며, 연간 거래대금은 510조 달러에 이른다. 이제부터 유로달러선물을 중심으로 금리선물을 공부하기로 한다.

CME 유로달러선물(Eurodollar futures)의 계약명세는 다음과 같다. (1) 유로

[22] World Federation of Exchanges, *Annual Reports*, (2011), pp. 112-114.

**표 8-9 세계 주요 장기금리선물 거래소**

| Exchange | Volume traded (Number of contracts) | | Notional value (USD millions) | |
|---|---|---|---|---|
| | 2010 | 2009 | 2010 | 2009 |
| **AMERICAS** | | | | |
| BM&FBOVESPA | 15 633 | 29 700 | 1 783 | 3 149 |
| CME Group | 598 490 093 | 411 531 727 | 128 957 773 | 96 705 356 |
| MexDer | 4 783 535 | 3 188 129 | 48 334 | 30 668 |
| Montréal Exchange | 6 406 397 | 5 323 743 | 618 870 | 468 662 |
| **Total region** | **609 695 658** | **420 073 299** | | |
| **ASIA - PACIFIC** | | | | |
| Australian Securities Exchange | 47 124 262 | 33 874 590 | 4 322 490 | 2 661 632 |
| Bursa Malaysia | 0 | 4 300 | 0 | 122 |
| Korea Exchange | 27 078 212 | 20 050 796 | 2 598 932 | 1 740 054 |
| National Stock Exchange India | 18 974 | 145 226 | 76 | 555 |
| Singapore Exchange | 741 764 | 694 655 | NA | NA |
| TAIFEX | 0 | 103 949 | 0 | 17 349 |
| Thailand Futures Exchange (TFEX) | 40 | 0 | NA | NA |
| Tokyo Financial Exchange | 11 275 325 | 13 098 108 | NA | NA |
| Tokyo SE Group | 8 021 458 | 6 765 074 | 12 960 666 | 9 992 053 |
| **Total region** | **94 260 035** | **74 736 698** | | |
| **EUROPE - AFRICA - MIDDLE EAST** | | | | |
| Eurex [1] | 471 494 624 | 382 770 178 | 74 748 556 | 58 521 495 |
| Eurex (OTC) [2] | 37 858 838 | 30 945 739 | 5 943 351 | 4 719 255 |
| Johannesburg SE | 583 580 | 436 004 | 8 677 | 5 998 |
| MEFF | 14 | 18 | 2 | 2 |
| NASDAQ OMX Nordic Exchanges | 7 401 693 | 5 715 755 | NA | NA |
| NYSE Liffe (European markets) | 29 834 167 | 24 850 507 | 4 628 295 | 3 705 907 |
| RTS Exchange | 133 048 | 27 745 | 364 | 295 |
| Turkish Derivatives Exchange | 5 584 | 564 | 33 | 3 |
| **Total region** | **547 311 548** | **444 746 510** | | |
| **Total** | **1 251 267 241** | **939 556 507** | | |

자료: WFE

달러선물의 거래단위는 1백만 미국 달러이다. (2) 3월, 6월, 9월, 12월 주기로 10년까지 40개 결제월물과 이 분기물 주기에 포함되지 않는 최근월물 연속 4개 월물 등 모두 44개 결제월물이 상장되어 있다. (3) 만기일은 결제월의 제 3수요일이며, 계약기간은 만기일로부터 90일이다. (4) 최종거래일은 만기일 이전 2 영업일이다. (5) 최소가격변동폭은 최근월물은 0.0025%(1/4bp), 나머지는 0.005%(1/2bp)로, 틱의 크기는 최근월물은 6.25달러, 나머지는 12.5달러이다. (6) 최종결제는 최종거래일에 현금결제로 이루어지는데, 최종정산가격은 [100 − 3개월 BBA 리보]로 결정한다.

유로달러선물의 가격은 100에서 선물금리(forward interest rate) $f$를 뺀 형태로 표시하고 있다. 예를 들어, 3개월 선물금리가 5.36%라면 유로달러 선물가격은 94.64로 표시한다. 즉

$$[100 - f] = 100 - 5.36 = 94.64$$

따라서 $f$가 상승하면 유로달러선물가격이 하락하여 매도자(short position)가 이익을 얻고, $f$가 하락하면 유로달러선물가격이 상승하여 매입자(long position)가 이익을 얻는다. 그러므로 장래 금리하락을 예상하면 유로달러선물을 매입하고, 장래 금리상승을 예상하면 유로달러선물을 매도할 것이다. 즉 유로달러선물 매입자는 금리하락 예상자이고, 유로달러선물 매도자는 금리상승 예상자이다. 이것은 FRA의 경우와는 정반이다.

유로달러선물 매입자 → 금리하락 예상자
유로달러선물 매도자 → 금리상승 예상자

유로달러선물은 기본적으로 장래의 금리변동의 방향에 대한 베팅이다. 예를 들어, 유로달러선물을 90.00으로 매입하는 것은 만기일의 3개월 유로달러 이자율이 10%를 하회하면 그 차액을 수취하고, 10%를 상회하면 그 차액을 지급하겠다는 것을 말한다. 마찬가지로 유로달러선물을 90.00으로 매도하는 것은 만기일의 3개월 유로달러 이자율이 10%를 상회하면 그 차액을 수취하고, 10%를 하회하면 그 차액을 지급하겠다는 것을 말한다.

[표 8-10]은 유로달러선물의 가격표를 보여주고 있다. 예를 들어, 2010년 6월 2일에 유로달러선물 6월물(June contract)의 가격은 99.435인데, 이는 최종결제일인 6월 18일부터 3개월간 리보가 0.565%가 될 것이라는 것을 함축하고 있다. 한편 6월 2일 6월물의 거래량(volume)은 12만 계약을 조금 넘고, 미결제약정(open interest)은 약 100만 계약이다. 만기가 3년을 넘어가면, 거래량과 미결제약정이 크게 줄어든다.

유로달러선물은 상장선물이므로 CME는 증거금과 일일정산 제도를 운용하고 있다. 대체로 개시증거금과 유지증거금은 거래단위인 100만 달러의 0.1%(1,000달러) 이하로, 모든 선물 가운데 가장 낮은 수준이다. 유로달러선물의 99% 이상은 만기일 이전에 반대거래를 통해 청산되고, 만기일에 청산되지 않은 계약은 최종거래일의 최종정산가격 [100 - 3개월 BBA 리보]로 현금결제(cash settlement)된다.[23]

---

[23] 이와 같이 현물인도(physical delivery) 없이 현금결제(cash settlement)로만 선물계약이 최종청산되는 상품은 유로달러선물이 최초이다.

**표 8-10 유로달러선물의 가격표: 2010년 6월 2일**

| | 종가 | 미결제약정 | 거래량 |
|---|---|---|---|
| *Eurodollor (CME)-$1,000,000; pts of 100%* | | | |
| Jun 10 | 99.435 | 1,087,414 | 121,832 |
| Sep | 99.210 | 1,021,403 | 207,562 |
| Dec | 99.040 | 1,032,100 | 150,010 |
| Mar 11 | 98.885 | 748,807 | 157,498 |
| Jun | 98.680 | 816,982 | 171,188 |
| Sep | 98.455 | 730,416 | 135,116 |
| Dec | 98.210 | 534,989 | 121,436 |
| Mar 12 | 97.985 | 396,319 | 86,709 |
| Jun | 97.735 | 245,561 | 64,406 |
| Sep | 97.485 | 181,608 | 32,947 |
| Dec | 97.230 | 141,601 | 30,059 |
| Mar 13 | 97.025 | 134,035 | 20,682 |
| Jun | 96.805 | 82,240 | 7,476 |
| Sep | 96.605 | 72,171 | 50,175 |
| Dec | 96.400 | 38,445 | 3,679 |
| Mar 14 | 96.240 | 39,215 | 3,145 |
| Jun | 96.080 | 32,311 | 2,508 |
| Sep | 95.940 | 22,569 | 1,924 |
| Dec | 95.790 | 36,955 | 1,766 |
| Mar 15 | 95.690 | 19,688 | 1,365 |
| Jun | 95.575 | 11,027 | 108 |
| Sep | 95.485 | 7,381 | 74 |
| Dec | 95.405 | 10,405 | 372 |
| Mar 16 | 95.330 | 8,619 | 131 |
| Jun | 95.280 | 5,371 | 67 |
| Sep | 95.235 | 4,859 | 34 |
| Dec | 95.175 | 7,651 | 127 |
| Mar 17 | 95.160 | 2,892 | 106 |
| Jun | 95.120 | 1,094 | 92 |
| Sep | 95.085 | 1,291 | |
| Dec | 95.035 | 2,658 | 55 |
| Mar 18 | 95.020 | 1,469 | 30 |
| Jun | 94.990 | 653 | |
| Sep | 94.960 | 1,323 | |
| Dec | 94.905 | 1,652 | 75 |
| Mar 19 | 94.900 | 968 | |
| Jun | 94.875 | 670 | |
| Sep | 94.845 | 631 | |
| Dec | 94.775 | 732 | 130 |
| Mar 20 | 94.780 | 478 | 30 |

총미결제약정 7,511,365; 총거래량 1,328,787

자료: Bloomberg

## 3. 유로달러선물의 이용

이제 유로달러선물을 어떻게 이용할 수 있는지 설명하여 보자. 예를 들어, 2009년 1월에 기업 A는 6월 20일부터 3개월간 100만 달러를 차입할 것을 예상하고 있다고 하자. 따라서 기업 A는 지금부터 6월 사이에 이자율이 상승할지도 모르는 금리위험에 노출되어 있다.

1월 2일에 3개월 유로달러 이자율은 3.75%이고, 6월물 유로달러 선물가격은 95.75라고 하자. 이때 기업 A는 6월물 유로달러선물 1계약을 95.75의 선물가격으로 매도하면 이자율 상승의 위험을 커버할 수 있다. 다시 말하면, 기업 A는 1월에 6월 20일부터 3개월간 차입하는 100만 달러에 대해 실제로 부담하는 이자율을 4.25%로 미리 고정시킬 수 있다.

만약 6월 20일에 3개월 리보가 상승하여 5.50%가 되었다면, 6월물 유로달러 선물가격은 94.50으로 수렴할 것이다.[24] 따라서 이날 기업 A는 유로달러선물을 매입하는 반대거래로 [95.75 − 94.50] = 1.25%의 이익을 얻는다. 한편 기업 A는 1백만 달러를 5.50%로 3개월간 차입하는데, 금리선물로 얻은 이익 1.25%를 빼면 차입자가 실제로 부담하는 이자율은 4.25%가 된다.

한편 만약 6월 20일에 3개월 리보가 하락하여 3.00%가 되었다면, 유로달러 선물가격은 97.00로 수렴할 것이다. 이때에는 유로달러선물을 매입하는 반대거래로 [95.75 − 97.00] = −1.25의 손실을 본다. 기업 A는 100만 달러를 3.00%의 리보로 3개월간 차입하는데, 금리선물로 얻은 손실 1.25% 때문에 차입자가 실제로 부담하는 이자율은 역시 4.25%가 된다.

이와 같이 기업 A가 금리위험의 완전한 헤지(perfect hedge)를 할 수 있는 것은 금리위험의 노출기간과 6월물 유로달러선물의 계약기간이 6월 20일부터 3개월간으로 동일하기 때문이다. 만약 두 기간이 다르다면 완전한 헤지가 불가능한데 이를 베이시스 리스크(basis risk)라고 부른다. 이제 앞에서 본 기업 A가 자금을 필요로 하는 시점이 6월 20일이 아니라 6월 1일이라고 하고, 베이시스 리스크를 설명하여 보자.

6월 1일과 가장 가까운 유로달러선물의 결제월은 6월물이다. 따라서 금리위험을 헤지하기 위해 기업 A는 1월에 6월물 유로달러선물 1계약을 95.75의 선물

[24] 여기서는 6월 20일이 결제월이 6월인 유로달러선물의 최종거래일이라고 가정하기로 한다. 실제로 유로달러선물의 최종거래일은 만기일 2영업일 전이다.

가격으로 매도한다. 그러나 이때에는 6월 1일부터 3개월간 차입자가 부담하는 이자율은 4.25%로 고정되지 않는다. 왜냐하면 6월물 유로달러선물의 만기가 아직 19일이나 남아 있어, 6월 1일에 베이시스가 0으로 수렴하지 않기 때문이다.

먼저 6월 1일에 3개월 리보가 5.50%로 상승하고, 6월물 유로달러 선물가격이 94.75가 되었다고 하자. 이때 기업 A는 유로달러선물의 반대거래로 1.00%의 이익을 얻는다. 따라서 기업 A가 차입한 1백만 달러에 대해 실제로 부담하는 이자율은 4.50%가 된다. 한편 만약 6월 1일에 6월물 유로달러 선물가격이 94.25가 되었다면, 유로달러선물의 반대거래로 1.50%의 이익을 얻는다. 따라서 이때 기업 A가 실제로 부담하는 이자율은 4.00%가 된다.

## 4. 스트립 헤지와 스텍 헤지

유로달러선물의 계약기간은 3월, 6월, 9월, 12월의 셋째 화요일로부터 시작하는 90일간으로 표준화되어 있다. 따라서 유로달러선물은 주로 단기의 금리위험을 관리하는 데 이용된다. 한편 유로달러선물을 이용한 장기의 금리위험 관리기법으로 스트립 헤지(strip hedge)와 스텍 헤지(stack hedge)가 있다. 스트립 헤지와 스텍 헤지를 설명하기 위해, 기업 A가 2010년 12월에 은행으로부터 리보(Libor)에 1%의 스프레드를 더한 변동금리로 2011년 3월 20일부터 1년간 10백만 달러를 차입하려고 한다고 하자.

기업 A는 2011년 3월부터 1년간 시장금리가 상승할지도 모르는 금리위험에 노출되어 있다. 이 금리위험을 헤지하기 위해, 기업 A는 2010년 12월에 결제월이 2011년 3월, 6월, 9월, 12월인 4개 결제월물 유로달러선물을 각각 10계약씩을 매도하여 둘 수 있다. 이때 각 결제월물의 유로달러선물은 각각 결제일(제 3 화요일)로부터 90일간씩의 이자율을 고정시키는 효과를 갖는다. 이와 같이 결제월이 연속된 유로달러선물을 계약함으로써 장기의 금리위험을 헤지하는 것을 스트립 헤지(strip hedge)라고 한다.

선물시장에서 결제월이 먼 원월물은 유동성이 낮다. 따라서 유동성이 높은 근월물이 이점을 이용하려는 것을 스텍 헤지(stack hedge) 또는 롤링 헤지(rolling hedge)라 부른다. 앞에서 본 기업 A는 다음과 같이 스텍 헤지를 이용할 수 있다. (1) 2008년 12월에 2009년 3월물 40계약을 매도한다. (2) 3월물 결제일에 3월물 40계약을 매입하면서 6월물 30계약을 매도한다. (3) 6월물 결제일에 6월물 30계약을 매입하면서 9월물 20계약을 매도한다. (4) 9월물 결제일에 9월물 20계약을 매입하면서 12월물 10계약을 매도한다. (5) 12월물 결제일에 12월물 10계약을 매입한다.

실제로 스트립 헤지와 스텍 헤지로 1년 이상의 금리위험을 관리하는 것은 매우 번거롭다. 따라서 오늘날 장기 금리위험의 관리는 다음 장에서 배우는 금리캡(cap), 금리 플로어(floor), 금리 칼러(collar) 등 장외금리옵션과 제10장에서 공부하는 금리스왑(interest rate swap)을 이용하여 이루어지고 있다.

## 참고문헌


- G. Bekaert and R. Hodrick, *International Financial Management*, Second Edition, Perason, (2012), ch. 20.
- A. Chisholm, *An Introduction to International Capital Markets*, Second Edition, Wiley, (2009), chs. 11, 12
- D. Chance and R. Brooks, *An Introduction to Derivatives and Risk Management*, Seventh Edition, South-Western, (2008), chs. 8, 9, 10,11.
- TheCityUK, "Derivatives 2010," *Research Report*, (December 2010).
- Deutsche Bank Research, "OTC Derivatives: A New Market Infrastructure is Taking Shape," (April 2010).
- D. Dubofsky and T. Miller, *Derivatives: Valuation and Risk Management*, Oxford, (2003), chs. 3, 4, 5, 6, 7, 10.
- D. Eiteman, A. Stonehill, M. Moffett, *Fundamentals of Multinational Finance*, Fourth Edition, Pearson, (2012), ch. 8.
- C. Eun, B. Resnick and S. Sabherwal, *International Finance: Global Edition*, Sixth Edition, MaGraw-Hill, (2012), ch. 6.
- Futures Industry Association, "Annual Volume Survey 2010," *Futures Industry*, (March 2011).
- J. Grabbe, *International Financial Markets*, Third Edition, Prentice Hall, (1996), chs. 6, 10.
- J. Hull, *Fundamentals of Futures and Options Markets*, Seventh Edition, Pearson, (2011), chs. 1, 2, 3, 5, 6.
- R. Kolb and J. Overdahl, *Futures, Options, and Swaps*, Fifth Edition, Blackwell, (2007), chs. 2, 3, 4, 5, 9.
- R. Levich, *International Financial Markets*, Second Edition, McGraw-Hill, (2001), ch. 11.
- R. McDonald, *Fundamentals of Derivatives Markets*, Prentice Hall, (2009), chs. 3, 4, 5.
- D. Mihaljek and F. Packer, "Derivatives in Emerging Markets," *BIS Quarterly Review*, (December 2010).
- A. Shapiro and A. Sarin, *Foundations of Multinational Financial Management*, Sixth Edition, Wiley, (2009), ch. 7.

- C. Smithson, *Managing Financial Risk*, McGraw-Hill, (1998), chs. 4, 5, 6, 7.
- B. Solnik and D. McLeavey, *Global Investments*, Sixth Edition, Pearson, (2009), ch. 11.
- 금융투자협회, 「해외 파생상품시장 Guide Book」, (2009년 11월).
- 김기동, "미국달러선물 상장 10주년 성과," KRX Market, (2009년 6월).
- 한국거래소, 「KRX 선물시장의 어제와 오늘」, (2008년 6월).
- 한국거래소, 「KRX 파생상품시장의 이해」, (2009년 12월).
- 한국은행, 「우리나라의 금융시장」, (2009년 12월), 제4장 파생금융상품시장.
- 한국은행, 「우리나라의 외환제도와 외환시장」, (2010년 12월), 제5장 외환파생상품시장.

Chapter 9

# 금융옵션시장

9.1 옵션시장의 이해 / 9.2 통화옵션시장 /
9.3 금리옵션시장 / 9.4 옵션의 이항모델

앞 장에서 통화선물과 금리선물 등 금융선물에 대해 배웠다. 이 장에서는 통화옵션과 금리옵션 등 금융옵션(financial options)을 공부하기로 한다. 선물은 가격이 불리하게 변동할 때 손실은 방지하지만, 가격이 유리하게 변동할 때 얻을 수 있는 이익을 포기하여야 한다. 그러나 옵션은 가격이 불리하게 변동할 때 손실을 한정시킬 수 있을 뿐만 아니라, 가격이 유리하게 변동할 때 이익을 얻을 수 있는 위험관리의 수단이다.

이 장의 제1절에서는 옵션의 기본 용어, 옵션의 손익, 옵션 프리미엄, 그리고 세계의 옵션시장에 대해 설명하기로 한다. 제2절에서는 거래소와 장외에서 거래되고 있는 통화옵션을, 그리고 제3절에서는 장외금리옵션인 금리 캡, 금리 플로어, 금리 칼러와 가장 대표적인 거래소 금리옵션인 유로달러 선물옵션을 공부할 것이다. 마지막으로 제4절에서는 이항모델을 이용한 옵션 프리미엄의 결정이론을 설명하기로 한다.

## 9.1 옵션시장의 이해

선물은 권리(right)이자 의무(obligation)인 매매계약이다. 즉 선물 매입자는 이익이 나면 매도자에게 계약 이행을 요구할 권리를 갖고, 손실이 나더라도 매도자에게 계약을 이행할 의무를 진다. 그러나 옵션은 매입자에게는 권리이지만 의무가 아닌(right but not obligation) 매매계약이다. 즉 옵션 매입자는 이익이 나면 매도자에게 계약 이행을 요구할 권리를 갖지만, 손실이 나면 매도자에게 계약을 이행할 의무를 지지 않는다.

옵션은 이와 같이 매입자에게는 매우 유리하지만, 매도자에게는 매우 불리한 계약이다. 따라서 옵션 매입자는 매도자에게 일정한 대가를 지불하는데, 이를 옵션 프리미엄(option premium)이라 부른다. 그러나 선물은 매입자와 매도자 모두에게 권리이자 의무인 계약이므로, 누가 유리하거나 불리하다고 할 수 없다. 따라서 선물 매입자는 매도자에게 프리미엄을 지불하지 않는다.

## 1. 옵션의 기본 용어

옵션(option)이란 기초자산의 일정 수량을 미리 약정한 가격으로 장래의 일정 시점 또는 그 이전에 매입하거나 또는 매도할 수 있는 권리를 말한다. 옵션계약에서 기초자산의 일정 수량을 거래단위(contract size), 미리 약정한 가격을 행사가격(exercise price, strike price), 장래의 일정 시점을 만기일(expiring date), 그리고 거래일로부터 만기일까지의 기간을 만기(maturity)라 부른다.

옵션에서 매입할 권리를 콜옵션(call option), 매도할 권리를 풋옵션(put option)이라고 한다. 예를 들어, 1달러를 30일 후에 1,000원의 행사가격으로 매입할 권리는 콜옵션이고, 1달러를 90일 후에 1,010원의 행사가격으로 매도할 수 있는 권리는 풋옵션이다. 다른 예를 들면, 마이크로 소프트 주식 100매를 3개월 이내에 1매당 58달러의 행사가격으로 매입할 권리는 콜옵션이고, 매도할 권리는 풋옵션이다.

콜옵션과 풋옵션에는 각각 매입자(buyer)와 매도자(seller)가 있다. 옵션 매입자를 옵션 보유자(option holder) 그리고 옵션 매도자를 옵션 인수자(option writer)라고도 한다. 옵션매입자는 옵션을 행사할 권리를 갖지만, 옵션을 행사할 의무는 지지 않는다. 따라서 옵션매입자는 유리하면 옵션의 권리를 행사하고, 불리하면 옵션의 권리를 포기한다. 그러나 옵션 매도자는 옵션 매입자가 옵션을 행사하면 반드시 이에 응해야 한다.

옵션에서 만기일에만 권리를 행사할 수 있는 것을 유럽식 옵션(European

option), 만기일까지 언제라도 권리를 행사할 수 있는 것을 미국식 옵션(American option)이라 부른다. 그리고 옵션에서 거래조건을 표준화하여 거래소를 통해 거래하는 것을 거래소 옵션(exchange-traded option), 두 당사자가 직접 거래조건을 신축적으로 결정하여 장외에서 거래하는 것을 장외옵션(over-the-counter option)이라고 한다.

거래소 옵션에서 기초자산이 현물인 경우를 현물옵션(options on physicals), 선물인 경우를 선물옵션(options on futures)이라 부른다. 기초자산이 금융상품인 금융옵션의 종류로는 통화옵션(currency options), 통화선물옵션(options on currency futures), 금리옵션(interest rate options), 금리선물옵션(options on interest futures), 개별주식옵션(single stock options), 그리고 주가지수옵션(stock index options) 등이 있다.

## 2. 콜옵션과 풋옵션

이제 미국달러의 유럽식 옵션(European option)을 예로 들어 콜옵션과 풋옵션의 특징을 설명하여 보자. 지금부터 현재의 환율은 $S$, 행사가격은 $K$, 만기는 $T$, 만기일의 환율은 $S_T$, 그리고 콜옵션과 풋옵션의 프리미엄을 각각 $C$와 $P$로 나타내기로 하자.

### (1) 콜옵션의 손익

지금 환율이 $S = 1{,}000$원일 때, 행사가격 $K = 1{,}000$원, 만기 $T = 90$일인 콜옵션의 프리미엄이 $C = 20$원이라고 하자. 이때 이 콜옵션을 매입한 투자자의 만기일의 손익 $\pi$는 얼마나 될까?

만기일의 환율이 행사가격보다 낮거나 또는 같다면, 콜옵션 매입자는 옵션의 행사를 포기할 것이다. 예를 들어, 만기일의 환율이 950원일 때, 옵션을 행사하면 50원의 손실을 본다. 또 만기일의 환율이 1,000원이라면, 옵션을 행사해도 아무 이득이 없다. 따라서 만기일의 환율이 행사가격보다 낮거나 또는 같으면, 매입자는 콜옵션을 행사하지 않을 것이다. 이때 콜옵션 매입자의 손실은 옵션을 매입할 때 지불한 프리미엄 20원이 된다.

한편 만기일의 환율이 행사가격보다 높으면, 콜옵션 매입자는 당연히 옵션을 행사할 것이다. 예를 들어, 만기일의 환율이 1,050원이라면, 옵션을 행사하면

50원의 이득(payoff)을 얻는다. 이때 콜옵션 매입자의 이익(profit) $\pi$는 이득 50원에서 콜옵션 프리미엄 20원을 뺀 30원이 된다. 즉

$$\pi = [S_T - K] - C = S_T - [K + C]$$
$$30 = [1,050 - 1,000] - 20 = 1,050 - [1,000 + 20]$$

만기일의 환율이 행사가격보다 높아 옵션을 행사한다고 해서 콜옵션 매입자가 항상 이익을 얻는 것은 아니다. 예를 들어, 만기일의 환율이 1,010원일 때, 옵션을 행사하면 10원의 이득을 얻지만, 옵션 프리미엄 20원을 빼면 10원의 손실을 본다.[1] 따라서 콜옵션 매입자가 이익을 얻으려면 만기일의 환율 $S_T$가 행사가격에다 옵션 프리미엄을 더한 $[K + C] = 1,020$원보다 커야 한다.

[그림 9-1]에서 보는 바와 같이, 콜옵션 매입자의 이익은 만기일의 환율이 높을수록 더 크다. 그러나 손실은 만기일의 환율이 아무리 낮아도 옵션 프리미엄보다 크지 않다. 즉 콜옵션 매입자의 손실은 옵션 프리미엄으로 한정된다.

**그림 9-1 콜옵션 매입의 손익**

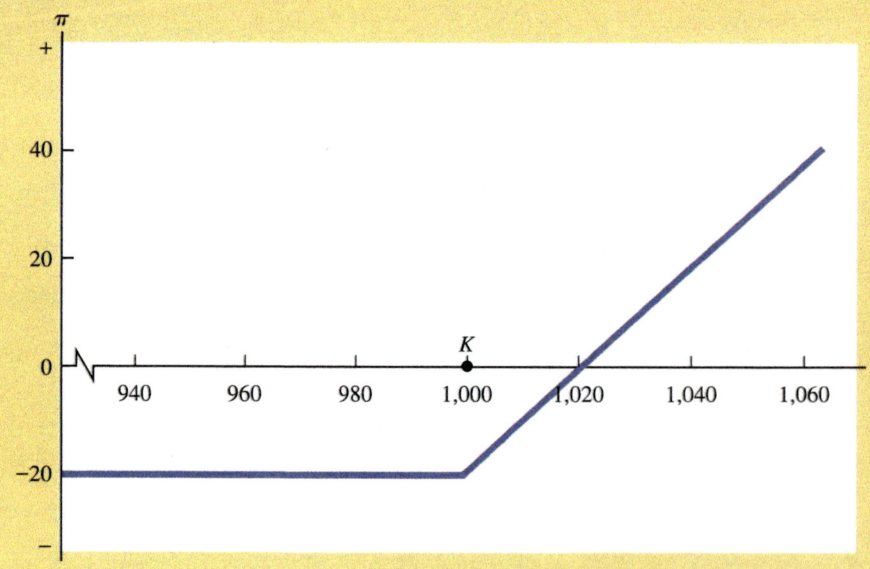


[1] 이와 같이 콜옵션을 행사하여 설령 손실이 발생하더라도 만기일의 환율이 행사가격보다 높다면, 콜옵션 매입자는 옵션을 행사해야 손실을 최소화할 수 있다. 만약 만기일의 환율이 1,010원일 때 콜옵션을 행사하지 않는다면, 투자자의 손실은 옵션 프리미엄인 20원이 된다.

그림 9-2 **콜옵션 매도의 손익**

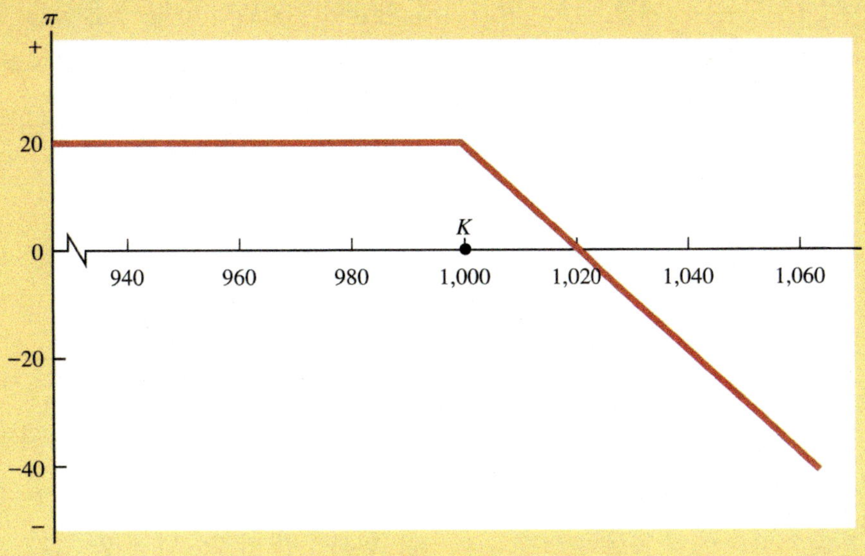


옵션매입자의 이익은 옵션매도자의 손실이고, 옵션매입자의 손실은 옵션매도자의 이익이다. 따라서 [그림 9-1]을 180도 회전하면, [그림 9-2]와 같이 콜옵션 매도자의 손익을 알 수 있다. 콜옵션 매도자의 이익은 만기일의 환율이 아무리 낮더라도 옵션 프리미엄보다 크지 않다. 그러나 콜옵션 매도자의 손실은 만기일의 환율이 크게 상승하면 매우 커질 수 있다.

### (2) 풋옵션의 손익

지금까지 콜옵션의 손익을 설명하였다. 이제부터 환율이 $S = 1{,}000$원일 때, 행사가격 $K = 1{,}000$원, 만기 $T = 90$일, 옵션 프리미엄이 $P = 15$원인 유럽식 풋옵션을 예로 들어 풋옵션의 손익 $\pi$를 설명하여 보자.

만기일의 환율이 행사가격보다 높거나 또는 같다면, 풋옵션 매입자는 옵션의 행사를 포기할 것이다. 예를 들어, 만기일의 환율이 1,050원일 때, 옵션을 행사하면 50원의 손실을 본다. 또 만기일의 환율이 1,000원이라면, 옵션을 행사해도 아무 이득이 없다. 따라서 만기일의 환율이 행사가격보다 높거나 또는 같으면, 매입자는 풋옵션을 행사하지 않을 것이다. 이때 풋옵션 매입자의 손실은 옵션을 매입할 때 지불한 프리미엄 15원이 된다.

한편 만기일의 환율이 행사가격보다 낮다면, 풋옵션 매입자는 당연히 옵션을 행사할 것이다. 예를 들어, 만기일의 환율이 950원이라면, 풋옵션을 행사하여 50원의 이득(payoff)을 얻을 수 있다. 따라서 풋옵션 매입자는 당연히 옵션을 행사할 것이다. 이때 풋옵션 매입자가 얻는 이익(profit)은 이득 50원에서 풋옵션 프리미엄 15원을 뺀 35원이 된다. 즉

$$\pi = [K - S_T] - P = [K - P] - S_T$$
$$35 = [1{,}000 - 950] - 15 = [1{,}000 - 15] - 950$$

만기일의 환율이 행사가격보다 낮아 옵션을 행사한다고 해서 풋옵션 매입자가 항상 이익을 얻는 것은 아니다. 예를 들어, 만기일의 환율이 990원일 때, 옵션을 행사하면 10원의 이득을 얻지만 옵션 프리미엄 15원을 빼면 5원의 손실을 본다.[2] 따라서 풋옵션 매입자가 이익을 얻으려면 만기일의 환율 $S_T$가 행사가격에서 옵션 프리미엄을 뺀 $[K - P] = 985$원보다 작아야 한다.

[그림 9-3]에서 보는 바와 같이, 풋옵션 매입자의 이익은 만기일의 환율이 낮을수록 더 커진다. 그러나 손실은 만기일의 환율이 아무리 높아지더라도 옵션

**그림 9-3 풋옵션 매입의 손익**

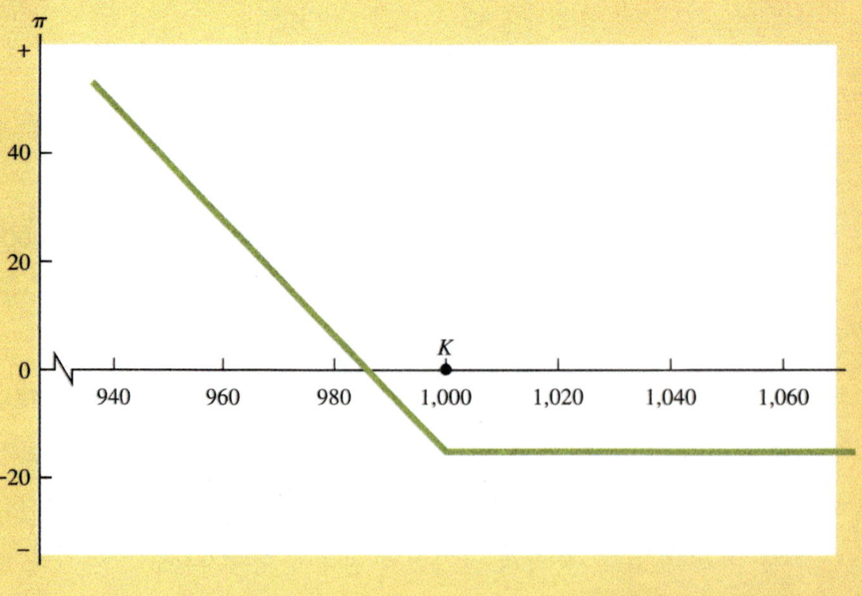

그림 9-4 풋옵션 매도의 손익

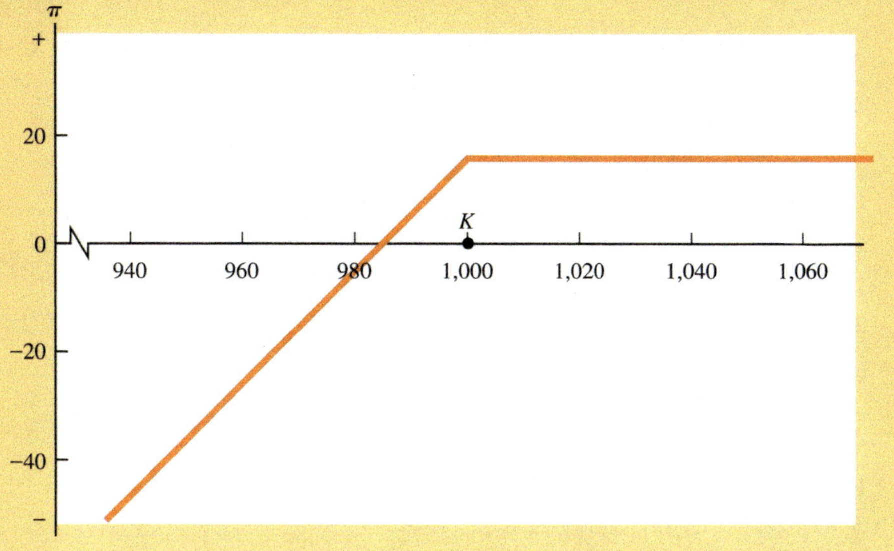


프리미엄보다 크지 않다. 다시 말하면, 풋옵션 매입자의 손실은 옵션 프리미엄으로 한정된다.

[그림 9-3]을 180도 회전하면, [그림 9-4]에서 보는 바와 같은 풋옵션 매도자의 손익을 구할 수 있다. 풋옵션 매도자의 이익은 만기의 환율이 아무리 높더라도 옵션 프리미엄보다 크지 않다. 그러나 풋옵션 매도자의 손실은 만기일의 환율이 크게 하락하면 매우 커질 수 있다.

지금까지 본 바와 같이 옵션 매도자의 이익은 옵션 프리미엄으로 한정되지만 손실은 매우 커질 수 있다. 따라서 콜옵션이나 풋옵션을 일방적으로(naked) 매도하는 것은 매우 위험하다. 앞으로 배우는 바와 같이 옵션 매도는 현물 포지션이나 또는 옵션 매입과 결합해서 사용하는 것이 일반적이다. 한편 거래소 옵션에서는 옵션 매도에 대해 옵션 프리미엄과 함께 매우 높은 증거금을 예치하도록 하고 있다.

---

[2] 이와 같이 풋옵션을 행사하여 설령 손실이 발생하더라도 만기일의 환율이 행사가격보다 낮다면, 풋옵션 매입자는 옵션을 행사해야만 손실을 최소화할 수 있다. 예를 들어, 만기일의 환율이 990원일 때 옵션을 행사하지 않는다면, 풋옵션 매입자의 손실은 옵션 프리미엄인 15원이 된다.

## 3. 옵션 프리미엄

옵션은 매입자에게는 매우 유리하지만, 매도자에게는 매우 불리한 계약이다. 따라서 옵션 매입자는 매도자에게 일정한 대가를 지불하지 않으면 안 되는데, 이를 옵션 프리미엄(option premium)이라 부른다.[3]

### (1) 옵션의 내재가치

옵션 프리미엄은 내재가치(intrinsic value)와 시간가치(time value)의 합으로 구성된다. 이제 행사가격이 1,000원인 미국 달러의 유럽식 콜옵션을 예로 들어 옵션의 내재가치와 시간가치를 설명하여 보자.

콜옵션의 프리미엄은 현재의 환율이 높을수록 크다. 예를 들어, 행사가격이 1,000원인 콜옵션에서 환율이 1,010원이면, 옵션을 행사하여 10원의 이득을 얻을 수 있다. 그러나 환율이 1,020원이면, 옵션을 행사하여 20원의 이득을 얻을 수 있다.[4] 이와 같이 옵션 매입자가 옵션을 행사하여 얻을 수 있는 이득(payoff)을 옵션의 내재가치(intrinsic value)라 부른다.

현재의 환율이 $S$일 때, 행사가격이 $K$인 콜옵션의 내재가치는 아래와 같이 나타낼 수 있다. 여기서 $Max$는 $(S - K)$와 0 가운데 큰 값을 택한다는 것을 뜻한다.

$$IV = Max[(S - K), 0]$$

예를 들어, 현재의 환율이 1,010원, 1,000원, 990원일 때, 행사가격이 1,000원인 콜옵션의 내재가치는 다음과 같이 구할 수 있다.

$$IV = Max[(1,010 - 1,000), 0] = 10$$

$$IV = Max[(1,000 - 1,000), 0] = 0$$

$$IV = Max[(990 - 1,000), 0] = 0$$

---

[3] 옵션의 권리에 대한 가격인 옵션 프리미엄은 옵션가격(option price)이라고도 부르는데, 옵션가격을 기초자산의 가격인 행사가격과 혼동하지 말아야 한다. 한편 선물시장의 선물가격은 기초자산의 가격을 말한다.

[4] 물론 유럽식 옵션의 경우에는 만기일 이전에 옵션을 행사할 수 없다. 그러나 옵션의 가치를 평가하기 위해 옵션을 행사할 수 있다고 가정하는 것이다.

한편 미국 달러에 대한 유럽식 풋옵션의 내재가치는 아래와 같이 나타낼 수 있다.

$$IV = Max[(K - S), 0]$$

예를 들어, 현재의 환율이 1,010원, 1,000원, 990원일 때, 행사가격이 1,000원인 풋옵션의 내재가치는 다음과 같다.

$$IV = Max[(1,000 - 1,010), 0] = 0$$

$$IV = Max[(1,000 - 1,000), 0] = 0$$

$$IV = Max[(1,000 - 990), 0] = 10$$

### (2) 내가격, 등가격, 외가격 옵션

콜옵션은 현재의 환율과 행사가격의 관계에 따라 내가격(ITM), 등가격(ATM), 외가격(OTM) 옵션으로 구분한다.

**1.** 먼저, 현재의 환율이 행사가격보다 커서($S > K$), 내재가치가 플러스인 콜옵션을 내가격(in the money) 옵션이라 부른다.

**2.** 다음에, 현재의 환율이 행사가격과 같아($S = K$), 내재가치가 0인 콜옵션을 등가격(at the money) 옵션이라 부른다.

**3.** 마지막으로, 현재의 환율이 행사가격보다 작아($S < K$), 내재가치가 0인 콜옵션을 외가격(out of the money) 옵션이라 부른다.

한편 풋옵션은 현재의 환율과 행사가격의 관계에 따라 다음과 같이 내가격(ITM), 등가격(ATM), 외가격(OTM) 옵션으로 구분한다.

**1.** 먼저, 현재의 환율이 행사가격보다 작아서($S < K$), 내재가치가 플러스인 풋옵션을 내가격(in the money) 옵션이라 부른다.

**2.** 다음에, 현재의 환율이 행사가격과 같아($S = K$), 내재가치가 0인 풋옵션을 등가격(at the money) 옵션이라 부른다.

**3.** 마지막으로, 현재의 환율이 행사가격보다 커서($S > K$), 내재가치가 0인 풋옵션을 외가격(out of the money) 옵션이라 부른다.

### (3) 옵션의 시간가치

외가격과 등가격인 콜옵션의 내재가치는 0이다. 그러나 내재가치가 비록 0이라 하더라도, 이들이 전혀 가치가 없다고 말할 수 없다. 왜냐하면 지금부터 만기일까지 환율이 오르면 내가격이 될 수 있기 때문이다. 이와 같이 옵션을 만기까지 보유할 때 얻을 수 있는 이익에 가치를 부여할 수 있는데, 이를 시간가치(time value)라 부른다.

옵션 프리미엄은 내재가치와 시간가치의 합으로 구성된다. 따라서 옵션의 시간가치는 옵션 프리미엄에서 내재가치를 빼서 구할 수 있다. 예를 들어 설명하여 보자. 지금 환율이 1,010원일 때, 행사가격 1,000원인 콜옵션의 프리미엄이 20원이라고 하자. 이때 이 콜옵션의 내재가치가 10원이므로, 시간가치는 10원이 된다. 즉

$$C = IV + TV = 10\text{원} + 10\text{원} = 20\text{원}$$

이와 같이 내가격 옵션의 프리미엄은 내재가치와 시간가치의 합으로 구성된다. 그러나 외가격 또는 등가격 옵션의 내재가치는 0이므로, 외가격 또는 등가

그림 9-5 콜 옵션 프리미엄: 내재가치와 시간가치

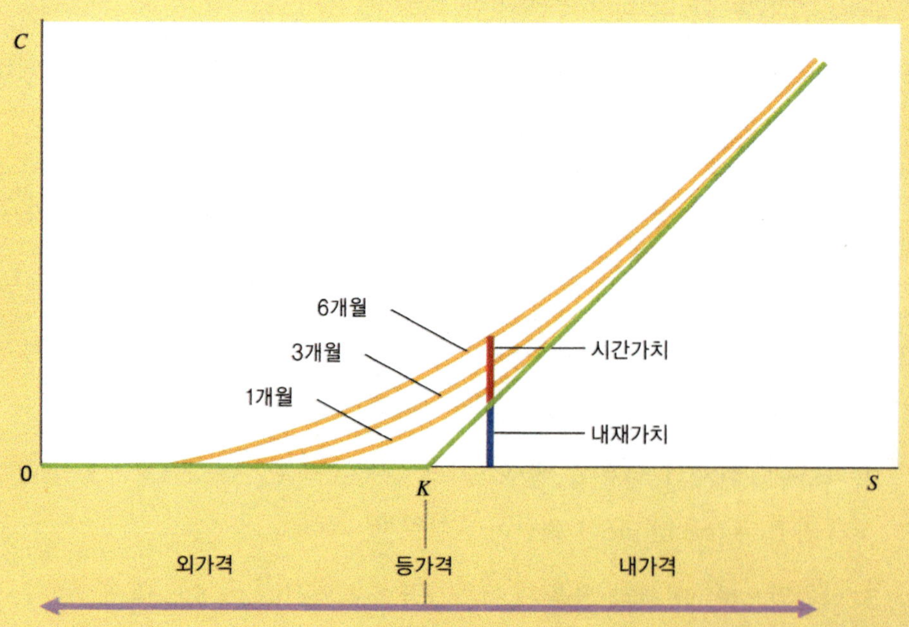

격 옵션의 프리미엄은 모두 시간가치로만 구성되어 있다. 예를 들어, 현재의 환율이 990원일 때 이 외가격 콜옵션의 프리미엄이 10원이라면, 이는 모두 시간가치이다. 또 현재의 환율이 1,000원일 때 이 등가격 콜옵션의 프리미엄이 15원이라면, 이 역시 모두 시간가치이다.

통화옵션에서 시간가치를 결정하는 가장 중요한 요인은 환율의 변동성(volatility)이다. 다음 절에서 설명하는 바와 같이, $\sigma$로 나타내는 환율의 변동성은 환율의 1일 변동률의 표준편차를 연율로 나타낸 것을 말한다. 환율의 변동성이 높을수록 외가격이나 등가격인 옵션이 만기일까지 내가격이 될 가능성은 높다. 따라서 환율의 변동성이 높을수록 옵션의 시간가치는 커진다. 한편 환율의 변동성은 만기가 길수록 더 크다. 따라서 만기가 길수록 옵션의 시간가치는 커진다.

옵션의 시간가치는 등가격일 때 가장 크고, 등가격을 중심으로 좌우로 외가격 또는 내가격의 정도가 커질수록 작아진다. 외가격의 경우, 현재의 환율이 낮을수록 만기일까지 환율이 상승하여 내가격이 될 가능성은 작다. 따라서 이때 옵션의 시간가치도 낮다. 한편 내가격의 경우, 현재의 환율이 높을수록 만기까지 환율이 상승하여 이익이 더 증가할 가능성은 작다. 따라서 이때에도 옵션의 시간가치는 낮아진다.

### (4) 행사가격과 옵션 프리미엄

지금까지 설명한 콜옵션 프리미엄 $C$의 결정요인을 정리하면 다음과 같다.

$$C = Max[(S - K), 0)] + TV(\sigma, T)$$

$Max[(S - K), 0)]$는 콜옵션의 내재가치를 나타내고, $TV(\sigma, T)$는 시간가치가 환율의 변동성 $\sigma$과 만기 $T$의 함수라는 것을 보여준다.

한편 풋옵션 프리미엄 $P$의 결정요인을 정리하면 다음과 같다.

$$P = Max[(K - S), 0)] + TV(\sigma, T)$$

여기서 $Max[(K - S), 0)]$는 풋옵션의 내재가치를 나타내고, $TV(\sigma, T)$는 시간가치가 역시 환율의 변동성 $\sigma$과 만기 $T$의 함수라는 것을 보여준다.

지금까지 행사가격이 일정하게 주어졌을 때, 옵션 프리미엄의 크기를 설명하였다. 즉 콜옵션 프리미엄은 현재의 환율이 높을수록 크고, 현재의 환율이 낮을수록 작다. 그리고 풋옵션 프리미엄은 현재의 환율이 높을수록 작고, 현재의 환율이 낮을수록 크다.

한편 환율이 일정하게 주어졌을 때, 콜옵션 프리미엄은 행사가격이 낮을수록 크고, 행사가격이 높을수록 작다. 또 풋옵션 프리미엄은 행사가격이 높을수록 크고, 행사가격이 낮을수록 작다. 이 관계는 직관적으로 이해하기 어렵지 않을 것이다.

## 4. 세계의 옵션시장

선물과 마찬가지로 옵션도 거래소에 상장되어 거래되는 거래소 옵션(exchange-traded option)과 장외에서 거래되는 장외옵션(over-the-counter option)으로 나눌 수 있다.

### (1) 거래소 옵션시장

거래소 금융옵션은 1973년 미국 CBOE가 16개 개별주식에 대한 콜옵션을 상장한 것이 최초이고, 개별주식에 대한 풋옵션은 4년 뒤인 1977년에 거래가 인가되었다. 통화옵션은 1982년 미국 PHLX에 처음 상장되었고, 같은 해에 CME는 S&P500옵션을 거래하기 시작하였다. 금리옵션은 1983년 CBOT에 상장된 미국 30년국채선물(T-bond futures)이 효시라고 말할 수 있고, 오늘날 거래가 가장 활발한 금리옵션인 유로달러 선물옵션은 1985년 CME에서 처음 거래되기 시작하였다.

한편 1982년 영국에 Liffe, 1998년 유럽에 Eurex, 그리고 2000년 유럽에 Euronext 등 파생상품 거래소가 설립되면서, 거래소 금융옵션시장은 유럽에서도 크게 확대되었다. 앞 장의 [표 8-3] - [표 8-5]에서 2010년 세계 20대 금리파생상품, 20대 주식파생상품, 그리고 20대 외환파생상품을 본 바 있다. 거기서 주식파생상품에는 11개, 금리파생상품에는 6개, 외환파생상품에는 1개의 거래소 옵션(exchange-listed option)이 포함되어 있다.

미국선물협회(FIA)에 따르면, 2010년 전 세계 거래소에서 111억의 옵션계약이 거래되었는데, 금융옵션이 99%(개별주식옵션과 주가지수옵션 93%, 금리옵션 5.4%, 통화옵션 0.4%)를 차지하고 있고, 농산물, 에너지, 귀금속, 비철금속 등 상품옵션은 1%만을 차지하고 있다.[5] 한편 국제결제은행(BIS)에 따르면,

2010년 말 명목원금(notional principal)으로 본 거래소 통화옵션과 금리옵션의 규모는 각각 1,440억 달러와 47.13조 달러에 이르고 있다.

### (2) 장외옵션시장

금융상품을 기초자산으로 하는 장외옵션에는 통화옵션과 금리옵션이 있다. 장외금리옵션에는 단기상품으로 리보 콜옵션(차입자옵션)과 리보 풋옵션(대출자옵션), 그리고 장기 상품으로 금리 캡(cap), 금리 플로어(floor), 금리 칼러(collar) 등이 있다. 오늘날 장외통화옵션과 장외금리옵션은 실로 방대한 시장을 형성하고 있다. 국제결제은행(BIS)에 따르면, 2010년 말 명목원금(notional principal)으로 본 장외통화옵션과 장외금리옵션의 규모는 각각 10.1조 달러와 49.3조 달러에 이르고 있다.

## 9.2 통화옵션시장

선물환이나 통화선물을 이용하면 장래 일정한 만기일의 환율을 고정시킬 수 있다. 따라서 환율이 불리하게 변동할 때 손실을 방지할 수 있지만, 환율이 유리하게 변동할 때 얻을 수 있는 이익을 포기해야만 한다. 한편 통화옵션을 이용하면 환율이 불리하게 변동할 때 손실을 한정시키고, 환율이 유리하게 변동할 때 이익을 얻을 수 있다. 통화옵션은 또 환율변동으로부터 이익을 얻으려는 투기적 전략으로 이용할 수 있다.

### 1. 통화옵션시장의 종류

통화옵션에는 거래소 옵션과 장외옵션이 있다. 거래소 통화옵션은 1982년에 PHLX에 처음 상장되었고, 장외통화옵션은 1981년부터 거래되기 시작하였다고 알려져 있다.

---

[5] Futures Industry Association, Annual Volume Survey, *Futures Industry*, (March 2011).

### (1) 거래소 통화옵션

거래소 통화옵션은 1982년 미국 PHLX(Philadelphia Stock Exchange)에 처음 상장되었는데, PHLX는 2008년에 NASDAQ에 의해 인수합병되었다. PHLX에는 현재 유로, 일본 엔, 영국 파운드, 스위스 프랑, 캐나다 달러, 호주 달러 등에 대한 유럽식 현물옵션이 거래되고 있다. 거래단위는 일본 엔의 100만 엔을 제외하고, 모두 1만 단위의 외국통화로 표준화되어 있다. 결제월은 3월, 6월, 9월, 12월과 최근월 2개월이다. 최종거래일은 결제월 제3금요일이고, 그 다음 날인 토요일에 결제가 이루어진다. 결제일의 정산은 미국 달러 현금결제로 이루어진다.

현재 거래소 통화옵션 가운데 거래가 가장 활발한 것은 CME에 상장된 통화선물옵션(currency options on futures), 즉 기초자산이 현물통화가 아니라 통화선물인 옵션이다. 현재 CME에는 43개 통화선물이 상장되어 있는데, 이들 대부분에 대한 선물옵션도 상장되어 있다. CME 통화선물옵션의 거래단위는 통화선물의 절반이고, 결제월과 결제일은 통화선물과 같다.

**표 9-1 세계 주요 통화옵션 거래소**

| Exchange | Volume traded (Number of contracts) | | Notional value (USD millions) | |
|---|---|---|---|---|
| | 2010 | 2009 | 2010 | 2009 |
| **AMERICAS** | | | | |
| BM&FBOVESPA [1] | 25 566 945 | 23 116 425 | 1 313 700 | 1 142 024 |
| BM&FBOVESPA (OTC) [2] | 752 349 | 357 381 | 38 193 | 16 736 |
| CME Group | 11 022 125 | 4 532 101 | 1 593 840 | 643 044 |
| ICE Futures U.S. | 22 248 | 55 822 | NA | NA |
| International Securities Exchange (ISE) | 268 161 | 339 496 | NA | NA |
| MexDer | 963 | 145 | 10 | 1 |
| Montréal Exchange | 17 705 | 29 902 | 111 714 | 263 291 |
| NASDAQ OMX PHLX | 581 739 | 1 225 835 | NA | NA |
| **Total region** | **38 232 235** | **29 657 107** | | |
| **ASIA - PACIFIC** | | | | |
| National Stock Exchange India [3] | 6 277 165 | 0 | 6 271 | 0 |
| **Total region** | **6 277 165** | **0** | | |
| **EUROPE - AFRICA - MIDDLE EAST** | | | | |
| Budapest SE | 29 750 | 224 205 | 39 | 312 |
| Johannesburg SE | 1 256 826 | 735 285 | NA | NA |
| NYSE Liffe (European markets) | 296 264 | 434 091 | 3 813 | 5 543 |
| RTS Exchange | 1 297 838 | 1 863 930 | 1 391 | 2 206 |
| Tel-Aviv SE | 8 409 596 | 8 141 347 | NA | NA |
| **Total region** | **11 290 274** | **11 398 858** | | |
| **Total** | **55 799 674** | **41 055 965** | | |

자료: WFE

그림 9-6 거래소 통화옵션시장의 성장

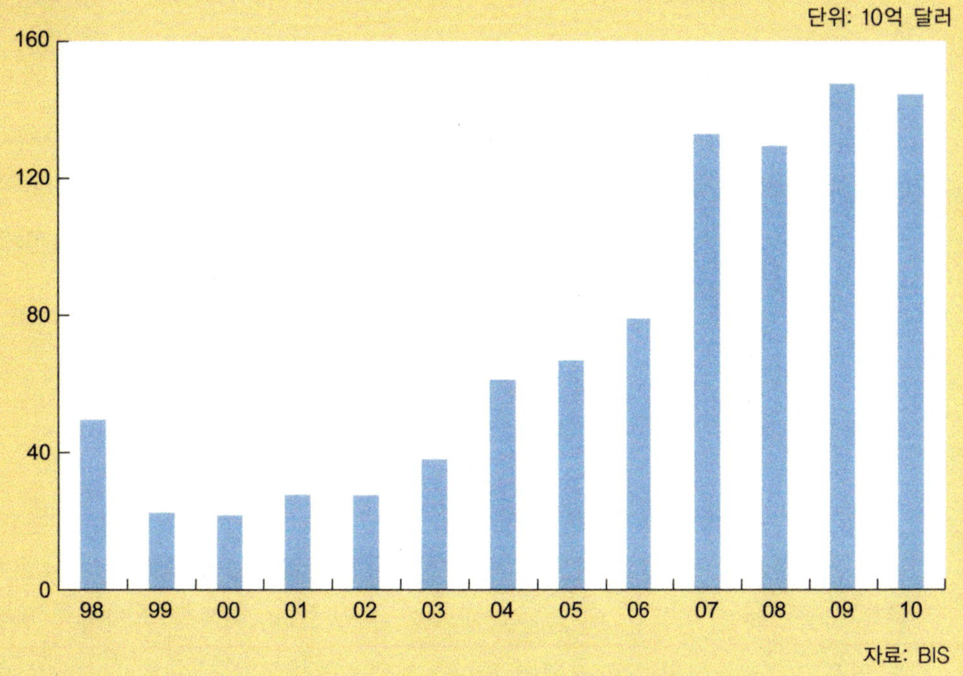


그림 9-7 장외 통화옵션시장의 성장

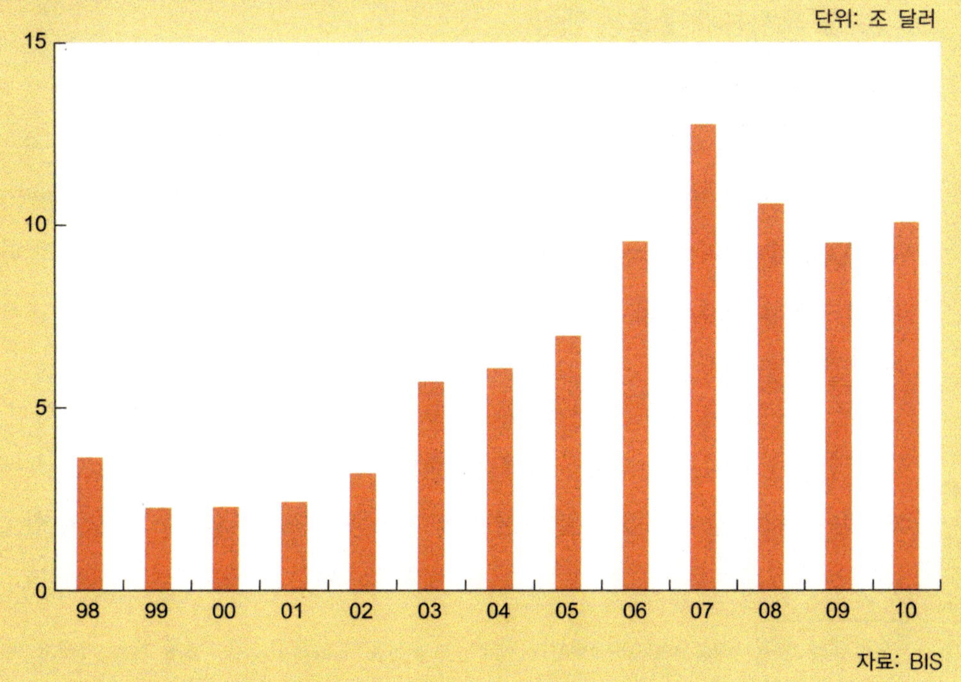

오늘날 CME 이외에 통화옵션 거래가 활발한 거래소는 브라질의 BM&FBOVESPA와 이스라엘의 Tel-Avis Stock Exchange이다.[6]

### (2) 장외통화옵션

국제결제은행(BIS)에 따르면, 2010년 말 명목원금(notional principal)으로 본 장외통화옵션시장의 규모는 10.1조 달러로 거래소 통화옵션시장 1,440억 달러의 70배가 넘는다. 따라서 이제부터 장외통화옵션을 중심으로 통화옵션의 이용과 전략을 설명하기로 한다.

## 2. 통화옵션의 이용

통화옵션은 환위험(foreign exchange risk)을 신축적으로 관리할 수 있는 수단을 제공한다. 전통적인 환위험 관리수단인 선물환이나 통화선물을 이용하면 환율이 불리하게 변동할 때 손실을 방지할 수 있으나, 환율이 유리하게 변동할 때 얻을 수 있는 이익을 포기해야 한다. 그러나 통화옵션을 이용하면 환율이 불리하게 변동할 때 손실을 한정시킬 수 있을 뿐만 아니라, 환율이 유리하게 변동하는 경우에도 이익을 얻을 수 있다.

### (1) 롱 포지션과 풋옵션 매입

이제 미국에 1달러의 상품을 90일 연불수출하여 롱 포지션을 보유하고 있는 한국 수출업자가 통화옵션을 이용하여 어떻게 환위험을 관리할 수 있는지 설명하여 보자. 지금 환율이 $S_0 = 1{,}000$원, 90일 선물환율이 $F_0 = 1{,}020$원, 행사가격 $K = 1{,}020$원인 미국 달러 풋옵션의 프리미엄이 $P = 20$원이라고 하자. 한편 90일 후의 환율을 $S_T$, 90일 후에 한국 수출업자가 확보하는 원화 수출대금을 $X_T$로 나타내기로 하자.

한국 수출업자는 롱 포지션을 보유하고 있으므로 환위험에 노출되어 있다. 이때 환위험을 헤지하기 위해 선물환을 매도하면 한국 수출업자가 90일 후에 확보하는 원화 수출대금은 90일 선물환율 1,020원으로 고정된다. 따라서 한국 수

[6] 우리나라 한국거래소(KRX)도 1999년 미국달러옵션을 도입하였으나, 현재 거의 거래가 이루어지지 않고 있다.

출업자는 환율이 하락하면 환위험을 헤지할 수 있지만, 환율이 상승하면 얻을 수 있는 이익의 기회를 포기해야 한다.

한국 수출업자가 환위험을 관리할 수 있는 다른 방법은 풋옵션을 매입하는 것이다. 예를 들어, 한국 수출업자가 행사가격 1,020원, 프리미엄이 20원인 미국 달러 풋옵션을 매입하였다고 하자. 이때 한국 수출업자가 90일 후에 확보하는 원화 수출대금 $X_T$는 얼마가 될까?

1. 만약 90일 후 환율이 행사가격보다 낮다면, 한국 수출업자는 풋옵션을 행사할 것이다. 이때 90일 후 한국 수출업자가 확보하는 수출대금은 풋옵션의 행사가격에서 옵션 프리미엄을 뺀 1,000원이 된다. 따라서 한국 수출업자는 최소 1,000원의 수출대금을 확보할 수 있다.

2. 한편 90일 후 환율이 행사가격보다 높다면, 한국 수출업자는 풋옵션의 행사를 포기할 것이다. 이때 90일 후에 한국 수출업자가 확보하는 수출대금은 90일 후 환율에서 옵션 프리미엄을 뺀 것과 같다. 따라서 90일 후 환율이 높을수록 더 많은 수출대금을 확보할 수 있다.

**그림 9-8 선물환 매도와 풋옵션 매입**

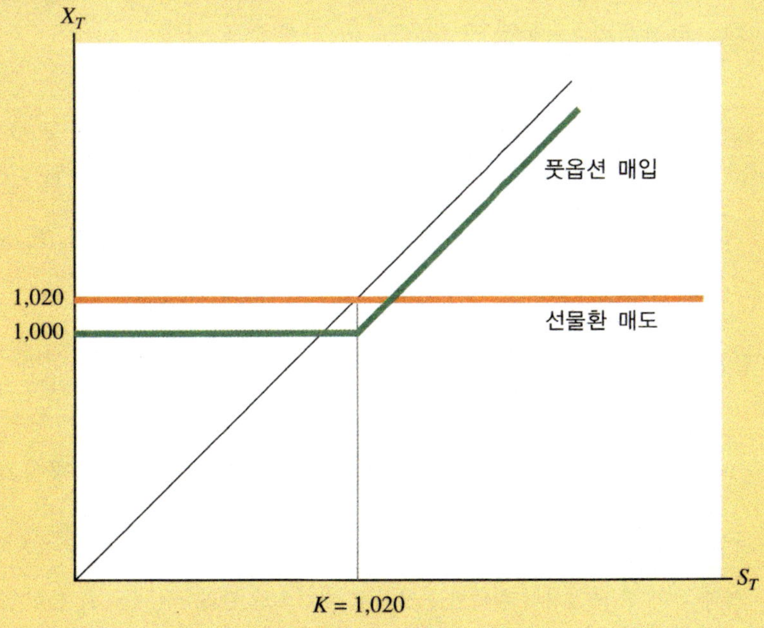

[그림 9-8]은 선물환 매도와 풋옵션 매입의 경우, 한국 수출업자가 90일 후에 확보하는 수출대금 $X_T$를 보여주고 있다. 선물환을 매도하면 수출대금은 1,020원으로 고정되므로, 환율이 하락하면 이익을 보지만 환율이 상승하면 손실을 본다. 한편 풋옵션을 매입하면, 최소 1,000원의 원화 수출대금을 확보할 수 있을 뿐만 아니라 환율이 상승하면 더 많은 수출대금을 확보할 수 있다.[7]

### (2) 롱 포지션과 제로-코스트 옵션

옵션매입자는 유리하면 옵션을 행사하고 불리하면 옵션의 행사를 포기할 수 있어, 옵션은 옵션매입자에게 매우 유리한 위험관리 수단이다. 그러나 옵션은 프리미엄이 매우 비싸다. 따라서 옵션의 비용을 줄이면서 위험을 관리하는 수단으로 등장한 것이 소위 제로-코스트 옵션(zero-cost option)이다.

이제 1달러의 상품을 90일 연불수출하여 롱 포지션을 보유한 한국 수출업자가 행사가격 $K_1 = 950$원인 풋옵션을 10원의 프리미엄으로 매입하면서, 동시에 행사가격 $K_2 = 1{,}050$원인 콜옵션을 10원의 프리미엄으로 매도하였다고 하자. 이때 한국 수출업자가 지불하는 풋옵션 프리미엄과 수취하는 콜옵션 프리미엄은 10원으로 동일하다. 따라서 풋옵션 매입과 콜옵션 매도의 순비용(net cost)은 제로이다.

이와 같은 제로-코스트 옵션을 이용하면, 한국 수출업자는 90일 후 확보하는 수출대금을 두 옵션의 행사가격인 $K_1 = 950$원과 $K_2 = 1{,}050$원의 범위(range) 내로 한정시킬 수 있다. [그림 9-9]가 이를 보여주고 있다.

**1.** 먼저 90일 후 환율이 $S_T < K_1$인 경우를 보자. 이때 한국 수출업자는 풋옵션을 행사할 것이다. 한편 콜옵션 매입자는 옵션의 행사를 포기할 것이다. 따라서 한국 수출업자가 확보하는 수출대금은 풋옵션의 행사가격인 950원이 된다.

**2.** 다음에 90일 후 현물환율이 $S_T > K_2$인 경우를 보자. 이때 한국 수출업자는 풋옵션의 행사를 포기하지만, 콜옵션 매입자는 옵션을 행사할 것이다. 따라서 한국 수출업자가 확보하는 수출대금은 콜옵션의 행사가격인 1,050원이

---

[7] 이와 같이 롱 포지션의 환위험을 풋옵션 매입으로 관리하는 전략을 흔히 보호적 풋(protective put)이라 부른다.

**그림 9-9 롱 포지션과 제로-코스트 옵션**

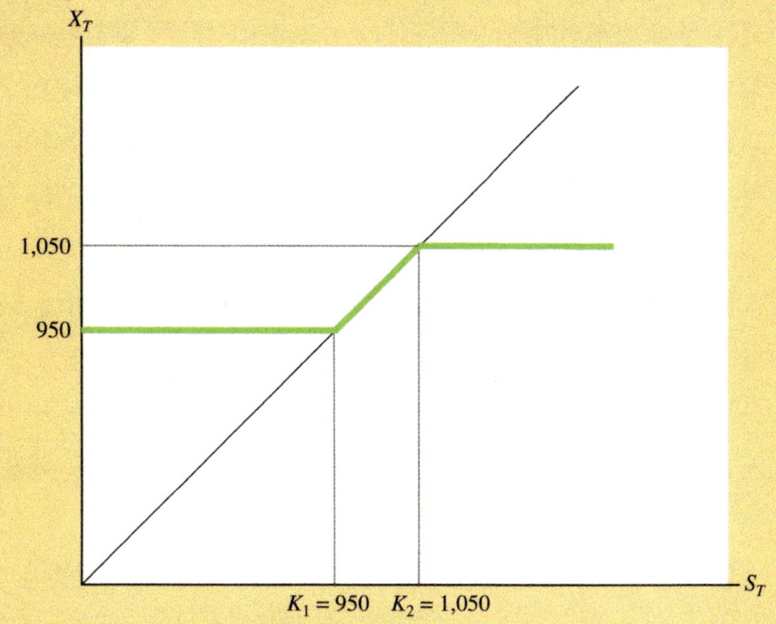


된다.

3. 마지막으로 90일 후 현물환율이 $K_1 < S_T < K_2$인 경우를 보자. 이때에는 한국 수출업자와 콜옵션 매입자 모두 옵션의 행사를 포기할 것이다. 따라서 한국 수출업자가 확보하는 수출대금은 90일 후 환율과 같아진다.

이와 같이 롱 포지션을 보유하고 있는 한국 수출업자가 낮은 행사가격의 풋옵션을 매입하고 동시에 높은 행사가격의 콜옵션을 매도하면서 두 프리미엄을 같게 하는 제로 코스트 통화옵션을 이용하면, 90일 후 확보하는 수출대금의 하한을 풋옵션의 행사가격인 950원, 그리고 상한을 콜옵션의 행사가격인 1,050원으로 확정해 놓을 수 있다. 제로 코스트 통화옵션은 흔히 레인지 선물환(range forward)이라 부르기도 한다.[8]

[8] 제로-코스트 옵션에서 $K_1$과 $K_2$의 범위를 좁혀가다가 $K_1 = K_2$가 되면, 제로-코스트 옵션은 선물환과 같아진다. 제로-코스트 옵션은 레인지 선물환 이외에도 칼러(collar) 또는 시린더(cylinder)라고 부르기도 한다.

### (3) 숏 포지션과 콜옵션 매입

이제 미국으로부터 1달러의 상품을 90일 연불수입하여 숏 포지션을 보유하고 있는 한국 수입업자가 통화옵션을 이용하여 어떻게 환위험을 관리할 수 있는지 보기로 하자. 지금 현물환율이 $S_0 = 1{,}000$원, 90일 선물환율이 $F_0 = 1{,}020$원, 그리고 행사가격 $K = 1{,}020$원인 미국 달러 콜옵션의 프리미엄이 $C = 20$원이라고 하자. 한편 90일 후의 환율은 $S_T$, 90일 후에 한국 수입업자가 부담하는 원화 수입대금은 $M_T$로 나타내기로 하자.

한국 수입업자는 숏 포지션을 보유하고 있으므로 환위험에 노출되어 있다. 이때 환위험을 헤지하기 위해 선물환을 매입하면, 한국 수입업자가 90일 후 부담하는 수입대금은 90일 선물환율인 1,020원으로 고정된다. 따라서 한국 수입업자는 환율이 상승하면 환위험을 헤지할 수 있지만, 환율이 하락하면 얻을 수 있는 이익의 기회를 포기해야 한다.

한국 수입업자가 환위험을 관리할 수 있는 또 하나의 방법은 콜옵션을 매입하는 것이다. 예를 들어, 한국 수입업자가 행사가격 1,020원, 프리미엄 20원인 미국달러 콜옵션을 매입하였다고 하자. 이때 90일 후 한국 수입업자가 부담하는

그림 9-10 **선물환 매입와 콜옵션 매입**

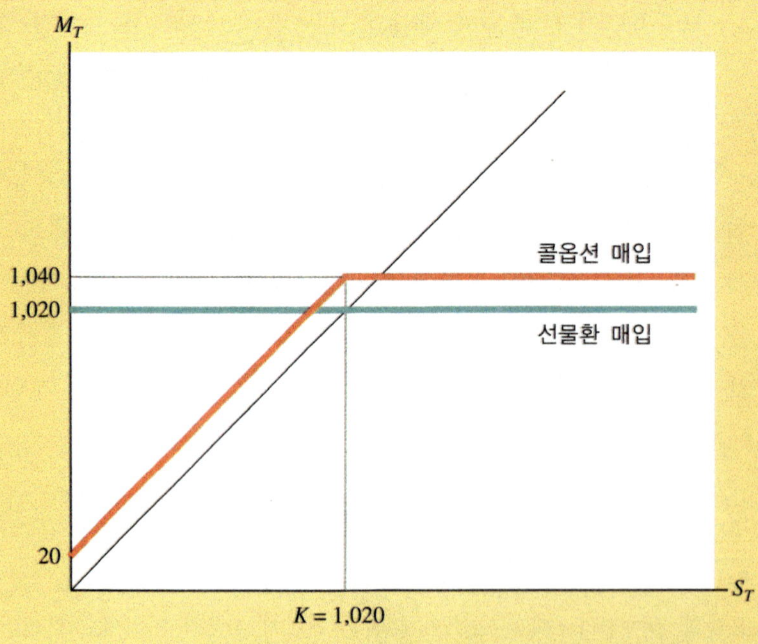

수입대금 $M_T$는 다음과 같다.

**1.** 먼저 90일 후 환율이 행사가격보다 높다면($S_T > K$), 한국 수입업자는 콜옵션을 행사한다. 이때 한국 수입업자가 부담하는 수입대금은 행사가격에 옵션 프리미엄을 더한 1,040원이 된다. 따라서 90일 후에 한국 수입업자는 수입대금으로 1,040원 이상은 부담하지 않는다.

**2.** 한편 90일 후에 환율이 행사가격보다 낮다면($S_T < K$), 한국 수입업자는 콜옵션의 행사를 포기할 것이다. 이때 한국 수입업자가 부담하는 수입대금은 90일 후 환율에 옵션 프리미엄을 더한 것과 같다. 따라서 한국 수입업자의 원화 수입대금은 환율이 하락할수록 작아진다.

[그림 9-10]은 선물환 매입과 콜옵션 매입의 경우, 한국 수입업자가 90일 후에 부담하는 수입대금을 보여주고 있다. 선물환을 매입하면 원화 수입대금은 1,020원으로 고정되므로, 환율이 상승하면 이익을 보지만 환율이 하락하면 손실을 본다. 한편 콜옵션을 매입하면, 한국 수입업자는 부담하는 수입대금을 최대 1,040원으로 한정시킬 수 있을 뿐만 아니라 환율이 하락하는 경우에는 더 낮은 수입대금을 부담하게 된다.[9]

### (4) 숏 포지션과 제로-코스트 옵션

롱 포지션의 경우와 마찬가지로 숏 포지션의 경우에도 제로-코스트 옵션을 이용할 수 있다. 지금 행사가격이 $K_1 = 950$원인 풋옵션의 프리미엄이 $P = 10$원, 행사가격 $K_2 = 1{,}050$원인 콜옵션의 프리미엄이 $C = 10$원이라고 하자.

이제 1달러의 상품을 90일 연불수입하여 숏 포지션을 보유한 한국 수입업자가 행사가격 $K_2 = 1{,}050$원인 콜옵션을 10원의 프리미엄으로 매입하면서 동시에 행사가격 $K_1 = 950$원인 풋옵션을 10원의 프리미엄으로 매도하였다고 하자. 이때 한국의 수입업자가 지불하는 콜옵션 프리미엄과 수취하는 풋옵션 프리미엄이 10원으로 동일하다. 따라서 콜옵션 매입과 풋옵션 매도의 순비용(net cost)은 제로이다.

이와 같은 제로-코스트 옵션으로 한편 한국의 수입업자가 부담하는 수입대금

---

[9] 이와 같이 숏 포지션의 환위험을 콜옵션 매입으로 관리하는 전략을 흔히 커버한 콜(covered call)이라 부른다.

은 [그림 9-11]에서 보는 바와 같이, 두 옵션의 행사가격 $K_1$ = 950원과 $K_2$ = 1,050원의 범위(range) 내에서 결정된다.

**1.** 먼저 90일 후 현물환율이 $S_T > K_2$인 경우를 보자. 이때 한국 수입업자는 콜옵션을 행사하지만, 풋옵션 매입자는 옵션의 행사를 포기할 것이다. 따라서 한국 수입업자가 부담하는 원화 수입대금은 콜옵션의 행사가격인 1,050원이 된다.

**2.** 다음에 90일 후 현물환율이 $S_T < K_1$인 경우를 보자. 이때에는 한국 수입업자는 콜옵션의 행사를 포기하지만, 풋옵션 매입자는 옵션을 행사할 것이다. 따라서 한국 수입업자가 부담하는 원화 수입대금은 풋옵션 행사가격인 950원이 된다.

**3.** 마지막으로 90일 후 현물환율이 $K_1 < S_T < K_2$인 경우를 보자. 이때에는 한국 수입업자와 풋옵션 매입자는 모두 옵션의 행사를 포기할 것이다. 따라서 한국의 수입업자가 부담하는 원화 수입대금은 90일 후의 현물환율과 같아진다.

**그림 9-11** **숏 포지션과 제로-코스트 옵션**

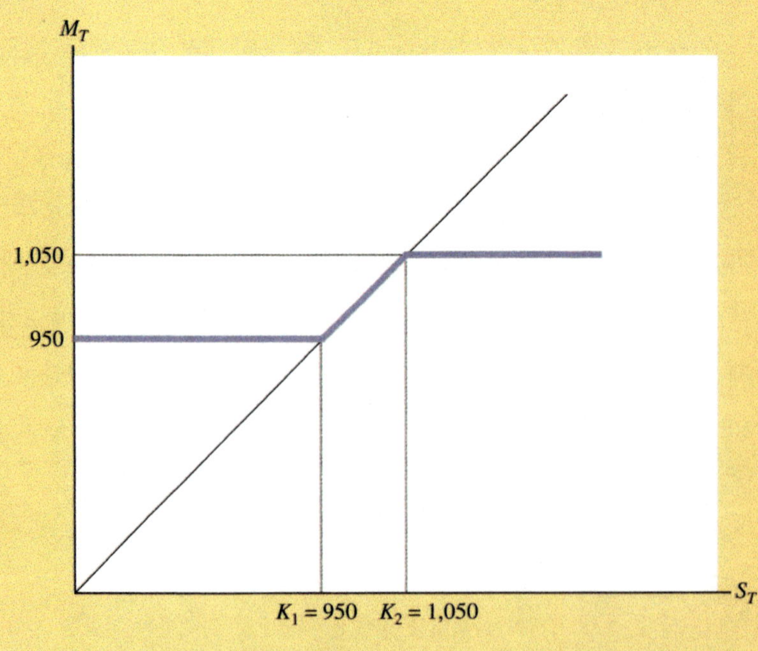

이와 같이 숏 포지션을 보유하고 있는 한국 수입업자가 동시에 높은 행사가격의 콜옵션을 매입하고 낮은 행사가격의 풋옵션을 매도하면서 두 프리미엄을 같게 하는 제로 코스트 통화옵션을 이용하면, 90일 후 부담하는 수입대금의 하한을 풋옵션의 행사가격인 950원 그리고 상한을 콜옵션의 행사가격인 1,050원으로 확정해 놓을 수 있다.

### (5) 베리어 옵션과 키코(KIKO)

지금까지 풋옵션과 콜옵션을 이용하여 환위험을 어떻게 관리할 수 있는지 설명하였다. 그런데 옵션을 이용한 환위험 관리는 비용, 즉 옵션 프리미엄이 매우 높다는 단점을 가지고 있다. 이에 따라 지금까지 본 표준적인 옵션(vanilla option)보다 옵션 프리미엄이 낮도록 계약조건을 변형한 여러 이색옵션(exotic option)이 도입되었는데, 오늘날 널리 이용되고 있는 이색옵션의 하나로 베리어 옵션(barrier option)이 있다. 베리어 옵션에는 행사가격 $K$와 함께 베리어 가격(barrier price) $B$가 있다.

베리어 옵션은 킥-아웃(kick-out) 옵션과 킥-인(kick-in) 옵션으로 나눌 수 있다. 킥-아웃 옵션은 만기 동안 환율이 베리어 가격을 터치하면 옵션이 무효가 되는 계약을 말한다. 이때 베리어 가격이 행사가격보다 낮으면 다운-아웃(down and out), 베리어 가격이 행사가격보다 높으면 업-아웃(up and out) 옵션이라고 한다. 한편 킥-인 옵션은 만기 동안 환율이 베리어 가격을 터치하면 옵션이 효력을 발생하는 계약을 말한다. 이때 베리어 가격이 행사가격보다 낮으면 다운-인(down and in), 베리어 가격이 행사가격보다 높으면 업-인(up and in) 옵션이라고 한다.

이와 같이 베리어 옵션은 계약이 무효가 되거나, 계약이 효력을 발생하지 않을 수 있다. 따라서 베리어 옵션의 프리미엄은 표준적인 옵션의 프리미엄보다 낮다. 2007년-2009년 글로벌 금융위기 이후 우리나라 여러 중소 수출기업에게 막대한 손실을 입힌 키코(kick-in kick-out: KIKO)는 베리어 옵션의 하나인데, 그 중요 특징은 다음 세 가지로 요약할 수 있다.

**1.** 키코는 "다운-아웃 베리어 풋옵션 매입"과 "업-인 베리어 콜옵션 매도"를 결합한 상품이다.

**2.** 키코는 지급하는 풋옵션 프리미엄과 수취하는 콜옵션 프리미엄이 같은 제

로-코스트 옵션이다.

**3.** 키코에서 콜옵션의 약정금액은 풋옵션 약정금액의 2배 이상이다.[10]

이제 미국에 1달러의 상품을 90일 연불수출한 한국 수출업자를 예로 들어 전형적인 키코를 설명하여 보자. 한국 수출업자는 수출과 동시에 (1) 만기 90일, 행사가격 $K = 950$원, 베리어 가격 $B_1 = 890$원, 약정금액 1달러의 "다운-아웃 베리어 풋옵션"을 매입하고, (2) 만기 90일, 행사가격 $K = 950$원, 베리어 가격 $B_2 = 990$원, 약정금액 2달러의 "업-인 베리어 콜옵션"을 매도한다. 이때 약정금액 1달러에 대해 지불하는 풋옵션 프리미엄과 약정금액 2달러에 대해 수취하는 콜옵션 프리미엄은 같다.

이 키코를 매입한 한국 수출업자가 만기일에 확보하는 원화 수출대금 $X_T$는 만기 중의 환율 경로에 따라 달라진다. 먼저 만기 동안 환율이 890원과 990원, 즉 두 베리어 가격 사이인 $B_1 < S_t < B_2$에서 변동하였다고 하자. 이 경우는 한국 수출업자가 행사가격 $K = 950$원, 옵션 프리미엄 $P = 0$인 풋옵션을 매입한 것과 같다. 따라서 환율이 하락할 때 환위험을 헤지할 수 있을 뿐만 아니라, 환율이 상승할 때 이익을 얻을 수 있다.

예를 들어, 만기일의 환율이 900원으로 풋옵션의 행사가격 950원보다 낮다고 하자. 이때 한국 수출업자는 풋옵션을 행사하여 원화 수출대금으로 950원을 확보할 수 있다. 따라서 환위험이 헤지된다. 한편 만기일의 환율이 980원으로 풋옵션의 행사가격 950원보다 높다고 하자. 이때 한국 수출업자는 풋옵션의 행사를 포기하고, 원화 수출대금으로 만기일의 환율 980원을 확보할 수 있다. 즉 환율이 상승할 때 이익을 얻을 수 있다.

키코의 위험은 만기 중 (1) 환율이 풋옵션 베리어 가격인 890원을 하회하거나 ($S_t \leq B_1$), 또는 (2) 환율이 콜옵션 베리어 가격인 990원을 상회할 때($S_t \geq B_2$) 발생한다. 먼저 환율이 만기 중 890원을 터치하였다고 하자. 이때 다운-아웃 풋옵션은 무효가 되고, 한국 수출업자는 환위험에 그대로 노출된다. 따라서 환율이 하락하면 한국 수출업자는 큰 손실을 입을 수 있다. 예를 들어, 만기일에 환율이 850원으로 하락하면, 한국 수출업자가 만기일에 확보할 수 있는 원화

---

[10] 이와 같이 매도하는 콜옵션의 약정금액을 매입하는 풋옵션의 약정금액보다 높게 결정하는 것은 콜옵션 프리미엄의 수취가 많을수록 풋옵션의 행사가격을 높일 수 있기 때문이다. 풋옵션의 행사가격이 높을수록 롱 포지션 헤지의 효과는 크다.

수출대금은 850원에 불과하게 된다.

다음에 만기 중 환율이 $B_2$ = 990원을 터치하면, 업-인 콜옵션이 발효된다. 따라서 만기일에 콜옵션 매입자가 옵션을 행사하면, 한국 수출업자는 2달러를 행사가격 950원에 매도해야 한다. 이 중 1달러는 미국 수입업자로부터 수취하는 수출대금으로 조달할 수 있지만, 1달러는 외환시장에서 매입해야 한다. 예를 들어, 만기일의 환율이 1,300원이라면, 한국 수출업자가 확보하는 원화 수출대금은 1달러를 매도한 950원에서 1,300원에 매입한 1달러를 950원에 매도하여 입은 손실 350원을 뺀 600원이 된다.

지금까지 설명한 키코를 매입한 한국 수출업자가 만기일에 확보하는 원화 수출대금 $X_T$는 [그림 9-12]와 같이 그릴 수 있다.[11] 만기 동안 환율이 두 베리어 가격인 $B_1$과 $B_2$ 사이에서 변동하면, 롱 포지션을 보유한 한국 수출업자의 환위

그림 9-12 **키코의 결과**

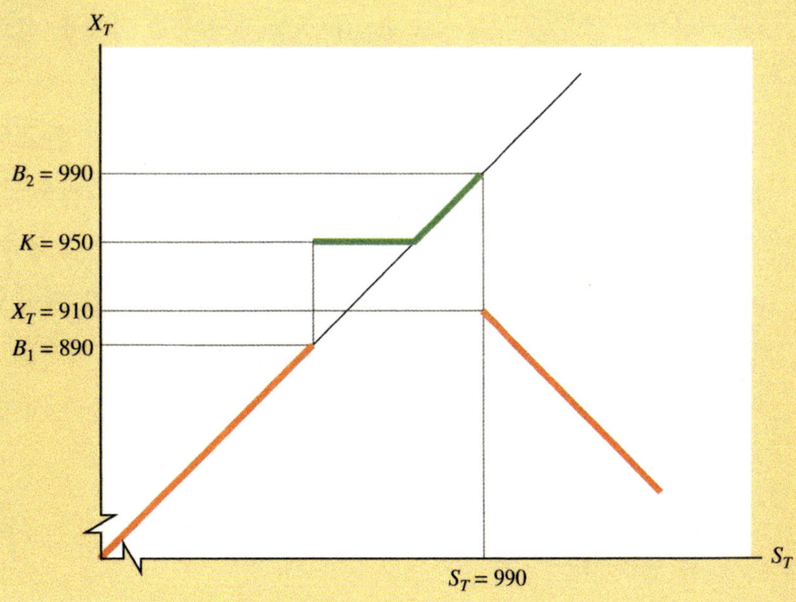


[11] 그림에서 만기 중 환율이 $B_1$을 터치하면, 만기일까지 환율이 $B_1$보다 낮은 수준에서 변동한다고 가정하고 있다. 또 만기 중 환율이 $B_2$를 터치하면, 만기일까지 환율이 $B_2$보다 높은 수준에서 변동한다고 가정하고 있다. 만기 중 환율이 $B_2$를 터치하면, $X_T = [K - (S_T - K)] = [2K - S_T]$가 된다. 따라서 $S_T$ = 990원이라면, $X_T$ = [(2 × 950) − 990] = 910원, 그리고 $S_T$ = 1,300원이라면, $X_T$ = [(2 × 950) − 1,300] = 600원이 된다.

험은 헤지된다. 그러나 만기중 환율이 크게 변동하여 $B_1$을 하회하거나 또는 $B_2$를 상회하면, 한국 수출업자는 큰 손실을 보게 된다. 키코의 재앙은 글로벌 금융위기로 환율이 2008년 1월 950원 수준에서 2009년 3월에는 1,600원까지 폭등하였기 때문에 발생하였다.

헤지란 불확실성을 회피하기 위한 거래이고, 환위험 헤지의 목적은 환율변동으로 볼지도 모를 손실을 관리하는 데 있다. 키코처럼 환율이 한국 수출업자에게 유리하게 변동할 때 오히려 손실이 눈덩이처럼 증가하는 상품은 결코 환위험을 헤지하기 위한 상품이라고 말할 수 없다.

## 3. 통화옵션의 전략

지금까지 롱 포지션이나 숏 포지션을 보유하고 있을 때, 통화옵션을 이용하여 환위험을 어떻게 관리할 수 있는지 공부하였다. 이제부터는 환포지션을 보유하지 않으면서 통화옵션을 이용하여 이익을 얻으려는 투기 전략을 설명하여 보기로 한다. 통화옵션의 전략은 환율의 방향성(direction)을 예상하여 이익을 얻으려는 전략과 환율의 변동성(volatility)을 예상하여 이익을 얻으려는 전략으로 나눌 수 있다.

환율의 방향성을 예상하여 이익을 얻으려는 전략에는 환율상승을 예상하는 불 스프레드(bull spread)와 환율하락을 예상하는 베어 스프레드(bear spread)가 있다. 이들은 행사가격이 다른 두 콜 옵션이나 두 풋 옵션을 동시에 매입하고 매도하는 전략을 말한다. 한편 환율의 변동성에 대한 예상으로부터 이익을 얻으려는 전략에는 롱 스트레들(long straddle)과 숏 스트레들(short straddle)이 있다. 이들은 행사가격이 동일한 콜 옵션과 풋 옵션을 동시에 매입하거나 또는 매도하는 전략을 말한다.

### (1) 불 스프레드

콜옵션을 이용한 불 스프레드(bull call spread) 전략은 환율의 상승을 예상하고, 만기가 동일한 낮은 행사가격의 콜옵션을 매입하면서 동시에 높은 행사가격의 콜옵션을 매도하는 전략을 말한다. 지금 행사가격이 $K_1$ = 950원인 콜옵션의 프리미엄이 $C_1$ = 30원 그리고 행사가격이 $K_2$ = 1,050원인 콜옵션의 프리미엄이 $C_2$ = 10원이라고 하자.

$$\text{Bull Call Spread} = \text{Long Call}(K_1) + \text{Short Call}(K_2)$$

이때 투자자 A가 행사가격 $K_1 = 950$원인 콜옵션을 매입하면서, 동시에 투자자 B에게 행사가격 $K_2 = 1{,}050$원인 콜옵션을 매도하였다고 하자. 이제 (1) $S_T < K_1$인 경우, (2) $K_1 < S_T < K_2$인 경우, (3) $S_T > K_2$인 세 경우로 나누어 투자자 A의 손익을 설명하여 보자.

**1.** 먼저 $S_T < K_1$인 경우, 투자자 A와 B는 모두 옵션의 행사를 포기할 것이다. 이때 투자자 A의 손실은 매입한 콜옵션의 프리미엄 30원에서 매도한 콜옵션의 프리미엄 10원을 뺀 $[C_2 - C_1] = -20$원이 된다.

**2.** 다음에 $K_1 < S_T < K_2$인 경우, 투자자 A는 옵션을 행사하지만, 투자자 B는 옵션의 행사를 포기할 것이다. 이때 투자자 A의 손익은 매입 콜옵션의 이익 $[S_T - (K_1 + C_1)]$에 매도 콜옵션의 프리미엄 $C_2$을 더한 $[(S_T - K_1) + (C_2 - C_1)]$이 된다.

**3.** 마지막으로 $S_T > K_2$인 경우, 투자자 A와 B가 모두 옵션을 행사할 것이다. 이때 투자자 A의 손익은 매입 콜옵션의 이익$[S_T - (K_1 + C_1)]$에서 매도 콜옵션의 이익 $[S_T - (K_2 + C_2)]$을 뺀 $[(K_2 - K_1) + (C_2 - C_1)]$가 된다.

**그림 9-13 콜옵션을 이용한 불 스프레드 전략**

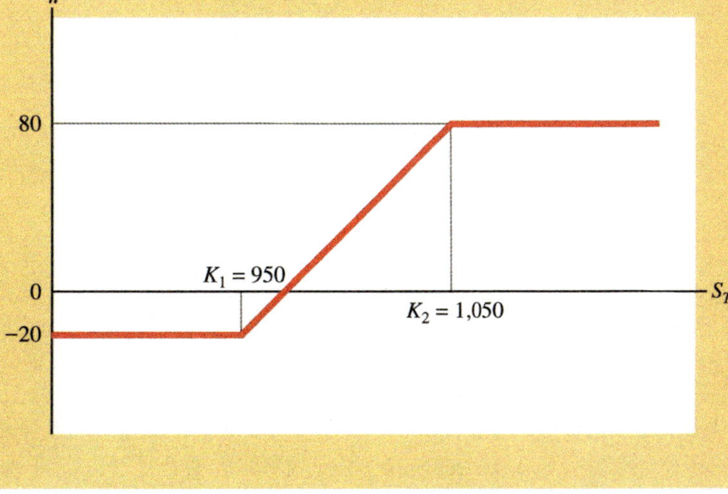

[그림 9-13]에서 보는 바와 같이, 콜옵션을 이용한 불 스프레드 전략은 환율이 상승할 때 이익을 본다. 이 전략의 손익분기 환율은 $[K_1 + (C_1 - C_2)] = 970$원, 최대 이익은 $[(K_2 - K_1) + (C_2 - C_1)] = 80$원이다. 그러나 투자자의 예상이 어긋나 환율이 손익분기 환율 아래로 하락하면 손실을 보게 되지만, 이때 최대 손실은 $[C_2 - C_1] = -20$원으로 한정된다.[12]

### (2) 베어 스프레드

풋옵션을 이용한 베어 스프레드(bear put spread)는 환율의 하락을 예상하고, 만기가 동일한 높은 행사가격($K_2$)의 풋옵션을 매입하면서 동시에 낮은 행사가격($K_1$)의 풋옵션을 매도하는 전략을 말한다. 지금 행사가격이 $K_1 = 950$원인 풋옵션의 프리미엄이 $P_1 = 10$원 그리고 행사가격이 $K_2 = 1{,}050$원인 풋옵션의 프리미엄이 $P_2 = 30$원이라고 하자.

$$\text{Bear Put Spread} = \text{Long Put}(K_2) + \text{Short Put}(K_1)$$

이제 투자자 A가 행사가격 $K_2 = 1{,}050$원인 풋옵션을 매입하면서 동시에 투자

**그림 9-14 풋옵션을 이용한 베어 스프레드 전략**

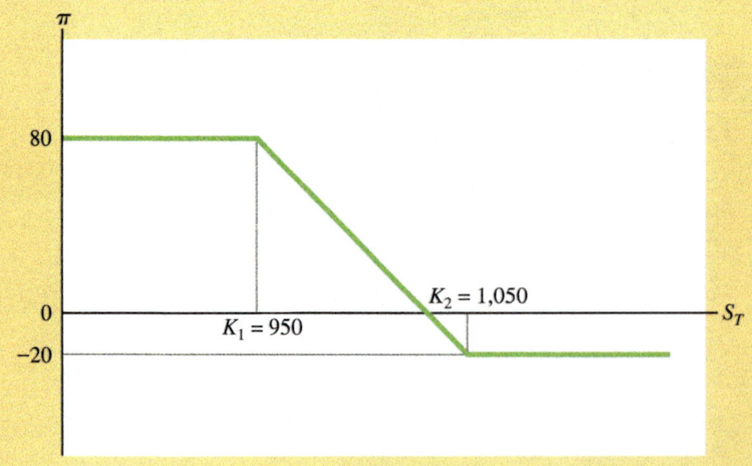


[12] 환율의 상승을 예상하고 이익을 얻으려는 불 스프레드 전략은 여기서 설명한 콜옵션뿐만 아니라 풋옵션을 이용하여 행할 수도 있다. 즉 만기가 동일한 낮은 행사가격($K_1$)의 풋옵션을 매입하면서 동시에 높은 행사가격($K_2$)의 풋옵션을 매도하면, 환율이 상승할 때 이익을 본다.

자 B에게 행사가격 $K_1 = 950$원인 풋옵션을 매도하였다고 하자. 이때 투자자 A의 만기의 손익은 [그림 9-14]와 같이 그릴 수 있다. 이제 만기의 환율이 (1) $S_T > K_2$인 경우, (2) $K_1 < S_T < K_2$인 경우, 그리고 (3) $S_T < K_1$인 세 경우로 나누어 투자자 A의 손익을 설명하여 보자.

1. 먼저 $S_T > K_2$인 경우, 투자자 A와 B는 모두 옵션의 행사를 포기할 것이다. 이때 투자자 A의 손실은 매입 풋옵션의 프리미엄에서 매도 풋옵션의 프리미엄을 뺀 $[P_2 - P_1] = 20$원이 된다.
2. 다음에 $K_1 < S_T < K_2$인 경우, 투자자 A는 옵션을 행사하지만 투자자 B는 옵션의 행사를 포기할 것이다. 이때 투자자 A의 손익은 매입 풋옵션의 손익 $[(K_2 - P_2) - S_T]$에다 매도 풋옵션의 프리미엄 $P_1$를 더한 $[(K_2 - S_T) - (P_2 - P_1)]$와 같다.
3. 마지막으로 $S_T < K_1$인 경우, 투자자 A와 B는 모두 옵션의 행사할 것이다. 이때 투자자 A의 손익은 매입 풋옵션의 손익 $[(K_2 - P_2) - S_T]$에서 매도 풋옵션의 손익 $[(K_1 - P_1) - S_T]$을 뺀 $[(K_2 - K_1) - (P_2 - P_1)]$과 같다.

이와 같이 풋옵션을 이용한 베어 스프레드 전략은 환율이 하락할 때 이익을 보는데, 손익분기(break-even) 환율은 $[K_2 - (P_2 - P_1)] = 1{,}030$원, 최대이익은 $[(K_2 - K_1) - (P_2 - P_1)] = 80$원이 된다. 그러나 투자자의 예상이 어긋나 환율이 손익분기 환율 이상으로 상승하면 손실을 보게 되는데, 이때 최대 손실은 $[P_2 - P_1] = 20$원으로 한정된다.[13]

### (3) 롱 스트레들

롱 스트레들(long straddle) 전략은 환율의 변동성(volatility)이 높아질 것을 예상하고, 동일한 행사가격의 콜 옵션과 풋 옵션을 동시에 매입하여 이익을 얻으려는 전략을 말한다. 이제 행사가격이 $K = 1{,}000$원으로 동일한 콜옵션과 풋옵션의 프리미엄이 각각 $C = 20$원과 $P = 15$원이라고 하자.

$$\text{Long Straddle} = \text{Long Call}(K) + \text{Long Put}(K)$$

[13] 환율의 하락을 예상하고 이익을 얻으려는 베어 스프레드 전략은 풋옵션뿐만 아니라 콜옵션을 이용하여 행할 수도 있다. 즉 만기가 동일한 높은 행사가격($K_2$)의 콜옵션을 매입하면서 동시에 낮은 행사가격($K_1$)의 콜옵션을 매도하면 환율이 하락할 때 이익을 본다.

이와 같이 콜옵션과 풋옵션을 동시에 매입한 투자자 A의 만기의 손익은 [그림 9-15]와 같이 그릴 수 있다.

1. 먼저 $S_T = K$인 경우, 투자자 A는 콜옵션과 풋옵션의 행사를 모두 포기할 것이다. 이때 투자자 A의 손실은 두 옵션 프리미엄의 합인 $(C + P) = 35$원이 되는데, 이는 롱 스트레들 전략의 최대손실이다.
2. 다음에 $S_T > K$인 경우, 투자자 A는 콜옵션을 행사하지만 풋옵션의 행사는 포기할 것이다. 이때 투자자 A의 손익은 콜옵션의 이익 $[S_T - (K + C)]$에서 풋옵션의 프리미엄 $P$를 뺀 $[(S_T - K) - (C + P)]$가 된다.
3. 마지막으로 $S_T < K$인 경우, 투자자 A는 풋옵션은 행사하고, 콜옵션은 행사를 포기할 것이다. 따라서 투자자 A의 손익은 풋옵션의 이익 $[(K - P) - S_T]$에서 콜옵션의 프리미엄 $C$를 뺀 $[(K - S_T) - (C + P)]$와 같다.

[그림 9-15]에서 보는 바와 같이, 롱 스트레들은 환율이 행사가격을 중심으로 크게 상승하거나 또는 하락하면, 즉 환율의 변동성이 높아지면 이익을 볼 수 있는 전략이다. 이 전략의 손익분기(break-even) 환율은 $K \pm [C + P]$, 즉 965원과 1,035원이므로, 투자자 A는 만기의 환율이 두 손익분기 환율 사이에 있을 때

그림 9-15 **롱 스트레들 전략의 손익**

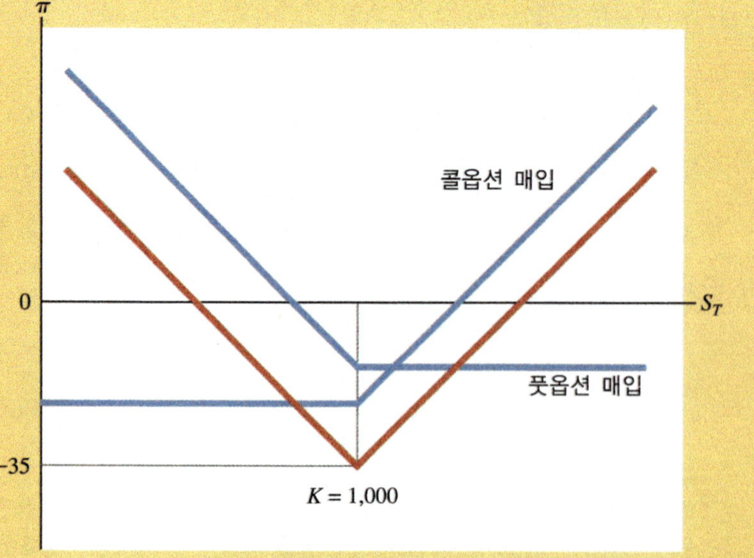

손실을 본다. 그러나 이때 최대손실은 두 옵션 프리미엄의 합인 $(C + P) = 35$원으로 한정된다.

### (4) 숏 스트레들

숏 스트레들(short straddle)은 환율의 변동성(volatility)이 낮아질 것을 예상하고 동일한 만기와 행사가격의 콜 옵션과 풋 옵션을 동시에 매도하여 이익을 얻으려는 전략을 말한다. 지금 행사가격이 $K = 1{,}000$원인 콜옵션과 풋옵션의 프리미엄이 각각 $C = 20$원과 $P = 15$원이라고 하자.

$$\text{Short Straddle} = \text{Short Call}(K) + \text{Short Put}(K)$$

이와 같이 투자자 A가 투자자 B에게 콜옵션과 풋옵션을 동시에 매도하였다면, 투자자 A의 만기의 손익은 [그림 9-16]과 같이 그릴 수 있다.

**1.** 먼저 $S_T = K$인 경우, 투자자 B는 콜옵션과 풋옵션의 행사를 모두 포기할 것이다. 따라서 투자자 A의 이익은 두 옵션 프리미엄의 합인 $(C + P) = 35$원이 되는데, 이는 숏 스트레들 전략의 최대이익이 된다.

**2.** 다음에 $S_T > K$인 경우, 투자자 B는 콜옵션은 행사하고, 풋옵션은 행사를 포

그림 9-16 **숏 스트레들 전략의 손익**

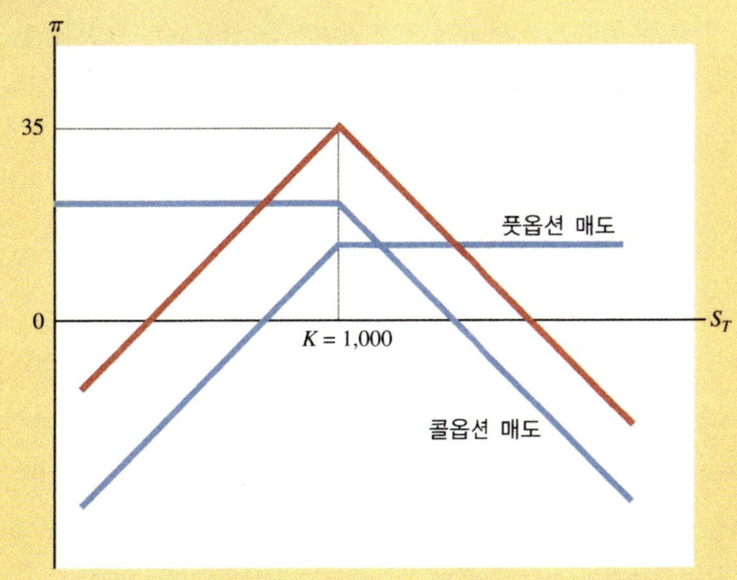

기할 것이다. 따라서 투자자 A의 손익은 풋옵션의 프리미엄 $P$에서 콜옵션의 이익 $[S_T - (K + C)]$를 뺀 $[(C + P) - (S_T - K)]$와 같다.

3. 마지막으로 $S_T < K$인 경우, 투자자 B는 풋옵션은 행사하고, 콜옵션은 행사를 포기할 것이다. 따라서 투자자 A의 손익은 콜옵션의 프리미엄 $C$에서 풋옵션의 이익 $[(K - P) - S_T]$를 뺀 $[(C + P) + (S_T - K)]$와 같다.

[그림 9-16]에서 보는 바와 같이, 숏 스트레들은 환율이 행사가격을 중심으로 크게 변동하지 않을 때, 즉 환율의 변동성이 낮으면 이익을 보는 전략이다. 이 전략의 손익분기(break-even) 환율은 $K \pm [C + P]$, 즉 965원과 1,035원인데, 만기의 환율이 두 손익분기 환율 사이에 있으면 투자자 A는 이익을 보는데, 이때 최대이익은 두 옵션 프리미엄의 합인 $(C + P) = 35$원으로 한정된다. 그러나 만약 만기의 환율이 두 손익분기 환율로부터 좌우로 크게 변동하면, 투자자 A의 손실은 매우 커질 수 있다.

## 4. 통화옵션의 프리미엄

앞 절에서 본 바와 같이, 콜옵션의 프리미엄은 내재가치와 시간가치로 구분할 수 있다.

$$C = Max[(S - K), 0)] + TV(\sigma, T)$$

따라서 통화옵션의 콜옵션 프리미엄을 결정하는 요인은 현물환율($S$), 행사가격($K$), 환율의 변동성($\sigma$), 그리고 만기($T$)임을 알 수 있다. 그러면 실제로 통화옵션의 콜옵션 프리미엄은 어떻게 구할 수 있겠는가?

### (1) 통화옵션의 BSGK 모델

옵션 프리미엄의 결정을 이론적으로 처음 체계화한 것은 1973년 블랙(Fisher Black)과 숄즈(Myron Scholes)에 의해서이다. 배당을 지급하지 않는 주식을 대상으로 한 블랙-숄즈 모델은 10년 뒤 가멘(Mark Garmen)과 콜헤이건(Steven Kohlhagen)에 의해 통화옵션에 적용되었는데, 이를 흔히 BSGK 모델이라 부른다. 이 모델은 고급의 수학을 이용하고 있어 일반독자들은 이해하기가 매우 어렵다.

한편 주가가 이항과정에 따라 상승 또는 하락한다고 가정하는 이항모델(binomial model)에 의한 주식옵션의 프리미엄 결정 이론은 1979년 콕스(John Cox) 등에 의해 일반화되었다. 한편 이항모델을 통화옵션에 처음 적용한 것은 1983년 그랩(Orlin Grabbe)에 의해서이다. 이항모델에 의한 통화옵션 프리미엄 결정이론은 BSGK 모델에 비해 이해하기가 훨씬 용이하다. 여기서는 BSGK 모델의 결과만을 소개하기로 하고, 이항모델에 의한 통화옵션 가격결정 이론은 제4절에서 설명하기로 한다.

BSGK 모델은 (1) 환율이 연속적으로 변화하며, (2) 환율의 변동률이 로그정규분포를 가지고 있고, (3) 거래비용과 유동성 제약이 없으며, (4) 환율의 변동성이 일정하다는 등 일련의 가정 아래 통화옵션의 가격 결정 원리를 설명하였다. BSGK 모델에서 콜옵션의 프리미엄을 구하는 공식은 다음과 같다.

$$C = N(d_1)\,Se^{-i^*t} - N(d_2)\,Ke^{-it} \tag{1}$$

$$d_1 = \frac{\ln(S/K) + (i - i^* + \sigma^2/2)\,t}{\sigma\sqrt{t}}$$

$$d_2 = d_1 - \sigma\sqrt{t}$$

위에서 $i$와 $i^*$는 각각 자국과 외국의 이자율, $N(d)$는 누적표준정규분포, $\sigma$는 환율의 연간 변동성(annualized volatility)을 나타낸다. 그리고 $t$는 연수(number of years)로 나타낸 만기이다. 따라서 예를 들어, $t = 0.25$는 만기가 3개월, $t = 0.5$는 만기가 6개월임을 나타낸다.

이제 $S = K = 1{,}000$, $t = 1$, $i = 8\% = 0.08$, $i^* = 4\% = 0.04$, $\sigma = 10\% = 0.10$라고 가정하고, 식 (1)에 따라 통화옵션의 콜옵션 프리미엄을 구해 보자. 먼저 다음과 같이 $d_1$과 $d_2$의 값을 구한다.

$$d_1 = \frac{\ln(1{,}000/1{,}000) + (0.08 - 0.04 + 0.005)1}{0.1\sqrt{1}} = 0.45$$

$$d_2 = 0.45 - 0.1\sqrt{1} = 0.35$$

다음에 누적표준정규분포표로부터 $N(d_1)$과 $N(d_2)$의 값을 구한다.

$$N(0.45) = 0.673645, \quad N(0.35) = 0.636831$$

마지막으로, $e^{-i^*t} = e^{-0.04\times 1} = 0.9608$이고, $e^{-it} = e^{-0.08\times 1} = 0.9231$이므로, 지금까지 구한 값을 식 (1)에 대입하면 다음과 같이 통화옵션의 콜옵션 프리미엄을 $C = 59.38$원으로 구할 수 있다.

$$C = [0.673645 \times 0.9608]1,000 - [0.636831 \times 0.9231]1000 = 59.38$$

식 (1)에서 보는 바와 같이, 통화옵션의 콜옵션 프리미엄은 (1) 현재의 환율 $S$, (2) 행사가격 $K$, (3) 자국의 이자율 $i$, (4) 외국의 이자율 $i^*$, (5) 만기 $t$, 그리고 (6) 환율의 변동성 $\sigma$ 등 여섯 요인의 함수이다. 그런데 이 가운데 현재의 환율과 두 통화의 이자율은 시장에서 주어진 변수들이다. 따라서 환율의 변동성만 주어지면, 행사가격과 만기에 따라 각기 다른 콜옵션 프리미엄이 결정된다는 것을 알 수 있다. 그러면 환율의 변동성 $\sigma$은 무엇을 말하며, 이는 어떻게 구할 수 있는가?

### (2) 환율의 변동성

환율의 변동성이란 간단히 말하면, 환율 변동률의 표준편차를 연율로 나타낸 것을 말한다. 환율의 변동성에는 과거의 자료로부터 구하는 역사적 변동성

그림 9-17 환율 변동성과 환율의 분포

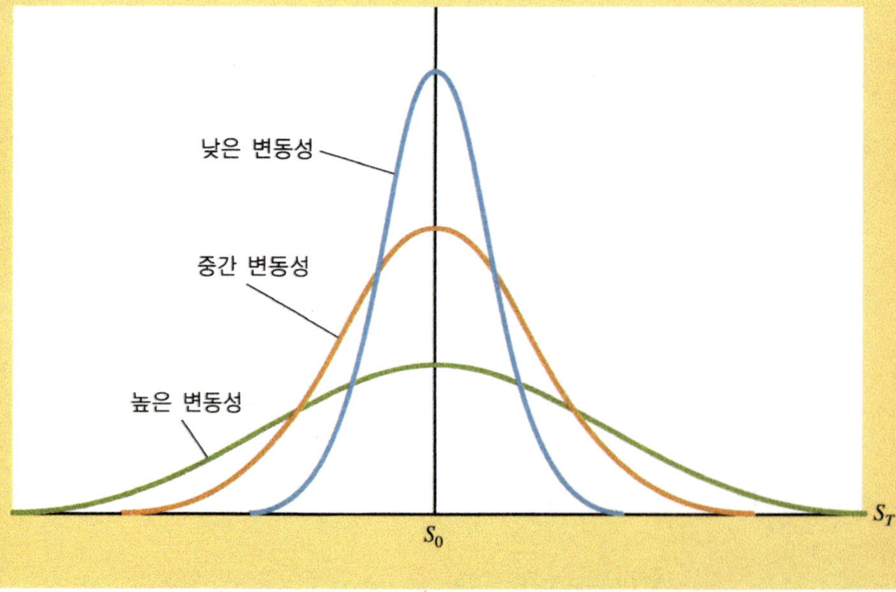

(historical volatility)과 실제로 시장에서 형성된 옵션 가격으로부터 유추하는 함축적 변동성(implied volatility)이 있다. 이제 이 두 가지 환율의 변동성을 각각 어떻게 구할 수 있는지 설명하여 보기로 하자.

먼저 환율의 역사적 변동성은 일반적으로 과거 1개월, 즉 30일의 관찰기간 동안 (예를 들어 2010년 5월 중) 실제로 외환시장에서 형성된 환율로부터 다음과 같은 방법으로 구한다. 먼저 각 거래일의 환율 종가(closing rate) $S_t$로부터 각 거래일의 환율 변동률을 $x_i = \ln[S_t/S_{t-1}]$와 같이 로그 상대가격(log relative price)으로 구한다. 이와 같이 로그 상대가격으로 가격의 변동률을 구하는 것은, 예를 들어 가격이 500달러에서 510달러로 상승하였다가 500달러로 하락할 때, 상승률과 하락률이 모두 1.98%로 동일하여 일관성이 있기 때문이다.

다음에 환율 변동률의 평균(daily average) $\mu$와 연간 분산(annualized variance) $\sigma^2$를 다음과 같이 구한다. 여기서 $N$은 1개월간의 영업일수, 그리고 250은 연간 거래일을 나타낸다.

$$\mu = \sum_{i=0}^{N} \frac{x_i}{N}$$

$$\sigma^2 = \sum_{i=1}^{N} \frac{(x_i - \mu)^2}{N-1} \times 250$$

마지막으로 환율의 연율 변동성(annualized volatility)은 다음과 같이 연간 분산의 제곱근으로 구한다. 이와 같이 환율의 변동성이란 환율 변동률의 표준편차(standard deviation)를 연율로 나타낸 것을 말한다.

$$\sigma = \sqrt{\sum_{i=1}^{N} \frac{(x_i - \mu)^2}{N-1}} \times \sqrt{250}$$

한편 만기 1년 미만인 $t$에 대한 환율의 변동성은 $\sigma_t = \sigma\sqrt{t}$로 구한다. 예를 들어, $\sigma = 10\%$일 때, 만기 $t = 0.25 = 90$일인 환율의 변동성은 $\sigma_{0.25} = 10\% \times \sqrt{0.25} = 10\% \times 0.5 = 5\%$가 된다.

환율의 역사적 변동성은 과거의 환율 변동의 크기를 나타내고 또 장래의 환율 변동의 크기를 예상하는 자료로써 이용될 수는 있어도, 장래의 옵션기간 동안의 환율 변동을 정확하게 반영하는 것은 아니다. 장래 환율의 변동성은 불확실

그림 9-18 **역사적 변동성과 함축적 변동성**

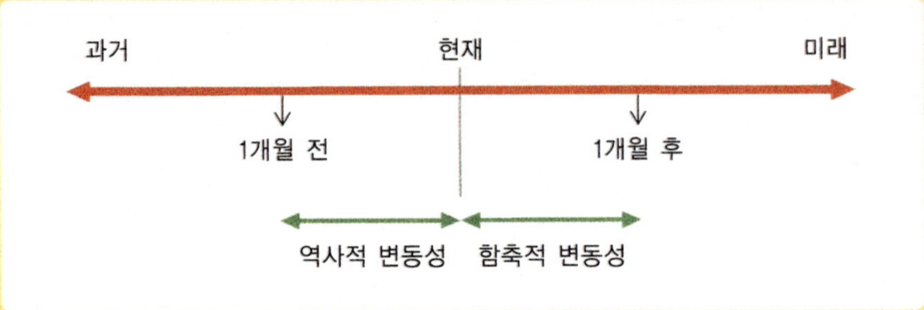


하므로 이용자마다 그 추정이 다를 것이다. 따라서 옵션의 적정 가격(fair value)에 대한 의견도 각기 다를 것이다.

실제로 옵션 프리미엄은 통화옵션시장에서 수요와 공급에 따라 시시각각 변동하고 있다. 이와 같이 시장에서 결정된 옵션 프리미엄을 거꾸로 BSGK 모델에 대입하여 환율의 변동성을 구할 수 있는데, 이를 함축적 변동성(implied volatility)이라 부른다. 함축적 변동성은 장래의 환율 변동성에 대한 시장 참여자들의 평균적인 예상이라고 말할 수 있다.

미국 CBOE(Chicago Board Options Exchange)에서 거래되고 있는 S&P500옵션의 함축적 변동성을 흔히 VIX라고 부른다. 예를 들어, VIX가 15%라는 것은 S&P500의 연간 예상변동률이 15%라는 것을 뜻한다. VIX는 이와 같이 연율로 측정하는데, 향후 30일간의 주가의 예상변동률은 $15\% \times \sqrt{1/12} = 4.33\%$가 된다. [그림 9-19]에서 보는 바와 같이, 보통 15% 내외를 보여주던 VIX는 글로벌 금융위기를 겪으면서 한때 80%까지 치솟기도 했다. VIX가 높아지면 주식투자자의 불안이 증가하므로, VIX를 흔히 공포지수(fear index)라고 부르기도 한다.

### (3) 통화옵션의 가격표

통화옵션의 콜 프리미엄은 (1) 현재의 환율 $S$, (2) 행사가격 $K$, (3) 자국의 이자율 $i$, (4) 외국의 이자율 $i^*$, (5) 만기 $t$, 그리고 (6) 환율의 변동성 $\sigma$ 등 여섯 요인의 함수이다. 이 가운데 현재의 환율과 두 통화의 이자율은 시장에서 주어진 변수들이다. 따라서 환율의 변동성 $\sigma$만 주어지면, 행사가격과 만기에 따라

**그림 9-19 VIX의 변동**

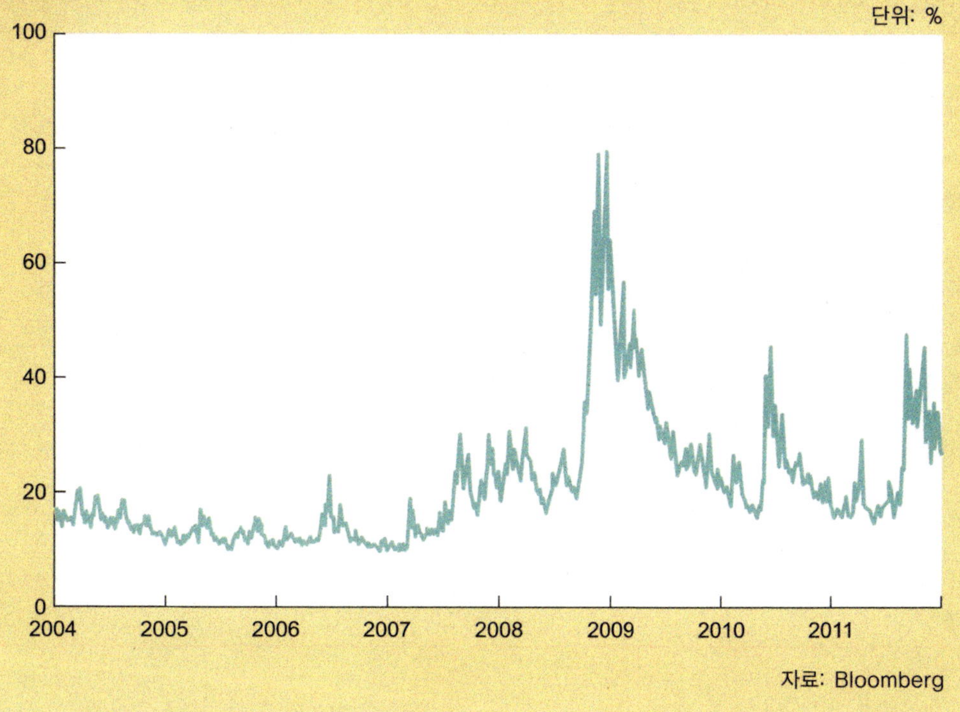


통화옵션의 콜 프리미엄이 결정된다.

[표 9-2]는 행사가격이 $K = 1{,}000$원, 한국과 미국의 이자율이 각각 $i = 8\%$와 $i^* = 4\%$로 주어졌을 때, BSGK 모델에 따라 구한 통화옵션의 콜옵션 프리미엄을 보여주고 있다. 표에서 보는 바와 같이, 통화옵션의 콜옵션 프리미엄은 (1) 현물환율 $S$가 높을수록, (2) 환율의 변동성 $\sigma$가 높을수록, 그리고 (3) 만기 $t$(연수)가 길수록 크다.

옵션의 매입자는 계약의 행사 여부를 결정할 수 있어 매우 유리하다. 그러나 그 대가로 지불하는 프리미엄은 매우 비싸다. 예를 들어, $\sigma = 15\%$일 때, 등가격 통화옵션의 콜옵션 프리미엄은 만기 30일($t = 1/12$)이면 환율의 약 2%인 18.90원 그리고 만기 90일($t = 1/4$)이면 환율의 약 3.5%인 34.66원이나 된다.

### (4) 풋-콜 패리티

지금까지 통화옵션에서 콜옵션 프리미엄의 결정에 대해 설명하였다. 그러면 풋옵션 프리미엄은 어떻게 구할 수 있는가? 만기와 행사가격이 동일한 콜옵션과

표 9-2 **통화옵션의 콜옵션 프리미엄: K=1,000원**

| $S$ | $t=1/12$ | | | $t=1/4$ | | |
|---|---|---|---|---|---|---|
| | $\sigma=0.1$ | $\sigma=0.15$ | $\sigma=0.2$ | $\sigma=0.1$ | $\sigma=0.15$ | $\sigma=0.2$ |
| 950 | 0.56 | 2.84 | 6.37 | 5.51 | 13.15 | 21.69 |
| 960 | 1.28 | 4.51 | 8.75 | 7.92 | 16.40 | 25.43 |
| 970 | 2.64 | 6.85 | 11.72 | 11.02 | 20.17 | 29.57 |
| 980 | 4.92 | 9.98 | 15.34 | 14.88 | 24.47 | 34.12 |
| 990 | 8.38 | 13.98 | 19.63 | 19.53 | 29.30 | 39.06 |
| 1,000 | 13.19 | 18.90 | 24.61 | 24.97 | 34.66 | 44.41 |
| 1,010 | 19.36 | 24.72 | 30.28 | 31.17 | 40.53 | 50.14 |
| 1,020 | 26.73 | 31.40 | 36.60 | 38.10 | 46.91 | 56.25 |
| 1,030 | 35.07 | 38.86 | 43.54 | 45.65 | 57.75 | 62.73 |
| 1,040 | 44.09 | 46.97 | 51.04 | 53.76 | 61.03 | 69.55 |
| 1,050 | 53.56 | 55.61 | 59.03 | 62.33 | 68.71 | 76.71 |

풋옵션의 가격은 독립적이 아니다. 다시 말하면, 콜옵션 프리미엄을 구하면 풋옵션 프리미엄을 구할 수 있고, 반대의 경우도 마찬가지로 성립한다. 이 관계를 풋-콜 패리티(put-call parity)라 부르는데, 이제 통화옵션에서 풋-콜 패리티가 어떻게 성립하는지 보기로 하자.

제4장 2절에서 배운 바와 같이, 선물환은 금융시장에서의 차입과 투자에 의해 복제할 수 있다. 그런데 선물환은 또 옵션시장에서 콜옵션과 풋옵션을 결합하여 복제할 수 있다. 이를 보기 위해 지금 투자자가 만기와 행사가격이 동일한 콜옵션을 매입하고 풋옵션을 매도하였다고 하자.

**1.** 이때 만기일의 환율이 행사가격보다 높다면($S_T > K$), 투자자는 콜옵션을 행사하여 $K$를 지불하고 1달러를 수취할 것이다. 한편 이때 풋옵션은 행사되지 않을 것이다.

**2.** 한편 만기일의 환율이 행사가격과 같거나 또는 그보다 낮다면($S_T \leq K$), 투자자는 콜옵션을 행사하지 않을 것이다. 그러나 이때 풋옵션이 행사되므로, 역시 1달러를 매입하고 K를 지불하여야 한다.

이와 같이 만기와 행사가격이 동일한 콜옵션을 매입하고 동시에 풋옵션을 매도하면, 만기일에 항상 행사가격 $K$로 1달러를 매입하게 된다. 따라서 이는 매입 선물환(long forward)의 복제상품이라는 것을 알 수 있다.[14] 그러면 옵션으로 매입 선물환을 복제하는 비용은 얼마가 되겠는가?

콜옵션을 매입하면 콜 프리미엄을 지급하고, 풋옵션을 매도하면 풋 프리미엄을 수취한다. 따라서 매입 선물환의 복제를 위해 옵션 계약일에 지불하는 비용은 $[C - P]$이다. 한편 만기일에는 행사가격 $K$를 지불해야 한다. 따라서 $t$를 일수(number of days)로 나타낸 옵션의 만기라면, 옵션으로 매입 선물환을 복제하는 만기일의 비용은 다음과 같이 쓸 수 있다.

$$K + [C - P][1 + i(t/360)]$$

한편 선물환으로 만기에 1달러를 확보하는 비용은 선물환율 $F_t$이다. 따라서 일물 일가의 법칙(law of one price)에 의해 다음이 성립한다.

$$K + [C - P][1 + i(t/360)] = F_t \tag{2}$$

만약 이 관계가 성립하지 않으면, 다음과 같은 차익거래를 통해 무위험 이익을 얻을 수 있다. 그리고 이와 같은 차익거래가 계속되면 결국 식 (2)가 성립할 것이다.

**1.** 만약 $K + [C - P][1 + i(t/360)] < F_t$이면, 콜옵션을 매입하고 풋옵션을 매도하면서 동시에 선물환을 매도하면 무위험 이익을 얻을 수 있다.

**2.** 한편 $K + [C - P][1 + i(t/360)] > F_t$이면, 콜옵션을 매도하고 풋옵션을 매입하면서 동시에 선물환을 매입하면 무위험 이익을 얻을 수 있다.

제4장 1절에서 본 바와 같이 선물환율 $F_t$는 금리평가(CIP) 조건에 따라 다음과 같이 결정된다.

$$F_t = S\frac{1 + i(t/360)}{1 + i^*(t/360)} \tag{3}$$

이제 식 (3)을 식 (2)에 대입하고 정리하면, 다음 식 (4)를 얻는데, 이를 풋-콜 평가조건(put-call parity)이라 부른다.

---

[14] 마찬가지로 만기와 행사가격이 동일한 풋옵션을 매입하고 콜옵션을 매도하면 매도 선물환(short forward)을 복제할 수 있다.

$$C - P = \frac{S}{1 + i^*(t/360)} - \frac{K}{1 + i(t/360)} \tag{4}$$

예를 들어, $S$ =1,000원, $i^*$ = 4%, $i$ = 12%일 때, $t$ = 90일, $K$ = 1,000원인 콜옵션과 풋옵션의 가격 차이 [$C - P$]는 19.23원이 된다. 즉

$$C - P = \frac{1,000}{1.01} - \frac{1,000}{1.03} = 990.10 - 970.87 = 19.23$$

이와 같이 풋-콜 패리티가 성립하므로 풋옵션 프리미엄의 결정은 따로 설명할 필요가 없다. 즉 콜옵션 프리미엄을 구하면 풋-콜 패리티에 의해 풋 프리미엄을 구할 수 있다.

## 9.3 금리옵션시장

앞 장에서 배운 금리선물계약(FRA)과 유로달러선물은 장래 일정기간의 이자율을 고정시키는 금리위험 관리수단이다. 따라서 이자율이 불리하게 변동할 때 손실을 방지할 수 있지만, 이자율이 유리하게 변동할 때 얻을 수 있는 이익을 포기하여야 한다. 한편 이 절에서 공부하는 금리옵션은 이자율이 불리하게 변동할 때 손실을 한정시킬 수 있을 뿐만 아니라, 이자율이 유리하게 변동하는 경우에는 이익을 얻을 수 있다. 금리옵션은 또 금리변동으로부터 이익을 얻으려는 투기적 전략으로도 이용되고 있다.

### 1. 금리옵션시장의 종류

통화옵션과 마찬가지로 금리옵션에도 장외금리옵션과 거래소 금리옵션이 있다. 금리 캡(cap), 금리 플로어(floor), 금리 칼러(collar) 등 장외금리옵션은 1983년부터 거래되기 시작하였다. 한편 오늘날 거래소 금리옵션 가운데 거래가 가장 활발한 유로달러 선물옵션(Eurodollar options on futures)은 1985년 CME에 처음 상장되었고, 미국 30년국채선물(T-bond futures)에 대한 옵션은 이보다 2년 전인 1983년부터 CBOT에서 거래되기 시작하였다.

### (1) 거래소 금리옵션시장

거래소 금리옵션은 단기금리옵션(STIR options)과 장기금리옵션(LTIR options)으로 나눌 수 있는데, 대부분이 기초자산이 선물인 선물옵션(options

**표 9-3 세계 주요 단기금리옵션 거래소**

| Exchange | Volume traded (Number of contracts) | | Notional value (USD millions) | |
|---|---|---|---|---|
| | 2010 | 2009 | 2010 | 2009 |
| AMERICAS | | | | |
| BM&FBOVESPA [1] | 116 055 467 | 52 070 304 | 7 003 349 | 6 219 617 |
| BM&FBOVESPA (OTC) [2] | 14 885 | 159 582 | 970 | 8 648 |
| Chicago Board Options Exchange (CBOE) | 21 | 160 | 0 | 0 |
| CME Group | 183 581 817 | 161 031 702 | 183 581 817 | 161 030 502 |
| Montréal Exchange | 349 675 | 234 861 | 337 774 | 206 798 |
| **Total region** | **300 001 865** | **213 496 609** | | |
| ASIA - PACIFIC | | | | |
| Australian Securities Exchange | 42 040 | 36 246 | 38 565 | 28 480 |
| **Total region** | **42 040** | **36 246** | | |
| EUROPE - AFRICA - MIDDLE EAST | | | | |
| Eurex (OTC) [2] | 371 000 | 0 | 482 823 | 0 |
| NASDAQ OMX Nordic Exchanges | 2 043 400 | 1 170 505 | NA | NA |
| NYSE Liffe (European markets) | 188 607 110 | 190 137 814 | 222 915 897 | 221 387 824 |
| **Total region** | **191 021 510** | **191 308 319** | | |
| **Total** | **491 065 415** | **404 841 174** | | |

자료: WFE

**표 9-4 세계 주요 장기금리옵션 거래소**

| Exchange | Volume traded (Number of contracts) | | Notional value (USD millions) | |
|---|---|---|---|---|
| | 2010 | 2009 | 2010 | 2009 |
| AMERICAS | | | | |
| Buenos Aires SE | 1 580 090 | 1 440 | NA | NA |
| Chicago Board Options Exchange (CBOE) | 2 396 | 5 637 | 9 | 20 |
| CME Group | 85 144 737 | 62 891 994 | 41 420 953 | 27 196 710 |
| Montréal Exchange | 9 742 | 12 531 | 941 | 1 103 |
| **Total region** | **86 736 965** | **62 911 602** | | |
| ASIA - PACIFIC | | | | |
| Australian Securities Exchange | 3 002 192 | 2 024 663 | 275 405 | 159 084 |
| Tokyo SE Group | 1 999 282 | 2 433 217 | 3 223 745 | 3 585 367 |
| **Total region** | **5 001 474** | **4 457 880** | | |
| EUROPE - AFRICA - MIDDLE EAST | | | | |
| Eurex [1] | 12 800 981 | 9 797 368 | 2 078 386 | 1 532 104 |
| Eurex (OTC) [2] | 52 016 773 | 41 766 803 | 8 330 816 | 6 412 990 |
| Johannesburg SE | 81 142 | 65 207 | NA | NA |
| NYSE Liffe (European markets) | 184 618 | 384 145 | 27 939 | 57 283 |
| **Total region** | **65 083 514** | **52 013 523** | | |
| **Total** | **156 821 953** | **119 383 005** | | |

자료: WFE

on futures)이다. 단기금리옵션은 만기 90일 이하인 단기금리선물에 대한 옵션이고, 장기금리옵션은 주요국 국채선물에 대한 옵션이다. 국제결제은행(BIS)에 따르면, 2010년 말 명목원금으로 본 거래소 금리옵션시장의 규모 40.9조 달러에 이른다.

거래소 단기금리옵션(STIR options) 가운데 가장 거래가 활발한 것은 CME의 유로달러 선물옵션이고, 그 다음으로는 NYSE Liffe의 유리보 선물옵션과 단기 영국파운드 선물옵션이다. 한편 거래소 장기금리옵션(LTIR options) 가운데 가장 거래가 활발한 것은 CME에 상장되어 있는 미국 10년국채선물(T-note futures)에 대한 옵션이고, 그다음으로는 Eurex에 상장되어 있는 독일 10년국채선물(Euro-Bund futures)에 대한 옵션이다.

### (2) 장외 금리옵션시장

장외 금리옵션에는 단기금리옵션(STIR options)으로 리보 콜옵션(차입자 옵

그림 9-20 거래소 금리옵션시장의 성장

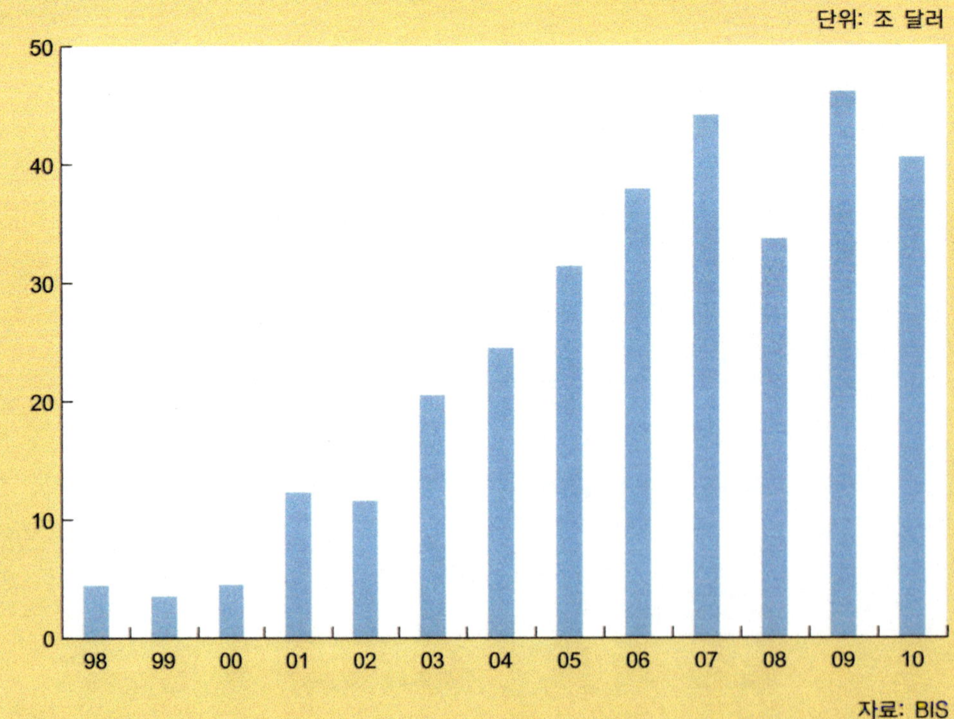

그림 9-21 장외 금리옵션시장의 성장

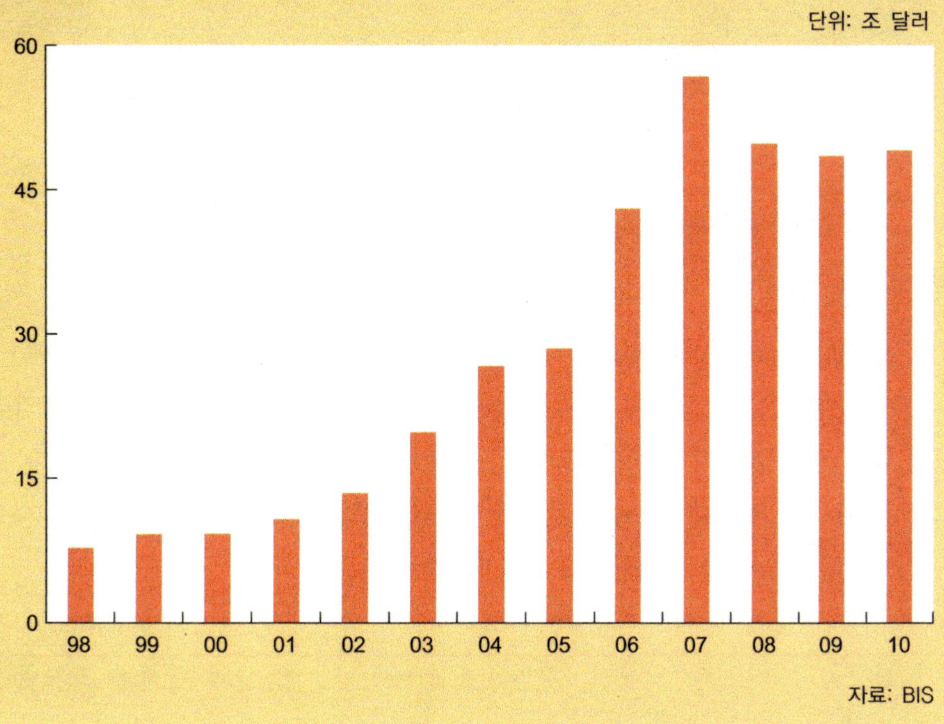


션)과 리보 풋옵션(대출자 옵션)이 있고, 장기금리옵션(LTIR options)으로 금리 캡(cap), 금리 플로어(floor), 금리 칼러(collar) 등이 있다. 장외금리옵션시장은 지난 20여 년간 실로 비약적으로 성장하여 왔다. 국제결제은행(BIS)에 따르면, 2010년 말 명목원금으로 본 장외 금리옵션시장의 규모는 49.3조 달러로 거래소 금리옵션시장의 47.1조 달러와 비슷하다.

이제부터 장외 금리옵션을 설명한 다음, 다음 소절에서 대표적인 거래소 단기 금리옵션인 유로달러 선물옵션(Eurodollar options on futures)을 공부하기로 한다.[15]

## 2. 장외금리옵션

오늘날 장외금리옵션은 금리 캡(caps), 금리 플로어(floors), 금리 칼러

[15] 장기금리옵션인 주요국 국채선물의 옵션에 대해서는 한국은행, 「우리나라의 금융시장」, (2010)의 제4장을 참조하면 좋다.

(collar) 등 장기금리옵션(LTIR optopns)이 80% 이상을 차지하고 있는데, 이들은 단기금리옵션(STIR options)인 리보 콜옵션(차입자옵션)과 리보 풋옵션(대출자옵션)을 여러 기간에 걸쳐 연속적으로 체결한 것과 같다. 따라서 리보 콜옵션과 리보 풋옵션을 먼저 설명한 다음, 금리 캡, 금리 플로어, 금리 칼러를 공부하기로 한다.

### (1) 리보 콜옵션: 차입자옵션

리보 콜옵션은 차입자가 금리상승의 위험을 헤지하기 위한 상품으로 차입자옵션(borrower's option)이라고도 한다. 차입자옵션은 옵션 매입자가 매도자에게 일정한 옵션 프리미엄을 지급하고, 옵션 거래일로부터 일정한 거치기간 이후 일정한 계약기간 동안 일정한 명목원금을 일정한 행사금리로 차입할 수 있는 권리를 말한다. 이제 거치기간 3개월, 계약기간 3개월, 명목원금 100만 달러, 행사금리 8%인 차입자옵션을 설명하여 보자.

먼저 3개월 후 이자결정일(fixing date)인 옵션 만기일에 3개월 리보가 7%로 행사금리 8%보다 낮다면, 차입자옵션 매입자는 옵션의 행사를 포기할 것이다.[16] 이때 옵션 매입자와 매도자 간에 현금흐름은 발생하지 않는다.

한편 옵션 만기일의 3개월 리보가 9%로 행사금리보다 높다면, 옵션매입자는 옵션을 행사할 것이다. 이때 옵션 매입자는 행사금리 8%로 명목원금 1백만 달러를 차입하는 것이 아니라, 행사금리와 옵션 만기일의 리보의 차 1%의 3개월에 대한 금리차액 2,500달러를 수취한다.[17]

$$\$1{,}000{,}000 \times (0.09 - 0.08) \times (90/360) = \$2{,}500$$

차입자옵션의 프리미엄은 행사금리가 낮을수록 크고, 행사금리가 높을수록 작다. 차입자옵션의 프리미엄은 연리(annual rate)로 호가하는데, 옵션매입자가 실제로 지불하는 옵션 프리미엄은 계약기간에 따라 조정된다. 예를 들어, 차입자옵션의 프리미엄이 0.5%라면, 옵션매입자는 옵션 거래일에 계약기간 3개

16 유로커런시시장에서 이자결정일(fixing date)은 새로운 이자율이 적용되는 기간, 즉 계약기간이 시작하기 2영업일 전이다. 그러나 여기서는 계약기간이 시작하는 날을 이자결정일이라고 가정하고 있다.

17 이와 같이 금리차액만 수취하고 거래가 종료하는 것은 FRA와 같다. 그러나 차입자옵션에서는 금리차액을 이자기간의 말일에 지급하는 것이 관행이다. 따라서 FRA와는 달리 금리차액을 할인하지 않는다.

월에 대한 옵션 프리미엄 1,250달러를 지급한다. 즉

$$\$1,000,000 \times 0.005 \times (90/360) = \$1,250$$

차입자옵션에서 옵션 만기일의 리보가 9%로 행사금리 8%보다 높으면, 옵션 매입자는 1%의 금리이익을 본다. 한편 차입자가 필요로 하는 100만 달러는 리보 9%로 차입하는데, 금리이익을 1%를 빼면 실제로는 행사금리 8%로 차입하는 것과 같다. 여기에 옵션 프리미엄 0.5%를 더하면 옵션 매입자가 부담하는 이자율은 8.5%가 된다. 이와 같이 옵션 만기일의 리보가 행사금리보다 높으면, 행사금리에 옵션 프리미엄을 더한 8.5%는 차입자가 부담하는 이자율의 상한(ceiling)이 된다.

한편 옵션 만기일의 리보가 7%로 행사금리 8%보다 낮으면, 차입자옵션 매입자는 옵션의 행사를 포기하므로 아무 이득도 얻지 못한다. 그리고 차입자가 필요로 하는 100만 달러는 리보 7%로 차입하는데, 여기에 0.5%의 옵션 프리미엄을 더하면 차입자가 실제로 부담하는 이자율은 7.5%가 된다. 즉 옵션 만기일의 리보가 행사금리보다 낮으면, 차입자가 부담하는 이자율은 옵션 만기일의 리보에 옵션 프리미엄을 더한 수준으로 결정된다.

**그림 9-22 FRA와 차입자옵션**

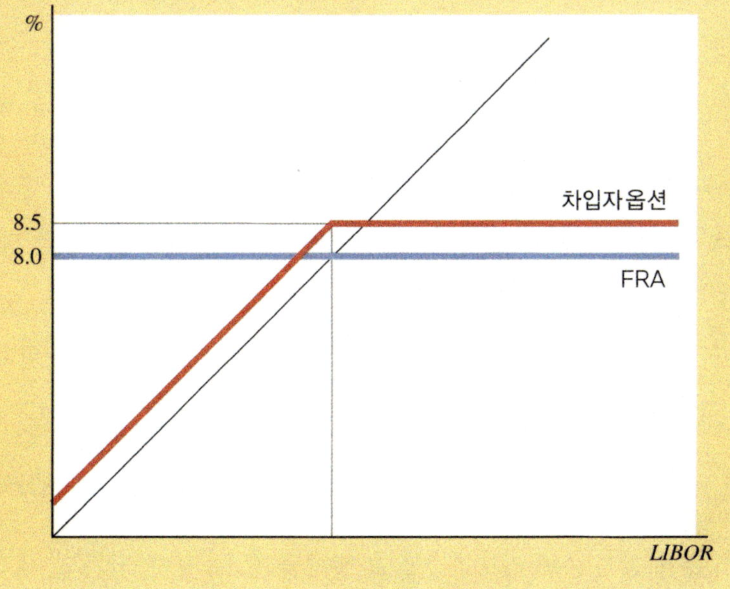

리보 콜옵션 또는 차입자옵션은 앞장에서 배운 FRA와 비교할 수 있다. [그림 9-22]에서 보는 바와 같이, 계약금리 8%로 "3×6" FRA를 매입한 차입자는 결제일의 리보와 관계없이 항상 계약금리인 8%의 이자율을 부담한다. 그러나 행사금리 8%, 옵션 프리미엄 0.5%의 차입자옵션을 매입한 차입자는 옵션 만기일의 리보가 행사금리 8%보다 높으면 8.5%의 이자율을 부담하지만, 옵션 만기일의 리보가 행사금리 8%보다 낮으면 리보에 옵션 프리미엄 0.5%를 더한 이자율을 부담한다.

### (2) 리보 풋옵션: 대출자옵션

리보 풋옵션은 투자자가 금리하락의 위험을 헤지하기 위한 상품으로 대출자옵션(lender's option)이라고도 한다. 대출자옵션은 옵션 매입자가 매도자에게 일정한 옵션 프리미엄을 지급하고, 옵션 거래일로부터 일정한 거치기간 이후 일정한 계약기간 동안 일정한 명목원금을 일정한 행사금리로 대출할 수 있는 권리를 말한다. 이제 거치기간 3개월, 계약기간 6개월, 명목원금 100만 달러, 행사금리 8%인 대출자옵션을 설명하여 보자.

먼저 3개월 후 이자결정일인 옵션 만기일에 3개월 리보(Libor)가 9%로 행사금리 8%보다 높다면, 옵션 매입자는 옵션의 행사를 포기할 것이다. 이때 옵션 매입자와 옵션 매도자 간에 현금흐름이 발생하지 않는다. 한편 옵션 만기일의 리보가 7%로 행사금리 8%보다 낮다면, 옵션 매입자는 옵션을 행사하고, 행사금리와 옵션 만기일의 리보의 차 1%에 대한 6개월의 금리차액 5,000달러를 수취한다.

$$\$1{,}000{,}000 \times (0.08 - 0.07) \times (180/360) = \$5{,}000$$

대출자옵션의 프리미엄은 행사금리가 높을수록 크고, 행사금리가 낮을수록 작다. 대출자옵션의 프리미엄도 연리로 호가하는데, 옵션 매입자가 실제로 지급하는 옵션 프리미엄은 이자기간에 따라 조정된다. 예를 들어, 대출자옵션의 프리미엄이 0.5%라면, 옵션매입자는 옵션 거래일에 계약기간 6개월에 대한 옵션 프리미엄 2,500달러를 지급한다.

$$\$1{,}000{,}000 \times 0.005 \times (180/360) = \$2{,}500$$

옵션 만기일에 리보가 7%로 행사금리 8%보다 낮다면, 투자자는 1%의 금리 이익을 본다. 한편 투자자는 100만 달러를 리보 7%로 대출하는데, 금리이익 1%를 더하면 실제로는 행사금리 8%로 대출하는 것과 같다. 여기에 옵션 프리미엄 0.5%를 빼면, 옵션 매입자가 실제로 수취하는 이자율은 7.5%가 된다. 이와 같이 옵션 만기일의 리보가 행사금리보다 낮으면, 행사금리에서 옵션 프리미엄을 뺀 7.5%가 투자자가 수취하는 이자율의 하한(floor)이 된다.

한편 옵션 만기일의 리보가 9%로 행사금리 8%보다 높으면, 투자자는 옵션의 행사를 포기하므로 아무 이득도 얻지 못한다. 그리고 투자자는 100만 달러를 리보 9%로 대출하는데, 여기에 0.5%의 옵션 프리미엄을 빼면 투자자가 실제로 수취하는 이자율은 8.5%가 된다. 이와 같이 옵션 만기일의 리보가 행사금리보다 높으면, 투자자가 실제로 수취하는 이자율은 옵션 만기일의 리보에서 옵션 프리미엄을 뺀 수준으로 결정된다.

[그림 9-23]은 리보 풋옵션 또는 대출자옵션과 FRA를 비교하고 있다. 계약금리 8%로 "3 × 9" FRA를 매도한 투자자는 결제일의 리보와 관계없이 항상 계약금리인 8%의 이자율을 수취한다. 그러나 행사금리 8%, 옵션 프리미엄 0.5%의 대출자옵션을 매입한 투자자는 옵션 만기일의 리보가 행사금리 8%보다 낮

**그림 9-23 FRA와 대출자옵션**

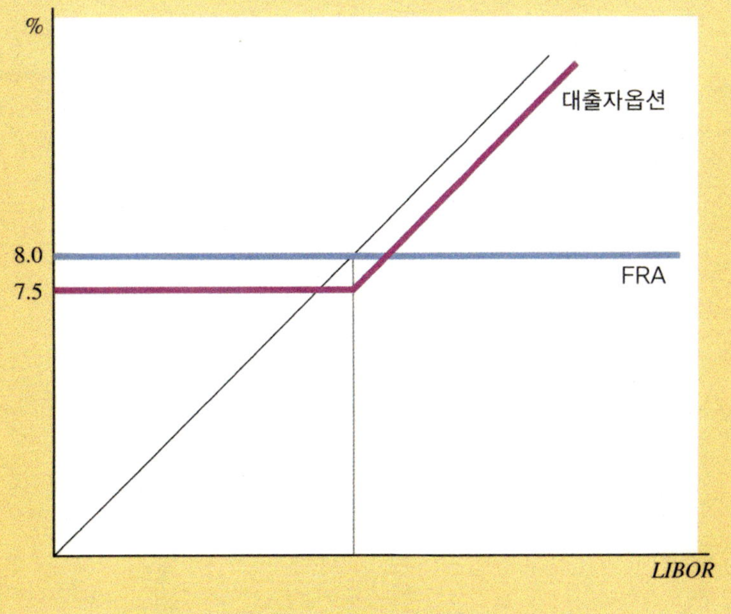

으면 7.5%의 이자율을 수취하지만, 옵션 만기일의 리보가 행사금리 8%보다 높으면 리보에서 옵션 프리미엄 0.5%를 뺀 이자율을 수취한다.

지금까지 설명한 차입자옵션과 대출자옵션은 3개월 또는 6개월과 같이 단기의 금리위험을 헤지하는 상품이다. 그러나 3년 또는 5년과 같이 장기의 금리위험을 헤지하려는 차입자나 대출자가 이용하기에는 매우 불편하다. 이에 따라 장기의 금리위험을 관리할 수 있는 상품으로 등장한 것이 지금부터 설명하는 금리 캡, 금리 플로어, 금리 칼러 등과 다음 장에서 공부하는 금리스왑이다.

### (3) 금리 캡과 금리 플로어

금리 캡(interest rate cap)이란 장기의 변동금리 부채를 가지고 있는 차입자가 이자율 상승의 위험을 헤지하기 위한 상품이다. 이제 금리 캡을 설명하기 위해 차입자가 지금부터 3개월 후에 1백만 달러를 3년간 계약기간 6개월의 변동금리로 차입하기로 하였다고 하자.

이 변동금리 차입에는 모두 여섯 개의 6개월 계약기간이 있는데, 금리 캡이란 이 여섯 계약기간에 대한 차입자옵션을 단일 계약으로 묶어 체결하는 것을 말

그림 9-24 금리 캡과 기업의 상한금리

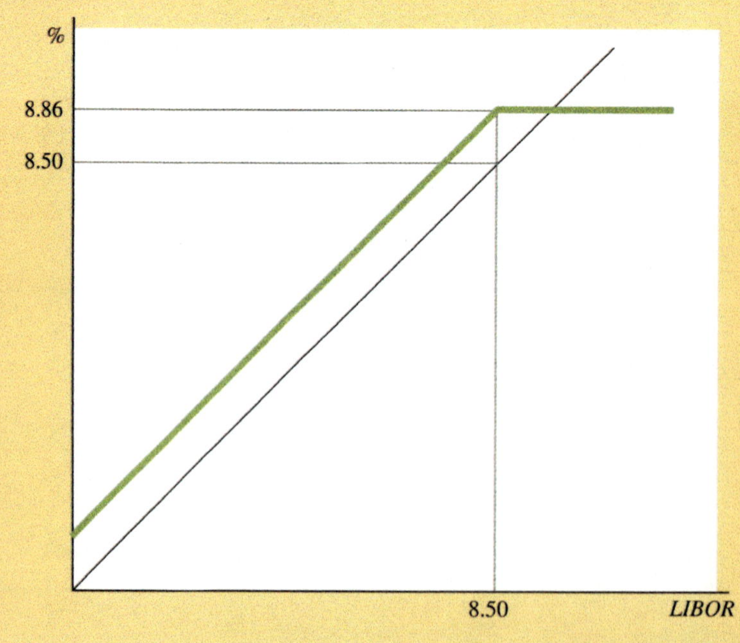

한다. 이자결정일은 매 계약기간이 시작하는 날이고, 금리차액은 매 이자기간의 마지막 날에 결제한다. 금리 캡에서는 매 계약기간에 동일한 행사금리를 적용하는데, 이를 캡 레이트(cap rate)라 부른다.

매 이자결정일의 6개월 리보(Libor)가 캡 레이트보다 높으면, 캡 매도자는 매입자에게 계약기간에 대한 금리차액을 지급한다. 예를 들어, 만기 3년, 계약기간 6개월, 명목원금 1백만 달러, 캡 레이트 8.5%인 금리 캡의 경우, 매 이자결정일의 6개월 리보가 8.5%를 상회하면 캡매도자는 매입자에게 금리차액 [$1,000,000 × (Libor − 8.5%) × (180/360)]을 지급한다. 그러나 리보가 8.5%를 하회하면 두 당사자 간에 현금흐름이 발생하지 않는다.

금리 캡의 프리미엄은 여섯 개 차입자옵션의 프리미엄을 합한 수준에서 결정되는데, 캡 프리미엄은 거래일에 한꺼번에 지불한다. 따라서 캡 프리미엄이 1.08%라면, 캡매입자는 거래일에 캡매도자에게 10,800달러를 지급한다. 이 캡 프리미엄 1.08%는 3년에 걸친 것이므로, 연간 프리미엄은 약 0.36%라고 볼 수 있다. 따라서 캡 매입자가 매 계약기간 동안 부담하는 상한금리는 캡 레이트에 연간 프리미엄을 더한 8.86%가 된다.

**그림 9-25 금리 플로어와 기업의 하한금리**

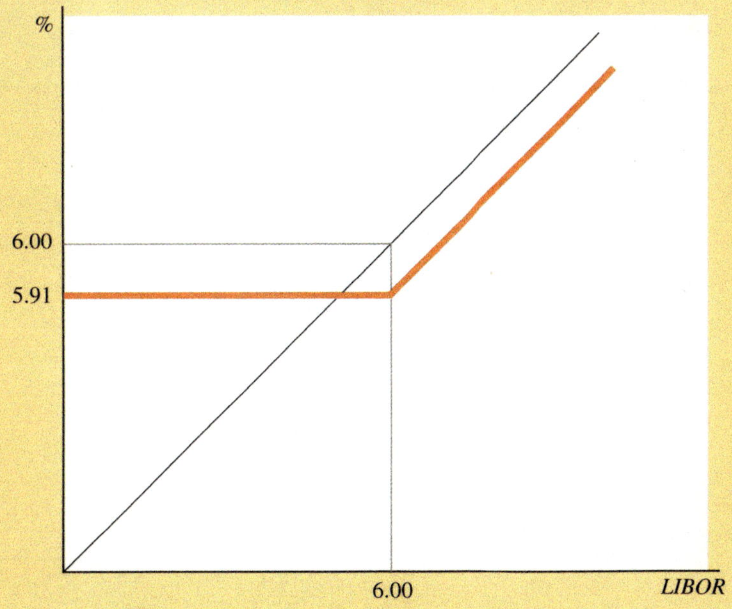

금리 플로어(interest rate floor)는 장기의 변동금리 자산을 가지고 있는 투자자가 이자율 하락의 위험을 헤지하기 위한 상품이다. 이제 금리 플로어를 설명하기 위해 투자자가 지금부터 3개월 후에 1백만 달러를 3년간 계약기간 6개월의 변동금리로 운용하기로 계획하고 있다고 하자.

이 변동금리 투자에는 6개월씩 모두 여섯 개의 계약기간이 있는데, 금리 플로어는 이 여섯 계약기간에 대한 대출자옵션을 단일 계약으로 묶어 체결하는 것을 말한다. 금리 플로어의 이자결정일은 매 계약기간이 시작하는 날이고, 금리차액은 매 이자기간의 마지막 날에 결제한다. 매 계약기간에 적용되는 행사금리를 플로어 레이트(floor rate)라 부른다.

매 이자결정일의 6개월 리보(Libor)가 플로어 레이트보다 낮으면, 플로어 매도자는 매입자에게 계약기간에 대한 금리차액을 지급한다. 예를 들어, 만기 3년, 계약기간 6개월, 명목원금 1백만 달러, 플로어 레이트 6%라면, 매 이자결정일의 6개월 리보가 6%보다 낮으면 플로어 매도자는 매입자에게 금리차액 [$1,000,000 × (6% − Libor) × (180/360)]을 지급한다. 그러나 리보가 6%를 상회하면, 두 당사자 간에 현금흐름은 발생하지 않는다.

그림 9-26 금리 칼러와 기업의 상하한금리

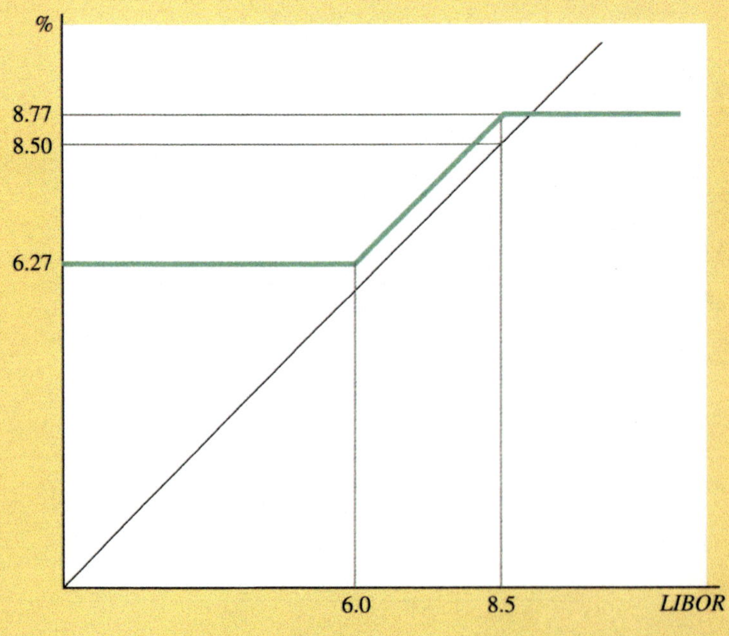

금리 플로어의 프리미엄은 여섯 개 대출자옵션의 프리미엄을 합한 수준에서 결정된다. 따라서 플로어 프리미엄이 0.27%라면, 플로어 매입자는 거래일에 매도자에게 2,700달러를 지급한다. 이 플로어 프리미엄은 3년에 걸친 것이므로, 연간 프리미엄은 약 0.09%라고 볼 수 있다. 따라서 플로어 매입자가 매 계약기간에 수취하는 하한금리는 플로어 레이트에서 연간 프리미엄을 뺀 5.91%가 된다.

### (4) 제로-코스트 금리 칼러

금리 칼러(interest rate collar)는 장기의 변동금리 부채나 자산을 보유한 차입자나 투자자가 금리의 상한과 하한을 고정시키기 위하여 이용하는 금리위험 관리수단이다. 금리 캡이나 금리 플로어의 프리미엄은 매우 높다. 따라서 금리 캡을 매입한 차입자가 동시에 금리 플로어를 매도하거나, 또는 금리 플로어를 매입한 대출자가 동시에 금리 캡을 매도함으로써 프리미엄 부담을 경감하려는 것이 금리 칼러의 목적이다.

금리 캡을 매입하고 금리 플로어를 매도한 차입자는 캡 프리미엄에서 플로어의 프리미엄을 빼고, 이를 만기로 나누면 연간 순프리미엄을 구할 수 있다. 이

**그림 9-27** 제로-코스트 칼러

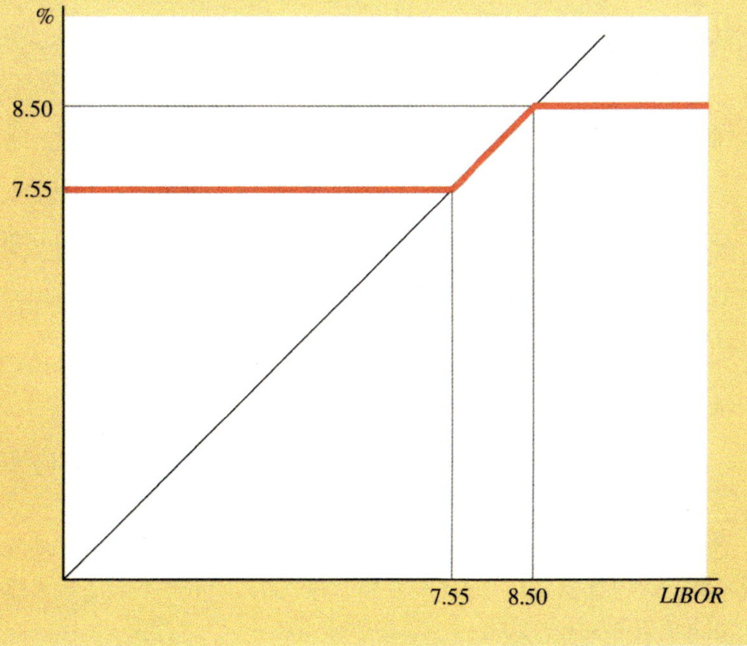

때 차입자는 매 이자기간의 상한금리를 [캡 레이트 + 연간 순프리미엄] 그리고 하한금리를 [플로어 레이트 + 연간 순프리미엄]으로 고정시킬 수 있다.

예를 들어, 만기 3년, 계약기간 6개월, 명목원금 1백만 달러, 캡 레이트 8.5%인 금리 캡을 1.08%의 캡 프리미엄으로 매입한 차입자가 만기 3년, 계약기간 6개월, 명목원금 1억 달러, 플로어 레이트 6%의 플로어를 0.27%의 플로어 레이트로 매도하였다면, [그림 9-26]에서 보는 바와 같이 이 기업은 차입의 상한금리를 8.77(= 8.5% + 36bp − 9bp)% 그리고 하한금리를 6.27(= 6% + 36bp − 9bp)%로 고정시킬 수가 있다.[18]

제로-코스트(zero-cost) 금리 칼러란 금리 캡을 매입하고 금리 플로어를 매도하는 금리 칼러에서 두 프리미엄을 동일하게 하여 연간 순프리미엄을 제로로 만드는 것을 말한다. 앞에서 본 예에서 플로어 레이트 7.55%일 때 플로어 프리미엄이 1.08%라면, [그림 9-27]에서 보는 바와 같이 이 제로-코스트 칼러의 상한금리는 8.50%, 하한금리는 7.55%가 된다.

## 3. 유로달러 선물옵션

유로달러 선물옵션(Eurodollar options on futures)은 앞 장 4절에서 공부한 유로달러선물(Eurodollar futures)을 기초자산으로 하는 거래소 단기금리옵션이다. CME에서 거래되고 있는 유로달러 선물옵션은 오늘날 거래소 금리옵션 가운데 가장 거래가 활발한 상품이다.

앞 장 4절에서 본 바와 같이 금리하락을 예상하는 투자자는 유로달러선물을 매입하고, 금리상승을 예상하는 차입자는 유로달러선물을 매도한다. 따라서 금리하락을 예상하는 투자자는 유로달러선물 콜옵션을 매입하고, 금리상승을 예상하는 차입자는 유로달러선물 풋옵션을 매입한다. 금리선물옵션은 대부분 만기일 이전에 행사가 가능한 미국식 옵션이다. 그러나 여기서는 설명을 단순화하기 위해, 유로달러 선물옵션이 만기일에만 행사가 가능한 유럽식 옵션이라고 가정하기로 한다.[19]

유로달러선물에 대한 콜옵션은 일정 결제월의 유로달러선물을 일정한 행사가

[18] 투자자의 경우에는 대출자옵션을 매입하는 동시에 차입자옵션을 매도하면, 매 이자기간마다 상한금리는 [캡 레이트 − 연간 순프리미엄] 그리고 하한금리는 [플로어 레이트 − 연간 순프리미엄]으로 고정시킬 수 있다.

격으로 매입할 수 있는 권리를 말한다. 그리고 유로달러선물에 대한 풋옵션은 일정 결제월의 유로달러선물을 일정한 행사가격으로 매도할 수 있는 권리를 말한다. 이와 같은 권리를 보유하는 대가로 옵션 매입자는 매도자에게 일정한 옵션 프리미엄을 지급한다.

유로달러 선물옵션의 프리미엄은 연율로 표시한다. 유로달러선물은 명목원금이 1백만 달러이고 계약기간이 90일이므로, 예를 들어 행사가격 95.25인 6월물 유로달러선물 콜옵션의 프리미엄이 0.41%라면, 이 콜옵션의 매입자는 옵션 거래일에 매도자에게 1,025달러의 옵션 프리미엄를 지급하여야 한다. 즉

$$\$1{,}000{,}000 \times 0.0041 \times (90/360) = \$1{,}025$$

### (1) 유로달러선물 콜옵션

금리하락을 예상하는 투자자가 금리위험을 헤지하기 위해 장외금리옵션에서는 대출자옵션을 매입하지만, 거래소 금리옵션에서는 유로달러선물 콜옵션을 매입하여야 한다.

[그림 9-28]은 행사가격 95.25인 유로달러선물 콜옵션을 0.41%의 프리미엄으로 매입한 투자자의 만기일의 손익을 보여주고 있다.

**1.** 만기일의 유로달러 선물가격이 행사가격 95.25보다 낮거나 같다면($P_t \leq K$), 옵션 매입자는 옵션의 행사를 포기할 것이다. 이때 콜옵션 매입자의 손실은 옵션 프리미엄인 0.41%, 즉 1,025달러가 된다.

**2.** 만기일의 유로달러 선물가격이 행사가격 95.25보다 높다면($P_t > K$), 옵션 매입자는 옵션을 행사할 것이다. 이때 콜옵션 매입자의 손익 $\pi$는 다음과 같다.

$$\pi = [P_t - K] - C = P_t - [K + C]$$

예를 들어, 만기일의 유로달러 선물가격이 96.00이면, 콜옵션 매입자의 이익은 0.34%, 즉 850(= 34 × 25) 달러가 된다. 그러나 만기일의 유로달러 선물가

---

[19]미국식 옵션에서 금리선물옵션이 행사되면 금리선물 포지션이 발생한다. 즉 콜옵션 매입자가 옵션을 행사하면 금리선물 매입포지션(long position)을 보유하게 되고, 풋옵션 매입자가 옵션을 행사하면 금리선물 매도포지션(short position)을 보유하게 된다. 이와 같이 금리선물옵션이 행사되면 행사일의 결제가격으로 포지션이 정산(mark to market)되며, 그 이후에는 반대거래로 금리선물 포지션이 청산될 때까지 일일결제된다.

그림 9-28 **유로달러선물 콜옵션 매입의 손익**

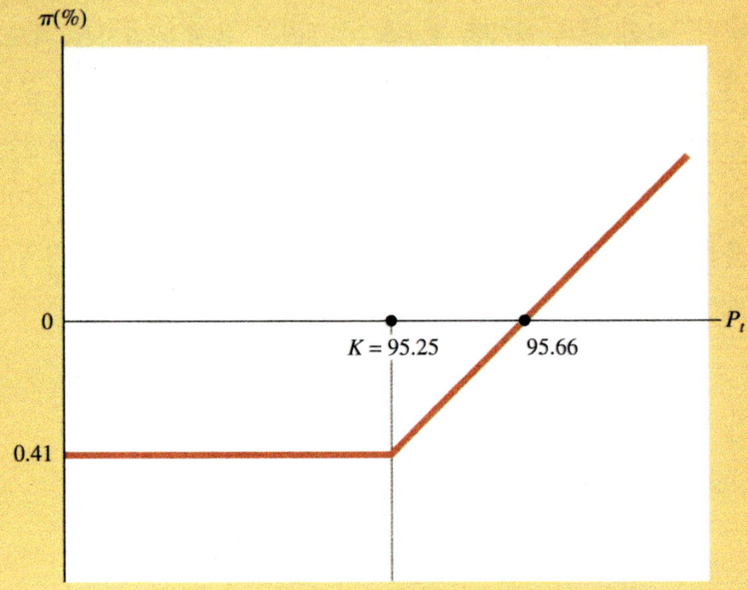


격이 행사가격보다 높다 하더라도 행사가격과 옵션 프리미엄의 합보다 작으면, 콜옵션 매입자는 손실을 본다. 예를 들어, 유로달러 선물가격이 95.50이면, 콜옵션 매입자는 −0.16%, 즉 400(= 16 × 25) 달러의 손실을 본다. 그러나 이 손실은 옵션을 행사하지 않을 때의 손실 1,025달러보다 작다.

유로달러선물의 결제일에는 선물금리 $f$는 3개월 리보와 같아진다. 예를 들어, 결제일의 3개월 리보가 4%라면, 유로달러 선물가격은 96.00이 된다. 따라서 [그림 9-28]에서 보는 유로달러선물 콜옵션 매입자의 손익은 행사금리 4.75%인 대출자옵션을 0.41%의 프리미엄으로 매입한 투자자의 손익과 같다. 즉 행사가격 95.25인 유로달러선물 콜옵션을 0.41%의 프리미엄으로 매입한 투자자는 이자율의 하한을 4.34%로 고정시킬 수 있다.

### (2) 유로달러선물 풋옵션

금리상승을 예상하는 차입자는 금리위험을 헤지하기 위해 장외금리옵션에서는 차입자옵션을 매입하지만, 거래소 금리옵션에서는 유로달러선물 풋옵션을 매입하여야 한다.

[그림 9-29]는 행사가격 95.75인 유로달러선물 풋옵션을 0.62%의 프리미엄

으로 매입한 차입자의 만기일의 손익을 보여주고 있다.

**1.** 만약 만기일의 유로달러 선물가격이 행사가격 95.75보다 높거나 같다면($P_t \geq K$), 옵션 매입자는 옵션의 행사를 포기할 것이다. 이때 풋옵션 매입자의 손실은 옵션거래일에 지불한 옵션 프리미엄 0.62%, 즉 1,550달러가 된다.

**2.** 한편 만기일의 유로달러 선물가격이 행사가격 95.75보다 낮다면($P_t < K$), 옵션 매입자는 옵션을 행사할 것이다. 이때 풋옵션 매입자의 손익 $\pi$는 다음과 같이 나타낼 수 있다. 즉

$$\pi = [K - P_t] - P = [K - P] - P_t$$

예를 들어, 만기일의 유로달러 선물가격이 94.50이면, 유로달러 풋옵션 매입자의 이익은 0.63%, 즉 1,575(= 63 × 25) 달러가 된다. 그러나 만기일의 유로달러 선물가격이 행사가격보다 낮다 하더라도, 행사가격과 옵션 프리미엄의 차보다 크면, 풋옵션 매입자는 손실을 본다. 예를 들어, 유로달러 선물가격이 95.50이면, 풋옵션 매입자는 −0.37%, 즉 925(= 37 × 25) 달러의 손실을 본다.

유로달러선물의 결제일에 선물금리 $f$는 3개월 리보와 같아진다. 따라서 [그

**그림 9-29** 유로달러선물 풋옵션 매입의 손익

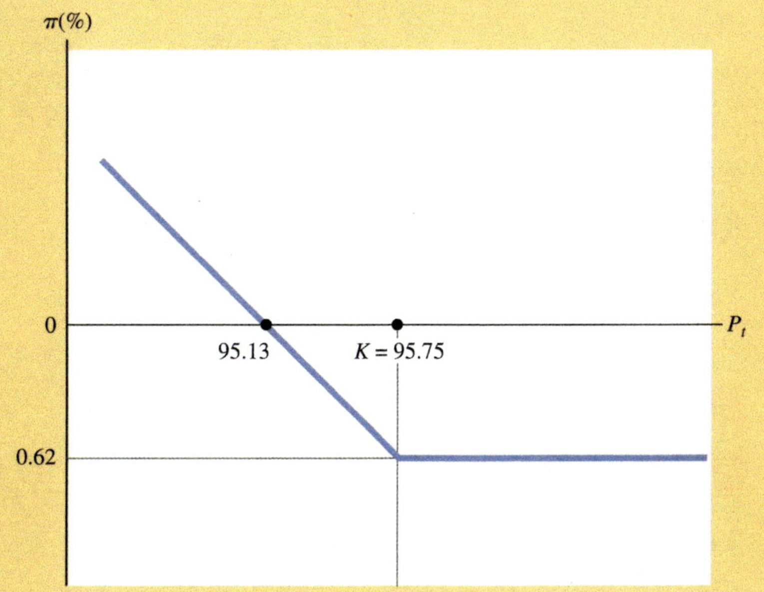

림 9-29]에서 보는 유로달러선물 풋옵션 매입자의 손익을 결제일의 3개월 리보에 대해 그릴 수 있는데, 이는 행사금리가 4.25%인 차입자옵션을 0.62%의 프리미엄으로 매입한 차입자의 손익과 같다. 즉 행사가격 95.75인 유로달러선물 풋옵션을 0.62%의 프리미엄으로 매입한 차입자는 이자율의 상한을 4.87%로 고정시킬 수 있다.

### 4. 금리옵션의 프리미엄

금리옵션의 프리미엄을 결정하는 요인은 행사금리, 현물금리와 선물금리, 만기, 이자율의 변동성, 그리고 수요와 공급에 영향을 미치는 시장의 특수 상황 등이다. 블랙(Fisher Black)은 주식옵션의 블랙-숄즈 모델을 금리옵션으로 연장하였는데, 블랙 모델(Black model)에 의한 금리옵션의 프리미엄 결정 공식은 다음과 같다.

$$C = NP(t_2 - t_1)e^{-r_2 t_2}[FN(d_1) - KN(d_2)]$$

$$P = NP(t_2 - t_1)e^{-r_2 t_2}[FN(-d_2) - KN(-d_1)]$$

$$F = \frac{r_2 t_2 - r_1 t_1}{t_2 - t_1}$$

$$d_1 = \frac{\ln(F/K) + (\sigma^2/2)t_1}{\sigma\sqrt{t_1}}$$

$$d_2 = d_1 - \sigma\sqrt{t_1}$$

위에서 $NP$는 명목원금, $t_1$은 거치기간, $(t_2 - t_1)$은 계약기간, $r_1$은 거래일로부터 옵션 만기일까지의 이자율, $r_2$은 거래일로부터 계약기간 말일까지의 이자율, 그리고 $F$는 계약기간 동안의 선물금리를 나타낸다.

## 9.4 옵션의 이항모델

제2절에서 본 BSGK 모델은 고급의 수학을 이용하여 통화옵션의 가격결정 원리를 설명하는 것으로 일반독자가 이해하기에는 매우 어렵다. 그러나 환율이

매 기간마다 일정한 배율로 상승 또는 하락한다고 가정하는 이항모델(binomial model)은 BSGK 모델에 비해 이해하기가 훨씬 쉽다. 이항모델의 가정은 매우 제약적인 것처럼 보이지만, 여러 기간에 걸쳐 이항 과정을 반복하면 BSGK 모델과 같은 결과를 얻을 수 있다.

## 1. 단일기간 이항모델

지금 유럽식 콜옵션의 만기는 1년, 현재의 환율이 $S = 1{,}000$원, 한국과 미국의 이자율이 각각 $i = 8\%$, $i^* = 4\%$라고 하자. 가장 단순한 단일기간(single period) 이항모델에서는 만기에 환율은 $uS$로 상승하거나 또는 $dS$로 하락한다고 가정한다. 예를 들어, $u = 1.1$, $d = 0.9$이면, 만기의 환율은 $uS = 1{,}100$원으로 상승하거나 또는 $dS = 900$원으로 하락한다. 통화옵션의 이항모델에서 환율 변동의 배수 $u$와 $d$는 다음 조건을 만족시켜야 한다.[20]

$$d < \frac{1+i}{1+i^*} < u$$

이제 [그림 9-30]의 단일기간 이항모델에서 행사가격이 $K = 1{,}000$원인 콜옵션을 매입하였다면, 이 옵션의 만기의 이득은 $C_u = 100$ 또는 $C_d = 0$이 될 것이다. 즉

$$C_u = Max[(uS - K), 0] = Max[(1{,}100 - 1{,}000), 0] = 100$$

$$C_d = Max[(dS - K), 0] = Max[(900 - 1{,}000), 0] = 0$$

이와 같은 단순한 단일기간 이항모델에서 콜옵션의 프리미엄은 복제 방법(replication approach)에 의해 구할 수 있다. 이제 콜옵션의 복제를 위해 $B$원을 차입하고 $\Delta$달러를 매입하면, 그 비용 $C$는 다음과 같다.

---

[20] 이 가정은 무위험 차익거래 이익(risk-free arbitrage profit)의 기회를 주지 않기 위해서 필요한데, 이를 보기 위해 위 식의 모든 항에 $S$를 곱하면

$$dS < S\frac{1+i}{1+i^*} = F < uS$$

가 성립하는데, 이는 선물환율이 만기의 두 가능한 환율 사이의 값을 가져야 한다는 것을 말한다. 이 조건이 충족되지 않으면 선물환을 매도하거나($F > uS$인 경우) 매입하여($F < dS$인 경우) 무위험 이익을 얻을 수 있다.

그림 9-30 단일-기간 이항 모델: K = 1,000

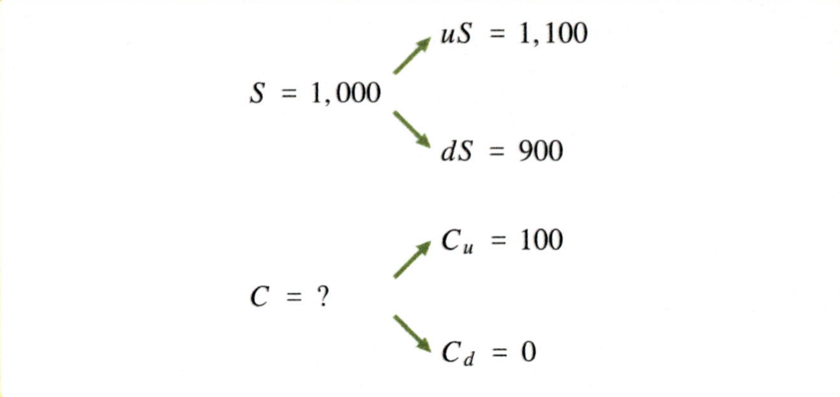


$$C = \Delta S - B \tag{1}$$

예를 들어, $B = 350$원을 차입하여 $\Delta = 0.5$달러를 매입하려면 $C = 150$원의 지출, 즉 비용이 든다. 즉

$$150 = 0.5(1,000) - 350$$

만약 $B$원의 차입과 $\Delta$달러 매입의 만기의 이득이 [그림 9-30]에서 본 콜옵션의 이득과 같다면, 이는 콜옵션의 복제 상품이라고 말할 수 있고, 차익거래의 원리에 따라 식 (1)로 콜옵션의 프리미엄을 구할 수 있을 것이다. 이와 같이 $B$원의 차입과 $\Delta$달러의 매입이 콜옵션의 복제상품이 되기 위해서는 다음 두 식이 성립하여야 한다.

$$\Delta(1 + i^*)(uS) - B(1 + i) = C_u$$

$$\Delta(1 + i^*)(dS) - B(1 + i) = C_d$$

위의 두 식으로부터 $\Delta$와 $B$의 값은 다음과 같이 구할 수 있다.

$$\Delta = \frac{C_u - C_d}{S(u - d)(1 + i^*)} \tag{2}$$

$$B = \frac{C_u d - C_d u}{(u - d)(1 + i)} \tag{3}$$

그리고 이 두 식을 식 (1)에 대입하여 정리하면, 다음과 같이 콜옵션 프리미엄을 구하는 식을 얻을 수 있다.

$$C = \frac{qC_u + (1-q)C_d}{1+i} \tag{4}$$

$$q = \frac{(1+i) - (1+i^*)d}{(1+i^*)(u-d)} = \frac{\left[\dfrac{1+i}{1+i^*}\right] - d}{u-d} \tag{5}$$

이제 $i^* = 4\%$, $i = 8\%$이라고 가정하고, [그림 9-30]에서 본 단일-기간 이항모델의 콜옵션 프리미엄을 구하기 위해 $\Delta$, $B$, $q$의 값을 구해 보면 다음과 같다.

$$\Delta = \frac{100 - 0}{1{,}000(1.1 - 0.9)(1.04)} = 0.4808$$

$$B = \frac{100(0.9) - 0(1.1)}{(1.1 - 0.9)(1.08)} = 416.67$$

$$q = \frac{\left[\dfrac{1.08}{1.04}\right] - 0.9}{1.1 - 0.9} = 0.6923$$

따라서 콜옵션의 프리미엄은 식 (4)에 따라 다음과 같이 구할 수 있다. 즉

$$C = \frac{0.6923(100) + 0.3077(0)}{1.08} = 64.10$$

또는 식 (1)에 따라

$$C = 0.4808(1{,}000) - 416.67 = 64.10$$

지금까지 416.67원의 차입과 0.4808달러의 매입이 [그림 9-30]에서 본 콜옵션과 동일한 복제상품(replication portfolio)을 구성할 수 있고, 이 복제 상품의 비용 64.10원은 콜옵션의 프리미엄과 같다는 것을 설명하였다.

만약 콜옵션의 프리미엄이 64.10원보다 높다면, 416.67원을 차입하고 0.4808달러를 매입하면서 동시에 콜옵션을 매도하면 이익을 얻을 수 있다. 이때 콜옵션의 초과공급이 일어나 콜옵션의 프리미엄은 하락하게 된다. 한편 콜옵션의 프리미엄이 64.10원보다 낮다면, 0.4808달러를 차입하고 416.67원을 투자하면서 동시에 콜옵션을 매입하면 이익을 얻을 수 있다. 이때 콜옵션의 초과수요가 일어나 콜옵션의 프리미엄은 상승하게 된다.

## 2. 여러 기간 이항모델

지금까지 만기 1년인 단일기간 이항모델에서 콜옵션 프리미엄을 구하는 방법을 설명하였다. 이제 여러 기간(multi-period) 이항모델에서 콜옵션 프리미엄을 구하는 방법을 알아보기로 한다.

만기 1년을 동일한 크기를 갖는 $n$-기간으로 분할하면, 각 기간의 크기는 $t = 1/n$이 된다. 예를 들어, $n = 2$인 2-기간 이항모델에서 각 기간의 크기는 0.5년 또는 6개월이 된다. 이제 2-기간 이항모델에서 $u = 1.07$, $d = 0.93$이라고 하면, 환율은 [그림 9-31]에서 보는 이항과정을 따라 변동한다. 이때 한국 원과 미국 달러의 매 기간(6개월)의 이자율은 $i \times t = 8\% \times 0.5 = 4\%$, $i^* \times t = 4\% \times 0.5 = 2\%$라고 하자.

이와 같은 2-기간 이항모델에서 만기 1년, 행사가격 $K = 1{,}000$원인 콜옵션의 프리미엄을 구해 보자. [그림 9-31]에서 먼저 $C_u$, $C_d$, $q$는 앞의 단일기간 이항모델에서 배운 방법으로 다음과 같이 구할 수 있다. 즉

그림 9-31 2-기간 이항모델: K = 1,000

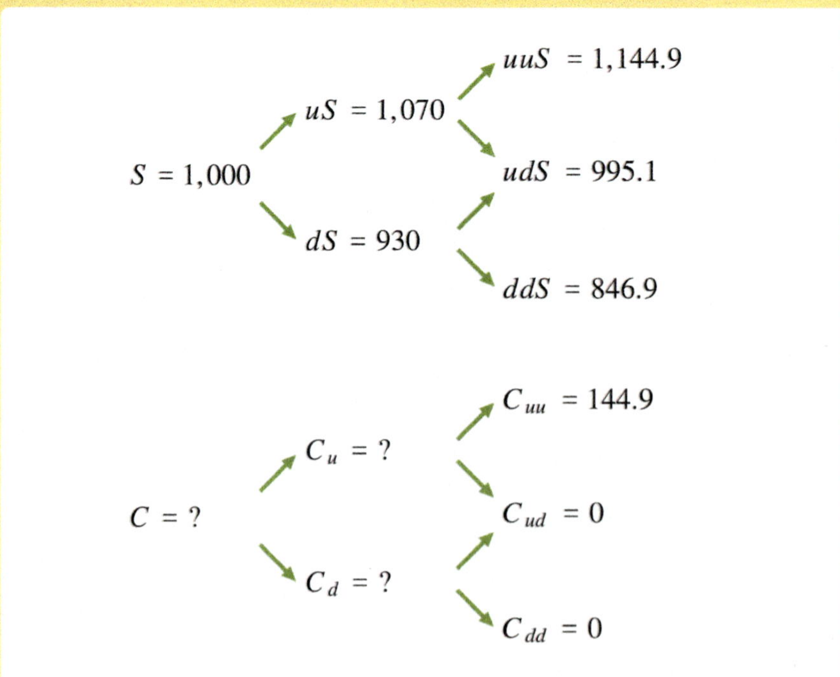

$$C_u = \frac{qC_{uu} + (1-q)C_{ud}}{1+0.04} = \frac{0.64(144.9) + 0.36(0)}{1.04} = 89.17$$

$$C_d = \frac{qC_{ud} + (1-q)C_{dd}}{1+0.04} = \frac{0.64(0) + 0.36(0)}{1.04} = 0$$

$$q = \frac{\left[\dfrac{1+i_t}{1+i_t^*}\right] - d}{u-d} = \frac{\left[\dfrac{1.04}{1.02}\right] - 0.93}{1.07 - 0.93} = 0.64$$

다음에 이와 같이 구한 $C_u$, $C_d$, $q$로부터 2-기간 이항 모델의 콜옵션의 프리미엄을 다음과 같이 구할 수 있다. 즉

$$C = \frac{qC_u + (1-q)C_d}{1+0.04} = \frac{0.64(89.17) + 0.36(0)}{1.04} = 54.88$$

이와 같이 2-기간 이항모델에서 단계적인(step-wise) 방법으로 콜옵션 프리미엄을 구하는 것을 동태적 복제(dynamic replication)라 부른다. 지금까지 $t = 1/n = 1/2$, 즉 2-기간 이항모델에서 만기 1년의 콜옵션 프리미엄을 어떻게 구하는지를 보았다. 그런데 이항 모델에서 $n$을 50 정도로 증가시키면, 이항모델의 콜옵션 프리미엄은 BSGK 모델의 콜옵션 프리미엄으로 수렴해 가는 것을 보일 수 있다.

# 참고문헌


- G. Bekaert and R. Hodrick, *International Financial Management*, Second Edition, Perason, (2012), ch. 20.
- D. Chance and R. Brooks, *An Introduction to Derivatives and Risk Management*, Seventh Edition, South-Western, (2008), chs. 2, 3, 4, 5, 6, 7.
- A. Chisholm, *An Introduction to International Capital Markets*, Second Edition, Wiley, (2009), chs. 16, 17, 18, 19, 20.
- Deutsche Bank Research, "OTC Derivatives: A New Market Infrastructure is Taking Shape," (April 2010).
- D. Dubofsky and T. Miller, *Derivatives: Valuation and Risk Management*, Oxford, (2003), chs. 14, 15, 17, 19.
- D. Eiteman, A. Stonehill, M. Moffett, *Fundamentals of Multinational Finance*, Fourth Edition, Pearson, (2012), ch. 8.
- C. Eun, B. Resnick and S. Sabherwal, *International Finance: Global Edition*, Sixth Edition, MaGraw-Hill, (2012), ch. 6.
- J. Grabbe, *International Financial Markets*, Third Edition, Prentice Hall, (1996), ch 7.
- J. Hull, *Fundamentals of Futures and Options Markets*, Seventh Edition, Pearson, (2011), chs. 9, 10, 11, 12, 13.
- R. Kolb and J. Overdahl, *Futures, Options, and Swaps*, Fifth Edition, Blackwell, (2007), chs. 10, 11, 13.
- Yoolim Lee, "Korean Corporations Court Bankruptcy with Suicidal KIKO Options," *Bloomberg Markets Magazine*, (March 24, 2009).
- R. Levich, *International Financial Markets*, Second Edition, McGraw-Hill, (2001), ch. 12.
- R. McDonald, *Fundamentals of Derivatives Markets*, Prentice Hall, (2009), chs. 9, 10, 11.
- D. Mihaljek and F. Packer, "Derivatives in Emerging Markets," *BIS Quarterly Review*, (December 2010).
- A. Shapiro and A. Sarin, *Foundations of Multinational Financial Management*, Sixth Edition, Wiley, (2009), ch. 7.
- C. Smithson, *Managing Financial Risk*, McGraw-Hill, (1998), chs. 10, 11, 12, 13.

- 백승오, "통화옵션상품: 키코사태의 현황 분석 및 시사점," NHERI 리포트 제 69호. (2009년 9월).
- 이상제와 김도영, "키코 상품의 이해," 한국금융연구원, (2009년 12월).
- 한국은행, 「우리나라의 금융시장」, (2009년 12월), 제4장 파생금융상품시장.
- 한국은행, 「우리나라의 외환제도와 외환시장」, (2010년 12월), 제5장 외환파생상품 시장.

Chapter 10

# 금융스왑시장

10.1 금리스왑시장 / 10.2 통화스왑시장 /
10.3 스왑의 가격결정 / 10.4 신용부도스왑(CDS)

금융파생상품은 금융선물, 금융옵션, 그리고 금융스왑으로 나눌 수 있다. 앞의 두 장에서 금융선물과 금융옵션에 대해 배웠다. 이제 이 장에서는 금리스왑, 통화스왑, 그리고 신용부도스왑 등 금융스왑(financial swaps)을 공부하기로 한다. 금융선물과 금융옵션은 장외에서 거래되기도 하고, 거래소를 통해 거래되기도 한다. 그러나 금융스왑은 아직 대부분 장외에서 거래되고 있는데, 상품의 표준화와 중앙청산소의 도입 등은 현재 다각도로 논의 중에 있다.[1]

1980년대 초반부터 거래되어 온 금리스왑(interest rate swap)과 통화스왑(currency swap)은 두 당사자가 일정한 만기 동안 일정한 결제기간마다 현금흐름(cash flow)을 교환하는 거래를 말한다. 예를 들어, 만기가 3년이고 결제기간이 6개월인 스왑에서 현금흐름은 매 6개월마다 모두 여섯 번 교환된다. 금리스왑은 원금의 교환 없이 동일 통화의 이자지급만을 교환하고, 통화스왑은 이종 통화의 원금과 이자지급을 모두 교환한다.

이 장의 제1절과 제2절에서 금리스왑과 통화스왑을 공부한 다음, 제3절에서 스왑의 가격결정(pricing)과 가치평가(valuation)에 대해 설명하기로 한다. 한

[1] G20의 요청에 따라 현재 금융안정위원회(FSB)는 글로벌 금융규제 개혁과제의 하나로 스왑을 비롯한 장외 금융파생상품의 규제를 논의하고 있으나 아직 확정된 내용은 없다. 한편 미국도 2010년 7월 제정된 도드-프랭크 법에 따라 장외 금융파생상품에 대한 규제를 도입하였으나 세부시행 규정이 확정되지 않아 아직 시행되지 않고 있다.

편 제4절에서는 1990년대 중반에 도입된 이후 최근 그 이용이 기하급수적으로 증가한 신용부도스왑(credit default swap)에 대해 공부하기로 한다. 신용부도스왑이란 거래상대방의 부도로 손실을 볼지도 모를 신용위험(credit risk)을 관리하는 금융파생상품을 말한다.

## 10.1 금리스왑시장

금리스왑(interest rate swap)은 장외에서 두 당사자가 일정한 만기 동안 일정한 결제기간(settlement period)마다 동일 통화의 일정한 명목원금(notional principal)에 대해 서로 다른 이자지급을 교환하는 것을 말한다. 제 8장에서 배운 선물금리계약(FRA)은 장래의 일정한 계약기간, 즉 단기의 금리위험을 관리하는 상품이다. 그러나 금리스왑은 장래의 여러 결제기간, 즉 장기의 금리위험

그림 10-1 금리스왑시장의 성장

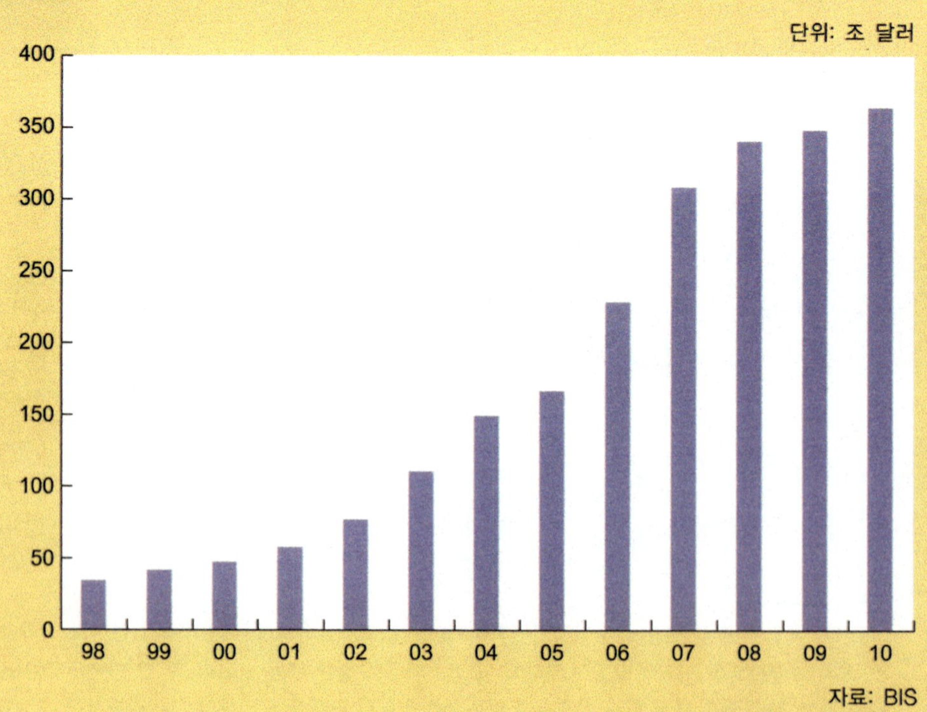


자료: BIS

을 관리하는 상품이다. 금리스왑의 만기는 1년에서 30년까지가 있고, 결제기간은 3개월 또는 6개월이 가장 일반적이다.

국제결제은행(BIS)에 따르면, 금리스왑의 명목원금(notional principal)은 1998년 말 36조 달러에서 2010년 말 350조 달러로 12년 동안 거의 10배가 증가하였다. 이와 같이 오늘날 금리스왑은 금융파생상품시장의 절반 이상을 차지할 만큼 방대한 시장을 형성하고 있다. 한편 금리스왑의 1일 거래액(daily turnover)은 1998년 1,550억 달러에서 2010년에는 1.3조 달러로 12년 동안 8배 이상 증가하였다.

## 1. 금리스왑의 기초

오늘날 가장 널리 이용되고 있는 전형적인(plain vanilla) 금리스왑은 두 당사자가 고정금리와 변동금리의 이자지급을 교환하는 금리스왑이다. 고정금리-변동금리 금리스왑에서 고정금리를 지급하는 당사자를 고정금리 지급자(fixed rate payer), 변동금리를 지급하는 당사자를 변동금리 지급자(floating rate payer)라 부른다. 금리스왑은 동일 통화의 현금흐름을 교환하는 거래이므로, 원금은 교환하지 않는다.

지금 기업 A가 고정금리 지급자, 기업 B가 변동금리 지급자로 명목원금 100만 달러, 만기 5년, 결제기간 1년, 고정금리 9%인 금리스왑을 체결하였다고 하자. 그리고 거래일의 1년 리보가 8.75%라고 하자. 이 금리스왑에서는 [표 10-1]에서 보는 바와 같이, 1년 후부터 5년 후까지 매 결제기간의 마지막 날인 결제일(settlement date)에 모두 다섯 번의 이자지급의 교환이 이루어진다.

그림 10-2 고정금리-변동금리 금리스왑

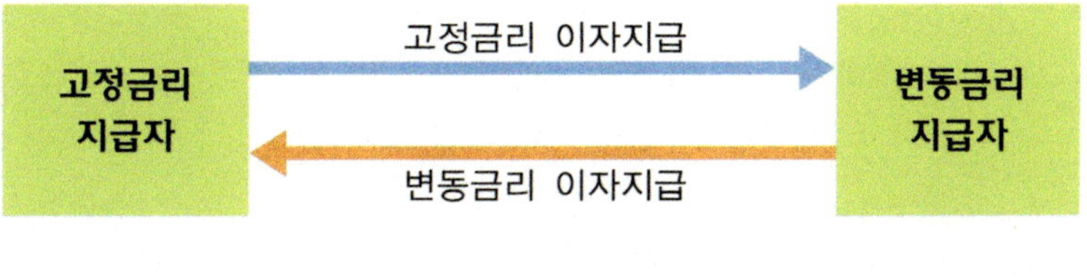

**표 10-1 금리스왑의 현금흐름**

| 년도 | LIBOR | 변동금리 지급자 | 고정금리 지급자 |
|---|---|---|---|
| 0 | 8.75% | | |
| 1 | $LIBOR_1$ = ? | $LIBOR_0 \times \$1,000,000 =$ <br> $8.75\% \times \$1,000,000 = \$87,500$ | \$90,000 |
| 2 | $LIBOR_2$ = ? | $LIBOR_1 \times \$1,000,000$ | \$90,000 |
| 3 | $LIBOR_3$ = ? | $LIBOR_2 \times \$1,000,000$ | \$90,000 |
| 4 | $LIBOR_4$ = ? | $LIBOR_3 \times \$1,000,000$ | \$90,000 |
| 5 | | $LIBOR_4 \times \$1,000,000$ | \$90,000 |

고정금리가 9%이고 결제기간이 1년이므로, 고정금리 이자지급은 90,000달러로 일정하다. 그러나 변동금리 이자지급은 리보가 변동함에 따라 변동한다. 거래일의 1년 리보가 $LIBOR_0$ = 8.75%이므로, 첫 번째 변동금리 이자지급은 87,500 달러가 된다. 그러나 나머지 네 번의 변동금리 이자지급은 1년 리보가 $LIBOR_1$, $LIBOR_2$, $LIBOR_3$, $LIBOR_4$로 변동함에 따라 변동한다.[2] 변동금리의 기준금리(reference rate)로 대부분 리보(Libor)를 사용하지만, 유로의 경우에는 유리보(Euribor)가 더 많이 이용되고 있다.

금리스왑에서 두 당사자는 고정금리와 변동금리 이자지급을 서로 교환하는 대신 두 이지지급의 차액만을 결제하는(netting) 것이 일반적이다. 예를 들어, 첫 결제일에 기업 A는 기업 B에게 고정금리 이자지급 90,000달러와 변동금리 이자지급 87,500달러의 차액인 2,500달러를 지급한다. 만약 거래일의 리보가 8.75%가 아니라 9.25%였다면, 첫 결제일에 기업 B는 기업 A에게 2,500달러를 지급하여야 한다.

고정금리-변동금리 금리스왑에서 고정금리를 스왑 레이트(swap rate)라 부른다.[3] [표 10-1]에서 본 금리스왑에서 스왑 레이트는 9%이다. 결제기간의 리보(변동금리)가 스왑 레이트(고정금리)보다 높으면, 고정금리 지급자가 이익을 본다. 반대로 결제기간의 리보(변동금리)가 스왑 레이트(고정금리)보다 낮으면

[2] 매 결제기간에 적용되는 변동금리는 결제기간 시작 2영업일 전의 기준금리로 결정하는데, 이 날을 이자결정일(interest reset date)이라고 한다. 여기서는 단순화를 위해 매 결제기간 시작일을 이자결정일로 보기로 한다.

변동금리 지급자가 이익을 본다. 따라서 스왑 레이트는 금리스왑의 가장 중요한 거래조건이라는 것을 알 수 있다.

금리스왑은 매 결제기간마다 두 현금흐름(cash flow)을 교환하는 거래이다. 만약 고정금리 이자지급의 현재가치의 합이 변동금리 이자지급의 현재가치의 합보다 크면, 고정금리 지급자가 불리하다. 그리고 변동금리 이자지급의 현재가치의 합이 고정금리 이자지급의 현재가치의 합보다 크면, 변동금리 지급자가 불리하다. 따라서 스왑 레이트는 두 현금흐름의 현재가치의 합이 같아지는 수준에서 결정된다. 스왑의 가격결정(swap pricing) 원리에 대해서는 제3절에서 자세하게 공부할 것이다.

## 2. 금리스왑의 실제

금리스왑은 원래 금리위험(interest rate risk)을 관리하는 상품으로 도입되었다. 그러나 오늘날 금리스왑은 차입비용(borrowing cost)을 감소시키기 위한 수단으로도 널리 이용되고 있다. 이제 차입자가 국제금융시장에서 자금을 조달할 때, 금리스왑을 통해 어떻게 차입비용을 감소시킬 수 있는지 보기로 하자.

### (1) 비교우위와 금리스왑

금리스왑이 이루어지는 기본적인 이유는 스왑 당사자가 모두 이익을 얻을 수 있기 때문이다. 이것은 비교우위(comparative advantage)에 따라 무역을 하면 교역국 모두에게 이익이 발생하는 원리와 유사하다. 이제 예를 들어 스왑의 이익을 설명하여 보자.

지금 기업 A는 변동금리로 그리고 기업 B는 고정금리로 각각 1억 달러의 자금을 5년간 조달하려고 계획하고 있다고 하자. 그리고 고정금리시장(국제본드시장)과 변동금리시장(국제은행시장)에서 기업 A와 기업 B의 차입비용이 [표 10-2]와 같다고 하자.

기업 A는 두 시장에서 모두 기업 B보다 차입비용이 낮고, 기업 B는 두 시장

---

[3] 우리나라에서는 제3장 2절에서 배운 미국 달러에 대한 한국 원의 선물 디스카운트 $d$를 흔히 스왑 레이트라 부르는데, 엄밀히 말하면 이는 외환스왑 레이트라 불러야 한다. 일반적으로 스왑 레이트라고 하면 금리스왑의 고정금리를 가리키고 있으므로, 이를 선물 디스카운트와 혼동하지 말아야 한다.

**표 10-2 두 기업의 차입비용**

| | 고정금리시장 | 변동금리시장 |
|---|---|---|
| 기업 A | 7.00% | Libor + 0.10% |
| 기업 B | 8.00% | Libor + 0.35% |
| 금리차이 | 1.00% | 0.25% |

에서 모두 기업 A보다 차입비용이 높다. 그러나 기업 A의 금리우위는 변동금리시장(0.25%)보다 고정금리시장(1%)에서 더 크다. 따라서 기업 A는 고정금리시장에서 비교우위를 가지고 있다. 한편 기업 B의 금리열위는 고정금리시장(1%)보다 변동금리시장(0.25%)에서 더 작다. 따라서 기업 B는 변동금리시장에서 비교우위를 가지고 있다.[4]

**그림 10-3 금리스왑의 그림**

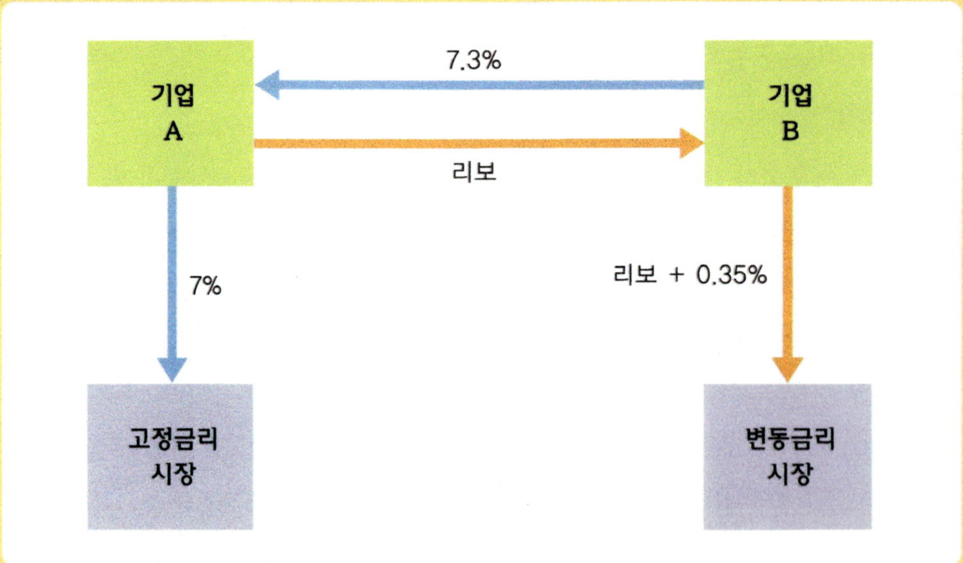


[4]이와 같이 비교우위가 나타나는 것은 고정금리시장과 변동금리시장에서 두 기업의 차입비용의 차이가 1%와 0.25%로 다르기 때문이다. 두 시장에서 두 기업의 차입비용의 차 0.75%를 흔히 QSD(quality spread differential)이라 부른다.

이때 두 기업이 각각 비교우위가 있는 시장에서 자금을 조달한 다음, 금리스왑을 하면 두 기업 모두 차입비용을 감소시킬 수가 있다. 예를 들어, (1) 기업 A는 만기 5년, 7%의 고정금리로, 1억 달러 고정금리채를 발행한다. (2) 기업 B는 만기 5년, [리보 + 0.35%]의 변동금리로, 1억 달러 은행대출을 받는다. 그리고 (3) 기업 A는 변동금리 지급자, 기업 B는 고정금리 지급자로, 만기 5년, 명목원금 1억 달러, 결제기간 1년, 스왑 레이트 7.3%인 금리스왑을 체결한다.

### (2) 금리스왑과 스왑 이익

이제 이 금리스왑을 통해 두 기업이 실제로 부담하는 차입비용이 얼마가 되는지 알아보자. 먼저 기업 A는 매년 고정금리채 이자 7%를 지급하고, 기업 B로부터 7.3%의 고정금리를 수취하며, 기업 B에게 리보를 지급한다. 따라서 기업 A의 변동금리 차입비용은 [리보 − 0.3%]가 된다. 한편 기업 B는 매년 변동금리 은행대출 이자 [리보 + 0.35%]를 지급하고, 기업 A로부터 리보를 수취하며, 기업 A에게 7.3%의 고정금리를 지급한다. 따라서 기업 B의 고정금리 차입비용은 7.65%가 된다.

그러면 이 금리스왑을 통해 두 기업은 차입비용을 얼마나 절감하고 있는가? 먼저 기업 A가 변동금리시장에서 직접 자금을 조달하는 차입비용은 [리보 + 0.1%]이다. 그런데 금리스왑을 통한 기업 A의 변동금리 차입비용은 [리보 − 0.3%]이다. 따라서 기업 A의 차입비용 절감은 0.4%가 된다. 한편 기업 B가 고정금리시장에서 직접 자금을 조달하는 차입비용은 8%이다. 그런데 금리스왑을 통한 기업 B의 고정금리 차입비용은 7.65%이다. 따라서 기업 B의 차입비용 절감은 0.35%가 된다.

이와 같이 금리스왑을 통해 두 기업은 모두 차입비용을 감소시킬 수 있는데, 이것이 바로 스왑의 이익이다.[5] 스왑의 이익이 발생하는 것은 고정금리시장에서의 두 기업의 차입비용 차(1%)와 변동금리시장에서의 두 기업의 차입비용 차(0.25%)가 다르기 때문이다. 만약 두 시장에서 두 기업의 차입비용의 차가 같다면, 스왑의 이익은 발생하지 않는다. 그러면 왜 두 시장에서 두 기업의 차입비용의 차가 이와 같이 다르게 나타나는가?

---

[5] 기업 A와 기업 B의 차입비용의 감소 0.4%와 0.35%를 합하면 0.75%가 된다. 그런데 이는 두 시장에서 두 기업의 차입비용의 차, 즉 QSD와 같다.

고정금리시장(국제본드시장)은 신용등급이 높은 우량차입자만이 접근할 수 있다. 그리고 본드는 발행비용이 매우 높다. 따라서 신용등급이 낮은 기업은 국제본드를 발행하기가 어렵고, 발행하더라도 매우 높은 비용을 부담해야 한다. 한편 변동금리시장(국제은행시장)은 신용등급이 낮은 차입자라도 접근이 비교적 용이하다. 즉 신용등급이 낮은 차입자라도 조금 높은 스프레드만 부담하면 변동금리 은행대출을 받을 수 있다. 이와 같은 국제본드시장과 국제은행시장의 특징 때문에 신용등급이 다른 두 기업의 두 시장에서의 차입비용은 큰 차이를 나타내고 있다.

### (3) 스왑 딜러와 금리스왑

금리스왑에서 실제로 한 당사자가 직접 거래 조건이 맞는 스왑 상대방을 찾는다는 것은 매우 어렵다. 따라서 금리스왑은 은행의 중개를 통해 이루어지고 있다. 스왑시장의 초창기에 은행은 단지 브로커(broker)로서 두 거래당사자를 연결시켜주고 수수료를 수취하는 소극적인 역할만을 수행하였다. 그러나 스왑시장이 발전함에 따라 은행들은 자기 위험부담으로 스왑을 거래하는 스왑 딜러(swap dealer)로 등장하였다.

그림 10-4 **스왑 딜러와 금리스왑**

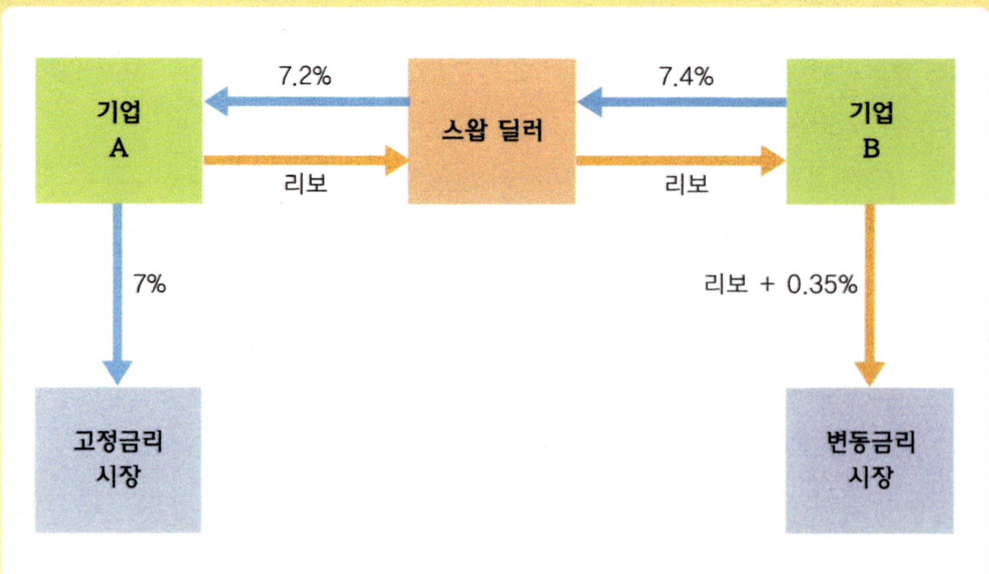

스왑 딜러는 국제금융시장에서 활약하고 있는 유수한 일반은행과 투자은행들로, 매입과 매도의 양방가격으로 스왑 레이트를 호가한다. 스왑 딜러가 지급하는 이자율을 매입가격(bid), 수취하는 이자율을 매도가격(ask)이라 부르는데, 매입-매도 스프레드(bid-ask spread)는 스왑 딜러의 수익이 된다. [그림 10-4]는 [그림 10-3]에서 본 기업 A와 기업 B 간의 금리스왑이 스왑 딜러를 통해 어떻게 이루어지는지를 보여주고 있다. 여기서 스왑 딜러의 매입가격과 매도가격은 7.2%와 7.4%라고 가정하고 있다.

그러면 [그림 10-4]의 금리스왑에서 두 기업이 실제로 부담하는 차입비용은 얼마가 되겠는가? 먼저 기업 A는 매년 고정금리채 이자 7%를 지급하고, 스왑 딜러로부터 7.2%의 고정금리를 수취하며, 스왑 딜러에게 리보를 지급한다. 따라서 기업 A의 차입비용은 [리보 - 0.2%]가 된다. 한편 기업 B는 매년 변동금리 은행대출 이자 [리보 + 0.35%]를 지급하고, 스왑 딜러로부터 리보를 수취하며, 스왑 딜러에게 7.4%의 고정금리 지급한다. 따라서 기업 B의 차입비용은 7.75%가 된다.

한편 [그림 10-4]에서 두 기업의 차입비용의 절감과 스왑 딜러의 이익은 얼마가 될까? 기업 A가 변동금리시장에서 직접 자금을 조달하는 차입비용은 [리보 + 0.1%]이지만, 금리스왑을 통한 기업 A의 변동금리 차입비용은 [리보 - 0.2%]이다. 따라서 기업 A의 차입비용 절감은 0.3%가 된다. 기업 B가 직접 고정금리시장에서 직접 자금을 조달하는 차입비용은 8%이지만, 금리스왑을 통한 기업 B의 차입비용은 7.75%이다. 따라서 기업 B의 차입비용 절감은 0.25%가 된다.

스왑 딜러는 매년 기업 A로부터 리보를 지급받고, 기업 B에게 리보를 지급한다. 그리고 기업 B로부터 7.4%의 고정금리를 지급받고, 기업 A에게 7.2%의 고정금리를 지급한다. 따라서 스왑 딜러는 매입-매도 스프레드인 0.2%, 즉 20 bp의 이익을 얻는다.[6] 스왑 딜러의 매입-매도 스프레드는 스왑시장의 초창기인 1980년대 초반에는 80bp 내외로 매우 높았지만, 1990년대 이후 금리스왑거래가 크게 늘어나고 스왑 딜러 간의 경쟁이 치열해 짐에 따라 최근에는 3 bp 내지 6 bp로 대폭 축소되었다.

[6] 스왑 딜러를 통한 금리스왑에서 기업 A와 기업 B의 차입비용의 감소 0.3%와 0.25%, 그리고 스왑 딜러의 이익 0.2%를 합하면 0.75%가 된다. 그런데 이는 역시 두 시장에서 두 기업의 차입비용의 차, 즉 QSD와 같다.

### (4) 부채스왑과 자산스왑

금리스왑은 원래 부채와 관련된 이자지급을 교환하는 부채스왑(liability swap)으로 시작되었다. 그러나 최근에는 투자와 관련된 이자지급을 교환하는 자산스왑(asset swap)도 널리 이용되고 있다. [그림 10-5]에 따라 부채스왑과 자산스왑 그리고 스왑 딜러의 역할을 설명하여 보자. 여기서 스왑 딜러의 호가는 "7.25% - 7.30%"라고 하자.

고정금리 부채를 가지고 있는 기업 A는 금리하락을 예상하고 있다. 따라서 변동금리 지급자로 금리스왑을 체결하여 차입비용의 감소를 기대하고 있다. 이 금리스왑을 통해 기업 A는 고정금리 부채를 변동금리 부채로 전환한 것과 같다. 한편 고정금리 자산을 가지고 있는 투자자 B는 금리상승을 예상하고 있다. 따라서 고정금리 지급자로 금리스왑을 체결하여 투자수익의 증대를 기대하고

그림 10-5 부채스왑과 자산스왑

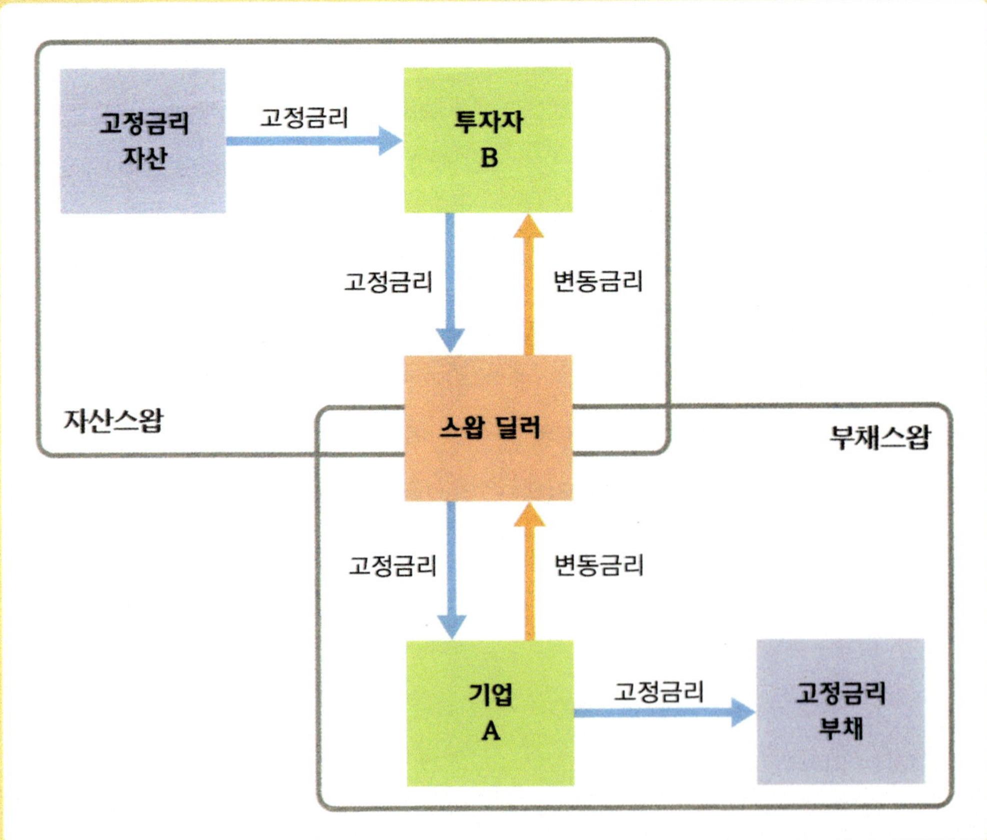

있다. 이 금리스왑을 통해 투자자 B는 고정금리 자산을 변동금리 자산으로 전환한 것과 같다.

이때 스왑 딜러는 투자자 B로부터 7.30%를 수취하고, 기업 A에게 7.25%를 지급하여 5 bp의 수익을 얻고 있다. 스왑 딜러는 자기 위험부담으로 매입과 매도의 양방 호가(two-way quote)를 하면서 금리스왑을 거래하는 일종의 도매상인데, 매입과 매도가 즉각 매치되지 않으면 단기적으로 금리위험에 노출되기도 한다. 이때 스왑 딜러는 주로 유로달러선물을 이용하여 금리위험을 헤지한다.

## 3. 금리스왑의 특징

지금까지 금리스왑의 기초에 대해 공부하였다. 이제 금리스왑시장의 몇 가지 특징에 대해 설명하여 보기로 하자.

### (1) 스왑 레이트, 스왑 스프레드, 스왑 커브

고정금리-변동금리 금리스왑에서 고정금리를 스왑 레이트(swap rate)라 부른다. [표 10-3]은 미국 달러, 유로, 일본 엔 금리스왑의 만기 1년부터 30년까지의 스왑 레이트를 보여주고 있다. 앞과 뒤의 숫자는 스왑 딜러의 매입가격(bid)과 매도가격(ask)을 나타낸다.

변동금리의 기준금리(reference rate)로는 미국 달러는 3개월 리보(Libor), 영국 파운드, 일본 엔, 스위스 프랑은 6개월 리보(Libor), 그리고 유로는 6개월 유리보(Euribor)가 주로 이용되고 있다.

스왑 스프레드(swap spread)란 만기가 동일한 금리스왑의 스왑 레이트와 국채 이자율의 차를 말한다.[7] 미국 등 주요국의 국채는 부도위험이 거의 없으므로 국채 이자율을 흔히 무위험(risk-free) 이자율이라 부른다. 한편 스왑 레이트는 신용등급 AA 내외인 은행의 신용위험을 반영하고 있다. 따라서 스왑 레이트는 국채 이자율보다 높고, 스왑 스프레드는 플러스의 값을 갖는 것이 정상적이다.[8]

스왑 커브(swap curve)는 만기에 따라 스왑 레이트를 나타낸 곡선을 말한다. 따라서 스왑 스프레드가 플러스이면, [그림 10-6]에서 보는 바와 같이, 스왑 커

---

[7] 미국 달러 금리스왑의 경우에는 스왑가격을 스왑 레이트보다 스왑 스프레드로 호가하는 경우가 일반적이다.

표 10-3 **주요 통화의 스왑 레이트**

| 2010년 6월 2일 | Euro-€ | | US-$ | | Yen-¥ | |
|---|---|---|---|---|---|---|
| | Bid | Ask | Bid | Ask | Bid | Ask |
| 1년 | 1.12 | 1.17 | 0.84 | 0.87 | 0.43 | 0.49 |
| 2년 | 1.32 | 1.37 | 1.22 | 1.25 | 0.45 | 0.51 |
| 3년 | 1.59 | 1.64 | 1.65 | 1.68 | 0.49 | 0.55 |
| 4년 | 1.85 | 1.90 | 2.06 | 2.09 | 0.56 | 0.62 |
| 5년 | 2.10 | 2.15 | 2.41 | 2.44 | 0.64 | 0.70 |
| 6년 | 2.32 | 2.37 | 2.70 | 2.73 | 0.75 | 0.81 |
| 7년 | 2.51 | 2.56 | 2.92 | 2.95 | 0.88 | 0.94 |
| 8년 | 2.67 | 2.72 | 3.10 | 3.13 | 1.02 | 1.08 |
| 9년 | 2.80 | 2.85 | 3.24 | 3.27 | 1.15 | 1.21 |
| 10년 | 2.91 | 2.96 | 3.36 | 3.39 | 1.28 | 1.34 |
| 12년 | 3.09 | 3.14 | 3.56 | 3.59 | 1.49 | 1.57 |
| 15년 | 3.26 | 3.31 | 3.75 | 3.78 | 1.73 | 1.81 |
| 20년 | 3.32 | 3.37 | 3.90 | 3.93 | 1.96 | 2.04 |
| 25년 | 3.26 | 3.31 | 3.97 | 4.00 | 2.05 | 2.13 |
| 30년 | 3.16 | 3.21 | 4.01 | 4.04 | 2.08 | 2.16 |

자료: *Financial Times*

그림 10-6 **미국 달러의 수익률곡선과 스왑 커브**

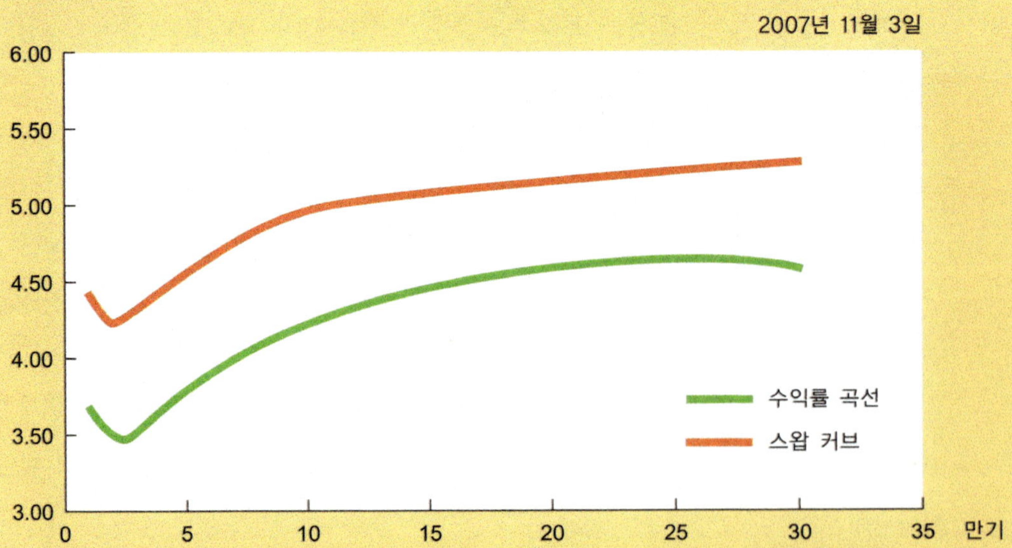


자료: *Financial Times*

브는 국채의 수익률곡선보다 상방에 위치한다.

### (2) 금리스왑과 본드시장

금리스왑은 부외거래(off-balance sheet transaction)이다. 그러나 대차대조표와 관련하여 생각해보면 고정금리 지급자는 고정금리채를 발행하여 조달한 자금을 변동금리로 운용하는 것과 같다. 또 변동금리 지급자는 변동금리채를 발행하여 조달한 자금을 고정금리로 운용하는 것과 같다. 따라서 금리스왑시장은 제 6장에서 공부한 국제본드시장과 밀접하게 연관되어 있다. 실제로 오늘날 국제본드시장에서 조달되는 자금의 약 2/3 이상은 금리스왑 또는 통화스왑되고 있다고 알려져 있다.

### (3) FRA와 금리스왑

금리스왑은 제 9장에서 공부한 FRA를 여러 기간에 걸쳐 연속적으로 체결한 것과 같다. 지금 어느 기업이 1억 달러를 2년간 6개월 변동금리로 차입할 때, "6 × 12", "12 × 18", "18 × 24"의 세 FRA를 체결하면, 6개월 이후의 금리위험을 헤지할 수 있다. 한편 이 기업은 만기 2년, 결제기간 6개월인 금리스왑을 체결하여 6개월 이후의 금리위험을 헤지할 수도 있다. 금융시장이 효율적이라면, 두 방법에 의한 헤지의 결과는 동일할 것이다.

그러나 FRA를 이용하면 여러 FRA를 체결하여야 하므로 매우 번잡할 뿐만 아니라, 각 결제기간의 FRA 레이트, 즉 계약금리가 모두 다르게 결정된다. 따라서 차입비용도 결제기간마다 다르다. 한편 금리스왑을 이용하면 단일 계약으로 장기 금리위험을 헤지할 수 있어 매우 편리할 뿐만 아니라, 6개월 이후의 차입비용은 모두 스왑 레이트로 동일해진다. 따라서 오늘날 FRA는 단기의 금리위험을 그리고 금리스왑은 장기의 금리위험을 헤지하는 데 주로 이용되고 있다.

금리스왑은 FRA를 여러 기간에 걸쳐 연속적으로 체결한 것과 같으므로, 금리스왑은 FRA시장과 매우 밀접한 관계를 가지고 있다. 한편 유로달러선물 등 금리선물은 기본적으로 FRA의 거래조건을 표준화하여 거래소를 통해 거래하는

---

[8] 글로벌 금융위기 와중인 2008년 중반 이후 한때 영국과 미국에서 국채 이자율이 스왑 레이트보다 높아 스왑 스프레드가 마이너스가 되는 현상이 나타나기도 하였다. 그리고 2010년 이후 유로존 재정위기로 국채 이자율이 크게 오른 그리스, 포르투갈, 스페인 등에서 스왑 스프레드는 매우 높은 마이너스 수준을 유지하고 있다.

상품이다. 따라서 금리스왑은 유로달러선물 등 금리선물시장과도 밀접한 관계를 가지고 있다는 것을 알 수 있다.

### (4) 변형 스왑과 스왑션

지금까지 표준적인(plain vanilla) 금리스왑에 대해 설명하였다. 그러나 금리스왑에는 거래 조건을 여러 형태로 변형한 변형 스왑(exotic swap)이 있고, 또 스왑에 대한 여러 가지 옵션도 있다.

금리스왑은 고정금리와 변동금리(fixed for floating) 이자지급을 교환하는 것이 일반적이다. 그러나 이와는 달리, 예를 들면 3개월 리보와 3개월 미국 단기국채(T-bill)의 수익률과 같이 두 변동금리(floating for floating)의 이자지급을 교환하는 금리스왑이 있는데, 이를 베이시스 스왑(basis swap)이라고 한다.

금리스왑은 만기 동안 명목원금이 고정되어 있는 것이 일반적이지만, 만기 중 명목원금이 단계적으로 증가, 감소 또는 증감하는 스왑도 있다. 그리고 금리스왑은 만기 동안 스왑 레이트가 일정한 것이 일반적이지만, 만기 중 고정금리가 증가하거나 감소하는 스왑이 있다. 또 금리스왑에서 변동금리는 리보에 스프레드가 붙지 않는 것이 일반적인데, 리보에 플러스 또는 마이너스의 스프레드를 붙이는 스왑도 있다.

스왑션(swaption)은 흔히 스왑에 대한 옵션(option on swaps)을 통칭하는 용어로 쓰인다. 스왑션에는 일정한 거치기간 후에 스왑을 시작할 권리를 갖는 지급자 스왑션(payer swaption)과 수취자 스왑션(receiver swaption)이 있다. 전자는 고정금리 지급자로 스왑을 시작하는 것으로 콜 스왑션이라 부르기도 한다. 후자는 고정금리 수취자(변동금리 지급자)로 스왑을 시작하는 것으로 풋 스왑션이라 부르기도 한다.

## 4. 금리스왑의 이용

오늘날 금리스왑은 금융파생상품 가운데 가장 방대한 시장을 형성하고 있다. 국제결제은행(BIS)에 따르면, 금리스왑의 명목원금(notional principal)은 1998년 말 36조 달러에서 2010년 말 350조 달러로 증가하였다. 한편 금리스왑의 1일 거래액(daily turnover)은 1998년 1,550억 달러에서 2010년 1.3조 달러로 증가하였다. 금리스왑시장이 이와 같이 비약적으로 성장한 것은 금융기관과

기업들이 매우 다양한 목적으로 금리스왑을 이용하고 있기 때문이다.[9]

### (1) 차입비용의 절감

금리스왑의 실제를 설명한 [그림 10-4]에서 본 바와 같이, 금리스왑을 체결하면 두 거래당사자 모두 차입비용(borrowing costs)을 절감할 수 있다. 금리스왑은 원래 금리위험을 관리하는 상품으로 도입되었으나. 오늘날 차입비용을 감소시키기 위한 수단으로도 널리 활용되고 있다.

### (2) 금리위험의 헤지

금리스왑은 금융기관이 금리위험을 헤지하는 수단으로 널리 이용되고 있다. 금융기관은 고정금리로 조달한 자금을 변동금리로 운용할 때, 금리가 하락하면 손실을 볼 위험에 노출된다. 이때 변동금리 지급자로 금리스왑을 체결하면 금리위험을 헤지할 수 있다. 예를 들어, 한국산업은행(KDB)이 고정금리 양키본드를 발행하여 조달한 미국 달러를 국내기업에게 변동금리로 외화대출할 때, 금

그림 10-7 금리스왑과 금리위험 헤지

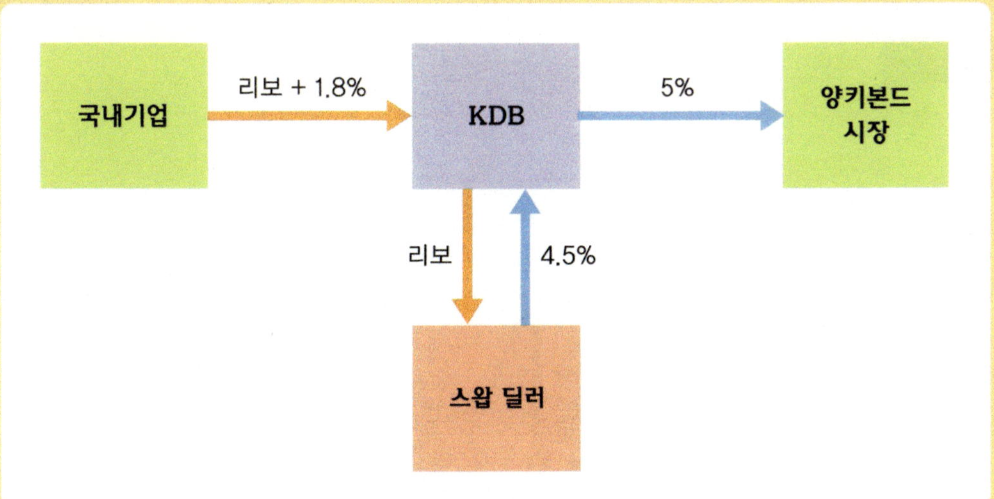


[9] 우리나라 원화 금리스왑은 2000년부터 본격적으로 거래되기 시작하였는데, 2004년 월 평균 16조 원에 불과하던 1일 거래액은 2010년에 274조 원으로 크게 증가하였다. 우리나라의 금리스왑 시장에 대해서는 한국은행, 「우리나라의 금융시장」, (2009)의 제4장을 참조하면 좋다.

리위험을 헤지하기 위해 금리스왑을 이용하고 있다.

지금 KDB가 고정금리 5% 만기 5년의 양키본드를 발행하여 이를 국내기업에게 만기 5년, 이자율 [리보 + 1.80%], 결제기간 3개월의 변동금리로 대출하였다고 하자. 만약 대출기간 중 리보가 3.20% 이하로 하락하면 산업은행은 손실을 보게 된다. [그림 10-7]은 이때 KDB가 변동금리 지급자로 금리스왑을 체결하여 금리위험을 헤지하는 것을 보여주고 있다. 여기서 스왑 딜러의 호가는 "4.50% - 4.55%"라고 가정하고 있다.

KDB는 매 결제기간마다 기업 A로부터 [리보 + 1.80%]의 변동금리와 스왑 딜러로부터 4.5%의 고정금리를 수취한다. 그리고 매 결제기간마다 스왑 딜러에게 변동금리 리보를 지급하고, 양키본드 투자자에게 5.0%의 고정금리를 지급한다. 따라서 KDB는 매 결제기간마다 금리위험의 부담 없이 1.30%의 이익을 얻고 있다. 이와 같이 고정금리로 조달한 자금을 변동금리로 운용할 때, 변동금리 지급자로 금리스왑을 체결하면 금리하락의 위험을 헤지할 수 있다.

### (3) 스왑 스프레드 거래

금융기관은 변동금리로 조달한 자금을 고정금리로 운용할 때, 고정금리 지급

그림 10-8 스왑 스프레드 거래

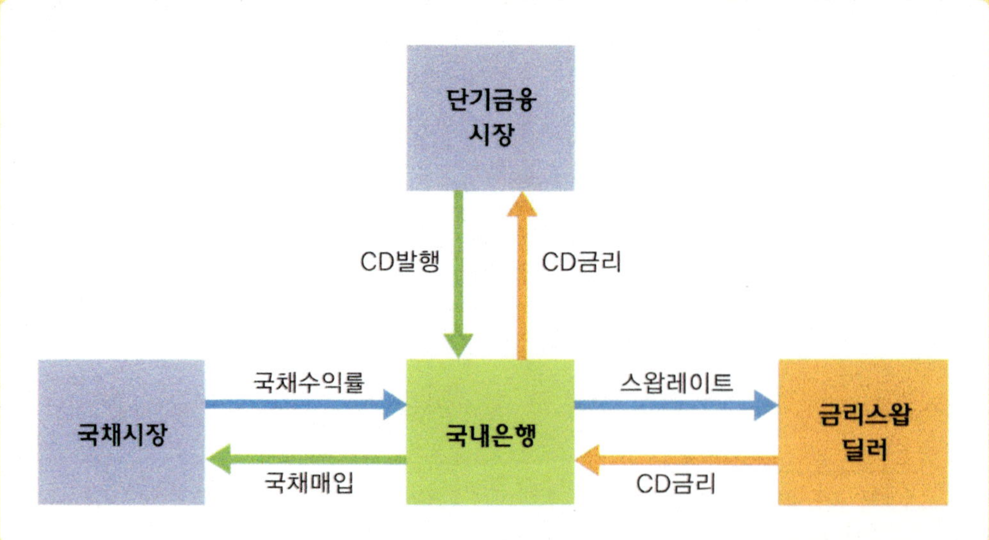

자로 금리스왑을 체결하면 금리상승의 위험을 헤지할 수 있다. 실제로 우리나라 은행들은 단기 양도가능예금증서(CD)를 발행하여 조달한 자금으로 장기국채에 투자할 때, 금리상승의 위험을 헤지하기 위해 금리스왑을 이용하고 있다. 이를 흔히 스왑 스프레드 거래라고 부른다. [그림 10-8]을 통해 스왑 스프레드 거래를 설명하여 보자.

지금 우리나라 3년 만기 국채 수익률이 5.77%, 3개월 CD금리와 교환하는 한국 원 금리스왑의 스왑 레이트가 5.31%라고 하자.[10] 국내 은행 A는 3개월 만기 양도가능예금증서를 발행하여 조달한 자금으로 3년 만기 국채에 투자하고 있는데, 투자기간 중 CD금리가 크게 오르면 손실을 보게 된다. 이때 은행 A가 고정금리 지급자로 금리스왑을 체결하면, 금리상승의 위험을 헤지할 수 있다.

은행 A는 매 결제기간마다 3년 만기 국채 투자에 따른 5.77%의 고정금리와 스왑 딜러로부터 변동금리인 CD금리를 수취한다. 한편 은행 A는 매 결제기간마다 스왑 딜러에게 5.31%의 스왑 레이트와 양도예금증서 투자자에게 변동금리인 CD금리를 지급한다. 따라서 은행 A는 매 결제기간마다 금리위험의 부담 없이 국채수익률 5.77%와 스왑 레이트 5.31%의 차인 0.46%의 이익을 얻고 있다.

이와 같이 은행 A가 금리위험 부담 없이 이익을 얻을 수 있는 것은 스왑 레이트가 국채수익률 보다 낮아, 스왑 스프레드가 마이너스를 나타내기 때문이다. 그러나 스왑 레이트가 국채 수익률보다 높아 스왑 스프레드가 플러스인 경우에는 스왑 스프레드 거래로 이익을 얻을 수 없다.

### (4) 금리예상과 금리스왑

금리스왑은 [그림 10-5]에서 본 바와 같이, 금리변동을 예상하고 이로부터 이익을 얻으려는 목적으로 이용할 수 있다. 고정금리(변동금리) 자산을 가지고 있는 차입자가 금리상승(금리하락)을 예상하면, 고정금리(변동금리) 지급자로 금리스왑을 체결하여 이익을 얻을 수 있다. 한편 고정금리(변동금리) 부채를 가지고 있는 투자자가 금리하락(금리상승)을 예상하면, 변동금리(고정금리) 지급자로 금리스왑을 체결하여 이익을 얻을 수 있다. 그러나 금리예상이 빗나가면 차입자와 투자자는 오히려 손실을 볼 수도 있다.

---

[10] 우리나라 한국 원 금리스왑에서는 변동금리의 기준금리로는 주로 3개월 CD금리가 이용되고 있다. 한편 변동금리인 3개월 CD금리와 교환하는 고정금리인 스왑 레이트를 흔히 IRS 금리라고 부른다.

# 10.2 통화스왑시장

통화스왑(currency swap)은 두 당사자가 (1) 스왑 거래일에 두 통화의 일정한 명목원금(notional principal)을 교환하고, (2) 일정한 만기 동안 일정한 결제기간(settlement period)마다 명목원금에 대한 이자지급을 교환하며, (3) 스왑 종료일에 두 통화의 명목원금을 상환하기로 계약하는 것을 말한다. 통화스왑은 이종 통화의 현금흐름을 교환하는 거래이다. 따라서 이자지급 뿐만 아니라 원금의 교환도 이루어진다.

통화스왑의 명목원금(notional principal)은 1998년 말 2.3조 달러에서 2010년 말에는 19.3조 달러로 12년 동안 8배 이상 증가하였다. 한편 통화스왑의 1일 거래액(daily turnover)은 1998년의 100억 달러에서 2010년에는 430억 달러로 12년 동안 약 4배 증가하였다. 통화스왑시장은 금리스왑시장에 비해 규모가 매

그림 10-9 통화스왑시장의 성장

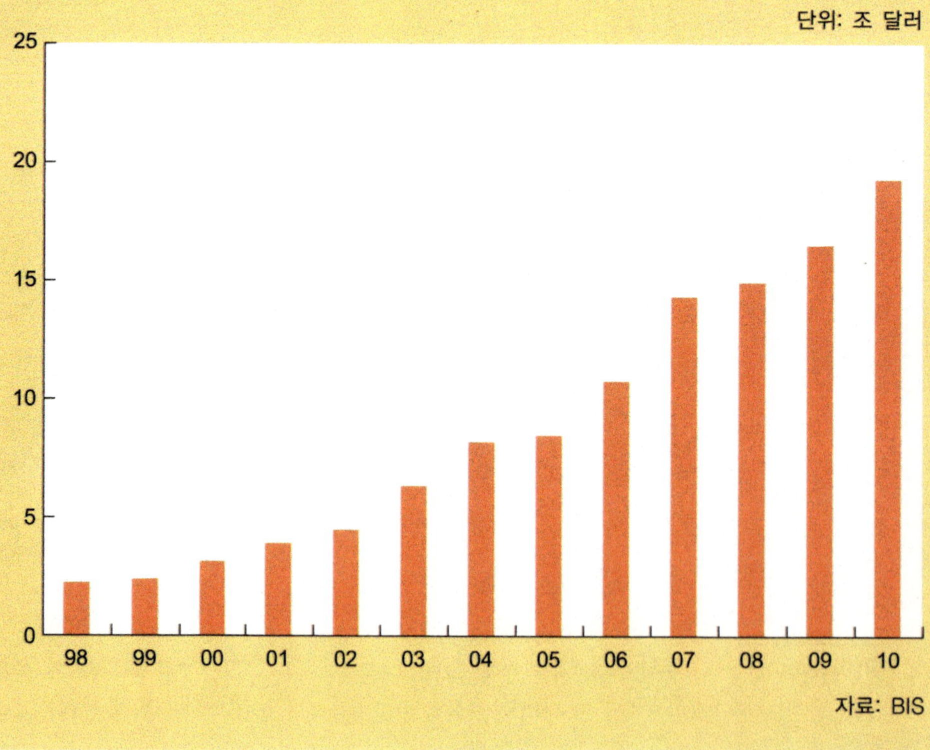

우 작다. 즉 2010년 말 통화스왑의 명목원금은 금리스왑(350조 달러)의 약 6% 그리고 1일 거래액은 금리스왑(1.3조 달러)의 0.3%에 불과하다.

## 1. 통화스왑의 기초

통화스왑에서 거래일과 종료일에 이루어지는 명목원금의 교환에는 모두 거래일의 환율을 적용한다. 예를 들어, 미국 달러와 일본 엔(USD/JPY)의 통화스왑에서, 거래일의 환율이 120엔이고, 미국달러 명목원금이 1,000만달러라면, 일본 엔의 명목원금은 12억엔이 된다. 따라서 스왑 거래일에 두 스왑 당사자는 1,000만 달러와 12억엔을 교환하고, 스왑 종료일에 반대방향으로 두 통화를 상환한다.[11]

통화스왑은 원래 두 통화의 고정금리와 고정금리(fixed for fixed) 이자지급을 교환하는 형태로 도입되었다. 그러나 오늘날 가장 널리 거래되는 전형적인(plain vanilla) 통화스왑은 한 통화의 고정금리와 다른 통화의 변동금리(fixed for floating) 이자지급을 교환하는 형태로 이루어지고 있다.[12] 미국 달러(USD)가 포함된 통화스왑에서는 변동금리는 미국 달러에, 고정금리는 다른 통화에 적용하는 것이 일반적이다.

예를 들어, 앞에서 본 명목원금이 1,000만 달러와 12억 엔인 미국 달러와 일본 엔(USD/JPY) 통화스왑에서 만기가 4년, 결제기간이 1년, 일본 엔의 고정금리 7%, 그리고 스왑 거래일의 미국 달러의 1년 리보가 5%라고 하자. [표 10-4]에서 보는 바와 같이, 이 통화스왑에서는 거래일의 명목원금 교환을 포함하여 모두 다섯 번의 현금흐름(cash flow) 교환이 이루어진다.

이 통화스왑의 첫 번째 현금흐름은 스왑 거래일의 명목원금 교환으로, 기업 A(일본 엔 고정금리 지급자)는 기업 B(미국 달러 변동금리 지급자)에게 1,000만 달러를 그리고 기업 B는 기업 A에게 12억 엔을 지급한다. 다음에 4년간 매 결제기간의 말일인 결제일에 네 번의 이자지급 교환이 이루어진다. 일본 엔의 명목원금이 12억 엔, 고정금리가 7%, 결제기간 1년이므로, 일본 엔의 고정금리

[11] 실제로 통화스왑에서 거래일의 명목원금 교환은 반드시 필요하지 않다. 거래일의 환율이 120엔이므로, 현물환시장을 통해서도 1,000만 달러와 12억 엔을 교환할 수 있기 때문이다.

[12] 통화스왑에는 또 두 통화의 변동금리 이자지급(floating for floating)을 교환하는 통화 베이시스 스왑(currency basis swap)도 있다.

표 10-4 **통화스왑의 현금흐름**

| 년도 | LIBOR | 미국 달러 변동금리 지급자 | 일본 엔 고정금리 지급자 |
|---|---|---|---|
| 0 | 5.00% | ¥1,200,000,000 | $10,000,000 |
| 1 | $LIBOR_1$ = ? | $LIBOR_1$ × $10,000,000 =<br>5% × $10,000,000 = $500,000 | ¥84,000,000 |
| 2 | $LIBOR_2$ = ? | $LIBOR_1$ × $10,000,000 | ¥84,000,000 |
| 3 | $LIBOR_3$ = ? | $LIBOR_2$ × $10,000,000 | ¥84,000,000 |
| 4 | | $LIBOR_3$ × $10,000,000 + $10,000,000 | ¥84,000,000 + ¥1,200,000,000 |

이자지급은 8,400만 엔으로 일정하다.

한편 미국 달러의 변동금리 이자지급은 매 결제기간의 1년 리보에 따라 변동하는데, 스왑 거래일의 1년 리보가 5%이므로 첫 결제일의 이자지급은 50만 달러가 된다.[13] 나머지 세 번의 변동금리 이자지급은 1년 리보가 $LIBOR_1$, $LIBOR_2$, $LIBOR_3$로 변동함에 따라 변동한다. 마지막 결제일인 스왑의 종료일에는 이자지급의 교환과 함께 거래일과 반대방향으로 명목원금의 교환이 이루어진다.

## 2. 통화스왑의 실제

통화스왑도 금리스왑과 마찬가지로 차입비용을 감소시켜 스왑 당사자 모두에게 이익을 가져다준다. 지금 기업 A는 1억 미국 달러를 변동금리로, 그리고 기업 B는 1.5억 스위스 프랑을 고정금리로, 각각 7년 만기로 자금을 조달하려고 한다고 하자. [표 10-5]는 스위스 프랑 고정금리시장(국제본드시장)과 미국 달러 변동금리시장(국제은행시장)에서의 기업 A와 기업 B의 차입비용을 보여주고 있다.

기업 A는 두 시장에서 모두 기업 B보다 차입비용이 낮지만, 스위스 프랑 고정금리시장에서 비교우위를 가지고 있다. 한편 기업 B는 두 시장에서 모두 기업 A보다 차입비용이 높지만, 미국 달러 변동금리시장에서 비교우위를 가지고

[13] 실제로 각 결제기간에 적용하는 이자율은 결제기간 시작일 2영업일 전인 이자결정일(fixing date)의 리보로 결정된다.

**표 10-5 두 기업의 차입비용**

| | 스위스 프랑 고정금리시장 | 미국 달러 변동금리시장 |
|---|---|---|
| 기업 A | 5.50% | 리보 + 0.10% |
| 기업 B | 6.50% | 리보 + 0.35% |
| 금리차이 | 1.00% | 0.25% |

있다. 이때 두 기업이 각각 비교우위가 있는 시장에서 자금을 조달한 다음 통화스왑을 체결하면 두 기업 모두 차입비용을 감소시킬 수 있다.

금리스왑과 마찬가지로 통화스왑도 스왑 딜러의 중개를 통해 이루어진다. 미국 달러와 스위스 프랑(USD/CHF) 통화스왑에서 스왑 딜러는 6개월 미국 달러 리보(Libor)에 대한 스위스 프랑 고정금리로 스왑 레이트를 제시한다. 따라서 스왑 딜러의 호가가 "5.80% – 5.95%"라면, 6개월 미국 달러 리보에 대해 스위스 프랑 5.80%를 지급하거나 5.95%를 수취하겠다는 것을 말한다. 이때 매입-매도 스프레드(bid-ask spread) 15bp는 스왑 딜러의 이익이다.

지금 환율이 1.5 스위스 프랑, 스왑 딜러의 호가가 "5.80% – 5.95%"라고 하자. 이때 두 기업이 만기 7년, 결제기간 6개월의 USD/CHF 통화스왑을 체결하면, 다음과 같은 거래가 이루어진다.

**1.** 스왑 거래일에 기업 A는 1.5억 스위스 프랑을 5.5%의 고정금리로 그리고 기업 B는 1억 미국 달러를 [리보 + 0.35%]의 변동금리로 조달하고 스왑 딜러를 통해 명목원금을 교환한다.

**2.** 스왑 기간 7년 동안 기업 A와 기업 B는 스왑 딜러를 통해 매 6개월마다, [그림 10-10]에서 보는 바와 같이, 고정금리 스위스 프랑 이자지급과 변동금리 미국 달러 이자지급을 교환한다.

**3.** 스왑 종료일에 기업 A는 1억 달러를 그리고 기업 B는 1.5억 스위스 프랑을 스왑 딜러를 통해 스왑 상대방에게 상환한다.

이제 이 통화스왑을 통해 두 기업이 실제로 부담하는 차입비용과 금리이익이

그림 10-10 스왑 딜러와 통화스왑

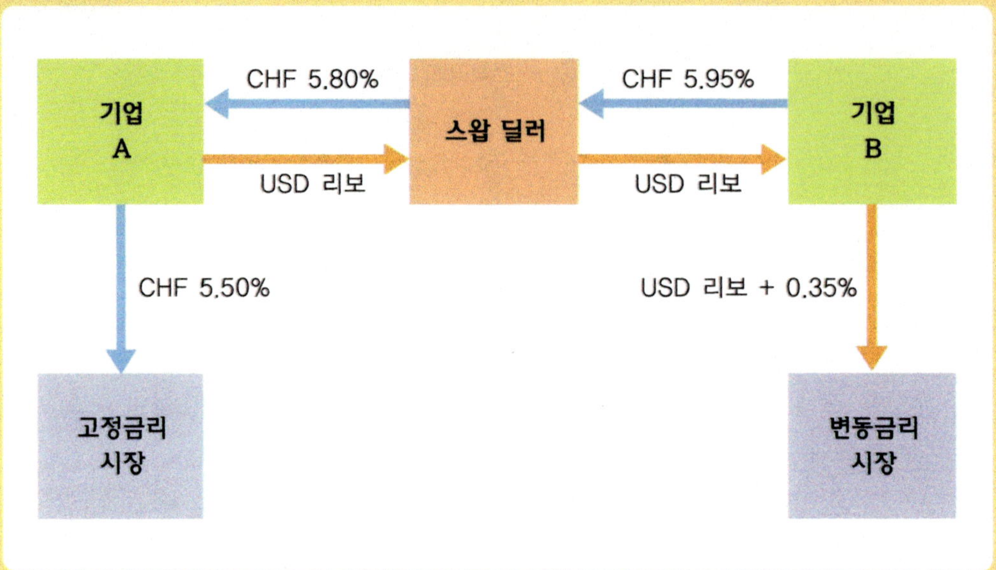


얼마나 되는지 알아보자. 먼저 기업 A는 스왑 딜러로부터 스위스 프랑 고정금리 5.8%를 수취하고, 스위스 프랑 고정금리채의 이자 5.5%를 지급하므로, 스위스 프랑으로 0.3%의 이익을 얻는다. 그리고 기업 A는 스왑 딜러에게 미국 달러 리보를 지급한다. 따라서 기업 A의 미국 달러 차입비용은 [리보 − 0.3%]라고 할 수 있다. 이것은 기업 A가 변동금리시장에서 미국 달러를 직접 조달할 때의 차입비용 [리보 + 0.1%]보다 0.4%가 낮다.

한편 기업 B는 변동금리 은행대출의 이자 [리보 + 0.35%]를 지급하고, 스왑 딜러로부터 미국 달러 변동금리 리보를 수취하므로, 미국 달러로 0.35%의 손실을 본다. 그리고 기업 B는 스왑 딜러에게 스위스 프랑 고정금리 5.95%를 지급한다. 따라서 기업 B의 스위스 프랑 차입비용은 6.3%라고 할 수 있다. 이것은 고정금리시장에서 스위스 프랑을 직접 조달할 때의 이자율 6.5%보다 0.2%가 낮다.[14]

한편 스왑 딜러는 스위스 프랑으로 매입−매도 스프레드인 15bp의 수익을 얻는다. 이제 기업 A의 차입비용 감소 0.4%와 기업 B의 차입비용 감소 0.2%에 스왑 딜러의 이익 0.15%를 합하면 0.75%가 되는데, 이는 고정금리시장에서의 두 기업의 차입비용의 차이 1%에서 변동금리시장에서의 두 기업의 차입비용의 차이인 0.25%를 뺀 것과 같다. 만약 두 시장에서 두 기업의 금리 차이가 같다면 스왑의 이익은 발생하지 않는다.

## 3. 통화스왑의 특징

지금까지 통화스왑의 기초에 대해 공부하였다. 이제 통화스왑의 기원과 통화스왑과 외환스왑(foreign exchange swap)의 차이에 대해 설명하여 보기로 하자.

### (1) 통화스왑의 기원

통화스왑은 1970년대 초반 성행하던 영국 기업과 미국 기업 간의 평행대출과 상호대출로부터 발전한 상품이다. 1960년대에 경상수지의 대폭적인 적자로 영국 파운드가 약세를 나타내자, 영국 정부는 1970년대에 들어와 자본유출을 억제하기 위해 영국 기업이 해외직접투자를 위해 매입하는 미국 달러에 소위 달러 프리미엄을 부과하였다. 평행대출과 상호대출은 이와 같은 외환통제(exchange control)를 회피하는 수단으로 도입되었다.

평행대출(parallel loan)은 다음과 같이 이루어진다. 영국 기업의 미국 자회사는 현지투자를 위해 필요한 미국 달러를 미국 기업의 모회사로부터 대출받는다. 한편 미국 기업의 영국 자회사는 현지 투자를 위해 필요한 영국 파운드를 영국 기업의 모회사로부터 대출받는다. 이와 같이 영국에서는 영국 기업의 모회사와 미국 기업의 자회사 간에 그리고 미국에서는 미국 기업의 모회사와 영국 기업의 자회사 간에 평행하게 대출이 일어난다.

미국과 영국에서 체결된 평행대출은 법적으로 별개의 대출계약이다. 따라서 미국의 영국 기업 자회사가 부도가 나더라도 영국의 미국 기업 자회사는 원리

---

[14] 기업 A는 미국 달러로 이자를 지불하는데 금리이익은 스위스 프랑에서 발생한다. 또 기업 B는 스위스 프랑으로 이자를 지불하는데 금리손실은 미국 달러에서 발생한다. 그런데 일반적으로 스위스 프랑 1bp와 미국 달러 1bp의 가치는 같지 않다. 두 베이시스 간의 관계는 선물환율을 이용하여 조정해야 하는데, Telerate는 매일 주요 통화 간 베이시스를 환산하는 정보를 제공하고 있다. 예를 들어, 지금 스위스 프랑과 미국 달러의 6개월 베이시스 환산계수(basis conversion factor)가 1.03이면, 스위스 프랑 30bp는 미국 달러로 30.90(=30 × 1.03)bp가 된다. 그리고 미국 달러 35bp는 스위스 프랑 33.98(=35/1.03)bp가 된다. 스위스 프랑이 선물 프리미엄에 있으면 베이시스 환산계수는 1보다 크고, 만기가 길수록 더 커진다.

금 상환 의무를 그대로 진다. 다시 말하면, 미국에서 부도가 날 때 영국에서 이를 상쇄할 권리(right of offset)가 없다. 또 평행대출은 일반 대출과 마찬가지로 대차대조표상에 자산과 부채로 모두 기록된다. 이와 같은 단점 때문에 평행대출은 상호대출의 형태로 발전하였다.

상호대출(back-to-back loan)은 미국 기업의 모회사가 영국 기업의 모회사에게 직접 미국 달러를 대출하고, 영국 기업의 모회사가 미국 기업의 모회사에게 직접 영국 파운드를 대출하는 방법으로 이루어진다. 상호대출 이후, 두 모기업은 본지사 간 대출로 자회사에 필요한 자금을 공급한다. 즉 영국 기업의 모회사는 미국 자회사에게 미국 달러를 그리고 미국 기업의 모회사는 영국 자회사에게 영국 파운드를 대출한다.

평행대출에서는 당사자는 두 모기업과 두 자회사로 모두 네 기업인데, 상호대출에서는 두 모기업으로 감소한다. 그리고 두 모기업 간의 상호대출은 법적으로 단일 계약으로 간주되어, 쌍방은 모두 다른 일방이 부도날 때 상쇄의 권리를 갖는다. 따라서 평행대출보다는 신용위험이 적다. 그러나 상호대출은 여전히 대차대조표상에 기록되는 거래이므로, 금융규제의 대상이 된다. 따라서 부외거래인 통화스왑으로 발전하게 되었다.

### (2) 외환스왑과 통화스왑

제4장에서 배운 바와 같이 외환스왑은 결제일이 다른 반대 방향의 두 외환거래를 동일 상대방과 동시에 계약하는 것을 말한다. 외환스왑은 외화자금을 조달하고 운용하는 목적으로 널리 이용된다. 예를 들어, "Buy and Sell USD/KRW"는 스왑 기간 동안 미국 달러를 조달하고 한국 원을 운용하는 것과 같다. 또 "Sell and Buy USD/KRW"는 스왑 기간 동안 미국 달러를 운용하고 한국 원을 조달하는 것과 같다.

통화스왑도 외환스왑과 마찬가지로 외화자금을 조달하고 운용하는 수단으로 널리 사용되고 있다. 그런데 통화스왑은 외환스왑과 만기구조가 다르다. 즉 외환스왑의 만기는 단기가 압도적으로 많아, 거의 대부분이 만기 1년 미만이다. 한편 통화스왑의 만기는 1년 이상의 장기가 압도적으로 많다. 따라서 외환스왑은 주로 단기 외화자금의 조달과 운용을 위해 그리고 통화스왑은 장기 외화자금의 조달과 운용을 위해 이용되고 있다.

통화스왑과 외환스왑은 만기구조가 다를 뿐만 아니라, 스왑 종료일에 두 통화를 교환하는 환율이 다르다. 외환스왑은 결제기간이 하나뿐이다. 그리고 스왑의 거래일에는 현물환율을 적용하고 종료일에는 선물환율을 적용한다. 그리고 두 통화 이자율의 차이는 선물환율에 반영한다. 한편 통화스왑은 결제기간이 많다. 그리고 스왑의 종료일에도 거래일과 동일한 환율을 적용한다. 그리고 결제기간마다 두 통화의 이자지급을 교환하고 있다.

## 4. 통화스왑의 이용

오늘날 기업과 금융기관은 매우 다양한 목적으로 통화스왑을 이용하고 있다. 통화스왑은 금리스왑과 마찬가지로 두 거래당사자에게 차입비용을 절감시켜 준다. 또 통화스왑은 환율변동으로부터 이익을 얻기 위한 투기의 목적으로 이용할 수도 있다. 여기서는 우리나라에서 실제로 통화스왑이 어떻게 이용되고 있는지 알아 보기로 하자.[15]

### (1) 환위험의 헤지

통화스왑은 환위험(foreign exchange risk)을 헤지하는 수단으로 널리 이용되고 있다. 예를 들어 설명하여 보자. 한국산업은행(KDB)은 일본에서 사무라이 본드를 발행하여 조달한 일본 엔을 미국 달러로 통화스왑하여 국내기업에게 변동금리로 외화대출하고 있다. 이때 KDB는 환위험과 금리위험에 노출되는데, USD/JPY 통화스왑을 이용하면 환위험과 금리위험을 모두 헤지할 수 있다. [그림 10-11]을 보자.

KDB는 고정금리 3%로 만기 5년의 사무라이 본드 100억 엔을 발행하였다. 이때 USD/JPY 환율이 100엔이므로, KDB는 100억 엔을 1억 달러로 통화스왑한 다음 국내기업에게 [리보 + 1.80%]로 외화대출하려고 한다. 만약 5년 후 사무라이 본드 만기일에 USD/JPY 환율이 80엔으로 하락하면 (일본 엔이 강세가 되면), KDB는 20억 엔의 환손실을 본다. 그리고 대출기간 동안 리보가 하락하면 KDB는 그만큼 이자수입의 손실을 감수해야 한다.

이때 KDB는 USD/JPY 통화스왑을 체결하여 환위험과 금리위험을 헤지할 수

---

[15] 우리나라 통화스왑은 1999년에 처음 도입되었는데, 2002년 약 6조 원 수준에 머물던 월 평균 거래액은 2010년에 24조 원으로 크게 증가하였다. 우리나라의 금리스왑시장에 대해서는 한국은행, 「우리나라의 금융시장」, (2009)의 제4장을 참조하면 좋다.

있다. (1) KDB는 스왑 거래일에 스왑 딜러와 100억 엔을 1억 달러와 통화스왑하고, 1억 달러를 국내기업에 외화대출한다. (2) KDB는 매 결제일에 스왑 딜러에게 미국달러 리보를 지급하고, 스왑 딜러로부터 일본엔 고정금리 2.5%를 받는다. (3) KDB는 스왑 종료일에 국내기업으로부터 상환받은 1억 달러를 스왑 딜러에게 지급하고, 스왑 딜러로부터 지급받은 100억 엔으로 사무라이 본드를 상환한다.

KDB는 사무라이 본드 투자자에게 3%의 일본 엔 고정금리를 지급하고, 스왑 딜러로부터 일본 엔 고정금리 2.5%를 수취하므로, 일본 엔(JPY)으로 0.5%의 손실을 본다. 그러나 국내기업으로부터 수취하는 미국 달러 변동금리는 [리보 + 1.80%]이고, 스왑 딜러에게 지급하는 미국 달러 변동금리는 리보이므로, 미국 달러(USD)로 1.8%의 이익을 본다. 따라서 KDB는 USD/JPY 통화스왑을 통해, 환위험과 금리위험의 부담 없이, 매 결제기간마다 약 1.3%의 금리이익을 확보할 수 있다.[16]

그림 10-11 **통화스왑과 환위험 헤지**

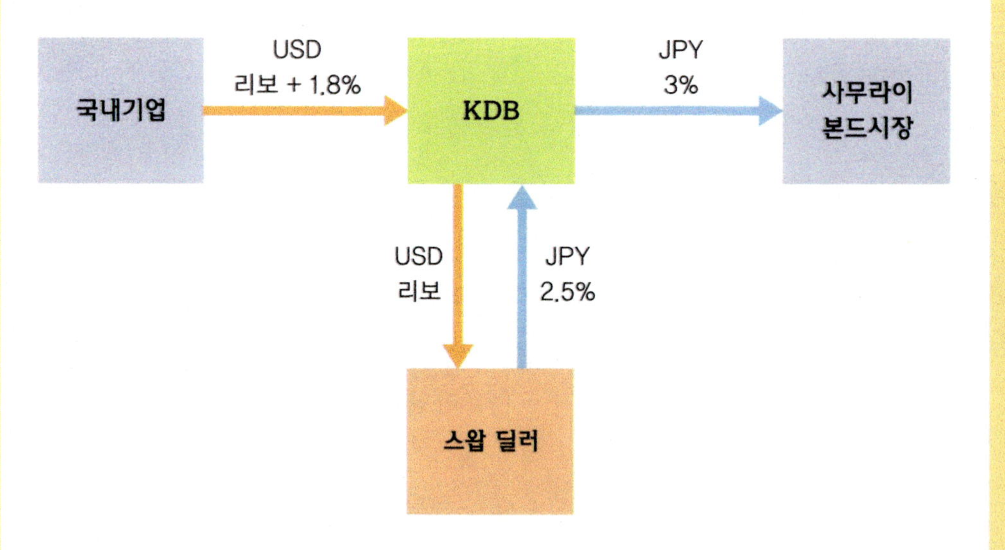


[16] 물론 일본 엔 1 bp와 미국 달러 1 bp의 가치가 같지 않다. 그러나 이때 발생하는 환위험은 선물환시장을 통해 헤지할 수 있다.

### (2) 금리차익거래

제4장 4절에서 본 바와 같이, 한국과 미국의 이자율의 차가 한국 원의 선물 디스카운트보다 작으면, 투자자는 "Sell and Buy USD/KRW" 외환스왑을 이용한 금리차익거래로 이익을 얻을 수 있다. 외환스왑은 만기 1년 미만의 단기가 압도적이다. 따라서 투자기간이 1년 미만인 단기 금리차익거래는 외환스왑을 이용하여 이루어지고 있다. 그러나 만기 1년이 넘는 장기 금리차익거래는 통화스왑을 이용하여 이루어진다. 이제 통화스왑을 이용한 금리차익거래를 설명하여 보자.[17]

2011년 2월 28일 우리나라 3년 만기 국채수익률은 3.57%이고, USD/KRW 통화스왑에서 3개월 미국 달러 리보와 교환하는 한국 원의 고정금리는 2.15%였다.[18] 따라서 외국은행 국내지점은 다음과 같은 금리차익거래로 이익을 얻을 수 있다. (1) 미국 본점으로부터 리보로 미국 달러를 차입한다. (2) 국내은행과

그림 10-12 통화스왑과 금리차익거래

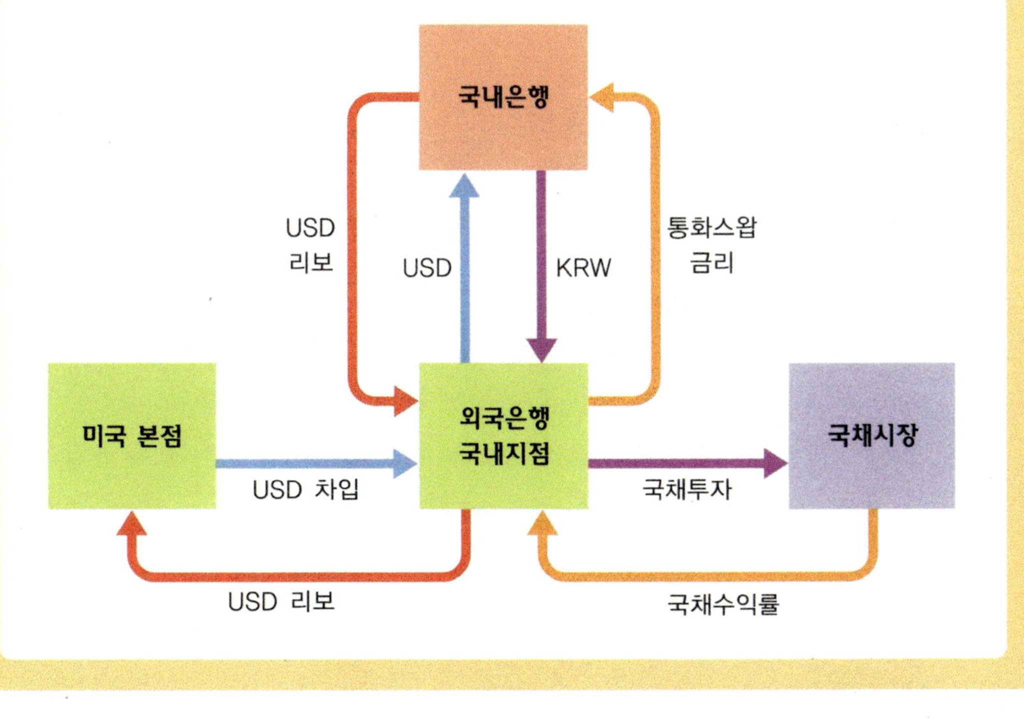


[17] 이 예는 조석방 "최근 외환시장 동향과 이슈", 한은금요강좌 (2011년 9월 16일)에서 인용한 것이다.

[18] 우리나라에서는 USD/KRW 통화스왑에서 한국 원의 고정금리를 흔히 CRS 금리라고 부른다.

그림 10-13 **한국의 장기 금리차익거래 유인**

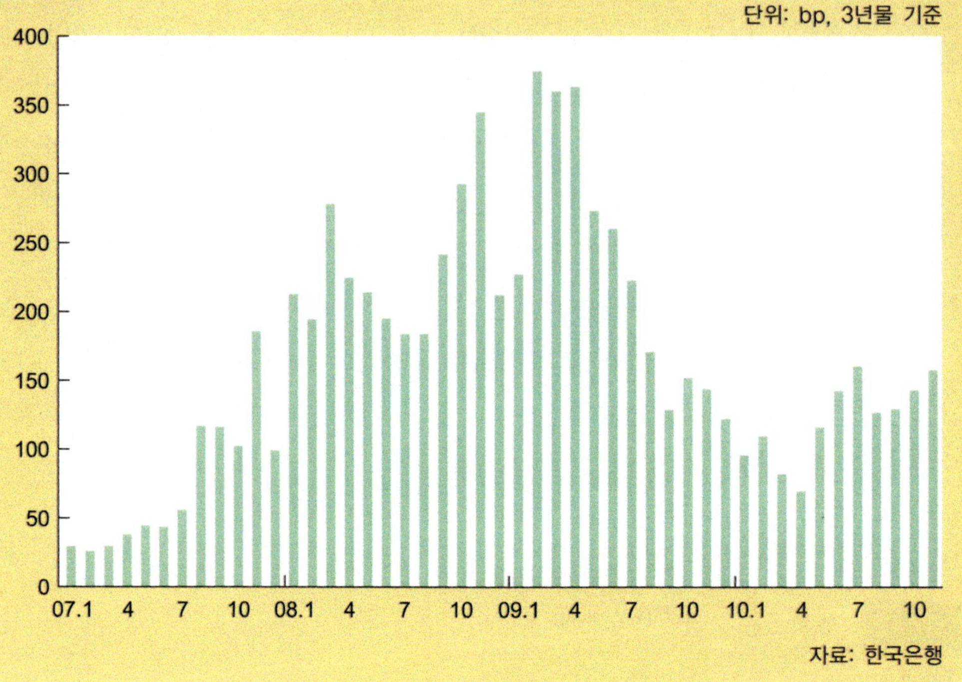


"Sell and Buy USD/KRW" 통화스왑을 체결하고, 미국 달러를 한국 원과 교환한다. (3) 한국 원을 국채에 투자한다.

이와 같이 금리차익거래를 한 외국은행 국내지점은 3년 만기 국채 수익률과 통화스왑의 한국 원 고정금리의 차만큼 이익을 얻을 수 있다. 즉 외국은행 국내지점은 매 결제일에 국채수익률 3.57%를 수취하고, 스왑 딜러에게 통화스왑의 한국 원 고정금리 2.15%를 지급하므로, 한국 원으로 1.42%의 이익을 얻는다. 한편 스왑 딜러로부터 미국 달러 리보를 수취하고, 미국 본점에 미국 달러 리보를 지급하므로, 미국 달러로는 손익은 발생하지 않는다.

[그림 10-13]은 2007년-2010년간 3년 만기 국채의 수익률에서 USD/KRW 통화스왑의 한국 원 고정금리를 뺀 우리나라 장기 금리차익거래의 유인을 보여주고 있다.

### (3) 외화자금의 조달

제4장 4절에서 설명한 바와 같이, 오늘날 외화자금을 조달하는 수단으로 외

환스왑과 통화스왑이 널리 이용되고 있다. 외환스왑의 만기는 대부분이 1년 이하이므로, 단기 외화자금은 주로 외환스왑을 통해 조달하고 있다. 한편 통화스왑의 만기는 대부분이 1년 이상의 장기이므로, 장기 외화자금은 주로 통화스왑을 통해 조달한다. 이제 통화스왑을 이용하여 어떻게 외화자금을 조달하는지 예를 들어 설명하여 보자.

장기보험계약을 보유하고 있는 생명보험회사는 장기자산으로 포트폴리오를 관리해야 한다. 그러나 국내본드시장에는 장기본드의 공급이 부족하므로, 포트폴리오의 일부를 장기 해외채권에 투자하고 있다. 이때 생명보험회사가 고정금리-고정금리 USD/KRW 통화스왑을 체결하면, 해외채권 투자를 위한 외화자금을 조달할 수 있을 뿐만 아니라 해외투자에 따르는 환위험과 금리위험도 헤지할 수 있다.

지금 USD/KRW 환율이 1,000원이고, USD/KRW 통화스왑의 한국 원 고정금리가 6%라고 하자. 이때 생명보험회사는 다음과 같은 거래를 한다. (1) 스왑 딜러와 명목원금 100만 달러의 USD/KRW 통화스왑을 체결하고, 10억 원을 100만 달러와 교환한다. (2) 100만 달러를 고정금리 5%인 해외채권에 투자한다. (3) 통화스왑의 매 결제일에 해외채권 고정금리 5%를 수취하여 스왑 딜러에게

그림 10-14 **통화스왑과 외화자금 조달**

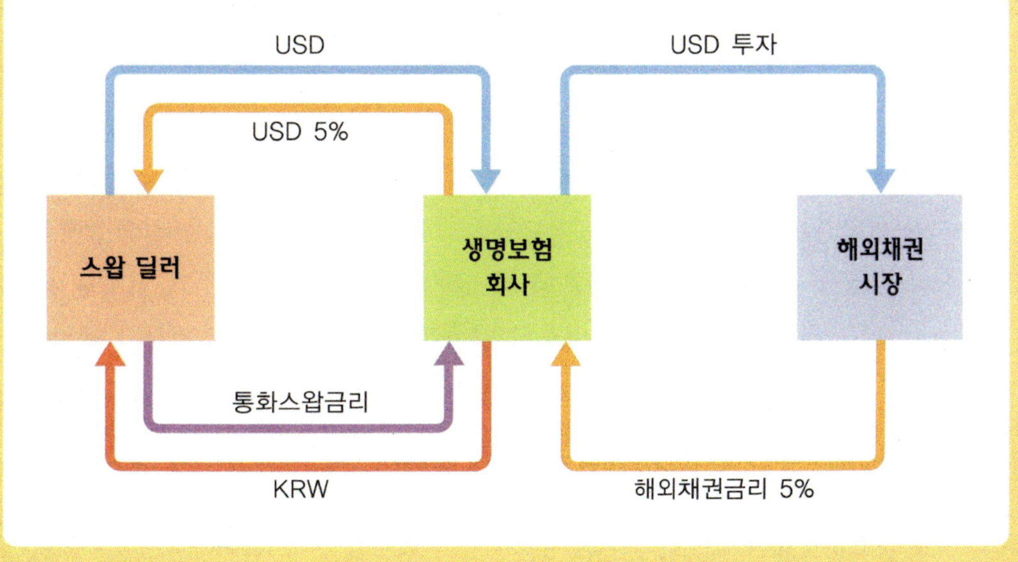

미국 달러 고정금리 5%를 지급한다. 그리고 스왑 딜러로부터 한국 원 고정금리 6%를 수취한다. (4) 스왑 종료일에 외화채권의 원금 100만 달러를 회수하여 스왑 딜러에게 지급하고, 스왑 딜러로부터 10억 원을 상환받는다.

이와 같이 통화스왑을 통해 생명보험회사는 해외채권 투자를 위한 외화자금을 조달할 뿐만 아니라, 환위험과 금리위험 부담 없이 한국 원으로 6%의 수익을 확보할 수 있다. 만약 생명보험회가가 고정금리-고정금리 통화스왑이 아니라 고정금리-변동금리 통화스왑을 체결하였다면, 외화채권투자로 미국 달러 고정금리 5%를 수취하고 스왑 딜러에게 미국 달러 리보를 지급해야 하므로 금리위험에 노출된다. 이때 고정금리 지급자로 금리스왑을 체결하여 스왑 딜러로부터 미국 달러 리보를 수취하고 스왑 딜러에게 스왑 레이트를 지급하면, 금리위험을 헤지할 수 있다.

### (4) 스왑 베이시스 거래

우리나라에서는 한국 원 금리스왑의 고정금리에서 USD/KRW 통화스왑의 고정금리를 뺀 것을 흔히 스왑 베이시스(swap basis)라고 부른다.[19] 지금 3개월 CD금리와 교환하는 금리스왑의 한국 원 고정금리가 5.31% 그리고 3개월 미국 달러 리보와 교환하는 통화스왑의 한국 원 고정금리는 3.55%라고 하자. 이때 3개월 스왑 베이시스는 5.31%에서 3.55%를 뺀 1.76%가 된다.

스왑 베이시스가 이와 같이 매우 크면, 외국은행 국내지점은 통화스왑과 금리스왑을 동시에 체결하여 스왑 베이시스만큼 무위험 이익을 얻을 수 있다. 이를 스왑 베이시스 거래라고 한다. 이제 [그림 10-15]을 통해 외국은행 국내지점이 어떻게 스왑 베이시스 거래로 이익을 얻을 수 있는지 설명하여 보자.

먼저 외국은행 국내지점은 (1) 미국 본점으로부터 미국 달러를 리보로 차입한다. 다음에 (2) 통화스왑 딜러와 한국 원 고정금리 3.55%인 통화스왑을 체결하여 미국 달러를 한국 원으로 교환한다. 그리고 (3) 한국 원을 양도성예금증서(CD)에 투자한다. 이때 외국은행 국내지점은 스왑 딜러로부터 리보를 수취하여, 미국 본점에 리보를 지급하므로 미국 달러로는 손익이 발생하지 않는다. 그러나 변동금리 CD금리를 수취하고 통화스왑의 한국 원 고정금리 3.55%를 지급

[19] 거꾸로 통화스왑의 한국 원 고정금리(CRS 금리)에서 한국 원 금리스왑의 고정금리(IRS 금리)를 뺀 것을 스왑 베이시스라 부르기도 한다.

그림 10-15 스왑 베이시스 거래

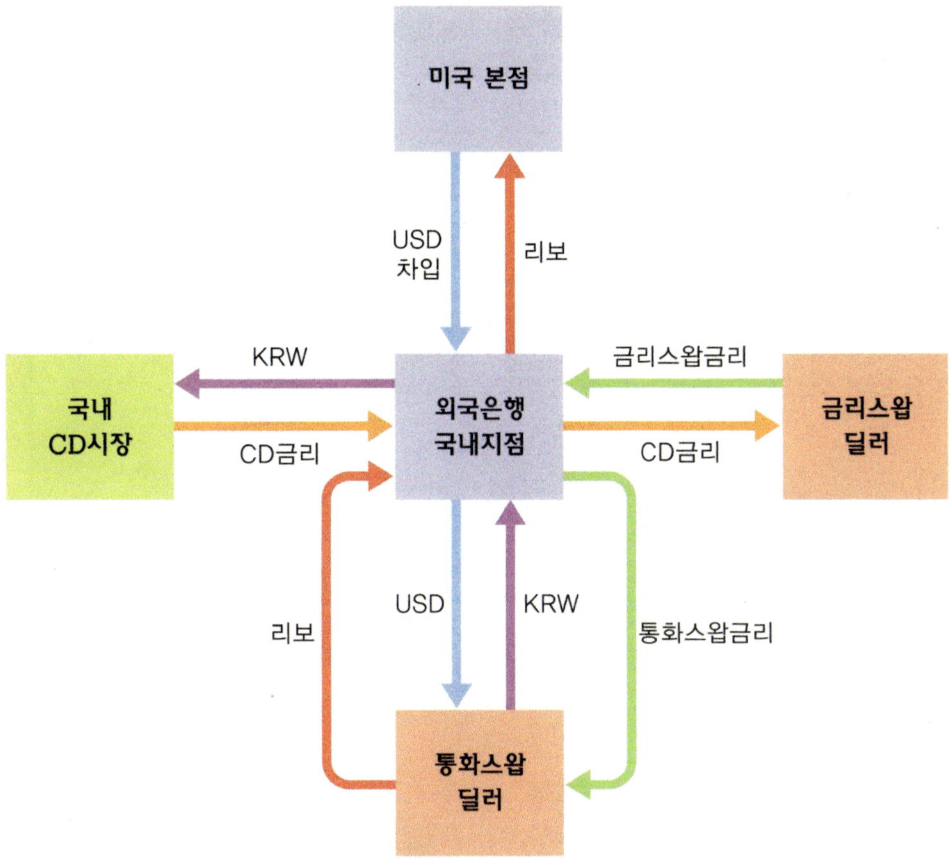


해야 하므로, 금리위험에 노출된다.

그러나 외국은행 국내지점은 USD/KRW 통화스왑을 체결할 때 동시에 변동금리 지급자로 금리스왑을 체결하면, 스왑 딜러에게 CD금리를 지급하고 금리스왑의 한국 원 고정금리 5.31%를 수취하므로, 금리위험을 헤지할 수 있다. 이와 같이 통화스왑과 금리스왑을 동시에 체결한 외국은행 국내지점은 스왑 베이시스 거래로 1.76%만큼의 이익을 얻을 수 있다.

[그림 10-16]은 2007년-2011년간 만기 3년인 한국 원(KRW) 금리스왑의 고정금리(IRS 금리)와 만기 3년인 USD/KRW 통화스왑의 한국 원 고정금리(CRS 금리)의 변동을 보여주고 있다

그림 10-16 한국의 스왑 베이시스

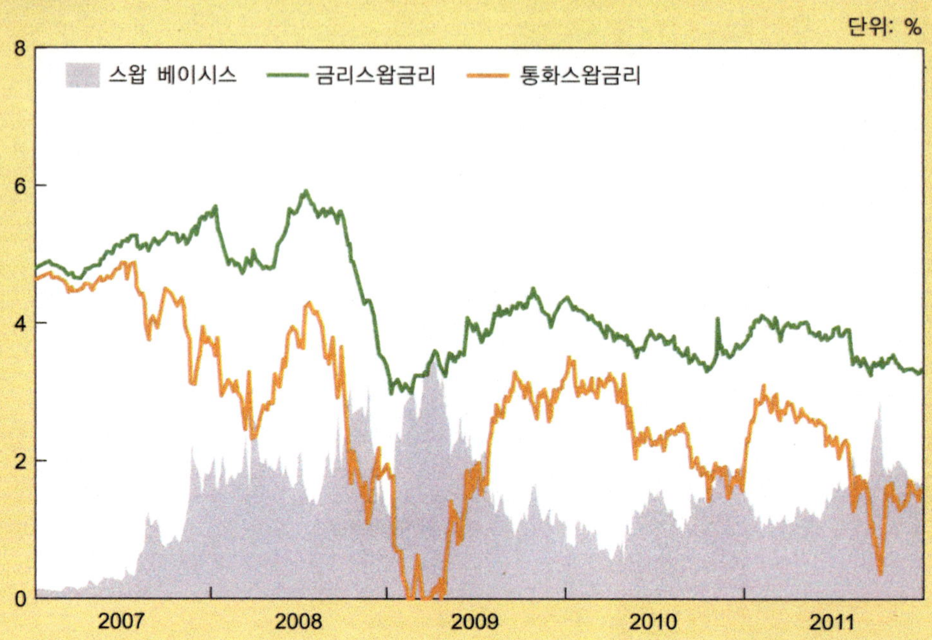


자료: 한국은행

## 10.3 스왑의 가격결정

이 절에서는 금리스왑과 통화스왑의 가격결정(pricing)과 가치평가(valuation)에 대해 설명하기로 한다.[20]

### 1. 금리스왑의 가격결정

금리스왑은 일정한 만기 동안 매 결제기간마다 동일 통화의 고정금리와 변동금리 이자지급을 교환하는 거래이다. 이때 만약 고정금리 이자지급의 현재가치

[20] 이 절의 내용은 조금 어렵다. 따라서 스왑의 이론에 관심이 많지 않은 독자는 이 절을 생략해도 무방하다.

의 합이 변동금리 이자지급의 현재가치의 합보다 크면, 고정금리 지급자가 불리하다. 반대로 변동금리 이자지급의 현재가치의 합이 고정금리 이자지급의 현재가치의 합보다 크면, 변동금리 지급자가 불리하다. 따라서 스왑 레이트는 두 현금흐름의 현재가치의 합이 같아지는 수준에서 결정되어야 할 것이다.

금리스왑의 가격결정(pricing)이란 고정금리와 변동금리 이자지급의 현재가치의 합이 같아지도록 고정금리, 즉 스왑 레이트(swap rate) $R$을 결정하는 것을 말한다. 이제 만기 3년, 결제기간 1년, 명목원금 1달러인 금리스왑의 가격결정을 설명하여 보자. 이 금리스왑에서 고정금리 이자지급 $R$과 교환하는 변동금리 이자지급을 $f_1$, $f_2$, $f_3$라고 하자. 그리고 만기 1년, 2년, 3년인 제로-쿠폰 이자율(spot rate)을 $z_1$, $z_2$, $z_3$라고 하자. 이때 스왑 레이트 $R$은 다음 관계에 따라 결정될 것이다.

$$\frac{R}{1+z_1}+\frac{R}{(1+z_2)^2}+\frac{R}{(1+z_3)^3} = \frac{f_1}{1+z_1}+\frac{f_2}{(1+z_2)^2}+\frac{f_3}{(1+z_3)^3} \qquad (1$$

스왑의 가격결정에서 두 이자지급을 제로-쿠폰 이자율로 할인하는 것은 제로-쿠폰 이자율이 재투자 위험이 없는 순수한 이자율이기 때문이다. 제6장 2절에서 설명한 바와 같이, 매년 이자를 지급하는 쿠폰 본드에는 재투자 위험이 따른다. 따라서 본드투자의 수익률은 만기수익률(yield to maturity)과 달라질 수 있다. 그러나 매년 이자를 지급하지 않는 제로-쿠폰 본드에는 재투자 위험이 없다. 따라서 본드투자의 수익률은 항상 제로-쿠폰 이자율과 같다.

제로-쿠폰 본드는 자주 발행되지 않는다. 따라서 제로-쿠폰 이자율은 흔히 쿠폰 본드의 만기수익률로부터 부트스트레핑 (bootstrapping) 방법을 이용하여 구하고 있다. 지금 액면금액이 모두 $F=1$달러인 만기 1년, 2년, 3년인 쿠폰 본드 $B_1$, $B_2$, $B_3$의 만기수익률을 각각 $y_1 = 8\%$, $y_2 = 9\%$, $y_3 = 10\%$라고 하자. 이때 만기 1년, 2년, 3년인 제로-쿠폰 이자율 $z_1$, $z_2$, $z_3$를 부트스트레핑 방법으로 어떻게 구할 수 있는지 설명하여 보자.

지금 $B_1$, $B_2$, $B_3$이 모두 액면본드(par bond)라고 하자. 따라서 세 본드의 액면이자율 $c_1$, $c_2$, $c_3$는 모두 만기수익률과 같다. 즉 $c_1 = y_1 = 8\%$, $c_2 = y_2 = 9\%$, $c_3 = y_3 = 10\%$이다. 그리고 세 본드의 시장가격은 모두 액면금액과 같다. 즉 $P = F = 1$달러이다. 따라서 먼저 만기 1년인 쿠폰 본드 $B_1$에 대해 다음이 성립할 것이다.

$$P = \frac{c_1 + F}{1 + y_1} = \frac{c_1 + F}{1 + z_1} \tag{2}$$

위 식에서, $P = F = 1$달러이고, $c_1 = y_1 = 8\%$이므로, $z_1 = 8\%$임을 알 수 있다. 즉 만기 1년인 쿠폰 본드의 제로-쿠폰 이자율은 만기수익률과 같다. 다음에 만기 2년인 쿠폰 본드 $B_2$에 대해 다음이 성립할 것이다.

$$P = \frac{c_2}{1+y_2} + \frac{c_2+F}{(1+y_2)^2} = \frac{c_2}{1+z_1} + \frac{c_2+F}{(1+z_2)^2} \tag{3}$$

위 식에서 $F = P = 1$달러이고, $c_2 = y_2 = 9\%$이다. 그런데 앞에서 $z_1 = 8\%$를 구하였으므로, 이제 $z_2 = 9.0454\%$를 구할 수 있다. 즉

$$z_2 = \left[\sqrt[2]{\frac{1.09}{0.91667}}\right] - 1 = 0.090454 = 9.0454\%$$

마지막으로, 만기 3년인 쿠폰 본드 $B_3$에 대해 다음이 성립할 것이다.

$$\begin{aligned} P &= \frac{c_3}{1+y_3} + \frac{c_3}{(1+y_3)^2} + \frac{c_3+F}{(1+y_3)^3} \\ &= \frac{c_3}{1+z_1} + \frac{c_3}{(1+z_2)^2} + \frac{c_3+F}{(1+z_3)^3} \end{aligned} \tag{4}$$

위 식에서 $F = P = 1$달러이고, $c_3 = y_3 = 10\%$이며, 앞에서 이미 $z_1 = 8\%$와 $z_2 = 9.0454\%$를 구하였으므로, 이제 $z_3 = 10.1395\%$를 구할 수 있다. 즉

$$z_3 = \left[\sqrt[3]{\frac{1.10}{0.823309}}\right] - 1 = 0.101395 = 10.1395\%$$

이와 같이 만기수익률이 주어졌을 때, 식 (2)-(4)와 같은 방법으로 제로-쿠폰 이자율을 구하는 것을 부트스트레핑 방법이라고 한다. 앞의 예에서 본 바와 같이, 만기가 길어짐에 따라 만기수익률이 $y_1 = 8\%$, $y_2 = 9\%$, $y_3 = 10\%$로 상승하면, 제로-쿠폰 이자율은 $z_2 = 0.90454\%$와 $z_3 = 10.1395\%$로 만기수익률 $y_2$와 $y_3$보다 높다. 반대로 만기가 길어짐에 따라 만기수익률이 하락하면, 제로-쿠폰 이자율 $z_2$와 $z_3$는 만기수익률 $y_2$와 $y_3$보다 낮아진다.

지금까지 식 (1)에서 두 이자지급의 현재가치를 구하는 제로-쿠폰 이자율 $z_1$, $z_2$, $z_3$를 어떻게 구하는지 설명하였다. 이제 $i$년 후의 현금흐름 1달러의 현재가

치를 구하는 할인계수(discount factor) $B_i$를 다음과 같이 정의하기로 하자. 즉

$$B_i = 1/(1+z_i)^i \tag{5}$$

따라서 이제 식 (1)은 아래의 식 (6)과 같이 간단하게 쓸 수 있다. 여기서 좌변은 고정금리 이자지급의 현재가치의 합이고, 우변은 변동금리 이자지급의 현재가치의 합이다.

$$R\sum_{i=1}^{3} B_i = \sum_{i=1}^{3} f_i \times B_i \tag{6}$$

그러면 식 (6)에서 $f_i$, 즉 변동금리 이자지급은 어떻게 구할 수 있는가? $f_i$는 제8장 3절에서 선물금리계약(FRA)을 공부할 때 배운 이론적 선물금리(implicit forward rate)로 구할 수 있다. 즉 지금 $(i-1)$년부터 $i$년까지 1년간의 선물금리를 $f_i$라고 하면, 다음이 성립한다.

$$(1+z_i)^i = (1+z_{i-1})^{i-1} \times (1+f_i)$$

따라서 선물금리를 $f_i$는 다음과 같이 구할 수 있다.[21]

$$f_i = \frac{(1+z_i)^i}{(1+z_{i-1})^{i-1}} - 1 = \frac{B_{i-1}}{B_i} - 1 \tag{7}$$

이제 만기 1년, 2년, 3년인 미국 달러의 제로-쿠폰 이자율이 $z_1$ = 6%, $z_2$ = 6.5%, 그리고 $z_3$ = 7%라고 하자. 이때 식 (5)와 식 (7)에 따라 $B_i$와 $f_i$를 구해 보면 [표 10-6]과 같다.

**표 10-6 미국 달러(USD)의 할인계수와 선물금리**

| $i$ | $z_i$(%) | $B_i$ | $f_i$(%) |
|---|---|---|---|
| 1 | 6.00 | 0.943396 | 6.00000 |
| 2 | 6.50 | 0.881659 | 7.00236 |
| 3 | 7.00 | 0.816298 | 8.00705 |

[21] 따라서 $f_1 = z_1$이 된다. 즉 처음 1년간의 선물금리는 제로-쿠폰 이자율과 같다.

금리스왑의 스왑 레이트 $R$을 구하기 위해, 식 (7)을 식 (1)의 $f_i$에 대입하여 정리하면 다음을 얻는다.

$$R = \frac{\sum B_i \times f_i}{\sum B_i} = \frac{\sum B_i \times [(B_{i-1}/B_i) - 1]}{\sum B_i} = \frac{\sum B_{i-1} - \sum B_i}{\sum B_i}$$

그런데 위에서 $\sum B_{i-1} - \sum B_i = B_0 - B_n$이고, $B_0 = 1$이다.[22] 따라서 이제 스왑 레이트 $R$은 다음과 같이 구할 수 있다.

$$R = \frac{1 - B_n}{\sum B_i} \tag{8}$$

[표 10-6]의 자료로부터 $B_3 = 0.816298$이고, $\sum B_i = 2.641353$이므로, 만기 3년, 결제기간 1년인 금리스왑의 스왑 레이트는 6.95%로 결정된다는 것을 알 수 있다. 즉

$$R = \frac{1 - 0.816298}{2.641353} = 0.0695485 \approx 6.95\%$$

그런데 이와 같이 구한 스왑 레이트 $R$은 만기 3년, 이자기간 1년인 액면본드(par bond)의 액면이자율(coupon rate)과 같다. 이를 보기 위해 식 (8)을 정리하면, 다음을 얻는다.

$$R \sum B_i + B_n = 1 \tag{9}$$

식 (9)는 금리스왑의 스왑 레이트는 액면본드의 만기수익률(par yield)과 같은 수준에서 결정된다는 것을 보여준다. 이는 고정금리 지급자는 고정금리채를 발행하여 자금을 조달하는 차입자와 같다는 사실로부터 직관적으로 이해할 수 있다.

## 2. 금리스왑의 가치평가

금리스왑에서 고정금리 지급자는 고정금리를 지급하고 변동금리를 수취한다. 따라서 고정금리 지급자에게 스왑의 가치(value of swap)는 변동금리 이자지

---

[22] $\sum B_{i-1} - \sum B_i = (B_0 + B_1 + B_2 + \cdots + B_{n-1}) - (B_1 + B_2 + \cdots + B_{n-1} + B_n) = B_0 - B_n$

급의 현재가치의 합에서 고정금리 이자지급의 현재가치의 합을 뺀 것과 같다. 한편 변동금리 지급자는 변동금리를 지급하고 고정금리를 수취한다. 따라서 변동금리 지급자에게 스왑의 가치는 고정금리 이자지급의 현재가치의 합에서 변동금리 이자지급의 현재가치의 합을 뺀 것과 같다.

앞에서 본 바와 같이, 금리스왑의 스왑 레이트는 고정금리와 변동금리 이자지급의 현재가치의 합이 동일한 수준에서 결정된다. 따라서 금리스왑의 거래일에 금리스왑의 가치는 고정금리와 변동금리 지급자 모두에게 0이다. 그러나 일단 금리스왑을 체결한 다음 이자율이 변동하면 스왑의 가치는 변동하게 된다. 이제 이자율이 상승할 때, 고정금리 지급자에게 스왑의 가치가 어떻게 변동하는지 알아보기로 하자.

앞에서 이자율이 $z_1 = 6\%$, $z_2 = 6.5\%$, $z_3 = 7\%$로 주어졌을 때, 만기 3년, 결제기간 1년인 금리스왑의 스왑 레이트는 $R = 6.95\%$로 결정된다는 보았다. 이제 이 금리스왑을 체결한 지 1년 후에 제로-쿠폰 이자율이 $z_1 = 8\%$, $z_2 = 9\%$로 상승하였다고 가정하여 보자.

이와 같이 이자율이 상승하더라도 고정금리 지급자가 두 번째와 세 번째 결제일에 지급하는 고정금리는 6.95%로 변함이 없다. 그러나 이제 $z_1$과 $z_2$가 상승하였으므로 $f_1 = 8\%$이고 $f_2$는 10%로 상승하므로, 고정금리 지급자가 수취하는 변동금리 이자지급은 증가할 것이다.

$$f_2 = \frac{(1.09)^2}{1.08} - 1 = 0.100093 \approx 10\%$$

앞에서 말한 바와 같이, 고정금리 지급자에게 금리스왑의 가치는 변동금리 이자지급 현재가치의 합에서 고정금리 이자지급 현재가치의 합을 빼서 구할 수 있다. 따라서 이제 고정금리 지급자에게 이 금리스왑의 가치는 다음과 같이 3.5383%가 된다는 것을 알 수 있다.

$$\left\{\frac{8\%}{1.08} + \frac{10.009\%}{(1.09)^2}\right\} - \left\{\frac{6.955\%}{1.08} + \frac{6.955\%}{(1.09)^2}\right\} = 3.5383\%$$

따라서 만약 이 금리스왑의 명목원금이 1억 달러라고 하면, 고정금리 지급자에게 이 금리스왑의 가치는 3,538,300달러가 된다. 이때 물론 변동금리 지급자에게는 이 금리스왑의 가치는 −3,538,300달러가 될 것이다.

## 3. 통화스왑의 가격결정

통화스왑에서는 일정한 만기 동안 매 결제기간마다 두 통화의 명목원금에 대한 이자지급을 교환하고 만기일에 명목원금의 교환이 이루어지는데, 이자지급의 교환에는 고정금리-고정금리, 고정금리-변동금리, 변동금리-변동금리의 세 가지 방법이 있다. 여기서는 먼저 미국 달러와 일본 엔의 고정금리-고정금리 통화스왑의 가격결정, 즉 두 고정금리가 어떻게 결정되는가를 설명한 다음, 고정금리-변동금리와 변동금리-변동금리 통화스왑의 가격결정에 대해 알아보기로 한다.

이제 만기 3년, 결제기간이 1년인 고정금리-고정금리 통화스왑에서 미국 달러(USD)와 일본 엔(JPY)의 명목원금을 $NP$와 $NP^*$로 나타내고, 미국 달러와 일본 엔의 현물환율을 $S$라고 하면, 두 통화의 명목원금 간에는 다음 관계가 성립할 것이다.[23] 예를 들어, 미국 달러의 명목원금이 $NP = 1$억 달러이고 환율이 $S = 120$엔이라면, 일본 엔의 명목원금은 $NP^* = NP \times S = 120$억 엔이 된다.

$$NP = NP^*/S$$

금리스왑과 마찬가지로, 통화스왑에서도 스왑의 가격은 두 현금흐름의 현재가치의 합이 동일한 수준에서 결정된다. 그러나 금리스왑과 달리, 통화스왑에서는 만기일에 명목원금의 교환이 이루어지고, 또 두 현금흐름의 현재가치의 합을 동일 통화로 환산해야 한다. 따라서 미국 달러 고정금리를 $R$, 일본 엔 고정금리를 $R^*$이라고 할 때, 미국 달러로 나타낸 두 현금흐름의 현재가치의 합이 동일하기 위해서는

$$\left[R\sum_{i=1}^{3}B_i + B_3\right]NP = \left[R^*\sum_{i=1}^{3}B_i^* + B_3^*\right]NP^*/S \tag{10}$$

이 되어야 하는데, $NP = NP^*/S$이므로 다음이 성립한다.

$$\left[R\sum B_i + B_n\right] = \left[R^*\sum B_i^* + B_n^*\right] \tag{11}$$

여기서 $B_i$와 $B_i^*$는 각각 미국 달러와 일본 엔의 $i$년 후 현금흐름의 현재가치를

23 통화스왑에서 거래일에는 반드시 명목원금의 교환이 필요하지는 않다. 그러나 거래일에 스왑의 가치는 두 당사자에게 모두 0이어야 하므로, 동일통화로 나타낸 두 통화의 명목원금의 가치는 동일하여야 한다.

**표 10-7 일본 엔(JPY)의 할인계수와 선물금리**

| $i$ | $z_i^*(\%)$ | $B_i^*$ | $f_i^*(\%)$ |
|---|---|---|---|
| 1 | 3.00 | 0.970874 | 3.00000 |
| 2 | 3.50 | 0.933511 | 4.00243 |
| 3 | 4.00 | 0.888996 | 5.00726 |

구하는 할인계수(discount factor)를 나타낸다. 이제 미국 달러의 $B_i$는 [표 10-6]에서 본 바와 같고, 일본 엔의 $B_i^*$는 제로-쿠폰 이자율 $z_1^* = 3\%$, $z_2^* = 3.5\%$, $z_3^* = 4\%$로부터 [표 10-7]과 같다고 하자.

이와 같이 $B_i$와 $B_i^*$의 값이 주어지고, 또 환율이 $S = 120$엔으로 주어졌다고 하면, 식 (11)에서 보는 바와 같이 $R$과 $R^*$ 사이에는 1대 1의 대응관계가 성립한다. 즉 $R$이 주어지면 $R^*$을 구할 수 있고, 반대로 $R^*$이 주어지면 $R$을 구할 수 있다.

만약 미국 달러의 고정금리 $R$이 앞에서 구한 미국 달러 금리스왑의 스왑 레이트 6.955%와 같다면, 일본 엔의 고정금리 $R^*$은 일본 엔 금리스왑의 스왑 레이트와 같아지는데, 이는 다음과 같이 알 수 있다. 먼저 식 (9)에서 본 바와 같이 $R\sum B_i + B_n = 1$이므로, 식 (11)은

$$R^*\sum B_i^* + B_n^* = 1 \tag{12}$$

가 되고, 이로부터 $R^*$을 구하면, 일본 엔의 고정금리는 다음과 같이 일본 엔 금리스왑의 스왑 레이트와 같다는 것을 알 수 있다. 즉

$$R^* = \frac{1 - B_n^*}{\sum B_i^*} \tag{13}$$

이제 [표 10-7]의 자료로부터 $B_3^* = 0.888996$이고, $\sum B_i^* = 2.793381$이므로, 이제 만기 3년, 결제기간 1년인 일본 엔 금리스왑의 스왑 레이트는 다음과 같이 $R^* = 3.97\%$임을 알 수 있다.

$$R^* = \frac{1 - 0.888996}{2.793381} = 0.039738 \approx 3.97\%$$

이와 같이 고정금리-고정금리 통화스왑 가격은 기본적으로 두 통화의 금리스왑의 스왑 레이트 $R = 6.95485\%$와 $R^* = 3.9738\%$로 결정된다.

그러면 미국 달러와 일본 엔의 고정금리-변동금리 통화스왑 가격은 어떻게 결정되겠는가? 이를 구하기 위해, 먼저 미국 달러 금리스왑의 스왑 레이트를 구하는 식 (6)의 양변에 $B_n$을 더하면 다음 식을 얻는다.

$$\left[R\sum B_i + B_n\right] = \left[\sum f_i B_i + B_n\right] \tag{14}$$

마찬가지로 일본 엔 금리스왑의 경우에도, 다음이 성립할 것이다. 즉

$$\left[R^*\sum B_i^* + B_n^*\right] = \left[\sum f_i^* B_i^* + B_n^*\right] \tag{15}$$

그런데 식 (11)에 따라 식 (14)와 식 (15)는 동일한 값을 갖는다. 따라서 다음이 성립한다.

$$\left[R\sum B_i + B_n\right] = \left[R^*\sum B_i^* + B_n^*\right]$$

이상의 관계로부터 이제 미국 달러와 일본 엔의 고정금리-변동금리 통화스왑의 가격은 (1) 미국 달러 고정금리 $R = 6.95\%$와 일본 엔 변동금리이거나 또는 (2) 일본 엔 고정금리 $R^* = 3.97\%$와 미국 달러 변동금리로 결정될 것이라는 것을 알 수 있다. 왜냐하면 이때 두 통화의 현금흐름의 현재가치의 합이 동일해지기 때문이다.[24]

지금까지 통화스왑의 가격은 동일 통화로 나타낸 두 통화의 현금흐름의 현재가치의 합이 동일한 수준에서 결정된다고 설명하였다. 예를 들어, 식 (10)에서 보는 바와 같이, 일본 엔 현금흐름의 현재가치의 합을 현물환율 $S$를 이용하여 미국 달러로 환산하였다.

$$\left[R\sum_{i=1}^{3} B_i + B_3\right]NP = \left[R^*\sum_{i=1}^{3} B_i^* + B_3^*\right]NP^*/S$$

그런데 통화스왑의 가격결정은 또 선물환율(forward exchange rate)을 이용

---

[24] 마찬가지 논리로 미국 달러와 일본 엔의 변동금리-변동금리 통화스왑 가격은 두 통화의 변동금리로 결정될 것이라는 것을 알 수 있다.

하여 설명할 수도 있다. 커버한 금리평가(CIP)에 따르면 미국 달러와 일본 엔의 만기 $i$년인 선물환율 $F_i$는 다음과 같이 결정된다.

$$F_i = S\frac{(1+z_i^*)^i}{(1+z_i)^i} = S\frac{B_i}{B_i^*} \tag{16}$$

이제 미국 달러 고정금리 지급자가 수취하는 일본 엔 현금흐름을 모두 선물환을 체결하여 헤지한다고 하자. 이때 통화스왑의 거래일에 미국 달러로 나타낸 두 통화 현금흐름의 현재가치가 동일하려면, 식 (16)이 성립하여야 한다. 즉

$$\left[R\sum B_i + B_n\right]NP = \left[R^*\sum B_i/F_i + B_n/F_n\right]NP^* \tag{17}$$

위에서 일본 엔의 현금흐름은 선물환율 $F_i$에 의해 이미 미국 달러로 환산되었으므로, 그 현재가치는 미국 달러의 할인계수 $B_i$를 사용하여 구하고 있다. 한편 식 (16)에서 $B_i/F_i = B_i^*/S$이고, 또 $NP^* = NP \times S$이므로, 식 (17)은 아래에서 보는 바와 같이 식 (11)과 동일하게 된다. 이로부터 통화스왑의 가격결정을 설명하는 두 방법은 실제로 동일한 결과를 가져온다는 것을 알 수 있다.

$$\left[R\sum B_i + B_n\right] = \left[R^*\sum B_i^* + B_n^*\right]$$

## 4. 통화스왑의 가치평가

이제 미국 달러와 일본 엔의 이자율이 [표 10-6]과 [표 10-7]과 같이 주어졌을 때, 만기 3년, 결제기간 1년, $NP = 1$억 달러, $NP^* = 120$억 엔, 미국 달러 고정금리 $R = 6.9\%$, 일본 엔 고정금리 $R^* = 3.97\%$인 고정금리-고정금리 통화스왑이 체결한 다음 1년이 지났다고 하자. 이때 미국 달러의 이자율은 $z_1 = 8\%$, $z_2 = 9\%$, 일본 엔의 이자율은 $z_1^* = 4\%$, $z_2^* = 5\%$로 상승하고, 환율은 $S_1 = 110$엔으로 하락하였다고 하자.

이제 미국 달러 고정금리 지급자에게 이 통화스왑의 가치는 얼마나 되겠는가? 미국 달러 고정금리 지급자에게 통화스왑의 가치는 일본 엔 현금흐름의 현재가치의 합을 미국 달러로 환산한 값에서 미국 달러 현금흐름의 현재가치의 합을 빼서 구할 수 있다. 그런데 두 통화의 이자율이 변동하더라도 미국 달러

고정금리 지급자가 지급하고 수취하는 이자율은 각각 $R = 6.95\%$와 $R^* = 3.97\%$로 변함이 없다.

먼저 미국 달러 고정금리 지급자가 두 번째와 세 번째 결제일에 수취하는 일본 엔 이자지급과 만기일에 수취하는 명목원금 120억 엔의 현재가치의 합을 새로운 이자율로 할인한 다음, 새로운 환율 $S_1 = 110$엔으로 환산하면, 다음과 같이 107,049,014달러가 된다.

$$\left\{\frac{3.9738\%}{1.04} + \frac{3.9738\%}{(1.05)^2} + \frac{1}{(1.05)^2}\right\}\frac{120\text{억 엔}}{110} = 107{,}049{,}014\text{달러}$$

한편 미국 달러 고정금리 지급자가 두 번째와 세 번째 결제일에 지급하는 미국 달러 이자지급과 만기일에 지급하는 명목원금 1억 달러의 현재가치의 합은 다음과 같이 96,461,698달러가 된다.

$$\left\{\frac{6.955\%}{1.08} + \frac{6.955\%}{(1.09)^2} + \frac{1}{(1.09)^2}\right\}1\text{억 달러} = 96{,}461{,}698\text{달러}$$

따라서 미국 달러 고정금리 지급자에게 이 통화스왑의 가치는 10,587,316달러가 됨을 알 수 있다. 이때 물론 일본 엔 고정금리 지급자에게는 이 통화스왑의 가치는 −10,587,316달러가 될 것이다.

## 10.4 신용부도스왑(CDS)

지난 15년간 국제금융시장에 일어난 중요한 혁신 가운데 하나는 신용파생상품(credit derivatives)이다. 신용파생상품은 1990년대 중반에 은행이 대출과 본드 등 보유 자산의 신용위험(credit risk)을 관리하는 신용부도스왑(credit default swap; CDS)으로 처음 도입되었다. 2000년대 중반 이후 CDX와 iTraxx 등에 대한 CDS 지수상품(index products)이 도입됨에 따라, 신용파생상품시장의 규모는 실로 비약적으로 성장하였다.

## 1. 신용파생상품시장

금융거래에는 시장위험과 신용위험이 따른다. 시장위험(market risk)이란 환율, 금리, 주가 등 시장가격의 변동으로 손실을 볼지 모르는 위험을 말한다. 지금까지 배운 금융선물, 금융옵션, 금융스왑은 시장위험을 관리하기 위한 상품들이다. 한편 신용위험(credit risk)이란 거래상대방의 부도나 신용등급 하락으로 손실을 볼지 모르는 위험을 말한다. 신용부도스왑 등 신용파생상품은 신용위험만을 분리하여 관리하는 상품을 말한다.

신용파생상품은 일정한 만기 동안 신용위험을 이전하려는 보장매입자(protection buyer)와 신용위험을 인수하는 보장매도자(protection seller)간의 합의에 따라 장외에서 거래되고 있다. 신용위험이 내재한 금융상품을 준거자산(reference asset), 이를 발행한 기관을 준거기관(reference entity)이라고 한다.

예를 들어, 은행 A가 기업 X에게 행한 은행대출 10억 원의 부도위험을 보험회사 B에게 이전하였다고 하자. 이때 은행 A는 보장매입자, 보험회사 B는 보장매도자, 기업 X는 준거기관, 기업 X의 은행 10억 원은 준거자산이다. 준거기관은 신용파생상품의 당사자가 아니다.

신용파생상품 거래에서 보장매입자는 준거자산의 신용위험을 이전하는 대가로 보장매도자에게 매년 일정한 프리미엄을 지급한다. 한편 준거자산에 손실이 발생하면, 보장매도자는 보상매입자에게 이 손실을 보상할 의무를 진다. 준거자산에 손실이 발생하는 경우를 신용사건(credit event)이라 부르는데, 그 구체적인 내용은 매우 복잡하다.[25] 따라서 지금부터는 준거자산의 손실은 일정하게 주어져 있다고 가정하기로 한다.

오늘날 신용파생상품은 매우 다양한 형태로 거래되고 있는데, 국제결제은행(BIS)은 이 가운데 신용부도스왑(credit default swaps)만을 대상으로 신용파생상품시장의 규모를 발표하고 있다.[26] BIS에 따르면, 신용부도스왑(CDS)의 명목원금(notional amount)은 2001년 말 약 1조 달러에서 2007년 말에는 58조 달러까지 실로 기하급수적으로 증가하였다. 그러나 글로벌 금융위기 이후, 2010

---

[25] ISDA(International Swaps and Derivatives Association)는 2003년 신용사건을 크게 파산(bankruptcy), 지급실패(failure to pay), 기한의 이익상실(obligation accerelation), 지불정지선언(moratorium), 그리고 채무재조정(restructuring)의 다섯 가지 형태로 표준화하였다. 1985년 미국 뉴욕에 설립된 ISDA에는 현재 55개국 약 800개의 금융기관이 회원으로 가입되어 있다.

그림 10-17 신용부도스왑시장의 성장

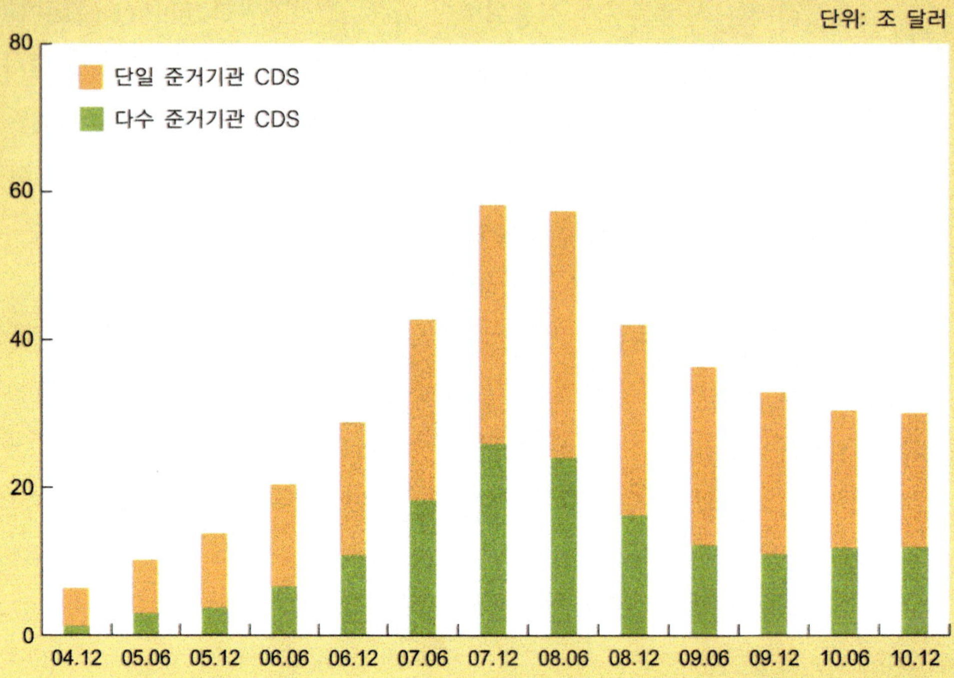


자료: BIS

년 말에는 30조 달러로 대폭 감소하였다.

신용부도스왑은 준거기관이 하나인 단일 준거기관(single-name) CDS와 준거기관이 여럿인 다수 준거기관(multi-name) CDS로 나눌 수 있다. BIS에 따르면, 2010년 말 명목원금 30조 달러 가운데 61%(18.1조 달러)를 단일 준거기관 CDS가, 그리고 나머지 39%(11.8조 달러)를 다수 준거기관 CDS가 차지하고 있다. 한편 다수 준거기관 CDS의 64%(7.5조 달러)는 CDS 지수상품(index products)이 차지하고 있다. 이제 먼저 단일 준거기관 CDS를 설명한 다음, CDS 지수상품에 대해 공부하기로 한다.

[26] 신용부도스왑 이외에 신용파생상품으로 총수익스왑(total return swap), 신용연계증권(credit-linked note), 합성(synthetic) CDO, 바스켓 CDS, 신용 스프레드에 대한 선물과 옵션 등이 있으나, 최근 이들이 신용파생상품시장에서 차지하는 비중은 10% 내외에 지나지 않는다. 신용파생상품에 대해서는 한국은행, 「우리나라의 금융시장」, (2009)의 제4장을 참조하면 좋다.

## 2. CDS의 이해

신용파생상품 가운데 가장 대표적인 상품은 1995년에 처음 도입된 단일 준거기관 신용부도스왑(single-name CDS)이다. 흔히 신용부도스왑이라고 하면 준거기관이 하나인 단일 준거기관 CDS를 가리키는 경우가 일반적이다. [그림 10-18]은 단일 준거기관 CDS의 구조를 보여주고 있다.

### (1) CDS의 구조

CDS에서 보장의 대상이 되는 준거자산의 크기를 명목원금(notional principal)이라 부른다. 명목원금은 미국에서는 1,000만-2,000만 달러, 유럽에서는 1,000만 유로가 가장 많다. 만기는 5년이 가장 많지만 3년, 7년, 10년도 있다. 프리미엄은 연율로 결정하지만 3개월마다 나누어 지급하는 것이 일반적이다. 예를 들어, 명목원금 1억 달러, 만기 5년, 프리미엄 80bp라면, 보장매입자는 5년간 3개월마다 20만 달러를 보장매도자에게 지급한다.

만기 동안 신용사건이 발생하지 않으면, CDS는 만기일에 자동 종결된다. 한편 만기 중에 신용사건이 발생하면, 보장매도자는 보장매입자에게 손실을 현물인도(physical delivery)나 현금결제(cash settlement)의 방법으로 보상하고 CDS는 종결된다. 현물인도는 보장매입자가 부도난 준거자산을 보장매도자에게 인도하고, 명목원금 전액을 보상받는 것을 말한다. 한편 현금결제는 보장매입자가 부도난 준거자산을 보유하고, 보장매도자로부터 신용사건에 따른 손실을

그림 10-18 **신용부도스왑의 구조**

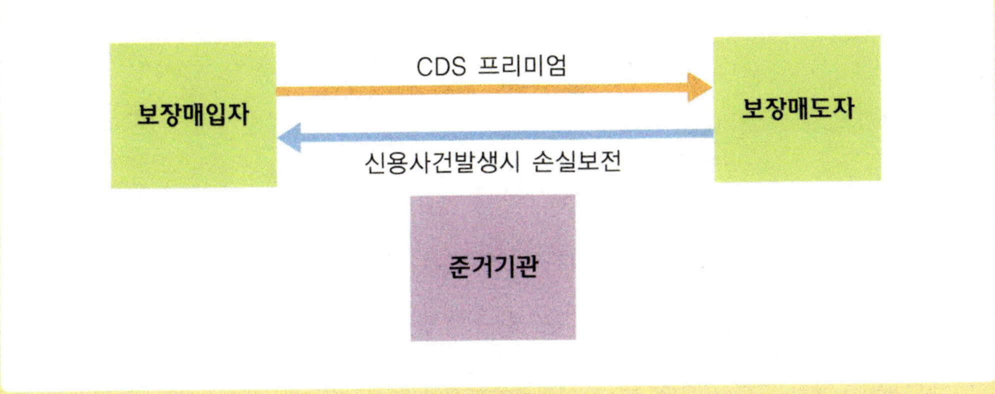

현금으로 보상받는 것을 말한다.[27]

CDS는 흔히 보험에 비유하지만 두 상품 사이에는 기본적인 차이가 있다. 첫째, 보험과는 달리 CDS의 보장매입자는 반드시 준거자산을 보유할 필요가 없다. 예를 들어, 화재보험은 자기 집의 화재 위험에 대해서만 보험을 들 수 있고, 이웃집 화재 위험에 대해서는 보험을 들 수 없다. 그러나 CDS 보장매입자는 마치 이웃집 화재 위험에 보험을 드는 것처럼 보유하지 않는 자산의 신용위험도 이전할 수 있다. 이와 같이 보유하지 않는 자산에 대한 CDS를 네이키드(naked) CDS라 부른다.

둘째, 보험 가입자는 자기가 든 보험을 제삼자에게 양도할 수 없지만, CDS는 제삼자에게 양도할 수 있다. 이때 이익을 보는 거래자는 상대방에게 일시금(up-front payment)으로 이익의 현재가치를 지급하여야 한다. 예를 들어, 1년 전에 A(보장매입자)와 B(보장매도자)가 명목원금 100백만 달러, 만기 5년, 프리미엄 80bp로 체결한 CDS의 프리미엄이 120bp로 상승하였다고 하자. 이때

그림 10-19 **PIIGS 국가의 CDS 프리미엄**

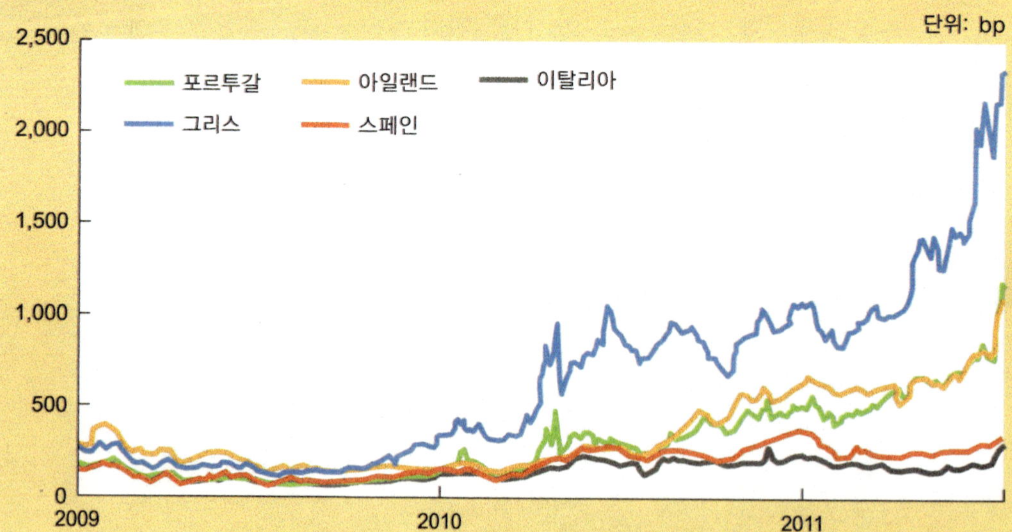


자료: Bloomberg

---

[27] 2005년까지만 하더라도 현물결제가 70% 이상을 차지하고 있었으나, 경매결제제도(auction settlement procedures)의 도입으로 최근에는 현금결제의 비중이 점점 높아지고 있다.

A가 이 CDS를 C에게 양도하면, C는 잔존 만기 4년 동안 매년 40만 달러의 프리미엄 이익을 보게 된다. 따라서 C는 A에게 이 이익의 현재가치를 일시금으로 지급하여야 한다.

### (2) CDS 프리미엄

CDS 프리미엄은 준거기관의 신용도의 변화에 따라 매일 변동한다. 준거기관의 신용도가 향상되면 프리미엄은 하락하고, 준거기관의 신용도가 악화하면 프리미엄은 상승한다. CDS 프리미엄이 상승하면 보장매입자가 이익을 보고, CDS 프리미엄이 하락하면 보장매도자가 이익을 본다. 따라서 오늘날 CDS는 신용위험을 이전하려는 헤지 목적뿐만 아니라, 준거기관의 신용도 변화에 따른 프리미엄의 변동으로부터 이익을 얻으려는 투기(trading) 목적으로도 많이 거래되고 있다.

**그림 10-20 한국 CDS 프리미엄 추이**

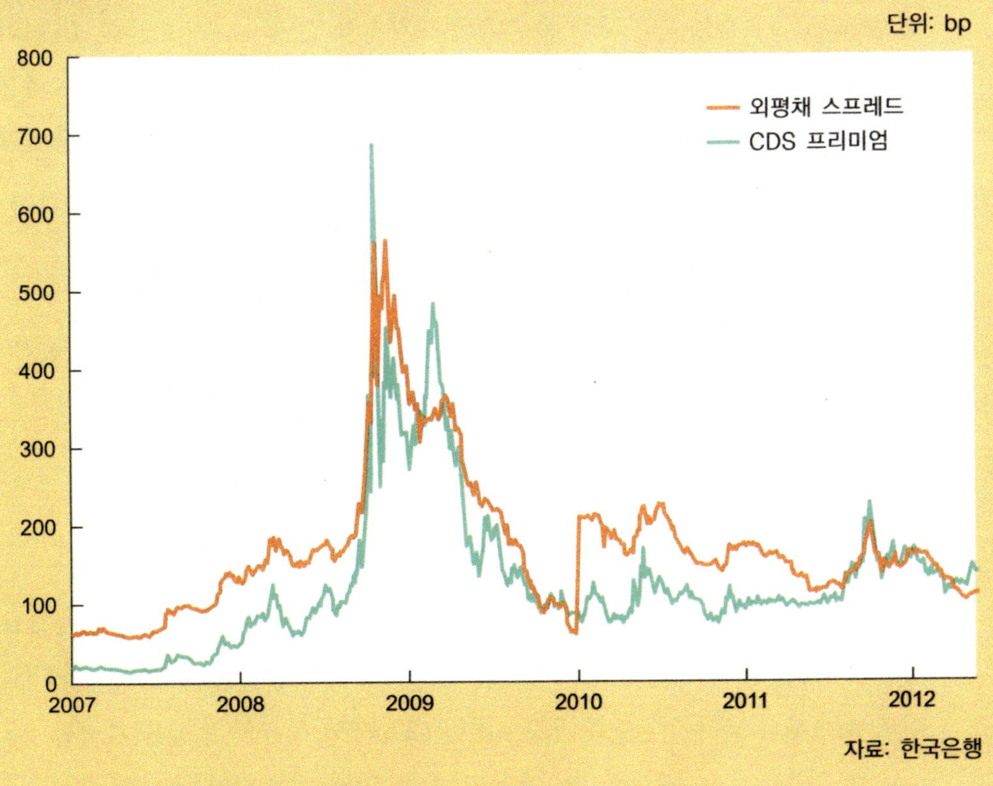

CDS의 프리미엄을 스프레드(spread)라고도 부르는데, 이는 CDS 프리미엄이 제 6장에서 본 본드의 신용 스프레드와 유사하기 때문이다. 지금 기업 A가 발행한 10년 만기 회사채의 수익률이 6.54%이고, 10년 만기 국채의 수익률이 4.65%라면, 기업 A 회사채의 신용 스프레드는 1.89%가 된다. 이때 은행 C가 기업 A의 회사채에 투자하면서 동시에 보장매입자로 기업 A 회사채를 준거자산으로 하는 만기 10년의 CDS를 체결하였다고 생각해 보자. 이때 이 CDS의 프리미엄은 얼마가 되겠는가?

만약 본드시장과 CDS시장이 거래비용과 조세 등 전혀 마찰이 없는 효율적인 시장이라면, CDS의 프리미엄은 1.89%가 될 것이다. 왜냐하면 은행 C가 기업 A의 회사채에 투자하면서 보장매입자로 기업 A 회사채를 준거자산으로 하는 CDS를 체결하면, 은행 C는 무위험 자산에 투자한 것과 같기 때문이다. 따라서 이론적으로 CDS 프리미엄은 준거자산의 신용 스프레드와 같아야 한다. 그러나 실제로 금융시장에 여러 마찰이 존재하므로, 일반적으로 CDS 프리미엄과 신용 스프레드는 같지 않다.

CDS 프리미엄의 결정을 설명하는 이론으로 부도율 모형이 있다. 이에 따르면, CDS의 프리미엄은 만기 동안 지급하는 프리미엄의 현재가치의 합이 만기 중 부도로 예상되는 준거자산 손실의 현재가치와 같아지는 수준에서 결정된다. 지금 $i$년도의 부도확율(default probability)을 $PD_i$, 부도 준거자산의 회수율(recovery rate)을 $R$, 그리고 명목원금(notional amount)을 $N$으로 나타내면, $i$년도의 예상 손실은 다음과 같다.

$$N \times [1 - R] \times PD_i$$

따라서 이 예상손실의 현재가치의 합이 연간 프리미엄의 현재가치의 합과 값이 같아지는 수준에서 CDS의 프리미엄이 결정될 것이다.

## 3. CDS 지수상품

오늘날 CDS시장에서는 2,000여 개가 넘는 준거기관에 대한 CDS가 거래되고 있는데, 개별 준거기관 CDS 프리미엄의 크기도 천차만별이다. 이에 따라 2000년대 초반부터 물가지수나 주가지수처럼 CDS시장 전체의 동향을 파악할 수 있는 신용지수(credit indices)가 여러 기관에 의해 작성되어 오다가, 2004년에

북미와 신흥시장은 CDX, 그리고 유럽과 아시아는 iTraxx라는 두 대표적인 지수로 통합되었다. 그리고 2007년 말 두 지수의 정보를 제공하여 오던 Markit Group이 두 지수의 소유권을 인수하여 현재 CDX와 iTraxx는 모두 Markit Group에 의해 관리되고 있다.

2004년-2007년간 신용파생상품시장의 규모가 매년 거의 두배 이상 성장한 것은 2004년에 신용지수가 CDX와 iTraxx로 통합되면서 CDS는 지수상품 거래가 매우 빠르게 증가하였기 때문이다. 오늘날 다수 준거기관(multi-name) CDS의 약 2/3는 CDS 지수상품(index products)이 차지하고 있다. 이제 신용지수와 CDS 지수상품에 대해 알아보기로 하자.

### (1) CDX와 iTraxx

신용지수는 지역과 만기, 신용등급별로 분류되는데, [표 10-8]은 CDX와 iTraxx의 주요 지수를 보여주고 있다. 이 가운데 가장 대표적인 것은 북미의 투자등급 125개 기업으로 구성된 CDX NA IG와 유럽의 투자등급 125개 기업으로 구성된 iTraxx Europe이다. 이 두 지수는 3년, 5년, 7년, 10년 만기로 작성되는데, 매년 3월과 9월에 새(on-the-run) 시리즈로 갱신되고 있다. 신용지수에 포함되는 기업의 가중치는 모두 1/125로 동일하다. 매 6개월마다 새 시리즈

**표 10-8 CDX와 iTraxx의 종류**

| 지역 | 지수 | 특징 | 만기 | 편입기관 |
|---|---|---|---|---|
| 북미 | CDX NA IG | 투자등급 | 3, 5, 7, 10년 | 125 |
| | CDX NA XO | 변동성 | 5년 | 35 |
| | CDX NA HY | 투기등급 | 3, 5, 7년 | 100 |
| 유럽 | iTraxx Europe | 투자등급 | 3, 5, 7, 10년 | 125 |
| | iTraxx Europe Crossover | 변동성 | 5, 10년 | 50 |
| 아시아 | iTraxx Australia | 호주 | 5, 10년 | 25 |
| | iTraxx Japan | 일본 | 3, 5, 10년 | 50 |
| | iTraxx Asia ex-Japan | 아시아 (일본제외) | 5년 | 50 |
| 이머징 마켓 | CDX EM | 국가 | 5년 | 14 |

로 갱신할(roll) 때, 일부 편입 기업의 교체가 이루어지는데, 교체비율은 보통 10% 미만이다.

CDX 지수에는 또 북미의 100개 투기등급(high yield) 기업으로 구성된 CDX NA HY와 14개의 신흥시장국으로 구성된 CDX EM이 있다. 한편 iTraxx에는 호주(25개), 일본(50개), 일본을 제외한 아시아 기업(50개)로 구성된 iTraxx Australia, iTraxx Japan, iTraxx ex-Japan 지수가 있다.[28] 그리고 CDX와 iTraxx의 지수에는 프리미엄의 변동성이 매우 높은(high volatility) 기업들로만 구성된 CDX NA Crossover와 iTraxx Europe Crossover가 있다.

### (2) CDS 지수상품

신용지수를 대상으로 하는 지수상품(index product)은 신용지수에 기초하여 CDS 계약을 맺는 상품을 말하는데, 그 기본 구조는 단일 준거자산 CDS와 크게

**표 10-9 CDX와 iTraxx의 주요 지수**

| CREDIT INDICES | Index | Day's change | Week's change | Month change | Series high | Series low |
|---|---|---|---|---|---|---|
| ▪Markit iTraxx 2010.4.21 | | | | | | |
| Europe 5Y | 84.25 | −2.35 | −2.35 | −37.76 | 131.88 | 80.69 |
| Crossover 5Y | 472.75 | −12.95 | −12.95 | −102.99 | 596.00 | 465.63 |
| HiVol 5Y | 156.03 | −5.80 | −5.80 | −46.04 | 210.10 | 143.70 |
| Asia ex-Japan 5Y | 488.17 | −41.67 | −41.67 | −91.83 | 655.50 | 488.17 |
| Japan 5Y | 88.40 | −11.10 | −11.10 | −56.60 | 161.00 | 88.40 |
| ▪Markit CDX 2010.4.17 | | | | | | |
| Emerging Markets 5Y | 110.00 | −3.03 | −18.67 | | 143.32 | 108.94 |
| Nth Amer Inv grade 5Y | 229.95 | −3.20 | −19.15 | | 281.02 | 229.95 |
| Nth Amer High Yld 5Y | 276.64 | −3.54 | −24.02 | | 324.75 | 254.88 |
| Nth Amer HiVol 5Y | 608.57 | −4.96 | −58.48 | | 684.96 | 608.57 |
| Nth Amer Crossover 5Y | 260.40 | −3.77 | −31.30 | | 322.00 | 257.50 |

자료: *The Wall Street Journal*

[28] CDX NA HY와 CDX EM은 CDS 프리미엄이 아니라 편입자산의 가격으로 지수를 산정하고 있다.

다르지 않다. 즉 보장매입자는 지수를 발표할 때 결정된 고정 스프레드(fixed running spread)로 만기 동안 매 3개월마다 보장매도자에게 프리미엄을 지급한다. 그러나 단일 준거자산 CDS는 신용사건이 발생하면 계약이 종결되지만, 지수상품은 편입기업 가운데 한 기업에 신용사건이 발생하더라도 나머지 기업에 대한 보장은 만기까지 지속된다.

예를 들어 보자. 지금 어느 투자자가 CDX 지수에 명목원금 125백만 달러를 보장매입하면, 이 투자자는 125개 편입기업에 대해 각각 1백만 달러씩 보장매입한 것과 같다. 이때 한 편입기업에 신용사건이 발생하면 그 기업의 1백만 달러 보장매입에 대한 손실을 보상받고, 나머지 124개 기업에 대한 1백만 달러씩의 보장은 만기까지 지속된다. 그리고 잔존 만기 동안의 스프레드는 신용사건이 발생한 기업을 제외하고 수정 산정되며, 명목원금도 124백만 달러로 감소한다. 따라서 보장매입자는 잔존 만기 동안 수정된 명목원금에 대해 수정된 프리미엄을 지급하게 된다.

지금까지는 CDX나 iTraxx 등 주요 지수 전체(full index)에 대한 지수상품을 설명하였다. 한편 CDS 지수상품에는 이와 같은 전체 지수상품 이외에 지수의 특정 트렌치(tranche)만을 거래하는 상품이 있는데 이를 트렌치 지수거래(tranched index trade)라 부른다.[29] 예를 들어, 트렌치 지수거래에서 보장매입자가 명목원금 1억 달러 CDX의 "3-7%" 트렌치에 대해 보장매입하였다면, 보장매도자는 3백만 달러 이상 7백만 달러까지, 즉 최대 4백만 달러의 손실을 보상할 책임을 진다.

## 4. CDS 시장의 특징

오늘날 CDS는 장외시장(over-the-counter market)에서 두 당사자가 거래조건을 합의하여 거래되고 있다. 그러나 보장매입자가 직접 거래조건이 일치하는 보장매도자를 만나기는 매우 어려우므로, CDS는 일반은행과 투자은행 등의 CDS 딜러(dealer)를 통해 거래되고 있다. [그림 10-21]에서 A는 준거자산인

[29] DTCC에 따르면, 2009년 10월 CDS시장의 구성은 59%가 단일 준거자산 CDS, 29%가 전체지수 상품, 그리고 12%가 트렌치 지수상품으로 구성되어 있다. DTCC(Depository Trust and Clearing Corporation)는 미국의 청산결제기관으로 금융기관으로부터 CDS 관련 자료를 수집하여 통계를 발표하고 있다.

본드를 발행한 준거기관, B는 A가 발행한 본드를 보유한 투자자, C는 CDS 딜러인 은행, 그리고 D는 CDS에 투자한 보험회사이다.

만약 투자자 B가 보험회사 D와 직접 접촉할 수 있다면, CDS 딜러인 은행 C를 통한 거래는 필요하지 않다. 그러나 실제로 보장매입자가 직접 거래조건이 일치하는 보장매도자를 만나기란 거의 불가능하다. 따라서 오늘날 CDS는 대부분 은행 C와 같은 CDS 딜러를 통해 거래되고 있다. CDS 딜러는 낮은 프리미엄으로 CDS를 매입하고 높은 프리미엄으로 CDS를 매도하는데, 매입-매도 스프레드(bid-ask spread)가 이익의 마진이 된다.

[그림 10-21]에서 두 번의 CDS 계약이 이루어졌다. 따라서 CDS의 총명목원금(gross notional amount)은 2,000만 달러가 된다. 그러나 실제로 신용위험이 보장된 금액, 즉 순명목원금(net notional amount)은 투자자 B로부터 보험회사 D에게 이전된 준거기관 A의 신용위험 1,000만 달러에 불과하다. 이와 같이 순명목원금은 총명목원금에 비해 매우 작다.[30]

CDS의 순명목원금은 어떻게 구할 수 있는가? [그림 10-21]에서 은행 C는 투자자 B에게 1,000만 달러의 CDS를 매도한 다음, 보험회사 D로부터 1,000만 달러의 CDS를 매입하였다. 따라서 은행 C의 순매입포지션은 0이다. 한편 투자자

그림 10-21 **CDS 거래의 실제**

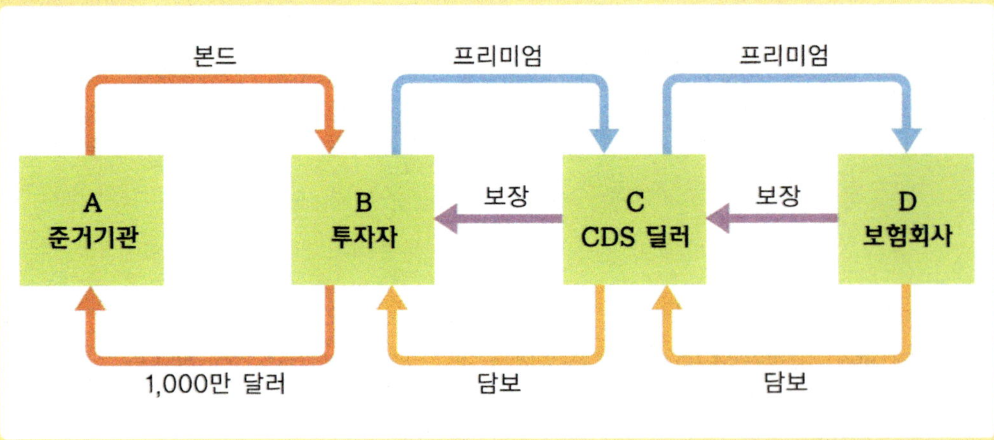


[30] DTCC는 실제로 CDS 순명목원금은 총명목원금의 1/10에 불과하다고 추산하고 있다.

B의 순매입 포지션은 1,000만 달러, 보험회사 D의 순매도 포지션은 1,000만 달러이다. 이와 같이 CDS의 순매입 포지션과 순매도 포지션은 같다. 따라서 모든 거래자의 순매입 포지션의 합, 또는 순매도 포지션의 합으로 CDS의 순명목원금을 구할 수 있다.

오늘날 CDS의 99%는 금융기관 간에 의해 거래되고 있다. 즉 국제결제은행(BIS)에 따르면, 2010년 CDS 명목원금 30조 달러의 절반(50.5%)은 딜러은행과 딜러은행 간의 은행간 거래가 그리고 나머지 절반(48.5%)은 딜러은행과 딜러가 아닌 일반은행과 증권회사, 보험회사, 헤지펀드 등 다른 금융기관 간의 대기관거래가 차지하고 있다.[31] 한편 딜러와 대기업 등 비금융기관 간의 대고객거래는 단지 1%만을 차지하고 있을 뿐이다.

신용부도스왑의 주요 준거기관(reference entity)으로는 선진국 및 개도국의 정부, 일반은행과 투자은행 등 금융기관 그리고 대기업 등이 모두 망라되어 있다. 준거자산은 은행대출, 선진국과 개도국 정부가 발행한 국채, 그리고 세계 각국의 유수 기업이 발행한 회사채 등이다. 한편 2000년대 중반부터는 MBS와 ABS 등도 CDS의 준거자산으로 널리 이용되고 있다. 신용부도스왑의 만기는 비교적 길다. 즉 국제결제은행(BIS)에 따르면, 만기 1년에서 5년까지가 전체의 72%를 차지하고 있으며, 만기 5년이 넘는 것도 18%나 된다. 한편 나머지 10%는 만기 1년 이하가 차지하고 있다.[32]

[31] DTCC에 따르면, J.P. Morgan, Goldman Sachs, Morgan Stanley, Deutche Bank, Barclays Group 등 5대 딜러은행이 CDS 거래의 50% 이상을 차지하고 있다.

[32] 우리나라 신용파생상품시장은 규모가 작고, 시장 기반도 미흡하다. 우리나라의 신용파생상품시장에 대해서는 한국은행, 「우리나라의 금융시장」, (2009)의 제4장 5절을 참조하면 좋다.

# 참고문헌


- G. Bekaert and R. Hodrick, *International Financial Management*, Second Edition, Perason, (2012), ch 21.
- D. Chance and R. Brooks, An Introduction to Derivatives and Risk Management, Seventh Edition, South-Western, (2008), ch. 12.
- A. Chisholm, *An Introduction to International Capital Markets*, Second Edition, Wiley, (2009), chs. 13, 14.
- Deutsche Bank Research, "OTC Derivatives: A New Market Infrastructure is Taking Shape," (April 2010).
- Deutsche Bank Research, "Credit Default Swaps: Heading Towards a More Stable System," (December 2009).
- D. Dubofsky and T. Miller, *Derivatives: Valuation and Risk Management*, Oxford, (2003), chs. 11, 12, 13.
- D. Eiteman, A. Stonehill, M. Moffett, *Fundamentals of Multinational Finance*, Fourth Edition, Pearson, (2012), ch. 9.
- C. Eun, B. Resnick and S. Sabherwal, *International Finance: Global Edition*, Sixth Edition, MaGraw-Hill, (2012), ch. 10.
- European Central Bank, *Credit Default Swaps and Counterparty Risk*, (August 2009).
- J. Hull, *Fundamentals of Futures and Options Markets*, Seventh Edition, Pearson, (2011), ch. 7.
- J. Grabbe, *International Financial Markets*, Third Edition, Prentice Hall, (1996), ch. 15.
- J. Kiff, "Credit Derivatives: Systemic Risks and Policy Options," *IMF Working Paper* No. 254, (November 2009).
- R. Kolb and J. Overdahl, *Futures, Options, and Swaps*, Fifth Edition, Blackwell, (2007), chs. 20, 21, 23.
- V. Kothari, *Credit Derivatives*, Revised Edition, John Wiley & Sons, (2009).
- R. Levich, *International Financial Markets*, Second Edition, McGraw-Hill, (2001), ch. 13.
- A. Shapiro and A. Sarin, *Foundations of Multinational Financial Management*, Sixth Edition, Wiley, (2009), ch. 8.

- M. Singh, "Making OTC Derivatives Safe: A Fresh Look," *IMF Working Paper* No. 66, (March 2011).
- C. Smithson, *Managing Financial Risk*, McGraw-Hill, (1998), chs. 8, 9.
- N. Smyth and A. Wetherilt, "Trading Models and Liquidity Provision in OTC Derivatives Markets," Bank of England, *Quarterly Bulletin*, (2011 Q4).
- F. Taylor, *Mastering Derivatives Markets*, Third Edition, Prentice Hall, (2007), chs. 8, 9.
- P. Wallison, "Everything You Wanted to Know about Credit Default Swaps," American Enterprise Institute for Public Policy Research, (December 2008).
- 남길남, 이석형, 주윤신, 「세계 신용파생상품시장의 혁신과 시사점」, 한국증권연구원, (2008년 3월).
- 금융투자협회, 「2011년 장외파생상품 시장동향 Report」, (2011년 12월).
- 박연우와 박태준, "스왑시장, 채권시장 및 외환시장의 연계성 분석: IRS와 CRS를 중심으로," 자본시장연구원, (2009년 6월).
- 빈기범과 강원철, "외환시장과 외화자금시장의 구분 및 KRX 통화시장 역할의 중요성," 자본시장연구원, (2009년 8월).
- 서병호와 이윤석, "국내외 은행의 CDS 프리미엄 결정요인 분석 및 시자점," 한국금융연구원, (2010년 10월).
- 한국은행, "우리나라의 국가신용 위험지표에 관한 분석," 조사통계월보, (2009년 11월).
- 한국은행, 「우리나라의 금융시장」, (2009년 12월), 제4장 파생금융상품시장.
- 한국은행, 「우리나라의 외환제도와 외환시장」, (2010년 12월), 제5장 외환파생상품시장.

# 연습문제

## 제 1 장 국제금융의 전개

**1.** 오늘날 국제금융시장을 어떻게 분류할 수 있는지 설명하여 보시오.

**2.** 외환의 수요와 공급을 유발하는 경상거래와 자본거래를 설명하고, 외환시장의 균형조건을 구해 보시오.

**3.** 중앙은행이 외환시장에 개입하여 어떻게 환율을 안정시킬 수 있는지 그림을 그려 설명하여 보시오.

**4.** 국제수지의 기본관계식이 어떻게 도출되는지 설명하여 보시오.

**5.** 국제자본이동의 네 가지 형태를 설명하여 보시오.

**6.** 국제수지에서 자본유입과 자본유출을 어떻게 측정하고 있는지 설명하여 보시오.

**7.** 경상수지 흑자국은 자본수출국 그리고 경상수지 적자국은 자본수입국임을 설명하여 보시오.

**8.** 지난 30여 년간 선진국과 신흥국의 금융개방도가 어떻게 변화하였는지 설명하여 보시오.

**9.** 자본유입의 문제란 무엇을 말하는지 설명하여 보시오.

**10.** 금융파생상품이란 무엇이며, 금융파생상품을 어떻게 분류할 수 있는지 설명하여 보시오.

**11.** 외환파생상품(currency derivatives)의 주요 종류와 그 규모에 대해 설명하여 보시오.

**12.** 금리파생상품(interest rate derivatives)의 주요 종류와 그 규모에 대해 설명하여 보시오.

**13.** 미국의 서브프라임 위기에 대해 설명하여 보시오.

**14.** 전통적 뱅킹과 섀도우 뱅킹의 특징을 비교 설명하여 보시오.

15. 섀도우 뱅크 런이란 무엇을 말하는지 설명하여 보시오.
16. 조달유동성과 시장유동성을 구분하고, 유동성 악순환을 설명하여 보시오.
17. G20, FSB, 그리고 바젤 Ⅲ에 대해 설명하여 보시오.
18. 바젤 Ⅲ의 자기자본 규제와 유동성 규제에 대해 설명하여 보시오.
19. FSB가 2011년 11월에 선정한 시스템적으로 중요한 글로벌 금융기관(G-SIFI) 29개를 아는 대로 들어 보시오.
20. 현재 G20이 추진하고 있는 글로벌 금융규제 가운데 대표적인 거시건전성 규제를 설명하여 보시오.

## 제 2 장 세계의 외환시장

1. 외환시장의 주요 특징을 설명하고, 최근 세계외환시장의 성장에 대해 설명하여 보시오.
2. 오늘날 런던이 세계 최대의 외환시장으로 성장한 이유를 설명하여 보시오. 또 영국 다음으로 규모가 큰 6대 외환시장을 들어보시오.
3. 최근 세계외환시장과 우리나라 외환시장에서 은행간 거래, 대기관 거래, 대고객 거래가 차지하는 비중을 설명하여 보시오.
4. 최근 세계외환시장과 우리나라 외환시장에서 국내거래(local)와 해외거래(cross-border)가 차지하는 비중을 설명하여 보시오.
5. 최근 세계외환시장에서 가장 많이 거래되고 있는 7개 통화의 ISO 코드를 써 보시오.
6. 최근 세계외환시장과 우리나라 외환시장에서 가장 많이 거래되고 있는 통화 쌍 3개를 들어 보시오.
7. 전통적 외환거래와 외환파생상품의 종류를 설명하여 보시오.
8. 최근 세계외환시장과 우리나라 외환시장에서 거래되는 외환거래의 5가지 형태별 구성을 설명하여 보시오.
9. 어느 해 5월 1일(목요일)에 거래된 USD/KRW 현물환과 3개월 선물환의 결제일을 구해 보시오.
10. 일반 선물환과 비인도 선물환(NDF)을 비교 설명하여 보시오.

**11.** A은행이 B은행으로부터 만기 3개월, 계약환율 1,200원으로 100만 달러의 NDF를 매입하였다. 결제일의 지정환율이 1,300원이라면, 두 은행은 이 NDF를 어떻게 결제하는지 설명하여 보시오.

**12.** "Buy and Sell USD/KRW"와 "Sell and Buy USD/KRW" 외환스왑을 설명하여 보시오.

**13.** 외환스왑(FX swaps)과 통화스왑(currency swaps)이 어떻게 다른지 비교 설명하여 보시오.

**14.** 콜옵션(call option)과 풋옵션(put option)을 비교 설명하여 보시오.

**15.** 외환거래의 1일 거래액과 거래잔고를 설명하여 보시오.

**16.** 전통적 외환거래 방법과 전자거래 방법을 설명하여 보시오. 그리고 최근 세계외환시장의 거래방법의 구성을 설명하여 보시오.

## 제 3 장 외환시장과 환율

**1.** 유럽식 방법과 미국식 방법의 환율표시를 설명하여 보시오. 또 오늘날 미국식 방법으로 환율을 표시하고 있는 주요 통화 4개를 들어 보시오.

**2.** 직접표시방법과 간접표시방법의 환율표시를 설명하여 보시오. 그리고 "USD/KRW = 1,187.53"의 환율표시는 직접표시방법인지 또는 간접표시방법인지 설명하여 보시오.

**3.** 환율의 절상과 절하를 설명하여 보시오. 그리고 EUR/USD 환율이 (1) 1.17 달러에서 0.80 달러로 변화할 때와, (2) 0.80 달러에서 1.60 달러로 변화할 때, 각각 두 통화의 가치 변화율을 구해 보시오.

**4.** 명목환율과 실질환율 그리고 양국간 환율과 실효환율을 설명하여 보시오.

**5.** 기준연도와 비교연도 사이에 USD/KRW 환율이 800원에서 1,200원으로 그리고 USD/JPY 환율이 9원에서 10원으로 변동하였다. 미국과 일본의 교역비중이 각각 60%와 40%라고 할 때, 기준연도를 100으로 한 비교연도의 한국 원의 명목실효환율을 구해 보시오.

**6.** 크로스 레이트가 삼각재정에 의해 결정되는 원리를 설명하여 보시오.

**7.** 선물환율을 표시하는 세 가지 방법을 설명하여 보시오.

8. USD/CHF 현물환율이 1.8225 그리고 90일 선물환율이 1.8056일 때, 연율 표시법의 선물환율을 구해 보시오. 이때 어느 통화가 프리미엄에 있는지 설명하시오,
9. 미국과 한국에서 빅맥 가격이 3달러와 3,500원이고, 환율이 1,000원이라면, 어느 나라에서 빅맥 가격이 더 비싼지 설명하여 보시오. 이때 한국 원이 미국 달러에 대해 얼마나 저평가되었는지 구해 보시오.
10. 절대적 PPP와 상대적 PPP를 비교하여 설명하여 보시오. 그리고 실제로 PPP가 잘 성립하지 않은 이유를 들어 보시오.
11. 경상수지 접근방법에 의한 환율결정 요인을 식으로 나타내고, 이를 설명하여 보시오.
12. 미국 달러의 환율이 1,000원, 미국의 이자율이 4%, 한국의 이자율이 8%라고 하자. 이때 (1) 3개월 후에 환율이 1,005원이 될 것이라고 예상하는 외국투자자는 어떻게 하여 이익을 얻을 수 있는지 설명하여 보시오. 또 (2) 3개월 후에 환율이 1,015원이 될 것이라고 예상하는 국내투자자는 어떻게 하여 이익을 얻을 수 있는지 설명하여 보시오.
13. 커버하지 않은 금리평가조건(UIP)에 따르면, 두 통화의 이자율의 차이는 환율의 예상변화율과 같아진다. 이 관계가 성립하는 과정을 설명하여 보시오.
14. 자산시장 접근방법에 의한 환율결정 모델을 식으로 나타내고, 이를 설명하여 보시오.
15. 자산시장 접근방법에서 자국 이자율과 외국 이자율의 변동이 환율에 미치는 영향을 그림을 그려 설명하여 보시오.
16. 피셔 효과에 따르면 예상 인플레이션율이 상승하면 국내 이자율이 상승한다. 이와 같이 자국 이자율이 상승할 때, 환율은 하락하지 않고 오히려 상승할 수도 있음을 그림을 그려 설명하여 보시오.

## 제 4 장 외환시장의 이용

1. 미국 달러의 환율이 1,000원, 미국의 이자율이 4%, 한국의 이자율이 8%라고 하자. 이때 (1) 3개월 선물환율이 1,005원이면, 외국투자자가 어떻게 하

면 이익을 얻을 수 있는지 설명하여 보시오. 또 (2) 3개월 선물환율이 1,015원이면, 국내투자자가 어떻게 하면 이익을 얻을 수 있는지 설명하여 보시오.

**2.** 커버한 금리평가조건(CIP)에 따르면, 한국 원의 선물 디스카운트는 한국과 미국의 이자율의 차이와 같아진다. 이 관계가 성립하는 과정을 설명하여 보시오.

**3.** 미국 달러의 현물환율이 1,000원, 한국의 이자율이 12%, 미국의 이자율이 8%이라고 하자. 이때 만기 3개월과 6개월의 이론적 선물환율이 얼마인지 구해 보시오.

**4.** 지난 30여 년간 커버한 금리평가(CIP)가 실제로 잘 성립하여 왔는지 설명하여 보시오.

**5.** 외환거래의 롱 포지션과 숏 포지션을 설명하여 보시오.

**6.** 미국 달러의 현물환율이 1,000원, 3개월 선물환율이 1,030원, 한국의 이자율이 12%, 미국의 이자율이 4%라고 하자. 이때 미국으로부터 상품을 연불 수입한 한국 수입업자가 (1) 선물환시장과 (2) 금융시장을 통해 어떻게 환위험을 헤지할 수 있는지 설명하여 보시오.

**7.** 금융시장을 통해 어떻게 매입 선물환을 복제할 수 있는지 설명하여 보시오.

**8.** 2006년-2007년간 조선업체의 선물환 헤지가 우리나라 외환부분에 미친 영향에 대해 논해 보시오.

**9.** 현물환 투기와 선물환 투기를 비교 설명하여 보시오,

**10.** 미국달러의 현물환율이 1,000원, 3개월 선물환율이 1,020원, 한국의 이자율이 12%, 미국의 이자율이 4%라고 하자. 이때 3개월 후에 현물환율이 1,030원이 되리라고 예상하는 (1) 현물환 투기자와 (2) 선물환 투기자는 각각 어떻게 하여 이익을 얻으려고 하는지 설명하여 보시오.

**11.** 커버한 금리평가조건(CIP)이 성립하면, 현물환 투기자와 선물환 투기자의 환율 예상이 동일함을 설명하여 보시오.

**12.** 캐리거래를 설명하여 보시오. 그리고 어떤 경우에 캐리거래로 손실을 볼 수 있는지 설명하여 보시오.

**13.** 오늘날 세계외환시장에서 거래되는 외환스왑의 3/4은 만기 7일 이하이다. 이와 같이 외환스왑의 만기가 짧은 이유를 설명하여 보시오.

**14.** 스왑 포인트가 외환스왑의 비용을 나타냄을 설명하여 보시오.

15. 미국 달러의 현물환율이 1,200원, 3개월 스왑 포인트가 6원, 한국의 이자율이 4%, 그리고 미국의 이자율이 1%이라고 하자. 이때 외국투자자가 외환스왑을 이용한 금리차익거래로 어떻게 이익을 얻을 수 있는지 설명하여 보시오.

16. "Buy and Sell USD/KRW" 외환스왑을 이용하여 미국 달러를 조달하는 비용이 한국의 이자율에서 한국 원의 선물 디스카운트를 뺀 것과 같음을 설명하여 보시오.

## 제 5 장 국제은행시장

1. 국경을 넘어 자금을 조달하는 국제자본시장을 어떻게 분류할 수 있는지 설명하여 보시오. 그리고 오늘날 국제자본시장에서 단기(1년 미만), 중기(1년-5년), 장기(5년 이상)의 자금이 주로 어떤 형태로 조달되고 있는지 설명하여 보시오.
2. 전통적 국제은행시장과 유로커런시시장을 설명하고, 두 시장의 주요 특징에 대해 설명하여 보시오.
3. 미국 연방준비은행의 준칙 Q가 미국 금융시장과 국제금융시장에 미친 영향을 설명하여 보시오.
4. 유로커런시시장이 전통적 국제은행시장의 2배가 넘게 성장한 이유를 설명하여 보시오.
5. 신디케이트 론을 설명하여 보시오. 그리고 만기 5년인 신디케이트 론의 스프레드가 75bp이고 수수료가 2%일 때, 이 신디케이트 론의 근사적인 올인 코스트를 구해 보시오.
6. 미국의 기업어음(USCP)과 유로기업어음(ECP)을 비교 설명하여 보시오.
7. 2008년 하반기에 국제은행시장에서 발생한 달러부족 사태(dollar shortage)를 설명하여 보시오.
8. 2007년-2009년 글로벌 금융위기 때 체결된 중앙은행간 스왑 라인에 대해 설명하여 보시오.
9. BBA 리보란 무엇이며, BBA 리보가 실제로 어떻게 산정되는지 설명하여 보

시오.

**10.** 오늘날 리보가 왜 가장 중요한 국제금리인지 설명하여 보시오.

**11.** 미국 달러 리보, 미국의 단기국채 이자율, 그리고 페더럴 펀드 금리의 관계를 설명하여 보시오.

**12.** 오버나이트 인덱스 스왑(OIS)을 설명하여 보시오. 그리고 미국의 OIS 이자율이 페더럴 펀드 금리의 예상을 나타내는지 설명하여 보시오.

**13.** 독일, 영국, 그리고 미국의 일반은행업과 투자은행의 겸업방식을 비교 설명하여 보시오.

**14.** 투자은행의 주요 업무를 설명하고, 미국과 유럽의 대표적인 투자은행 9개를 들어 보시오.

**15.** 2007년-2009년 글로벌 금융위기 이전의 미국 투자은행의 주요 특징에 대해 설명하여 보시오.

**16.** 섀도우 뱅크 런과 2008년 미국 투자은행의 굴욕에 대해 설명하여 보시오.

## 제 6 장 국제본드시장

**1.** 국내본드, 외국본드, 유로본드, 글로벌본드를 어떻게 구분하는지 설명하여 보시오.

**2.** 국제본드시장의 성장과 주요 특징을 설명하여 보시오.

**3.** 본드의 가격과 이자율이 역의 관계에 있는 것을 설명하여 보시오.

**4.** 만기수익률이 액면이자율과 같은 본드의 시장가격은 액면가격과 같다. 만기가 2년인 본드를 예로 들어 이를 증명하여 보시오.

**5.** 만기 5년, 액면금액 1,000달러, 액면이자율 10%인 본드의 가격이 950달러일 때, 이 본드의 경상수익률과 근사적인 만기수익률을 구해 보시오.

**6.** 만기 2년, 액면금액 100달러, 액면이자율 10%인 액면본드의 이자율이 10%라고 하자. 이 본드의 듀레이션을 구해 보시오.

**7.** 만기 3년인 본드의 듀레이션이 2.78일 때, 이자율이 9.00%에서 9.15%로 오르면, 이 본드의 가격은 얼마나 변화하는지 구해 보시오.

**8.** 제로 쿠폰 본드를 설명하고, 제로 쿠폰 본드의 듀레이션이 본드의 만기와

같음을 설명하여 보시오.

9. 수익률곡선을 설명하고, 이 곡선의 기울기를 결정하는 요인을 설명하여 보시오.
10. Moody's와 S&P사의 신용평가 체계를 설명하고, 투자등급과 투기등급을 구분하여 보시오.
11. 미국 본드시장에서 Rule 415과 Rule 144A에 의해 발행되는 양키본드를 설명하여 보시오.
12. 유로본드 발행의 일괄매입 방식(bought deal)과 고정가격-재판매 방식(fixed-price reoffer)을 설명하여 보시오.
13. 유로상업어음(ECP)과 유로중기노트(EMTN)를 비교 설명하여 보시오.
14. 만기 5년, 액면금액 1,000달러, 액면이자율 10%인 본드를 발행가격 990달러와 발행수수료 2%로 발행하였다. 투자자의 근사적인 만기수익률과 차입자의 근사적인 올 인 코스트를 구해 보시오.
15. 자산유동화의 과정을 설명하고, 자산유동화 증권의 종류를 들어 보시오.
16. 자산유동화와 2007년-2009년 글로벌 금융위기의 관계를 설명하여 보시오.

## 제 7 장 국제주식시장

1. 국경을 넘어 이루어지는 국제주식거래는 국제주식의 발행과 국제주식의 투자로 나눌 수 있다. 이 두 형태의 국제주식거래를 설명하여 보시오.
2. 세계주식시장의 성장과 주요 특징을 설명하여 보시오.
3. 미국의 대표적인 주가지수인 다우 존스(DJIA)와 S&P 500에 대해 설명하여 보시오.
4. 배당할인모델에서 1년 후의 예상 배당과 주가를 $D_1$와 $P_1$, 그리고 투자자의 요구수익률을 $k$라고 하자. 이때 현재의 주가 $P_0$는 어떻게 결정되는지 설명하여 보시오. 그리고 요구수익률 $k$가 투자자의 예상수익률 $E(r)$과 같음을 보이시요.
5. 배당할인모델에서 배당이 매년 일정한 성장률 $g$로 증가하면, 주가도 매년 배당성장률과 같은 $g$로 증가함을 보이시오.

6. 고든의 성장모델에서 $k = r_f + r_p = 2\% + 6\% = 8\%$, $g = 3\%$, 그리고 $D_1 = 50$ 달러이면, 주가 $P_0$는 얼마로 결정되겠는가? 이때 $k$는 불변이고, $g$가 1,5%로 하락하면, 주가는 얼마가 되겠는가? 또 g는 불변이고, 리스크 프리미엄이 $r_p = 2\%$로 하락하면, 주가는 얼마가 되겠는가?
7. 배당성장률 $g$가 사내유보율 $b$와 신규투자의 수익률 ROE에 의해 결정됨을 설명하여 보시오. 그리고 어떤 경우에 기업의 성장기회가 존재하는지 설명하여 보시오.
8. 주식투자의 평균수익률이 15%, 표준편차가 20%이라고 하자. 정규분포를 가정할 때, 10,000명의 투자자 가운데 75% 이상의 수익률을 올린 투자자가 몇명이 되겠는지 구해 보시오.
9. 주식이 단기국채에 비해 위험하다는 것은 무엇을 말하는지 설명하여 보시오.
10. 주식투자의 체계적 위험과 비체계적 위험을 설명하여 보시오.
11. 주식 A의 수익률과 표준편차가 8%와 16% 그리고 주식 B의 수익률과 표준편차가 10%와 20%라고 하자. 두 주식의 상관계수가 0일 때, 두 주식에 50%씩 분산투자한 포트폴리오의 평균수익률과 표준편차를 구해 보시오.
12. 주식의 리스크 프리미엄과 리스크 프리미엄 퍼즐에 대해 설명하여 보시오.
13. 주식시장의 효율성에 대해 설명하여 보시오.
14. 국제분산투자의 이득과 홈 바이어스를 설명하여 보시오.
15. 오늘날 미국 금융제도에서 차지하는 뮤추얼펀드의 중요성에 대해 논해 보시오.
16. 뮤추얼펀드, 헤지펀드, 그리고 사모주식펀드(PEF)의 주요 차이점을 비교 설명하여 보시오.

## 제 8 장 금융선물시장

1. 장외선물시장과 상장선물시장의 주요 특징을 비교 설명하여 보시오.
2. 상장선물시장의 증거금제도와 일일정산제도에 대해 설명하여 보시오.
3. 기초자산의 가격이 1,000원, 연간 수익률이 4%, 이자율이 8%라고 하자. 만기 1년 선물가격이 (1) 1,020원일 때와 (2) 1,060원일 때, 투자자가 어떻게

무위험 이익을 얻을 수 있는지 설명하여 보시오.

4. 최근 거래량으로 본 세계 4대 파생상품 거래소를 들어 보시오.
5. 오늘날 환위험을 관리하는 금융파생상품에는 어떤 종류가 있으며, 이 가운데 가장 널리 이용되고 있는 상품을 순서대로 들어 보시오.
6. 선물환과 통화선물의 특징을 비교 설명하여 보시오.
7. 통화선물의 가격이 결정되는 원리를 설명하여 보시오.
8. 통화선물을 이용한 롱 헤지와 숏 헤지를 설명하고, 베이시스 리스크란 무엇인지 설명하여 보시오.
9. 통화선물을 이용한 단순투기거래와 스프레드거래를 설명하여 보시오.
10. 오늘날 금리위험을 관리하는 금융파생상품에는 어떤 종류가 있으며, 이 가운데 가장 널리 이용되고 있는 상품을 순서대로 들어 보시오.
11. 만기 6개월과 12개월 리보가 9%와 10%일 때 "6 × 12" FRA의 이론적 선물금리를 구해 보시오.
12. 기업 A가 명목원금 100만 달러, 계약금리 10.53%인 "6 × 12" FRA를 매입하였다. 6개월 후의 결제금리가 12.23%가 되었을 때 기업 A가 결제일에 수취 또는 지급하는 결제금액이 얼마인지 구해 보시오.
13. 은행 A가 100만 달러를 10%의 이자율로 90일간 차입하여 이를 기업 B에게 11%의 이자율로 180일간 대출하였다. 이때 FRA를 이용하여 은행 A가 어떻게 금리위험을 헤지할 수 있는지 설명하여 보시오.
14. 유로달러선물과 선물금리계약(FRA)의 특징을 비교 설명하여 보시오.
15. 유로달러선물 1계약을 89.42의 가격으로 매입하였다가 3주일 후에 90.12의 가격으로 매도하였다. 일일정산을 무시하고 이 거래의 손익을 구해 보시오.
16. 유로달러선물을 매입하면 어떻게 이자율 하락의 위험을 커버할 수 있고, 유로달러선물을 매도하면 어떻게 이자율 상승의 위험을 커버할 수 있다. 이를 구체적인 예를 들어 설명하여 보시오.

## 제 9 장 금융옵션시장

1. 옵션의 내재가치와 시간가치를 설명하고, 이들의 결정 요인을 들어 보시오.

**2.** 행사가격 1,200원, 만기 90일인 미국 달러 콜옵션과 풋 옵션의 프리미엄이 1달러당 각각 $C = 15$원과 $P = 15$원이라고 하자. 콜옵션과 풋 옵션의 만기일의 손익을 그림을 그려 설명하여 보시오.

**3.** 미국에 1달러의 상품을 수출하고 대금을 90일 후에 받기로 한 한국 수출업자가 행사가격 $K = 1,000$원, 프리미엄 $P = 20$원인 풋 옵션을 매입하였다. 90일 후에 한국 수출업자가 확보하는 수출대금을 구해 보시오.

**4.** 미국에 1달러의 상품을 수출하고 대금을 90일 후에 받기로 한 한국 수출업자가 행사가격 $K = 1,000$원, 프리미엄 $C = 20$원인 콜 옵션을 매도하였다. 90일 후에 한국 수출업자가 확보하는 수출대금을 구해 보시오.

**5.** 미국에 1달러의 상품을 수입하고 대금을 90일 후에 지급하기로 한 한국 수입업자가 행사가격 $K_2 = 1,050$원이고 프리미엄 $C = 10$원인 콜 옵션을 매입하면서, 동시에 행사가격 $K_1 = 950$원이고 프리미엄이 $P = 10$원인 풋 옵션을 매도하였다. 90일 후에 한국 수입업자가 부담하는 수입대금을 그림을 그려 설명하여 보시오.

**6.** 한국 수출업자가 미국에 1달러의 상품을 90일 연불수출하였다. 이때 (1) 만기 90일, 행사가격 $K = 950$원, 베리어 가격 $B_1 = 890$원, 약정금액 1달러의 "다운-아웃 베리어 풋옵션"을 매입하고, (2) 만기 90일, 행사가격 $K = 950$원, 베리어 가격 $B_2 = 990$원, 약정금액 2달러의 "업-인 베리어 콜옵션"을 매도하였다. 만기일에 한국 수출업자가 확보할 수 있는 수출대금을 그림을 그려 설명하여 보시오.

**7.** 행사가격이 동일한 콜옵션을 매입하고 동시에 풋옵션을 매도하면, 롱 포지션을 합성할 수 있다. 그림을 그려 이를 설명하여 보시오.

**8.** 통화옵션에서 행사가격이 동일한 콜옵션과 풋옵션의 프리미엄은 일반적으로 같지 않다. 어떤 경우에 두 프리미엄이 같아지는지 설명하여 보시오.

**9.** 콜옵션을 이용한 불 스프레드 전략의 (1) 최대 이익, (2) 최대 손실, 그리고 (3) 손익분기 환율을 그림을 그려 설명하여 보시오.

**10.** 풋옵션을 이용한 베어 스프레드 전략의 (1) 최대 이익, (2) 최대 손실, 그리고 (3) 손익분기 환율을 그림을 그려 설명하여 보시오.

**11.** 롱 스트레들과 숏 스트레들 전략의 (1) 최대 이익, (2)최대손실, 그리고 (3) 손익분기 환율을 그림을 그려 설명하여 보시오.

**12.** 통화옵션의 BSGK 모델을 설명하여 보시오.

13. 6개월 후부터 6개월간 1억 달러를 조달해야 할 필요가 있는 기업이 (1) 금리위험을 헤지하지 않은 경우, (2) 계약금리 8%의 FRA를 매입한 경우, 그리고 (3) 행사금리 8%, 옵션 프리미엄 0.5%인 차입자 옵션을 매입한 경우의 실효차입 이자율을 비교하여 보시오.

14. 투자자가 6월 만기 유로달러선물 1계약을 94.00의 가격으로 매도하면서, 동시에 행사가격 93.75인 6월 만기 유로달러선물 콜옵션 1계약을 0.50%의 프리미엄으로 매입하였다. 만기일의 리보가 얼마가 되면 이 투자자가 이익을 얻을 수 있는지 설명하여 보시오.

15. 기업 A가 만기 3년, 이자기간 6개월, 명목원금 1백만 달러, 계약금리 8%의 캡을 1.20%의 프리미엄으로 매입하면서, 동시에 만기 3년, 이자기간 6개월, 명목원금 1백만 달러, 계약금리 6%의 플로어를 0.30%의 프리미엄으로 매도하였다. 이 기업이 매 이자기간마다 부담하는 실효차입비용이 얼마인지 설명하여 보시오.

16. 통화옵션의 단일기간 이항모델에서 환율이 $S = 1{,}000$원, $u = 1.1$, $d = 0.9$, 그리고 한국과 미국의 이자율이 $i = 8\%$와 $i^* = 4\%$라고 하자. 이때 만기 1년, 행사가격 $K = 1{,}000$원인 콜옵션의 가격을 구해 보시오.

## 제 10 장 금융스왑시장

1. 금리스왑과 통화스왑을 비교 설명하여 보시오. 그리고 최근 두 시장의 1일 거래액과 명목원금이 얼마인지 비교하여 보시오.

2. 미국 달러의 고정금리와 변동금리 차입비용이, 기업 A는 7%와 리보, 그리고 기업 B는 8%와 [리보 + 0.2%]라고 하자. 스왑 딜러의 매입-매도 스프레드가 "7.3% - 7.4%"일 때, 금리스왑을 통한 두 기업의 금리이익과 실효차입비용을 구해 보시오.

3. 미국 달러의 고정금리와 변동금리 차입비용이, 기업 A는 5%와 [리보 + 0.3%], 그리고 기업 B는 6%와 [리보 + 0.5%]라고 하자. 스왑 딜러의 매입-매도 스프레드가 "5.2% - 5.3%"일 때, 금리스왑을 통한 두 기업의 금리이익과 실효차입비용을 구해 보시오.

**4.** 스왑 레이트, 스왑 스프레드, 그리고 스왑 커브를 설명하여 보시오.

**5.** KDB가 고정금리 양키본드를 발행하여 조달한 미국 달러를 국내기업에게 변동금리로 외화대출할 때, 어떻게 금리위험을 헤지할 수 있는지 설명하여 보시오.

**6.** 지금 3년 만기 국채 수익률이 5.77% 그리고 3개월 CD금리가 4.31%라고 가정하자. 이때 투자자가 스왑 스프레드 거래를 통해 어떻게 이익을 얻은 수 있는지 설명하여 보시오.

**7.** 고정금리 미국 달러 부채를 가지고 있는 기업이 미국 달러 이자율의 하락을 예상하고 있다. 이때 금리스왑 이용하여 어떻게 차입비용의 감소를 기대할 수 있는지 설명하여 보시오.

**8.** 고정금리 CHF와 변동금리 USD 차입비용이 기업 A는 5.50%와 [리보 + 0.10%], 기업 B는 6.50%와 [리보 + 0.35%]라고 하자. 스왑 딜러의 매입-매도 스프레드가 "5.80% − 5.95%"일 때, 통화스왑을 통한 두 기업의 금리이익과 실효차입비용을 구해 보시오.

**9.** 고정금리 KRW와 변동금리 USD 차입비용이 기업 A는 10.50%와 [리보 + 0.50%], 기업 B는 12.50%와 [리보 + 0.90%]라고 하자. 스왑 딜러의 매입-매도 스프레드가 "11.50% − 11.80%"일 때, 통화스왑을 통한 두 기업의 금리이익과 실효차입비용을 구해 보시오.

**10.** KDB가 고정금리 사무라이본드를 발행하여 조달한 일본 엔을 미국 달러로 통화스왑한 다음, 미국 달러를 국내기업에 변동금리로 외화대출할 때, 어떻게 환위험과 금리위험을 헤지할 수 있는지 설명하여 보시오.

**11.** 지금 통화스왑 고정금리(CRS 금리)가 5.31% 그리고 금리스왑 고정금리(IRS 금리)가 3.55%일 때, 본점으로부터 리보로 미국 달러를 차입한 외국은행 국내지점이 스왑 베이시스 거래로 어떻게 이익을 얻을 수 있는지 설명하여 보시오.

**12.** 금리스왑에서 스왑 레이트가 결정되는 원리를 설명하여 보시오.

**13.** 만기 $i$년인 제로-쿠폰 이자율과 만기수익율을 각각 $z_i$와 $y_i$, 그리고 1년 후부터 1년간의 선물금리를 $f_2$로 나타내기로 하자. 이때 액면금액 1,000 달러인 만기 1년과 2년인 제로-쿠폰 본드의 가격이 925.93 달러와 826.45 달러라고 하고, $z_1$, $z_2$, $f_2$를 구해 보시오.

**14.** 신용부도스왑(CDS)의 구조를 설명하고, 신용부도스왑이 보험과 어떻게 다

른지 설명하여 보시오.

**15.** 신용부도스왑(CDS)의 프리미엄이 결정되는 원리를 설명하여 보시오.

**16.** 대표적인 CDS 신용지수인 CDX와 iTraxx에 대해 설명하여 보시오.

연습문제 해답은 www.국제금융시장.com에서 찾아볼 수 있다.

# 찾아보기


[ㄱ]

가격가중지수 335
가치가중지수 335
간사수수료 303
간사은행 234
간사은행그룹 303
간접투자펀드 375
간접표시방법 118
개도국 3
개방형 투자펀드 364
개시증거금 391
거래단위 389, 436
거래대금 389
거래량 389, 395
거래소 옵션 437, 446
거래소 상품 30
거래일 86
거래잔고 97
거시건전성 규제 59
거주자 206
검은 월요일 356
결제금액 419
결제일 86
경기대응 완충자본 57
경상거래 3
경상수익률 285
경상수지 7, 10
경상수지 접근방법 144
고객 트레이딩 254
고든의 성장모델 351
고빈도거래자 71
고유 위험 359
고정가격 재판매 방식 304
고정금리 지급자 501
고정금리채 277, 284
고정소득시장 265
고정환율제도 3, 8, 10
공매도 397
공모 268, 299, 367
공시요건 302
공적 안정망 41, 46
공적자본이동 17, 20
공표일 302
구매력 평가설 137
국내본드 266, 273
국내본드시장 270
국내주식형 펀드 366
국부펀드 370, 380
국제결제은행 68, 72
국제금융시장 1
국제금융통합 22
국제본드 266, 273
국제본드시장 265, 270, 276
국제분산투자 70, 360
국제수지 기본관계식 10, 20
국제수지표 10
국제은행 207, 218
국제은행시장 206
국제자본시장 1, 205
국제주식시장 327, 342
국제주식의 발행 327, 342
국제주식의 투자 327, 357
국제주식형 펀드 366
국제투자 148
국제투자자산 23
규제자본 43, 56, 320
규제차익거래 43, 320
균형환율 5
그래스-스티겔 법 34
글로벌 금융규제 54
글로벌 금융위기 34, 213, 339
글로벌 뱅킹 216
글로벌 본드 273
글로벌 신용경색 45
글로벌본드 276
금리 칼러 485
금리 캡 482

금리 플로어 484
금리선물 33, 423
금리선물계약 33
금리스왑 31, 33, 500
금리옵션 33
금리옵션시장 474
금리옵션의 프리미엄 490
금리위험 287, 416, 503
금리재정 162
금리차액 419
금리차익거래 162, 193, 525
금리차익거래의 유인 164, 196
금리차익거래의 이익 195
금리파생상품 33, 403, 416
금본위제도 74
금융개방도 24
금융서비스현대화법 35, 251
금융선물 30, 400
금융선물시장 400
금융세계화 23
금융스왑 499
금융시장 헤지 173, 175
금융안정위원회 54, 323, 499
금융안정화포럼 54
금융옵션 30, 435
금융의 규제완화 34
금융중개 40
금융파생상품 28, 385
금융파생상품시장 1
금융현대화법 35, 251
기관 MBS 37
기관채 267
기관투자자 370
기명식 본드 274, 300
기본자본 208
기업공개 329
기업어음 43
기준통화 115
기준환율 126
기초자산 29
기타 기본자본 56
기타 차입 17
김치본드 275

**[ㄴ]**

나스닥 333
나스닥 종합지수 340
내가격(ITM) 443
내재가치 442
네이키드 CDS 544
노트 267

**[ㄷ]**

다수 준거기관 CDS 542
다우 존스 지수 337
단기금리선물 424
단기금리옵션 476
단기금융상품 267
단기이자율 287
단순투기거래 414
단일 준거기관 CDS 542
단일-뱅크 시스템 102
달러 베이시스 200
달러 베이시스 스프레드 200
달러부족 사태 197, 220
닷컴 버블 330
당일 결제 87
대경기침체 39, 52, 320
대고객 거래 79
대고객 환율 136
대기관 거래 79
대마불사 59
대안투자펀드 370
대외부채 17, 212, 282
대외자산 17, 212, 282
대출-매각 모델 311
대출-보유 모델 311
대출자옵션 480
데이 트레이더 415
도드-프랭크 법 261, 499
도매자금시장 35, 41, 44, 256
동물적 감각 356
동태적 복제 495
듀레이션 288
등가격(ATM) 443
딤섬본드 275

**[ㄹ]**

레버리지 55, 255
레버리지 금융 317
레버리지 론 316
레인지 선물환 453
롤링 헤지 430

롱 스트레들 463
롱 포지션 170, 450
롱 헤지 411
리보 238
리보 콜옵션 478
리보 풋옵션 480
리보-OIS 스프레드 206, 246
리스크 프리미엄 149
리포 42, 256
리포 런 46, 258

[ㅁ]

마진 콜 392
마켓 메이킹 254
만기수익률 285, 531
만기전환 40, 45
매개통화 80
매도/매입 스왑 189
매도환율 128
매입-매도 스프레드 130, 507
매입/매도 스왑 189
매입환율 128
머니마켓펀드 43, 366
멀티-뱅크 시스템 102
메자닌 트랜치 312
명목실효환율 120
명목환율 120
모기지 36
모기지 회사 37
모기지담보증권 37, 267, 310, 313
모집기간 302
모집일 302
무기명식 본드 275, 300
무디스 292
무위험 이익 127
문의은행 129
뮤추얼펀드 364, 370
뮤추얼펀드 패밀리 365
미결제약정 395
미국 기업어음 237
미국 달러 지수 122
미국달러선물 389
미국선물협회 400, 446
미국식 방법 116
미국식 옵션 437
미시건전성 규제 59
민간 MBS 37
민간자본이동 17, 20

[ㅂ]

바스켓 CDS 542
바젤 Ⅲ 54, 55
바젤위원회 54
발행수수료 303
발행수익률 306
발행시장 268, 329
방화표시방법 118
배당성향 351
배당할인모델 348
뱅크 런 40
베리어 옵션 457
베어 마켓 339
베어 스프레드 462, 463
베이시스 393
베이시스 리스크 413, 429
베이시스 스왑 512
변동금리 지급자 501
변동금리채 267, 278
변동증거금 391
변동환율제도 3, 7, 10
변형 스왑 512
보완자본 56
보장매도자 541
보장매입자 541
보통주자본 56
보험회사 370
보호적 풋 452
복제 174, 176
복제 방법 491
복제상품 493
본드 267
본드의 인수 268
본드투자 16
볼커 룰 261
부채담보증권 37, 267, 316
부채스왑 508
부채시장 265
부채증권 267
부트스트레핑 방법 531
북러너 234
불 마켓 339
불 스프레드 460, 462
불독본드 274

브레튼우드 체제 9, 14
비거주자 206
비교우위 503
비상품펀드 380
비인도 선물환 89, 110
비체계적 위험 359
빅맥 PPP 환율 138
빅맥 지수 138

[ㅅ]

사내유보 351
사모 268
사모발행 301
사모주식펀드 370, 377
사무라이본드 274
산티아고 원칙 382
삼각재정 127
상관계수 361
상대방 위험 387
상대수익 374
상대수익률 367
상대적 PPP 142
상대통화 115
상장선물 30, 388
상품선물 400
상품재정 140
상품펀드 380
상호대출 522
섀도우 뱅크 44, 258
섀도우 뱅크 런 46, 52, 258
섀도우 뱅킹 35, 40
섀도우 뱅킹 규제 60
서브프라임 모기지 37, 321
서브프라임 위기 35, 39
선물 435
선물 디스카운트 132
선물 포인트 133
선물 프리미엄 132
선물가격 396
선물가격의 수렴 393
선물거래 386
선물금리 420
선물금리계약 417
선물시장 386, 388
선물의 이론가격 396
선물환 33, 88, 405
선물환 투기 180
선물환 헤지 172, 174
선물환율 131
선물환율의 결정 166
선물환의 결제일 88
선물환투기 161
선진국 3
성과보수 373, 378
성장기회 353
성장주 353
세계거래소연맹 329
손실흡수 능력 55
쇼군본드 275
숏 스트레들 465
숏 포지션 170, 454
숏 헤지 412
수익 351
수익률 스프레드 292
수익률곡선 290
수취자 스왑션 512
순보유비용 396
순안정자금 조달 비율 57
순채권국 25
순채무국 26
스시본드 275
스왑 딜러 506
스왑 라인 202, 221
스왑 레이트 502, 509
스왑 베이시스 거래 528
스왑 스프레드 509
스왑 스프레드 거래 515
스왑 커브 509
스왑 포인트 133, 191
스왑션 512
스왑의 가격결정 503, 531, 536
스왑의 가치평가 534, 539
스왑의 이익 505
스캘퍼 415
스퀘어 포지션 171
스탠더드 앤드 푸어스 292
스텍 헤지 430
스트립 헤지 430
스프레드 234
스프레드 비율 131
스프레드거래 415
시간가치 444
시니어 트랜치 312, 320
시린더 453
시스템 리스크 59

시장 위험 359
시장유동성 51
시장이용자 78
시장조성자 78, 128
신디케이트 론 16, 231
신용 스프레드 48, 292
신용등급 293
신용부도스왑 33, 541
신용시장 265
신용위험 320, 387, 540
신용지수 546
신용파생상품 540
신용환산계수 56
신주인수권부사채 267, 278
신흥국 3
실질실효환율 124
실질절상 124
실질절하 124
실질환율 123

[ㅇ]

아리랑본드 274
아웃라이트 선물환율 131
안전자산 선호현상 48, 294
알고리즘 트레이딩 70
액면발행 307
액면본드 285, 531
액면이자율 267, 284, 307
양방 호가 128, 509
양적 완화 53
양키본드 274, 299
어레인저 234
역내시장 226
역사적 변동성 468
역외센터 215
역외시장 226
연간 이자 267
연금펀드 370
연율 표시법 134
영국은행협회 239
예상절하율 150
오버나이트 인덱스 스왑 247
오픈 포지션 171
올 인 코스트 236, 308
옵션 매도자 436
옵션 매입자 436
옵션 보유자 436
옵션 인수자 436
옵션 프리미엄 445
완전경쟁 68
완전대체재 149
완전한 헤지 412, 429
완충자본 57
외가격(OTM) 443
외국본드 273, 299
외평채 발행 308
외평채 스프레드 297
외화자금 조달 161, 198
외화표시방법 118
외환 3
외환거래의 방법 98
외환보유액 9, 83
외환스왑 33, 91, 188, 522
외환스왑 레이트 135
외환스왑 베이시스 200
외환스왑 스프레드 200
외환스왑시장의 혼란 161
외환스왑의 비용 191
외환시장 66
외환시장 개입 8
외환의 거래비용 131
외환의 공급곡선 146
외환의 수요곡선 146
외환의 평균 거래비용 101
외환파생상품 32, 84, 403, 404
우리다시본드 275
원천세 274, 275
위험가중자산 56
위험회피 362
유동성 규제 57
유동성 악순환 51
유동성 커버리지 비율 57
유동성 프리미엄 292
유동성 함정 53
유럽식 방법 116
유럽식 옵션 436
유럽연합 11
유로 11, 69
유로 존 11
유로기업어음 206, 236
유로달러 224
유로달러 선물옵션 486
유로달러본드 274
유로달러선물 425
유로뱅크 223

유로본드 273, 275, 301
유로스털링본드 274
유로엔본드 274
유로중기노트 305
유로커런시 223
유로커런시 센터 229
유로커런시시장 206, 210
유로통화동맹 69
유리보 241
유상증자 329
유지증거금 391
유통시장 268, 329
유한파트너 373, 377
육성브로커 76, 99
은행간 거래 78
은행간 시장 77
은행간 환율 136
은행대출 16
은행지주회사 251, 261
이론적 선물금리 421, 533
이론적 선물환율 132, 167
이론적 스왑 포인트 134
이색옵션 457
이자율의 기간구조 290
이자평형세 34, 225
이퀴티 트랜치 312
이항모델 491
익익일 결제 87
익익일 이후 결제 87
익일 결제 87
인수수수료 303
인수은행그룹 303
일괄매입 방식 303
일물일가의 법칙 138
일반은행 40
일반은행업 206, 250
일반파트너 373, 377
일본식 방법 116
일일정산 392
임의보행 356

[ㅈ]

자기자본 규제제도 41, 55
자기자본 비율 56
자기자본 조달 329
자기자본투자 42, 254
자동딜링 시스템 99
자본거래 4
자본보전 완충자본 57
자본수입국 20
자본수지 7, 10
자본수출국 20
자본유입 18, 21
자본유입 규제 조치 27
자본유입의 문제 26
자본유출 18
자본이동성 14
자본이동에 대한 규제 8, 14, 35
자본이동의 주식화 334
자본이득 349
자산담보기업어음 43
자산담보증권 37, 267, 314
자산스왑 508
자산시장 접근방법 148
자산운용사 366
자산유동화 37, 310
자산유동화 증권 35, 267
장기 금리차익거래의 유인 526
장기금리선물 424
장기금리옵션 476
장기이자율 287
장외상품 30
장외선물 30, 387
장외옵션 437, 446
재투자 위험 286
전신환 매도율 136
전신환 매입률 136
전자거래 방법 98, 100
전자거래 시스템 100, 102
전자브로커 70, 76, 78, 101
전자브로킹 시스템 100
전통적 국제은행시장 209
전통적 뱅킹 35, 40
전통적 외환거래 84
전통적 투자펀드 370
전화의 시대 99
전환사채 267, 278
절대수익 374
절대적 PPP 141
절상 119
절하 119
정보통신의 기술혁신 30, 35
정부지원기관 37
정산가격 392

정크본드 293, 294
제로 바운드 246
제로 코스트 통화옵션 453
제로-코스트 옵션 452, 455
제로-코스트 금리 칼러 486
제로-쿠폰 본드 286, 289
제로-쿠폰 이자율 531
조달유동성 50, 201
조달통화 185
조세회피국 215
주가지수 335
주가지수옵션 33
주간사은행 234, 303
주식 리스크 프리미엄 348, 353
주식 프리미엄 퍼즐 355
주식시장의 효율성 355
주식연관채 278
주식예탁증서 16, 343
주식투자 16
주식파생상품 403
주식형펀드 366
주택 버블 36
준거기관 541, 551
준비자산 9
준비자산증감 10
준비통화 83
준칙 Q 34, 44
중간환율 128
중기노트 300
증거금 제도 391
증권화한 대출 311
증폭 메카니즘 40
지급자 스왑션 512
지방채 267
지불준비제도 41
직접투자 15
직접표시방법 118

[ㅊ]

차익거래 396
차익거래자 396
차입매수펀드 377
차입인수합병 232
차입자옵션 478
참여은행 234
채권형펀드 366
청산소 389
체계적 위험 359
초과공급 5
초과수요 5
총수익스왑 542
총자본 56
최선의 노력 방식 301

[ㅋ]

캐리거래 70, 161, 185
캡 레이트 483
커버하지 않은 금리평가 153
커버한 국제투자 162
커버한 금리재정 162
커버한 금리차이 164, 195, 201
커버한 금리평가 167, 168
커버한 콜 455
코리언 페이퍼 282
콜옵션 437
크로스 거래 83
크로스 레이트 126
키코 457
킥-아웃 옵션 457
킥-인 옵션 457

[ㅌ]

타인자본 조달 329
통화선물 32, 404, 405
통화선물 거래소 406
통화선물옵션 448
통화스왑 31, 33, 93, 516
통화옵션 33, 95
통화옵션시장 447
통화옵션의 BSGK 모델 466
통화옵션의 가격표 470
통화옵션의 프리미엄 466
투기거래 161
투기등급 293
투기자 386, 396
투자등급 293
투자은행 251
투자은행업 206, 250
투자자의 예상수익률 349
투자자의 요구수익률 348
투자통화 185
투자펀드 364
투자회사 364
트랜치 312

틱의 크기 390

[ㅍ]

파생상품 29
파생상품 거래소 32, 398
판다본드 274
판매그룹 303
판매수수료 303
패니메이 37
페더럴 펀드 245
페더럴 펀드 목표금리 53, 246
평행대출 521
폐쇄형 투자펀드 364
포지션 트레이더 415
표준편차 354
풋-콜 패리티 471
풋옵션 439
프라이빗 이쿼티 377
프래디맥 37
프롭 트레이딩 42, 77, 254
플로어 레이트 484
피셔효과 291
피치 293

[ㅎ]

한국거래소 334, 398, 403
한국산업은행 513, 523
한국식 방법 116
한국의 외환시장 104
한국의 투자펀드 369
한국투자공사 382
할인계수 533
할인발행 307
할인본드 284
할증발행 307
할증본드 284
함축적 변동성 470
합성 선물환 174
해외대출 억제제도 34, 225
행사가격 436, 445
헤어 컷 46, 258
헤저 386, 395
헤지거래 161, 172
헤지펀드 370, 372
현금결제 394, 543
현물거래 386
현물시장 386
현물옵션 437
현물인도 394, 543
현물환 86
현물환율 131
현물환투기 161, 182
현지통화대출 216
호가은행 129
혼합형펀드 366
홈 바이어스 362
환노출 170
환위험 149, 170, 358, 450, 523
환율의 변동성 445, 468
환율제도 분류 10
환포지션 170
회사채 267
효율적 시장가설 356
후도거래 388

[영어 약어]

ABCP 43
ABS 310
ABS-CDO 310, 321
ABX 지수 323
ADR 344
ATM 443
BBA 리보 240
BCBS 54
CAC 40 336
CBO 316
CBOE 398, 446
CBOT 388, 446
CDO 310
$CDO^2$ 321
CDS 지수상품 547
CDS 프리미엄 545
CDX 547
CIP 167
CIP 괴리 169, 195, 196
CLO 316
CME 32, 85, 388, 398, 406, 446
DAX 30 336
Deutsche Börse 333, 400
DJIA 336
DR 343
DTCC 551
EAFE 361

EMBI 글로벌 297
EMTN 305
Eurex 32, 400, 446
Euronext 332, 400, 446
Forward-forwards 422
FRA 418, 511
FSB 54, 499
FTSE 100 336
FTSE 지수 341
FX 위원회 72
GDR 344
G20 54
IBF 230
ISDA 541
ISO 코드 80
ITM 443
iTraxx 547
JOM 230
KDB 514, 523
KRX 32
Liffe 400
Markit Group 547
MBS 310
MMF 44
MMF 런 47
MSCI 지수 341
Nasdaq-OMX 400
NDF 89, 110
Nikkei 225, 336
Nymex 398
NYSE 332
NYSE Euronext 32, 332, 400
OIS 247
OMX 333
OTM 443
PHLX 85, 446, 448
QSD 504
Rule 144A 301
Rule 415 300
S&P 500 336, 340
SIFI 규제 58
SIFMA 318
SIV 43, 320
Spot/next 190
TED 스프레드 47, 206, 243
Tom/next 190
UIP 154
VIX 470
WFE 330, 332, 398

## 저자에 대하여


**이 효 구**

서강대학교 경제학학사

Northwestern University 경제학박사

서강대학교 경제학과 교수

한국개발연구원(KDI) 초청연구원

국제경제연구원(KIEI) 수석연구원

대외경제정책연구원(KIEP) 초청연구원

현재: 서강대학교 명예교수

이 메 일: ifmarkets@naver.com

홈 페이지: www.국제금융시장.com




# 국제금융시장


2012년 10월 31일 1쇄 발행

저 자: 이 효 구

발행자: 김 윤 선

발행처: 범한서적주식회사

서울특별시 종로구 신문로 2가 1-222

전화 733-2014~5 / 팩스 736-8696

등록 1966년 10월 6일 제1-168호





http://www.bumhanbook.co.kr

**ISBN 978-89-7129-250-1 93320**

정가 40,000 원